한국교회 예배사

– 예배 예전의 문헌을 통해 본 변천의 역사 –

김상구 · 김태규

한국교회 예배사
예배 예전의 문헌을 통해 본 변천의 역사

초판 1쇄 인쇄 2022년 11월 10일
초판 1쇄 발행 2022년 11월 15일

   지은이 김상구·김태규
   펴낸이 장대윤

   펴낸곳 도서출판 대서
   등 록 제22 - 2411호
   주 소 서울시 서초구 방배동 981 - 32 지층
   전 화 02 - 583 - 0612 / 팩스 02 - 583 - 0543
   메 일 daiseo1216@hanmail.net

   디자인 참디자인

ISBN 979-11-86595-78-7 (03230)

* 책값은 뒤표지에 있습니다.
* 잘못된 책은 교환하여 드립니다.

이 책은 신 저작권법에 의하여 한국 내에서 보호받는 저작물이므로
무단 전재와 무단 복제를 금합니다.

Worship history of the Korean church

한국교회 예배사

예배 예전의 문헌을 통해 본
변천의 역사

김상구 · 김태규 공저

도서
출판 대서

목차

추천사
김순환 교수, 이승진 교수, 박해정 교수, 주종훈 교수, 최승근 교수

머리말

제1장
들어가는 글 • 19
1. 연구 동기와 목적 • 19
2. 연구 방법과 범위 • 19
3. 이 책의 구성 • 21

제2장
선교 초기의 예배(1885 – 1900) • 23
1. 개요 • 23
2. 예배 관련 교단 및 개인 문서들 • 24
   1) 장로교 • 24
      (1) 『위원입교인규조』(爲願入敎人規條, 1895) • 24
   2) 감리교 • 27
      (1) 『미이미교회강례』(美以美教會綱例) (1890) • 27
      (2) 『주일예배경』(1895) • 29
      (3) 『대한크리스도인회보』(1898) • 34
      (4) 『예수교감리회강례』(1899) • 36
3. 특별고찰 • 39
   1) 大美國聖公會, 『公禱文』(上海: 聖約翰書院, 1899) • 39
4. 소결론 • 42

제3장
형성기의 예배(1901-1930) • 45

1. 개요 • 45
2. 예배 관련 교단 및 개인 문서들 • 46

   1) 장로교 • 46
      (1) 『부활주일예배』(1905) • 46
      (2) 『목사지법』(牧師之法, 1919) • 49
      (3) 『헌법』"예배모범"(1922) • 59
      (4) 『혼상 예식서』(1924, 1925) • 65

   2) 감리교 • 69
      (1) 『신학월보』(1903) • 69
      (2) 『찬미가』(1905) • 71
      (3) 『감리교회 조례』(1908) • 74
      (4) 『대강령과 규측』(1910) • 76
      (5) 『남감리교회 도리와 장정』(1919) • 79
      (6) 『미감리교회 교의와 도례』(1921) • 84
      (7) 『예수교 미감리교회 성례문』(1923) • 87
      (8) 『남감리교회 도리와 장정』(1923) • 89
      (9) 『미감리교회 법전』(1926) • 91

   3) 성결교 • 93
      (1) 『教理 及 條例』(교리 급 조례, 1925) • 93

3. 특별 고찰 • 97
   1) 宗古聖教會(종고성교회), 『公禱文(공도문)』(1908) • 97
4. 소결론 • 101

제4장
침체기의 예배(1931-1960) • 106

1. 개요 • 106
2. 예배 관련 교단 및 개인 문서들 • 107

   1) 장로교 • 107
      (1) 『헌법』"예배모범"(개정판, 1934) • 107
      (2) 『예배첩경』(1934) • 108
      (3) 『목회학』(1936) • 115
      (4) 『牧師必携』(목사필휴, 1938) • 120
      (5) 『목회학』(재판, 1955) • 128

   2) 감리교 - 조선 감리회 • 130

(1) 조선 감리회 『교리와 장정』(1931) • 130
　　　(2) 조선 감리회 『교리와 장정』(1935, 1939, 1950, 1959) • 137
　3) 성결교 • 140
　　　(1) 『임시약법』(臨示約法, 1933) • 140
　　　(2) 성결교 『헌법』(1936) • 145
　　　(3) 김응조의 『목회학』(1937) • 148
　　　(4) 성결교 『헌법』(1945, 1955) • 152
　4) 루터교 • 158
　　　(1) 『예배 의식문』(1960) • 158
3. 특별 고찰 • 163
　1) 조선 성공회, 『公禱文』(1939) • 163
　2) 칼 바르트의 『교회와 예배』(1953) • 166
　3) 거포계·고영춘의 『예배수첩』(개정판, 1954) • 167
4. 소결론 • 169

제5장
굴곡기의 예배(1961 – 1990) • 174

1. 개요 • 174
2. 예배관련 교단 문서 • 175
　1) 장로교 • 175
　　　(1) 고신 교단 • 175
　　　(2) 기장 교단 • 181
　　　(3) 통합 교단 • 209
　　　(4) 합동 교단 • 225
　　　(5) 합정 교단(현 백석 교단) • 230
　2) 감리교 • 235
　　　(1) 『교리와 장정』(1962) • 235
　　　(2) 『예식규범』(1964) • 238
　　　(3) 『예문』(禮文, 1977) • 245
　3) 성결교 • 250
　　　(1) 기성 교단 • 250
　　　(2) 예성 교단 • 259
　4) 루터교 • 264
　　　(1) 『禮拜儀式文 解說』(1965. 6) • 264
　　　(2) 『예배 의식문』(1965. 9) • 268

    5) 침례교 • 270

        (1) 『목회예식서』(1981) • 271

  3. 예배 관련 개인 저자 및 저서들 • 280

    1) 한국인의 저서들(총 21권) • 280

        (1) 1961년부터 1970년까지 출판된 도서들(4권) • 280
        (2) 1971년부터 1980년까지 출판된 도서들(5권) • 281
        (3) 1981년부터 1990년까지 출판된 도서들(12권) • 281
        (4) 일부 저서 고찰 • 282

    2) 번역서들(총 19권) • 290

        (1) 1971년부터 1980년까지 출판된 번역서들(6권) • 291
        (2) 1981년부터 1990년까지 출판된 번역서들(13권) • 291

    3) 예배사 저자들 • 292

  4. 특별 고찰 • 292

    1) 『리마 예식서』(1982) • 292

  5. 소결론 • 295

제6장
재정립기의 예배(1991-) • 303

  1. 개요 • 303
  2. 예배 관련 교단 문서들 • 304

    1) 장로교 • 304

        (1) 고신 교단 • 304
        (2) 기장 교단 • 325
        (3) 백석 교단(구 합정 교단) • 345
        (4) 통합 교단 • 356
        (5) 합동 교단 • 395
        (6) 합신 교단(구 개혁 교단) • 400

    2) 감리교 • 414

        (1) 『예배서』(1992. 3) • 414
        (2) 『예문』(1992. 9) • 420
        (3) 『교회력과 절기에 따른 성만찬 예문집』(재판, 2000년) • 424
        (4) 『새예배서』(2002. 4) • 427

    3) 성결교 • 436

        (1) 기성 교단 • 436
        (2) 예성 교단 • 465

4) 침례교 • 484
      (1) 『기독교 예식 매뉴얼』(2000) • 484
      (2) 『목회예식서』(2012) • 488
   5) 하나님의 성회(기하성) • 492
      (1) 『목회예식서』(증보 1판, 2002) • 492
      (2) 『목회예식서』(증보 2판, 2005) • 501
   6) 루터교 • 501
      (1) 『예배의식문』(개정 2판, 1993) • 501
      (2) 『예배서』(2017) • 502
   7) 구세군 • 504
      (1) 『구세군 예식서』(2016) • 504
   8) 기타 예식서 • 508
      (1) 한국군종목사단 외, 『군종예식서』(1994)와 『군인교회 예식서』(2010) • 508
      (2) 미국 장로교, 『공동예배서』(2001) • 513
3. 예배 관련 개인 저자 및 저서들 • 520
   1) 한국인의 저서들(총 131권) • 521
   2) 번역서들(총 107권) • 526
   3) 예배사 저자들 • 532
4. 특별고찰: 성공회, 천주교, 정교회 예전의 간략한 고찰 • 532
   1) 대한 성공회, 『기도서』(2004, 2005) • 533
   2) 한국 천주교, 『가톨릭 기도서』 "미사 통상문"(1998) • 538
   3) 한국 정교회, 『성찬예배서』(2003) • 541
5. 소결론 • 545

제7장
나가는 글 • 560

1. 전체 요약 및 평가 • 560
2. 한국교회 예배사 연구의 발전방향 • 566

참고문헌

1. 1차 문헌(해방이전) • 569
2. 1차 문헌(해방이후) • 571
3. 국내서적 • 574
4. 국외서적 및 번역서 • 575
5. 정기간행물, 사전 및 논문 • 576

     5) 침례교 • 270

        (1) 『목회예식서』(1981) • 271

  3. 예배 관련 개인 저자 및 저서들 • 280

     1) 한국인의 저서들(총 21권) • 280

        (1) 1961년부터 1970년까지 출판된 도서들(4권) • 280
        (2) 1971년부터 1980년까지 출판된 도서들(5권) • 281
        (3) 1981년부터 1990년까지 출판된 도서들(12권) • 281
        (4) 일부 저서 고찰 • 282

     2) 번역서들(총 19권) • 290

        (1) 1971년부터 1980년까지 출판된 번역서들(6권) • 291
        (2) 1981년부터 1990년까지 출판된 번역서들(13권) • 291

     3) 예배사 저자들 • 292

  4. 특별 고찰 • 292

     1) 『리마 예식서』(1982) • 292

  5. 소결론 • 295

제6장
재정립기의 예배(1991-) • 303

1. 개요 • 303
2. 예배 관련 교단 문서들 • 304

     1) 장로교 • 304

        (1) 고신 교단 • 304
        (2) 기장 교단 • 325
        (3) 백석 교단(구 합정 교단) • 345
        (4) 통합 교단 • 356
        (5) 합동 교단 • 395
        (6) 합신 교단(구 개혁 교단) • 400

     2) 감리교 • 414

        (1) 『예배서』(1992. 3) • 414
        (2) 『예문』(1992. 9) • 420
        (3) 『교회력과 절기에 따른 성만찬 예문집』(재판, 2000년) • 424
        (4) 『새예배서』(2002. 4) • 427

     3) 성결교 • 436

        (1) 기성 교단 • 436
        (2) 예성 교단 • 465

4) 침례교 • 484
    (1) 『기독교 예식 매뉴얼』(2000) • 484
    (2) 『목회예식서』(2012) • 488
5) 하나님의 성회(기하성) • 492
    (1) 『목회예식서』(증보 1판, 2002) • 492
    (2) 『목회예식서』(증보 2판, 2005) • 501
6) 루터교 • 501
    (1) 『예배의식문』(개정 2판, 1993) • 501
    (2) 『예배서』(2017) • 502
7) 구세군 • 504
    (1) 『구세군 예식서』(2016) • 504
8) 기타 예식서 • 508
    (1) 한국군종목사단 외, 『군종예식서』(1994)와 『군인교회 예식서』(2010) • 508
    (2) 미국 장로교, 『공동예배서』(2001) • 513
3. 예배 관련 개인 저자 및 저서들 • 520
  1) 한국인의 저서들(총 131권) • 521
  2) 번역서들(총 107권) • 526
  3) 예배사 저자들 • 532
4. 특별고찰: 성공회, 천주교, 정교회 예전의 간략한 고찰 • 532
  1) 대한 성공회, 『기도서』(2004, 2005) • 533
  2) 한국 천주교, 『가톨릭 기도서』 "미사 통상문"(1998) • 538
  3) 한국 정교회, 『성찬예배서』(2003) • 541
5. 소결론 • 545

제7장
나가는 글 • 560

1. 전체 요약 및 평가 • 560
2. 한국교회 예배사 연구의 발전방향 • 566

참고문헌

1. 1차 문헌(해방이전) • 569
2. 1차 문헌(해방이후) • 571
3. 국내서적 • 574
4. 국외서적 및 번역서 • 575
5. 정기간행물, 사전 및 논문 • 576

추천사

　19세기 후반에 본격화된 한국교회 초기 선교사들의 신앙 및 신학은 당시 미국 내에서 교파를 초월하여 불길같이 일어난 대 부흥운동이 그 배경에 있으며 그들의 예배 형식과 실행에도 이런 영향은 깊이 반영되어 있었다. 형식적으로 간결한 설교 중심의 감성적 분위기의 예배들로서 이는 이후로도 교파나 교단을 넘어서 초기 한국교회 예배들의 매우 공통적 특색으로 자리매김하였다. 이에 더하여 우리의 고유한 민족성이나 종교적 심성, 그리고 굴곡진 역사적 정황들이 그 안에 깃들게 되면서 우리만의 독특한 예배 문화가 형성되었던 것이다. 하나님의 영광이 가장 잘 구현되는 예배를 위해서는 복음의 효과적 소통이 우선적 관건이지만 그 못지않게 예배자들을 둘러싼 삶의 자리에 대한 이해 또한 중요하다. 이런 이유로 인해 그것들과 깊은 연관 속에서 함께 어우러져 형성된, 우리의 근현대로부터 지금까지의 예배에 대한 통시적 연구는 중요한 일이 아닐 수 없다.

　이러한 때에 김상구 박사님과 김태규 박사님, 두 분의 노고에 의해 한국의 여러 교파들의 예배 역사가 시대적 구분을 따라 깊이 있게 연구되어 정리된 저서가 출간된 것은 매우 반가운 일이다. 이 자료는 한국교회 특유의 예배 모색을 위해서도 중요한 기초 자료들이 될 수 있을 뿐 아니라 나아가서 한국교회의 여러 개신교 교파 교회들 간의 동질감 제고와 일치에도 도움이 될 수 있을 것으로 본다. 비록 교파와 교단이 다를지라도 서로 간의 차이보다는 동질성과 일치를 제고해 주고 서로를 보완해주는 긍정적 특색들을 보여주고 있기 때문이다. 아무쪼록 이 책이 오늘의 한국 교회 예배들을 성찰하게 하여 더욱 바람직한 예배로 나아가게 하는 좋은 거울이요 지침서가 될 것이라 믿어 모든 목회자와 신학도들에게 기꺼이 추천하는 바이다.

김순환 교수 (서울신학대학교 예배학)

과거 역사에서 지혜를 얻지 못하는 민족에게는 결코 미래가 없다. 기독교 예배도 마찬가지다. 예배는 삼위 하나님께 합당한 존귀와 영광과 경배를 돌려드리는 것이다. 교회의 역사가 시작된 이래 이전부터 하나님께서 에덴동산을 창설하시고 아담과 하와를 창조하신 이래로 인류는 삼위 하나님께 예배를 드려왔고, 예수 그리스도 안에서 온전케 된 교회의 예배는 주님의 재림으로 새 하늘과 새 땅에서 드리는 천상의 예배로 완성될 것이다. 구원의 역사 전체를 관통하는 기독교 예배에 대한 성경적이고 예배 신학적인 이해를 얻기 위해서는 과거 교회 예배의 역사에 대한 이해가 매우 중요하다.

김상구 교수님과 김태규 박사님은 탁월한 예배신학자로서 풍부한 사료와 깊이 있는 연구를 통하여 한국교회 예배의 역사에 관한 연구 결과를 이 한 권의 책에 집대성하였다. 두 분의 연구자는 한국교회 예배의 역사를 다음과 같이 다섯 시대로 구분하였다: 선교 초기(1885-1900)와, 형성기(1901-1930), 침체기(1931-1960), 굴곡기(1961-1990), 재정립기(1991-). 그리고 사료적인 연구 대상으로는 장로교, 감리교, 성결교, 침례교, 하나님의 성회(순복음), 루터교, 구세군, 성공회(해방 이전) 등 여러 교단의 예배 관련 문헌을 중점적으로 비교 분석하였다.

본 연구를 바탕으로 결론부에서는 개신교단과 기타교단 상호간에 좀 더 세부적인 대조 비교 연구를 제안하였고, 예배에 있어서 세례에 관한 심도 있는 연구와, 기독교 예배와 성령 하나님과의 관계에 대한 예배사적인 연구, 그리고 한국 교회의 기독교 예배운동에 대한 예배사적 연구를 제안하였다. 본서를 통해서 한국교회 예배의 역사에 관한 거시적이면서도 실제적인 조망과 다음 세대 기독교 예배에 대한 실제적인 전망을 얻을 수 있기를 기대하며 일독(一讀)을 권한다.

이승진 교수 (합동신학대학원 예배설교학)

예배학적 관점에서 예배를 조망하는 방법은 두 가지가 있습니다. 첫째는 현상학적 분석을 통한 조직신학적 방법론으로 예배의 순서 혹은 행위에 대한 신학적 분석과 의미를 제공하는 것에 그 목적이 있습니다. 예컨대 기도는 무슨 의미가 있으며, 왜 하는 것인가에 대한 질의로 그 답을 찾고 '그 답이 오늘의 예배 공동체에게 어떤 가치를 부여하는 가?'에 대한 연구가 있을 수 있습니다. 둘째는 역사적 방법론으로 이는 예배와 예전의 기원을 통해서 오늘의 예배 현상이 갖는 의미를 해석해 내는 것에 목적을 둡니다. 예컨대, 왜 한국 교회에서는 부활의 기쁨이 성찬 예식의 중심에 있지 않고 마지막 만찬을 통한 그리스도의 희생과 죽음만을 강조하는 지에 대한 답은 역사적 발전 과정을 신학적으로 조망함으로 알 수 있습니다. 성찬에 대한 이해를 부분적으로 수용하게 된 한국 교회의 당시 교회를 둘러싸고 있던 상황에 대한 진단이 없이 오늘의 성찬의 위치를 정확히 파악하기는 어렵습니다. 이러한 이유로 과거를 역사적으로 탐구하는 작업은 오늘의 현상을 정확하게 이해하기 위한 절대적인 과정입니다. 더불어 미래를 위한 가장 기본적인 과정입니다. 오늘 우리가 읽는 김상구 교수님과 김태규 박사님의 『한국교회 예배사: 예배 예전의 문헌을 통해 본 변천의 역사』는 오늘의 예배 상황을 이해할 수 있도록 명확한 지식을 제공하고 있으며, 미래 교회 예배의 방향을 탐구하는 자들에게 지혜를 제공하고 있는 저서로서 한국 교회의 예배를 이해하기 위한 최적의 저서입니다.

이 책의 목차에서 볼 수 있듯이 한국 개신교 예배와 예전의 역사를 총괄적으로 다루고 있습니다. 한국 개신교 예배와 성례를 역사적으로 연구한 논문과 저서들이 있기는 하지만, 이는 기간을 특정한 연구물들이었습니다. 하지만, 김상구 교수님과 김태규 박사님의 연구물은 한국 개신교 예배와 예전의 역사 전체를 살펴본 것으로 연구의 시작에서부터 마지막 결어를 맺을 때까지 매우 철저한 원문의 해석을 통해 한국 개신교 예배와 예전의 통사를 다루고 있습니다. 예배학자의 입장에서 볼 때 두 분의 이 연구물은 한국교회 예배와 예전을 포괄적으로 이해하기에 최적화된 저서로서 한국 예배학에 기여가 대단히 큰 저서입니다.

저자들은 소위 말하는 기성교단뿐 아니라, 상대적으로 그 규모가 작은 예배 공동체 전통의 예문들도 섬세하고 제공하고 있습니다. 구세군, 루터교, 성공회, 천주교, 그리고 한국 정교회의 예문까지 소개하고 있는 것은 개신교 예배에 관심을 가지고 있는 사람들에게는 이웃교단의 예배 전통까지 소개하는 친절함까지 배어 있는 옥고입니다.

한국 개신교 예배와 예전에 관한 초기 자료를 성실히 수합하는 과정에서부터 오늘의 예문까지 살피는 헌신적인 연구에 깊은 감사를 두 분에게 전하며, 한국 교회 예배에 관심이 있는 분들의 적극적인 탐독을 권면합니다.

박해정 교수 (감리교신학대학교 예배학)

한국교회 예배 역사 연구의 결과물로 주어진 이 책 『한국교회 예배사–예배 예전의 문헌을 통해 본 변천의 역사』는 우리 시대 예배 갱신의 지속적인 실천을 위해 명확한 방향성을 제시하는 또 하나의 값진 업적입니다. 현대 예배 갱신 운동의 중요한 특징 가운데 하나는 예배의 본질과 개념을 파악하고 규명하는 것을 간과하지 않으면서, 보다 더욱 실천적으로 어떻게 예배할 것인지에 대한 구체적인 지침과 방향을 찾는데 주력하는 것입니다. 이러한 실천적 접근에서 예배의 역사를 고찰하는 것은 과거의 교훈에 근거해서 앞으로 나가야 할 방향과 과제를 찾는데 중요한 의미를 갖습니다. 이 책은 예배 갱신의 실천적 측면에서 예배를 연구하는 학자들과 목회 현장에서 직접 예배를 계획하고 인도하는 사역자들에게 몇 가지 중요한 기여를 해줍니다.

우선 이 책은 예배 실천을 위한 모범과 표준 제시가 예배 갱신의 역사에서 얼마나 중요한 역할을 해왔는지를 학문적 엄격성에 근거해서 제시해줍니다. 한국의 주요 교단들은 교회 예배의 정체성과 교단적 특징을 제시하기 위해서 '모범서' 또는 '표준 제시'를 사용해 왔습니다. 각 공동체의 서로 다른 특징에도 불구하고 예배 실천의 구체성과 방향성을 위한 표준 제시 문헌은 한국교회 예배 연구를 위해서 반드시 확인해야 할 연구 영역입니다. 하지만 여러 교단들의 서로 다른 문헌을 동시에 살펴보는 일은 아주 곤혹스러운 과정일 수 밖에 없습니다. 이 책은 복잡하고 다양한 예배서들의 내용과 특징 그리고 기여 등에 대해서 아주 세밀한 연구를 통해서 명료하게 정리해주고 있고 있습니다.

아울러 이 책은 한국교회 예배의 유기적 변화 과정을 확인시켜 줍니다. 개신교 예배는 역사의 시간을 따라서 한 방향으로 진보하거나 고정된 방식을 지속 또는 반복하지 않습니다. 때로는 발전하고 때로는 퇴보의 모습으로 기울어지기도 합니다. 따라서 지금 시대의 예배가 어떻게 유기적으로 변화되어 온 결과인지에 대한 명확한 검토와 연구가 요구됩니다. 이 책은 역사적 엄밀성에 근거해서 예배서들에 나타난 한국교회 예배의 유기적 변화 과정을 분석하고 오늘날 우리 시대의 예배 갱신을 위한 방향성을 제시하는 지혜를 담아내고 있습니다.

마지막으로 이 책은 한국교회 예배의 통일성과 다양성의 측면을 명확하게 제시해줍니다. 각 교단이 서로 다른 예배 모범과 표준 제시를 따라서 다양한 방식으로 예배를 발전시켜 왔습니다. 하지만 교단별 차이에도 불구하고 기독교 예배의 통일성을 제시해 왔습니다. 이 책은 특정 교단에 한정하지 않고 한국의 주요 교단들이 제시해 온 예배 실천의 원리와 방향에 주어진 통일성과 다양성을 명확하게 역사적 자료를 통해 확인시켜 줍니다. 이 과정에서 한국교회의 예배가 복음의 통일성을 지향하기 위한 노력과 자율성에 따른 다양한 실천을 위한 혁신 사이에서 어떻게 긴장 관계를 드러냈는지도 제시해줍니다.

기독교 예배 갱신 운동 과정에서 주요 교단들은 예배모범서와 표준제시에 다시 주목해오고 있습니다. 예배 모범서들의 해석은 예배 공동체의 정체성 확인을 위해서 반드시 요구되는 과정입니다. 이 책은 한국교회 역사를 예배의 관점에서 꿰뚫어 본다는 점에서 역사신학적 기여를 지니지만, 동시에 예배의 유기적 변화 과정에서 주어지는 갱신을 위한 구체적인 방향을 이끌어낸다는 점에서 예배 연구와 실천에까지 기여하는 유익한 자료가 됩니다. 한국교회 예배 갱신의 변화 과정을 살피고 앞으로의 방향에 대한 지침을 확인하기 위한 예배 연구가들과 목회자들 그리고 예배 사역자들에게 유익한 교과서로 사용되길 바라고 적극 추천합니다.

주종훈 교수 (총신대학교 신학대학원 예배학)

예배를 연구하는 방법은 크게 문헌 연구와 (예배) 현장 연구로 나뉠 수 있습니다. 문헌 연구는 말 그대로 예배와 관련된 문헌을 중심으로 행하는 것으로, 특히 다양한 전통이나 교단에서 발간한 예배관련 공식 문서를 살피는 것은 예배 연구에 있어 매우 중요합니다. 어떤 이들은 교회들이 소속 전통이나 교단에서 발간한 예배관련 문서들, 특히 예배서(예식서)를 실제 예배 현장에서는 사용해 오지 않았거나, 사용하더라도 부분적으로만 해왔다고 지적하면서 이러한 문헌 연구는 중요하지 않다고 말하기도 합니다. 일리 있는 말이긴 하지만, 그럼에도 전통이나 교단에서 발간한 예배관련 문서를 연구하는 것은 꼭 필요하다고 생각합니다. 적어도 예배에 대한 그들의 공식적인 이해를 담고 있고, 예배의 실제도 어느 정도 가늠할 수 있기 때문입니다.

김상구 박사님과 김태규 박사님의 『한국교회 예배사』는 예배와 관련된 중요 문헌을 살펴봄으로써 한국교회의 예배가 어떻게 변천해왔는지를 연구한 책입니다. 이 책은 한국교회의 역사를 다섯 시기로 구분하고, 특히 각 시기에 여러 전통과 교단이 발간한 예배관련 문서들 – 헌법, 예배 조항, 예배 모범, 예배서, 예식서 등 – 을 연구함으로써, 한국교회의 예배 역사를 다룹니다. 『한국교회 예배사』의 가장 큰 장점은 장로교, 감리교, 성결교, 침례교, 하나님의 성회, 루터교, 구세군, 성공회, 천주교, 정교회 등, 다양한 전통과 교단에서 나온 예배관련 문서의 내용을 다루고 있다는 것입니다. 이처럼 풍성한 자료를 연구함으로써, 각 전통이나 교단의 예배가 신학 및 실제적 측면에서 어떻게 변화해왔는지를 (최소한 어느 정도는) 보여주는 것은 물론이고, 한 시대의 여러 전통이나 교단의 예배가 서로 어떻게 달랐는지도 비교해주고 있습니다. 한국에 있는 여러 전통과 교단에서 그동안 발간한 예배서(예식서) 및 기타 공식적인 예배관련 문서들의 내용을 한 권의 책을 통해 살펴볼 수 있도록 방대한 자료를 모으고 연구한 두 분 박사님의 열정과 수고에 감탄해 마지않습니다.

김상구 박사님과 김태규 박사님의 지적처럼, 한국교회에서 예배에 관한 연구가 신학적, 실천적 측면에서는 꽤 잘 되고 있지만, 역사적 측면에서는 체계적인 연구가 그리 많이 이뤄진 것 같지는 않습니다. 『한국교회 예배사』는 예배관련 문서들, 특히 예배서(예식서)에 나오는 예배의 모습을 주로 기술적으로 다룬 연구이기에, 앞으로 한국교회의 예배 역사를 연구하고자 하는 이들에게 좋은 출발점이 될 수 있는 책이라고 생각됩니다. 이 책이 한국교회의 예배 역사에 관한 연구가 활발히 진행되도록 돕는 디딤돌의 역할을 하길 바랍니다. 두 분 박사님의 귀한 연구에 감사드립니다.

최승근 교수 (장로회신학대학교 예배설교학)

머리말

예배란 하나님의 부르심에 응답하여 신자들이 주님께 드리는 영적 행위이다. 참된 예배자들은 매 주일 모여 예배를 드리는 동시에 매일의 삶을 드리는 이들이다. 이 예배에는 학문적으로 예배학 분야와 예배사 분야로 나누어 볼 수 있을 것이다. '예배학'은 예배를 원리와 순서를 중심으로 전개하며, '예배사'는 예배의 역사를 기술하는 것을 중점으로 한다. 교회사나 세상의 역사는 과거의 사실만을 반추하는데 있지 않고 과거의 일을 통해 현재를 진단하고 미래를 세우는 작업을 하는 데에 그 의미가 있듯이, 교회의 예배사도 과거와 현재 그리고 미래와 연관되어 있다.

여기서 필자는 '예배의 발전'이라는 말 대신에 '예배 예전의 변천사'라는 용어를 선호하며 이런 관점에서 이 글을 전개하려고 한다. 왜냐하면, 시대가 현대에 가까울수록 발전적인 측면이 없지는 않으나 최근 시대가 항상 예배의 가장 발전된 형태라고 볼 수는 없기 때문이다. 어떤 경우에는 고대나 종교개혁기의 예배가 더 성경적이며 더 세련된 경우도 있음을 인정해야 한다. 그런 의미에서 '발전'이라는 말 대신에 '변천과정의 역사'라고 규정함이 더 적절하다고 생각된다.

이 책은 세계교회 예배사의 한 부분으로서 한국교회의 예배 예전의 역사를 다루고 있다. 예배와 관련하여 한국교회의 현실은 어떠한가? 지금까지 우리 교회에는 일반 예배학에 대한 연구는 상당히 진척되어 있음에도 불구하고, 예배사에 대해서는 전문적인 연구나 저서가 제대로 나타나 있지 않았다. 이런 정황에서 이 저서의 공동 저자들은 한국교회 예배사의 필요성을 절감하여 틈틈이 관련서적들을 살펴왔으며 강의와 연구 끝에 이제야 『한국교회 예배사』라는 제목으로 책을 내게 되었다. 이 책이 개론서의 성격이 있으며, 때 늦은 감이 없지 않지만 앞으로 이 연구를 기반으로 더욱 체계적인 예배사의 문헌들이 발행되기를 간절히 바라는 마음이다.

여기서 제시되는 한국교회 예배사의 시대구분은 다섯 시기로 구분해 보았다. 이에 따라 여러 개신교를 중심으로 다루었으며, 현대 성공회와 천주교 그리고 정교회에 대해서도 개략적으로 다루어 봄으로써 한국 내 기독교 전반적인 예배의 역사에 대해 살피려고 노력하였다.

이 책의 연구 대상 서적들을 선정하고 분석하고 소개하는 일 등은 두 사람의 공동 작업으로 이루어졌다. 세부적으로 연구하는 일과 전체적으로 살피는 일 등에서 지혜를 모아 이루어진 것이다. 이 분야를 연구하면서 내용 자체가 아주 방대한 점을 새삼 인식하지 않을 수 없었으며, 좀 더 깊이 다루지 못한 점을 아쉬워하며, 이 후에 더 깊이 있는 한국교회 예배사 연구를 기대해본다. 이와 더불어 이 책을 기꺼이 추천해주신 예배학계의 교수님들께 감사드리며, 어려운 여건 가운데서도 이 예배서 연구의 출판을 위해 힘써준 대서출판사 장대윤 장로님께도 감사를 드린다.

삼위일체 하나님께 영광과 감사를 돌리며!
2022. 10. 공동저자 김상구 · 김태규

제1장

들어가는 글

1. 연구 동기와 목적

예배는 구약시대와 신약시대, 그 이후 오늘에 이르기까지 많은 발전과 변화를 겪으면서 계속 되어왔다. 조국 땅에 선교사들에 의해 복음이 전파된 지 140여 년을 지나고 있는 이 때, 우리 교계에서 비록 늦은 감이 있기는 하지만 한국교회 예배의 역사적 이해라는 측면에서 연구가 진행되고 있다. 이 연구에서 나타나는 바대로, 일반 예배학은 번역서적이나 한국인에 의한 저작들이 상당한 수준에 이르고 있다.

이에 비해 한국 교회의 예배사(禮拜史)를 다루는 분야는 아직도 개척단계에 있다고 보아야 할 것이다. 이런 상황에서 이 연구를 통해 한국교회의 예배 변천과정을 전반적으로 연구하여 한국교회 예배사 연구의 초석을 다지며, 향후 계속적인 연구를 통해 더 발전된 예배사적 학문체계가 세워지기를 바란다.

2. 연구 방법과 범위

예배에 있어서 성령의 역사는 가장 기본적이고도 중요한 요인이다(요 4:24). 본서에서는 이를 전제로 한국교회의 예배사를 전반적으로 살펴보고자 한다. 예배사를 연구하는 방법에는 시대에 따라 예배 실제상황과 현장을 대상으로 하는 연구, 그리고 또 다른 방법으로 이미 발행된 문헌을 중심으로 한 연구가 있을 것이다. 이러한 방법 중에 예배의 실제상황과 현장에 대한 파악은 제한되는 면이 많으므로 여기서는 문헌을 중심으로 한국교회 예배사를 연구하고자 한다.[1] 이를 고찰하기 위해 다음과 같이 연구 범위와 방법을 제시한다.

첫째, 한국교회 예배사의 시대구분으로 선교 초기(1885 - 1900), 형성기 (1901 - 1930), 침체기(1931 - 1960), 굴곡기(1961 - 1990), 재정립기(1991 -) 등으로 나누어 각 시대의 예배를 다루고자 한다.[2] 선교초기를 제외하고는 30여년을 기준으로 구분하여 전개한다.

둘째, 여기에서 제시되는 개신교단들, 즉 장로교, 감리교, 성결교, 침례교, 하나님의 성회(순복음), 루터교, 구세군, 성공회(해방 이전) 등 여러 교단의 예배 관련문헌을 중점적으로 비교 분석할 것이다. 이외에 대한 성공회, 한국 천주교, 그리고 한국 정교회 등의 최근 예배(미사, 성찬예배)에 대해서는 간략히 다루고자 한다(제6장).

셋째, 두 개 이상의 교단으로 분립된 장로교와 성결교의 경우, 각 교단의 약칭 순서(가나다 순)에 따라 배열할 것이다. 또한 예배관련 문서의 배

---

1 이 연구에서 예배관련 문서들 중 미처 파악되지 못한 도서들이 있을 것으로 판단되며, 최근에 새로 발견되었거나 이미 출판된 도서에 대해서는 앞으로 소개 및 연구가 이루어져야 할 것이다. 또한 본서에서는 주일예배 위주로 다루었으며 성찬과 세례에 대해서는 일부 내용만 다루었다. 또한 단행본으로 나온 성찬과 세례에 대해서는 거의 소개하지 않았음을 밝혀둔다.

2 한국교회 예배사의 시대구분을 시도한 학자들은 많지 않다. 허도화는 『한국교회 예배사』에서 주일예배의 형성기(1879 - 1900), 전통기(1901 - 1930), 토착기(1931 - 1960), 굴절기(1961 - 1990), 갱신기(1991이후)로 나누고 있다. 허도화, 『한국교회 예배사』(서울: 한국강해설교출판부, 2003), 23 - 266. 또한 김경진은 『개혁교회의 예배·예전 및 직제 I 』에 기고한 논문 "한국 장로교의 예배"에서 좀 더 세부적으로 나누고 있다. 즉 만주로부터 전해 받은 예배전통, 미국의 선교사들이 소개한 예배전통, 네비우스 선교정책과 초기 한국장로교 예배, 한국장로교 예배형성(1907 - 1930), 그리고 이후 단순하고 감정적 기복적 예배(1930년대 - 1970년대), 예배의 낭만주의(1980년대 전반), 소비자 중심의 예배(1980이후 -)로 나눈다. 김경진, "한국장로교회 예배", 총회교육자원부 편 『개혁교회의 예배·예전 및 직제 I 』(서울: 한국장로교출판사, 2015). 149-74.

열순서는 발행시기 순서대로 다루되 먼저, 각 교단별로 헌법(헌장, 교리와 장정)[3]에 나타난 예배조항이나 예배모범을 다루고, 이어 예배서(예식서)의 내용들을 다룰 것이다.

넷째, 각 교단별, 개인별 세부 고찰항목은 주일 대예배, 주일오후(밤) 예배를 중심으로 하며, 수요기도회, 또는 금요기도회, 그리고 성례(세례와 성찬) 부분은 가급적 간략히 다루고자 한다. 여기서 선교초기부터 침체기까지는 예배에 관련한 개인의 저서들이 많지 않으며, 그들의 역할이 컸던 점을 고려하여 그 저서들을 비교적 상세히 고찰하기로 하며, 그 이후 시대의 개인저서들에 대해서는 주로 서지사항을 위주로 소개하도록 할 것이다.

다섯째, 용어 사용과 철자사용은 다음의 원칙들에 따라 제시될 것이다. 각 교단의 예배관련 문서들에서 "예배서", "(표준)예식서", "예배예식서", "예전예식서", "공동예배서", "목회 예식서" 등 다양한 용어는 그대로 사용하되, 본서 제5장과 6장에서 장로교와 성결교 예배를 다룰 때는 이 용어들을 "예배 예식서"라는 제목 아래에 해당 문서들을 설명할 것이다. 또한 초기 문헌 중에는 오늘날에 사용되지 않은 한글문자들, 예를 들어 아래아(.)나 복모음 사용 등은 현대용법에 맞는 단어로 바꾸어 사용할 것이며, 이외의 다른 용어들에 대해서는 해당문서를 논할 때 각기 설명할 것이다.

3. 이 책의 구성

본서는 한국교회 예배사의 변천과정을 살펴보기 위하여 제1장 들어가는 글에서 연구동기와 목적, 연구 방법과 범위 등을 서술하고, 제2장 선

---

[3] 장로교는 '헌법', 감리교는 '교리와 장정', 성결교는 '헌법'(기성) 또는 '헌장'(예성)이라고 칭하고 있다.

교 초기의 예배(1885-1900)에서는 개요, 예배 관련 교단 및 개인 문서들을 다루며 특별고찰로서 중국인을 위한 미국 성공회의 『公禱文』(1899)을 다루며, 소결론을 맺을 것이다. 제3장 형성기의 예배(1901-1930)에서도 개요, 예배 관련 교단 및 개인 문서들을 다루며 특별고찰로서 종고성교회(성공회)『공도문』(1908)를 살펴볼 것이다. 제4장 침체기의 예배(1931-1960)에서는 개요, 예배 관련 교단 및 개인 문서들을 다루며 특별고찰로서 조선성공회『공도문』(1939)을 비롯한 세 문서를 다룰 것이다. 제5장 굴곡기의 예배(1961-1990)에서는 개요, 교단문서를 세부적으로 다루며, 그리고 개인문서들(한국인의 저서들, 번역서들, 예배사 저서들)을 소개하며, 이어 특별고찰로서 『리마예식서』(1982)를 살피고자 한다. 제6장 재정립기의 예배(1991-)에서는 개요, 그리고 교단문서를 중점적으로 다루며, 개인문서들(한국인의 저서들, 번역서들, 예배사 저서들)을 소개할 것이며, 특별고찰로서 성공회, 천주교, 정교회 등에 대해서 간략하게 다룰 것이다. 제7장 나가는 글에서는 전체 요약 및 평가를 한 후, 한국교회 예배에 대한 연구발전 방향을 제시할 것이다. 여기에는 본 연구를 바탕으로 한국교회 예배문서들과 관련하여 개신교단과 기타교단(현대 천주교, 성공회, 정교회) 상호간에 좀 더 세부적인 대조 비교 연구, 예배에 있어서 세례에 관한 심도 있는 연구, 또한 예배와 성령님과의 관계에 대해서 예배사적인 연구, 그리고 한국교회의 예배상황을 중심으로 한 예배운동에 대한 예배사적 연구에 대하여 제안할 것이다.

제2장
선교 초기의 예배(1885-1900)

1. 개요

한국 선교가 본격적으로 목사 선교사들에 의해 시작된 것은 1885년 장로교 언더우드와 감리교 아펜젤러의 내한(來韓)으로부터이다. 이보다 앞서 만주에서 한인들을 위해 전도 활동했던 선교사 매킨타이어와 로스 선교사 등은 한국인을 상대로 성경을 한글로 번역하였는데 한인 조사들의 도움을 받아 마태복음과 요한복음을 출판했다. 이 한인 조사들은 만주지역의 한인들은 물론, 국내에도 이 복음서들을 전해주었으며 이 성경들은 예배에 활용되었을 것으로 보인다. 한편, 일본에 파송되었던 외교관의 보좌역인 이수정은 일본에서 세례를 받고 마가복음을 번역하였다. 언더우드와 아펜젤러가 1885년 4월 5일 부활절에 인천항으로 입항할 때 이 마가복음을 가지고 들어왔으며 이 성경이 예배에 사용되었을 것으로 보인다. 그러나 두 경로를 통해 들어온 이 성경들이 초기 한국교회 예배에 어떤 영향을 끼쳤는지에 대해서는 현재까지 본격적으로 연구되지 못하고 있는 상황이므로 이 글에서는 논외로 한다.

본장에서는 관련 문서들의 주일 예배와 성찬식 등을 통해 이루어지는 선교 초기의 예배를 다루고자 한다. 이 시기는 선교사들의 입국(1885)으로부터 선교사들의 주도로 번역위주의 예배 문서들이 작성되었던 1900

년까지로 설정한다. 이 기간에 장로교와 감리교는 선교사들을 중심으로 활동이 이루어지고 있었으나, 성결교는 아직 선교사와 신자들의 활동이 시작되기 전이었으므로 여기서는 다루지 않을 것이다.

여기에서 예배관련 문서로 먼저, 장로교의 『위원입교인규됴』(1895)를 살펴 볼 것이며, 다음으로 감리교의 문서들로 『미이미교회강례』(1890)와 『주일예배경』(1895), 『대한그리스도인회보』(1898), 『예수교감리회강례』(1899) 등을 살펴볼 것이다. 이 후에 특별고찰로서 한국교회 초기 예배와 관련해서 중국인을 위해 미국 성공회가 발행한 大美國聖公會, 『公禱文』(1899)을 간략히 고찰하고자 하며, 마지막으로 소결론으로 이 장을 맺고자 한다.

2. 예배 관련 교단 및 개인 문서들

1) 장로교

(1) 『위원입교인규조』(爲願入教人規條, 1895)

이 문서는 마펫(Moffet Samuel, Austin, 한자식 이름 馬布三悅)[4]이 작성한 것으로, 본격적인 예배서라기보다는 세례 받아 입교인(入教人)이 되기 위해 공부해야 할 내용들로 구성되어 있는 '신앙 교육서'(catechism)로 볼 수 있다. 전체 구성을 보면, '서'(序)에 이어, '각식 도고문'(주기도문을 포함한 각종 기도문들을 가리킴-필자 주), '성경공부', '수주일론'(守主日論, 주일을 지키는 의론), '성

---

[4] 마포삼열(1864-1939)은 1889년 매코믹 신학교를 졸업했으며 대학원에서는 화학을 전공하고 박사학위를 취득하였다. 1889년 미국 북 장로교 선교부로부터 한국 선교사로 임명되었고, 내한하였다. 1893년까지는 서울에서, 1893이후에는 평양에서 활동하였다. 1901년 평양 장로회 신학교를 설립하고 초대교장에 취임하였다. 1918-28년에는 숭실 중학교, 숭실 전문학교의 교장을 역임하기도 하였다.

례론'(세례, 성찬), 십계명이 담겨있는 '교회규모'(敎會規模), '교회치리법', '연보전조략'(捐補錢條畧 – 헌금에 관한 내용임), '찬송시' 등으로 나타난다.[5] 이 문서는 틀을 갖춘 예배서는 아니지만, 예배와 관련하여 장로교에서 발간한 최초의 문서라는데 큰 의미가 있다.

먼저, '수주일론'(守主日論, 주일을 지키는 의론)을 전체적으로 살펴보자.

주일의 기원을 설명하는데 원래 하나님이 창조를 마치시고 안식일을 세우셨는데 예수께서 부활하신 후부터 주일을 안식일로 지키게 되었으며 이 날에 예배당에 들어가 도리를 들으며 성경을 보고 기도하며 노래(찬송을 지칭함 – 필자 주)를 불러 하나님을 찬미하며 좋은 말을 하며 이 날에 착한 행실을 행한다고 하였다.[6] 이어, 주일예배의 주의사항이 나타난다. 예배를 지낼 때에 여러 교우가 하나님을 공경할 줄 아는 마음으로 담배 먹지 말며 문안하지 말며 공순히 예배를 지킬 것이요 목사나 조사가 없으면 장로나 영수가 예배를 거느릴 것이라고 하였다.[7] 이어서 예배순서가 나오는데 이것은 네비우스 선교정책을 따라 임시적으로 간략히 만든 예배순서로 보인다.[8] 그 후 간단한 주의사항이 또 나온다.

이어, 이 문서에 나타난 주일 예배순서를 살펴보고자 한다.[9]

일 찬미시를 부를 것이요, **이** 기도할 것이요, **삼** 성서를 볼 것이요, **사** 교우 중에 한 사람이나 두 사람이 기도할 것이요, **오** 찬미시를 부를 것이요, **육** 성서

---

[5] 마포삼열, 『위원입교인규조』(서울: 조선예수교서회, 1895), 3, 12-13. 여기서 '규조'라는 말은 원문에는 '규됴'로 되어있다. '규됴'를 '규조'로 바꾸어 읽고 쓰는 것을 문법에서 구개음화 현상이라고 한다. 이하의 조선조 말기에 나온 모든 문서인용은 주로 현대어 표기법을 사용하되 원문의 의미는 최대한 살리고자 한다. 이 소책자의 1913년(제11판) 발행판에는 우리말 책명과 함께 영어명이 *Manual for Catechumens*로 나타나있다.
[6] 마포삼열, 『위원입교인규조』, 12.
[7] 마포삼열, 『위원입교인규조』, 13.
[8] 김경진, "한국장로교회 예배", 162-63.
[9] 마포삼열, 『위원입교인규조』, 13.

뜻을 풀어 가르칠 것이요, **칠** 기도할 것이요, **팔** 연보전을 드릴 것이요, **구** 찬미시를 부를 것이요

이 예배순서 뒤에 간단한 주의사항이 나온다.

만일 예배당이 가깝지 아니하면 한 달 동안에 한 주일 혹은 두 주일 예배당에 가서 예배를 지키기를 경영할 것이요 혹 예배당이 너무 멀고 나이 많고 병이 있어 갈 수 없으면 권속이나 이웃사람을 데리고 가서 예배를 지킬 것이다

다음으로, 이 소책자에 나오는 주일 예배순서를 분석하고자 한다.

첫째, 장로교의 이 예배순서는 전반적으로 약식 예배순서로 나타나 있다. 이것은 초기 감리교회와 대조적인 것으로 감리교회의 예배는 장로교에 비해 비교적 예전적이었다.

둘째, 이 예배순서에는 사도신경이나 주기도문이 나오지 않는다. 이 문서의 예배순서 조항이 아닌 다른 조항 설명에 주기도문과 십계명이 실려 있기는 하나, 예배순서에 반영되어 있지 않다. 이에 비해 초기 감리교는 선교 초기부터 주일 예배순서에 주기도문과 사도신경을 포함시켰다.

셋째, 이 예배순서에는 '설교' 대신에 '성서 뜻을 풀어 가르침'으로 나오며, '축도'가 나오지 않는다. 이것은 선교 초기에 선교사(목사) 외에는 '설교'와 '축도'를 시행할 수 없는 상황을 염두에 둔 것으로 보인다. 이 예배순서는 1932년 새문안교회[10] 주보에 나와 있는 예배와 비교해볼 때 설

---

[10] 새문안교회는 1887년에 9월에 서울에 설립된 한국 장로교회 최초로 목사, 장로, 신도들로 구성된 조직교회로서 언더우드가 교인들 14명과 함께 설립하였다. 처음에는 '정동교회'라는 이름을 갖고 있었으나 이사하여 '서대문교회'라고 불렸다가 '새문안교회'로 바꾸게 되었다. 그 이전에 황해도에 평신도(서경조)에 의해 세워진 최초의 장로교회가 있었는데 그것은 솔내교회이다. 이 교회는 새문안교회가 세워지기 약 1년 전에 세워진 것으로 조직교회는 아니었다. 한편, 감리교회는 1887년 새문안교회가 설립된 그해 10월에 최초로 아펜젤러에 의해 세워졌는데 이를 '정동제일교회' 또는

교 대신 성경공부인 점, 시편낭독과 광고, 축도가 없다는 점 등에서 차이가 있을 뿐 큰 흐름에서 거의 같은 예전이었음을 알 수 있다.[11] 장로교의 이러한 약식 형태의 예배경향은 이후 시기들에 활동했던 선교사 곽안련과 소열도 책에서 언급되는 예전적 성격의 예배 형식에 영향을 받지 아니하고, 1960년대까지 한국 장로교 예배에 계속 영향을 준 것으로 보인다.[12]

2) 감리교

(1) 『미이미교회강례』(美以美敎會綱例) (1890)[13]

이 문서는 장로교의 『위원입교인규조』보다 5년 먼저 나온 문서로서 한국 감리교도들을 위해 미국 북 감리회 소속 선교사인 아펜젤러(한자명 亞扁薛羅, 아편설라)가 편집한 것이다. 그는 당시 미국 북 감리회가 중국에서 발행된 한문판 『美以美會綱例』(1880)[14]를 일부 번역하거나 내용을 추가하여

'벧엘 예배당'이라고 하였다.
[11] 김경진은 이런 분석과 함께 이 문서에 영향을 끼친 네비우스 선교정책의 위력을 새삼 실감할 수밖에 없다고 평가하였다. 김경진, "한국장로교회 예배," 163.
[12] 장로교단 공식문서인 예식서에 주일예배를 처음으로 예전적인 순서로 제시한 것은 기장 교단(기독교 장로회)의 『예식서』(1964)이며 이에 대해서는 후론할 것이다.
[13] '미이미교회'(美以美敎會)란 영어의 The Methodist Episcopal Mission Church를 한자로 음역하여 나온 것으로 한국(당시 조선)에 선교했던 미국 북 감리교회를 초기에 일컫던 이름이다. 이어 나오는 '강례'(綱例)란 말은 대강(大綱, The Articles of Religion, 종교강령)과 총례(總例, The General Rules, 일반규례)를 줄인 말이다. 북 감리교회(The Methodist Episcopal Church)는 선교 초기에 '미이미교회,' 후에는 '미감리회'로 호칭되었다. 이에 비해, 남 감리교회(The Methodist Episcopal Church, South)는 초기에 '예수교 감리회', 후에는 '남 감리교회'라고 불렸다. 원래 영국에서 존 웨슬리의 영향으로 형성되었던 '감리회 신도회'는 미국(당시는 영국 식민지)에서 영국보다 먼저 국교회로부터 독립하여 '감리교회'라 하였으며(1784년), 영국 신도회는 웨슬리 사망(1791) 이후 1795년에 감리교회로 독립하였다. 이 후 남북으로 감리교가 분열(1844)하는데 그 주요원인 중의 하나는 노예해방에 대한 견해 차이로 인한 것이었다. 한국 선교당시에는 남·북 감리교회가 분리되어 있었던 때였다. 김태규, 『한국교회 초기문헌에 나타난 성찬신학과 실제』(예영커뮤니케이션, 2009), 28-30를 참조하라.
[14] 한문판 『美以美會綱例』는 1880년 당시 중국 선교사였던 맥클레이가 번역한 미국 북 감리교회 교

이 문서를 발행하였는데, 문서명을 한문판의 '회'를 '교회'로 바꾸어『미이미교회강례』라 한 것이다. 이 문서의 의의는 "한국 개신교 역사상 가장 먼저 나온 예전서"라는 평가를 받는다는 데 있다. 여기에는 주일예배는 나타나지 않고, 제1부 '대강'(大綱)에서는 감리교 주요교리, 제2부 '총례'(總例)에서는 감리교인의 신앙생활 규칙과 속장의 직책을 설명하고 있으며 제3부에 각종 예문(禮文) 즉 세례, 성찬, 혼인, 상장(喪葬) 예문이 나온다.

다음으로, 이 문서의 제3부에 나타나고 있는 성찬식을 간략하게 소개하기로 한다. 본문에는 성찬식 시작 전에 간단한 주의사항을 알려주는 내용이 언급된 후, 이어 성찬식에 들어간다.[15] 아래 인용구들 중 굵은글씨의 표시는 필자에 의한 것이다.

어느 때에 만찬을 지키든지 주의 만찬 예문에 술 빚지 아니한 포도즙 정한 것만 쓰느니라.

구제헌금과 이에 해당되는 말씀낭독 - 성찬초대 - 공동 죄 고백 - 집도(Collect) - (집례자에 의한) 기도 - 성별기도(봉헌기도) - 성찬 제정의 말씀 - 집례자(목사)의 수찬 - 목사에 의한 기도 - 회중에 대한 수찬 - **주기도** - 감사기도(Ⅰ, Ⅱ) - 찬송 - 축복.

성찬식이 끝난 후 주의사항에 다음과 같이 나온다.

성례에 목사가 예문을 읽을 '때'(필자 주 - '시간'을 의미함)가 부족하면 회중을 청하는 글과 자복하는 글과 봉헌하는 기도 외에는 다 제할 것이요 병인에게

리와 장정이다. 『美以美會綱例』, R. S. 맥클레이 역 (中國 福州: 美華書局, 1880). 이에 대한 자세한 내용은 김태규, 『한국교회 초기문헌에 나타난 성찬신학과 실제』, 32-34를 참조하라.
15 『미이미교회강례』, H. G. 아펜젤러 역 (경성: 삼문출판사, 1890), 26-34.

베푸는 성례와[16] 봉헌하는 기도와 떡과 술[17]을 줄 때에 읽는 글과 자기 마음대로 하는 기도와 복비는 기도 외에는 다 제할지니라

이 성찬식 순서와 주의사항에 대한 분석은 뒤에 나올 『예수교감리회강례』 항목의 분석 란에서 두 문서를 상호 비교하며 자세히 살펴볼 것이다.

(2) 『주일예배경』(1895)

이 문서는 감리교 선교사 스크랜톤(W. B. Scranton)이 편역한 것으로[18] 표지 중앙에 책명이 나와 있고, 그 오른 쪽에는 '구세주강생일천팔백구십오년', 그리고 왼 쪽에는 '대조선개국오백사년'으로 나타나있다.[19] 이것은 웨슬리가 『북미 감리교인들을 위한 주일예배』(The Sunday Service of the Methodists in North America. With other Occasional Services, 1784)[20]의 많은 부분을

---

[16] 여기서 '성례와'는 '성례는'으로 고쳐 읽어야 한다. 『대강령과 규칙』에서는 바로 잡혀 나온다. "성례 성만찬례문" 『대강령과 규칙』(서울: 조선야소교서회, 1910), 32.

[17] 여기서 '술'은 '포도즙'을 의미한다. 이것은 이 예식의 첫머리 주의사항에 "술 빚지 아니한 포도즙 정한 것만 쓰느니라"를 보아 알 수 있다.

[18] 김양선, "한국 기독교 초기 간행물에 관하여(1882 - 1900)", 「史叢(사총)」 12·13집 (1968): 594. 여기서 『주일예배경』(主日禮拜經)에 대해 W. B. Scranton이 저자라고 하나, 이는 역자를 잘못 표현한 것이다. 그는, 『주일예배경』에 대해 (59) 항목과 (64) 항목, 이 두 항목의 책명과 출판년도가 동일한데 저자가 다른 것으로 소개하고 있다. (59번)에는 스크랜톤 著로, (64번) 항목은 趙馬可 神父 編, '성공회 전용의 여러 가지 경문'이라고 나온다. 또한 노고수는 『한국 기독교 서지 연구』에서 동일 제목과 동일 출판사(삼문출판사: 이 출판사는 감리교 소유로서 초기에는 감리교와 장로교의 문서들을 인쇄하였다)로 기재하고 있으며, 여기서도 이 책의 저자가 각기 다른 두 명(역자)로 나타나는데 이는 김양선의 논문을 인용한 것으로 보인다. 노고수, 『한국 기독교 서지 연구』(부산, 예술문화사, 1981), 264. 한편, 감리교 목사 주학선은 그의 책 『한국감리교회 예배』, 129-30에서 김양선을 인용하여 이 문서를 소개하면서 이 책은 아직 발견되지 않아서 구체적으로 어떤 내용을 담고 있는지 밝힐 수 없다고 하였으나, 최근 이 문서가 숭실대학교 도서관에 소장되어 있어 그 내용이 알려지고 있다. 김영태, 『존 웨슬리로 본, 한국교회 주일예배 이렇게 드리라』(서울: 대서, 2018) 18084에서 『주일예배경』에 대해 자세히 언급하고 있다.

[19] 『주일예배경』, 시란돈(스크랜톤) 편역 (서울: 발행처 불명, 1895), 표지.

[20] 웨슬리 예전은, 연중 매주일 아침과 저녁에 읽을 말씀들이 소개되어 있고, 이어 주일아침과 저녁 기도회, 수요일과 금요일에 사용되는 연도(連禱, Litany 또는 General Supplication), 주일에 사용하는 기도와 감사기도, 매주일 사용하는 축문(집도 Collects)과 서신서들과 복음서들이 나온다. 그 후 성찬집례 순서가 나온다. 장로(목회자를 의미함 - 필자 주)의 **주기도**, 집도, **십계명** 낭송, 집

번역하였으며, 또 일부 내용은 웨슬리 예전에 없는 것을 당시 미국 감리교회에서 사용하는 것이나 영국 국교회의 것을 삽입하기도 하였으며, 어떤 것은 순서를 바꾸거나 추가한 것으로 보인다. 이로 볼 때 웨슬리 예전에 큰 영향을 끼쳤던 영국 국교회 기도서와 웨슬리 예전, 그리고 『주일예배경』을 세부적으로 상호 비교 연구하는 일이 필요하겠으나 여기에서는 『주일예배경』의 내용을 중심으로 살펴보자.

먼저, 『주일예배경』의 내용을 제목 위주로 살펴보기로 한다. 아래에 나오는 굵은 글씨는 주의를 요하는 의미로 필자의 표시이다.

> 열 가지 은혜로운 경, 아침에 혼자 하는 기도문, 저녁에 혼자 하는 기도문, 교회 도문[도문은 기도문을 이름] - 조석도문(인사, 성구 10구절), 그리고 각 절기, 즉 강림주일, 성탄일, 조회일, 예수 수난일, 예수 부생일[부활일을 의미함], 예수 승천일, 성신 강림일, 삼위일체 주일 이름 아래 해당 성구들), 권중문[자복을 권면하는 말임, 인죄문[공동 죄 고백 기도임], 목사의 사죄기도(3가지 중 하나), **주기도**, 영광경, 개래송(皆來頌 - 시95편), 영광경, 구약봉독, 아침기도 때에는 찬미송(테 데움을 가리킴)이나 이스라엘 송(사가랴의 찬미, 눅1:8 - 79).
>
> 그리고 저녁기도 때에는 주를 높이는 송[마리아 송가를 이름], 영광경, 신가송(시98편), 신약봉독, 아침기도 때에는 이스라엘 송이나 환호송(시100편) 그

도, [**여기에 국교회 예전에는 니케아 신경이 나오나 웨슬리는 생략한다**], 서신서, 복음서, 설교, 구제에 관한 말씀, 구제헌금과 성찬예물 봉헌, 기도, 권면, 공동죄고백 기도, 장로의 기도(2번), 수르숨 코르다(마음을 드높이), 서도(Preface), 성별기도, 목회자(Minister)의 수찬, 신자의 수찬, (빵과 포도주가 부족할 때에는 장로가 성별기도를 다시 한 후 나눠줄 것, 남은 성물은 깨끗한 린넨 천으로 덮을 것), 수찬이 끝난 후 남은 성물은 린넨 포자기로 덮음, 기도(3번), 축도, 폐회 등으로 나온다. 그리고 뒤이어 유아세례, 성인세례, 결혼식, 환자를 위한 성찬, 장례식 예문, 마지막으로 아침기도와 저녁기도에 사용되는 시편 발췌문 등이 실려 있다. John Wesley, *The Sunday Service of the Methodists in North Americaa. With other Occasional Services* (London: 발행처 불명, 1784), 이 문서는 Tennessee Nashville에 있는 미국 감리교 출판사에서 1992년 감리교 고전으로 발행된 것이다. 앞의 굵은 글씨의 순서는 주의를 요하는 부분으로 필자의 표시이다.

리고 저녁기도 때는 주께 구하는 송(시므온의 찬미, 눅 2:29 - 32), 영광송, 연민송(시67편), **사도신경** 또는 **이길아 신경²¹**(부활일, 승천일, 삼위일체일, 성탄일, 성찬 베푸는 날에 시행할지니라), 연도(모두 8번), 세 축문(본일 축문, 구안도문, 구은도문이나 위험에서 벗어나는 기도문), 찬미, 수전(헌금을 지칭), 찬미나 기도 - **전도**(설교를 의미함)할 때나 만찬을 베풀 때 찬미는 사도축문(축도를 의미함) 후에 할 것, 목사 마음대로 다음에 나오는 기도문들 중에 하나를 취해 기도한 후 사도축문으로 마치라, 응하시기를 구하는 기도문(크리소스톰 기도문을 가리킴), 사도축문(고후 13:13).

여기서 조석 기도문이 마무리된다. 만일 **전도**(설교를 이름)가 이 뒤에 있으면 목사가 마음(에 정한) 대로 전한 후 찬미하라, 때를 따라 행하는 기도문(이 기도문을 사용할 때에 특별 히 감사문이나 사도축문 전에 시행하라. 이 기도문은 지상교회를 위해, 모든 소솔을 위해, 나라를 위해, 백성을 위해, 빈궁하고 불쌍한 자들을 위해, 죄 중에 있는 자들을 위해, 믿음을 굳건키 위한 기도, 뭇사람을 위한 기도, (참된) 기도하는 마음을 위한 기도, 아침에 하는 기도문, 저녁에 하는 기도문, 조석 기도할 때에 다른 기도문 후에 하거나 성만찬 베풀 때에 도할 수 있는 기도문, 수전(헌금을 의미함)을 상에 놓을 때 하는 기도문, 총도문(이 기도문은 주일, 삼일, 금요일에 사용하라, 이는 Litany 또는 Gerneral Supplication을 뜻하는데 여기서 33개의 연도가 나온다).

여기서 겸손 간구 기도문까지 지난다. 연도(4개), **주의 기도문**, 연도(10개), 겸손 간구 기 도, 여기서 목사가 때를 따라 다른 기도도 할 수 있음, 응답하시기를 위한 기도문(크리소스톰 기도문을 가리킴), 축도가 나온다. 이어 주년주일 축문(周年主日祝文)이 나온다(교회력에 따라 각 축문과 이에 따른 성구가

---

21 이길아 신경은 니케아 신경을 번역한 말이다. 니케아 신경이 우리나라 문서나 중국(한문) 문서에 세 가지로 나온다. 『주일예배경』(1895)에는 '이길아 신경', 미국 성공회가 중국에서 출판한 한문 『公禱文』(1899) 施聖餐文에 '尼吉亞信經'으로, 그리고 宗古聖敎會(후에 성공회라 이름함)의 『공도문』(1908) 성찬례에는 '니개아신경'(尼凱亞信經) 등으로 나온다. 『주일예배경』 25 - 26; 大美國聖公會, 『公禱文』(1899) 施聖餐文, 3 - 4; 宗古聖敎會, 『공도문』 73 - 74. 이로 보아 『주일예배경』의 이길아 신경이라는 이름은 한문 『公禱文』의 尼吉亞 信經과 같은 번역어를 쓰고 있음을 알 수 있다.

나옴].²²

다음으로, 『주일예배경』에서 몇 가지를 분석 평가하고자 한다. 이 문서에는 주일예배와 성찬식이 일목요연하게 정리되어 있지 않고, 아침과 저녁 기도회 등과 혼재되어 나타난다.

첫째, 『주일예배경』에는 십계명이 삭제되어 있다. 그러나 이 문서의 원전에 해당하는 웨슬리 예전(1784)에는 십계명이 나타나 있다.²³ 또한 웨슬리 예전의 모체라 할 수 있는 영국 국교회 예전인 『공동기도서』(1552)²⁴ 에도 역시 나타나 있다.²⁵ 이 십계명을 사용한 예전들에 대해서는 본서 제3장 "형성기의 예배" 중 곽안련의 『목사지법』 항에서 자세히 다루도록 할 것이다.

둘째, 이 문서에는 신경에 있어서 '사도신경'과 함께 '이길아'[니케아] 신경을 사용하고 있다.²⁶ 영국 국교회 예전(1662)에는 사도신경과 함께 니

---

22 주년주일 축문(周年主日祝文)의 내용은 다음과 같다: 강림 첫 주일, 둘째 주일, 강림 셋째 주일, 강림 넷째 주일, 예수 성탄주일, 성탄 후 첫째 주일, 조희날(1.6일), 조희 후 첫째 주일, 조희 후 둘째 주일, 조희 후 셋째 주일, 조희 후 넷째 주일, 조희 후 다섯째 주일, 조희 후 여섯째 주일, 대재 전 셋째 주일, 대재 전 둘째 주일, 대재 전 첫째 주일, 대재주일, 대재 첫 주일, 대재 둘째 주일, 대제 셋째 주일, 대재 넷째 주일, 대재 다섯째 주일, 부생(부활을 의미) 전 주일, 예수 수난일, 부생일, 부생 후 첫째 주일, 부생 후 이주일, 부생 후 삼주일, 부생 후 사주일, 부생 후 오주일, 승천일, 승천 후 주일, 성신 강림일, 삼위일체 주일, 삼위일체 후 일주일, 삼위일체 후 이주일, 삼위일체 후 삼주일, 삼위일체 후 사주일, 삼위일체 후 오주일, 삼위일체 후 육주일, 삼위일체 후 칠주일, 삼위일체 후 팔주일, 삼위일체 후 구주일, 삼위일체 후 십주일, 삼위일체 후 십일주일, 삼위일체 후 십이주일, 삼위일체 후 십삼주일, 삼위일체 후 십사주일, 삼위일체 후 십오주일, 삼위일체 후 십륙주일, 삼위일체 후 십칠주일, 삼위일체 후 십팔주일, 삼위일체 후 십구주일, 삼위일체 후 이십주일, 삼위일체 이십일주일, 삼위일체 후 이십이주일, 삼위일체후 이십삼주일, 삼위일체 후 이십사주일, 삼위일체 이십오주일.
23 John Wesley, *The Sunday Service of the Methodists in North Americaa. With other Occasional Services* (1784), 125 - 27.
24 여기서 『공동기도서』는 다른 말로 번역하면 『공도문』이다. 이 글에서 두 가지 번역 용어를 병행 사용할 것이다.
25 William D. Maxwell, 『예배의 발전과 그 형태』, 정장복 역(서울: 쿰란출판사, 1996), 194.
26 『주일예배경』 24 - 26. 영국 국교회 예전에 니케아 신경 사용이 처음 나오는 것은 1549년 기도서이다. Brian Cummings가 편집한 *The Book of Common Prayer, The Texts of 1549, 1559 and 1662*

케아 신경, 그리고 아타나시우스 신경[27]도 나타난다. 웨슬리 예전에는 니케아 신경이 나타나지 않는다. 『주일예배경』에 나타나는 니케아 신경은 영국 국교회 예전에서 온 것으로 보인다. 이 문서에서 일반주일에는 사도신경으로 사용하나, 부활절, 승천절, 삼위일체절, 성탄절, 성찬 베푸는 날에는 니케아 신경을 사용한다고 규정한다. 이 문서에서 니케아 신경을 사용한 것은 한국 개신교 문서상 처음 나타난 것으로 그 의미가 있다. 이 신경은 후에 미국 성공회가 중국에서 출판한 『公禱文』(1899), 그리고 宗古聖教會(조선 성공회의 옛 이름)의 『공도문』(1908)에도 나온다.

셋째, 『주일예배경』의 초두에 '열 가지 은혜로운 경', '아침에 혼자 하는 기도문', '저녁에 혼자 하는 기도문'은 웨슬리 예전에는 나오지 않는 것이다. 이 세 가지는 스크랜톤의 다른 번역서인 『세례문답』(1895, 1907 개정판, 1929 등)의 맨 끝 부분에도 나오는데,[28] 이는 『주일예배경』이 스크랜톤의 번역임을 증명하는 것이다.

넷째, 이 예전에서 주기도문을 여러 번 사용하고 있다. 예배에서의 주기도문 사용은 영국 국교에서 자주 사용했던 전통을 감리교회가 잘 이어받아 선교 초기부터 주일예배에서 사용하게 된 것으로 보인다. 이에 비해 장로교의 경우는 선교초기에 주기도문을 주일예배에서 사용하지 않

(Oxford University Press, 2011), 22를 보라. 한국 개신교회의 예식서에 니케아 신조를 소개하고 있거나 사용한 예는 다음과 같다. 『주일예배경』(1895), 종고성교회의 『공도문』(1908), 『리마예식서』(1982년 페루의 수도인 리마에서 세계교회협의회(W.C.C)의 산하 단체인 신앙과 직제 위원회에서 제정된 예식서로 한국에서도 세계교회협의회에 가입한 일부 교단에서 사용되고 있다). 한국 장로교출판사에서 미국 장로교 예식서를 번역한 『공동예배서』(2001), 장로교 기장 측 예식서 『희년예배서』(2003), 성결교단(기성) 『예배와 예식서』(2004), 장로교 통합측 예식서 『예배・예식서』(2008), 그리고 루터교 예전 등이다.

[27] Brian Cummings, edi,. *The Book of Common Prayer, The Texts of 1549, 1559 and 1662*, 247. 한국 개신교회 중 루터교의 예전에 아타나시우스 신조를 예배 때 사용할 수 있다는 언급이 있다. 이것은 뒤에 한국 루터교회 예전에서 자세히 언급할 것이다.

[28] 『세례문답』, 스크랜톤 역 (서울, 조선예수교서회, 1895), 16 - 21; 『세례문답』(개정판, 1907)』, 27 - 29, 32 - 36; 『세례문답』(개정판, 1929), 19 - 24.

았다.

다섯째, 크리소스톰[29] 기도문의 사용이다. 이 기도문은 역사적으로 동방교회나 서방교회에서 자주 권위 있게 사용해 오던 기도문으로, 여기서는 '응하시기를 구하는 기도문'이라고 번역되어 나와 있다. 이 기도문은 이후 한국 초기 감리교회에서 계속 사용하지 않았다.

여섯째, 이 예식서는 한국 선교 초기 감리교 선교사인 스크랜톤에 의해 편역된 것으로 웨슬리가 미국 감리교회에 보냈던 예전과 영국 국교회 예전을 보완하여 낸 예배서이다. 이 문서의 한계점은 초기 한국 감리교의 주일 예배순서에 직접적으로 영향을 끼치지는 못했다는 점이다. 반면, 긍정적 평가로는 감리교 선교사에 의해 이 문서가 출판되었다는 것 자체가 개신교 중에서 감리교단이 다른 교단에 비해 비교적 예전을 중시했다는 점을 잘 보여주고 있다는 점이다.

(3) 『대한크리스도인회보』(1898)

『대한크리스도인회보』[30]는 감리교 선교부에서 매주에 한 번씩 발행되었던 회보이다. 이 회보의 1898년 1월 12일자 내용에 보면, "미이미교회(미국 북 감리교회) 예배예식은 미국 총의회에서 1896년에 작정하여 각국 미이미교회에 전파하는 것인데 이 예식을 각국 교회가 자국 방언으로 번역

---

29 동방교회의 대표적 교부 크리소스톰(Johannes Chrysostomus, 344 - 407)은 서방교회 대표적 교부인 어거스틴(Aurelius Augustinus, 354 - 430)과 비슷한 시기에 살았던 교부이다. 그는 안디옥 출신으로서 381년에 집사(보제, 輔祭)로, 5년 후에는 사제로, 그 후 안디옥 감독으로 봉사하다가 403년 콘스탄티노풀의 감독으로 부임하였다. 그는 성경해석을 잘하고 수사학적인 재능으로 설교자로서 설교를 잘하였다. 그의 설교는 그의 삶이 뒷받침하고 있었다. 김영재, 『기독교회사』(개정3판) (수원: 합동신학대학원출판부, 2004). 그의 이름에서 비롯된 크리소스톰 예전서는 지금도 동방교회에서 가장 많이 사용되는 예전서이다. 이 책의 제6장 특별고찰 중에서 한국 정교회 난을 참조하기 바란다.

30 『대한크리스도인회보』는 1897년 2월 2일자로 창간된 우리나라 최초의 주간 기독교 잡지이자 교회신문으로서 발행인은 아펜젤러이며, 전문이 한글로 되어 있다.

하여 지키게 되었으며 각 교회가 이 예식대로 행하면 성신의 도우심을 입어 이 일을 정함이 대한 교회에게도 유익할 것이다"라고 하였다.[31]

먼저, 이 회보에 나오는 주일 아침예배의 순서(14개)를 살펴보면 다음과 같다.

예배예식[32]

우리 미이미 교회 중에 주일 예배하는 것을 일정하기를 위하여 좌에[33] 기록하는 아침 예배예식을 열심으로 권하노라

一 풍류소리 二 찬미함(회중이 서서 찬미가 책으로) 三 사도신경을 외움 四 기도함(목사와 회중이 다 꿇어 엎드려 기도한 후 주의 기도문을 외움) 五 성가함 六 구약 몇 구절을 읽음(만일 시편을 읽거든 회중과 함께 화답함이 가함) 七 영광경(영광이 성부께와 성자께와 성신께 계시도다. 태초와 이제와 영원할 세상까지 무궁히 계시도다. 아멘) 八 신약 몇 구절을 읽음 九 수전과 고시함 十 찬미함(회중이 서서 찬미가 책으로) 十一 전도함 十二 기도함(전도함이 회중에게 유익되기를 위하여 간단하게) 十三 찬미함(찬미한 후에 찬미 하나님 복 근원으로 그침) 十四 사도축문

다음으로, 이 회보에 나타난 주일 예배순서를 분석하고자 한다.

첫째, 이 회보에 나타난 예배순서는 성만찬 없는 주일예배로서, 이 회보는 비록 감리교의 교리와 장정 또는 예식서 등의 공식문서는 아니지만, 한국 감리교 주일 예배순서를 최초로 소개하고 있다. 한국 감리교회는 해방 이전까지 남·북 감리교 선교회나 조선 감리회 모두 이 순서를

---

31 『대한크리스도인회보』(서울, 발행처 불명, 1898), 1월 12일자, 6.
32 『대한크리스도인회보』 2.
33 본문의 '좌에' 기록했다는 문장을 그대로 옮겨 쓰되, 그 내용은 필자에 의해 '아래에'로 바꾸어 기록한다.

계속 유지하거나 약간 첨가하는 경향을 보여주고 있다.

둘째, 여기서 특별히 주목할 것은 주기도와 사도신경 사용에 관해서이다. 감리교는 선교초기부터 말씀 예배에서 주기도와 사도신경을 시행했다는 점이다. 이에 비해 장로교는 곽안련, 소열도 등 소수의 예배학자(실천신학자)나 선교사가 자신들의 개인 저서에 주기도나 사도신경을 예배에서 사용하기를 주장하였으며, 정식으로 교단에서 발행하는 예식서에는 1960년대에 와서야 장로교(기장 교단) 예식서의 주일예배에 반영되었다.[34] 이로 볼 때, 감리교가 선교 초기부터 주기도와 사도신경, 그리고 신약과 구약 성경교독 순서를 넣어 예배드린 것은 한국 개신교 중에서 다른 교단들에 비해 가장 예전의 모습을 갖춘 교회로 평가될 수 있을 것이다.

(4) 『예수교감리회강례』(1899)

이 강례는 미국 남 감리회 강례인데[35] 북 감리회의 『미이미교회강례』 보다 9년 뒤에 나온 문서이다. 이 책에는 『미이미교회강례』보다 몇 가지 더 추가된 항목들이 나타나고 있으며,[36] 『미이미교회강례』와 마찬가지로 주일예배 순서는 나타나지 않고 성찬식을 비롯한 예식들(유아세례, 성인세

---

[34] 김경진은 그의 글 "한국장로교회의 예배"에서 한국교회가 1970년대까지 마펫 예전을 따라 주일예배(여기에는 사도신경과 주기도문이 없음)를 약식으로 드렸다고 하였으나, 이미 기장 총회가 1964년 발행한 『예식서』의 주일 아침예배에 사도신경과 주기도문 순서를 반영하고 있다. 한국기독교장로회총회, 『예식서』(서울: 종로서적, 1964), 4 - 5; 김경진, "한국 장로교회의 예배", 163.

[35] 이 강례가 남 감리회의 것이라는 중요한 단서를 제2부 총례에서 찾아볼 수 있다. 당시 노예제도를 비판했던 북 감리회의 『미이미교회강례』와 달리, 이 강례에서는 노예제도에 대한 내용이 전혀 나타나지 않는다는 점으로 보아 노예제도를 수용하고 있음을 보여준다. 당시 남 감리교회는 노예제도를 찬성하여 미국 감리교회가 분열하게 된 주요원인이 되었다. 또 다른 단서로 성만찬 예전에 있어서 북 감리교회와 남 감리교회의 차이는 주기도문 순서의 위치인데 북 감리교회는 웨슬리 예전을 따라 회중의 수찬 뒤에 주기도문을 사용한 반면, 남 감리교회는 영국 국교회 『공동 기도서』(1549)를 따라 회중의 수찬 앞에 행했다는 점이다.

[36] 『예수교감리회강례』에는 『미이미교회강례』에 비해 총회장정, 연회장정, 연환회(지방회를 이름 - 필자 주), 계회(계삭회라고도 함), 당회 등의 장정이 더 추가되어 있다. 『예수교감리회강례』(서울: 삼문출판사, 1899), 15 - 37.

하여 지키게 되었으며 각 교회가 이 예식대로 행하면 성신의 도우심을 입어 이 일을 정함이 대한 교회에게도 유익할 것이다"라고 하였다.[31]

먼저, 이 회보에 나오는 주일 아침예배의 순서(14개)를 살펴보면 다음과 같다.

예배예식[32]

우리 미이미 교회 중에 주일 예배하는 것을 일정하기를 위하여 좌에[33] 기록하는 아침 예배예식을 열심으로 권하노라

一 풍류소리 二 찬미함(회중이 서서 찬미가 책으로) 三 사도신경을 외움 四 기도함(목사와 회중이 다 꿇어 엎드려 기도한 후 주의 기도문을 외움) 五 성가함 六 구약 몇 구절을 읽음(만일 시편을 읽거든 회중과 함께 화답함이 가함) 七 영광경(영광이 성부께와 성자께와 성신께 계시도다. 태초와 이제와 영원할 세상까지 무궁히 계시도다. 아멘) 八 신약 몇 구절을 읽음 九 수전과 고시함 十 찬미함(회중이 서서 찬미가 책으로) 十一 전도함 十二 기도함(전도함이 회중에게 유익되기를 위하여 간단하게) 十三 찬미함(찬미한 후에 찬미 하나님 복 근원으로 그침) 十四 사도축문

다음으로, 이 회보에 나타난 주일 예배순서를 분석하고자 한다.

첫째, 이 회보에 나타난 예배순서는 성만찬 없는 주일예배로서, 이 회보는 비록 감리교의 교리와 장정 또는 예식서 등의 공식문서는 아니지만, 한국 감리교 주일 예배순서를 최초로 소개하고 있다. 한국 감리교회는 해방 이전까지 남·북 감리교 선교회나 조선 감리회 모두 이 순서를

---

31 『대한크리스도인회보』(서울, 발행처 불명, 1898), 1월 12일자, 6.
32 『대한크리스도인회보』, 2.
33 본문의 '좌에' 기록했다는 문장을 그대로 옮겨 쓰되, 그 내용은 필자에 의해 '아래에'로 바꾸어 기록한다.

계속 유지하거나 약간 첨가하는 경향을 보여주고 있다.

둘째, 여기서 특별히 주목할 것은 주기도와 사도신경 사용에 관해서이다. 감리교는 선교초기부터 말씀 예배에서 주기도와 사도신경을 시행했다는 점이다. 이에 비해 장로교는 곽안련, 소열도 등 소수의 예배학자(실천신학자)나 선교사가 자신들의 개인 저서에 주기도나 사도신경을 예배에서 사용하기를 주장하였으며, 정식으로 교단에서 발행하는 예식서에는 1960년대에 와서야 장로교(기장 교단) 예식서의 주일예배에 반영되었다.[34] 이로 볼 때, 감리교가 선교 초기부터 주기도와 사도신경, 그리고 신약과 구약 성경교독 순서를 넣어 예배드린 것은 한국 개신교 중에서 다른 교단들에 비해 가장 예전의 모습을 갖춘 교회로 평가될 수 있을 것이다.

(4) 『예수교감리회강례』(1899)

이 강례는 미국 남 감리회 강례인데[35] 북 감리회의 『미이미교회강례』보다 9년 뒤에 나온 문서이다. 이 책에는 『미이미교회강례』보다 몇 가지 더 추가된 항목들이 나타나고 있으며,[36] 『미이미교회강례』와 마찬가지로 주일예배 순서는 나타나지 않고 성찬식을 비롯한 예식들(유아세례, 성인세

---

34 김경진은 그의 글 "한국장로교회의 예배"에서 한국교회가 1970년대까지 마펫 예전을 따라 주일예배(여기에는 사도신경과 주기도문이 없음)를 약식으로 드렸다고 하였으나, 이미 기장 총회가 1964년 발행한 『예식서』의 주일 아침예배에 사도신경과 주기도문 순서를 반영하고 있다. 한국기독교장로회총회, 『예식서』(서울: 종로서적, 1964), 4 - 5; 김경진, "한국 장로교회의 예배", 163.
35 이 강례가 남 감리회의 것이라는 중요한 단서를 제2부 총례에서 찾아볼 수 있다. 당시 노예제도를 비판했던 북 감리회의 『미이미교회강례』와 달리, 이 강례에서는 노예제도에 대한 내용이 전혀 나타나지 않는다는 점으로 보아 노예제도를 수용하고 있음을 보여준다. 당시 남 감리교회는 노예제도를 찬성하여 미국 감리교회가 분열하게 된 주요원인이 되었다. 또 다른 단서로 성만찬 예전에 있어서 북 감리교회와 남 감리교회의 차이는 주기도문 순서의 위치인데 북 감리교회는 웨슬리 예전을 따라 회중의 수찬 뒤에 주기도문을 사용한 반면, 남 감리교회는 영국 국교회 『공동 기도서』(1549)를 따라 회중의 수찬 앞에 행했다는 점이다.
36 『예수교감리회강례』에는 『미이미교회강례』에 비해 총회장정, 연회장정, 연환회(지방회를 이름 - 필자 주), 계회(계삭회라고도 함), 당회 등의 장정이 더 추가되어 있다. 『예수교감리회강례』(서울: 삼문출판사, 1899), 15 - 37.

례, 입교, 혼인, 상장 예문)을 수록하고 있다. 본 고찰에서 『예수교감리회강례』에 나타난 성찬식 순서를 약술하고, 그 끝부분에 나와 있는 성찬식의 유의사항을 살펴본 후, 『예수교감리회강례』와 『미이미교회강례』, 두 강례의 내용을 비교하고자 한다.

먼저, 『예수교감리회강례』의 성찬식 순서와 일러두기 내용을 살펴보자. 일러두기는 성탄식의 축복 순서 뒤 끝 부분에 나타난다. 아래 순서 중 주기도는 필자가 굵게 표시한 것이다.

구제헌금과 이에 해당되는 말씀낭독 - 성찬초대—공동 죄 고백 - 집도(Collect) - 기도(집례자에 의한) - 성별기도 - 성찬 제정의 말씀 - 집례자(목사)의 수찬 - **주기도** - 회중의 수찬 - 감사기도(Ⅰ, Ⅱ) - 찬송 - 축복

만일 장로가 행례할 시간이 부족하면 요긴한 글만 읽고 그 외는 제할지니라. 만일 떡과 술이 부족하면 교사가 두 번 더 하고 예문을 읽은 후에 회우에게 나눌지니라. 만일 사람이 꿇기를 싫어하면 혹 서거나 앉아서 성찬을 먹게 할지니라. 만일 사람이 본 교회의 행위에 가합지 아니하면 같이 성찬 먹기를 허하지 아니할지니라.[37]

이어, 두 강례를 비교 분석해보기로 한다.

첫째, 두 문서의 성찬식 순서를 비교해 볼 때 용어상의 사소한 차이점과 번역상의 차이가 있지만, 가장 두드러진 점은 성찬식에서의 주기도문 배열 위치이다. 『미이미교회강례』에서는 회중의 수찬 뒤에 주기도문이 나타나는 반면, 『예수교감리회강례』에서는 그 반대로 회중의 수찬 앞에 나타난다는 점이다. 이와 같은 남·북 감리교회의 차이점은 당시 감리교

---

[37] 여기에서 '장로'는 장로목사, 즉 목사를 가리키는 당시 용어이었으며, '술'은 포도즙을 의미하는 것이다. 또한 '교사'는 집례목사를 의미하는 것이다.

회에 영향을 주었던 영국 국교회 예전인 『공동 기도서』들 간의 차이점에서 온 것으로 보인다. 영국 국교회는 첫 번 기도서인 1549년 『공동 기도서』에 주기도문 순서를 원래 초대교회 때부터 내려오던 순서인 회중 수찬 앞에 넣었다가, 두 번째 기도서인 1552년부터 1928년 이전까지 회중 수찬 뒤로 바꾸어 사용했는데, 1928년 이후에는 1549년 기도서의 위치로 되돌아갔다. 미국에 있는 감리교도들이 국교회로부터 독립하자(1784), 그 해 웨슬리가 미국 감리교도들을 위해 예전서(1784)를 보냈는데 그것은 당시에 사용되었던 국교회 예전인 『공동기도서』(1662년)를 축약한 것이다.[38] 이 기도서는 1552년 기도서의 성찬순서를 따른 것이다. 나중에 미국 감리교가 분열(1844)하면서 북 감리교는 웨슬리 예전의 순서를 그대로 따라 주기도문을 회중 수찬 뒤에 사용하였으며, 반면에 남 감리회는 국교회의 1549년 기도서를 따라 회중 수찬 앞에 시행한 것으로 보인다. 어쨌든, 두 경우 모두 성찬식에서 감리교회가 영국 국교회에 영향을 받아 주기도문을 사용했음을 확실하게 보여 주는 예라고 할 수 있다.

둘째, 두 문서에 나타난 성찬 시 주의사항에 대한 내용이 약간 차이가 난다. 두 개의 본문을 아래에 제시하고 비교해 본다.

『미이미교회강례』
어느 때에 만찬을 지키든지 주의 만찬 예문에 술 빚지 아니한 포도즙 정한 것만 쓰느니라. 성례에 목사가 예문을 읽을 때가 부족하면 회중을 청하는 글과 자복하는 글과 봉헌하는 기도외에는 다 제할 것이요 병인에게 베푸는 성례는 봉헌하는 기도와 떡과 술을 줄 때에 읽는 글과 자기 마음대로 하는 기도와 복비는 기도 외에는 다 제할지니라.

---

[38] 박은규, 『예배의 재발견』(서울: 대한기독교출판사, 1990), 148.

『예수교감리회강례』
만일 장로가 행례할 시간이 부족하면 요긴한 글만 읽고 그 외는 제할지니라. 만일 떡과 술이 부족하면 교사가 두 번 더 하고 예문을 읽은 후에 회우에게 나눌지니라. 만일 사람이 꿇기를 싫어하면 혹 서거나 앉아서 성찬을 먹게 할지니라. 만일 사람이 본 교회의 행위에 가합지 아니하면 같이 성찬 먹기를 허하지 아니할지니라.

『미이미교회강례』에서는 성만찬 시에 시간이 부족한 경우와 병인 성만찬 경우에 반드시 집례할 순서를 구체적으로 제시하고 있는데 반해, 『예수교감리회강례』에서는 '요긴한 글'만 읽으라고 하면서 그 구체적인 순서를 제시하지 않는다는 점이다.

셋째, 수찬자세의 차이에 관한 것이다. 『미이미교회강례』에서는 수찬자세에 대해 언급이 없는 반면, 『예수교감리회강례』에서는 원래 감리교회에서 행하는 자세는 무릎 꿇는 것이지만 당시 장로교의 경우처럼 서거나 앉아서 성찬을 받기 원하면 그렇게 허용하라는 조항인 것이다. 이것은 다른 교단과의 성찬식 교류를 염두에 두고 제시된 것임을 짐작할 수 있다. 우리는 이와 같은 성찬식 교류에 대해서 기독교인 세례교인이면 교단을 가리지 않고 다 참여하게 할 수 있는 것인가, 아니면 신앙을 가려 참여여부를 결정할 것인가라는 문제에 대해서 서로 다른 견해를 가질 수 있을 것이다.

3. 특별고찰

1) 大美國聖公會, 『公禱文』(上海: 聖約翰書院, 1899)
미국 성공회가 중국 선교를 위해 상해에서 예배서를 출판한 것이 바로 이 한문판 『公禱文』(공도문)이다. 이 문서는 한국(조선)에 영국 성공회가

宗古聖教會라는 이름으로 들어와 처음 공도문(1908)을 출판한 것보다 9년 전에 발간된 것이다.

먼저, 한문판 『公禱文』의 내용 제목만을 열거한 후 성찬식에 대해 간략히 살펴본다. 아래의 순서들 중 성찬식 순서에 굵은 글씨로 표시한 것은 필자에 의한 것이다.

公禱文 目錄(공도문 목록)[39]
早禱文(조도문) - 晚禱文(만도문) - 總禱文(총도문) - 隋時禱文(수시도문) - 隨時謝文(수시사문) - 大齊首日懺悔文(대제수일참회문) - **施聖餐文(시성찬문)** - 周年祝文書信福音(주년축문서신복음) - 施洗嬰孩文(시세영해문) - 施洗壯年文(시세장년문) - 敎會問答(교회문답) - 堅振禮文(견진예문) - 婚姻禮文(혼인예문) - 看視病人文(간시병인문) - 施洗聖餐與病人文(시세성찬여병인문) - 殯葬禮文(빈장예문) - 婦人誕生感謝文(부인탄생감사문) - 感謝禱文(감사도문) - 家用禱文(가용도문) - 派立會吏禮文(파립회리예문)〔부제서품식을 이르는 말로 보임〕 - 派立會長禮文(파립회장예문; 사제서품식을 이르는 말로 보임〕 - 派立主敎禮文(파립주교예문) - 祝堂成聖文(축당성성문)

위의 순서들 중 일곱 번째 나오는 "施聖餐文"이 바로 성찬식을 가리키는 것이다. 여기서 주목할 것은 십계명, 尼吉亞信經이 나온다는 점이다. 이 성찬문의 순서는 主禱文〔주기도문을 이름〕-求潔心禱文-十戒 또는 律法 大綱〔십계명을 간추려 하나님 사랑과 이웃 사랑을 칭하는 용어임〕-기도문-축문-尼吉亞信經〔니케아 신경을 이름〕또는 사도신경-講 聖經〔성경을 강해함〕-獻禮選句〔봉헌성구를 이름: 모두 25개의 성구〕-성도를 위한 기도-勸衆文-認罪文-曉諭解罪文-거심경〔sursum

---

[39] 大美國聖公會, 『公禱文』(上海: 聖約翰書院, 1899), 2 - 3.

corda) - 三聖經(三聖頌)이 나오며 이어 세부적인 수찬식 등이 이어진다.[40] 이 성찬식 순서 중에 십계명 또는 십계명을 요약한 두 가지(하나님 사랑과 이웃 사랑)를 사용한 것을 볼 수 있으며 신앙고백으로는 니케아 신경이나 사도신경을 사용한 것도 알 수 있다. 이와 같이 영국 국교회가 로마 가톨릭으로부터 분리(1534)된 후 초기에 작성된 예전 순서들이 이 예전에 대부분 사용되고 있음을 확인할 수 있다.

다음으로, 이 문서와 『주일예배경』과의 연관성 문제를 살펴보자. 당시 한국교회 초기문헌을 살펴볼 때, 비슷한 시기에 나온 문서들의 경우 대개 한문으로 된 문서를 한글로 번역한 경우가 많이 나타난다. 대표적인 예로, 한문판 『美以美會綱例』(1880)의 내용을 일부 번역하여 『미이미교회강례』(1890)를 출판한 경우를 들 수 있다. 이런 점은 중국인을 위해 상해에서 출간된 미국 성공회의 한문판 『公禱文』(1899)과 한국 선교사 스크랜톤 편역한 『주일예배경』(1895) 사이에도 동일하게 유추해 볼 수 있을 것이다.[41] 구체적인 증거로 『주일예배경』에서 니케아 신경을 '이길아신경'이라고 번역했는데, 4년 후에 나온 이 『公禱文』의 "施聖餐文"에도 동일하게 '尼吉亞信經'으로 번역하고 있기 때문이다.[42] 이와 같은 명칭뿐 아니라 이 두 공도문이 시기적으로 상호 근접한 연도임을 보아서도 그 상호영향 관계가 있었음을 추론할 수 있다. 그렇다면 이 두 문서의 영향 수수(授受) 관계에 대해 어떻게 판단해 볼 수 있을까? 현재 존재하고 있는 두 공도문의 출판연도만으로 비교해 볼 때는 한국의 문서가 4년 먼저이다. 당시 조선

---

40 大美國聖公會, 『公禱文』, 施聖餐文, 1 - 15.
41 한문판 『美以美會綱例』(1880)와 『미이미교회강례』(1890)의 관계는 중국 감리교회와 한국 감리교 사이의 관계이다. 여기의 미국 성공회의 한문판 『公禱文』(1899)과 한국 감리교 『주일예배경』(1895)의 경우, 성공회와 감리교가 다른 교단이기는 하지만 감리교가 성공회에서 나왔다는 점에서 상호 교류 가능성을 배제할 수 없다.
42 우리말에서 '尼吉亞信經'을 '니길아 신경'이라고 발음하거나 철자하지 않고 '이길아 신경'으로 하는 데 이는 우리말 문법 체계 중 두음법칙(頭音法則)에 의한 것이다.

에서는 기독교 용어나 책자들이 대개 중국에서 먼저 번역된 것을 거의 그대로 차용했던 것이 일반적이었다. 그러므로 이 한문판이 재판 혹은 삼판이며, 이미 『주일예배경』의 출판 이전에 초판이 출판되었다고 가정해 보면 자연스럽게 이 한글의 신경은 한자의 신경에서 그 이름이 연유했다고 볼 수 있을 것이다.[43] 한편, 조선 宗古聖敎會(성공회)의 『공도문』(公禱文, 1908)에는 니개아신경'(尼凱亞信經)[44]으로 번역하였으며, 그 후에 나온 조선 성공회 『공도문』(1939)에도 '니개아신경'(尼凱亞信經)으로 동일하게 번역하여 원음에 더 가까이 음역하고 있다.[45]

4. 소결론

이 시기는 한국 선교 초기로서 예배관련 내용이 장로교, 감리교 할 것 없이 소수의 문서에 나오는데, 그 중에서도 감리교단이 장로교단보다 몇 권을 더 출간하였으며 예배 내용도 장로교에 비해 더 예전적임을 알 수 있다.

장로교는 마포삼열 선교사의 문서인 『위원인교인규조』(1895)에 예배순서에 관한 내용이 처음 나온다. 이 문서는 본격적인 예배서는 아니지만, 예배와 관련하여 장로교에서 발간한 최초의 문서라는데 큰 의미가 있다. 그 순서는 간략하게 9가지 순서로 나타난다. 즉, '찬미시―기도―성서 읽기(교독문이나 설교 본문으로 추정됨)―기도(대표기도)―찬미시―

---

[43] 당시에는 어떤 문서의 출판사항에 대해 판수를 정확히 기록하지 않았던 것이 일반적 상황이었다. 여기서 이 한문판의 초판여부를 알 수 없기 때문에 그 당시의 문서 번역 상황으로 추정해보는 것이다.
[44] 1908년 원문에는 '니개아'의 중간글자인 '개'의 모음이 아래아(·)와 모음 이(ㅣ)의 합해진 글자로 표현되고 있다.
[45] 『주일예배경』(1895), 25 - 26; 한문판 『公禱文』(1899), 8; 종고성교회, 『공도문』(1908), 73; 조선성공회, 『공도문』(1939), 83을 참고하라.

성서 해석과 가르침〔본격적인 설교로 보기 어려움〕-기도-연보전-찬미시' 순서이다. 아마도 이 순서는, 한국인 목사가 배출되기 이전의 예배이기 때문에 설교나 축도가 나타나지 않고 평신도 중심의 간략한 예배를 제시한 것으로 보인다.

감리교는 최초 예배관련 문서로 북 감리교회의 『미이미교회강례』(1890)가 나오며, 남 감리교회에서 최초로 나온 것은 『예수교감리회강례』(1899)이다. 이 두 문서에는 성찬예식 등 예전이 실려 있으며, 주일예배는 나오지 않는다. 한편, 1895년에 나온 『주일예배경』(스크랜톤 편역)에는 영국 국교회 예전, 1784년 미국 감리교도들을 위해 보냈던 웨슬리 예전, 그리고 미국 감리교도 예전의 일부 순서로 보이는 아침과 저녁 기도회 등이 나타나 있다. 여기에서 신조로 사도신경과 니케아 신경이 쓰이고 있는데, 특히 니케아(이길아) 신경은 부활일, 승천일, 삼위일체일, 성탄일, 성찬 베푸는 날에 시행된다고 하였다. 이 『주일예배경』은 미국 감리교회나 한국 감리교회의 정규 주일예배 순서에는 큰 영향을 끼치지 못한 것으로 보이나 이 예식서의 출판으로 한국 감리교회가 예전적 예배에 대해 선호하고 있음을 잘 보여주는 것으로 평가할 수 있다.

한국 감리교에 미국 감리교회의 주일예배 순서를 최초 소개한 것은 『대한크리스도인회보』(1898)로서 여기에 나타나는 주일예배 순서(14개)는, '풍류소리〔주악의 표현으로 보임〕-찬미함(찬미가로)-사도신경-기도(기도 후 주의 기도문)-성가-구약봉독-영광경-신약 봉독-수전과 고시〔헌금과 광고임〕-찬미함-전도〔설교를 이름〕-기도-찬미함(찬미한 후에 찬미 하나님 복 근원으로 그침)-사도축문'〔축도를 의미함〕등으로 나타난다. 이 순서들은 그 이후 오랫동안 한국 감리교의 순서로 자리 잡게 된다.

이외에 특별고찰로서 한국 교회 초기 예배와 관련해서 중국 상해에서 출판했던 大美國聖公會의 『公禱文』(1899)을 살펴보았다. 이 미국 성공회 공도문에는 십계명, 니케아 신경과 사도신경 등을 사용하고 있음을 보여주고 있다. 여기서 미국 성공회의 한문판 『公禱文』과 스크랜톤의 『주일예배경』의 관련성을 제기할 수 있다. 즉 『주일예배경』(1895)에서 니케아 신경을 '이길아신경'이라고 번역하고 있는데, 이 『公禱文』(1899) "施聖餐文"에도 같은 명칭인 '尼吉亞信經'으로 번역한 것을 들 수 있다. 여기서 한문판 『公禱文』과 『주일예배경』의 신조 이름이 동일한 것과 출판연도가 비슷하다는 점에서 상호 영향의 가능성을 암시한다고 볼 수 있을 것이다. 이 신조명칭은 뒤 이어 나오는 宗古聖敎會(영국 성공회의 조선선교 초기 이름)의 『공도문』(公禱文, 1908)에 '니개아신경'(尼凱亞信經), 1939년 조선성공회 『공도문』에서 '니개아신경'(尼凱亞信經)으로 번역되어 원음에 더욱 가까이 음역되었다. 한편, 『주일예배경』에는 사도신경과 니케아 신경이 사용되고 있으나 십계명이 사용되지 않으며, 미국 성공회의 『公禱文』에는 십계명, 사도신경과 니케아 신경이 모두 사용되고 있으며, 웨슬리의 예전(1784)에는 십계명과 사도신경이 나타나고 있으나 니케아 신조가 들어 있지 않는 점이 세 문서의 상호 대조점이라고 할 수 있다.

제3장
형성기의 예배(1901–1930)

1. 개요

이 시기는 선교 초기 선교사들의 주도로 운영되었던 것을 점차 벗어나면서, 한국인에 의해 교단이 설립되고 한국인 중심으로 활동하기 시작한 때이다. 한국교회에 세 교단, 즉 장로교(1912), 감리교(1930), 성결교(1921) 등의 교단들이 설립된다. 그러나 이 시기의 예배에 관련해서는 아직까지 선교사들이나 선교회의 역할이 많이 나타난다. 여기서 살펴볼 예배 문헌은 장로교 문서로『부활주일예배』(1905),『목사지법』(1919),『헌법』"예배모범"(1922),『혼상예식서』(1924, 1925) 등이 있다. 또한 감리교 문서로는『신학월보』(1903),『찬미가』(1905),『감리교회 조례』(1908),『대강령과 규측』(1910),『남감리교회 도리와 장정』(1919),『미감리교회 교의와 도례』(1921),『예수교 미감리교회 성례문』(1923),『남감리교회 도리와 장전』(1923),『미감리교회 법전』(1926) 등이 있다. 그리고 성결교의 문서로는『교리 급 조례』(1925)가 있다. 마지막으로, 특별고찰로서 종고성교회(宗古聖教會)의『公禱文(공도문)』(1908)에 대해서 살펴본 후, 소결론을 맺고자 한다.

2. 예배 관련 교단 및 개인 문서들

1) 장로교

(1) 『부활주일예배』(1905)

선교초기 부활절에는 장로교 선교사 언더우드와 감리교 선교사 아펠젤러가 중심이 되어 연합예배를 드렸으나 나중에는 장로교와 감리교는 따로 드리게 된다. 소책자 형태의 이 문서는 장로교의 1905년 부활주일 예배내용을 밝혀주고 있는데, 장로교 초기 문서 중에 부활주일 예배에 관한 문서로는 현재 남아있는 유일한 것으로 보인다. 이 예배문은 언더우드에 의해 작성된 것으로 알려져 있으며[46], 미국의 하버드 대학교의 옌칭도서관(Yenching Library)에 소장되어 있다. 당시 면수표시로 5면으로 나타나 있으며, 한 면당 두 페이지로 되어 있어 현대 면수로 보면 10면에 해당된다. 문서 표지에 나오는 문서명과 발행연도는 소실되어 있으나, 본문에 문서명과 발행연도를 보아 추정할 수 있다. 우선, 문서명에 관련해서 첫 페이지에 제목이 『부활주일예배』(원래의 제목은 『부활쥬일례비』인데 현대어체로 바꾸었음)로 나타나 있는데 비해, 이 소책자의 각 면 왼쪽 면수표시 난의 윗부분에 『부활찬양경』으로 나타나 있다. 이 두 가지 중 어느 것이 바른 문서명인지는 확실하게 단언할 수 없으나, 그 내용으로 보아 『부활주일예배』로 보는 것이 좋을 듯하다. 또한 발행년도에 관해서는 이 문서의 맨 마지막 면에 "오는 주일은 금월 이십삼일이요 예수 부활 주일이니…"라는 문구로 보아, 부활절 환산표대로 4월 23일에 부활절이

---

[46] 언더우드는 1896년부터 『부활찬양경』을 출판했다. 부활주일예배는 매년 부활주일 날짜가 다르기 때문에 당해 연도의 해당 날짜에 맞추어 드렸을 것이다. 현재 남아있는 『부활주일경』은 본문 맨 마지막에 나오는 내용의 날짜로 보아 1905년의 것임을 알 수 있다.

있는 해는 바로 1905년인 것을 파악할 수 있다.

먼저, 이 문서의 전체적인 내용을 살펴보면, 다음과 같다.[47] 원문의 고어체, 그리고 순서의 전개방식은 가급적 현대어 식으로 바꾸었다.

一 **찬양**(우리 주를 찬양함이 만복 중에 근원일세 천지만물 찬양하세 찬양 성부 성자 성령)

二 **기도**

三 **찬양**(기뻐하게 하라 구할 이가 왔네)

四 **성경**(누가복음 24장 1 - 11절, 요한복음 20장 1 - 10절)

五 **문답**[48]

---

[47] 언더우드, 『부활주일예배』(또는『부활주일경』), (서울: 발행처 불명), 1 - 5면.

[48] 총 20개 문답으로 되어있는데 그 내용은 다음과 같으며, 원문에는 각 문답에 번호표시가 없으나 필자가 편의를 위해 붙인 것이다: **문1.** 오늘은 무슨 날이뇨 **답.** 예수 그리스도 부활하신 날이니라 **문2.** 예수 그리스도는 누구시뇨 **답.** 대주재의 외아들이니라 **문3.** 어찌하여 대주재의 아들이 죽으셨느뇨 **답.** 우리 죄를 대신하여 죽으셨느니라 죽으신 후에 장사하니라 **문4.** 어디다 장사하였느뇨 **답.** 유대국법을 따라 바위를 파낸 굴에 장사하고 크고 무거운 돌로 문을 굳이 닫아 나라에서 인을 쳤느니라 **문5.** 제삼일에 무슨 일이 있었느뇨 **답.** 예수께서 죽음을 익시고 무덤에서 나오셨느니라 **문6.** 그날에 누가 일쩍 무덤에 갔느뇨 **답.** 막달라 마리아와 예수를 사랑하는 다른 여인들이 갖가지 향을 가지고 예수의 거룩하신 시체에 바르려고 밝기 전에 무덤으로 가면서 누가 문에 막은 돌을 옮길꼬 생각하니라 **문7.** 그곳에 이르러 무엇을 보았느뇨 **답.** 나라에서 인친 것이 깨어진 것과 돌이 옮겨 놓인 것을 보았느니라 **문8.** 누가 그 돌을 옮겼느뇨 **답.** 주의 사자가 내려와서 돌을 옮겼느니라 **문9.** 막달라 마리아가 이러함을 보고 곧 한일이 무엇이뇨 **답.** 즉시 떠나 급히 가서 베드로와 요한에게 누가 주의 거룩하신 시체를 가져갔다 하였느니라 **문10.** 다른 여인들은 무엇을 하였느뇨 **답.** 무덤에 들어가 시체 없는 것을 보고 화려한 옷 입은 천사를 만나며 크게 놀랜지라 **문11.** 천사가 무슨 말을 하였느뇨 **답.** 무서워말라 십자가에 죽으신 나사렛 예수를 찾는 것을 아느니라 어찌하여 산자를 죽은 자 가운데 찾느뇨 여기 계시지 아니하시고 다시 사셨으니 주가 누어있던 자리를 보라 하였느니라 **문12.** 베드로와 요한이 마리아의 말을 듣고 무엇을 하였느뇨 **답.** 마리아와 한가지로 빨리 돌아가서 둘이 다 무덤에 들어가 시체 없는 것을 보고 어쩐 일인 줄을 모르고 떠나는 지라 **문13.** 막달라 마리아는 무엇을 하였느뇨 **답.** 무덤밖에 서서 크게 울며 무덤을 들여다 볼 때에 천사 둘을 보았느니라 **문14.** 천사가 어떻게 말을 하였느뇨 **답.** 여인아 어찌하여 우느냐 하니 마리아가 대답하되 내 주의 시체를 가져가고 어디 누운 줄을 모르기로 우노라 **문15.** 마리아가 이에 무엇을 하였느뇨 **답.** 돌아보매 예수가 선 것을 보았느니라 **문16.** 보고 예수신줄 알았느뇨 **답.** 아니라 눈물이 앞을 가리워 동산지기로 알고 어디다 누인 것을 가르치라 하였느니라 **문17.** 예수가 무슨 말씀을 하셨느뇨 **답.** 이름 마리아로만 부르시니 곧 주신 줄을 알았느니라 **문18.** 이것을 알고 마리아가 즉시 무엇을 하였느뇨 **답.** 곧 떠나 제자에게 가 주를 보았고 주가 이 말씀하신 것을 이르니라 **문19.** 우리들이 부활하신 데서 배울 것이 무엇이뇨 **답.** 一 예수 대주재의 아들 그리스도이신 것과

六 찬양[49]

七 목사 강론

八 기도

九 감사한 마음으로 연보

十 찬양(예수이름 권세치하)

十一 사복기도〔축도로 보임〕

모화관〔독립문 근처〕 남문안〔남대문 안〕 새문안〔새문안교회〕 곤당골〔소공동〕 인성부재〔인현동〕 연못골〔연동교회〕 피마병문〔종로 2가〕

오는 주일은 금월 이십삼일이요 예수부활주일이니 이 도리를 알려하는 벗님네는 이 여러 곳 중에 마음대로 와서 참예하고 밝히기를 바라노라

다음으로, 이 예배순서에 대하여 분석해보고자 한다.

첫째, 이 예배순서는 한국 장로교 초기의 부활주일 예배를 수록한 것이다. 현재 이 순서에 대해 "장로교와 감리교 연합예배"라고 소개하는 글들이 나와 있는데, 예배장소들로 보아 장 · 감 연합예배는 아니다. 그 근거로 여기 나오는 장소들은 당시 장로교회가 세워진 곳이거나 장로교 예배 임시처소로 보이기 때문이다. 예배순서는 『위원입교인규조』(1895)에

죽음을 이기신 것을 아느니라 二 이로써 우리 구속함이 온전한 것을 아느니라 三 그리스도가 다시 사셨으니 우리들도 죽은 후에 몸이 다시 삶을 아느니라 四 예수가 죽음을 한번 이기셨으니 우리들이 예수를 믿고 의지하면 죽기를 무서워할 것이 없느니라 五 우리에게 사는 구주가 있어 항상 대주재 앞에 우리를 위하여 기도한 것을 아느니라 **문20.** 이 날이 어찌하여 그리스도인에게 기뻐할 날이뇨 **답.** 우리 구주가 이날에 죽음을 이기시고 마귀의 권병을 깨치시고 우리 속죄함을 온전케 하시고 오늘부터우리 형이 천하만국 왕으로 앉으셨으니 어찌하여 기뻐하지 아니리요

49 찬양은 총 6절로 나타난다: 一 오늘 주 부활함을 만민천사 고하세 지극히 기뻐하세 하늘 노래 땅 화답 二 구세의 공 이루니 주 원수를 이겼소 한번 속죄하시니 두 번 피를 안흘러 三 지킨 군사 봉한 돌 어찌 주를 막으랴 지옥문을 부수고 하늘 문을 열었소 四 영화론 왕 또 사니 죽음권세 멸하라 주 만민 죄 속하여 무덤권세 이겼소 五 교회 머리 가는 길 우리도 좇아가자 생전 괴롬 주같이 사후 또 함께 승천 六 천주의 큰 왕 지하 만물이 찬송하세 우리도 이기는 주 부활한 예수 찬송

비해 '문답'과 '강론'(설교를 가리킴), '축도' 순서가 더 나온다.

둘째, 특이한 순서인 다섯 번째 순서 '문답'에 관한 것이다. 이는 예배 순서의 '교독문'에 해당하는 것인데, 이러한 문답방식(총 20문답)으로 진행한 것은 당시 아직 선교가 활발히 진행되지 못한 상태에서 성경과 부활의 의미를 모르는 사람들이 많았기 때문에 성경교독보다는 임시방편으로 문답내용을 제시하여 진행하는 것이 더 나았던 것으로 보인다.

셋째, '강론' 순서에 대해서이다. 설교는 당시 장로교가 즐겨 사용하던 '강론' 또는 '강도'라는 용어를 사용하고 있는데 아마도 장로교 문서로는 최초 '강론'이라는 용어가 나오는 것으로 보인다. 이것은 이전『위원입교인규조』에서는 아직 한국인 목사가 없었기 때문에 '강도' 대신에, '성서 뜻을 풀어 가르칠 것'으로 나타났던 것과 비교된다.

넷째, 맨 마지막 순서인 '사복기도'에 대한 것이다. 이 '사복기도'는 아마도 한자어 '謝福祈禱'로 추정되며, '축도'를 의미하는 것으로 보인다. 한국 교회에 이 용어가 여기에서 처음 나오며, 이후에 초기 장로교나 감리교의 어떤 문서에도 이 용어가 나타나지 않는다.

(2)『목사지법』(牧師之法, 1919)[50]

한국교회 장로교 목회자들에게 주일예배에서 예전적인 순서를 최초로 소개한 분은 선교사 곽안련(郭安連, Charles Allen Clark, 미국인)이다. 그는 평양의 장로회신학교 실천신학 교수로 봉직했으며, 1919년 11월 7일에 발행된 이『목사지법』(牧師之法, Pastoral Theology)[51]과『목회학』(1936),『강도학』

---

50 곽안련,『목사지법』(경성: 조선야소교서회, 1919).
51 곽안련의『목사지법』은 한문으로는 '牧師之法', 영어로는 'Pastoral Theology'라고 한다. 이 영어명은『목사지법』의 책 표지에 실려 있다. 당시에 한자를 쓰는 나라들에서는 목회신학이나 목회학 책을 '목사지법'이라고 번역해서 사용했다. 이것은 감리교 문서에서도 나타난다. 감리교 초기 선교사 올링거(Franklin Ohlinger, 한문명 武林吉, 1845 - 1919)는 중국 선교사로 활동하다가 나중에 한국에 와서 활동하였다. 그는 독일 신학자 니페르트(L. Nippert) 저서 *Pastoral Theology*를 한문으

(1924, 후에는 『설교학』으로 바뀜) 등이 그의 대표적인 저서이다. 그가 편저(編著)한 것으로 알려진 이 『목사지법』은 예배학 저서는 아니지만, 그 내용 중에 예배와 성례에 관한 내용들이 많이 들어 있다. 이 저서는 총 521면의 방대한 내용을 가지고 있으며, 본문에 앞서 먼저 영문 'Contents'가 나오고, 이어 한글과 한자 병행의 목록인 30개의 공과(工課) 제목들이 나온다. 전체 목록을 한글로 제시하면 다음과 같다.[52]

1. 총론 2. 목사의 직분 3. 목사의 성품 중에 결과하게 하는 성질 4. 하나님의 부르심 5. 목사의 개인적 생활 6. 목사의 기도생활 7. 목사의 개인적 공부 8. 목사의 교수하는 일 9. 목사의 개인전도 10. 목사와 일자리를 택함 11. 목사의 책임의 범위 12. 예배회의 예비 13. 목사와 공 예배 14. 부흥회 15. 목사와 기도회 16. 목사와 성경 주일학교 17. 목사의 심방하는 일 18. 목사와 성례 19. 목사와 혼례와 상례 20. 목사와 음악 21. 목사와 학교 22. 목사와 노동자 23. 목사와 인쇄기 24. 목사와 교회의 유희(遊戲) 25. 목사와 재정 26. 목사와 사경회(査經會) 27. 목사와 당회 28. 목사와 웃치리회(上治理會) 29. 목사와 타교파나 타회(他會) 30. 회당 건축

이 문서에서 예배와 관련된 항목들은 "예배회의 예비"(12공과), "목사와 공 예배"(13공과), "부흥회"(14공과), "목사와 기도회"(15공과), "목사와 성례"(18공과, 세례와 성찬) 등이다.

먼저, "목사와 공 예배"(제13공과)에 나오는 주일예배 순서를 살펴보기

로 번역하여 『牧師之法』이라고 하였으며, 이 책은 중국 감리교회 목회자 양성을 위해 출판한 것이었다. 한국 감리교회에서도 같은 목적으로 이 한문도서를 교재로 사용했다. 김태규, 『한국초기문헌에 나타난 성찬신학과 실제』, 227 - 29.
52 이 책이 나올 당시는 아직 한글 맞춤법 통일안이 나오기 전이었으므로 띄어쓰기가 되어 있지 않다. 여기 제목들은 현대 맞춤법으로 고쳐서 제시한 것이다.

로 한다.[53]

대예배순서는 혹 이 아래에 기록한대로 할 수가 있으니
1. 총설(성경요절이나 기도, 찬송) 2. 자복(시51편 등) 3. 찬송(합창) 4. 예정한 성경낭독 5. 신경(사도신경이나 본 교회신경이나 십계명) 6. 찬송(합창이나 別讚頌) 7. 강도에 관한 성경낭독 8. 공기도 9. 찬송(합창이나 별찬송) 10. 연보와 연보에 관한 기도 11. 광고 12. 찬송(합창이나 별찬송) 13. 강도(講道) 14. 강도 후 기도 15. 찬송(제1,2,3장) 16. 안수축복 17. 묵상기도(앉은 채로)

이어, 『목사지법』에 나오는 예배에 관한 내용을 분석하면 아래와 같다.

첫째, 이 책에는 이전의 마펫의 예전과 달리 예전적 순서들이 다수 나타난다. '자복기도'가 공식적으로 나타나며, 신경에서 '사도신경'이나 '본 교회신경'(장로교 신조인 12신조를 의미함), 또는 '십계명'이 나타난다. 또한 말씀 증거를 '강도'라는 용어를 사용하고 있다. 그리고 축도를 '안수축복'이라는 용어로 사용함으로써 안수와 축복의 의미를 담고 있다. 또한 '묵상기도'를 예배 초두가 아니라, 예배 후에 시행했다는 점이 주목할 만한 점이다.

둘째, 『목사지법』의 주일예배에 나오는 '십계명'에 대해서 자세히 고찰

---

[53] 『목사지법』에 주일예배 해설과 순서에 대해서는 제13공과 "목사와 공예배", 174 - 202에서 논하고 있다. 특히 십계명에 대해서는 181 - 82에 언급하고 있다. 곽안련은 『목사지법』을 낸 후 이 책을 수정 보완하여 17년이 지난 1936년 『목회학』(*The Work of the Pastor*)이란 이름으로 출판하였다. 이 책은 현재까지도 계속 출판되고 있다. 이 목회학 책에는 예배순서가 『목사지법』과 거의 동일한데 다만 설교순서가 빠져 있었으나, 미국에 있는 여러 친구들에 의해 기념출판위원회가 1955년에 재판을 내면서부터 설교 순서를 새로 넣었는데 『목사지법』에 있는 원래의 순서가 아니라 7번 다음 순서로 넣었다. 그렇게 되면 설교 후 공기도(교인대표 기도)가 나오는 셈이다. 이것은 저자가 넣은 것이 아니라, 기념출판위원회가 임의로 넣은 것인데 예배 절차상 맞지 않는다. 이에 대해 『목회학』(1936, 1955)에서 후론할 것이다.

하기로 한다. 한국교회 목회학 저서에서 주일예배 순서 중 하나로 '십계명'을 일찍 소개한 것은 곽안련의 이 책이다. 이 시기에 이미 십계명이 宗古聖敎會(성공회)『공도문』(1908)의 주일순서에 나오기는 하였지만, 당시 종고성고회는 고교회적 경향이 강하여 일반 개신교에는 영향력이 거의 없었다고 볼 수 있다. 이에 비해 곽안련의『목사지법』은 성공회를 제외하고 개신교 최초로 십계명을 소개하였고, 이 책의 개정판을 계속 출판하여 한국교회 예배에서의 십계명 사용에 대해 도전을 주었다고 볼 수 있다. 곽안련은 주일 낮(대) 예배순서를 소개하면서 '사도신경'(장로교 12신조 포함)과 '십계명'을 선택할 수 있다고 하였다.

여기서 우리는 개신교 예배순서에서 십계명이 반영된 역사를 살펴볼 필요가 있다. 개신교에서 십계명을 예식서에 실은 것에 대해, 장로교 통합교단의 예식서인『예배·예식서』(2008)에는 그 시작을 칼빈(『스트라스부르 예전』[1542])으로 소개한다.[54] 그러나 십계명의 예전사용 역사를 살펴보면 칼빈 이전에 이미 사용되고 있었으며, 그 순서의 위치도 주장하는 이들에 따라 다양하게 나온다는 것을 알 수 있다. 동방교회나 로마 가톨릭교회, 그리고 개신교 중 대부분의 루터교회에서는 십계명을 그들의 예전에 사용하지 않고 있다.

십계명은 먼저 츠빙글리의 예전에 나온다. 츠빙글리는 1529년과 1535년 교회규정의 설교예배 중 설교 후에 십계명, 공동 죄의 고백 등을 시행하였다.[55] 이어 파렐(Guillaume Farel)은 1533년 말씀예전에서 설교 후 십계명, 죄 고백기도, 사도신경 등을 넣었으며[56] 불링거는 1535년 말씀예전에서 설교 후 죄 고백, 사죄의 기도, 주기도에 이어 십계명과 사도신경을 넣

---

54 대한예수교장로회총회(통합),『예배·예식서』(표준개정판) (서울: 한국장로교출판사, 2008), 48.
55 D. William Nagel,『그리스도교 예배의 역사』, 박근원 옮김 (서울: 대한기독교서회, 2006), 164.
56 Jonathan Gibson, Mark Earngey ed., *Reformation Worship: Liturgies from the Past for the Present* (Greensboro: New Growth Press, 2018), 201, 211.

었다.[57] 이들은 모두 설교 후에 십계명을 반영한 공통점이 있다. 이에 비해 스트라스부르의 개혁자 부쩌는 1539년 말씀예전 중 예배 시작부분의 죄 고백 순서에서 세 가지를 제시하는데 그중 세 번째에 십계명을 근간으로 회개하는 내용을 싣고 있다. 이어 죄 사함의 선언이 나온다.[58]

칼빈은 1540년 부처의 영향을 받아 그의 『스트라스부르 예전』을 만들었는데,[59] 죄 고백, 용서의 선언 후 키리에와 함께 십계명을 운율로 노래 부르도록 하였으며, 이후 제네바 예전에서는 십계명을 제외하였다.[60] 이후 잉글랜드 국교회(Anglican Church, 영국 국교회)는 칼빈의 영향을 받아 십계명을 예전서에 받아들였다. 당시 잉글랜드 국교회 대주교인 크랜머가 두개의 『공동 기도서』(Book of Common Prayer, B.C.P.; 1549, 1552)를 작성했는데, 두 번째 기도서(1552)에 십계명을 처음 받아들였다. 그는 칼빈의 순서와 약간 다르게, 예배 시작 후 곧바로 주기도와 예비기도에 이어 십계명이 나오고 죄 고백이 이어 나오도록 하였다.[61] 이것은 영국 이외의 나라들의 예전서에도 그대로 나타나는데, 1637년 스코틀랜드 감독교회(잉글랜드 국교회를 스코틀랜드는 감독교회라 하였음) 예전은 주일예배 초두에 '주기도문−

---

57 Gibson, Earngey *Refomation Worship*, 218, 224 - 25.
58 Gibson, Earngey, *Refomation Worship*, 284 - 87.
59 Maxwell, 『예배의 발전과 그 형태』, 156 - 57.
60 Gibson, Earngey, *Refomation Worship*, 305, 309, 310. 그러나 독일 예배신학자 비어리츠는, 칼빈이 제2차 제네바 사역 초반에 십계명을 삭제했다가 1549년에 다시 반영하였는데 그 순서를 바꾸어서 설교 후에 나온다고 하였다. Karl - Heinrich Bieritz, *Liturgik* (Berlin: Walter de Gruyter, 2004), 493. 김상구는 그의 저서 『개혁주의 예배론』에서 비어리츠를 인용하면서 동일하게 주장한다. 김상구, 『개혁주의 예배론(개정판)』(서울: 대서, 2012), 241, 245. 그러나 이 순서가 바꾸어진 것을 뒷받침할 만한 문서를 찾아볼 수가 없다. 참고로 칼빈의 사역기간을 정리해보면, 셋으로 나눌 수 있는데 제1차 제네바 사역(1536 - 38), 스트라스부르 사역(1538 - 41), 그리고 제2차 제네바 사역(1541 - 64) 등이다.
61 Gibson, Earngey, *Refomation Worship*, 347, 414 - 16. 영국 국교회는 예배서를 '기도서'(또는 '공도문')라는 이름으로 활용해 왔다. 국교회는 1552년 이후 계속 예배서에 십계명을 반영하여 왔으며 영국 이외의 나라들에서는 교단 명칭만 다를 뿐 동일 신앙을 갖고 있는데 예를 들어, 스코틀랜드, 미국 등의 Episcopal Church, 한국을 비롯한 동남아시아 권의 성공회(聖公會) 등의 예전서에 지금도 반영되어 있다.

성결 위한 기도-십계명(키리에와 함께)' 등 순서로 나온다.⁶² 스코틀랜드 경우, 장로교를 국교로 삼은 후에도, 감독교회는 국교는 아니었지만 계속 유지되었는데 그 예전에서 십계명을 사용하는 전통은 계속 되고 있다.

한편, 중국 성공회 신자들을 위해 미국 성공회(감독교회)⁶³가 상해에서 출판한 한문판 『公禱文』(공도문, 1899) 성찬문의 시작부분에 보면, '주도문(主禱文: 주기도문을 이름)-구결심도문(求潔心禱文)-십계 혹은 율법 대강(律法大綱)'이 나온다.⁶⁴ 또한 한국 성공회(宗古聖敎會) 초기 문서인 『공도문』(1908) 에 '오주도문(吾主禱文)⁶⁵-정심축문(淨心祝文)-천주십계(天主十誡)와 십계 대강(十誡大綱)' 등 순서로 나온다.⁶⁶ 이후 한국 성공회는 1939, 1960, 1966 판 『공도문』 등에 십계명이 제외되어 있으나, 최근 발행된 『공도문』(1994), 『예식서Ⅰ』(1999), 『성공회 기도서』(2004)등에 다시 반영하고 있다.

칼빈의 영향은 화란(네덜란드)에도 끼쳤는데, 1554년 미크로니우스(Matin Micronius, 1522-59)는 설교와 기도 뒤에 바로 십계명과 죄 고백, 용서의 선언을 넣었다.⁶⁷ 반면, 다테누스(Peter Dathenus, 1531-88)는 1567년 예배서 서두에 십계명을 넣었고 바로 뒤이어 죄 고백을 넣었다.⁶⁸ 다테누스의 순서를 따라 오늘날 화란 국가교회(De Hervomde Kerk in Nederland, 네덜란드 개혁교회; 약칭 H. K. N,)도 그 순서를 따르고 있다.⁶⁹ 최근 한국교회에 한국개혁교회(The Korea Reformed Church, KRC)가 설립되었는데 이 교단은 예전에서

---

62 Maxwell, 『예배의 발전과 그 형태』, 200.
63 영국(잉글랜드) 국교회(Anglican Church)가 스코틀랜드와 미국 등에서는 'Episcopal Church', 한국, 일본, 중국 등의 아시아권에서는 '성공회'라는 이름을 사용하고 있다. 이와 같이 이름은 각 지역 별로 다르게 사용하고 있으나 국제적 모임에는 하나로 모이고 있다.
64 大美國聖公會 『公禱文』(1890), 1-3.
65 '오주도문'은 한국 초기 성공회에서 주기도문을 이르는 옛 명칭이다.
66 종고성교회, 『공도문』(1908), 63-69.
67 1555년 폴란드 개혁자 아 라스코(John à Lasco, 1499-1560)도 동일한 순서를 갖고 있다. Gibson, Earngey, *Refomation Worship*, 458, 459, 464-65, 517-19.
68 Gibson, Earngey, *Refomation Worship*, 609, 626-27.
69 최윤배, "네덜란드 개혁교회의 예배", 『개혁교회의 예배·예전 및 직제Ⅰ』, 120-21.

캐나다 개혁교회의 예전을 받아 들이고 있는데, 『개혁주의 신앙고백 - 예식문, 질서』, "예배순서" A1, B1 타입의 오전 예배 순서에, '부름-축복인사-회중 찬송-열 가지 언약의 말씀(출20:2-17, 신5:6-21)-회중 찬송-죄 고백, 용서' 등으로 나와 있어 화란 개혁교회의 순서를 따르고 있음을 알 수 있다.[70] 한편, 헨리 본스트라(Harry Boonstra)는 아브라함 카이퍼의 저서 영문판 서론에서 카이퍼의 예배순서를 소개하면서, 카이퍼는 예배 끝부분인 축도 바로 직전에 십계명 읽기 순서를 넣고 있음을 밝히고 있다.[71]

또한 영국과 화란에 거주했던 일부 청교도들의 예전에도 칼빈의 영향으로 십계명을 사용했던 것이 나타난다. 데이비스(Horton Davies)는 영국과 미국의 청교도를 연구한 사람으로, 그의 저서 『영국 청교도예배』 (*The Worship of the English Puritan*)에서 청교도들의 예전서를 정리하고 있다. 그 내용 중 1584/5년 잉글랜드 런던에서 나온 예전, 왈드그레이브(Robert Waldegrave)의 『공동 기도서』(*A Book of the Forme of Common Prayers, etc.*)에서 주일 오전 예배 때, 설교 후에 십계명을 외운다고 하였다. 또한 그 후에 화란 미델부르그에서 나온 예전(1586, 1587, 1602)에도 거의 동일하게 나타나고 있다.[72]

이후 1661년 잉글랜드 청교도 목회자, 리차드 백스터는 『사보이 예전』 (*Savoy Liturgy*)을 작성했는데, 그는 예배를 기원으로 시작한 후, 목사에 의

---

[70] 배진원 편역, 『개혁주의 신앙고백 - 예식문, 질서』(서울: 생명나무, 2013), 198, 200.
[71] Abraham Kuyper, *Our Worship*. Edited Harry Boonstra (Grand Rapids: William B. Eerdmans Publishing Company, 2009), x1(40). 소개하면 다음과 같다: Tolling of the bell - Singing of psalm - Entry of council and handshake with minister - Votum("Our help …") - Salutation("Grace to you …") - Singing of psalm - Exhortation to confession - Public confession of sin(Liturgical prayer - kneeling) - Absolution - Apostle' Creed(spoken or sung by people) - Singing of psalm - Scripture reading - Prayer before the sermon(concluded with Lord' Prayer) - Sermon - Offering and singing of psalm - Prayer for the needs of Christendom(based on the Lord' Prayer) - Singing of psalm - Reading of Ten Commandments - Benediction.
[72] 미델부르그 예전서에는 "목사에 의해"라는 말이 추가되었다고 나온다. Horton Davies, *The Worship of the English Puritan* (Morgan: Soli Deo Gloria, 1997), 263.

해 신경(사도신경, 니케아 신경, 아타나시우스 신경) 중 하나를 고백하고, 이어 십계명을 낭독하도록 하였으며 그 후 죄의 고백과 사죄기도 순서 등을 배치하였다.[73] 이와 같이 그는 십계명을 죄의 고백 이전에 놓았던 것이다.

루터교는 십계명을 예전에서 사용하지 않은 전통이 있으나, 특이하게 "1553년 뷔르템베르크의 교회규정"에 십계명을 사용하고 있다. 뷔르템베르크는 독일 남서부 지방이며 이곳은 개혁교회 영향이 강한 지역이다. 그 예배순서에 '입례송 – 독일어 시편송 – 설교 – 십계명 – 신앙고백 – 주기도 등으로 십계명이 설교 후에 나오고 있다.[74]

감리회 운동을 시작했던 존 웨슬리는 영국 국교회 예전을 수정하여 미국 감리교도들에게 보낸 예전서, 『북미 감리교인들을 위한 주일예배』(*The Sunday Service of the Methodists in North America*[1784])에서 주일예배 순서를 제시하는데, 주기도로 시작하여 – 기도(collect) – 십계명 – 기도(collect)로 이어진다.[75] 웨슬리가 이 예전을 미국 감리교도들을 위해 보냈지만 정작 미국에서는 그대로 사용하지 않고 축소해서 사용했다. 미국 감리교회에서 십계명이 1916년 이전에는 제외되었으나, 1916년『장정』(*Discipline*)에 처음으로 십계명을 삽입하였으며, 1920년의『장정』(*Discipline*)에 "만일 목사가 원하면 찬송가 738번에 있는 것과 같이 회중과 교독하는 형식으로 십계명을 사용할 수 있다"고 하여, 성만찬 예식을 시작하는 처음에 십계명을 사용할 수 있도록 하였다.[76] 그러나 한국 감리교회는 십계명을 초기부터 지금까지 주일예배에 사용하지 않고 있다.

---

73 백스터의 『사보이 예전』(Savoy Liturgy)은 실제적으로 사용되지 않았지만 여러 가지 예배에 대한 입장들이 일치될 수 있었다는 데에 의의가 있다. Maxwell, 『예배의 발전과 그 형태』, 182 - 83; Davies, *The Worship of the English Puritan*, 263.
74 이는 1536년의 교회규정을 브렌츠가 개정한 것이다. Nagel, 『그리스도교 예배의 역사』, 158 - 59.
75 *The Sunday Service of the Methidists in North America*, 125 - 27.
76 *Discipline* (1916), 40; *Discipline* (1920), 423; 이것은 주학선『한국감리교회 예배(1885 - 1931)』(서울: kmc, 2005), 381에서 인용되고 있다.

한편, 해방이전 장로교에서 곽안련 외에 십계명을 예배순서에 제시한 목사는 선교사 소열도(T. S. Soltau)이다. 그는 1934년 『예배첩경』(Aids for Public Worship)의 주일 저녁예배 순서에서 십계명 사용을 언급하고 있는데, 예배 시작 기도 후, 십계명을 교독하도록 하였다.[77] 여기서 특이한 것은 그가 제시했던 십계명은 주일오전(혹은 대예배) 때가 아니라 주일 저녁예배 순서라는 점이다. 이에 비해 곽안련은 『목사지법』에서 이미 언급한 바와 같이 주일대예배(낮 예배) 때 사용할 것을 주장했다.

이처럼 한국교회에서 1910년대와 1930년대에 십계명을 예배순서 중 하나로 반영했던 문서들은 교단의 공식적인 예배서라기보다는 선교사 개인의 목회학 저서 또는 예배 안내서 성격의 책이었다. 해방이후, 개인의 저서로서는 김동수의 『평신도와 예배-개혁교회의 예배』(1969)에서 십계명의 순서를 소개했지만[78] 공식적인 교단 예배서의 주일예배 순서에 십계명이 나타난 것은 장로교 통합 교단의 예식서이다. 2008년에 발간한 대한예수교장로회(통합) 『예배·예식서』(표준개정판)에는 주일예배 순서 9가지를 제시하고 있는데 그 중에 두 순서에서 십계명을 반영하고 있다. 하나는 주일예배⑷ 순서로서, '전주-예배의 선언-응답송-예배로 부름-기원-경배의 찬송-성시교독-십계명 교독-참회의 기도-침묵의 기도-사죄의 확신…' 등으로 십계명을 참회기도 앞에 두고 있다. 또 다른 하나는 주일예배⑺ 순서로서 '전주-예배선언-응답송-예배로 부름-기원-경배찬송-언약의 확인(십계명 교독)-참회의 기도-침묵의 기도-사죄의 확신…' 등으로 진행되는데 이 중에서 언약의 확인 순서에 십

---

[77] 십계명은 주일오후(주일오후예배는 주일 낮 예배 또는 대예배를 가리킴)에 나타나지 않고, 저녁예배에 나타난다. 소열도, 『예배첩경』(경성: 조선예수교서회, 1934), 9, 31 - 32.
[78] 김동수, 『평신도와 예배 - 개혁교회의 예배』(1969), 94. 자세한 내용은 1961 - 1990년대의 예배에서 서술되어 있다.

계명을 교독하도록 하고 있다.[79] 이 두 가지 순서 모두 공통적으로 십계명을 '참회의 기도' 앞에 두었다는 점이다.

여기서 이 통합교단 예시서에 언급된 내용 중 수정해야 할 부분이 있다. 이『예배·예식서』에서 설명하기를 "십계명이 칼뱅의 예배에서 처음 시작되어 그 후 영국(잉글랜드) 국교회와 스코틀랜드 교회 등에서 사용되어졌다"[80]라고 하였으나, 이 십계명 사용은 칼빈의 독자적인 사용은 아니었고, 츠빙글리를 시작으로 부쩌 등으로 이어졌고 칼빈이 부쩌의 예전에 직접 영향을 받아『스트라스부르 예전』에서 십계명을 사용하였으며 이후 칼빈의 영향으로 여러 지역으로 확산된 것이다.

한편, 고신 측『헌법』(2011) "예배지침"("예배모범"을 개정한 명칭)에도 예배 요소들 중에 십계명을 제시하고 있다.[81] 제2장 8조 "주일예배의 순서와 요소" 항에서 예배의 요소를 열거하면서 십계명을 다섯 번째로 넣고 있다. 본문은 출애굽기 20:1-17과 신명기 5:6-21을 제시한다. 대개의 경우 십계명을 제시할 때 본문으로 출애굽기 20장 하나를 제시하나 여기서는 더 정확하게 신명기 5장의 본문도 제시하고 있다. 출애굽기 20장의 내용과 신명기 5장의 내용은 거의 동일하나, 다른 점은 제4계명 안식일 계명에서 출애굽기 20장은 천지창조를, 신명기 5장은 출애굽을 기억하면서 지키라는 점이다. 오늘날 한국교회에서 십계명을 예배에서 사용할 때 이 두 본문을 번갈아 가면서 사용하면 더 유익하리라고 본다.

교단 예식서는 아니지만 예배학 교수의 개인 저서를 통해 십계명 사용에 관한 내용이 나온다. 정일웅은『개혁교회 예배와 예전학』(개정판, 2010)

---

79 대한예수교장로회총회(통합),『예배·예식서』(표준개정판) (서울: 한국장로교출판사, 2008), 48, 60-65.
80 대한예수교장로회총회(통합),『예배·예식서』(표준개정판), 48.
81 예배에서 십계명을 사용하는 것에 대해 통합 교단은 예배서에 소개하고 있는데 비해, 고신 교단은 『헌법』(2011)의 "예배지침"("예배모범"의 새 이름)에 싣고 있는 점이 다른 점이다.

에서 주일 낮 예배순서를 크게 예배의 시작, 죄 고백과 기도, 말씀선포와 신앙고백, 헌신의 결단과 파송 등 네 부분으로 구분하면서[82] 그 중 죄 고백과 기도부분에 참회, 용서, 찬송, 성시교독(십계명 교독), 기도(은혜의 간구), 화답송의 순서를 넣었다. 여기서 성시교독이나 십계명 교독을 취사 선택할 수 있도록 한 것이다.[83]

이상에서 살펴본 대로, 현재 한국교회 예배에서 십계명의 활용은 특히 장로교의 예식서, 예배모범, 예배학자 등에 한정되어 사용되거나 연구되고 있으며, 감리교의 경우 교단의 설립자 웨슬리의 예전이나 미국 감리교회 일부 장정에도 나타난다는 사실로 볼 때 이 순서에 대한 사용 가능성이 있다. 또한 현재 한국교회가 공동으로 사용하는 찬송가에 주기도문, 사도신경과 아울러 십계명이 인쇄되어 있는 것은 이 두 교단 외에 다른 개신교회 예배에서도 십계명 사용 가능성을 보여준다고 할 수 있을 것이다.

(3) 「헌법」 "예배모범"(1922)[84]

한국 장로교의 경우 "예배모범"은 독립된 책으로 나와 있지 않고 『헌법』 속에 다른 문서들과 함께 실려 있다. 장로교는 1907년 최초 노회(독노회)를 조직하면서 신조와 정치를 채용하기로 하였다. 신조로는 1904년에 만들어진 인도 장로교회의 12개의 신조를 그대로 채택하여 '대한 장로교회 신경'이라고 이름 하였다.[85] 이어 교회 정치를 간략하게 만든 '대한 장

---

[82] 성찬식이 있을 때는 설교에 이어 집행하도록 하였으며 그 이후에 바로 헌신의 결단과 파송 부분에 연결하도록 하고 있다.
[83] 정일웅, 『개혁교회 예배와 예전학』(개정판) (서울: 총신대학교출판부, 2010), 214, 224. 십계명에 관한 내용은 이 개정판 이전의 초판(동일제목의 책, 범지출판사, 2008), 183, 192에도 역시 동일한 내용이 나온다.
[84] 조선예수교장로회 『헌법』 "예배모범" (경성: 조선야소교서회, 1922), 183 - 245.
[85] 대한예수교장로회 노회 회록(1908년), 11, 25 - 30. 이 12신조에는 ① 성경의 절대권위, ② 하나님의 지존, ③ 삼위일체 하나님, ④ 하나님의 창조와 섭리, ⑤ 인간 창조, ⑥ 원죄, ⑦ 예수 그리스도

로교회 규칙'을 제정하였다.[86] 그리고 웨스트민스터 소 요리문답을 채용하여 사용하기로 하였다. 또한 1917년 제6차 총회 때 헌법을 작성하기로 결의하였으며, 이에 따라 1919년 8차 총회 때에 예배모범과 권징이 채택되었고, '규칙'의 내용을 보완하여 '정치'라는 이름으로 통과하게 하였다.[87] 그리하여 1921년 제10차 총회 때 완전한 형태의 헌법을 갖추게 되었는데 여기에는 신경, 요리문답, 정치, 권징, 예배모범 등 다섯 가지로 구성되어 있다. 이것을 책으로 발간한 것은 다음 해에 이루어졌다(1922). 여기에서 헌법위원회가 헌법을 작성할 때 권징과 정치는 미국 북 장로교회의 것을 참조하였으며, 예배모범은 남 장로교의 것을 기초로 작성했다.[88]

여기서 우리는 예배모범에 초점을 맞추어 살펴보기로 한다. "예배모범"이란 말은 영어의 *The Directory for Worship*으로, 우리말로는 '예배를 모범적으로 드리기 위한 원리'를 의미하는 것으로 한국 장로교회에서 이 용어를 초기부터 사용해왔다. 지금도 이 용어와 내용까지 그대로 사용하는 교단도 있고, 용어는 그대로 사용하되 내용은 개정해서 사용하는 교단도 있으며, 그 용어와 내용을 바꾸어 '예배지침' 또는 '예배와 예식'이라는 명칭을 사용하는 교단들이 있다.[89] 이 예배모범은 역사적으로 유럽 대

(존재와 사역), ⑧ 성령의 사역, ⑨ 은혜의 방편(말씀과 성례, 기도), ⑩ 성례론(세례와 성찬), ⑪ 교회론(신자의 본분), ⑫ 최후의 심판과 부활 등이 담겨 있다.

[86] '규칙'은 노회회록 31 - 41에 실려 있으며 여기에는 교회, 예배절차, 직원, 교회의 치리 등으로 구성되어있다.

[87] 곽안련 선교사는 1919년 영문판 *Constitution of the Presbyterian Church of Chosen* (1919)를 편집 발행하였다. 이 영문판이 총회를 통과한 후 한글로 발행된 것은 1922년 조선 야소교 서회에 의해서였다. 이현웅, "장로교 예배모범의 역사와 전망에 관한 연구" (박사학위논문, 장로회신학대학교 대학원, 2004), 229 - 30.

[88] 김경진은 그의 박사학위 논문에서, 한국 장로교회가 정치와 권징에 대해 미국 북 장로교회의 것을, 예배모범에 남 장로교회의 것을 기초로 해서 채택하고자 한 것은 어떤 특별한 신학적 실제적 이유보다는 미국 남 북 장로교 선교사들이 합의해서 결정했기 때문으로 보인다고 하였다. Kyeong Jin Kim, "The Formation of Presbyterian Worship in Korea" (Th. D. diss. Boston University, 1999), 120, 김경진, "한국장로교회의 예배," 『개혁교회의 예배·예전 및 직제 Ⅰ』, 168

[89] 현대 장로교회는 '예배모범'이라는 내용 중 일부를 현대 용어로 바꾸면서 대부분 이전 그대로 사용하는 교단 (합동), 용어를 동일하게 사용하면서도 그 내용을 다수 개정하여 사용하는 교단(합신,

륙의 개혁교회에서 사용했던 것이 아니라, 잉글랜드 교회와 스코틀랜드 교회의 장로교회에서 처음 사용하였다. 예배모범의 시작은 잉글랜드의 개혁자들이 웨스트민스터 종교회의(1643-49)에서 최초로 만든 웨스트민스터 예배모범(1644)에서부터였다. 이것을 곧바로 스코틀랜드 장로교회가 그대로 수용해서 사용하게 되었으며, 나중에 미국 장로교가 일부 개정, 추가하여 미국 장로교 예배모범을 만들었으며(1788), 이후 남북 전쟁(1861-65) 중에 남·북 장로교로 분열되었고(1861), 이에 따라 각각의 예배모범을 갖게 되었다.[90] 또한 이들의 선교지인 한국에서 장로교가 예배모범을 작성할 때에 주로 미국 남 장로교의 예배모범을 기초로 만들었던 것인데, 1919년 총회에서 채택, 1922년 『헌법』 책에 넣어 발간하였으며[91], 이후 1934년 개정하기도 하였다.

먼저, 웨스트민스터 예배모범, 미국 장로교(분열 이전)와 그 후 남·북 장로교[92], 그리고 한국 장로교의 예배모범의 각 항목들을 아래에 제시하고자 한다.

기장), 그리고 '예배모범'이란 용어 대신에 다른 용어로 고치고 내용도 대폭 개정해서 사용하는 교단(고신, 통합) 등 다양하다.

90 미국은 남북전쟁(1861-65)이라는 내전을 겪게 되었는데 그 중의 주요 쟁점은 노예제도 폐지에 따른 것이었다. 남부는 대규모 농장을 소유하고 있었기 때문에 노예제도가 필요했던 반면에, 북부는 공업이 발달하여 노예제도의 필요성을 적게 느꼈다. 이 때 교회들도 장로교, 감리교, 침례교 모두 남과 북으로 분열되었다. 남 장로교는 1861년 남부교회 설립을 시작으로 1864년에 확대, 1865년에는 남부교회를 미국 남 장로교회라고 불렀다. 남·북 장로교가 최종적으로 연합한 것은 1983년이다.

91 한국어로 된 예배모범이 나오기 전에 먼저 곽안련이 미국 남 장로교회의 예배모범(1894)을 기초로 영문초안을 작성했다(1919). 이어 이를 근거로 우리말로 된 한국 장로교의 최초 예배모범이 나오게 된 것이다. 김경진, "한국 장로교회의 예배," 168.

92 미국 장로교(분열 전)는 1788년 예배모범(The Directory for the Worship of God)을 작성, 1789년 총회에서 채택했다. 남, 북 장로교회가 분열된 이후 각각의 예배모범을 만들었다. 북 장로교회는 1884년에 제정, 1908년에 일부를 개정하였으며, 1961년에는 대폭 개정 하였다. 남 장로교회는 1861년에 예배모범을 제정하여 1894, 1929년에 개정하였으며 1963년에 새롭게 대폭 개정하였다. 이후 1983년 남·북 장로교가 다시 연합하면서 1989년에 예배모범을 발간하였고 1997년에 다시 수정한 개정판이 나오게 되었다. 이현웅 "장로교 예배모범의 역사와 전망," 169-71.

《 각 예배모범의 항목 》

웨스트민스터 (1644)	미국 장로교 (1788)	미국 북 장로교 (1884)	미국 남 장로교 (1894)	한국 장로교[93] (1922)
1. 서문	1. 주일 성수	1. 주일 성수	1. 주일 성수	1. 주일 성수
2. 회중의 모임	2. 회중의 모임	2. 교회 회집과 예배 시 태도	2. 교회 회집과 예배 시 태도	2. 교회 회집과 예배 시 몸가짐
3. 성경 봉독	3. 성경 봉독	3. 성경 봉독	3. 성경 봉독	3. 성경봉독
4. 설교 전 기도	4. 시편 찬송	4. 시편 찬송	4. 시편 송과 찬송	4. 시와 찬송
5. 설교	5. 공중 기도	5. 공중 기도	5. 공중 기도	5. 공식 기도
6. 설교 후 기도	6. 설교	6. 헌금	6. 설교	6. 강도(설교)
7. 세례	7. 세례	7. 설교	7. 주일 학교	7. 주일 학교
8. 성만찬	8. 성만찬	8. 세례	8. 기도회	8. 기도회
9. 주일 성수	9. 입교 예식	9. 성찬	9. 세례	9. 세례
10. 혼례	10. 책벌	10. 입교 예식	10. 입교 예식	10. 입교 예식
11. 병자 심방	11. 혼례	11. 시벌과 해벌	11. 성만찬	11. 성만찬
12. 공적 금식	12. 병자 심방	12. 혼례	12. 혼례	12. 혼례
13. 감사절	13. 장례	13. 병자 심방	13. 병자 심방	13. 병자 심방[94]
14. 시편 찬송	14. 금식과 감사일	14. 장례	14. 장례	14. 장례
15. 공중예배의 날과 장소	15. 사적 예배와 가정 예배	15. 금식과 감사절	15. 금식과 감사절	15. 금식일과 감사일
		16. 사적 예배와 가정 예배	16. 사적 예배와 가정 예배	16. 은밀기도와 가정예배
				17. 시벌
				18. 해벌
				19. 연보(헌금)

---

93 위 비교에 나오는 한국 장로교 예배모범(1922)의 항목들은 대부분 요약된 제목들이며 원문에는 각 장 제목이 국한문 혼용과 그 아래에 한글로 쓴 형태로 나타난다. 여기서 원문대로 최대한 표기하되 일부 현재 쓰이지 않는 자·모음, 띄어쓰기는 현대식으로 제시한다. 第一章 主日을 거룩되이 守할 것(주일을 거룩되이 지킬 것), 第二章 敎會會集과 禮拜時 操身事(교회회집과 례배때 몸가지는 것), 第三章 禮拜時 聖經朗讀하는 事(례배 때 성경랑독하는 것), 第四章 詩와 讚頌을 부르는 事(시와 찬송을 부르는 것), 第五章 公式祈禱(공식기도), 第六章 講道(강도), 第七章 主日學校(주일학교), 第八章 祈禱會(기도회), 第九章 洗禮주는 것과 幼兒洗禮(세례 주는 것과 어린아이 세례), 第十章 禮式에 參與함을 許諾하는 것(례식에 참예함을 허락하는 것), 第十一章 盛饌 設行하는 法(성찬 설행하는 법), 第十二章 婚禮(혼례), 第十三章 病者尋訪(병인을 심방하는 것), 第十四章 葬禮(장례), 第十五章 禁食日과 感謝日(금식일과 감사일), 第十六章 隱密祈禱와 親屬禮拜(은밀기도와 친속 예배), 第十七章 施罰(시벌), 第十八章 解罰(해벌), 第十九章 捐補(연보).

94 네 가지 항목들에 대해 밑줄을 그어 표시한 것은 특별한 주의를 요하는 의미에서 필자가 표시한 것이다. 즉 병자심방은 1934년 개정판에서 삭제되었으며, 시벌, 해벌, 연보 조항은 남 장로교의 예배모범에는 없고, 북 장로교에 있는 것을 추가한 것이다.

다음으로, 이상의 예배모범들을 한국 장로교의 것을 중심으로 상호 비교 분석하도록 한다. 우선 전제할 것은 이 예배모범은 예배서처럼 예배순서를 제시하는 것이 아니라, 예배의 원리를 제공한다는 점이다.[95]

첫째, '주일 성수'에 대하여 한국 장로교회는 미국 장로교회와 마찬가지로 예배 요소 중에서도 제일 먼저 취급한다. 이것은 웨스트민스터 예배모범이 일곱 번째로 '주일성수'를 취급한 것에 비해, 그 위치상 먼저 주일성수를 다룬 후 각론을 다루는 순서를 취하는 것인데 논리적으로 더 일관성이 있는 것으로 보인다. 예배와 관례해서 웨스트민스터는 맨 나중에 공중예배의 날과 장소를 언급하나, 한국 장로교 예배모범은 이 조항을 '주일성수'나 '교회회집과 예배시 몸가짐'에 포함하고 있는데 이는 해당조항에 대한 더 나은 설명이 될 것이다.

둘째, 회중의 모임과 성경 봉독의 위치는 위에 나오는 모든 예배모범들이 동일하다.

셋째, 미국 교회들이 '시편 찬송' 또는 '시편 송과 찬송'이라는 용어를 사용하고 있는 것과 달리, '시와 찬송'으로 사용하고 있다는 점에서 차이가 있다. 한국 장로교회는 '시편'이라는 말보다는 '시'라는 말을 사용함으로써 더 함축적인 의미를 지녔다고 볼 수 있다.

넷째, 공식기도에 대해 미국 교회들은 '공중기도'라는 용어를 사용하나 이것은 동일한 의미의 다른 표현으로 보인다. 이 용어는 기도의 특성이 공중을 대표하여 드리는 기도이므로 '공식기도'라는 말보다는 '공중기도'라 칭함이 더 합당하게 보인다.

다섯째, '강도'는 '강론'과 함께 원래 한국 장로교에서 초기부터 사용한

---

[95] 장로교회(Presbyterian Church)에는 예배의 원리를 설명하는 '예배모범'이 있으며, 동시에 예배의 형식과 순서를 내용으로 하는 '예배서'가 있다. 이는 장로교회의 특징인데 비하여, 같은 개혁주의 계열의 개혁교회(Reformed Church)에는 '예배모범'은 없고 '예배서'만 사용되고 있다.

말로 1930년대부터는 '설교'라는 말로 쓰이게 된다.

여섯째, '주일학교'에 대해서 웨스트민스터 예배모범이 작성될 당시에는 그 자체가 아직 존재하지 않았기 때문에 취급되지 못했던 것으로 보이며, 미국 북 장로교가 반영하지 않는 것과 달리, 남 장로교는 주일학교의 중요성을 인식하고 이 조항을 신설하여 넣었으며 한국 장로교는 이를 따랐다.

일곱째, '세례'[96]와 '입교 예식'은 남 장로교의 것을 그대로 따랐으나, 미국 장로교(1788)와 북 장로교는 세례와 입교 예식 사이에 성찬을 넣었다는 점이 다르며, 웨스트민스터의 것은 입교 예식을 하나의 항목으로 두지 않았다. 입교 예식이란 유아 세례와 직접 관련 있는 것이며 오늘날 이 입교예식을 독립하여 성례로 취급하지 않으므로 세례에 포함하여 제시하는 것이 더 좋을 것으로 보인다.

여덟째, '성찬'은 남 장로교의 것대로 입교 예식 뒤에 넣고 있으며, 미국 장로교와 북 장로교는 입교 예식 앞에 설명하고 있으며 웨스트민스터는 '입교예식'은 없고 '세례'에 이어 '성찬만'을 설명하고 있다.

아홉째, '혼례'는 남 장로교의 것과 같고 미국 장로교는 '책벌' 다음에, 북 장로교는 '책벌'과 '해벌' 다음에, 웨스트민스터는 '책벌'과 '해벌' 요소는 나타나지 않으며, 이 '혼례'가 '주일 성수' 다음에 위치한다.

열째, '병자 심방'은 웨스트민스터 예배모범 뿐 아니라 미국 장로교(남북 포함)과 한국 장로교 예배모범에 공통으로 '혼례'(결혼식) 바로 이어 나온다.

열한째, '장례'와 '금식과 감사일', '사적 예배(은밀기도)와 가정예배' 등

---

[96] 여기서 세례는 웨스트민스터 예배모범이나 미국 남·북 장로교, 한국 장로교(1922) 예배모범에서 모두 유아세례를 의미한다. 한국 장로교는 최근에 나오는 예배모범에서 성인세례를 포함하여 기술하고 있다.

은 미국과 한국 장로교회 모두 '병자 심방'에 이어 나타난다. 다만 웨스트민스터는 '장례'가 나오지 않으며 '금식'과 '감사일'이 분리되어 나오고 '사적 예배'가 나오지 않는다.

열두째, 제일 끝에 위치하는 '시벌', '해벌', '연보' 등 세 조항은 북 장로교의 것을 한국 교회가 채용한 것이다. 다만 북 장로교는 '헌금'(연보)이 설교 앞에 있고, '책벌'(시벌)과 '해벌'이 묶어져 결혼 전에 설명되고 있다는 점이 다르다. 웨스트민스터 예배모범이나 미국 장로교(1788), 남 장로교에는 이 항목이 나타나지 않는다.

이상에서 보는 바대로 1922년의 한국 장로교회 예배모범은, 근원적으로는 웨스트민스터 예배모범을 기초로 하였으며, 거의 대부분 미국 남장로교의 것을 따랐으며, 여기에다 북 장로교의 시벌, 해벌, 연보 등을 추가하여 한국 교회에 유익하도록 제정한 것임을 알 수 있다. 여기에서 한국 장로교가 시작되는 단계에서 여러 요인들을 고려해 미국 남·북 장로교의 예배모범을 따라 작성했다는 점에서 의의가 있다. 한편으로 한국 교회의 실정에 맞는 예배모범을 독자적으로 만들 수 있는 여건이 형성되지 않았다는 점이 아쉬운 점이며, 이는 후에 우리의 예배현실을 고려해 이 문서가 개정되어야 할 당위성이 존재하는 것이다.

(4) 『혼상 예식서』(1924, 1925)

한국 장로교는 총회 조직 후 예식서가 없는 형편이었던 상황에서 그 필요성을 느끼고 예식서 작성에 착수하였다. 1913년 제2차 총회는 노회의 건의에 따라 5명의 위원들, 제임스 게일, 이눌서(W. D. Raynold), 김필수, 한석진, 양전백 등을 선정하였고, 제5차 총회 1916년에 게일이 자신이 만든 예식서를 총회에 제출하였으며 총회는 교열위원 4명, 즉 양전백, 배위량(William M. Baird), 김선두, 함열 등을 선정하여 예식서를 검토하도록 하였다. 그러나 1917년 제6차 총회에서 출판하기로 가결된 예식서는 원본을 분실하게 된다.[97] 그 후 1922년 12차 총회에서 다시 예식서를 만들자는 제안에 따라 박문찬, 강규찬에게 맡기고, 다음해 1923년 제12차 총회에 예식서 제정위원장인 박문찬이 예식서를 제출하였다. 이 때 혼례에 대해 다음 총회까지 유보하고 나머지는 양전백에게 교열을 맡기고 다음 총회에 보고하도록 하였다. 드디어 1924년 총회에서 가결하여 대한예수교장로회의 『혼상예식서』[98]가 나오게 된 것이다. 이로써 한국 장로교는 비슷한 시기에 "예배모범"(1919년 채택, 1922년 발간)과 아울러, 혼례와 상례 중심으로 하고 성례와 임직식을 부록으로 실은 『혼상예식서』(1924)를 갖춘 교회로 발전하게 되었으며, 이 예식서는 다음해에 재판이 발행되었다.

이 예식서의 목차를 통해 전체적인 구조를 간략하게 살펴보자. 서문(예식위원)에 이어 제1장 "혼례식서(婚禮式書)"의 제목 아래 "혼례의 조례(條例)," "혼례의 절차," "혼례의 복장"이 나와 있고, 제2장 "상례식서(喪禮式書)"에는 "상례의 조례," "상례의 절차," "상례의 복장"이 나와 있다. 이어 부록(附錄)으로 "성례(聖禮)"와 "장립식"(將立式)이라는 제목 아래 "세례의 조례와 식(式)," "성찬의 조례와 식," "장립의 조례와 식"(장로와 집사 임직식) 등이 나타난다. 그리고 맨 끝에 교열위원들의 발문(跋文)의 글로 마무리되고 있다.[99] 여기서는 성찬예식에 관해서 내용을 소개하고 이어 분석하기로

---

97 C. A. Allen Clark, *Digest of the Presbyterian Church of Chosen* (Seoul: Christian Literature Society, 1934), 13.
98 조선예수교장로회총회, 『혼상예식서』(경성: 발행처 불명, 1924). 이 책의 출판사는 미상으로 되어 있으나 당시 장로교, 감리교의 주요문서들을 주로 발행하였던 조선예수교서회로 추측된다. 또 이 예식서는 다음해인 1925년에 창문사(彰文社)에서 재판을 낸 것으로 나타난다.
99 조선예수교장로회총회, 『혼상예식서』 서문에 예식위원 박승봉(朴勝鳳) 목사의 글이 나타나며, "주후 일천구백이십사년 갑자(甲子) 십월상완(十月上浣)"으로 나타난다. 이 예식서의 맨 마지막에 나오는 발문에 교열위원들 양전백(梁甸佰), 차상진(車相晉)의 이름으로 "기원후 일구이사년 갑자 동(冬)"이라고 적혀있다. 『혼상예식서』, 1-2, 75 - 76. 이 책의 출판일에 관해 짐작할 수 있는 것으로는 서문이 "10월 상완"(1일에서 10일까지의 기간)으로 기록되어 있고, 발문은 "겨울"로 되어 있어 이를 통해 이 예식서가 1924년 겨울에 출판된 것임을 알 수 있다.

한다.

먼저, 이 책의 부록 "성례" 중에 성찬에 대한 전체적인 내용을 요약하여 살펴보도록 한다. 이 "성찬식 조례와 식"은 일곱 항목으로 나누어져 있다: 첫째는 성찬의 시행회수에 대하여 간혹 베푸는 것이 좋으나 각기 당회에서 정할 것. 둘째는 성찬에 참여치 못할 자들, 즉 교회를 수치하게 하는 자, 훼방할 기회를 짓는 자들에 대하여 금지할 것. 셋째는 성찬 베풀 날을 미리 일주일 전에 광고하여 미리 준비하는 모임을 가질 것. 넷째는 성찬 일에 성찬기구들을 정결히 준비하고 참여자들의 좌석을 앞 열에 정돈, 성찬 위원(장로) 작정하여 준비된 자세를 갖게 할 것, 그리고 이어 성찬식 순서가 제시됨. 다섯째는 성찬시행의 구체적인 제시(성찬의 유익, 본문과 수찬절차, 수찬순서, 폐회 시 사도신경이나 주기도문 또는 히브리서 13:20-21을 외우기도 함). 여섯째는 성찬 참여에 합당한 자들은 본 교회 교인이나 다른 교파 신자 중에서 성행이 단정 무흠한 자들어야 함. 일곱째는 집례목사는 성찬 참여하는 자에게 바로 권면하고 성찬을 통해 성령의 은혜를 입고 복음에 합당한 생활할 것 등을 기도할 것, 당회의 작정 하에 이 예식 중에 구제연보나 신령한 일을 위한 연보를 드리게 하는 것이 가함.

이어, 넷째와 다섯째 내용 중 성찬식 순서와 그 설명부분(요약)에 대해 살펴보기로 한다.[100]

> 4. 성찬예식 순서는 혹 여좌히 하는 것이 합의(合宜)할 듯하므로 이에 배열함.
> 一. 묵도(각기 죄를 고하고 은혜를 구함) 一. 찬송(팔십장, 일백사십이장, 칠십이장) 一. 기도(죄를 자복하고 은혜를 감사하는 公祈禱) 一. 성경낭독 一. 구제연보(救濟捐補) 一. 광고(책벌 하에 있는 자와 양심이 불안한 교우들을 경성케 할 것) 一. 강도(간단하게) 一. 기도 一. 찬송 一. 성경(사 50장, 마

---

100 조선예수교장로회총회,『혼상예식서』, 20-23, 26

26:26 - 28, 고전 11:23 - 34) 一. 祝辭(분병에 대한 감사로 기도) 一. 分餅(작정한 장로로 입교인에게 부여) 一. 문수찬(수찬하지 못한 자가 있는가 묻는 것) 一. 축사(分與할 포도즙에 대하여) 一. 分汁(작정한 장로로 입교인에게 분여) 一. 문수배(受飮치 못한 이가 있는가 묻는 것) 一. 찬송(3장) 一. 축복감사기도 一. 폐식(교우들로 조용히 퇴거케 할 것)

5. … 폐회할 시에 사도신경이나 주기도문이나 히브리 십삼장 이십절, 이십일절을 외우기도 함.

다음으로, 이『혼상예식서』를 분석해 보기로 한다.

첫째, 이 예식서는 한국 장로교 총회가 설립된 해(1912)로부터 12년 만에 한국인의 손으로 만들어진 한국 장로교회 최초의 예전서라는 의의를 갖는다. 물론 그 세부내용을 보면 선교사들 중심으로 만들었던 예배모범이나 다른 책들을 적지 않게 참조했지만, 예식서는 그 작성 과정에서 한국인이 중심이 되어 이루어졌던 것이다.

둘째, 이 예식서가 주일예배(낮, 오후 또는 밤, 삼일 밤)에 대한 순서를 제시하지 못했다는 점을 그 한계점으로 들 수 있다. 이 예식서는 혼례, 상례, 그리고 장립식과 세례식, 성찬예배의 순서 등을 다루기는 했지만 정식으로 주일예배 순서 항목으로 제시하지 않았다는 것이다. 이것은 아마도 장로교 초기에 "예식서"라는 이미지는 주일 예배를 제외한 다른 특별 예배순서를 담은 책으로 인식했기 때문으로 보인다.

셋째, 축도를 "축복감사기도"로 한 것은 축복(강복)과 기도를 섞어 쓴 표현이라 할 수 있다. 현재 축도에 대해 교계에 두 견해가 있다. 하나는 기도의 한 종류(축도, 축복기도)로 인식하는 것이며, 또 다른 하나는 말씀의 한 종류로서 하나님을 대신하여 선포하는 것(축복, 혹은 강복)으로 인식하는 것이다. 어떤 견해를 따르는가에 따라 문구가 달라진다. 기도(기원)의 한 종류로 인식하면 "… 축원합니다"가 될 것이며, 말씀의 한 종류, 즉 선포로 인식하면 "… 있을 지어다"로 하나님을 대신하여 복을 선언하는 형태가 될 것이다. 이와 같이 축도(축복)의 본문을 고린도후서 13:13이나 히브리서 13:20-21, 민수기 6:24-26 등을 기반으로 하면서 두 가지 중 어느 하나를 활용할 것인지는 목회자의 소속 교단의 규정에 따라 행할 수 있을 것이다. 이 예식서에서 축복과 감사기도 개념이 함께 들어있는 용어를 사용한 것은 어색한 혼용의 예를 보여주고 있는 것이라고 할 수 있다.

넷째, "… 폐회할 때에 사도신경, 주기도문 또는 히브리서 13:20-21을 외우기도 함"의 의미에 대해 히브리서 13:20-21을 사용하는 경우는 가능하다고 할 수 있겠으나 '사도신경'이나 '주기도문'을 사용할 수 있다는 것은 예배학적 관점에서 문제가 될 수 있다. 여기서 이 말이 축복기도로 폐회한 '후'라는 의미인지, 축복기도를 '대신하여'라는 의미인지 불명확하고 또한 이 두 가지가 성례식을 마치는 순서로는 부적당하다고 할 수 있을 것이다. 전통적 예전에서 주일 낮 예배에서 사도신경과 주기도문은 축도 대신 사용하거나 또는 성찬식 순서의 끝 순서로는 사용한 경우가 없고, 혹시 있다 하더라도 예배학적으로 순서에 합당하다고 볼 수는 없을 것이다.

2) 감리교

(1) 『신학월보』(1903)

『신학월보』[101]는 감리교에서 매월 발행하는 회보로서 1900년에 12월

---

[101] 『신학월보』는 감리교 선교사 존스(G. H Jones, 한국명 조원시)가 주도하여 창간한 한국 최초의 신학 잡지이다. 1900년 12월 창간 이후 1904년까지 월간으로 발행되고 2년간 중단되었다가 1907년 7월에 복간되어 1910년 가을까지 격월간으로 발간되었다. 여기에는 신학, 교회사, 성서주석, 설교학 등에 관한 논문과 신앙고백, 교회 관련 기사 등을 싣고 있다. 순 한글로 되어 있으며 신학서적이 거의 없던 기독교 초창기에 신학교재 역할도 감당하여 목회자 양성에 크게 기여하였다. 한국민족문화대백과 사전에 이 월보의 의의를 말하면서 초기 감리교회 교회 제도 및

에 의해 발행되기 시작했다. 이 월보의 1903년 1월호 글 중에 맥길(McGil, 1895-1918)선교사[102]의 '감리교회 규칙'이라는 문답형식으로 설명하고 있는 내용들이 실려 있다.

먼저, 제64문답에 예배순서에 대한 내용이 다음과 같이 제시되어 있다.[103]

> 64문. 례배하는 규식이 엇더하뇨.
> 답. 대총의회에서 이렇게 작정하였으니 一은 다 일어나서 찬미하고 二는 사도신경을 목사 생각대로 읽고 三은 다 엎드려 기도하되 마지막은 주의 기도문을 읽을 것이요 四는 성경을 볼 것이요 五는 수전을 하고 광고하는 것이요 六은 다 일어나서 찬미하고 七은 논설하는 것이요 八은 기도하는 것이요 九는 다 일어나서 제일[장] 찬미하고 十은 사도축수하고 그 후에 갈 것이니라.

다음으로, 이 월보의 예배순서를 앞에서 고찰했던 『대한크리스도인회보』(1898)의 순서와 비교해 보기로 한다. 이전의 회보 예배순서는 모두 14개의 순서였으나 이 월보의 것은 10개의 순서이다. 달라진 순서들을 보면 이 월보에는 '풍류소리', '성가'(주의 기도 다음의 성가)가 빠져 있고 신·구약이 분리되지 않으며, 그 중간에 '영광경'이 빠져 있다. 또 '전도'를 '논설'이라 한 점 등이다. 여기서 우리는 감리교회 예배순서에 변화가 있었던 것인지 의문을 가질 수 있다. 사실 이 월보 뒤에 나온 『찬미가』(1905)에

한국 교회사 연구에 필수자료로 가치가 크며 제3호부터 독자들과 선교사들의 문학작품을 수록하여 한국 초기 현대 시와 소설에 영향을 끼쳤다고 평가하였다. 『한국민족문화대백과』, http://encykorea.ac.kr

[102] 맥길은 미국 북 감리교회 소속 의료선교사이다. 1889년 내한하여 아현, 상동병원에 근무하였고 1892년 원산 지방을 개척, 1903년 공주지방을 개척한 후 1906년에 귀국했다. 그는 전도에도 열심이어서 원산에서 의료사업과 함께 기독교 서적을 보급, 200여명에게 세례를 주고 교회를 설립한 바 있다. 기독교대한감리회, 『한국 감리교 인물사전 DB』

[103] 『신학월보』 3권1호(1903), 12.

서 생략 가능한 순서를 표시하고 있는 것으로 보아 이 월보의 예배순서는 고정적 순서가 아니라 필요에 따라 집례할 수 있는 순서로 판단된다. 이후에 나오는 문서들(1908년 『감리교회 조례』, 1910년 『대강령과 규측』, 1919년 『남감리교회 도리와 장정』) 등을 살펴보면 이전에 나왔던 『대한크리스도인 회보』(1898)와 동일한 순서들(14개 순서)이 계속해 나온다. 이로 볼 때, 이 월보의 순서는 실제 예배현장에서 생략 가능한 순서들이 있었음을 보여주는 것이라 할 수 있다. 이것은 다음에 살펴 볼 『찬미가』에 나오는 예배순서로 보아서도 좀 더 상세히 드러난다.

(2) 『찬미가』(1905)

감리교는 일찍부터 교단에서 사용할 찬송가를 마련하였다. 1892년에 첫 판의 『찬미가』가 나왔으며, 이어 나온 『찬미가』(1905)에는 그 부록으로 주일예배 절차와 성만찬, 세례, 혼례, 장례 예식 등이 실려 있다. 아마도 이 예식문들을 찬송가의 부록으로 실음으로써 예식의 활용도를 높이려는 목적인 것으로 보인다. 이것은 미국 감리교회의 예를 본받은 것으로 보이며, 후에 장로교와 연합하여 나온 찬송가에서는 이러한 부록의 내용들이 사라졌다. 여기서는 이 『찬미가』 부록에 나오는 주일 예배절차를 중심으로 고찰하고자 한다.[104]

먼저, 주일예배 절차를 살펴보자. 여기서 예배절차 중에 별표시(*) 되어 있는 것은 생략 가능한 순서임을 끝 부분에서 설명하고 있다.

예배절차
우리 예배하는 시간은 미리 작장한대로 꼭 시작하고 교우들이 회당에 들어온 후에 즉시 엎드려 기도할지니라

---

[104] 『찬미가』(경성: Methodist Publishing House, 1905), 2 - 3.

***제일** 풍류로 노래함 **제이** 교우들이 서서 찬미가를 노래함 ***제삼** 교우들이 서서 사도신경을 외움 **제사** 목사와 교우들이 함께 엎드려 목사가 기도한 끝에 여러 교우들이 다같이 주의 기도문을 외움 ***제오** 성가나 풍류로 노래함 제육 구약말씀을 교우들이 서서 목사와 함께 번차례로 읽음 ***제칠** 성부 성자 성신께 찬송함(찬미가 제 182장) **제팔** 신약말씀을 읽음 **제구** 목사가 광고하고 수전을 받은 후에 목사가 기도로 바침 **제십** 교우들이 서서 찬미가를 노래함 **제십일** 전도함 **제십이** 교우들이 엎드려 기도함 **제십삼** 교우들이 서서 찬미가를 노래함 **제십사** 교우들이 서서 제일〔장〕 찬미를 노래한 후에 목사가 축도함(고린도후서 13장 14절).

이 별표(*)한 마디는 목사가 시간에 조만을 따라 마음대로 쓸 것

다음으로, 이 『찬미가』의 예배순서를 이전에 나왔던 『대한크리스도인회보』(1898)와 『신학월보』(1903)[105]에 나왔던 순서들을 비교 분석해 보고자 한다.

첫째, 예배순서의 수를 비교해 보면 『회보』가 모두 14개 순서이며, 『월보』는 10개 순서인데 비해, 이 『찬미가』에는 모두 14개 순서인데 그 안에 '상시 순서'(10개)와 '가변순서'(4개)가 구분되어 있다는 점이 특색 있는 점이다.[106] 이 '가변순서'(4개)는 제일 풍류로 노래함, 제삼 사도신경을 외움, 제오 성가나 풍류로 노래함, 제칠 성부 성자 성신께 찬송함〔삼위일체 송〕 등이다. 이 『찬미가』의 '상시 순서'의 수는 『월보』의 수와 같다. 그러나 내용면에서는 한 가지 차이점이 있다. 『월보』에서는 '사도신경'이 '상시 순서'이나 『찬미가』에서는 '가변 순서'인 점이다. 이것은 시간의 형편상 '사도신경' 자체를 뺄 수도 있다는 의미이므로 감리교 전통과는 거리가 있는

---

105 아래에서 『대한크리스도인회보』를 『회보』로, 『신학월보』를 『월보』로 약칭 표기한다.
106 '상시 순서'와 '가변 순서'라는 용어는 필자가 필요에 따라 사용한 용어이다.

것으로 보인다. 또한『월보』에서는 신·구약을 묶어 성경봉독 하나로 되어 있으나,『찬미가』에서는 신약과 구약 봉독을 나누어 '상시순서'로 설정하고 있다. 이 경우도 여러 감리교 예배문서들에서 계속적으로 구약 봉독과 신약봉독을 나누어 진행하고 있는 것인 것과 대조적이다.

둘째,『회보』다섯 번째 순서인 '성가함'을 이『찬미가』에서는 '성가나 풍류로 노래함'으로 제시하여 '풍류로 노래함'을 추가하였다. '풍류로 노래함'은 오르겐 연주에 해당하는 것으로 보인다.

셋째,『회보』에는 '영광경'과 그 가사를 실었던 것에 비해, 이『찬미가』에는 제칠 '성부 성자 성령께 찬송함'(찬미가 182장)으로 되어 있고 그 가사가 나오지 않고『찬미가』장수만 나온다는 점이 다르다. 이 찬송의 이름에 관해서 '영광송'이라고 부른『회보』의 표현은 제목과 가사에 초점을 둔 반면,『찬미가』의 '성부 성자 성령께 찬송함'은 찬송대상에 초점을 둔 것이라고 볼 수 있다.

넷째, 설교에 대해서는『찬미가』에서는 '전도'라는 단어를 사용하고 있는데,『회보』는 '전도'로,『월보』가 '논설'이라는 용어를 사용하였다.『월보』(1903)의 간행년도가『회보』(1898)와『찬미가』(1905)의 중간 정도의 해인데 앞 뒤 책들이 사용한 '전도'라는 용어를 쓰지 않고 '논설'이라 한 것은 특이한 표현이다. 이후에 나오는 감리교 문서에서는 '전도'로 계속 사용되다가, 아마도 장로교의 영향으로 1919년에 나온『남감리교회 도리와 장정』부터 '강도'라는 용어를 사용하였으며, 1930년대 이후에는 '설교'로 바뀌게 된다. 이에 비해 장로교는 처음에는 '강도'(또는 강론)로 쓰다가 나중에 '설교'라는 용어를 사용하게 된다.

다섯째, '축도'에 대해서 이『찬미가』에는 '축도'라고 한데 비해,『회보』는 '사도축문',『월보』에는 '사도축수'라는 용어를 사용했다. 오늘날 용어인 '축도' 혹은 '축복'을 시대에 따라 또는 번역자에 따라 다르게 표현할 수 있으나 '축문'이나 '축수'라는 용어는 이 순서의 성격에 맞지 않는 번역어로 보인다. 그리고 『찬미가』에는 축도의 근거구절로 고린도후서 13장 14절을 제시하고 있다. 이것은 영어성경의 절 구분을 따라 된 것인데, 한글성경에는 13장 13절로 제시되고 있다. 라틴 벌게이트역(Vulgata)에는 13절로 되어 있으나, 영역 성경(KJV, NASB, NIV)에는 11절이 두 절로 나누어져 있어 13절이 14절로 표기되어 있다.

(3) 『감리교회 조례』(1908)

『감리교회 조례』는 영문제목으로는 *Instructions to Methodists*, 북 감리교회 선교사 윌리암스(F. E. C. Williams)와 안창호의 번역으로 1908년에 나온 문서(초판)이다. 이 조례 제5장에 "주일예배의 주의할 것" 6항목이 나오고, 이어 "예배절차"가 나온다.[107] 여기서 "주일예배의 주의할 것"을 먼저 살핀 후 "예배절차"를 논하기로 한다.

먼저, "주일예배의 주의할 것"을 살펴보자.

一. 우리 교회 예배 절차대로 지킬 것
一. 기도할 때나 성경 볼 때나 전도할 때나 찬미 광고할 때에 여러 형제 자매는 조용하시 고 다만 인도하시는 이의 말씀만 들을 것
一. 성당에 들어오거든 성당 앞 가까이 와 앉고 좌정한 후에 이리 저리 왔다 갔다 하지 말 며 함부로 출입하지 말고 공부하는 반열을 잃지 말 것
一. 무론 누가 들어오던지 뒤를 돌아보지 말며 반갑다고 큰 소리로 인사하지 말며 사사로운 이야기를 하지 말 것
一. 공연히 의관을 벗었다 썼다 하지 말며 트림과 하품과 큰 기침과 추한 냄새를 내지 말 며 성당문을 열고 코 풀거나 침 뱉지 말 것
一. 매 주일 아침마다 이 아래 예배절차대로 하여야 할 것

---

107 『감리교회 조례』(경성: 발행처 불명, 1908), 14 - 16.

이어, "예배절차"에 대해서 살펴보자.

제일 풍류 노래함 **제이** 교우들이 서서 찬송가를 노래함 **제삼** 교우들이 서서 사도신경을 외움 **제사** 목사와 교우들이 함께 엎드려 목사가 기도한 끝에 여러 교우들이 다같이 주의 기도문을 외움 **제오** 성가나 풍류로 노래함 **제육** 구약말씀을 교우들이 서서 목사와 함께 번차례로 읽음 **제칠** 성부 성자 성신께 찬송함 **제팔** 신약말씀을 읽음 **제구** 목사가 광고하고 수전을 받은 후에 목사가 기도로 바침 **제십** 교우들이 서서 찬송가를 노래함 **제십일** 전도함 **제십이** 교우들이 엎드려 기도함 **제십삼** 교우들이 서서 찬송을 노래함 **제십사** 교우들이 서서 제일[장] 찬미가를 노래한 후 목사가 축도함(고린도후서 13장 14절)

다음으로, "주일예배의 주의할 것"과 "예배절차"에 대해 분석하고자 한다.

첫째, 여기에 제시되고 있는 주의할 것에서 우리가 흔히 범하기 쉬운 실수들을 세세하게 나열해 놓음으로써 구체적으로 예배자의 준비 자세를 언급하고 있다. 이런 주의 점들은 동·서양을 막론하고 기독신자이면 공통적으로 갖추어야 할 예의들을 잘 표현하고 있음을 보여 준다.

둘째, 주의할 것 중에서 다섯 번째 나오는 내용 중 "… 성당문을 열고 …"라는 문구에서 '성당'이란 천주교의 성당[108]을 연상되는 번역으로 이것은 "… 예배당 문을 열고…"라는 표현이 훨씬 개신교적 용어라고 볼 수 있다.

셋째, 주일예배 절차에 대해서 살펴보면, 『회보』(1898)와 『찬미가』(1905)

---

108 이 문서가 출판된 해(1908)는 이미 천주교가 1784년 이승훈이 북경에서 세례를 받고 들어오면서부터로 본다면 거의 거의 120년이 지난 때였는데 개신교 초기 문서 번역을 보면 천주교 풍의 어감이 풍기는 것들도 있었다. 이러한 실례 중에 하나가 '예배당'을 '성당'으로 표현한 것으로 보인다.

와 같이 모두 14개의 순서로 구성되어 있다. 그런데 앞에서 살핀 바와 같이 『찬미가』는 이 중 4개의 순서는 '가변 순서'이나, 이 조례(1908)에서는 '가변 순서'라는 표현 없이 『회보』와 같이 14개 순서 모두 주일예배 순서로 제시되고 있다는 점이다. 그리고 제오의 순서는 『찬미가』의 순서와 동일하게 성가나 풍류로 한다고 나온다. 한편, 이 문서는 각 순서의 용어들에 대해서 『회보』보다는 『찬미가』의 용어를 대부분 그대로 사용하고 있으나, 단 한 가지 찬송가라는 용어에 대해서 『찬미가』는 하나의 용어(찬미가)만 사용한 것과 대조적으로 "찬미가", 또는 "찬송가"라는 용어를 병행 사용하고 있다는 점이 약간 다르다. 이것은 아마도 이 때 감리교(『찬미가』)와 장로교(『찬성시』) 찬송가의 통합(1908년 『찬송가』)[109]이 이루어져 이 두 단어를 병행 사용한 것으로 보인다.

(4) 『대강령과 규측』(1910)

미국 북 감리교회는 최초로 장로교의 헌법과 같은 성격인 공식문서 (교리와 장정)를 한국어로 번역하여 『대강령과 규측』(1910)[110]라는 이름으로 출판하였다. 이 문서는 크게 두 부분으로 구성되어 있다. 첫 부분은 "감

---

[109] 한국 최초의 찬송가는 감리교에서 발간한 1892년 총 30장의 가사만을 실은 『찬미가』이다. 이 찬미가는 곡조를 붙이지 않았으며 차츰 중판을 거듭하면서 그 내용을 보강하였다. 또한 악보가 붙은 찬송가 최초로 나오기는 장로교 언더우드 선교사가 개인적으로 발행한 『찬양가』(1894년)인데 모두 117곡을 수록하였고 이어 장로교단 차원의 찬송가가 1895년 가사만으로 된 『찬성시』라는 이름으로 나오게 된다. 후에 한국 최초의 장·감 연합찬송가는 1908년에 나온 『찬송가』이다. 성결교는 1917년 『신증복음가』를 따로 출판하여 사용하였다. 그 후 감리교만 사용하게 된 『신정찬송가』(1931), 장로교만 사용했던 『신편찬송가』(1937)로 분리되었고 성결교에서는 『부흥성가』(1930)를 사용하다가 모두 합동하여 1949년에 『찬송가』(일명 합동찬송가)를 사용하였다. 그 후 장로교는 교단 분열과 통합의 과정을 거치면서 장로교 합동 측과 고신 측은 『새찬송가』를, 장로교 통합 측과 감리교, 성결교를 중심으로 『개편찬송가』를 사용하게 된다. 이어 1981년에 한국찬송가공회가 조직되어 그해 12월에 『통일찬송가』가 나오게 되었고 이어 2006년에는 한국인의 찬송곡을 더 많이 실어 『21세기 찬송가』를 출간하여 오늘에 이르게 되었다. (생명의말씀사 간행, 『교회용어사전』을 요약한 것임).

[110] 이 책의 첫 부분은 E. M. Cable과 조명하가 공동 번역한 것으로 나오며, 둘째부분은 E. M. Cable, W. C. Swearer와 조명하, 채유형이 공동 번역한 것으로 나온다.

리교회 권설"이라는 주제 아래 여러 내용이 나온다. 그 중에서 제2권 "교회", 제3장 "예배함", 一관 "공동예배의 절차", 二관 찬송하는 마음과 이치가 나온다. 둘째부분에는 "성례"라는 주제아래 세례, 학습과 입교, 주의 성만찬, 혼인, 상장(喪葬), 선택과 직분, 회당 주춧돌 놓는 것과 바치는 예문 등이 나타난다. 여기서는 제2권 "교회", 제3장 "예배함" 내용 중에 一관 "공동예배의 절차", 그리고 제10권 성례를 중심으로 살피고자 한다.[111]

먼저, 제2권 "교회", 제3장 一관 "공동예배의 절차" 내용인 5개의 항목을 살펴본다.

> 1항 우리 감리교회에 주일예배를 어김이 없이 일정한 시간에 작정할 것이요 회우들이 이 성전에 들어온 후에 곧 꿇어 엎드려 묵묵히 기도할 지니라
> 〔이어 나오는 예배순서는 다음 에서 별도로 다룬다.〕
> 2항 무론 어느 때든지 성례를 베풀 때에는 이 우혜[112] 예식을 제하여도 관계치 아니하나 오직 찬송과 기도와 사도의 축사는 가히 제하지 못할 지니라
> 3항 성례 베풀 때와 장례 행할 때에 반드시 우리 교회 예식을 준행할 지니라
> 4항 하나님께 공동 예배할 때에 회중이 열심히 예배하기를 권하노니 찬송할 때에 함께 하 며 기도할 때에 함께 엎드리며 주의 기도문 외울 때에 함께 외울지니라
> 5항 주일은 성회가 어디서든지 모일 수 있는 대로 모여 예배함이 마땅할지니라

이어, 위의 1항에서 예배순서만 따로 제시하면 다음과 같다.

> 一. 자원하여 풍류를 치거나 소리〔찬송을 의미함〕할 것이요 二. 회중이 다 일

---

111 『대강령과 규측』(조선: 경성야소교서회, 1910), 52 - 54와 제10권 성례목록. 이 명칭과 관련하여 남 감리교회는 9년 후에 남감리교회,『도리와 장정』라는 이름으로 출판하였다. 이 문서들은 후에 조선감리교에 이르러서『교리와 장정』으로 통일되어 오늘에 이르고 있다.
112 "이 우혜"라는 말은 현대어로 "이 위의"라는 의미인 것으로 보인다.

어서서 찬송가로 찬송할 것이요 三. 회중이 다 일어서서 사도신경을 외울 것이요[사도신경 본문이 수록 됨] 四. 기도할 것이요(목사와 회중이 다 꿇어 엎드려 기도한 후에 주의 기도문을 외울 지니라 五. 성가를 찬송하거나 자원하여 노래를 부를 것이요 六. 구약공과를 읽되 모든 회중이일어서서 화답함이 가[可]할 것이요 오후 예배나 밤 예배에는 구약공과를 읽음이 가하지 아니하니라 七. 성부와 성자와 성신을 찬송할 것이요(성부 성자 성신께 거룩한 영광이 계시도다 태초와 지금부터 영원한 세상까지 무궁히 계시도다 아멘) 八. 신약공과를 읽을 것이요. 九. 광고하고 수전도 할 것이니 이일은 성경 보는 동안이나 혹 성경 본 후에 행함이 가할 것이요. 十. 회중이 다 일어서서 찬송가로 찬송할 것이요 十一. 전도할 것이요 十二. 회중이 엎드려 기도할 것이요 전도한 후에 기도절차와 찬송 절차를 고쳐하여도[바꾸어도] 무방할지니라 十三. 회중이 다 일어서서 찬송할 것이요 十四. 제 일 찬송가를 노래하고 사도의 축사로 축사하고 예배를 마칠지니라(고린도후서 13장 14절)

다음으로, 제10권 성례에 대해서 그 목록 일곱 가지를 열거해 본다.

一장. 세례 례문 二장. 학습과 입교례문 三장. 주의 성만찬례문 四장. 혼인례문 五장. 상장례문 六장. 선택과 직분 받는 례문 七장. 회당 주춧돌 놓는 것과 바치는 례문

마지막으로, 예배순서에 대하여 이전의 문서들과 비교 분석하기로 한다.

첫째, 『대강령과 규측』에 나오는 예배순서를 보면, 이전의 문서들 중 모두 14개 순서로 구성되었던 전통을 그대로 계승하고 있다. 그러나 세부적으로 살펴보면 차이점이 드러나는 부분이 있다. 五번 순서에는 이 『대강령과 규측』에는 '성가를 찬송하거나 자원하여 노래를 부를 것이요'라고 하여 그 문구에 있어서 이전 순서들과 약간의 차이가 난다. 이전의

문서들은 이 순서에 대해, 『회보』에는 '성가함'으로, 『찬미가』와 『감리교회 조례』에는 '성가나 풍류로 함'으로 되어 있었다.

둘째, 『대강령과 규측』에서는 『감리교회 조례』에서 '찬미가'와 '찬송가'를 병행 사용했던 것과는 다르게 이 문서에서는 '찬송가'로 통일되어 나온다. 이것은 1908년에 이미 감리교(『찬미가』)와 장로교의 통합으로 '찬송가'만 사용되었기 때문으로 보인다.

셋째, 성례의 용어에 대한 부정확한 번역이다. 감리교를 비롯한 개신교는 성례를 세례와 성찬만을 가리키는 용어로 사용하고 있다. 여기서 "성례목록"에서 7가지 모두를 성례라는 말로 사용했는데 이는 이 부분의 영어표기도 ritual이라고 한 것으로 보아 "예문" 또는 "예식문"이라 함이 더 정확할 것이다. 비슷한 시기에 출판된 『남감리교회 도리와 장정』에는 "예문"이라고 바로 번역되어 있다.

(5) 『남감리교회 도리와 장정』(1919)

앞에서는 다루었던 문서들은 주로 북 감리교회 문서들이었는데, 그 중 공식적으로 나온 교리와 장정은 『대강령과 규측』(1910)이었다. 한편, 남 감리교회 문서로는 『예수교감리회강례』를 이미 다루었는데, 이 강례는 본격적인 장정은 아니었고 필요한 부분만 발췌한 것이었다. 조선의 남 감리교회 최초 공식 장정은 바로 『남감리교회 도리와 장정』(1919)[113]이다. 이 책의 첫 면을 보면 중앙부에 "남감리교회 도리와 장정(일천구백십팔

---

[113] 원래 하나였던 미국 감리교회는 1844년 남·북 감리교회로 분리되었다. 한국에 전파되기는 남 감리교회 선교사들이 북 감리교회보다 약간 늦게 들어왔다. 남감리교회 시작은 1885년 중국에 유학 간 윤치호가 그곳에서 남 감리교인 되었는데 1895년 남 감리교회 선교부에 한국 선교를 요청하였고 이에 핸드릭스(E. R. Hendrix) 감독과 중국에서 선교하던 이덕(李德, C. F. Reid, 1849 - 1915) 박사가 한국에 와서 1895년부터 선교사역을 시작하였다. 이에 비해 북 감리교회는 1884년 당시 일본 감리교 선교부 대표였던 맥클레이(R. S. Maclay) 선교사가 내한하여 고종에게 의료선교와 교육사업의 윤허를 얻고 돌아갔으며 1885년에 감리교 선교사 아펜젤러가 장로교 선교사 언더우드와 함께 부활절(4월 5일)에 인천항에 도착하여 본격적인 선교가 시작되었다.

년 원본)", 그 우편에 "구주 강생 일천구백십구년", 좌편에 "남감리교회조선매년회 간행"으로 기록되어 있으며 책 맨 끝부분 서지사항에 "양주삼 역", "조선야소교서회 발행"으로 나와 있다. 이 문서는 총 26장으로 구성되어 있으며 1-25장까지 남 감리회 강령, 총칙을 비롯한 기관, 임원, 은혜 받는 법 등을 수록하였고 제26장에는 예문(禮文)들이 나타나 있다.

이 중에서 특별히 다룰 것은 제5장 "은혜 받는 방법", 一款(일관) "公衆禮拜會"[114]이다. 이 "공중예배회" 아래 問 一 "공중예배를 동일케 함에 대하여 지도할 것이 무엇이뇨"라는 질문에 대한 대답으로 첫 번째 항목이 주일 오전예배를 포함하여 모두 다섯 가지가 나온다. 여기에서 먼저, 問 一과 答 다섯 가지 항을 살펴본 후, 이어 주일 오전 예배순서와 기타 예배에 관한 사항을 분석하고자 한다.

먼저, 問 一과 答 다섯 가지를 살펴본다.

問 一. 공중예배를 동일케 함에 대하여 지도할 것이 무엇이뇨

240段 答 一. 오전예배는 이하에 순서를 따라 행함. 모든 예배를 일정한 시간에 시작하게 할 것이며 또 교우들이 성전에 들어 온 후에 즉시 엎드려 묵상기도 하게 함

〔一. 志願대로 (奏樂이나 聲樂) 함〕
二. 찬송함(교인들이 일어서서)
〔三. 일동이 사도신경을 외움(선대로)〕
四. 기도함(목사와 교우들이 함께 꿇어 기도하고 일동이 주의 기도문을 외움)
〔五. 지원하는 대로(성가나 주악) 함〕

---

114 남감리교회, 『남감리교회 도리와 장정』, 양주삼 역 (경성: 조선야소교서회, 1919), 83 - 85.

리교회 권설"이라는 주제 아래 여러 내용이 나온다. 그 중에서 제2권 "교회", 제3장 "예배함", 一관 "공동예배의 절차", 二관 찬송하는 마음과 이치가 나온다. 둘째부분에는 "성례"라는 주제아래 세례, 학습과 입교, 주의 성만찬, 혼인, 상장(喪葬), 선택과 직분, 회당 주춧돌 놓는 것과 바치는 예문 등이 나타난다. 여기서는 제2권 "교회", 제3장 "예배함" 내용 중에 一관 "공동예배의 절차", 그리고 제10권 성례를 중심으로 살피고자 한다.[111]

먼저, 제2권 "교회", 제3장 一관 "공동예배의 절차" 내용인 5개의 항목을 살펴본다.

> 1항 우리 감리교회에 주일예배를 어김이 없이 일정한 시간에 작정할 것이요 회우들이 이 성전에 들어온 후에 곧 꿇어 엎드려 묵묵히 기도할 지니라
> 〔이어 나오는 예배순서는 다음 에서 별도로 다룬다.〕
> 2항 무론 어느 때든지 성례를 베풀 때에는 이 우혜[112] 예식을 제하여도 관계치 아니하나 오직 찬송과 기도와 사도의 축사는 가히 제하지 못할 지니라
> 3항 성례 베풀 때와 장례 행할 때에 반드시 우리 교회 예식을 준행할 지니라
> 4항 하나님께 공동 예배할 때에 회중이 열심히 예배하기를 권하노니 찬송할 때에 함께 하 며 기도할 때에 함께 엎드리며 주의 기도문 외울 때에 함께 외울지니라
> 5항 주일은 성회가 어디서든지 모일 수 있는 대로 모여 예배함이 마땅할지니라

이어, 위의 1항에서 예배순서만 따로 제시하면 다음과 같다.

一. 자원하여 풍류를 치거나 소리〔찬송을 의미함〕할 것이요 二. 회중이 다 일

---

111 『대강령과 규측』(조선: 경성야소교서회, 1910), 52 - 54와 제10권 성례목록. 이 명칭과 관련하여 남 감리교회는 9년 후에 남감리교회, 『도리와 장정』라는 이름으로 출판하였다. 이 문서들은 후에 조선감리교에 이르러서 『교리와 장정』으로 통일되어 오늘에 이르고 있다.
112 "이 우혜"라는 말은 현대어로 "이 위의"라는 의미인 것으로 보인다.

어서서 찬송가로 찬송할 것이요 三. 회중이 다 일어서서 사도신경을 외울 것이요[사도신경 본문이 수록 됨] 四. 기도할 것이요(목사와 회중이 다 꿇어 엎드려 기도한 후에 주의 기도문을 외울 지니라 五. 성가를 찬송하거나 자원하여 노래를 부를 것이요 六. 구약공과를 읽되 모든 회중이일어서서 화답함이 가[可]할 것이요 오후 예배나 밤 예배에는 구약공과를 읽음이 가하지 아니하니라 七. 성부와 성자와 성신을 찬송할 것이요(성부 성자 성신께 거룩한 영광이 계시도다 태초와 지금부터 영원한 세상까지 무궁히 계시도다 아멘) 八. 신약공과를 읽을 것이요 九. 광고하고 수전도 할 것이니 이일은 성경 보는 동안이나 혹 성경 본 후에 행함이 가할 것이요. 十. 회중이 다 일어서서 찬송가로 찬송할 것이요 十一. 전도할 것이요 十二. 회중이 엎드려 기도할 것이요 전도한 후에 기도절차와 찬송 절차를 고쳐하여도[바꾸어도] 무방할지니라 十三. 회중이 다 일어서서 찬송할 것이요 十四. 제 일 찬송가를 노래하고 사도의 축사로 축사하고 예배를 마칠지니라(고린도후서 13장 14절)

다음으로, 제10권 성례에 대해서 그 목록 일곱 가지를 열거해 본다.

一장. 세례 례문 二장. 학습과 입교례문 三장. 주의 성만찬례문 四장. 혼인례문 五장. 상장례문 六장. 선택과 직분 받는 례문 七장. 회당 주춧돌 놓는 것과 바치는 례문

마지막으로, 예배순서에 대하여 이전의 문서들과 비교 분석하기로 한다.

첫째, 『대강령과 규측』에 나오는 예배순서를 보면, 이전의 문서들 중 모두 14개 순서로 구성되었던 전통을 그대로 계승하고 있다. 그러나 세부적으로 살펴보면 차이점이 드러나는 부분이 있다. 五번 순서에는 이 『대강령과 규측』에는 '성가를 찬송하거나 자원하여 노래를 부를 것이요' 라고 하여 그 문구에 있어서 이전 순서들과 약간의 차이가 난다. 이전의

문서들은 이 순서에 대해, 『회보』에는 '성가함'으로, 『찬미가』와 『감리교회 조례』에는 '성가나 풍류로 함'으로 되어 있었다.

둘째, 『대강령과 규측』에서는 『감리교회 조례』에서 '찬미가'와 '찬송가'를 병행 사용했던 것과는 다르게 이 문서에서는 '찬송가'로 통일되어 나온다. 이것은 1908년에 이미 감리교(『찬미가』)와 장로교의 통합으로 '찬송가'만 사용되었기 때문으로 보인다.

셋째, 성례의 용어에 대한 부정확한 번역이다. 감리교를 비롯한 개신교는 성례를 세례와 성찬만을 가리키는 용어로 사용하고 있다. 여기서 "성례목록"에서 7가지 모두를 성례라는 말로 사용했는데 이는 이 부분의 영어표기도 ritual이라고 한 것으로 보아 "예문" 또는 "예식문"이라 함이 더 정확할 것이다. 비슷한 시기에 출판된 『남감리교회 도리와 장정』에는 "예문"이라고 바로 번역되어 있다.

(5) 『남감리교회 도리와 장정』(1919)

앞에서는 다루었던 문서들은 주로 북 감리교회 문서들이었는데, 그 중 공식적으로 나온 교리와 장정은 『대강령과 규측』(1910)이었다. 한편, 남 감리교회 문서로는 『예수교감리회강례』를 이미 다루었는데, 이 강례는 본격적인 장정은 아니었고 필요한 부분만 발췌한 것이었다. 조선의 남 감리교회 최초 공식 장정은 바로 『남감리교회 도리와 장정』(1919)[113]이다. 이 책의 첫 면을 보면 중앙부에 "남감리교회 도리와 장정(일천구백십팔

---

[113] 원래 하나였던 미국 감리교회는 1844년 남·북 감리교회로 분리되었다. 한국에 전파되기는 남 감리교회 선교사들이 북 감리교회보다 약간 늦게 들어왔다. 남감리교회 시작은 1885년 중국에 유학 간 윤치호가 그곳에서 남 감리교인 되었는데 1895년 남 감리교회 선교부에 한국 선교를 요청하였고 이에 핸드릭스(E. R. Hendrix) 감독과 중국에서 선교하던 이덕(李德, C. F. Reid, 1849 - 1915) 박사가 한국에 와서 1895년부터 선교사역을 시작하였다. 이에 비해 북 감리교회는 1884년 당시 일본 감리 선교부 대표였던 맥클레이(R. S. Maclay) 선교사가 내한하여 고종에게 의료선교와 교육사업의 윤허를 얻고 돌아갔으며 1885년에 감리교 선교사 아펜젤러가 장로교 선교사 언더우드와 함께 부활절(4월 5일)에 인천항에 도착하여 본격적인 선교가 시작되었다.

년 원본)", 그 우편에 "구주 강생 일천구백십구년", 좌편에 "남감리교회조선매년회 간행"으로 기록되어 있으며 책 맨 끝부분 서지사항에 "양주삼 역", "조선야소교서회 발행"으로 나와 있다. 이 문서는 총 26장으로 구성되어 있으며 1-25장까지 남 감리회 강령, 총칙을 비롯한 기관, 임원, 은혜 받는 법 등을 수록하였고 제26장에는 예문(禮文)들이 나타나 있다.

이 중에서 특별히 다룰 것은 제5장 "은혜 받는 방법", 一款(일관) "公衆禮拜會"[114]이다. 이 "공중예배회" 아래 問 一 "공중예배를 동일케 함에 대하여 지도할 것이 무엇이뇨"라는 질문에 대한 대답으로 첫 번째 항목이 주일 오전예배를 포함하여 모두 다섯 가지가 나온다. 여기에서 먼저, 問 一과 答 다섯 가지 항을 살펴본 후, 이어 주일 오전 예배순서와 기타 예배에 관한 사항을 분석하고자 한다.

먼저, 問 一과 答 다섯 가지를 살펴본다.

問 一. 공중예배를 동일케 함에 대하여 지도할 것이 무엇이뇨

240段 答 一. 오전예배는 이하에 순서를 따라 행함. 모든 예배를 일정한 시간에 시작하게 할 것이며 또 교우들이 성전에 들어 온 후에 즉시 엎드려 묵상기도 하게 함

〔一. 志願대로 (奏樂이나 聲樂) 함〕
二. 찬송함(교인들이 일어서서)
〔三. 일동이 사도신경을 외움(선대로)〕
四. 기도함(목사와 교우들이 함께 꿇어 기도하고 일동이 주의 기도문을 외움)
〔五. 지원하는 대로(성가나 주악) 함)〕

---

114 남감리교회, 『남감리교회 도리와 장정』, 양주삼 역 (경성: 조선야소교서회, 1919), 83 - 85.

六. 구약의 말씀을 낭독함(만일 시편이면 목사가 교우들로 더불어 일절씩 응답적으로 함

〔七. 歸榮歌를 부름〕

八. 신약의 말씀을 낭독함

九. 收金하고 廣告함 (수금을 하는 동안이나 혹 그 후에 奏樂이나 聲樂을 할 수 있음)

十. 찬송함(교우들이 일어서서)

十一. 강도함

十二. 기도함(교우들이 엎드려서)

十三. 찬송함(교우들이 일어서서)

十四. 讚聖歌와 사도의 축복(고린도후13장 14절)

주의

一. 〔 〕이와 같이 괄호한 것은 쓰든지 말든지 임의대로 하라는 표
二. 교인들이 꿇어 기도할 때에는 목사를 향하라고 권면함
三. 오후 예배에는 구약낭독을 제하여도 가함
四. 강도 후에 기도와 찬송하는 순서를 서로 바꾸어도 무방함
五. 강도한 후에 찬송가를 부르고자 할 때에 누구든지 믿기를 원하면 앞으로 나오라 청함

241段 答 二. 오후와 저녁예배도 오전과 같이 하나 다만 신약과 구약을 낭독하는 것은 목사의 임의적으로 그중에 한 가지나 혹 두 가지를 다 제할 수 있음

242段 答 三. 각 교회에서 할 수 있는 대로 每朔 一次式은 주의 성만찬을 행하되 만일 이 것이 불편하면 每季朔에 일차식은 행하고 성만찬을 행하고자 하는 예배는 시간을 평균히 이용하여 성례를 행할 시에 시간이 단축하지 않게 함

243段 答 四. 항상 오전 공중예배 기도 끝에 목사가 교우로 더불어 주의 기도

문을 외울 것 이요 또 사도의 축도(고린도후서 13장 14절)로 폐회함

244段 쏨 五. 각종 예문을 행할 시에 변함없이 지정한대로 사용함

다음으로, 주일 오전 예배순서와 기타 예배에 관한 사항을 분석하고자 한다.

첫째, 『남 감리교회 도리와 장정』의 순서 13의 '성가'와 14의 '찬성가'[115]가 두 곡인가, 아니면 14의 찬송은 13의 설명으로 보아 한 곡인가라는 문제이다. 이전에 나왔던 『대한크리스도인 회보』(1898)와 『신학월보』(1903)에는 순서 13은 '찬송', 14번은 '축도'로 되어 있어 찬송을 한 곡 부르는 것으로 나와 있다. 반면에 『찬미가』(1905)와 북 감리교회 문서인 『감리교회 조례』(1908)와 『대강령과 규측』(1910), 그리고 『남감리교회 도리와 장정』(1919)에는 순서 13 '성가', 순서 14는 '찬송과 축도'로 나와 있어 두 곡이 되는 셈이다. 만약 찬송을 두 곡으로 본다면 후자 문서들의 순서는 모두 열다섯 개의 순서를 갖고 있는 셈이 된다. 그런데 『신학월보』를 제외하고는 모든 문서의 순서들 번호들이 모두 14개가 나오는 것으로 기록되어 있다. 이 문서들의 표현대로 보자면 15개의 순서가 있는 것처럼 보이지만 아마도 순서 14의 찬송은 순서 13의 설명이라고 보는 것이 좋을 듯하다. 그 이유는 이후 남·북 감리교가 조선감리회로 통합되면서 나온 예식(1931년의 『조선감리회 교리와 장정』)에 보면 한 곡으로 나오는 것으로 보아 그렇게 판단된다.

둘째, 임의순서에 대하여 『남감리교회 도리와 장정』(1919)은 『찬미가』, 북 감리교회 문서인 『미감리교회교의와 도례』(1921), 그리고 『남감리교

---

[115] 여기서 "찬성가"라고 표현한 것은 아마도 "찬송가"를 잘못 표기한 것으로 보인다. 이에 대해서는 1923년에 나온 동일제목 문서(『남 감리교회 도리와 장정』)의 분석 난을 참조하기 바란다.

회 도리와 장정』(1923)과 함께 동일한 규정을 보여주고 있다. 이것은 남·북 감리회 모두 목사의 재량권을 인정하고 있는 것이다. 그러나 1930년 남·북 감리교가 통합된 후 조선감리회가 들어서면서 임의순서는 없어지고 거의 모든 순서를 그대로 사용하게 된다.

셋째, "전도(설교)후에 있는 기도와 찬송 순서 바꾸어서 사용해도 무관하다"는 『남감리교회 도리와 장정』(1919)은 『대강령과 규측』, 『남감리교회 도리와 장정』(1923)에도 나와 있어 이 문구가 남, 북 감리회 공통으로 사용되었음을 알 수 있다. 그런데 이 문서들의 이전과 이후(조선감리회 시대)에는 두 순서의 교체 가능성을 언급하지 않고 있다.

넷째, 240단 "주의사항" 五항에 "강도 후 찬송가를 부르고자 할 때에 누구든지 믿기를 원하면 앞으로 나오라 청함"은 '초청의 시간' 또는 '결단의 시간'을 의미하는 것으로 보인다. 이 순서는 강도 후에 찬송을 부르면서 진행되었는데 그 기록이 한국의 남 감리교회 문서(1919, 1923년)에 잘 나타나고 있다. 허도화의 『한국교회 예배사』에는 한국 감리교회는 이 조항을 생략하였다고 말하고 있으나[116] 이는 남 감리교회 장정에 명백하게 나오고 있는 것이다.

다섯째, 설교를 의미하는 '전도'나 '논설'이라는 용어가 '강도'로 바뀌었다. 감리교회 문서에서 설교를 지칭할 때 초기에는 '전도'(『회보』, 『찬미가』, 『감리교회 조례』, 『대강령과 규측』), '논설'(『신학월보』) 등이 쓰였으나, 이 남 감리교회 장정부터는 '강도'로 바꿔 사용하고 있다. 이것은 장로교회가 처음부터 '강론', '강도' 등으로 쓰인 것에 영향을 받은 것으로 보인다. 이후 『미감리교회 교의와 도례』(1921), 『남 감리교회 도리와 장정』(1923), 『미감리교회 법전』(1926) 등에도 '강도'로 사용되고 있다. 이 용어는 1930년대에 들어서 감리교와 장로교 모두 '설교'라는 용어로 사용된다.

---

[116] 허도화, 『한국교회 예배사』(서울: 한국강해설교학교 출판부, 2003), 141.

여섯째, 240단 "주의사항" 三항, 오후 예배 중에 "구약성경 읽기 제하여도 가하다"는 언급이 새롭게 나옴으로 북 감리회『대강령과 규측』(1910)의 예배 규정에 비해 더 구체적인 지시사항을 넣고 있다.

일곱째, "수금하는 동안 주악이나 성악을 할 수 있다"는 규정은 감리교의 이전 문서들에 나타나지 않았던 내용이 여기에 새롭게 추가된 것이다.

여덟째, 성만찬의 시행회수와 시간 사용에 대한 규정이 나온다. 242段 쯤 三에서 "각 교회에서 할 수 있는 대로 每朔(월) 일차 씩 주의 성만찬을 행하되 만일 이것이 불편하면 每季朔(년 4회)에 일차씩 행하라"고 하였으며, "성만찬을 행하고자 하는 예배는 시간을 평균히 잘 사용하여 성례를 행할 시간이 짧아지지 않게 하라"고 규정하고 있다. 이처럼 성찬의 회수와 시간에 대한 규정에 대하여 장정문서로서는 처음 나타나는 것으로 보이는데, 1923년 남 감리교회 장정에도 동일하게 나타나 있다. 가능한 한, 월 1회 성찬식을 거행할 수 있도록 하라는 권고 규정은 성찬을 자주 행하라는 웨슬리의 교훈을 따라 규정한 것으로 보인다. 성찬을 자주 실시하라는 것은 웨슬리의 성찬론 뿐 아니라 칼빈의『기독교 강요』성찬조항에도 이미 잘 나타나고 있다.[117]

(6) 『미감리교회 교의와 도례』(1921)

미국 북 감리교회에서 한국에 선교할 때 자신들의 교단이름을 "미이미교회"라고 부르다가 1920년대부터 "감리교회" 또는 "미감리교회"로 고쳐 부르게 된다. 『미감리교회 교의와 도례』[118]는 북 감리교회 장정으로서 선교사 W. C. Swearer와 E. M. Cable 공역으로 출판되었다. 여기서는 먼

---

117 존 칼빈,『기독교강요』4 (하권), 고영민 옮김 (서울: 기독교문사, 2008), 272.
118 미감리교회,『미감리교회 교의와 도례』, W. C. Swearer, E. M. Cable 역 (경성: 조선야소교서회, 1921).

저, 제3장 "예배" 제1관 "공동예배의 순서"[119]를 중심으로 다룬 후, 이어 분석하고자 한다.

먼저, 제1관 72단 제1항의 내용을 소개한다.

예배식은 꼭 지정한 시간에 시작할 지오 모든 교우들은 예배당에 들어 온 후에는 꿇어 엎드려 조용히 기도할 지니라

一. 〔독주(獨奏), 기악(器樂) 혹은 성악(聲樂)〕
二. 찬송 회중이 다 기립하여 찬송가로 찬송함
三. 〔사도신경 회중이 다 기립하여 낭독함 (전능하사 … 믿사옵나이다. 아멘)〕
四. 기도 목사와 회중이 다 무릎을 꿇고 기도한 후에 주의 기도문도 암송함
五. 〔찬송가 혹은 독창〕
六. 구약공과 이 공과를 낭독할 때에 회중이 다 기립하여 화답함이 가함
七. 〔귀영가(歸榮歌)〕 성부 성자 성신께 … 궁히 계시도다 아멘
八. 신약공과
九. 공포(公佈)
十. 십일조와 수전을 거두되 이 거두는 동안이나 혹은 거둔 후에 獻金찬송을 함
十一. 찬송 회중이 기립하여 찬송가로 찬송함
十二. 강도
十三. 기도 회중이 다 무릎을 꿇고 기도함
十四. 찬송 회중이 기립하여 찬송가로 찬송함
十五. 삼위일체의 찬송과 사도의 축복(고린도후서 13:14)

주의
〔 〕표내에 기록한 항목은 형편에 의하여 임의로 취사(取捨)함

---

[119] 미감리교회, 『미감리교회 교의와 도례』, 53 - 55.

다음으로, 이 문서에 나타난 주일예배에 대하여 분석해 보고자 한다.

첫째, 주일예배의 전체 순서가 모두 15개 순서로 제시된다. 여기서 생소한 명칭이 나타나는데 9번 순서에 나오는 '공포'(公佈)순서이다. 이것은 광고를 의미하는 것으로 보인다. 이전 문서들에서는 모두 14개로 되어 있었는데 여기서 한 순서 더 늘어난 것은 이전 문서들에 수전(헌금)과 광고가 한 순서 안에 들어 있었으나 이 문서에서는 분리되어 두 개의 순서로 되어 있기 때문이다. 또한 이 문서에 수전 순서에 십일조를 추가했다는 점이 특이한 점이다. 또한 헌금 찬송을 거두는 동안이나 거둔 후에 하도록 한 점이 이전 문서들 중 남 감리교회 문서(1919)는 "… 주악이나 성악을 할 수 있다"고 한 것과 약간의 차이가 있는데 여기에서는 주악이나 성악 등의 구체적 방법들을 제시하지 않고 다만 "헌금 찬송을 한다"로 되어 있다. 북 감리교회 문서로는 헌금 찬송을 언급한 것은 이 문서에 최초로 나온 것으로 여겨진다.

둘째, 북 감리교회의 이 문서에서 괄호표시(( ))한 순서들에 대해 임의로 취사선택할 수 있도록 한 것은 이전의 남 감리교회의 것(1919)과 『찬미가』의 것과 같다.

셋째, 이 문서에서 '귀영가'라는 찬송 명칭은 이전 남 감리교회의 것(1919)과 같다. 다른 문서들에서는 '성부와 성자와 성신을 찬송할 것'(『대강령과 규측』, 『감리교회 조례』), '찬미가 제182장'(『찬미가』), '찬미하고'(『신학월보』)로, 그리고 '영광경'(『대한크리스도인 회보』, 1898) 등으로 다양하게 표현되어 있다. 제목과 함께 그 가사가 실려 있는 것은 『대한크리스도인 회보』와 『대강령과 규측』이다.

넷째, 예배 첫 순서인 '독주, 기악 혹은 성악'도 역시 다양한 이름으로 나타난다. 이전의 남 감리교회 도리(1919)에는 "지원대로(奏樂이나 聲樂으로)", 『대강령과 규측』에는 "기원하여 풍류를 치거나 소리[찬송]할 것이요"로, 『감리교회조례』와 『찬미가』에는 '풍류노래함으로, 『신학월보』에는 '다 일어나서 찬미하고'로, 『대한크리스도인 회보』에는 '풍류소리' 등으로 여러 표현들이 사용되었다. 이런 용어들이 나타난 것은 처음에는 '풍류소리'(풍금을 의미함)만 나왔으나, 차츰 '찬미', '주악(독주, 기악)이나 성악' 등 다양한 방법으로 교회 형편에 맞게 진행할 수게 있게 되었다는 의미로 보인다.

다섯째, 이 문서에는 『찬송가』라는 책명이 네 번이나 나온다. 이것은 장·감 연합으로 출판된 찬송집 『찬송가』[120] 책을 사용하는 것을 원칙으로 하고 있음을 보여줌으로써 두 교단 간의 연합정신을 잘 표현하고 있다고 볼 수 있다. 여기서 十五의 찬송이 '삼위일체 찬송가'라고 명시한 것은 이 문서뿐이다.

(7) 『예수교 미감리교회 성례문』(1923)

이 예문집은 북 감리교회의 예식문들을 번역한 것인데 안표지에 Ritual of the Methodist Episcopal Church. Retranslated by E. M. Cable A. M., D. D.로 표기되어 있고, 번역을 도운 조력자들로는 P. H. Choi, N. D. Chang, S. O. Pyun 등의 한국인 이름이 적혀 있다. 표지의 제일 밑에는 Published by The Methodist Episcopal Church in Korea, 1928이라고 나온다.[121] 이로 볼 때 이전의 예식문을 재번역(retranslate)한 것인데 그 원문은 북 감리교회의 어느 예문인지 확실히 알 수 없다.

먼저, 이 예문집의 목차를 보면 다음과 같다.

제9권 성례목록[122]

---

[120] 장·감 연합찬송가인 『찬송가』는 1908년에 처음 나왔으며 감리교 중심의 『신정찬송가』(1931)가 나오기 전까지 장로교와 감리교가 함께 사용하였다.
[121] 『예수교미감리회 성례문』, 케이블 역 (출판지, 출판사 불명, 1923).
[122] 『예수교미감리회 성례문』, 1-2.

一章 영아세례 二章 장년세례 三章 준회원 받는 례 四章 준회원 입교례 五章 아이 입교례 六章 주의 성찬례 七章 혼인례 八章 장년 장례 九章 유아 장례 十章 감독 안수례 十一章 장로 안수례 十二章 집사 안수례 十三章 여집사 성례 十四章 회당 정초식 十五章 회당 봉헌식

다음으로는 이 예문집의 성찬예문에 관련한 내용에 대해 분석해 보기로 한다.

첫째, 이 문서에서 '성례'와 '예문'이라는 용어를 확실히 구분하지 않고 있다. 이 문서의 제목이 "예수교 미감리교회 성례문"이다. 그런데 이 문서가 다루고 있는 내용은 성례(sacraments), 즉 세례와 성찬만이 아니고, 성례를 비롯하여 다른 여러 예식문들도 포함되기 때문에 '성례문'이라는 용어는 부정확한 표현이다. 그보다는 남 감리교회 장전(1919)처럼 '예문'이라는 표현이 더 정확한데, 그 증거로 이 문서의 영어의 제목이 'ritual'로 나온다는 점을 들 수 있다. 이러한 오역은 북 감리교의 『대강령과 규측』에 동일하게 '성례'로 번역한 것에서도 볼 수 있는데 이는 북 감리교회 소속 한국어 번역자들이 같은 용어로 번역했기 때문인 것으로 보인다.

둘째, 성찬에 관한 용어이다. 이 예문에는 제6장에 '주의 성찬례'로 나오는데 남·북 감리교의 다른 문서들은 대개 '주의 성만찬'이라고 사용해 왔던 것과는 대조적이다. 이 두 용어, 성만찬과 성찬은 의미상으로 약간의 차이가 있다. 성찬은 일반적인 의미이며, 성만찬은 시간(저녁)의 의미가 결부되어 있는 의미를 담고 있다. 최초 성찬은 예수님께서 저녁 시간에 행했으나(막 14:17–26), 초대교회는 주로 주님께서 부활하신 날(주일 낮)에 그 의미를 담아 성찬을 행했다. 그 전통이 계속되어 기독교회는 동·서방 교회 가리지 않고 모두 주일날에 성찬을 거행해 왔다. 오늘날 교회가 주로 주일 낮 예배 때에 성찬식을 거행하는 하는 것이 통례이나, 주일 낮 시간 아닌 다른 시간(새벽)이나 다른 날도 성찬식을 거행할 수 있다고

본다면, 저녁의 의미를 담은 '성만찬'보다는 특정 시간 개념 없이 사용하는 '성찬'이라는 용어가 더 함축적이라고 본다. 1930년에 발족된 조선 감리회가 내놓은 첫 번 교리와 장정(1931)에 '주의 성찬례문'으로 표현하고 있는 것은 적정한 번역어로 판단된다.

(8) 『남감리교회 도리와 장정』(1923)

이 장정은 남 감리교회 선교 100주년[123]을 기념하며 낸 문서로 나타난다. 여기서 '선교 100주년'이라는 말은 한국 선교를 가리키는 말이 아니고 미국 남 감리회의 선교를 가리키는 것으로 보인다. 역자는 양주삼 목사로 나오는데, 그는 이전에 나왔던 같은 이름의 남 감리교회 장정(1919)을 번역하기도 하였다. 이 문서는 총 25장으로 되어 있으며 이 중에서 제24장 "은혜 받는 법" 一款(일관) "공중예배에 대하여"(596-600段)[124]를 중심으로 살펴보기로 한다.

먼저, 이 장정에서 問 一과 答 다섯 가지 내용을 살펴본다.

問 一. 공중예배를 동일케 함에 대하여 지도할 것이 무엇이뇨

596段 答 一. 오전예배는 이하에 순서를 따라 행함. 모든 예배를 일정한 시간에 시작하게 할 것이며 또 교우들이 성전에 들어 온 후에 즉시 엎드려 묵상기

---

[123] 1923년에 출판된 이 문서의 서지사항에 보면 "남감리교회 선교 100주년 기념사업회 사무소"에서 발행한 곳으로 나온다. 여기서 '선교 100주년'이라는 표현은 조선 선교를 가리키는 것이 아니다. 그 때 당시 조선 선교는 28년 정도밖에 되지 않았다. 왜냐하면 남 감리회는 한국에 1895년부터 이덕(C. F. Reid) 선교사가 들어왔으며 1897년에 조선 선교부를 조직하였기 때문이다. 그렇다면 여기서 선교 100주년이라는 것은 1823년을 가리키는데 이것은 남 감리회가 정식으로 분리한 것은 1844년이지만 분열 이전부터 이미 남부 지역의 감리교도들이 그들 중심으로 모였던 것을 기점으로 계산한 것으로 추측된다.

[124] 남 감리회, 『남감리교회 도리와 장정』, 양주삼 역(경성: 남감리교회선교백년기념회사무소, 1923), 205 - 207.

도 하게 함

〔一. 志願대로 (奏樂이나 聲樂) 함〕
二. 찬송함(교인들이 일어서서)
〔三. 일동이 사도신경을 외움(선대로)〕
四. 기도함(목사와 교우들이 함께 꿇어 기도하고 일동이 주의 기도문을 외움
〔五. 지원하는 대로(성가나 주악) 함)〕
六. 구약의 말씀을 낭독함(만일 시편이면 목사가 교우들로 더불어 일절씩 응답적으로 함)
〔七. 歸榮歌를 부름〕
八. 신약의 말씀을 낭독함
九. 收金하고 廣告함 (수금을 하는 동안이나 혹 그 후에 奏樂이나 聲樂을 할 수 있음)
十. 찬송함(교우들이 일어서서)
十一. 강도함
十二. 기도함(교우들이 엎드려서)
十三. 찬송함(교우들이 일어서서)
十四. 讚頌歌와 사도의 축복(고린도후서 13장 14절)

주의
一.〔 〕이와 같이 괄호한 것은 쓰든지 말든지 임의대로 하라는 표
二. 교인들이 꿇어 기도할 때에는 목사를 향하라고 권면함
三. 강도 후에 기도와 찬송하는 순서를 서로 바꾸어도 가함
四. 강도한 후에 찬송가를 부르고자 할 때에 누구든지 믿기를 원하면 앞으로 나오라 청함

597段 答 二. 오후와 저녁예배도 오전과 같이 하나 다만 신약과 구약을 낭독하는 것은 목사의 임의적으로 그 중에 한 가지나 혹 두 가지를 다 제할 수 있음

598段 答 三. 각 교회에서 할 수 있는 대로 每朔 一次式은 주의 성만찬을 행하되 만일 이 것이 불편하면 每季朔에 일차식은 행하고 성만찬을 행하고자 하는 예배는 시간을 평균 히 이용하여 성례를 행할 시에 시간이 단축하지 않게 함

599段 答 四. 항상 오전 공중예배 기도 끝에 목사가 교우로 더불어 주의 기도문을 외울 것 이요 또 사도의 축도(고린도후서 13장 14절)로 폐회함

600段 答 五. 각종 예문을 행할 시에 변함없이 지정한대로 사용함

다음으로, 이 장정을 중심으로 1919년 판의 남 감리회 장정과 비교 분석해 보기로 한다. 전체적으로 차이점은 장 번호, 단 번호만 다르게 나오고, 한두 가지 용어 있어서 수정되었거나 삭제한 것 외에 동일하다.

첫째, 이 장정에는 14번 순서에 '讚頌歌'로 되어 있는데 이전 남 감리교회 장전(1919)에는 '讚聖歌'로 나왔었다. 이것은 당시 이미 1908년부터 장로교 감리교 연합찬송가인 『찬송가』가 나와 사용되고 있으므로 바로 수정한 것으로 보인다. 그렇다면 새로운 찬송가가 이미 1908년에 나왔는데도 1919년 판에는 왜 수정되지 않았는지에 대해 의문을 가질 수 있다. 아마도 그것은 새로운 연합 찬송가가 나왔는데도 1919년 장정을 번역할 때는 미처 반영하지 못했던 것으로 보이며, 후에 1923년판에는 그것을 수정했던 것으로 보인다.

둘째, 이 장정에는 "주의사항" 중 三 "오후 예배에는 구약낭독을 제하여도 가함"이 1919년 판에서 빠져 모두 4개로 나타난다는 점이다.

(9) 『미감리교회 법전』(1926)

『미감리교회 법전』은 북 감리교회 문서로서 "법전"이라는 명칭 때문에 교회법으로 착각할 수 있으나 그 내용을 보면 바로 "교리와 장정"임을 알

수 있다. 여기에서는 제3장 "공중예배", 제1절 "공중예배의 순서", 제72조 제1항, 제2항, 제3항[125]의 내용을 중심으로 살피고자 한다.

먼저, 제72조 제1항, 제2항, 제3항의 내용을 그대로 싣는다.

제72조 제1항
예배는 꼭 지정한 시간에 시작할 지요 모든 교우들은 예배당에 들어온 후에는 꿇어 엎드려ㅡ 조용히 기도할 것

一.「獨奏」器樂이나 혹은 聲樂으로 함 二.「讚頌」회중이 기립하여 讚頌歌로 함 三.「使徒信經」회중이 기립하여 낭독함 四.「祈禱」목사와 회중이 다 무릎을 꿇고 기도한 후에 주의 기도문을 암송함 五. (찬송가나 혹은 독창을 함) 六.「舊約工課」이 공과를 낭독할 때에 회중이 기립하여 화답함이 가함 七.「歸榮歌」성부, 성자, 성신께 거룩한 영광이 계시도다 태초와 지금과 영원한 세상까지 무궁히 계시도다 八.「新約工課」九.「廣告」十.「獻金」十一條와 收錢을 거두되 이 거두는 동안이나 혹은 거둔 후에 헌금찬송을 함 十一.「찬송」회중이 기립하여 찬송가로 찬송함 十二.「講道」十三.「祈禱」회중이 무릎을 꿇고 기도함 十四.「讚頌」회중이 기립하여 찬송가로 찬송함 十五.「삼위일체의 찬송과 사도의 축복」(고린도후서 13장 14절)
주의: ( )표 내의 항목은 형편에 의하여 任意로 取捨함

제72조 제2항
무론 어느 때든지 聖禮를 베풀 때에는 이 우에[위의] 順序를 간략히 하여도 관계치 아니하나 오직 찬송과 기도와 사도의 축복은 가히 제하지 못할 것

제72조 제3항

---

125 미감리교회, 『미감리교회 법전』, E. M. Cable 외 3인 (경성: 기독교창문사, 1926), 74 - 76.

하나님께 公衆禮拜할 때에 회중이 열심히 예배하기를 권하노니 찬송할 때에 함께 하며 기 도할 때 함께 엎드리며 주의 기도문 외울 때에 함께 외울 것

다음으로, 이 문서에 나타난 두 가지 사항을 분석하면 다음과 같다.

첫째, 같은 북 감리교회의 문서인 『미감리교회 교의와 도례』(1921)에는 2항과 3항이 없는데 이 문서에는 추가되어 있다. 그런데 이미『대강령과 규측』(1910)에는 이 문서의 2항과 3항이 다 들어 있었다. 이를 정리해보면 이 문서의 1, 2, 3항은『대강령과 규측』의 5개 항에서 두 개항을 제외하고 그대로 이어진 것임을 알 수 있다.

둘째, 목사가 형편에 의해 취사선택할 수 있는 임의순서에 있어서 변동이 나타난다. 이전까지의 임의순서는 『찬미가』(1905), 남 감리교의 문서들(1919, 1923), 북 감리교회의 『미감리교회 교의와 도례』(1921) 등에서 4개의 순서(첫 순서인 기악이나 성악, 사도신경, 구약봉독 전 성가, 구약봉독 후 귀영가)가 지정되었으나 여기에서는 '구약봉독 전 성가' 한 가지만 지정되고 있다. 이것은 다른 세 가지 순서들의 정착을 의미하는 것으로 보인다.

3) 성결교

(1) 『敎理 及 條例』(교리 급 조례, 1925)

성결교회는 18세기 존 웨슬리의 완전성화론의 교리에 따라 19세기에 미국에서 형성된 교파로서 심슨(Albert. B. Simson, 1843-1919)의 중생, 성결, 신유, 재림이라는 사중복음을 중심으로 시작되었다. 일본의 성결교회는 카우만(Charles. E. Cowman, 1868-1960)과 길보른(Ernest. A. Kilbourne, 1865-1928), 나카다 주지(中田重治, 1870-1939), 사사오 데츠사브로(笹尾鐵三郎, 1868-1914)를 중심으로 1901년에 동양선교회(Oriental Missionary Society, 약칭 O. M. S)가 조직되어, 개인전도와 노방전도를 활발히 전개하였다. 한국 성결교

회는 일본의 동양선교회 성서학원 출신인 김상준, 정빈 등이 1907년 고국에 돌아와 복음전도관을 세우면서 그 최초 이름을 '동양선교회 복음전도관"(1907)이라 하였다. 이 두 사람의 간청으로 1910년에 영국의 토마스(J. Thomas) 선교사가 초대 감독으로 부임하였으며 1911년 경성신학원(서울신학대학교 전신)이 설립되었다. 제2대 감독으로는 길보른이 1921년 3월에 취임, 그해 9월에 이름을 바꾸어 '조선 예수교 동양선교회 성결교회'라는 교단이름을 사용하게 되었다. 1922년에 교단잡지『활천』을 발행하였으며, 첫 연회를 1929년에, 첫 총회를 1933년 4월에 열고 이명직목사를 총회장으로 선출하였다. 해방 이전까지는 그들의 공식 문서에 '동양선교회 성결교회'는 문구를 사용하였으나 해방 이후에는 '동양선교회'라는 명칭이 사라지게 되었으며 교단 이름이 '기독교대한성결교회'로 바뀌어 발전하게 되었으며, 1961년에 '예수교 대한 성결교회'가 분립되었다.

『교리급 조례』는 동양선교회 성결교회의 기본적 교리와 예식서를 담은 성결교 최초의 공식문서로서, '동양선교회 복음전도관'에서 1921년 '동양선교회 성결교회'로 이름을 바꾼 후에 나온 것이다. 여기에는 주일 예배에 대한 언급이 없다. 이 문서에는 서론에 해당하는 '東洋宣敎會의 起源'이 나오고, 본론으로 제1편 '敎理', 제1장 '敎會의 政治를 制定하는 理由', 제2장 '東洋宣敎會의 目的', 제3장 '信仰個條', 제이편 '政治', 제1장 '政治機關', 제2장 '地方敎會', 제3장 '奉事論이 나오며' 附錄으로 禮文 제1장 '婚禮式', 제2장 '洗禮式', 제3장 '獻兒式', 제4장 '聖餐式', 제5장 '葬禮式', 제6장 '按手式' 등이 나온다.

먼저,『교리급 조례』에 나오는 부록, '예문'에 혼례, 세례, 헌아, 성찬, 장례, 안수식 등이 나온다. 여기서는 성찬식을 위주로 살펴보려고 한다. 주기도문은 필자가 굵은 글씨로 표시하였다.

第四章 聖餐式[126]

(누구든지 우리 교회원이 될 수 없는 행위가 있으면 이 성만찬에 참예치 못할지니라)

(목사는 이하의 성경 구절을 읽을지니라)

고전 11장 33 - 34절[여기의 33절은 23절의 잘못된 기록임], 눅 22장 14 - 20절

(여러 교우를 상 앞으로 청하여 떡을 떼이고[현대어 '떼고'] 이같이 말할지니라 그대를 위하여 주신 우리 주 예수 그리스도의 몸이 그대의 목과 영혼을 영생하도록 安保하심이니 받아먹고 그리스도께서 그대를 위하여 죽으심을 記憶하여 마음에 감사하고 믿어 그리스도로 생명의 양식을 삼을지어다

(목사가 또 잔을 들어 교우를 주며 말하되)

우리 주 예수 그리스도께서 그대를 위하여 그 피를 흘리심은 그대의 영혼과 몸을 영원히 보존케 하심이라 이것을 받아 마시고 그리스도께서 그대를 위하여 피흘리심을 기억하고 감사 할지어다

목사는 左와 같이[현대식 문장으로는 '아래와 같이'를 의미함] 축복기도를 하고 (일동은 **주의 기도문**을 외우고 폐회할지니라)

하나님께서 은혜로 주신 측량할 수 없는 평안이 우리의 마음을 지키사 하나님과 그 아들되신 우리 주 예수 그리스도를 알고 사랑하는 가운데 있게 하시며 전능하신 하나님 아버지와 아들과 성신이 우리 중에 항상 거하사 영원히 계시기를 원하옵나이다 아 - 멘

다음으로는 성찬식에 관련된 사항들을 분석해 보기로 한다.

첫째, 이 문서는 공식 문서로 나온 성결교 최초 문헌이며 주일예배는 나타나지 않으나 성찬식을 비롯한 각종 예문을 기록한 것으로 그 의미를 지니고 있다. 성찬식은 아주 간단한 약식형태로 나타나며, 이 성찬식 중에서도 특이하게 주기도문이 나오는 것은 아마도 감리교회의 영향으로

---

[126] 동양선교회 성결교회, 『교리급 조례』(경성: 동양선교회 성결교회출판부, 1925), 88 - 89.

보인다. 감리교는 초창기부터 오랫동안 성찬식에서 주기도문을 사용하여 왔다. 그런데 이 예문(예식문)에서 축복기도와 주의 기도문 순서에 대해 약간의 혼란이 있는 듯하다. 여기 기록대로라면 목사는 축복기도를 하고, 또한 교인들은 주의 기도로 하여 폐회한다는 말로 되어 있는데, 이와 같이 폐회순서에 이 두 가지가 이어진 순서로 나오는 것으로 해석되는데, 이런 표현은 한국 교회 예식서로 보아서 이 문서 외에 전혀 나오지 않는다. 이후에 나오는 성결교단의 예식에도 보면, 1933년『臨時約法』은 수찬을 마치고 다같이 주기도문을 하고 찬송 부른 후 축도로 폐회한다고 되어 있으며 1936년 성결교 최초『헌법』에도『임시약법』과 동일하게 되어 있어 주기도문과 축도를 바로 이어 행하지 않고 있다. 아마도 축도와 주기도문의 병행 시행은 번역과정에서 생긴 문제로 볼 수 있을 것이다.

둘째, 이 문서에서는 부록으로 '예문'이라 하여 성례식(세례와 성찬식)을 포함하여 결혼식, 헌아식, 장례식, 안수식 등을 다루고 있는데, 북 감리교 문서처럼 '성례문'이라 하지 않고 바른 용어를 사용하고 있다. 이는 남 감리교의 교리와 장전에서 동일한 용어를 사용하고 있는 것으로 보아 그 영향을 받은 것으로 추측된다. 그러나 이 후에 나오는 성결교 문서인『임시약법』이나『헌법』에는 성례식을 포함한 모든 예식들을 '성례문'으로 되어 있어 부적절한 용어를 사용하고 있는데, 이는 북 감리교의 문서들을 본 삼은 것으로 보인다.

셋째, 성찬식을 그리스도의 죽으심과 피흘리심을 "기억하게"하는 예식으로 표현하고 있다. 이 '기억'은 현재 우리말 성경『개역 한글판』이나『개역개정 한글판』에는 '기념'하는 예식으로 말하고 있는데 이 '기억'이라는 용어는 '기념'보다 더욱 강조된 표현이다.

넷째, 성찬식을 마칠 때에 행하는 축도문은 남·북 감리회(선교회)와 조선감리회의 축도문을 그대로 사용하고 있는 것으로, 성찬 없는 주일 대예배 때에 행하는 축도문과 내용이 다르다. 이 문서의 성찬식에 나타난 축도문은 다음에 오는 『임시약법』과 『헌법』(1936)의 성찬 축도문과 동일하지 않은데 이 『임시약법』과 『헌법』의 성찬 축도문은 주일 대예배 때 시행하는 축도문인 고후 13:13을 취하고 있다.

3. 특별 고찰

1) 宗古聖教會(종고성교회), 『公禱文(공도문)』(1908)

"종고성교회"란 명칭은 조선에서 성공회(聖公會)[127]를 초창기(1890-1910년)에 일컬었던 이름으로, 문서명은 한문과 한글로 표기되어 있다. 성공회의 이 공도문은 그 안표지에 '대한제국 융희황제 2년 무신년 판각(板刻)' 한 것으로 기록되어 있으며, 그 목록을 살펴보면, 조만도전송(早晚禱前誦), 早禱, 晚禱, 早晚禱後誦, 總禱文, 特禱, 聖體寶血禮儀(或 聖餐禮, 聖祭禮)로 구성되어 있다.[128] 여기서 먼저, 성찬례 이전까지의 예전을 소개하고, 다

---

[127] 중국에서는 이미 미국 성공회가 활동하였고 공도문을 내기도 하였다(대미국 성공회 간행, 『公禱文』, 1899). 한국에 들어온 성공회는 영국에서 전해진 것인데, 1889년 한국 성공회 초대 주교로 고요한(Charles John Corfe) 주교가 서품되어 1890년 한국 땅에 첫 발을 내딤음으로 시작되었다. 이어 제2대 주교로 1904년 단아덕(Arthur Turner)주교가 부임하였으며, 이전부터 사용되어 온 종고성교회를 성공회로 교단 명칭을 바꾸었다(1910). 3대 주교로 1911년 부임한 조마가(Mark Napior Trollope), 제4대 주교로 具世實(Cecil Cooper, 1931 - 1955)), 5대 주교로 김요한(J. Daly, 1955 - 65)가 봉직하였다. 1965년에는 서울 초대 교구장에 한국인 이천환 주교가 취임하면서 한국인 주교가 탄생하게 되었다. 한편, 『성공회 기도서』(2005)에 따르면 초기 영국 선교사들은 1662년의 공도문에 담겨있는 영국 교회 신학과 전통을 기반으로 하고 있는 선교사들이었다. 이후 한국 성공회는 1965년판 『공도문』을 사용할 때까지 1662년 영국 공도문의 신학과 전통을 계승하면서 고교회적(High Church)인 신앙의 전통과 특징을 갖게 되었다. 성공회 공도문의 변천은 1908년 『공도문』을 시작으로, 1912년 『임시 공도문』, 1939년 『공도문』, 1965년 『공도문』, 1973년 『시험미사예문』, 1982년 『미사예문』, 1992년 전국의회의안 『공도문』, 1999년 『시험용 교회예식서』, 2004년 『성공회 기도서』등이 출판되었다. 대한성공회, 『성공회기도서』(서울, 대한성공회출판부, 2005), 9 - 13.

[128] 종고성교회, 『공도문』(경성: 발행처 불명, 1908), 안표지, 목록. 이 공도문은 책명, 출판년도, 각 제목 등은 한문 밑에 한글로 되어 있고, 내용은 순한글로 되어 있다.

음으로 성찬례를 소개한 후, 마지막으로 분석을 하고자 한다.

먼저, 성찬례 이전에 나오는 예전들을 제시하고자 한다. 여기에는 조만도 전송, 조도, 만도, 조만도 후송, 총도문, 특도 등의 내용으로 구성되어 있다.

조만도 전송(前誦)

성언(聖言)〖성구 3구절에 이어 각 절기: 장림절(將臨節), 성탄절, 현이방(現異邦), 대제절(大濟節), 고난절, 부활절, 승천절, 성신강림절, 성삼주일에 해당하는 구절들〗- 권중문(勸衆文) - 고죄문(告罪文) - 사죄문(赦罪文)

조도

오주도문〔吾主禱文: 주기도문을 이름〕- 회사(會師: 사회자를 의미함)와 회중(會衆)의 연도 (連禱) - 개래송(皆來頌: 성시제95편) - 영광경(영광이 성부와 성자와 성신께 처음과 같이 또한 이제와 항상 무궁세에 있어지이다) - 성경 제1과(구약성경 한 조목 읽음) - 讚頌天主聖歌 - 성경 제2과(신약성경 한 조목 읽음) - 성 사가리아 송가(聖思迦利亞頌歌) - 영광경 - 사도신경 - 회사와 회중의 연도 - 오주도문 - 연도 - 당일축문(當日祝文) - 구안축문(求安祝文) - 구은축문(求恩祝文) - 찬미가 - 축문(조만도 후송 두어 축문)

만도

오주도문 - 연도 - 성경 제1과(구약) - 성마리아송가(聖瑪利亞頌歌) - 성경 제2과(신약) - 성시매온송가(聖施梅溫頌歌) - 영광경 - 사도신경 - 연도 - 오주도문 - 연도 - 당일축문 - 구안축문 - 구우축문(求佑祝文) - 찬미가 - 축문 (조만도 후송 두어 축문)

조만도후송(後誦)

위황제축문(爲皇帝祝文) - 위황실축문(爲皇室祝文) - 위주교신부급신도축문(爲主敎神父及信徒祝文) - 위망세자축문(爲望洗者祝文: 세례 지원자를 위한 기도임) - 위만민축문(爲萬民祝文) - 사은축문(謝恩祝文) - 금구성인축문(金口聖人祝文: 크리소스톰의 기도문을 말함) - 구은경(求恩經)

총도문

연도(43개) - 오주도문 - 연도(10개) - 금구성인축문 - 구은경

특도

구풍축문(求豊祝文) - 기우축문(祈雨祝文) - 기청축문(祈晴祝文) - 면기축문(免飢祝文) - 면악질축문(免惡疾祝文) - 위전도사축문(爲傳道師祝文) - 위외교인귀화축문(爲外敎人歸化祝文) - 위장수성직자축문(爲將受聖職者祝文; 2개의 기도문)

이어, 이 공도문에 나오는 "성찬례"를 소개하기로 한다.[129] 이 문서에서는 "성찬례"를 "성체보혈예의" 또는 "성제례"라고도 부르고 있다. 여기서 유의할 것은 "성찬례"라는 말은 예배자체를 의미하는 것이지 성찬식만을 행하는 의식이 아니라는 것을 염두에 두어야 한다. 아래 순서에서 굵은 글씨는 필자의 표시이다.

성체보혈예의(聖體寶血禮儀) 혹왈 성제례(聖祭禮), 성찬례(聖餐禮)

사송(私誦: 사제의 예비기도를 의미함) - 오주도문 - 정심축문(淨心祝文) - **천주십계**(天主十誡: 사제가 계명을 말하면 회중은 응답함) 또는 **십계대강**(十誡大綱: 십계를 외우지 아니할 때 사제가 십계대강을 외움) - 연도(두 개) - 爲大皇帝祝文(대한 황제를 위한 기도임) - 爲國民祝文 - 당일축문 - 사도서신

---

129 종고성교회, 『공도문』, 59 - 104

- 복음성경 - **설교**[130] - 설교 후 望洗者〔세례 예비자〕는 나가고 領洗者(영세자)는 일어서서 사제와 더불어 **니개아 신경**을 외울 것이요 혹 설교하지 아니하거든 망세자는 곧 나가고 영세자는 머물러 니개아 신경을 외울지니라 - **니개아 신경**(尼凱亞信經) - 사제가 성구들을 외울 때에 회장이나 택정한 교인이 애긍전〔헌금을 의미함〕을 거둠 - 奉獻禮(성구 8개 제시됨) - 사제가 애긍전과 예비한 면병과 포도주를 주께 드릴 때에 이 아래의 봉헌문을 외울 것 - 爲聖公會祈禱文 - 청영수성찬문(請領受聖餐文) - 告罪文 - 赦罪文 - 안위경(安慰經) - 거심경(擧心經: sursum corda를 가리킴) - 삼성경(三聖經: 삼성송을 가리킴) - 特頌(성탄절, 부활절, 승천절, 성신강림절, 성삼주일〔삼위일체주일을 가리킴〕- 謙恭近主文 - 祝聖經〔축성문을 말함〕- 사제가 먼저 領하고 〔수찬을 의미함〕 이어 교우들이 영함 - 남은 성체혈은 사제가 성단위에 놓고 수건으로 덮음 - 吾主禱文 - 謝恩文 - 頌榮光文 - 祝福文 - 私誦 - 榮光經

다음으로, 이 공도문에 대한 분석을 하고자 한다.

첫째, 이 공도문의 의의는, 성공회의 예전의 요소들을 완전히 갖춘 공도문은 아니었으나 "한국 성공회의 최초 공도문"이라는 점에 있다. 교단 이름이 '종고성교회'라 하여 낯선 명칭인데 1910년도부터 성공회로 바꾸어진 것도 특기할 만한 일이다. 역사적으로 영국 국교회는 로마 가톨릭에서 분립되었으나(1534) 예전(禮典)에서는 로마 가톨릭의 영향을 많이 남아있다. 이것은 여러 순서들에 나타나며 특히 신조에서 니케아 신조를 사용한다는 점, 주기도를 예식에서 사용하는 점 등이 초대교회의 전통을 이은 로마 가톨릭의 영향이라고 볼 수 있다.

---

[130] '설교'란 용어가 천주교를 제외한 개신교(성공회 포함)에서 이 문서에 처음 나온다. 이 시기에 장로교는 처음부터 '강도' 또는 '강론'이라고 불렸으며, 감리교는 '전도'라 하다가 '강도'라고 하였다. 대개 1930년대에 이르러 한국교회 개신교 교단들이 '설교'라는 용어를 사용하게 되었다. 이것은 일본교회의 영향으로 보인다. 당시 일본교회는 이미 '설교'라는 용어를 사용하고 있었다. 한국의 성공회에서 '설교'라는 용어를 처음부터 사용한 것은 일본 성공회의 영향으로 인한 것인지, 아니면 중국 성공회의 영향인지에 대한 연구가 필요하다.

둘째, 십계명 사용에 관한 것이다. 이 공도문에서 한국 개신교회의 예식문 중에서 십계명이 처음 나온다. 이 십계명 사용은 영국(잉글랜드) 국교회(성공회)에서 개혁교의 영향, 특히 칼빈의 영향을 받은 것이다. 십계명은 유럽 대륙의 개혁교회에서 이미 사용되고 있었으며, 영국 국교회에서는 두 번째 기도서(1552년)부터 처음 나타나기 시작한다. 이후 국교회뿐 아니라 스코틀랜드, 미국 등의 감독교회(Episcopal Church)들, 그리고 아시아권의 성공회(聖公會) 교회들의 예배서에 꾸준히 나타나고 있다. 현대 한국 성공회에서는 십계명이 모든 예전서에 다 나타나지는 않으나 이『공도문』을 시작으로 몇 개의 기도서에 나타나고 있다. 특징적으로 성공회 예전서 중에 로마 가톨릭의 영향을 크게 받았던 예전서에는 십계명이 나타나지 않으나, 개신교 영향을 강하게 받았던 예전서에 나타나고 있다. 역사적으로 영국 국교회는 신·구교 영향을 다 받은 교단이라는 증거가 예전서들에도 잘 나타나고 있는 것이다.

4. 소결론

이 시기는 선교 초기 선교사들의 주도로 운영되었던 것을 점차 벗어나면서, 한국인에 의해 교단이 설립되고 한국인 중심으로 활동하기 시작한 때이다. 한국교회에 세 교단, 즉 장로교(1912), 감리교(1930), 성결교(1921) 등의 교단들이 설립된다.

먼저, 장로교 문서들과 예배를 정리하면 다음과 같다.

『부활주일예배』(1905)는 선교사 언더우드에 의해 작성된 것으로 보이는 짧은 문서로서 장로교인들의 부활주일 예배순서(11개)가 나온다. 특이한 순서인 다섯 번째 순서 '문답'은 교독문에 해당하는 것인데 이러한 방식으로 진행한 것은 당시 아직 선교가 활발히 진행되지 못한 상태에서 부활의 의미를 모르는 사람들이 많았기 때문에 교독문을 대신하여 사용한 것으로 보인다. 또한 설교는 당시 장로교가 사용하던 '강론'이라는 용어를 장로교 문서로서는 처음 사용한 것으로 보이는데, 이전 『위원입교인규죠』에서는 아직 한국인 목사가 없었기 때문에 '성서 뜻을 풀어 가르칠 것'으로 나타났다. 그리고 맨 마지막 순서인 '사복기도'(한자어로 謝福祈禱로 추정됨)는 '축도'(혹은 '축복')를 의미하는 것으로 보이는데, 한국 교회에 이 용어가 여기에서 처음 나오며, 이후에 초기 장로교나 감리교의 어떤 문서에도 이 용어로 나타나지 않는다.

『목사지법』(1919)은 곽안련의 저서로서 여기에 나타난 예배의 전반적인 내용을 살펴보았다. 주일 대예배순서(17개 순서)는 '총설(성경요절이나 기도, 찬송) – 자복 – 찬송 – 예정한 성경낭독 – 신경(사도신경이나 본 교회신경이나 십계명) – 찬송 – 강도에 관한 성경낭독 – 공기도 – 찬송 – 연보와 연보 기도 – 광고 – 찬송 – 강도(講道) – 강도 후 기도 – 찬송 – 안수축복 – 묵상기도' 등으로 구성되어 있다. 이것은 이전 시기의 『위원입교인규죠』(1895)의 9개 순서, 『부활주일예배』(1905)의 11개 순서가 들어 있는 것에 비해 더 많은 순서를 갖고 있다. 또한 『혼상예식서』(1924)의 성찬식에 나오는 주일예배의 18개 순서, '묵도 – 찬송 – 기도 – 성경낭독 – 구제연보 – 광고 – 강도 – 기도 – 찬송 – 성경 – 축사 – 분병 – 문수찬 – 축사 – 분즙 – 문수배 – 찬송 – 축복감사기도'에서 성찬관련 순서(7개)를 제외한 주일예배 순서(11개)와 비교해 볼 때도 예배순서가 많이 나타나 있어서 이전 예식서와 이후 예식서보다 훨씬 예전적임을 알 수 있다. 이 『목사지법』에는 '십계명' 사용, 두 차례의 성경낭독(교독문과 설교본문)을 넣었으며, 또한 '묵도'(묵상기도) 순서를 『혼상예식서』가 예배의 맨 처음 순서로 넣은 것과 달리, 『목사지법』에는 '축도' 후에 하는 맨 끝 순서로 묵상기도를 넣고 있다는 점 등에서 특징적이다.

특히 이 책에서 한국 장로교 문헌으로는 처음으로 '십계명'을 예배순서의 하나로 설정했다는 점이 당시로서는 매우 혁신적이었다고 볼 수 있을 것이다. 이 '십계명' 순서는 당시 성공회 예전(『공도문』, 1908)에 이미 나오기는 했으나 성공회가 일반 개신교와의 교류가 거의 없었기 때문에 그 영향력은 미미했던 것으로 보인다. 예배역사를 고찰해 볼 때, 이 '십계명'은 칼빈에 의해서 처음으로 예배에 반영한 것은 아니었다. 먼저는 쯔빙글리가 설교 후에, 그리고 부쩌는 죄 고백 때에 사용했는데 칼빈은 부쩌의 영향을 받아 죄 고백 후에 이 순서를 반영했다(스트라스부르크 예전). 이후 칼빈의 영향으로 십계명은 영국(잉글랜드) 국교회, 한국 성공회뿐 아니라 화란, 미국이나 캐나다의 개혁교회 예전에 반영되어 있으며, 최근에 한국 장로교회(통합, 고신 교단)의 예식서나 헌법(예배모범)에 소개되고 있어서 개신교 예배의 한 순서로서 십계명이 자리잡아가는 과정에 있음을 보여주고 있다.

『헌법』 "예배모범"(1922)에는 장로교(Presbyterian Church)만이 가지고 있는 특별한 예배원리를 담고 있다. 같은 개혁주의 사상을 가진 개혁교회(Reformed Church)는 예배모범을 가지고 있지 않다. 한국 장로교의 이 "예배모범"은 예배모범의 원조격인 웨스트민스터 예배모범(1644년, 15개)을 기본으로 하고, 미국 북 장로교 예배모범(1844, 16개), 남 장로교 예배모범(1894년, 16개) 중에서 미국 남 장로교회의 순서를 그대로 따랐고, 북 장로교의 시벌, 해벌, 헌금을 추가하여 모두 19개 조항으로 되어 있다.

이어, 감리교 문서들과 예배를 정리하면 다음과 같다.

『신학월보』(1903)에 간략하게 10개 순서가 소개되고 있는데, 여기에는 주악, 찬송 2편이 빠져있고 신·구약 낭독이 성경봉독 하나로 나오며, 설교가 '논설'로 나온다. 이어 『찬미가』(1905), 『감리교회조례』(1908)에는 이전 시기의 『그리스도인 회보』(1898) 순서(14개 순서)를 그대로 소개되고 있으나 이 문서들은 본격적인 예배관련 문서는 아니었다.

감리교 예배순서를 제시한 교단 공식적인 최초 문서(교리와 장정)로는 북 감리회의 장정 『대강령과 규측』(1910)이며, 남 감리교회 최초 문서는

『남 감리교회 도리와 장정』(1919)이다.

이어 북 감리회의『미 감리교회 교의와 도례』(1921), 그리고『남 감리교회 도리와 장정』(1923), (북 감리회)『미감리교회법전』(1926) 등에 공식적인 예배순서가 담겨있다. 이 공식문서들에서 보면, 생략 가능한 순서에 있어서 약간의 차이가 있으나 전체 순서는 이전의 14개(혹은 15개) 순서를 거의 그대로 따르고 있다. 또한 용어명칭 변경도 나타나는데 '전도'라는 용어에서 '강도'로 바뀐 것은 1919년 장정에서부터이며, 이후에 1931년 장정에서부터는 '강도'에서 '설교'라는 용어로 바뀌는 과정을 살펴 볼 수 있다. 또한 '초청의 시간'을 처음으로 남 감리교회 장정(1919)에서 반영하기 시작했다. 그리고 '헌금과 광고'를 분리하고, '십일조'를 헌금 속에 포함하여 일반 헌금(수전)과 함께 드리도록 문서화한 것은 북 감리교회의『미감리교회 교의와 도례』(1921)와『미감리교회 법전』(1926)이다. '광고'에 관련하여 이 두 문서 간 용어상 차이가 있다면 전자는 '광고'를 '공포'라 했으며, 후자는 '광고'로 바꾸었다는 점이다. 또한, 용어 번역상에 차이점이 드러나는데 성찬, 세례, 혼인 등 여러 예식문들을 가리키는 용어 사용에 있어 남 감리교회 문서들은 "예문"이라 했으나 주로 북 감리교회 문서들은 "성례"라고 하여 용어 번역의 부적절함을 나타내고 있다.

다음으로, 성결교 예배에 정식 주일예배가 이 시기의 문서에 나타나지 않고, 다음 시기 성결교회『헌법』(1936)에서부터 나온다. 이 시기의『교리급 조례』(1925)에는 성찬을 비롯한 몇 가지 예식이 부록으로 "예문"이라는 이름으로 나타나고 있으며 이 성찬예식은 아주 간략하게 된 약식순서로 되어 있다. 특이한 것은 성찬식에서 목사가 '축도'를 하고, 회중은 '주기도문'을 외우는 일이다. 주기도문을 사용한 것은 순서상 차이는 있지만 감리교에서 주기도문을 성찬식에 사용하는 것에 영향을 받은 것으로 보인다. 또한 이 예식서에서 성찬을 마칠 때의 축도문은 감리교의 성찬 축도문 즉, 일부 축복 문장에다가 고후 13:13을 합한 내용과 동일한 내용을 사용하고 있다. 이로써 성결교에서 주기도문과 축도문 사용이 성찬식에 사용되고 있는 것은 감리교의 영향이라고 볼 수 있다.

특별고찰로서 살핀 宗古聖敎會의 『公禱文』(1908)은 성공회에서 공적인 공도문의 형식을 갖춘 첫 문서이며 완전한 형식이 아닌 약식 공도문이다. '종고성교회'라는 이름은 성공회의 이전 명칭으로서, 1890년 한국 전교(傳敎)의 첫 해로부터 1910년까지 사용되었다. 이 공도문에는 다른 예식들과 주일예배(성찬례)에 니케아 신경, 주기도, 십계명 등이 나온다. 또한 여기서 '설교'라는 용어가 한국 개신교회 역사상 처음 사용되었으나 성공회 자체가 일반 개신교에 큰 영향력을 끼치지 못했기 때문에 1930년대 이전에 다른 개신교(장로교, 감리교, 성결교)에 사용되지는 않은 것으로 보인다. '설교'라는 명칭을 한국의 일반 개신교회에서 본격적으로 사용하기 시작한 것은 1930년대부터이다. 또한 니케아 신경은 이미 이전 시기의 『주일예배경』(1895)에 이길아 신경으로 처음 나왔었고, 이 공도문에 두 번째로 나오는 것이다. 예배순서의 하나로서 '십계명'에 대해서는 이 문서에서 처음 나오지만, 이 문서보다 곽안련의 『목사지법』(1919)에 의해 한국 개신교회에 널리 알려진 것으로 보인다.

제4장

침체기의 예배(1931 – 1960)

1. 개요

일제의 극심한 탄압(우상숭배, 우리말 사용금지, 예배 시 하나님을 왕으로 부르는 것을 금지하고 찬송가에서도 이를 제하여 버린 행위 등)과 한국전쟁(6.25 동란 중 공산정권에 의한 기독신자 박해)은 전 국민생활의 피폐뿐 아니라 기독교 신앙에 있어서 예배의 침체로 나타났다. 이 시기에 출판된 문헌들은 비록 적게 출판되었지만, 역경의 기간에 발간된 소중한 예배관련 자료들이다. 이 장에서 장로교 문서로는 『헌법』(개정안) "예배모범(1934)", 소열도의 『예배첩경』(1934), 곽안련의 『목회학』(1936), 『목사필휴』(1938), 『목회학』(개정판, 1955) 등을 다룬다. 감리교 문서는 이전의 선교사 중심에서 벗어나 한국인에 의해 주도되는 조선감리회로 발전하면서 처음 나온 『교리와 장정』(1931)과 그 이후에 나온 『교리와 장정』(1935, 1939, 1950, 1959) 등을 소개한다. 그리고 성결교 문서로 임시 헌법격인 『임시약법』(1933), 성결교 최초 주일예배가 나온 성결교 『헌법』(1936), 김응조의 『목회학』(1937), 『헌법』(1945, 55) 등을 살펴보며, 루터교 예식으로 한국 루터교단의 최초 예식서인 『예배의 식문』(1960)을 고찰한다. 이어서 특별고찰로 조선성공회 『공도문』(1939), 칼 바르트의 『교회와 예배』, 감리교 선교사 거포계 · 고영춘 목사 공저인

『예배수첩』(1954) 등을 살펴보고자 한다.

2. 예배 관련 교단 및 개인 문서들

1) 장로교

(1) 『헌법』"예배모범"(개정판, 1934)

1922판 "예배모범"이 출판된 지 10여년이 지나 개정되어 나온 문서가 바로 1934 개정판 『헌법』 "예배모범"이다.[131] 이 "예배모범"에는 이전 판에 비해 한 개의 장을 삭제하였으며 소항목에서 삭제 및 축소가 이루어졌으며 용어도 새롭게 바꾼 것도 나타난다.

먼저, 개정판 예배모범의 제목들을 열거해보기로 한다.

> 第一章. 主日을 거룩히 직힐 것 第二章. 敎會會集과 禮拜時 行儀 第三章. 禮拜時 聖經 拜讀 第四章. 詩와 讚頌 第五章. 公式祈禱 第六章. 講道 第七章. 主日學校 第八章. 祈禱會 第九章. 幼兒洗禮 第十章. 入敎禮式 第十一章. 聖餐禮式 第十二章. 婚禮式 第十三章. 葬禮式 第十四章. 禁食日과 感謝日 第十五章. 隱密祈禱와 家庭禮拜 第十六章. 施罰 第十七章. 解罰 第十八章. 獻金

다음으로, 이 예배모범과 이전 예배모범과의 차이점들을 분석해 보자. 각 장의 제목들을 보면, 초판 예배모범에서는 국한문 병용한 것 아래 괄호에 한글로 표기되어 나온 것과 달리, 개정판에는 국한문 혼용으로 된 한 가지로만 제목을 삼았다. 그리고 제목 아래 나오는 내용들도 개정판에서는 이전 판에서 한문 어투가 많이 나타난 것에 비해 개정판에서

---

[131] 조선예수교장로회총회, 『헌법』 "예배모범"(개정판)(경성: 조선야소교서회, 1934), 216 - 66.

는 좀 더 익숙한 한자어를 쓰거나 줄여서 번역하고 있는 점도 나타난다. 예를 들어 초판의 제2장 '예배 시 조신사'를 '예배시 행의'로 수정했으며, 제9장 초판의 '세례 주는 것과 유아세례'를 줄여서 '유아세례'로 수정하였다. 그리고 초판 제19장의 '연보'는 개정판(18장)에서 '헌금'으로 바뀌었다.

새롭게 번역한 용례도 나타난다. 예를 들어 제10장 '예식에 참여함을 허락하는 것'을 '입교예식'으로 바꾸었다. 또 어떤 항목은, 항목 전체가 빠지기도 했으며 항목자체는 그대로 있되 소 항목의 일부가 빠지기도 하였다. 예를 들면, 초판의 제13장의 '병자심방'이 아주 삭제되었고, 초판의 제15장 금식일과 감사일의 내용 중에 소항목 七, 八이 개정판(제14장)에서는 삭제되었으며 초판의 제18장 '해벌'내용 중에 소항목 四가 개정판(제17장)에는 축소되어 나타난다.

이 개정판 "예배모범"은 장로교 교단 분열(고신 1951년, 기장 1953년, 합동과 통합 1959, 합신 2015)이 있었음에도 불구하고 계속 사용되다가 최근 이르러 몇 교단에서 "예배모범"이라는 용어 대신에 다른 용어로 바꾸어 사용하기도 하며, 그 내용도 새롭게 구성한 경우도 있다(고신, 통합 교단 등).

(2) 『예배첩경』(1934)

소열도(T. S. Soltau, 蘇悅道)는 미국 북 장로교 선교사로 1914년 9월 16일 부인 캠벨(Mary Campbell)과 함께 내한하였다. 그는 5년 동안 평북 선천과 강계에 머물면서 홍경 선교부 개설을 주도하며 강계 선교부의 일을 도왔으며 만주 선교에도 힘을 기울였다. 그 후 충북 청주 선교부로 활동지를 옮겨 1939년까지 활동하였다. 그는 청주지역에서 전도와 교육 사업에 힘쓰다가 1935년 일제에 의해 강요된 신사참배에 대하여 선교회 공식입장으로서 반대를 천명하기도 하였다.[132] 그 밖에도 1934년부터 조선기독

---

[132] 기독교대백과사전 편찬위원회, 『기독교대백과사전 제9권』(서울: 기독교문사, 1983), 701.

교서회 이사로 활약하였으며 한 때 평양신학교에서 가르치기도 하였다. 1937년 신병을 이유로 본국으로 귀국하였고 1939년 한국 선교사직을 사임하였다. 그는 1952년 11월 전란 중의 한국을 방문하여 부산에서 피난민 교회에서 설교하였고 당시 대구에 소재하고 있었던 장로회신학교와 자신의 임지였던 청주 선교부를 방문한 바 있다.[133]

그의 저서는 『예배첩경』 외에도 『원입첩경』(조선야소교서회, 1933)[134]이 있으며, 해방 이후에 『세례첩경』[135](1956)이 출판되기도 하였다. 이 『예배첩경』은 조선야소교서회에서 발행되었고, 안표지에 이 책이름이 영문으로 *Aids for Public Worship*로 나타나며 모두 38면의 소책자 형태로 되어 있다. 초판은 1934년에 나왔으며, 해방 이후 1958년에 재판이 대한기독교서회 발간으로 나오기도 하였다.

이 소책자의 제목들을 살펴보면,[136] 서문 및 인도에 이어 제일장 경배를 드릴 준비(一. 자신을 준비함 1. 몸을 준비함 2. 마음을 준비함, 二. 순서를 준비함 1. 순서를 통일되게 준비할 것 2. 경배를 드릴만하게 준비할 것), 제이장 찬송, 제삼장 성경낭독(一. 성경낭독의 필요 二. 성경낭독을 준비할 필요 三. 성경교독의 필요 四. 사도신경과 십계명), 제사장 강도(설교)[*원문대로](一. 강도의 목적 二. 강도의 준비 三. 강도의 부분), 제오장 연보, 제육장 기도(一. 준비할 필요 二. 준비할 방침 1. 성경에 있는 기도의 교리를 공부할 것 2. 성경에 있는 기도를 연구할 것 3. 성경에 있는 기도

---

[133] 기독교대백과사전 편찬위원회, 『기독교대백과사전 제9권』, 701. 이 사전에는 소열도의 국적이 미국인으로 되어 있으나 이 책의 맨 뒷면 '판권소유' 난에는 영국인으로 나온다.
[134] 소열도의 『원입첩경』은 그 제목 아래에 부제로 판단되는 '(학습문답 준비서)'라는 문구가 표시되어 있으며, 그 내용은 서론, 구원, 사도신경, 십계명, 주일, 기도 등으로 구성된 소책자이다. 소열도, 『원입첩경』(경성: 조선야소교서회, 1933). 1-26.
[135] 소열도의 『세례첩경』은 세례문답의 준비서로 세례 받을 사람이 공부해야 할 교육내용이 실려 있다. 그 제목은 독자에게 드리는 말씀, 구속, 삼위일체, 성례(세례와 성찬), 그리스도의 생애, 그리스도인의 의무, 교회정치의 기본 등으로 구성된 소책자이다. 소열도, 『세례첩경』(서울: 대한기독교서회, 1956). 1 - 52.
[136] 소열도, 『예배첩경』(경성: 조선야소교서회, 1934), 1-2.

를 외울 것 4. 성신의 지도하심을 요구할 것 5. 기도하기 전에 형편과 상태를 기억할 것 6. 주 예수 그리스도와 교제할 것 7. 공 기도를 알아듣도록 할 것 三. 기도할 형편, 四. 예배순서에 있는 기도 1. 첫 기도 또는 개회기도 2. 긴 기도 또는 정식기도 3. 연보기도 4. 마지막 기도 또는 강도 후 기도 5. 축복기도), 제칠장 예배순서(一. 주일오후(주일 대예배를 의미) 二. 주일 저녁 예배순서 三. 삼일 저녁 예배순서)

여기서는 전체적인 순서와 그 내용들을 간략하게 다룰 것이며, 예배순서(주일오후, 주일저녁, 삼일저녁)에 대해서는 자세히 다루며, 이후 분석 및 평가를 하고자 한다. 이하의 설명이나 순서 중에 유념해야 할 부분을 필자가 굵은 글씨로 표시하였다.

먼저, 전체적인 순서와 그 내용들을 간략하게 다루고자 한다.

'서문'에 보면, "전 조선 교회에서 평교인들이 예배를 인도하는 경우가 많은데 이런 인도자들에게 도움이 되며 참고가 되기를 바란다"고 하면서, 그 다음 부분인 '인도'에 보면 예배에는 **갱정교회(更正敎會)**에서 설교를 너무 중시여기기는 하지만 다른 요소들도 있음을 알아야 하고 예배당에 다니는 원 목적은 하나님께 마땅한 경배를 드리기 위함인데 이 책자를 통해 순서의 각 부분이 하나님께 경배를 드리는데 적합하게 하고 하나님이 함께 계심을 더욱 확실히 깨닫게 함이라고 한다.[137]

제1장 '경배를 드릴 준비'항에서는 자신의 몸과 마음(정성과 깨끗한 마음, 조용한 마음)을 준비하고, 순서를 잘 준비해야 함을 강조하는데 특히 순서를 통일되게, 경배를 드릴만 하게 준비할 것을 주장하고 있다.

제2장 '찬송'에서는 찬송드림이 하나님께 경배하는 데 중요한 요소이며 보통 예배에서 3, 4회 찬송을 부르는데 모임의 형편에 따라 할 것이며, 찬송의 목적대로 구분된 것을 따라 선정한다고 하였다.

제3장 '성경낭독'에서는 예배순서에 매우 요긴한 순서로서 강도의 본

---

[137] 소열도, 『예배첩경』, 서문, 1-2.

문이든지, 아니든지 성경낭독은 영감을 끼쳐 주며 성신께서 이 말씀을 사용하셔서[138] 죄를 깨닫고 새 은혜와 위안을 준다. 성경교독은 특히 시편 말씀을 많이 사용하며 **사도신경과 십계명**을 사용하여 신앙을 더욱 든든히 세우게 된다.

제4장 '강도(설교)'는 예배순서의 중심이라고 할 수 있는데 "예배모범" 6장7조와 같이 당회나 목사의 허락 없이 강도함을 허락하지 말 것이며, 곽안련 목사가 저술한 강도학[139]을 공부할 것이며 본서에 요령만 들어 간단하게 말한다고 하였다.[140] 강도의 목적은 사람을 즐겁게 하는 것도 아니요 강도하는 자의 지식을 나타내고자 함도 아니요 오직 영혼을 구원하는 데 있다고 하면서 하나님의 진리를 소개하고 생명의 길을 보여주어 불신자로 하여금 믿게 하며 이미 믿는 자로 하여금 신앙을 더욱 굳건하게 하며 하나님과 그분의 뜻을 더욱 깨닫게 하는 데에 있다고 하였다. 그래서 강도자는 그 준비를 영화로운 특권으로 생각하여 성령의 인도 가운데 기도하며 잘 준비해야 한다고 하였으며 강도의 부분으로 다섯 가지를 제시한다. 그것은 본문, 인도(제목을 간단하게 소개함으로 마음을 준비케 함), 내용(강도의 중심사상을 정함), 해석(설명, 이는 강도의 몸에 해당되며 여기에 대지와 소지가 여럿 있을지라도 모두 원제목과 밀접한 관계가 있어야 함), 결론 등이다.

제5장 '연보'에 대해 하나님께 영광과 찬송을 위해 드리며, 그 은혜로 교회와 세계를 위해 드리며, 자신을 십자가에서 몸을 바치신 주께 감사하며, 이런 모든 것들을 생각하며 연보를 바치는 것이며 이 연보를 바칠

---

138 소열도, 『예배첩경』 7. 여기에서 성령님과 하나님 말씀과의 관계를 잘 표현하고 있다. 성령님은 말씀을 수단으로 우리에게 은혜를 더하신다. 성령의 검이 곧 하나님의 말씀이다(엡 6:17 - 18).
139 곽안련은 『강도학』(경성: 조선예수교서회, 1925)의 초판을 내었다. 장로교 평양신학교 교수인 곽안련은 1910년에 존슨(Herrick Johnson)의 『강도요령』을 번역 출판한 후, 이후 유명한 책들을 많이 참고하고 신학교 강의한 경험을 바탕으로 우리나라 실정에 맞는, 조선인을 위한 최초의 설교학, 『강도학』을 출판하였다.
140 소열도, 『예배첩경』 10.

때에 고마운 마음과 기쁜 마음, 그리고 수입 가운데 일정한 부분을 드릴 것이라고 한다.

제6장 '기도"에서 기도는 가장 엄숙한 특권이라고 하면서 공기도를 잘 준비해야 하며 이를 위해 성경의 기도에 대한 교리 공부와 기도 연구, 기도 외움(시편 중에서 외울 구절들 제시), 성신의 지도하심을 따라 주님의 뜻대로 기도해야 한다. 기도하기 전에 세계와 교회, 자신 등의 형편과 상태를 기억해야 하며 여러 가지 방침 중에 제일 적합한 것은 예수 그리스도와 교제하며 가까이 지내는 생활을 하는 것이며 주일 오후 예배에 네 가지 기도, 즉 첫 기도(개회기도, 기도의 실례 2가지 제시), 긴 기도(정식기도, 여덟 가지 조건-하나님을 부름, 영광을 드림, 감사함, 자복함, 간구함, 기원, 다른 사람위한 기도, 세계교회, 본 교회 교역자와 제직 및 교인들, 주님의 이름으로 끝 맺음), 연보기도(기도의 시례 2가지 제시), 축복기도(목사가 있는 경우 성경의 기록한 말씀대로 목사장립 받은 자만 이 기도할 수 있으며, 목사가 없을 때에는 폐회 찬미 후 주기도문 암송하거나 묵도하고 폐회함이 마땅함) 등이 있다.

이어, 제7장 '예배순서'[주일 예배 및 삼일저녁 예배순서]를 소개하고자 한다.[141] 예배순서 중 굵은 글씨는 필자가 표시한 것이다.

一. **주일오후 예배순서**[주일 대예배순서를 의미함]
1. 찬송(1장 혹 2장) 2. 첫 기도 3. **사도신경**(암송) 4. 찬송 5. 시편교독 6. 긴 기도 7. 찬송 8. 성경낭독 9. 광고 10. 연보 11. 연보기도 12. 별 찬송 13. 강 도 14. 강도 후 기도 15. 찬송 16. 찬송 17. 축도 18. 폐회

二. **주일저녁 예배순서**
1. 찬송(2장) 2. 찬송 3. 기도 4. **십계명 교독 혹은 암송** 5. **주기도문** 6. 성경낭

---

[141] 소열도, 『예배첩경』, 30 - 32.

독 7. 찬송 8. 광고 9. 찬송 10. 강도 11. 강도 후 기도 12. 찬송 13. 폐회

三. 삼일저녁 예배순서

삼일예배는 주일예배와 같이 정식예배는 아닙니다. 그러므로 형편대로 순서를 정할 것입니 다. 주의할 것은 교인들로 하여금 기도를 인도하거나 간증을 하게 함으로 예배에 참석하도록 장려할 것입니다. 이와 같이 모든 사람 앞에 증거 하는 것은 신앙 상에 큰 도움이 되고 하나님의 말씀을 아는 것과 구원의 뜻을 각오하게 됨에 대하여 큰 유익이 되는 것입니다.

다음으로, 이 소책자에 대한 분석 및 평가하기로 한다.

첫째, 『예배첩경』에 당시 개신교의 이름을 '갱정교회'(更正教會)라고 부르고 있다. 이것은 이 문서의 처음부분인 '서문'에 이어, '인도'라는 글이 나오는데 이 '인도'의 글에 나타난다. 이는 Protestant Church를 번역한 용어로 한국 교회 초기에 불렀던 이름으로 보인다. 한국교회 초기 문헌에 기독교를 '예수교' 또는 '그리스도교'라는 용어로 불렀으며, 개신교를 지칭하는 '갱정교회'라는 용어를 거의 사용하지 않았으나 1930년대에 이 문서에 이 용어가 나타났다가 해방 이후 '개신교'로 바꾸어진 것으로 보인다.

둘째, 이 문서에서 제4장 '강도'를 설명하고 있는데 그 제목 '강도'라는 말 바로 뒤에 괄호 처리로 '설교'로 표시하고 있다. 이것은 이 시기에 '강도'라는 용어와 '설교'가 함께 사용되고 있음을 암시한다고 볼 수 있다. '설교'는 성공회에서 1908년 『공도문』에 일찍부터 사용하였으나, 일반 개신교에서는 1930년대에 들어서서 '강도'와 함께 사용되었음을 알 수 있다. 이 설교라는 용어를 사용한 것은 일본교회의 영향으로 보이는데 일본교회는 처음부터 '설교'라는 용어를 사용한 것으로 알려져 있다.

셋째, 예배순서 끝에 오는 '축복'을 기도의 일종으로 보고 있다. 『예배첩경』에서는 기도의 종류를 소개하면서 첫 기도(개회기도), 긴 기도(정식기

도), 연보기도, 마지막 기도(강도 후 기도), 그리고 축복기도 등 5가지로 구분한다. 이 축복기도 순서에 대해 소열도는 곽안련과 동일하게 기도의 일종으로 보고 있다. 곽안련은 그의 저서 『목사지법』(1919)에서는 '안수축복'이라는 명칭을 쓰면서도 전체적으로 기도의 일종임을 말하고 있으며, 『목회학』(1936)에서는 명칭을 '축복기도'로 바꾸어 말하고 있다. 여기에서 우리는 이것을 기도의 일종(축복기도 또는 축도)으로 본다면 "… 있기를 축원하옵나이다"라고 해야 하며, 말씀 선포의 의미(축복)로 본다면 "… 있을지어다"라고 해야 한다. 현재 감리교, 성결교, 장로교 통합 교단은 기도의 일종으로 사용하고 있으며, 장로교 합동 교단은 선포의 의미로 사용하고 있다.

넷째, 주기도문을 주일 저녁에 사용할 것을 제안하고 있다. 감리교회는 초창기부터 주일 대(낮)예배에서 주기도문을 사용한 데 비해, 장로교의 경우 주일 저녁예배에서 주기도를 처음 사용한 사람은 소열도 선교사이다. 그는 『예배첩경』(1934) 제칠장 '예배순서' 중 주일 저녁 예배순서를 제시하는데 주기도문은 예배 초반에서 십계명 (교독이나 암송) 바로 직후에 시행하는 것으로 나타난다. 또한 소열도는 제6장 '기도'를 설명하면서 장로교회의 축복기도는 목사장립 받은 자만 행하는 것이어서 장립 받지 못한 자가 예배를 주장할 때에는 폐회 찬미를 부른 후에 주기도문을 암송하거나 묵도를 하고 폐회하는 것이 마땅하다고 하여 주기도문을 축도(축복) 대신에 사용할 수 있음을 말하고 있다.[142] 여기 제6장에서 주일 저녁을 의미하는 것인지, 삼일 밤을 의미하는지 명백하게 밝히고 있지는 않다.

다섯째, 이 문서에서는 '십계명'을 주일저녁 예배 순서에 넣고 있다. 해방이전 장로교에서 곽안련이 목회학 저서(『목사지법』과 『목회학』)에서 십계명을 주일 낮 예배에 반영한 것과는 다르게, 소열도는 『예배첩경』에서 주

---

[142] 소열도, 『예배첩경』, 29, 31

일 저녁 순서에 반영하고 있다. 그는 이미 『원입첩경』(1933)에서 구원, 사도신경, 십계명, 주일, 기도(주의 기도) 등을 다루었으며, 『예배첩경』(제삼장 '성경랑독'의 제4항)에도 사도신경과 십계명을 간략하게 설명하고 있다. 또한 이 문서의 제칠장 예배순서에 주일오후, 주일저녁, 삼일저녁 예배순서가 제시되어 있는데, 여기서 "십계명"은 주일 저녁예배 순서에 나온다. 예배찬송(2번)으로 시작하여 '기도-십계명 교독 혹은 암송', 그리고 후반부에 '설교'가 나옴으로써 '십계명'이 예배 시작부분의 기도 후, 그리고 '설교' 전에 반영하고 있다.[143]

여섯째, 이 문서에서 성령의 역사를 강조하고 있다. 말씀 및 강도와 관련하여(이 책의 7면과 12면에), 기도에 관련하여(19면에) 성령의 역사하심을 언급하고 있다. 이것은 여타의 예배학이나 목회학 저서들에 잘 나타나지 않는 것으로서 매우 중요한 원리이다.

일곱째, 이 문서에는 성례전(성찬, 세례)에 대한 언급이 없다. 이 성례전은 당연히 예배에 대한 설명에서 언급해야 주제임에도 불구하고 설명되어 있지 않다. 물론 이 두 가지는 해방이후 출판된 그의 『세례첩경』(1956)에서 다루고 있지만 이 『예배첩경』에서도 말씀예배와 성례(성찬, 세례)예배와의 관계성을 간략하게라도 다루었더라면 더욱 좋았을 것이다.

(3) 『목회학』(1936)

이 『목회학』은 곽안련 편저인 『목사지법』(*Pastoral Theology*, 1919)의 많은 부분을 개정하여 저술한 목회학 저서이다. 초판은 1924년에 나온 것으로 되어 있으나 문서로 확인할 수 있는 것은 1936판의 것이다. 이 책은 최근 1991년판부터 옛 문서들의 인쇄방식(세로쓰기, 오른 쪽에서 왼 쪽으로 써 나가는

---

[143] 십계명은 주일오후(이 예배는 주일 저녁예배를 의미하지 않고, 주일 대예배를 의미함 - 필자 주)에는 나타나지 않고, 저녁예배에 나타난다. 소열도, 『예배첩경』 9, 31-32.

구조)을 현대 방식(가로쓰기, 왼 쪽에서 오른 쪽으로 쓰는 형태)으로 바꾸었으며 맞춤법 개정 등을 거치면서 지금까지도 계속 출판해 오고 있다.[144] 우리말 책명은 『목회학』으로, 영어 책명은 *The Work of the Pastor*으로 나타나는데, 이는 『목사지법』이 *Pastoral Theology*로 나온 것과 다르게 표기하고 있다. 여기서는 1936년 판 『목회학』을 기준으로 전체 목차[145] 중 예배에 관련한 사항들을 중심으로 고찰한다.

먼저, 전체 목차 중에 제17장 '일반예배를 위한 보통준비,' 제18장 '모든 공예배의 보통성질,' 제19장 '주일대예배회,' 제20장 '주일석간 기도회' 제21장 '각종 기도회'를 대상으로 그 내용을 요약하여 살펴보기로 한다.

제17장 일반예배를 위한 보통 준비
1. 교회 위치 및 건물 2. 건물장식 여부가 경배를 방조(幇助)함 3. 사정(使丁; 사찰집사를 의미함) 4. 예배당에 아이들의 소동 5. 소아의 예배참석 6. 안내인 7. 晩到(만도; 늦게 도착) 8. 예배진행 중 출입 9. 時間 過長한 예배 10. 강도 직전 각 개인의 묵도는 예배에 유효

제18장 모든 공예배의 보통 성질
1. 공식예배는 항상 규칙 正히 [바르게] 진행 2. 공 예배는 항상 일치를 圖 [企

---

144 곽안련, 『목회학』(경성: 조선야소교서회, 1936); 곽안련, 『목회학』(개정1쇄) (서울: 대한기독교서회, 1991).
145 전체 목차는 다음과 같다: 제1장 목회학은 무엇이뇨 제2장 목사직 제3장 목사직에 대한 준비 제4장 목사직에 부름 제5장 구역선정과 임기 제6장 목사의 시험 고난과 상급 제7장 목사의 건강 제8장 목사의 정신생활 제9장 목사의 사교적 생활 제10장 목사의 영적 생활 제11장 목사의 가정생활 제12장 사회봉사 제13장 사업설계 제14장 심방(尋訪) 제15장 당회, 장유회(長有會)와 연합경영 제16장 영적 치료 제17장 일반예배를 위한 보통 준비 제18장 모든 공예배의 보통 성질 제19장 주일 대 예배 제20장 주일 석간 예배 제21장 각종 기도회 제22장 성례 제23장 혼상례(婚喪禮) 제24장 부흥회 제25장 교회 음악 제26장 종교 교육 제27장 목사와 노동자 제28장 목사와 사회개조사업 제29장 목사와 민중 경제생활 제30장 목사와 교회재정 제31장 교회활동과 선전 제32장 파쟁과 분열 제33장 목사와 상급 치리회 제34장 목사와 타 교과, 운동 및 사회관계 제35장 목사와 선교사업 제36장 교회당 건축설계.

圖]할 것 3. 공예배회는 共通性이 있어야 함 4. 공예배회에 活氣가 있어야 함 5. 공 예배는 信不信者에게 共公 有益点을 取할 것 6. 공 예배를 禮義있게 행할 것 7. 공 예배는 참예자의 영적 유익을 圖[企圖]할 것

제19장 주일 대 예배회
1. 대 예배순서. 주일 대 예배는 가장 중요한 것만치 그 순서도 복잡하다 [여기서 각 순서 에 대한 해설이 나온 후, 그 순서를 제시하고 있음] 이상에 대 예배회의 순서를 대략 말함 과 같이 아래에 그 대략을 다시 열거하나 이는 매번의 필요조목이 아니라 각 형편에 의하여 편리한 대로 채용(採用)할 것이다.**146**

(一) 인도, 시작선언, 찬송, 성경낭독, 기도, 묵상기도 (二) 죄의 고백(시6, 32, 38, 51, 102, 130, 143, 기타) (三) 찬송 합창 (四) 강도제목 아닌 성경낭독 (五) 신경 - 사도신경, 본 교회 신경 혹 십계명 (六) 합창이나 특별찬송 (七) 강도제목인 성경낭독 (八) 長文 祈禱 (九) 합창 (十) 헌금과 헌금기도 (十一) 광고, 찬송 **[다음 순서에 '강도(설교)'가 위치할 것으로 판단되나 원문에 빠져 있음]** (十二) 기도 (十三) 합창 (十四) 축복, 묵기도

제20장 주일 석간 기도회(主日夕間祈禱會)
주일 석간 기도회는 주일 대 예배회와 원칙적으로 상이한 것이니… 1. 주일 석간은 聖樂會로 회집할 것 2. 서양에서 주일 석간은 흔히 부흥회로 집합하여 호결과(好結果)를 얻는다 3. 서양의 다수 목사는 주일 석간을 성서연구로 사용한다 4. 주일 석간의 "이상 적 가정" "이상적 처" "이상적 남편" 등의 논제 5. 혹은 교우의 난제 해명 6. 실험방계(實驗方計; 환등, 영화, 實物해명, 圖畫 등으로 진리 표명) 7. 주일 석간은 혹시 勉勵會에 위탁 8. 夏期의 옥외집회

---

146 『목회학』(1936), 116. 이 조항이 『목사지법』에서는 다음과 같이 아주 간략히 나온다: "대 예배순서는 혹 이 아래에 기록한 대로 할 수가 있으니." 『목사지법』, 195.

제21장 각종 기도회

甲. 삼일 석간 기도회: 다양한 방법으로 신자 영적 유익을 도모하고 특히 삼일 기도회를 주일 성례거행 준비의 기도회로 사용하면 성례식에 많은 은혜를 받을 것이다.

乙. 교회 내 他 기도회: 처소 기도회, 소년 기도회, 여자 기도회, 가정 기도회

丙. 목사가 어떻게 하여 此種 多數 기도회 인도에 합당한 준비를 할까: 기도회가 교회 및 개인 생활상 필요불가결의 것임을 자각할 것이다, 銳意 준비, 간구, 성경숙독, 찬송가 준비, 다수 성구 기억, 기도회와 목사의 태도

丁. 조선교회 교역자의 현재 빈약한 점이 있다하면 그는 기도회 인도 형편이다. 조선의 기도회는 사실상 강도회요 기도회는 아니다… 충실한 목사는 제일 유익한 방침을 택한다. 조선 교역자가 기도회의 여러 氣味를 보아 참 기도회 설립을 바란다.

다음으로, 『목회학』의 주일 대 예배순서와 이전의 『목사지법』의 순서를 비교 분석하기로 한다.

첫째, 『목회학』 주일예배 순서 중에서 강도(설교) 순서가 빠져 있다는 점이다. 『목회학』과 『목사지법』의 전체 순서를 비교해보면, 『목회학』에는 모두 14개의 순서가 나오는데 비해, 『목사지법』에는 17개의 순서가 나온다. 차이가 생긴 것은 『목회학』에서는 (十一) '광고와 찬송' 뒤에, (十二) '기도'(강도자의 기도) 앞에 '강도'의 순서가 빠져있으며, 광고와 찬송, 축복과 묵기도가 각각 두 개 순서로 묶여 있으나, 『목사지법』에는 모두 4개의 순서로 나왔었기 때문이다. 여기서 눈여겨 볼 부분은 '강도'의 순서가 빠져있다는 점으로서 이것은 인쇄 상의 실수로 보인다. 왜냐하면 『목회학』의 예배순서들 앞에 제시된 해설부분에서 '강도'가 설명되고 있는데, 거기에서 이전의 『목사지법』과 동일한 내용과 위치가 나오기 때문이다. 이 '강도'순서가 『목회학』(1936)에 빠져 있다가, 1955년 미국에 있는 저자

의 여러 친구들에 의해 구성된 "기념출판위원회"에서 『목회학』 재판(再版)을 출판하면서 순서를 잘못 바꾸어 삽입하는데 이에 대해서는 『목회학』 1955년판에서 자세히 다룰 것이다.

둘째, 용어에 있어 일부 바뀐 부분이 나온다. 『목회학』 첫 번 순서가 인도, 시작선언, 찬송, 성경낭독, 기도, 묵상기도로 나오는데 『목사지법』에서는 총설, 성경요절, 기도, 찬송으로 나온다. 또한 四의 '강도제목 아닌 성경낭독'은 『목사지법』에서 '예정한 성경낭독'으로 나오며, 七의 '강도제목인 성경낭독'은 『목사지법』에서 '강도에 관한 성경낭독'으로 나오며, 八의 '장문기도'가 『목사지법』에서는 '공기도'로 나오며, 十의 '헌금과 헌금기도'가 『목사지법』에는 '연보와 연보에 관한 기도'로 나오며, 十二의 '기도'는 『목사지법』에는 '강도 후 기도'로 나오며, 十三의 '합창'은 목사지법에 '찬송(제1,2,3)'으로 나오며, 十四의 '축복'은 『목사지법』에서 '안수축복'으로 나온다.

이상의 용어에 대해 정리해보면, 대부분의 경우 『목회학』에 사용된 용어가 『목사지법』보다 더 함축적이며 현대적 표현에 가깝다고 볼 수 있다. 단 『목사지법』의 '공기도'를 '장문기도'로 바꾼 것은 오히려 예배학적 용어에도 부합되지 않으며 '공기도'라는 표현보다 대표기도의 특성을 더 살리지 못한 용어로 판단된다. 후에 개정된 1991년판부터는 이 용어를 '기도'라고만 표현되어 있어 대표기도의 의미를 제대로 살리지 못한 아쉬움이 있다.

셋째, '묵상기도'가 예배시작 부분에서 나오며, 끝에서 '묵기도'로 한 번 더 나오는데, 이전 『목사지법』에서는 '안수축복' 후에 한 번 나왔던 것과 대조적이다. 여기서 예배 시작 때에 묵상기도가 나오는 것은 1930년대의 예배순서의 특징 중의 하나로서 장로교, 감리교, 성결교 모두에 공통적으로 나타나는 현상이다. 감리교는 1931년에 나온 『교리와 장정』의 주일 예배 첫 순서에 '묵도'가 나온다.[147] 성결교는 『헌법』(1936)에는 예배 전에 각자 묵도하라는 규정이 있고, 김응조의 『목회학』(1937)에 '묵도'로 개회한다고 되어 있다.[148]

넷째, 성찬 준비 기도회에 관한 내용이다. 제21장 '각종 기도회' 甲. '삼일 석간 기도회'에서 다양한 방법으로 신자 영적 유익을 도모하고 특히 "삼일기도회를 주일 성례 거행 준비의 기도회로 사용하면 성례식에 많은 은혜를 받을 것이다."[149]라고 하였다. 이것은 오늘의 목회에서도 적용할 수 있는 방안이다. 성찬 1주일이나 2주일 전부터 성찬식을 광고하고 수요 기도회나 금요 기도회를 통해 준비하면 성찬의 은혜를 더욱 크게 누리게 될 것이다.

(4) 『牧師必携』(목사필휴, 1938)

『牧師必携』는 곽안련 목사의 『목사지법』(1919)의 개정판이라 할 수 있는 『목회학』(1936)과 구분되는 소책자 형태의 예식서(예배서)이다. 『목사필휴』가 『목회학』과 다른 점이 있다면, 『목회학』이 목사에게 전반적으로 필요한 많은 것들을 포함하고 있는 목회학 문서라면 이 책은 목회자에게 필요한 주일예배와 각종예식을 중심으로 구성된 예식서 성격의 문서라는 점이다. 이 책의 제목은 원래 한자로 되어 있으며 영문 책명은 *Handbook for Pastors*으로 조선기독교서회에서 간행하였으며, 해방이후까지 거듭 출판되었다(1953, 1954, 1963 판 등). 또한 이미 장로교 총회에서 승인했던 『혼상예식서』(1924)보다 내용이 더 풍부하며 세부적인 참고자료가 많이 수록되

---

147 기독교조선감리회, 『교리와 장정』(경성: 총리원교육국, 1931), 57.
148 성결교, 『헌법』(경성: 동양선교회 성결교회 출판부, 1936), 25; 김응조, 『목회학』(경성: 동양선교회 성결교회 출판부, 1937), 84.
149 곽안련, 『목회학』(1936), 126.

어 있다.[150] 여기서는 먼저, 이 책의 전체적인 구성(총 20장)을 살핀 후, 다음으로 예배순서(제2장)를 중심으로 소개하고, 마지막으로 이 문서에 대한 분석 및 평가를 하고자 한다.

먼저, 이 책의 전체적인 구성을 소개하면 다음과 같다.

> 제1장 '총론', 제2장 '예배순서'에는 주일〔대〕예배, 주일 저녁예배, 인도인 없이 하는 예배를 다루며, 제3장 '병인 위문할 때에 쓰는 성구', 제4장 '상사 당한 이를 위로하는 성구', 제5장 '장례식 절차', 제6장 '장례식에 쓸 성경말씀', 제7장 '혼례식 예문(禮文)', 제8장 '영아 세례식', 제9장 '입교예식', 제10장 '장로회 신조촬요', 제11장 '성찬식에 주의와 형식', 제12장 '장로와 집사 임직에 대한 형식', 제13장 '휴무장로(休務長老)의 시무식(視務式)', 제14장 '강도사 인허식'(講道師 認許式), 제15장 '목사 임직식', 제16장 '목사 취임식', 제17장 '예배당 정초식(定礎式)', 제18장 '예배당 헌당식', 제19장 '각종 試取 문제', 제20장 '예배에 사용할 시편을 세목대로 선발한 장절'들을 다룬다.[151]

이어, 제2장의 내용을 세부적으로 소개하고자 한다. 아래의 세부 순서 중 굵은 글씨는 주의해서 보라는 의미로 필자가 표시한 것이다.

> **제2장 예배순서(禮拜順序)[152]**
> 현금 조선교회에서 실행하는 예배순서는 너무 간단하여 정중하고 또 취미적(趣味的)이 되지 못하는 감(感)이 없지 아니하다 모든 교역자는 마땅히 연구하여 원만히 구비된 취미적 순서 로 하나님께 경배를 드릴 것이다… 이 모본을 적용하면 신령한 유익이 많을 줄 안다…

---

150 김태규,『한국교회 초기문헌에 나타난 성찬신학과 실제』, 256.
151 곽안련,『목사필휴』(경성, 조선야소교서회, 1938), 1 - 6.
152 곽안련,『목사필휴』, 6 - 24.

일. 주일예배〔주일 대 예배를 가리킴〕

교인들이 예배하기 위하여 하나님 앞에 나올 때에 생각 없이 함부로 하지 말고 예모 있고 또 경건한 태도로 나옴이 합당함

一. 개회찬영(開會讚榮), 낭독(朗讀)

목사와 교우 일동이 기립하여 찬송가 1, 2, 3 장 중 한 장을 유쾌하고 감사한 마음으로 노래하고 목사가 "오직 여호와는 그 성전에 계시매 온 천하 사람이 그 앞에서 잠잠할지어다" 혹시 찬송 대신 아래 기록한 말씀 중 하나를 정중히 목사가 낭독함이 좋을 것 (시 124:8, 145:18 - 19, 100:3, 55:6 - 7, 130:8; 요일 1:9)

二. 개례기도(開禮祈禱)

아래 몇 가지〔세 개가 나옴〕중 하나를 쓸 수 있음

三. 공식자복(公式自服)

교우는 기립하여 목사가 인도하는 말대로 공식자복을 할 것〔자복문 하나가 나옴〕

四. 확실(確實)한 용사(容赦)

목사가 아래 기도를 혼자하고 교우는 그대로 엎드려 있을 것

"전능하신 하나님 회개하고 주께 돌아오는 자를 완전히 용서하시고 구속하는 은혜를 허락하셨사오니 예수의 완전하신 희생으로 우리를 모든 악에서 깨끗케 하옵소서 항상 우리를 화평함과 거룩한 생활의 즐거움 중에 있게 하시고 항상 사랑으로 주를 섬기게 하옵소서 성부와 성자와 성신이 늘 함께 하옵소서"

五. 응답낭독

목사와 교우가 서로 응답적으로 시편이나 다른 성경을 낭독할 것, 본서〔제〕20장 중에서 택할 수 있음

六. 별찬송(別讚頌)〔특별찬송을 의미함〕

교회에 찬양대가 있으면 이 순서에서 합창 혹 독창을 할 것

七. 성경낭독

성경을 다 낭독한 후에 "이 성경말씀이 우리에게 복이 되게 하옵소서" 할 것

八. 찬송
온 회중이 합동하여 하되 강도할 말씀에 연락있는[연관되는] 찬송이 좋을 것

九. 기도
이 기도에 포함할 것은 하나님의 영광을 찬송하고 감사함을 드리며 물질적 신령적 필요물들을 간구하고 온 세상과 인류와 전도사업과 병고 당한 자와 교육기관과 정치기관과 사회상 모든 형편을 위하여 탄원할 것(예배모범 제5장 2조 참조)

十. 헌금
헌금은 예배에 없지 못할 순서인즉 예배회마다 가급적(可及的) 빼지 말 것이요 헌금하는 동시에 정숙한 찬송을 독창 혹 악기로 하고 집사들은 끝까지 다 거두기를 기다려 함께 목사에게 나와 기도할 것

十一. 강도
목사는 성경을 본문으로 하고 신령한 진리… 강도 필한 교우는 기립하여 찬송…

十二. **폐회기도**(두 개의 기도문 중 하나)
주님이시여… 예수의 이름으로 비나이다 아멘
자비하신 주시여… 주의 영광스러운 이름으로 비나이다 아멘

十三. 축복 세 개 제시[여기에 제시된 것들은 고후 13:13의 축도문, 그 축도를 근간으로 하여 약간의 말들을 추가한 축도문, 그리고 유다서 24 - 25절의 축도문 등이다]

이. 저녁예배 [주일 저녁]
一. 찬송
찬송을 부른 후에 목사가 다음의 성경구절을 읽을 것이다. 사 7:15; 시 9:14; 눅15: 18,19.

二. 기도 [세 개의 기도문이 제시됨. 특징적인 부분은 첫 번 기도문에서 "광명의 아버지되시는 하나님이시여… 말씀과 성신으로 말미암아 하늘의 광명을 받게 하옵소서", 그리고 세 번째 기도문 끝 부분에 "… 우리를 위하여 돌아가

신 대제사장 예수의 이름으로 비나이다. 아멘"이라고 나옴〕

三. 응답낭독(應答朗讀)(본서 20장 중에서 택하여 쓸 것)

四. 기도〔이 기도문은 예수 그리스도에게 기도하며 "… 그 주님만 거룩하시고 주가 되사 아버지의 영광 중에 성신과 함께 계시나이다 아멘"라 하여 그리스도 중심의 기도를 예로 든다〕

五. 성경낭독
목사는 정중히 낭독하고 교우에게 "주께서 이 본 거룩한 말씀으로 축복하여 주옵소서" 할 것

六. 기도
이 기도에는 숭배와 감사를 드리고 교회와 국가와 모든 인류와 특별히 믿지 않는 불쌍한 자를 위하여 모든 위험과 고난에서 보호하시고 인도하심을 기도할 것

七. **헌금**
주일 오후〔주일 대예배를 가리킴〕에서 함과 같이 할 것

八. 강도
강도가 끝나면 모든 교우가 기립하여 찬송하고 주의 기도를 함이 좋음

九. 축복

삼. 인도인(引導人) 없이 하는 예배

一. 아직 어떤 곳에 교회로서 임직을 받아 시무하는 이가 없거나 혹시 육지나 해상에서 예배할 때에 그 중 임직 받은 이가 없이 예배를 열면 아래 기록한 성경절을 낭독함으로 그 순서를 진행함이 좋을 것 시 145:18, 19 외 아홉 구절)

二. 기도
인도하는 이가 기도한 후 **주기도**를 함께 함도 합당함

三. **사도신경**
일반회원이 일어서서 함께 외울 것

四. 성경낭독
인도하는 이가 하나님의 말씀을 낭독한다고 말하고 다 읽은 후에 "하나님의

말씀이 우리 마음에 복이 될지어다" 할 것

五. 찬송가

인도하는 이가 성경해석에 합당한 찬미를 택하여 할 것

六. 기도

"하나님이시여… 특별히 독생자를 보내사 세상을 구원하시고 우리를 죄 중에서 불러 주 예수로 사귀게 하심을 감사하나이다 구하옵는 바는 우리에게 항상 성신을 주사 감사하는 마음이 자라게 하시고… 예수의 공로로 기도하나이다 아멘"

다음으로, 이 문서에서 언급하고 있는 예배에 관해서 살펴보기로 한다.

첫째, 사도신경과 주기도문에 대해 살펴보자. 사도신경은 주일 오후 (대)예배와 저녁예배 때에 나타나지 않고, 인도인 없이 하는 예배 때에만 나타난다. 이와 대조적으로 주기도문은 두 번 나타나는데 주일 대 예배에는 나타나지 않으나, 저녁예배에 강도 후 찬송하고 주기도문을 하는 것이 좋을 것이라 했으며, 또한 인도인 없이 하는 예배에는 첫 번 기도 후에 함도 합당하다고 하였다. 소열도도 『예배첩경』에서 예배 순서(위치)는 다르지만 주기도문을 사용 권장하고 있는데, 그는 주일저녁 예배순서에서 성경낭독 전에, 또는 안수 받은 목사가 없는 경우 폐회찬미 후 등, 두 개의 경우에 주기도문 순서를 사용할 수 있다고 하였다.

둘째, 공식 자복기도는 주일 대예배에 나오는데 대표기도(아홉 번째 나오는 기도) 내용 속에 포함되지 않고 독립적으로 목사가 인도하는 말을 따라 교우들이 공식 자복할 것이라 하여 대표기도와 자복기도를 분리하였다.

셋째, 주일 대예배에서 '확실한 용사'는 사죄의 선언으로 보이는데, 이는 당시 한국인 목사가 인도하는 예배에서는 잘 통용되지 않는 순서이다. 최근 이에 대한 논의가 한국 교계에서 일어나고 있는데, "개신교 목사가 사죄선언을 할 수 있는가, 이것은 로마 가톨릭적 발상 아닌가"라는 논제이다. 필자의 견해로는 이 문제에 대하여 성경말씀을 그대로 읽으면서 선언하는 것은 문제가 없는 것으로 보이나 로마교의 경우처럼 사제가 하나님과 신자 사이의 중재자로서 죄사함의 권한을 갖고 있다는 의미로 사용한다면, 이것은 우리 성경과 개신교 신학에 맞지 않는다고 본다.

또한 예배순서 중 사죄문의 제일 끝부분 "… 성부와 성자와 성신이 늘 함께 하옵소서" 의 내용이 장로교단이나 다른 교단의 사죄 기도문 가운데 이러한 기도문은 처음 나오는 것으로 판단된다.[153] 이와 비슷한 문구는 여러 교단의 축도문에 나타나 있기는 하지만 사죄 기도에는 나타나지 않는다. 대개 기도는 아버지께, 성령 안에서, 예수 그리스도의 이름으로 하는 것이므로[154] 이런 기도문에 대해 논란이 있을 수 있다.

넷째, '묵도'와 '축도 전 폐회기도'에 관한 것이다. 주일 대 예배 때 시작부분은 흔히 한국 장로교회 순서에서는 '묵도'로 시작되는데 비해, 여기서는 '말씀낭독'이나 '개례기도' 등으로 시작된다. '묵도'로 예배를 시작하는 것은 곽안련의 『목사지법』과 이 책에 나오지 않고, 그의 『목회학』(1936)에서 나오는데 거기에는 '묵도' 한 순서만 말하지 않고 '인도, 시작선언, 찬송, 성경낭독, 기도, 묵상기도'라고 하여 여기서 제시되는 방법 중 하나를 선택할 수 있다고 하였다. 또한 '축도 전 폐회 기도'하는 것이 주일 대예배 끝부분에 나오는데 이것은 '강도' 후 기도라면 가능할 수는 있어도, '축도 전 기도'는 생소한 순서라 할 수 있다.

다섯째, 설교를 '강도'라는 용어로 표현하고 있다. 주일 대예배와 저녁예배 모두 '강도'라는 용어를 사용한데 비해, 인도인 없이 하는 예배에는 안수 받은 목사가 인도하는 예배가 아니므로 성경낭독 후 성경 해석하는

---

[153] 이와 비슷한 문구가 조선감리회의 『교리와 장정』(1931) '성찬예문' 중 열 번째 순서에 나온다. 그런데 그 순서는 말씀예배 순서가 아니라 성찬예배의 순서라는 점에서 다르다.
[154] 요 16:23('아버지께 예수님의 이름으로'), 엡 6:18('성령 안에서')을 참조하라.

것으로 나타난다. 1930년대부터는 장로교나 감리교, 성결교 모두 '설교'라는 말을 공통적으로 사용하고 있는데, 이 중에서 장로교에는 이 문서에서처럼 '강도'라는 용어를 사용하기도 하며, 소열도의 『예배첩경』에서처럼 '강도'와 '설교'를 병행 사용하기도 하였다. 한국교회의 예배역사에서, '강도'(강론)라는 용어는 장로교에서 초창기부터 사용되었으며 1930년대부터 '설교'와 '강도'를 혼용하다가 점차 '설교'라는 단어만 사용하였다. 이에 비해 감리교는 1910년 이전까지 '전도'라고 하였고, 이후 장로교가 사용하던 '강도'라는 용어를 사용하다가 1930년대부터 '설교'라는 용어를 사용하였다. 한편, 성결교는 『헌법』(1936), 김응조 『목회학』(1937)에서 처음부터 '설교'라는 용어를 사용하고 있다. 이런 개신교 여러 교단들과 달리, 성공회는 선교 초기부터 '설교'라는 용어를 사용하였다. 한국 초기 성공회 문서인 『종고성교회 공도문』(1908, 제 72면), 성공회 『공도문』(1939, 제 83면), 『공도문』(1960, 제 253면), 그리고 최근 『성공회 기도서』(2005, 제 240면) 등에 모두 '설교'라는 용어로 나타나고 있다. 이와 비슷하게 중국에서 선교하던 미국 성공회의 『公禱文』(1899)에는 '講聖經'(성찬문, 제 4면)으로 나와 있어 '성경을 강론하다'라는 의미이지만 여기서 '講'의 의미는 '설교하다'라는 의미를 배제한다고 볼 수는 없을 것이다.

여섯째, 헌금 순서가 주일 대예배 때 뿐 아니라 주일 저녁에도 나타난다. 이것은 곽안련의 예배순서들에 나타나는 특징 중의 하나이다. 한편, 해방 이후 목회자가 저술한 예식서에도 이런 견해가 나오는데, 박성겸의 『새예식서』(1969)에서 "한국교회에서 헌신예배로 드리는 저녁예배 경우 외에는 저녁예배 때 헌금을 드리지 않는 것은 유감스러운 일로 제물 없이 하나님께 제사를 드릴 수 없으며 이는 다시 생각해 볼 문제"라고 말하고 있다.[155] 현대의 장로교회들은 대부분은 주일 대 예배 때 중심으로 헌금

---

[155] 박성겸, 『새예식서』(서울: 은성문화사, 1972), 12.

을 드리고 있으나 하나님의 성회(순복음)에서는 모든 집회에 헌금을 드리는 것으로 알려져 있다. 이에 대한 예배신학적 정립이 필요하다고 본다.

일곱째, 이 예식서에는 성령의 역사를 강조한 것이 잘 나타난다. 주일 대예배의 개례기도 예문 세 개 중 두 번째 기도문, 주일 저녁예배 때 세 개의 기도문 중 첫 번째 기도문(성부 성자 성례 그리고 말씀에 관한 내용이 나옴), 인도인 없이 하는 예배의 마지막 기도 등에서 기도에 있어서 성령의 역사를 강조하고 있다. 특히 인도인 없이 하는 예배에서, 하나님(아버지)께 성령주실 것 기도하며, 예수님의 공로로 기도한다고 하여 삼위일체 신앙이 잘 조화되어 나온다.

(5) 『목회학』(재판, 1955)

『목회학』(1936)이 나온 후로 1955년에 이르러 재판이 나오게 되는데[156] 이는 원저자 곽안련 박사의 미국 친구들로 구성된 기념출판위원회에서 출판한 것이다. 이 재판을 1936년판과 비교해 보면 사실상 단순한 재판이 아니라, 수정판에 해당된다. 전체 장수는 동일한데 일부 문구를 수정하거나 삭제하였다. 예를 들어 수정된 순서들을 보면, 제1장 "목회학은 무엇이뇨"가 "서론"으로, 제4장 "목사직에 부름"을 "목사직의 소명"으로, 제16장 "영적 치료"가 "영적 생활"로, 제17장 "일반예배를 위한 보통준비"를 "예배를 위한 일반적 준비"로, 제18장 "모든 공예배의 보통성질"을 "공예배의 일반적 성질"로, 제20장 "주일 석간 예배회"를 "주일 밤 기도회"로 바뀌었다. 이에 비해 삭제된 부분도 제15장 "당회, 장유회(長有會)와 연합경영"이 "장유회"라는 명칭이 삭제되면서 "당회와의 연합사업"으로 수정되었다. 이후에 1991년 개정1판이 나왔으며 지금도 계속 출판되고 있

---

[156] 곽안련, 『목회학』(서울: 대한기독교서회, 1955), 1-2.

것으로 나타난다. 1930년대부터는 장로교나 감리교, 성결교 모두 '설교'라는 말을 공통적으로 사용하고 있는데, 이 중에서 장로교에는 이 문서에서처럼 '강도'라는 용어를 사용하기도 하며, 소열도의 『예배첩경』에서처럼 '강도'와 '설교'를 병행 사용하기도 하였다. 한국교회의 예배역사에서, '강도'(강론)라는 용어는 장로교에서 초창기부터 사용되었으며 1930년대부터 '설교'와 '강도'를 혼용하다가 점차 '설교'라는 단어만 사용하였다. 이에 비해 감리교는 1910년 이전까지 '전도'라고 하였고, 이후 장로교가 사용하던 '강도'라는 용어를 사용하다가 1930년대부터 '설교'라는 용어를 사용하였다. 한편, 성결교는 『헌법』(1936), 김응조 『목회학』(1937)에서 처음부터 '설교'라는 용어를 사용하고 있다. 이런 개신교 여러 교단들과 달리, 성공회는 선교 초기부터 '설교'라는 용어를 사용하였다. 한국 초기 성공회 문서인 『죵고셩교회 공노문』(1908, 제 72면), 성공회 『공도문』(1939, 제 83면), 『공도문』(1960, 제 253면), 그리고 최근 『성공회 기도서』(2005, 제 240면) 등에 모두 '설교'라는 용어로 나타나고 있다. 이와 비슷하게 중국에서 선교하던 미국 성공회의 『公禱文』(1899)에는 '講聖經'(성찬문, 제 4면)으로 나와 있어 '성경을 강론하다'라는 의미이지만 여기서 '講'의 의미는 '설교하다'라는 의미를 배제한다고 볼 수는 없을 것이다.

여섯째, 헌금 순서가 주일 대예배 때 뿐 아니라 주일 저녁에도 나타난다. 이것은 곽안련의 예배순서들에 나타나는 특징 중의 하나이다. 한편, 해방 이후 목회자가 저술한 예식서에도 이런 견해가 나오는데, 박성겸의 『새예식서』(1969)에서 "한국교회에서 헌신예배로 드리는 저녁예배 경우 외에는 저녁예배 때 헌금을 드리지 않는 것은 유감스러운 일로 제물 없이 하나님께 제사를 드릴 수 없으며 이는 다시 생각해 볼 문제"라고 말하고 있다.[155] 현대의 장로교회들은 대부분은 주일 대 예배 때 중심으로 헌금

---

[155] 박성겸, 『새예식서』(서울: 은성문화사, 1972), 12.

을 드리고 있으나 하나님의 성회(순복음)에서는 모든 집회에 헌금을 드리는 것으로 알려져 있다. 이에 대한 예배신학적 정립이 필요하다고 본다.

일곱째, 이 예식서에는 성령의 역사를 강조한 것이 잘 나타난다. 주일 대예배 의 개례기도 예문 세 개 중 두 번 째 기도문, 주일 저녁예배 때 세 개의 기도문 중 첫 번째 기도문(성부 성자 성례 그리고 말씀에 관한 내용이 나옴), 인도인 없이 하는 예배의 마지막 기도 등에서 기도에 있어서 성령의 역사를 강조하고 있다. 특히 인도인 없이 하는 예배에서, 하나님(아버지)께 성령주실 것 기도하며, 예수님의 공로로 기도한다고 하여 삼위일체 신앙이 잘 조화되어 나온다.

(5) 『목회학』(재판, 1955)

『목회학』(1936)이 나온 후로 1955년에 이르러 재판이 나오게 되는데[156] 이는 원저자 곽안련 박사의 미국 친구들로 구성된 기념출판위원회에서 출판한 것이다. 이 재판을 1936년판과 비교해 보면 사실상 단순한 재판이 아니라, 수정판에 해당된다. 전체 장수는 동일한데 일부 문구를 수정하거나 삭제하였다. 예를 들어 수정된 순서들을 보면, 제1장 "목회학은 무엇이뇨"가 "서론"으로, 제4장 "목사직에 부름"을 "목사직의 소명"으로, 제16장 "영적 치료"가 "영적 생활"로, 제17장 "일반예배를 위한 보통준비"를 "예배를 위한 일반적 준비"로, 제18장 "모든 공예배의 보통성질"을 "공예배의 일반적 성질"로, 제20장 "주일 석간 예배회"를 "주일 밤 기도회"로 바뀌었다. 이에 비해 삭제된 부분도 제15장 "당회, 장유회(長有會)와 연합경영"이 "장유회"라는 명칭이 삭제되면서 "당회와의 연합사업"으로 수정되었다. 이후에 1991년 개정1판이 나왔으며 지금도 계속 출판되고 있

---

[156] 곽안련, 『목회학』(서울: 대한기독교서회, 1955), 1-2.

다.[157]

먼저, 1955년판 『목회학』에 나오는 주일 예배순서를 소개하기로 한다 (주일대예배 순서 중 8. 설교, 9 기도, 13 기도에 굵은 표시를 한 것은 필자가 표시한 것이다).

제19장 주일대예배

〔주일대예배 순서 이전에 먼저 각 예배순서에 대한 설명이 있은 후 주일예배 순서를 제시한다.〕

위에서 대예배의 순서를 대략 말하였거니와 이하에 그것을 요약하여 기록하였다. 그러나 이것은 매번 꼭 그렇게 하여야 한다는 것이 아니고 형편에 따라 편리할 대로 채택하는 것이 좋다.

1. 인도(개회선언, 찬송, 성경봉독, 기도, 묵상기도) 2. 죄의 고백(시 6, 32, 38, 51, 102, 130, 143편 등) 3. 찬송(제창) 4. 설교제목에 관계없는 성경봉독 5. 신경(사도신경, 본교파 신경, 십계명) 6. 합창 혹은 특별찬송 7. 설교제목을 위한 성경낭독 **8. 설교** 9. **기도** 10. 제창 11. 헌금과 헌금기도 12. 광고, 찬송 **13. 기도** 14. 찬송(제창) 15. 축도, 묵기도

다음으로, 『목회학』 1955년 판(재판)과 1936년 판의 '설교(강도)' 순서를 중심으로 비교 분석하고자 한다. '설교(강도)'의 순서가 1936판에는 빠져 있었으나 1955년과 그 이후 판에는 삽입되었다. 그런데 이 '설교'의 위치가 『목회학』의 전신이라 할 수 있는 『목사지법』(1919)과 다르게 나타난다. 『목사지법』에는 '광고, 찬송' 후에 '강도(설교)'가 나타나며, '예배 순서'

---

[157] 1991년에 나온 개정1판(1991)은 이전에 세로글씨로 구성되었던 체제를 가로글씨체로 바꾸었으며, 제목을 거의 그대로 두되 일부를 바꾸었다. 예를 들어 제6장 "목사의 시험, 곤란, 및 상"을 "목사의 시험, 어려움 및 상급"으로, 제18장 "공예배의 일반적 성질"을 "공중예배의 일반적 성질"로, 제19장 "주일대예배"를 "주일 낮 예배"로, 제28장 "목사와 사회개조사업"을 "목사와 사회개선사업"으로, 제29장 "목사와 민중의 경제생활"을 "목사와 국민의 경제생활"로 수정하였다. 곽안련, 『목회학』(개정1판)(서울: 대한기독교서회, 1991), 3 - 4.

앞부분에 나와 있는 '예배 순서 설명'에도 이 순서대로 나타난다. 그런데 1936년 판에는 '설교'가 빠져 있었고, 1955년 기념출판회에서 재판을 출판할 때 '설교'를 『목사지법』과 다르게 9의 '기도' 앞에 넣은 것이다. 이대로라면 '설교' 뒤의 '기도' 순서가 두 번(9, 13번) 나오게 된다. 여기에서 9번의 기도와 13번의 기도는 각각 무슨 기도인가? 1919년 『목사지법』의 순서를 보면, 9의 기도는 '공기도'(1935 『목회학』에는 '장문기도'로 나옴)이며, 13의 기도는 '강도 후 기도'(1935 『목회학』에는 '설교 후 기도'로 나옴)이다. 그렇다면 '강도(설교)'가 8번이 아니라 12번 후에 들어 가야 제 위치를 찾게 되는 것이다. 『목회학』 재판(1955)대로라면 9번의 '기도'가 대표기도이므로 '설교' 후에 대표기도를 하게 되어 예배의 순서상 맞지 않는다. 그리고 13번의 기도는 '설교 후 기도'(목회자의 기도)에 해당되는 것인데 그렇지 않다면 12의 '광고'와 '찬송' 후에 나오는 13의 '기도'는 무슨 기도인지 알 수 없게 된다. 그러므로 1955판에 8번 순서로 나오는 '설교' 순서는 『목사지법』의 순서대로 13번 '기도' 앞에 나오도록 바로 교정되어야 한다. 이것은 원저자가 바꾼 것이 아니라 기념출판회가 바꾼 것인데, 이것은 『목사지법』과의 비교를 통해서나 논리적으로 보아 예배 순서상 맞지 않는 것이다.

2) 감리교 – 조선 감리회

(1) 조선 감리회 『교리와 장정』(1931)

한국에 선교하던 미국 남·북 감리교 선교부가 한국인에 의한 감리교단을 설립하자는 데에 의견을 모아 회합을 거듭한 끝에 1930년 12월 25일에 기독교조선감리회가 탄생되었다. 조선 감리회는 그 다음해, 1931년 5월 1일 역사적으로 첫 『교리와 장정』을 출판하였는데, 영문제목은 *Discipline of the Korean Methodist Church*이다. 이 장정은 기존 남·북 감리회의 유산을 기초하여 여러 연구위원들의 연구와 수정으로 만들어진 것이다. 초대 총리사(總理師)가 된 양주삼(梁柱三) 감독은 『기독교조선감리회 교리와 장정』 서문에 "우리 교회의 이 장정은 비록 처음 되는 것이나 성신의 지도 아래서 여러 사람들의 성의와 지혜를 합하여 편성된 것입니다. 처음에는 연합위원회에서 재래 남북감리교회의 장정을 기초로 하고 많이 연구하여 제안한 것을 조선감리회 제1회 총회에서 다시 여러 가지로 수정하여 만든 것입니다. 이 장정은 우리 교회의 유일한 규칙과 법률이오니…"라고 밝히고 있다.[158] 이 장정의 구성은 제1편 '역사와 교리,' 제2편 '헌법과 관계,' 제3편 '입법과 행정,' 제4편 '과정(課程), 경계(境界),' 제5편 '예문(禮文)', 부록 등으로 구성되어 있다.

여기에서는 먼저, 제3편(編) '입법과 행정,' 제6장(章) '교인,' 3款(관) '교인의 은혜 받는 방법,' 제12항(項)의 '공중예배에 참예함'에서 주일예배 순서를 살펴보도록 한다. 다음으로, 제5편 '예문' 6관 '주의 성찬예문'에 대해 살펴보도록 하며, 마지막으로 이 문서의 주일예배 순서와 성찬에 대한 분석을 하고자 한다.

먼저, 조선감리회의 공중예배(주일예배)와 이전의 남·북 감리회 예배 순서를 아래에 제시한다.[159]

조선감리회 『교리와 장정』 제3편 6장 3관 12항 "공중예배"(1931)

제12항(項) '공중예배에 참예함'(이는 교인들이 主日마다 朝夕으로 예배당에 모이어 예배함을 이름이니 그 順序는 대개 아래와 같음)

一. 묵도(주악) 二. 찬송 三. 사도신경(주일아침) 四. 기도(주기도문) 五. 구약(시편) 六. 찬송(혹 歸榮歌) 七. 헌금(기도) 八. 광고 九. 찬송(혹 특별음악) 十. 신약낭독 十一. 설교 十二. 기도 十三. 폐회찬송 十四. 축복 十五. 묵도(주

---

[158] 기독교조선감리회, 『교리와 장정』 (경성: 총리원교육국, 1931), 서문.
[159] 기독교조선감리회, 『교리와 장정』 (1931), 57 - 58.

악, 산회)

북 감리회 법전 예배순서(1926)
一.「獨奏」器樂이나 혹은 聲樂으로 함 二.「讚頌」회중이 기립하여 讚頌歌로 함 三.「使徒信經」회중이 기립하여 낭독함 四.「祈禱」목사와 회중이 다 무릎을 꿇고 기도한 후에 주의 기도문을 암송함 五.〔찬송가나 혹은 독창을 함〕六.「舊約工課」이 공과를 낭독할 때에 회중이 기립하여 화답함이 가함 七.「歸榮歌」성부, 성자, 성신께 거룩한 영광이 계시도다 태초와 지금과 영원한 세상까지 무궁히 계시도다 八.「新約工課」九.「廣告」十.「獻金」十一條와 收錢을 거두되 이 거두는 동안이나 혹은 거둔 후에 헌금찬송을 함 十一.「찬송」회중이 기립하여 찬송가로 찬송함 十二.「講道」十三.「祈禱」회중이 무릎을 꿇고 기도함 十四.「讚頌」회중이 기립하여 찬송가로 찬송함 十五.「삼위일체의 찬송과 사도의 축복」(고린도후서 13장14절)

남 감리회 장정 예배순서(1923)
〔一. 志願대로 (奏樂이나 聲樂) 함〕二. 찬송함(교인들이 일어서서)〔三. 일동이 사도신경을 외움(선대로)〕四. 기도함(목사와 교우들이 함께 꿇어 기도하고 일동이 주의 기도문을 외움〔五. 지원하는 대로(성가나 주악) 함〕〕六. 구약의 말씀을 낭독함(만일 시편이면 목사가 교우들로 더불어 일절씩 응답적으로 함)〔七. 歸榮歌를 부름〕八. 신약의 말씀을 낭독함 九. 收金하고 廣告함 (수금을 하는 동안이나 혹 그 후에 奏樂이나 聲樂을 할 수 있음 十. 찬송함(교우들이 일어서서) 十一. 강도함 十二. 기도함(교우들이 엎드려서) 十三. 찬송함(교우들이 일어서서) 十四. 讚頌歌와 사도의 축복(고린도후서 13장 14절)

이어, 조선감리회의 주의 성찬예문(제5편 6관)에 대해 살펴보도록 한다.¹⁶⁰ 원문에는 번호가 나오지 아니하나 필자가 편의상 붙였으며, 주기도문을 굵은 글씨로 표시하였다.

일. (목사가 아래 기록한 성경말씀 중 두어 구절을 읽을 동안에 유사가 가난한 이를 구제하 기 위하여 수전을 거둘 것) - 성구 마 5:16; 마 7:12; 마 7:20; 눅 19:8; 고후 9:6,7; 갈 6:10; 히 6:10; 히 13:16; 요일 3:17; 잠 19:17; 시 41:1; 신 19:11 **이.** 목사가 성만찬 받기를 청하는 예 문 읽을 것 **삼.** 목사가 교우들로 더불어 꿇어 엎드려 이 아래 자복하는 기도문을 읽을 것 **사.** 목사의 기도(1) **오.** 목사의 기도(2) **육.** 목사가 떡과 포도즙을 거룩하게 하는 기도를 올릴 것 **칠.** 교우들은 그대로 엎드려 있고 목사가 먼저 떡과 포도즙을 먹고 혹 돕는 목사가 있으면 떡과 포도즙을 그에게 베푼 후 교인들로 더불어 **주기도문**을 외울것 **팔.** 찬송 한 장을 부른 후에 목사가 형편을 따라 여러 교우를 상 앞으로 나오게 하든지 혹 앉은 자리에서든지 떡을 차례로 베풀 때에 말함 **구.** 목사가 또한 잔을 들어 교우를 주며 말함 **십.** 성만찬을 다 베푼 후에 떡과 포도즙이 남거든 목사가 상위에 도로 가져다 놓고 정한 보로 덮은 후에 기도함(하늘에 계신 우리의 아버지시여… 우리가 모든 존귀와 영광을 전능하신 성부 성자 성신 삼위일체 하나님께 영원히 돌리나이다. 아멘)¹⁶¹ **십일.** 이 아래[歸榮] 말씀을 읽음(지극히 높은 곳에서는 하나님께 영화를 돌려보내고 땅에서는 기뻐하심을 입은 사람들이 평안할 지어다. 주 하나님이시여… 독생자 예수 그리스도시여… 그리스도시여 주는 성신으로 더불어 홀로 하나님 아버지의 영광 가운데 사시사 지극히 높으신 이로소이다 아멘) **십이.** 이에 적당한 찬송을 부른 후에 이 아래 축복으로 폐회할 것(하나님께서 은혜로 주신 측량할 수 없는 평안함이 우리의 마음과 뜻을 지키사 하나님과 그 아들 우리 주 예수 그리스도를 알고

---

160 기독교조선감리회, 『교리와장정』(1931), 6관 주의 성찬예문, 18 - 28.
161 이와 비슷한 내용이 『목사필휴』 주일 대예배 순서 중 '확실한 용사'(즉, 사죄 기도문)에 성부, 성자, 성령의 이름으로 기도하는 내용이 나오는데 이것은 말씀예배 속에 속한 것이며, 여기에 나오는 이 문구는 성찬식 순서에 속한 것이라는 점에서 차이가 있다.

사랑하는 가운데 있게 하시며 전능하신 하나님 아버지와 아들과 성신의 은총이 우리 중에 영원히 있기를 원하옵나이다. 아멘)
(목사가 행례할 시간이 부족하면 떡과 포도즙을 거룩케하는 예문 외에는 편리하도록 가감할 수 있음. 혹 본 교회에서 출교할만한 불합한 행위를 한 이가 있으면 성만찬에 참예하기를 허락하지 못함)

다음으로, 이 장정의 주일예배 순서와 성찬에 대한 분석을 하고자 한다.
첫째, 조선감리회 장정의 주일예배 순서를 남 감리회 장정(1923년 『장정』) 및 북 감리회의 장전(1926년 『법전』) 순서와 비교 분석해 보자. 전체적인 예배순서에 있어서 북 감리회는 총 15개 순서이며, 남 감리회는 14개 순서이나 실제적으로는 동일하다. 여기서 차이가 나는 것은 북 감리교의 경우 헌금과 광고를 나누었고, 남 감리회는 이 두 가지를 합하였기 때문이다. 이에 비해 조선감리회의 예배 항목은 두 감리회와 다르며 모두 15개의 순서를 갖고 있다. 또한 생략가능 순서로 북 감리회(1926판)는 이전까지 모두 4개였던 것을 五번 순서(찬송가나 독창) 하나만 제시하며, 남 감리회는 계속 4개를 유지하고 있다. 이에 비해 조선감리회는 생략가능 순서 자체를 없애고 모두 시행하는데 여기에 몇 가지 차이를 보인다. 전체 순서가 15개로 남·북 감리회의 것과 비슷하나 세부 내용은 다르다. 먼저 '묵도'가 두 번이나 나오는데 맨 처음과 맨 나중 순서에 나온다. 사실 '묵도'를 예배순서에 넣을 수 있는가의 여부에 대해 논란이 있을 수 있다. 어떤 이는 정식 예배 순서에 넣지 않고 예배의 준비단계로 보기도 하며, 또 다른 이들은 예배의 첫 순서로 넣기도 한다. 현재 장로교의 경우 다수의 교단이나 교회들이 예배 첫 순서로 '묵도'를 넣고 있으나 필자는 '묵도'를 예배 준비단계로 시행하고(고신 교단도 이와 동일함), 예배를 '예배선언'으로 시작하는 것이 훨씬 성경적이라고 본다. 예배란 하나님이 부르시는 행동과 무관하게 신자들이 나아오는 것이 아니라, 먼저 하나님의 부르심

(예배선언)이 있고 이 부르심에 응답하여 신자들이 나아가는 모든 것들을 총칭하기 때문이다.

조선감리회에는 '기도'와 '구약봉독' 사이의 '찬송'이 생략되었다는 점이 또 다른 특색이며, 그리고 신약봉독이 남·북 감리회와 달리 '광고'와 '찬송' 뒤, '설교' 직전으로 위치를 옮겼다는 점도 다른 점이다. '찬송' 순서는 회중이나 성가대 찬송을 합하여 남·북 감리회는 모두 6개였으나 여기서는 4개로 줄었다. 또한 '수금'(헌금)과 '광고'가 남 감리회는 분리 되지 않았으며 북 감리회는 분리되어 있는데, 조선감리회는 북 감리회와 같이 분리되어 있다. 헌금하는 동안 남·북 감리회 모두 찬송하도록 되어 있으며, '헌금기도'에 관해 언급이 없는데 비해, 조선감리회는 '찬송'이 빠져 있으며, '헌금기도'가 들어있다. 여기에 '헌금(기도)'로 되어있는데 1939년 판에는 '헌금과 기도'로 나타나 있어 헌금 '후'(헌금)기도로 보는 것이 좋을 것이다. 그리고 '축복' 순서의 근거 성경구절(고린도후서 13장 14절)이 남·북 감리회의 예식에는 기록되어 있으나 조선감리회의 것에는 제시되어 있지 않다.

둘째, 조선감리회 성찬순서를 남·북 감리회 순서와 비교 분석해보자. 조선감리회 성찬순서는 모두 12개의 순서로 구성되어 있다. 이는 북 감리회(『예수교 미감리교회 성례문』, 1923)와 남 감리회(『남감리교회 도리와 장정』, 1923)의 것과 비교할 때 남 감리교의 것을 많이 닮은 것을 알 수 있다. 특히 성찬식에서 주기도문 순서가 남 감리교회의 것을 따라 교인들의 수찬 앞에 나온다. 북 감리회의 것은 교인들의 수찬 뒤에 주기도문을 행하였다.[162] 이와 같이 북 감리교와 남 감리교의 주기도문 위치가 다른 것은 남 감리교회가 영국 국교회의 1549년 기도서 순서를 따른 것인데 비해, 북

---

[162] 성찬 시 주기도문의 배치 순서에 대한 역사적인 고찰을 참고하려면 김태규, 『한국교회 초기 문헌에 나타난 성찬신학과 실제』, 69 - 73을 보라.

감리교회는 1552년 기도서 순서와 웨슬리 예전(1784)을 따른 것에서 연유한 까닭으로 보인다. 여기서 성찬예문들을 비교할 수 있도록 북 감리회의 성찬순서를 각주 난에 제시하였으며,[163] 남 감리회 성찬순서 역시 각주 난에 제시하였다.[164] 그리고 성찬식 초두에 가난한 자를 구제하기 위

---

[163] 『예수교 미감리교회 성례문』(경성, 발행처 미상, 1923), 제6장 "주의 성찬례," 33 - 51:
구제 성구낭송(15개)시 수전 - 장로가 성찬받기를 청하는 예문 읽음 - 장로의 기도문 읽음 - 목사의 기도 - 장로의 기도 - 목사의 기도 - 장로가 떡과 포도즙을 거룩케 하는 기도를 드림 - 장로가 먼저 떡과 포도 즙을 먹고 혹 돕는 목사가 있으면 그에게 베풂 - 장로가 교우들과 함께 찬송 - 교우들이 성단 앞에 나와 떡을 받고 잔을 받음 - 만일 떡과 포도즙이 부족하면 다시 떡과 포도즙을 가져다가 예문으로 거룩하게 함, 떡과 포도즙이 남으면 장로가 상에 도로 갖다 놓고 정한 보로 덮음 - 장로와 교우들이 주기도문 외움 - 목사와 교우들이 함께 기도문을 읽음(하늘에 계신 우리 아버지여… 우리가 모든 존귀와 영광을 전능하신 성부 성자 성신 삼위일체 하나님께 영원히 돌리나이다) - 아래 말씀 읽거나 노래로 할지니라(지극히 높은 곳에서는 하나님께 영광이요… 주는 성신으로 더불어 하나님 아버지의 영광 가운데 계 시사 지극히 높으신 이시로소이다 아멘) - 장로가 자기 뜻대로 기도한 후에 축복(하나님께서 은혜로 주 신 측량할 수 없는 평안함이 우리의 마음과 뜻을 지키사 하나님과 그 아들 우리 주 예수 그리스도를 알고 사랑하는 가운데 있게 하시며 전능하신 하나님 아버지의 아들과 성신의 은총이 우리 주에 항상 거하사 영원히 계시기를 원하옵나이다 아멘)으로 폐회함.
(장로가 성찬예문을 베풀 때에 만일 시간이 부족하거든 성찬을 청하는 례문과 죄를 고하는 예문과 떡 과 포도즙을 거룩케하는 예문 외에는 다 제할 것이요 혹 병든 사람에게 이 성례를 베풀 때에는 죄를 고하는 예문과 떡과 포도즙을 거룩케 하는 예문과 떡과 포도즙을 베풀 때에 읽는 예문과 주의 기도문 과 자기 뜻대로 하는 기도와 복비는 예문 이에는 다 제할 지니라)

[164] 남감리교회, 『남감리교회 도리와 장정』(1923) 제25장 "예문" 6款(관) 622단 "주의 성만찬을 설행하는 순서", 233 - 41: 구제 성구낭송(14개) 시 수전 - 장로가 성찬받기를 청하는 예문 읽음 - 장로와 교우들이 자복 기도문 읽음 - 장로의 기도 - 장로의 기도문 읽음 - 장로의 기도 - 장로의 기도 - 장로가 떡과 포도즙을 거룩케 하는 기도를 드림 - 장로가 먼저 떡과 포도즙을 먹고 혹 돕는 목사가 있으면 그에게 베풂 - 교우들과 함께 주의 기도문을 외움 - 혹 찬미 한 장을 부른 후에 장로가 여러 교우를 상 앞으로 청하여 떡과 포도주를 베풂 - 떡과 포도즙이 남으면 장로가 상에 도로 갖다 놓고 정한 보로 덮음 - 장로의 기도(하늘에 계신 우리 아버지여… 우리가 모든 존귀와 영광을 전능하신 성부 성자 성신 삼위일체 하나님께 영원히 돌리나이다) - 아래 말씀 읽거나 노래로 할지니라(지극히 높은 곳에서는 하나님께 영광이요… 주는 성신으로 더불어 하나님 아버지의 영광 가운데 계시사 지극히 높으신 이시로소이다 아멘) - 장로가 자기 뜻대로 기도한 후에 축복(하나님께서 은혜로 주신 측량할 수 없는 평안함이 우리의 마음과 뜻을 지키사 하나님과 그 아들 우리 주 예수 그리스도를 알고 사랑하는 가운데 있게 하시며 전능하신 하나님 아버지의 아들과 성신의 은총이 우리 중에 항상 거하사 영원히 계시기를 원하옵나이다 아멘)으로 폐회함.
(장로가 행례할 시간이 부족하면 떡과 포도즙을 거룩케하는 예문 외에는 편할 대로 감할 수도 있음) (성만찬을 먹을 때에 꿇기를 원하지 아니하면 서든지 앉든지 편할 대로 하기를 허락할 것이라 그러나 누구든지 본 교회에서 출교할만한 불합한 행위가 있으면 성만찬에

한 성구들을 비교해보면 북 감리회의 것은 모두 15개, 남 감리회의 것은 14개의 구절들이 있는데 반해, 조선감리회는 12개의 성구를 제공하고 있다.[165]

(2) 조선 감리회 『교리와 장정』(1935, 1939, 1950, 1959)

조선감리회 창립총회(1930) 때 "감리교 교리적 선언"[166]이 결의되었으며, 이 내용이 다음 해 초에 나온 조선감리회 『교리와 장정』 초판(1931)에

참예하기를 허락지 못할지니라)
[165] 가난한 자들에 대한 성경구절에 대해서 북 감리교회는 15개, 즉 마 5:16, 마 6:19 - 20, 마 7:12, 마 7:21, 눅 19:8, 고후 9:6 - 7, 갈 6:11(10절의 오식임), 딤전 6:6 - 7, 딤전 6:17 - 19, 히 6:10, 히 13:16, 요일 13:17(3장의 오식임), 잠 19:7, 시 41: (제1절이 빠짐), 신 15:11 등이다. 이에 비해 남 감리회는 14개인데 북 감리회 몇 구절의 오식이나 빠진 구절이 바로 잡혀 나왔으며 마지막에 신 15:11이 생략되어 있다. 이에 비해 조선감리회는 마 7:20은 21절의 오식이며, 마 6:19 - 20, 딤전 6:6 - 7, 6:17 - 19 등이 빠져있어 모두 12개의 구절이 제시되어 있다.
[166] "감리교 교리적 선언"(1930, 총 8조)의 내용은 다음과 같다: 1. 우리는 만물의 창조자시며 섭리자시며 온 인류의 아버지요 모든 선과 미와 애와 진의의 근원이 되시는 오직 하나이신 하나님을 믿으며 2. 우리는 하나님이 육신으로 나타나사 우리의 스승이 되시고 모범이 되시며 대속자가 되시고 구세주가 되시는 예수 그리스도를 믿으며 3. 우리는 하나님이 우리와 같이 계시사 우리의 지도와 위안과 힘이 되시는 성신을 믿으며 4. 우리는 사랑과 기도의 생활을 믿으며 죄를 용서하심과 모든 요구에 넉넉하신 은혜를 믿으며 5. 우리는 구약과 신약에 있는 하나님의 말씀이 신앙과 실행에 충분한 표준이 됨을 믿으며 6. 우리는 살아계신 주 안에서 하나이 된 모든 사람들이 예배와 봉사를 목적하여 단결한 교회를 믿으며 7. 우리는 하나님의 뜻이 실현된 인류사회가 천국임을 믿으며 하나님 아버지 앞에 모든 사람이 형제됨을 믿으며 8. 우리는 의의 최후 승리와 영생을 믿노라. 아멘.
참고로, 최근 예식서에(1997) 1930년의 선언문이 개정되었으며, 예배 순서로서의 사용도 취사 선택하는 경향을 보이고 있다. 그 내용은 다음과 같다: 1. 우리는 우주 만물을 창조하시고 섭리하시며 주관하시는 거룩하시고 자비하시며 오직 한 분이신 아버지 하나님을 믿습니다. 2. 우리는 말씀이 육신이 되어 우리 가운데 오셔서 하나님의 나라를 선포하시고 십자가에 달리셨다가 부활 승천하심으로 대속자가 되시고 구세주가 되시는 예수 그리스도를 믿습니다. 3. 우리는 우리와 함께 계셔서 우리를 거듭나게 하시고 거룩하게 하시며 완전하게 하시며 위안과 힘이 되시는 성령을 믿습니다. 4. 우리는 성령의 감동으로 기록된 하나님의 말씀인 성경이 구원에 이르는 도리와 신앙생활에 충분한 표준이 됨을 믿습니다. 5. 우리는 하나님의 은혜로 믿음을 통해 죄사함을 받아 거룩해지며 하나님의 구원의 역사에 동참하도록 부름 받음을 믿습니다. 6. 우리는 예배와 친교, 교육과 봉사, 전도와 선교를 위해 하나가 된 그리스도의 몸인 교회를 믿습니다. 7. 우리는 만민에게 복음을 전파함으로 하나님의 정의와 사랑을 나누고 평화의 세계를 이루는 모든 사람들이 하나님 앞에 형제됨을 믿습니다. 8. 우리는 예수 그리스도의 재림과 심판, 우리 몸의 부활과 영생 그리고 의의 최후 승리와 영원한 하나님나라를 믿습니다. 아멘!

실려 있다. 또한 제 2회 총회(1934)에서 『교리와 장정』이 개정되었는데 그 내용 중 하나가 "감리교 교리적 선언" 낭독을 예배 순서에 새로 넣도록 한 것이다. 즉 이 선언문은 제1회 총회(1930년 12월)에서 결의된 것인데, 이 선언낭독이 제2회 총회(1934년 12월)에서 예배순서의 하나로 월 1회 이상 사용하도록 한 것이다.[167] 이것이 문서로 나타나기는 다음해 초에 나온 『교리와 장정』(1935)에서였다. 또한 『교리와 장정』은 제3회 총회(1938)에서 계속 개정 되었으며 1939년에 개정판이 출판되었는데 이때 성찬식에 최초로 번호를 붙여 나온다. 그리고 제4회 총회(1949)에서 개정되어 1950년에 개정판이, 제7회 총회(1955)에서 개정되어 1956년에 개정판이, 제8회 총회(1958)에서 개정되어 1959년에 개정판이 나왔으며 이후에도 총회 때에 개정판이 나오는 경우가 많았다. 여기서는 조선감리회 장정 1935년 판과 해방 이후 기독교대한감리회의 장정 1950년 판, 1959년 판의 예배를 중심으로 다루고자 한다. 성찬에 대해서는 마지막 부분에서 간략히 다룰 것이다.

먼저, 세 판에 나타난 은혜 받는 방법 중 주일예배 순서를 살펴본다.

첫째, 1935년에 나온 교리와 장정에는 총 5編(역사와 교리, 헌법과 관계, 입법과 행정, 課程과 境界, 예문), 총 14장章으로 구성되어 있다. 여기서 주일 예배 순서는 제3편 '입법과 행정' 5장 '교인' 3款(관) 교인의 '은혜 받는 방법' 제9項(항)에 들어 있다.[168] 그 내용을 열거해보면 다음과 같다. 굵은 글씨

---

[167] 김영태, "예배 예식서에 나타난 주일예배의 형성과정 연구" (박사학위논문, 백석대학교 기독교전문대학원, 2007), 206.
[168] 주일예배는 기독교조선감리회, 『교리와 장정』(경성: 총리원, 1935), 39 - 41에 나온다. 그리고 성찬예문은 제5편 '예문' 중에서 영아세례문, 장년세례문, 학습인 받는 예문, 장년입교예문, 소년입교예문에 이어 제6款에 '주의 성찬예문'이라고 나오는데 여기서는 자세히 다루지 않을 것이다. 이것은 1939년 판에 이르러서 순서가 많이 바뀐다. 1939년 판에는 성찬식 예문이 12관에 나오는데 혼례식과 장년 장례식 사이에 위치하는데 이것은 성찬식이 성례식이라는 점에서 볼 때 어울리지 않는 위치로 보인다. 이것은 1983년 『예문』과 1992년부터 『예배서』가 발간되면서 원래의 위치대로 학습과 세례 뒤에 나오게 된다.

는 주의해서 보라는 필자의 표시이다.

제9항 공중예배는 교인들이 주일마다 조석으로 예배당에 모여 하나님께 예배하며 성경을 강론하는 것을 이름이니 그 순서는 대개 아래와 같다.

一. 묵도(주악) 二. 찬송 三. **감리교회 교리적 선언 낭독(매삭1차 이상)** 四. 사도신경 五. 기도(주기도문까지) 六. 구약(시편) 七. 찬송(혹 歸榮歌) 八. 헌금과 기도 九. 광고 十. 찬송(혹 특별음악) 十一. 신약봉독 十二. 설교 十三. 기도 十四. 폐회찬송 十五. 축복 十六. 묵도(주악, 산회)

위에서 보는 바와 같이 조선감리회는, 1934년 말에 열린 2회 총회에서 주일예배 순서의 하나로 이 교리적 선언 낭독을 "매삭(매월) 1차 이상" 시행하도록 결의하였으며 그 내용을 다음해 초 『교리와 장정』에 그대로 실은 것이다. 이 순서는 묵도-찬송 다음 순서로, 사도신경의 앞 순서로 들어가게 되어 이후 오랫동안 감리교 특징적인 순서로 자리 잡게 되었다. 이미 장로교는 인도 장로교회의 12신조를 그대로 사용하고 있었으며, 감리교와 성결교도 외국 선교사들이 전해 준 신조를 사용해 왔지만, 이 선언문의 가치는 한국인이 작성하여 예배에 직접 사용한 최초의 신조라는 데 있다.

둘째, 1950년에 나온 교리와 장정은 제4회 총회(1949년)에서 개정되어 나온 것이다.[169] 이 장정은 해방 이후 처음 나온 판으로 의미를 지닌다. 이 교리와 장정의 주일예배 순서는 해방이전의 1935년 판부터 나온 내용들과 동일하다("감리교 교리적 선언" 포함).

셋째, 1959년에 나온 교리와 장정은 제8회 총회(1958년)에서 개정되어

---

169 기독교대한감리회, 『교리와 장정』(서울: 기독교대한감리회 총리원, 1950), 40 - 41.

나온 것이다.[170] 총 5編(역사와 교리, 헌법과 관계, 입법과 행정, 課程과 境界, 예문), 14장(章)으로 구성되어 있다. 여기서 주일 예배순서는 위의 장정들과 동일하게 제3편 '입법과 행정' 5장 '교인' 3款(관) 교인의 '은혜 받는 방법' 안에 들어 있다. 주일예배 순서는 1935년 판과 동일하다.

다음으로, 세 판에 나타난 성찬식에 관해 비교 분석하기로 한다. 1939년의 성찬예문은 이전의 1931, 1935판과 달리 편집상 상당히 달라지는데 성찬식 순서에 번호를 붙여 시행한 첫 사례에 해당된다.[171] 이것이 1950, 1959년 판에 동일하게 나타나며, 1976년 판까지 시행된 것으로 보인다. 이후 1977년에 이르러 독립된 책으로『예문』이 나오면서 내용의 일부가 축약되거나 순서 이름이 바뀌거나 새로 삽입되어 나온다. 이것은『예문』(1977)에서 1931년 판, 1939년 판을 1977년 판과 비교 분석할 때 자세히 다룰 것이다.

3) 성결교

(1)『임시약법』(臨示約法, 1933)

한국 성결교회는 일본을 통해 한국에 들어왔을 때 최초 '동양선교회 복음전도관'(1907)이라고 불렀으며, 이후 '동양선교회 성결교회'라는 교단 조직(1921)을 갖게 되었으며, 이 후 연회(1929), 총회(1933)를 개최하였다. 이러한 일련의 조직에 맞추어 필요한 문서들이 출판되었는데 초기 주요문서로는, 성결교 최초의 공식적인 교리 및 예식서인『교리급 조례』(1925), 최초의 임시헌법에 해당되는『임시약법』(臨示約法, 1933), 그리고 최초의 정식헌법인『헌법』(1936) 등이다. 여기서는『임시약법』에 대해 살펴

---

170 기독교대한감리회,『교리와 장정』(서울: 기독교대한감리회 총리원, 1959), 43 - 44.
171 기독교조선감리회,『교리와 장정』(경성: 총리원, 1939), 208 - 23.

보기로 한다.

이 문서의 정식이름은 『조선야소교 동양선교회 성결교회 임시약법』이다. 전체적인 구성을 살펴보면 제1편 서론(제1장 동양선교회의 기원, 제2장 교회의 정치를 제정하는 이유, 제3장 동양선교회의 목적), 제2편 교리와 총측(제1장 교리, 제2장 총측), 제3편 교회정치(제1장 직원회, 제2장 교회 사무총회, 제3장 교회직원, 제4장 교회 정치 회의, 제5장 지방회, 제6장 총회, 제7장 이사회), 聖禮文(제1장 학습예식, 제2장 세례예식, 제3장 입회예식, 제4장 獻兒禮式, 제5장 성찬예식, 제6장 혼인예식, 제7장 매장예식, 제8장 안수예식, 제9장 장로 장립식), 敎職試取問答(제1장 교리문답, 제2장 총측문답, 제3장 정치문답, 제4장 성경문답) 등으로 되어 있다. 이 약법에는 주일예배와 그 순서에 대한 설명이 나타나 있지 않으므로 여기서는 성례문 중에 제5장 성찬예식을 중심으로 다루고자 한다.

먼저, 『임시약법』에 나타난 성찬예식문을 살펴본다.

제5장 성찬예식[172]

(목사는 찬미한 후 자유로 기도하고 좌(여기서는 편의상 '아래')의 성경을 낭독할지니라)

"내가 너희에게 전한 것은 … 그 남은 것은 내가 갈 때에 귀정하리라"(고전 11:23 - 34)

"때가 이르매 예수가 사도들과 함께 … 너희를 위하여 흘린 것이라"(눅 22:14 - 20)

(목사는 성경을 낭독한 후에 성찬에 참예하고자 하는 사람을 앞으로 나와 서게 하고 좌(아 래)와 같이 권면하니라

"성찬예식은 우리 주께서 세우신 거룩한 예식이니 이 예식에 참예함으로 말미암아 주와 더욱 친밀하여지며 그 구속하신 은혜를 더욱 감사하게 되며 믿

---

[172] 동양선교회 성결교회, 『임시약법』(경성: 동양선교회 성결교회 출판부, 1933), 20 - 25. 이하의 따음표는 필자가 내용상 구분을 표기 위해 삽입한 것이다.

음이 더욱 왕성하여지나니 위 믿는 자들은 마땅히 이 예식에 참예할 것이로다 무의식하게 또는 준비함 없이 불경건하게 참예하는 것은 도로혀 주의 피와 살을 범함이니 불가한 즉 각각 스스로 살펴 범죄함이 있거든「만일 사람이 죄를 범하면 우리를 위하여 아버지 앞에 대언자가 있으니 곧 의로우신 예수 그리스도니라」하신 말씀을 기억하고 진실한 마음으로 중심에 자책되는 모든 죄와 허물을 회개하고 용서하심과 안위를 받을 지니라"

(목사는 권면한 후에 일동으로 기도케하고 주례목사와 배종하는 교사가 먼저 떡과 포도즙을 받은 후 좌(아래)와 같이 말하고 떡을 나눠 주느니라)

"음식 먹을 때에 예수가 떡을 가지사 축사하시고 떼어 제자들을 주시며 가라사대 받아 먹으라 이것이 내 몸이라 하셨으니 형제와 자매들을 위하여 주신 주 예수 그리스도의 몸이 형제 자매들의 영혼과 육체를 보존하여 영생함에 이르게 하시기를 원하고 그리스도께서 형제와 자매들을 위하여 죽으심을 기억하기 위하여 이것을 받아먹고 또 감사와 믿음으로 은혜를 받을지니라"

(배종하는 교사들이 떡을 다 돌리고 돌아온 후에 주례목사는 좌(아래)와 같이 말하느니라)

"떡을 받지 못한 이가 있습니까 받지 못한 이는 손을 들어 표하시오"

(손을 드는 사람이 있으면 그에게 떡을 주고 없으면 좌(아래)와 같이 말하고 포도즙을 돌릴지니라)

"또 잔을 가지사 축사하시고 저희에게 주시며 가라사대 너희가 다 이것을 마시라 이것은 언약하는 내 피니 여러 사람의 죄 사함을 위하여 흘림이니라 하셨나니 형제와 자매들을 위하여 흘리신 주 예수 그리스도의 피가 형제와 자매들의 영혼과 육체를 보존하사 영생에 이르게 하시기를 원하며 그리스도의 피는 형제와 자매들을 위하여 흘리신 것을 기억하기 위하여 감사함으로 마실지니라"

(배종하는 교사가 포도즙을 다 돌리고 돌아온 후에 주례목사는 좌(아래)와 같이 말할지니 라)

"포도즙을 받지 못한 이가 있습니까 받지 못한 이는 손을 들어 표하시오"

(손을 드는 사람이 있으면 그에게 잔을 주고 없으면 교사 중 한 사람을 자유로

기도케 하고 주의 기도문을 일동이 외울지니라. "하늘에 계신 우리 아버지 … 영원히 있사옵나이다 아멘")
(송가를 서서 부를지니라 "이 천지간 만물들아 … 찬송하고 찬송하세")
(축도하고 폐식할지니)
"주 예수 그리스도의 은혜와 하나님의 사랑과 성신의 감화하심이 우리 무리에게 함께 계시기를 원하나이다"

다음으로, 『임시약법』에 나오는 성찬예식에 대해서 분석하기로 한다.

첫째, 이 문서에서 사용하는 '성례'라는 용어에 대해서 살펴본다. '성례문'을 취급하면서 학습예식, 세례예식, 입회예식, 獻兒禮式, 성찬예식, 혼인예식, 매장예식, 안수예식, 장로 장립식 등 모두 9가지를 성례로 묶고 있다. 동일한 실례가 이후에 나온 성결교 『헌법』(1936)과 해방이후 『헌법』(1945)에도 나온다. 이와 같이 세례와 성찬만을 성례라고 하지 않고, 9가지 모두 성례라는 용어를 사용한 것은 개신교 신학의 성례 정의와 맞지 않는다. 개신교 신학은 세례와 성찬만을 '성례'(Sacraments)로 규정하고, 그 나머지는 교단에 따라 약간씩 다르지만 '예식'이라는 용어를 사용하거나,[173] 감리교의 경우처럼 '예문'(ritual)이라 하여 성례와 다른 예식을 다 포함하는 용어를 쓰기도 한다. 로마 가톨릭과 동방교회는 7성례를 주장하나 종교개혁자들은 초기부터 세례, 성찬만을 성례로 인정해 왔다. 아마도 이 문서에서 여러 예식을 다 묶어 '성례'로 표현한 것은 번역상의 오류로 보인다. 이것은 감리교의 경우에도 동일한 사례를 보여준 문서들이 있었는데 북 감리회의 『대강령과 규측』(1910), 『예수교 미감리교회 성례문』(1923) 등이 그것이다. 그러나 남 감리회에는 처음부터 '예문'으로 잘 번

---

[173] 개신교 중에서 침례교는 세례와 성찬을 '성례'(Sacraments)라 부르지 않고 '예식'(Ordinances)라 부른다.

역해 왔다(1919, 1923 『남 감리교회 도리와 장정』). 이후 조선감리회는 남 감리교회를 따라 1931부터 지금까지 '예문'으로 바로 사용하고 있다. 성결교 문서도 이전에 나왔던 『교리급 조례』(1925)에서는 '예문'으로 바로 사용하고 있으며, 김응조의 『목회학』(1937)에도 세례와 성찬을 2대 성례로, 그 나머지(학습, 입회, 혼례, 헌아, 장례식)는 5대식으로 구분하고 있다. 성결교는 1950년대에 들어서서 즉, 교단 분리 전 기독교대한성결교회 『헌법』(1955)에 '성례식'(세례와 성찬)과 '의식'(기타 예식들)으로 구분하여 지금까지 사용하고 있다. 성결교가 분리된 후 예성 교단에서 나온 『헌법』(1962)에도 성례식과 일반 예식을 구분하고 있다.

둘째, 성찬 받는 순서는 먼저 주례목사와 배종하는 교사가 받고, 다음에 회중이 받는 것으로 나오며, 장로교의 경우처럼 성찬 받지 못한 사람을 확인하는 절차가 나타난다.[174] 성결교의 이전 문서인 『교리 급 조례』(1925)에서는 성찬 받는 순서에 대한 언급이 없었으며, 공식적인 문서로는 이 『임시약법』에서 처음으로 이를 언급하고 있는 것이며, 이후에 나온 문서 성결교 『헌법』(1936)에도 계속 동일하게 언급하고 있다. 이에 비해 감리교에는 이런 확인절차가 필요하지 않았는데, 그 이유는 교인들이 성찬대 앞으로 나와 받는 방식을 취하였기 때문이었다.

셋째, 이 문서의 성찬식 축도에 관하여 살펴보면, 이전 문서 『교리급 조례』가 감리교의 성찬식 축도와 동일한 내용이었던 것과 다르게, 여기서는 고후 13:13절을 약간 바꾸어 사용한다. 이는 다음에 소개할 성결교 『헌법』(1936)의 성찬식 축도문과 동일하며, 주일 대예배 마지막 순서인 축도의 내용과 동일한 것이다.

---

[174] 장로교의 『혼상예식서』(1924, 1925)의 부록에 나오는 성찬예식 순서에는 이를 '문수찬,' '문수배'라고 칭한다. 성결교에서는 이 용어를 사용하지는 않으나 수찬여부를 확인하는 것은 동일하다.

(2) 성결교 『헌법』(1936)

동양선교회 성결교회의 최초 총회는 1933년에 개최되었고 이에 따라 1936년에 최초 헌법이 나왔다. 이 헌법은 이전에 나온 『임시약법』의 내용을 보충하여 성결교 최초 헌법 형태를 갖춘 문서로서 그 의미를 갖는다. 이 헌법에는 이전 문서들에서 나타나지 않았던 주일예배 순서를 최초로 제시하고 있다. 이 문서의 목차를 보면, 제1편 동양선교회(제1장 동양선교회의 기원, 제2장 교회정치를 제정하는 이유, 제3장 동양선교회의 목적, 제4장 동양선교회 성결교회 정치, 제5장 동양선교회 성결교회 제도), 제2편 교리와 총측(제1장 교리, 제2장 총측), 제3편 교회정치(제1장 교인, 제2장 직원회, 제3장 교회 사무연회, 제4장 교회 직원), 제4편 교역자의 목회생활 궤도(제1장 하나님께 부름을 입는 일, 제2장 교역자의 생활법, 제3장 교역자의 행위에 대하여 요한 웨슬레의 권면, 제4장 각 교회 주임의 직무, 제5장 교역자들이 마땅히 지킬 사항, 제6장 목회에 관한 충고, 제7장 교역자에 관한 경고), 제5편 교회정치 회의(제1장 교회정치 회의, 제2장 지방회, 제3장 년회, 제4장 理事會), 附(議事會 규정, 교직 시취문답), 성례문(제1장 학습예식, 제2장 세례예식, 제3장 입회예식, 제4장 獻兒예식, 제5장 성찬예식, 제6장 혼인예식, 제7장 매장예식, 제8장 안수예식, 제9장 장로 장립식) 등으로 나타난다.

여기서는 공예배(주일예배) 순서를 중심으로 살펴보기로 하며, 성찬식에 대해서는 임시약법과 동일하므로 생략하기로 한다.

먼저, 성결교 최초로 나오는 공예배 순서에 대하여 살펴보기로 한다. 이 주일예배 순서는 제3편 '교회정치,' 제1장 '교인' 제4절 '공예배' 순서에 나타나는데 여기서 제 4절의 내용을 소개한다. 아래의 예배 순서 중에 굵은 글씨는 주의를 요하는 의미로 필자가 표시한 것이다.

제4절 공예배의 순서[175]

제11조 하나님께 기도하며 그 거룩한 교훈을 들으며 심령의 새로운 은혜를 받으며 그 성호를 영화롭게 하기 위하여 매 주일에 반드시 예배당에 회집하여 경건되이 하나님께 예배할지니라

제12조 각 교회는 할 수 있으면 1년에 2회 이상 성찬식을 거행할지니라

제13조 공예배는 반드시 정한 시각에 개회할지며 예배당에 들어오는 자는 반드시 묵도할지니라

제14조 공예배식의 순서는 여좌하니라(아래와 같다). (단 괄호 내에 있는 순서는 자유로 할지니라).

一. 聖歌, **사도신경**(전능하사 천지를 만드신 … 영원히 사는 것을 믿사옵나이다 아멘) 二. 기도 三. 성경낭독 四. 성가를 부르는 중에 헌금 五. 감사기도 六. 광고 七. (**특별 성가**) 八. 설교 **九. (恩惠座)** 十. 기도 十一. 송가(이 천지간 만물들아 … 찬송하고 찬송하세) 十二. 축도(**고후 13:14**: "주 예수 그리스도의 은혜와 하나님 아버지의 사랑하심과 성신의 감화하심이 우리 무리에게 있기를 원하나이다", 혹은 **주의 기도문**을 외울지니라)

제15조 이와 같이 예배식의 순서를 정함은 공예배의 질서를 유지하고자 함이니라(고전 14:33 - 40) 그러나 이 순서가 성신의 자유스러운 역사를 방해치 않도록 힘쓸지니라

제16조 예배는 신성한 예식이니 예식을 문란케 하는 자는 결코 純良한 교인으로 인정치 못할지니라

一. 예배식에 참여한 교인은 사회자에게 복종할 것이요 예배집회 순서 진행 중에 변경을 강요하여 會를 문란케 말 일

二. 예배 중에는 질문이나 헌화(떠들썩하고 시끄러움)를 일으켜서 會를 문란

---

175 동양선교회 성결교회, 『헌법』(경성: 동양선교회 성결교회 출판부, 1936), 25 - 27.

케 말 일

제17조 이상 조항에 저촉하는 자는 권면, 견책, 책벌, 출교, 예배출석을 금지할지니라

다음으로, 주일예배에 대해 분석해보기로 한다.

첫째, 이전 문서인 『교리 급 조례』와 『임시약법』에는 성찬식은 나타나 있는 반면 주일 예배순서가 나오지 않는데 비해, 이 문서에 성결교로는 처음 주일예배 순서가 나타난다.

둘째, 제15조에서 주일예배 순서를 진행함에 있어서 성령의 자유로운 역사를 방해하지 못하도록 규정하고 있다. 이와 같이 공예배의 질서를 강조하면서도 성령의 역사를 도외시하지 않도록 하는 조항은 성결교의 경건정신과 예배정신을 잘 표현하는 것이다.

셋째, '묵도'는 예배순서에 넣지 않고 예배 전에 시행하는 것으로 하고 있다. 제13조에서 보는 바대로, "공예배는 반드시 정한 시각에 개회할지며 예배당에 들어오는 자는 반드시 묵도할지니라"라고 하였고, 제14조에 정식예배 순서가 제시되는데, '묵도'는 본 예배순서 속에 들어 있지 않다.

넷째, 주일예배에서 선택 가능한 순서를 제시하고 있다. 순서 七 '특별성가'와 순서 九 '은혜좌'를 자유로 할 수 있는 순서로 규정하고 있다. 이미 살펴본 바와 같이 남·북 감리교도 한 때 선택 가능한 순서(네 개)를 제시하기도 하였는데 그 항목은 성결교(두 순서)와 다르다. 특히 성결교에서 이 '은혜좌' 시간을 선택 가능한 순서로 두었다는 것은 비록 선택의 조건이기는 하지만 이를 성결교 전통으로 인식하고 있었다는 것을 보여주고 있다.

다섯째, 성경봉독 순서에 관한 사항이다. 여기 순서에는 감리교의 경우처럼 신약과 구약 봉독을 분리해서 취하지 않고, '성경낭독'이라 하여 한 순서로 묶어 진행하고 있다는 점이다.

여섯째, '주기도문' 사용에 관한 것이다. 여기서 주일 대예배 순서에 '축도' 대신에 할 수 있다고 하였는데, 이것은 감리교와 다른 점이다. 감리교는 대표기도 후에 주기도문을 반영하고 있다. 성결교에서 감리교회와 동일 위치로 '주기도문'을 처음 반영한 것은 해방 이후 『헌법』(1945)에서부터이다.

일곱째, 첫 번째 순서에 '성가' 순서와 '사도신경'이 함께 나오는데, 이 두개의 항목은 사실 별도의 순서들이다. 이 순서들이 1945년 『헌법』의 예배순서에는 '묵도-성가-사도신경 송독 …' 등 순서로 나와 있어 두 개의 순서로' 나오고 있고 그 이후에도 계속 분리되어 나온다.

(3) 김응조의 『목회학』(1937)

김응조의 『목회학』은 1937년에 초판 발행하였으며, 해방 이후 1956년에 수정 없이 재판 발행하였다. 재판에 보면, 먼저 저자 자신이 재판을 내게 된 경위를 설명하였고 이어 나오는 글에서는 초판에 나왔던 '추천사'(이명직의 글), '序'(감리교 목사인 변홍규의 글), 그리고 저자의 '서언을 代하여'의 글이 실려 있다. 이 책은 초판부터 '실천신학 목회학'이란 제목으로 출판되었다.[176] 초판과 동일한 재판에 나와 있는 내용을 장별로 소개하면 다음과 같다. 제1장 총론, 제2장 목회자, 제3장 목회자와 교회, 제4장 목회자와 단체, 제5장 목회자와 사회, 제6장 목회자와 설교, 제7장 목회자와 심방, 제8장 목회자와 집회, 제9장 목회자와 서재, 제10장 목회자와 개인전도, 제11장 목회자와 동역자간, 제12장 목회자와 심리함, 제13장 목회자와 제반예식, 제14장 목회자의 개인생활, 제15장 목회자와 종교교육,

---

[176] 이 책을 추천한 이명직(李明稙) 목사가 쓴 추천사의 내용 중에 『목회학』(초판, 1937년)이라고 되어 있지 않고 『실천신학 목회학』이라고 되어 있어 그 사실을 드러낸다. 여기서는 줄여서 『목회학』이라고 칭한다.

제16장 목회자와 교회 내 제반사항, 제17장 목회자와 교회 재정문제 등을 싣고 있다.

이 중에서 공예배와 기도회는 제8장 목회자와 집회, 제2절 집회별, 제3조 예배회, 제4조 주일오후 역할, 제5조 주일 夜 예배, 제7조 기도회에 나타나 있다. 또한 성찬식은 제13장 목회자와 제반 예식, 제1절 2대 성례식(세례, 성찬), 제2절 5대식(학습, 입회, 결혼, 헌아, 장례식 등) 중에서 2대 성례식에 들어 있다.

먼저, 주일예배와 수요 기도회를 소개하면 다음과 같다.[177] 예배순서 중 굵은 표시는 주의를 요하는 순서로 필자가 한 것이다.

제3조 예배회
목사의 임무 중 가장 중요한 시간은 예배시간이다 … 영혼의 구원, 성화 소생의 시간이다 … 초대교회로부터 지금까지 주일 공예배회는 기독교 성회 중 首位되는 성회로 守하여 왔느니라
一. 예배순서
〔여기서 찬송[178], 기도, 성경봉독, 광고, 헌금, 설교, 설교 후 기도, 폐회 식 등을 간략히 설명 한 후 각 순서를 도표로 제시한다. ( )안의 시간제한은 원문에 의한 것임〕

① 개회 - **묵도** ② 찬송 - 모두 기립(5분) ③ 기도 - 대표(5분) ④ **사도신경** 혹 시편 - 합동(3분) ⑤ 성경봉독 - 설교자(3분) ⑥ 주일헌금(찬송) - 일동(5분) ⑦ 감사기도 - 대표(5분) ⑧ 광고 - 목사 혹 위원(5분) ⑨ 특별찬송 - 개인 혹

---

[177] 김응조, 『목회학』(재판) (서울: 기독교대한성결교회 출판부, 1956), 81 - 91.
[178] '찬송'을 설명하면서 "예배의식 중 제일 처음 되는 것이니 하나님의 성덕과 은혜를 칭송하는 것이니"라고 한다(제 81면). 이 후에 공예배 순서를 도표화하여 제시하고 있는데(제 84면) 여기서는 첫 순서가 '개회 - 묵도'라고 되어 있고 두 번째 순서가 '찬송'으로 나온다. 이런 불일치는 바로 잡혀야 한다.

합창(3분) ⑩ 설교 - 목사(30분) ⑪ 기도 - 목사 혹 공동(4분) ⑫ 축도(폐회) - 목사(2분)

제4조 주일 오후 역할〔예배를 필한 후 심방이나 전도에 힘 쓸 것을 강조한다〕
제5조 주일 야(夜)예배
주일 야예배는 보통보다 구령회(救靈會)로 회집함이 합당하니 … 독창 혹 합창 등으로 일반의 심령을 유쾌케 한 후 구령적 설교를 하여 결심케 할지니 야간 예배회에 특별 주의할 것은 장(긴)설교를 말지니…
제7조 기도회〔여기에는 수요 기도회, 특별 기도회, 직원 기도회 등이 있으나 수요 기도회 외에는 생략한다〕
一. 수요 기도회
수요기도회는 어느 교파에서든지 공용하나니 통칭 삼일기도회라 하느니라 목적이 기도에 있고 기타 양식에 부재하나니 신자의 靈交開放 시간이다 신 설교나 별양식이 무용하고 개인기도와 공동기도를 전무할지니 신자가 영의 능력을 受하여 회개 자복 赦罪 중생 성결 성회의 영험을 수하나니 기도는 실로 영적 호흡이다 … 목사의 가장 기뻐할 일은 교회 내에 기도 많이 하는 신자가 多함이요 교회부흥은 기도의 영이 충만한데 在하니라

이어, 이 목회학 저서에 나오는 내용들을 분석하면 다음과 같다.
첫째, 김응조의 『목회학』에 대한 선호도에 대해서 살펴보면, 이 저서는 교단 출판물이 아니지만 성결교를 대표하는 목회자의 목회학 도서로 당시 "기천부(幾千部)를 출판하였으나 지금에 이르러는 한 권도 찾아 볼 길이 없었다…"[179] 라는 저자 자신의 재판 서문에서 볼 수 있는 바와 같이 여러 목회자들이 선호했음을 알 수 있다. 한국교회에 이 책 이전에도 목회자들을 위한 목회학 도서들이 있었다. 선교 초기에 감리교에는 한문도서

---

[179] 김응조, 『목회학(재판)』(1956), 서문 '재판에 대하여'

인 올링거 번역의 『牧師之法』(1901)[180]이 사용되고 있었으나 한문책이었던 관계로 후대까지 계속 사용되지는 못했던 것으로 보인다. 장로교에서는 곽안련의 저서 『목사지법』(1919), 『목회학』(1925, 1936)이 이미 출판되어 사용되고 있었다. 김응조의 『목회학』은 아마도 성결교뿐 아니라 감리교 목회자들도 활용했던 것으로 보인다. 이것은 이 책의 '序'를 쓴 분이 변홍규 목사로서 그는 당시 감리교 신학교 교수로 재직 중이었던 사실로 미루어 보아서 알 수 있다.

둘째, 주일 대예배 때에 주기도문 사용문제에 관한 것이다. 이 책에는 주일 대예배에 주기도문에 대한 언급이 없다. 성결교 주일예배에서 주기도문을 사용한 역사를 보면, 성결교 『헌법』(1936)에는 축도 대신에 사용할 수 있다고 하였으며, 1945년 11월에 발행한 『헌법』에서부터 감리교와 동일하게 대표기도 순서에 이어서 나온다. 후에 1961년 성결교가 분열될 때, 기성(기독교대한성결교회) 교단은 주기도문을 그대로 주일예배 순서에 넣었으나, 예성(예수교대한성결교회) 교단은 주일예배를 넣지 않았다. 아마도 분리된 예성 교단의 중심인물이 김응조 목사인데 그의 책, 『목회학』에서 언급한 예배순서가 거의 그대로 교단 예배에 정착된 것으로 보인다.

셋째, 사도신경은 1936년의 『헌법』에서 처음으로 주일예배에 나오는데 그 위치는 예배의 첫 순서인 성가와 함께 나오나, 이 목회학 책에서는 네 번째 순서로 나온다. 이로 볼 때, 이 목회학 책이 비록 성결교단의 목회자가 출판한 책이지만 자신의 교단의 예배순서 그대로 따르지 않았음을 볼 수 있다. 그러나 여타의 순서들에서는 큰 흐름으로 보아 성결교 헌법에 나오는 예배순서를 따르고 있음을 볼 수 있다.

넷째, 각 예배순서의 시간을 제시했다는 점이다. 예배시간을 개인에 따라 너무 길게 하거나 너무 짧게 하지 않도록 배려한 것으로, 이것은 기

---

[180] 김태규, 『한국교회 초기문헌에 나타난 성찬신학과 실제』, 227 - 28.

계적으로 시간을 맞춰 사용한다는 의미가 아니라 기준을 제시해서 가급적으로 시간을 조절하라는 의미일 것이다. 성결교는 이미 『헌법』(1936)에서 규정한 대로 예배 순서가 성신의 자유스러운 역사를 방해하지 않도록 항상 힘쓰라는 권면을 기본으로 하여 예배를 드리고 있었으므로 이를 전제로 하여 시간배정을 한 것으로 보이며 이후 성결교단의 주일예배에 이런 규정을 찾아 볼 수 없다.

(4) 성결교 『헌법』(1945, 1955)

일제 말기에 장로교와 감리교가 강제로 통합되어 일본기독교조선교단[181]이 된 것과는 달리, 동양선교회 성결교회는 선교사들의 추방과 교단의 해체로 나타났다. 해방이후 다시 성결교회가 재건되면서 '동양선교회'라는 이름은 사라졌지만, 문서상으로는 1945년까지만 해도 '동양선교회 성결교회'라는 명칭이 나타나고 있다. 그 예로 1945년 11월에 나온 이 문서의 제목이 '기독교조선성결교회 헌법'이라고 되어 있으나, 출판부 소재지와 명칭은 '경성, 동양선교회 성결교회 출판부'로 나온다. 10여년이 지난 후 나온 『헌법』(1955)에는 '기독교대한 성결교회, 서울, 기독교대한성결교회 총회본부'등으로 나와 있어 교단 명칭이나 출판지, 출판사 등의 이름에서 '동양선교회'라는 명칭이 아주 삭제되어 있음을 알 수 있다. 이 10여년의 기간은 6.25 한국전쟁으로 인해 교단 문서들이 활발하게 발간되지 못했던 것으로 보인다.

여기서 소개되는 1945년 판과 1955년 판 헌법 내용을 비교해 볼 때,

---

181 일제 말기 성결교회와 제칠일안식교회는 1943년에 천년왕국을 믿는 신앙 때문에 교회가 폐쇄당했으며, 침례교는 1944년에 폐쇄되었다. 1945년 해방 직전에 국내의 교파 교회들, 즉 폐쇄조치를 면한 장로교와 감리교는 일제 정부의 지시하에 '일본기독교조선교단'으로 통합되었다. 1945년 7월 20일 장로교의 김관식이 통합된 교단의 통리(統理)로 취임하였다. 김영재, 『한국교회사』(개정 3판)(수원: 합신대학원출판부, 2009), 263.

후자의 면수가 전자보다 많아 전반적으로 내용이 많이 추가되어 있으나, 이 중에서 주일예배 순서와 성찬식은 약간의 차이밖에 없다. 1945년 판에서 주일예배에 관해 언급하고 있는 곳은 제3장 '교회정치,' 제3절 '공예배의 순서'에 나와 있으며, 성찬식 순서에 관한 내용은 성례문 중 제5장 '성찬예식'에 나와 있다. 또한 1955년 판에서 주일예배는 제4편 '교회정치' 제12장 제3절 '공예배의 순서'에 나와 있고, 성찬식 순서는 제7편 '성례문' 제5절 '성찬예식'에 나와 있다.

먼저, 성결교 『헌법』(1945, 1955)에 나오는 주일예배 순서와 성찬식 순서를 살펴보기로 한다.[182]

『헌법』(1945) 주일예배

제3절 공예배의 순서

제15조 … 예배는 인간이 하나님께 대한 최고의 행위인즉 매 주일마다 엄숙하고 경건하며 질서 있게 거행할지니라.

제16조 각 교회는 할 수 있는 대로 1년에 2회 이상 성찬식을 거행할지니라.

제17조 공예배는 반드시 정한 시각에 개회할 지며 예배당에 들어오는 자는 먼저 머리를 숙여 묵도할지니라.

제18조 공예배의 순서는 여좌하니라(아래와 같다) 반드시 일치하게 이 순서대로 거행할지니라(단 괄호 안의 순서(즉 十二. (特別讚揚))는 임시로 할 것)

一. 默禱(一同) 二. 聖歌(一同 起立) 三. 使徒信經 誦讀(一同 起立) 四. 祈禱 (一同이 着席하고 代表로 祈禱할 것) 五. 主의 祈禱 六. 詩篇交讀 七. 聖歌 (一同) 八. 獻金 九. 感謝祈禱 十. 聖經奉讀 十一. 廣告 十二. (特別讚揚) 十三. 說

---

[182] 기독교조선성결교회, 『헌법』(경성: 동양선교회 성결교회 출판부, 1945), 9 - 11, 48 - 51, 이 헌법은 해방 이후 나온 것이지만 아직 용어상으로 '조선'이라는 말을 고치지 못한 것으로 보인다. 기독교대한성결교회 총회본부, 『헌법』(서울: 총회 출판부, 1955), 36 - 38, 93 - 96.

敎 十四. 祈禱(說敎者나 或은 會衆에서 指名된 사람) 十五. 頌歌(一同 起立) 十六. 祝禱(一同 起立)

祝禱가 끝난 후 會衆은 敬虔히 默禱하고 牧師의 閉會宣言이 있은 후에 散會할지니라.

제19조 예배는 신성한 예식이니 이에 참여한 교인들은 사회자에게 복종할 것이요 순서 진행 중에 훤화를 일으켜 회를 문란하게 못할 지니라.
제20조 前條에 저촉되는 일이 있으면 그는 順良한 교인이 아니니 권면, 견책, 책벌, 출교, 예배 출석금지를 당하느니라.

『헌법』(1955) 주일예배
제3절 공예배의 순서
제68조 … 예배는 인간이 하나님께 대한 최고 행위인즉 매 주일마다 예배당에 모여 엄숙하고 경건하며 질시 있게 거행하여야 한다.
제69조 각 교회는 할 수 있는 대로 1년에 2회 이상 성찬식을 거행하여야 한다.
제70조 공예배는 반드시 정한 시각에 개회할 것이며 예배당에 들어오는 자는 먼저 머리를 숙여 묵도를 하여야 한다.
제71조 공예배식 순서는 左記〔아래〕에 준하여 거행한다.

一. 默禱(一同) 一. 聖歌(一同 起立) 一. 使徒信經 誦讀(一同 起立) 一. 祈禱(一同이 着席하고 代表로 祈禱할 것) 一. 主의 祈禱 一. 詩篇 交讀 一. 聖歌(一同) 一. 獻金 一. 感謝祈禱 一. 聖經 奉讀 一. 廣告 一. 特別讚揚 一. 說敎 一. 祈禱 一. 頌歌(一同 起立) 一. 祝禱(一同 起立)
(祝禱가 끝난 후 會衆은 敬虔히 默禱하고 牧師의 閉式宣言이 있은 후에 散會할지니라.)

제72조 예배는 신성한 의식이니 경건히 묵도하고 목사의 폐식선언이 있은 후에 산회할지니라.

제73조 前條에 저촉되는 일이 있으면 그는 순량한 교인이 아니니 懲戒法에 의하여 징계한다.

『헌법』(1945) 성찬식과 『헌법』(1955) 성찬식
〔두 헌법의 성찬식 순서는 거의 동일한데 성찬 후 주기도문 유무에 있어서 차이가 있으며 또 다른 차이점은 설명부분에 나와 있음〕

一. 찬송 二. 기도 三. 성경(고전11:23 - 34, 눅22:14 - 20) 四. 권고 五. 기도 六. 성찬분급 - 떡, 잔을 分함 七. 기도〔1936년 판과 1945년 판은 기도 다음에 주기도가 이어 나오나, 1955년판에는 주기도문 생략됨〕 八. 송가 九. 축도

다음으로, 이 두 헌법(1945, 1955)과 이전 문서들의 주일예배와 성찬식에 대해 비교 분석하고자 한다.

첫째, 고정순서와 선택가능한 순서들의 변화이다. 1945년 판의 12번 순서 '특별찬양'이 선택 가능한 순서로 제시되었으나, 1955년 판에는 고정된 순서로 바뀌었다. 이전 1936판에는 '은혜좌'와 '특별찬양'이 선택 가능한 순서였다. 이 사실들을 볼 때 시간이 흐를수록 예배에서 아주 빠지는 순서가 있는가 하면, 아주 고정된 순서로 바뀌는 현상이 나타난다.

둘째, '묵도' 순서에 관한 것이다. '묵도'가 예배의 시작과 끝에 나와 있는데, 첫 번 '묵도'는 예배 첫 번 순서에 반영되어 있으며, 두 번째 '묵도'는 축도 후에 나오는 순서로 나타난다. 이 때 '묵도'는 목사의 폐식선언 앞에 있으므로 예배순서 중의 하나라도 볼 수 있다. 이것은 1936의 『헌법』과 차이가 나는데 거기서는 '묵도'가 예배순서에 들어 있지 않고 예배 시작 전에 나오는 순서로 나타나 있다. 여기서 성결교회의 '묵도' 순서가 예배순서로 자리 잡게 되는 과정을 살펴볼 수 있다. 이에 비해 장로교와 감리교는 이미 1920년대 말, 또는 1930년대 초에 '묵도' 순서가 본 예배순

서에 자리 잡았다.

셋째, 1955년 판에서 언급된 예배순서 거행에 있어서의 강조점의 차이에 관한 것이다. 1945년 판은 이 예배순서와 "반드시 일치되게 거행할지니라"라고 되어 있어 의무적 사용을 언급한 반면, 1955년 판에는 공식예배는 제시된 순서에 "준하여 거행한다"로 되어 있어 이 예배순서 사용에 있어서 강조점에 차이가 있음을 표현하고 있다. 이와 연관하여, 1936년 판은 "이와 같이 예배식의 순서를 정함은 공예배의 질서를 유지하고자 함이니라. 그러나 이순서가 성신의 자유스러운 역사를 방해치 않도록 힘쓸지니라"고 하였다. 이로 볼 때, 성결교가 설립 때부터 강조해온 성령의 역사와 예배순서의 질서 유지에 관한 전통을 잘 조화하고 있음을 알 수 있다.

넷째, '설교 후 기도' 시행자에 관한 것이다. 이에 대해서 1945년 판은 괄호 안에 "설교자나 회중에서 지명된 사람"이라는 설명문이 담겨 있는데 1955년 판에는 그 내용이 없어졌다. 1936년 판에도 이 문구가 나타나지 않았었다. 이것은 아마도 '설교 후 기도'는 설교자가 기도하는 것으로 굳어지는 과정으로 판단된다.

다섯째, 예배 중에 기립하는 순서에 관한 것이다. 예배순서 중에 '일동 기립'하는 설명이 붙여진 순서들이 4개(첫 성가, 사도신경 송독, 마지막 송가, 축도 등)로 나온다. 이 순서들은 예배 초반부와 종반부에서 진행되는 순서들이다. 이와 같은 예배자세에 대한 설명에 관해서, 성결교는 1945년 판에서 처음 나오며 이어 계속되어 나오다가 1974년부터는 이 설명부분이 생략되는 것으로 보인다(기성 교단).[183] 이에 비해 1961년에 기성 교단에서 분리한 예성 교단은 1962년에 나온 『헌장』에 3개 순서가 '일동 기립'하는 순

---

[183] 필자가 참고하고 있는 판은 1978년 개정판이나, 이 개정판의 초판은 1974년으로 나타나있어 그렇게 추정하는 것이다.

서로 나타난다(4개 중에서 '축도' 순서에 '기립' 조항이 없다). 예배시간에 앉고 일어섬의 순서는, 조용히 앉아서 예배드리는 전통을 가진 교회 입장에서 보면 조금은 혼란스럽다는 인상을 줄 수 있지만, 반면에 이러한 전통을 가진 교회에서 보면 예배시간에 계속 앉아서만 드리는 교회를 볼 때 너무 건조하다는 인상을 줄 수 있는 것이다. 한편, 로마 가톨릭이나 동방교회들은 예배시간에 자주 일어서기를 반복한다. 위에서 보는 바대로 성결교 내에서도 기성 교단은 그런 규정이 없다가 생겼으며 어느 시점이 되어서는 그것을 없애는 현상이 있는가 하면, 예성 교단의 경우는 일어서는 세부 순서에 있어서 기성 교단과도 차이를 보이고 있다. 이것은 취사선택의 문제로 보인다. 개신교의 예배원칙에 예배순서의 자유가 있으므로 이러한 점은 교단이나 목회자 또는 회중에 따라 달라질 수 있는 것이다.

여섯째, 성찬식에 참여할 수 있는 신자 규정에 대한 언급이다. 1955년 판에는 성찬 순서 바로 앞에 "세례인 중 무결한 자로 좌석을 정리한 후에 예식을 거행할지니라"라는 문구가 있으나, 1945년 판에는 없으며 최초 헌법인 1936년 판에도 나타나지 않는다. 이로 볼 때 성결교는 이미 다른 개신교와 마찬가지로 세례 받은 신자만 성찬식에 참여해 온 것으로 보이나, 1955년 판부터 이것을 명문화한 것으로 볼 수 있다. 이 규례는 1974년 이후로 "정회원(세례인 중 무흠한 자)으로 예식에 참여케 한다"라고 하여 좀 더 세부적으로 규정하고 있다.

일곱째, 성찬식 순서에 있어서 기도와 주기도의 사용에 관한 내용이다. 성찬식 7번째 순서인 기도와 주기도에 대해서는 1945년 판에는 "교사 중 한 사람이 자유로 기도케 하고 주의 기도문을 일동이 외울지니라"고 되어 있으나 1955년 판에는 '기도' 순서만 있고 '주의 기도문'은 빠져 있다. 이것은 예성 교단의 예식서(1962)에도 마찬가지이다. 1936년 최초 헌법에는 1945 판과 동일하게 이 문구가 나온다. 이로 볼 때 성찬식에서의 주기도문은 초기 전통과 달리, 점차 사용하지 않는 방향으로 진행되는 것을 살펴 볼 수 있다.

여덟째, 성찬식의 축도에 사용되는 구절에 관한 내용이다. 성찬식의 축도는 1945년 판과 1955년 판, 둘 다 어떤 구절을 사용하라는 지시문이 없고 '축도'라고만 나온다. 이것은 예성 교단도 마찬가지이다. 이에 비해 1936년 판은 고후 13:13절 구절을 실어 놓았다.

4) 루터교

(1) 『예배 의식문』(1960)

한국교회 개신교 신자라면 종교개혁자 루터에 대해 대략적으로나마 알고 있을 것이나, 한국의 루터교회 역사에 대해서는 거의 알지 못한다. 한국 루터교 역사를 살펴보면, 한국전쟁(1950-53) 때 미군 장병을 위해 루터교 군목들이 활동하였으며, 한국인의 선교를 위해 본격적인 루터교 선교사가 들어온 것은 1958년 1월이었다. 루터교 선교 초기에 이들은 한국에서 이미 다른 기독교회가 잘 세워지고 있다는 사실을 알고 있었기 때문에 루터교를 세우는 일에 힘쓰기보다는 기존교회를 섬기는데 주력하였고, 현재도 신학적인 면뿐만 아니라 방송이나 출판사를 통해 한국교회에 공헌하도록 힘을 기울여 오고 있다.[184] 현재 한국 루터교회에서는 대부분 매주 주일예배로서 성찬과 함께 하는 예배를 드리고 있으며, 매달 1, 2회 성찬식을 시행하는 교회도 일부 있는 것으로 알려져 있다. 세계 개신교뿐 아니라 한국 개신교 중에서도 가장 예전을 중시하는 교단은 루터교로

---

[184] 한국 루터신학대학교 명예총장 드로우 박사의 "축사". 박성완, 『루터교 예배 이해』(서울: 컨콜디아사, 2000), 6. 한국 루터교회는 대표적으로 기독교 방송국(CBS)의 "루터란 아워"(Lutheran Hour)를 통해 방송선교를 일찍이 1959. 11. 6일부터 시작하였으며, 최근에는 종합 프로그램으로 계속 방송하고 있다. 또한 출판사역으로 컨콜디아사를 통해 루터교회 신학을 알리는데 힘써 왔다.

알려져 있다. 사실 종교개혁자들 가운데 당시 로마 가톨릭의 예전을 가장 많이 받아들인 개혁자는 루터이며, 그 후 루터교에 이러한 경향이 잘 나타나있다.

한국 최초 루터교회 예식문은 지원용 박사에 의해 나온 『예배 의식문』(*The Order of Worship*, 1960)[185]이다. 그 차례를 보면 예배 의식문(성찬 없이), 예배 의식문(성찬과 같이), 세례식(장년 세례, 유년 세례), 입교식 등이 나타난다. 여기서는 『예배 의식문』에 나타난 두 종류의 예배의식에 대해서 다루고자 한다.

먼저, 예배 의식문(성찬 없이)을 살펴보자.[186] (아래 예배순서 중 굵은 글씨는 필자가 표시한 것이다.)

주악 - 찬송 - 참회 - 사죄선언 - 찬미 드리는 영가(Introit, 시편) - 글로리아 파트리(Gloria Patri) - 키리에(Kyrie) - 글로리아 인 엑셀시스(Gloria in Excelsis) - 인사 - 기도(사회자가 기도서 중에 짧은 기도문, Collect) - 사도서간(또는 구약) 봉독 - 그래주알(Gradual) - 복음서 봉독 - **사도신조**[187] - 찬송 - 설교 - 봉헌영가 - 하나님께 드리는 헌 금 - 일반기도 - 주기도문 - 찬송 - 축도[188].

이어, 예배 의식문(성찬과 같이)을 살펴보기로 한다.[189]

주악 - 찬송 - 참회 - 사죄선언 - 찬미 드리는 영가(시편) - 글로리아 파트리

---

[185] 한국루터교, 『예배 의식문』, 지원용 옮김 (서울: 컨콜디아사, 1960); 박성완, 『루터교 예배 이해』, 47.
[186] 한국루터교, 『예배 의식문』(1960), 3 - 9.
[187] 이 사도신조에는 "음부에 내리신지"라는 문구를 예부터 내려오는 그대로 싣고 있다.
[188] 여기에서 제사장 축도인 민수기 축도(민 6:24 - 16)를 사용한다.
[189] 한국루터교, 『예배 의식문』(1960), 10 - 19.

- 키리에 - 글로리아 인 엑셀시스 - 인사 - 기도(사회자가 기도서 중에 짧은 기도문, Collect) - 사도서간(또는 구약) 봉독 - 그래주알 - 복음서 봉독 - **니카야 신조**[190] - 찬송 - 설교 - 봉헌영가 - 하나님께 드리는 헌금 - 일반기도 - 찬송 - 서언(Sursum corda) - 쌍터스(Santus) - 주기도 - 성찬에 관한 말씀 - 주의 평화(Pax Domini) - 하나님의 어린 양(Agnus Dei) - 성찬분배 - 눈크 디미티스(Nunc Dimitis) - 감사/기도(사회자) - 찬송 - 축도 - 묵도

다음으로, 이 『예배의식문』에 나오는 특별한 용어에 대해 간략히 설명하고자 한다.[191]

첫째, '찬미 드리는 영가'(Introit)는 라틴어에서 기원하는데 '입당송'으로도 번역한다. 본래 예배 인도하는 사람이 제단으로 들어가는 것을 의미하는 말이었다. 오늘날은 시편구절들을 지명하는 의미로 쓰인다. 이 순서는 매주 그 내용이 변경되는 부분 중의 하나인데 이처럼 변하는 가변순서를 가리켜 Propers(고유부분)라 하고, 변하지 않는 불변순서를 Ordinaries(통상부분)이라고 부른다.

둘째, '글로리아 파트리'(Gloria Patri)는 '소영광송'으로 번역하고 있으며 이는 성부, 성자, 성령께 돌리는 간단한 회중의 찬미이다. 대개 시편송 뒤에 붙는다. 4세기 말부터 동방교회와 서방교회에서 사용한 이래 오늘날까지 널리 사용되고 있다.[192]

셋째, '키리에'(Kyrie)는 마 15:22에 근거한 것으로 더 정확히는 헬라어로 '키리에 엘레이손'(Kyrie Eleison, 주여, 불쌍히 여기소서)이며 '자비송'으로 번역한다. 교회에 모인 회중은 그들이 하나님의 은혜를 생각할 때마다 그

---

[190] 이 신조는 니케아 신조(325)가 아니라 니케아 - 콘스탄티노플 신조(381)이다. 이 신조를 줄여서 니케아 신조라고 부르기도 한다.
[191] 예배의식문 설명은 지원용 편저, 『예배의식문 해설』(서울: 컨콜디아사, 1965), 9 - 21과 박성완, 『루터교 예배 이해』, 105 - 37를 보라.
[192] 정장복 외, 『예배학사전』(서울: 예배와 설교아카데미, 2000), 802 - 803.

들 자신이 얼마나 보잘 것 없고 쓸모없는 존재임을 알게 되어 이런 고백을 하는 것이다. 예배에서 이 순서가 사용된 것은 4세기 예루살렘과 안디옥에서 쓰였다는 명확한 증거가 있다.[193]

넷째, '글로리아 인 엑셀시스'(Gloria in Excelsis)는 라틴어에서 왔으며 눅 2:14의 천사들의 찬송을 근거한 것으로 '대영광송'이라고 번역한다. 그리스도 교회의 가장 오래된 찬송중의 하나이다.

다섯째, 'Collect'는 사회자와 회중이 서로 위하여 간구하는 기도로서 '오늘의 기도'나 '짧은 기도문'으로 번역된다. 아마도 전체 교인들의 기도를 함께 모아 놓은 것이기 때문이거나 또는 복음서와 사도서신의 사상을 한데 모아 놓은 것이기 때문일 것이다. 라틴어의 Collecta와 Colletio에서 나온 말이다.

여섯째, 'Gradual'(그래주알)은 사도서신에서 복음서로 넘어가는 중간에 있는 순서로서 시편에 근거하며 그 말 자체는 'Gradus' 즉, '계단'(階段)이라는 뜻으로 진행을 의미한다.

일곱째, '니카야 신조'는 루터교에서 사도신조와 아타나시우스 신조와 함께 사용하는 신조로서 사도신조보다 내용이 길며, 루터교회에서는 성찬 있는 주일예배나 부활절 같은 특별절기에 사용한다. 한국 개신교회에서 처음 니케아 신조를 사용한 것은 『주일예배경』(1895), 그 다음으로 종고성교회의 『공도문』(1905) 그리고 이어서 루터교회의 이 『예배의식문』이다. 사도신조에 대해서는 세례 받기 위한 사람들의 교육과 또한 일반 주일예배 때에 교인들이 신앙을 고백할 때에 사용하기도 한다. 루터교는 사도신경 중에 '음부에 내리신지'라는 부분을 넣어 사용하나, 한국 개신교 대부분은 사용하지 않고 있다. 또한 루터교회는 아타나시우스신조를 삼위일체주일(5월 말경)에 사용하고 있는데 이 신조에 대해서는 루터교 『예배

---

[193] 정장복 외, 『예배학사전』, 829.

의식문』(1965, 수정재판)에서 자세히 살펴 볼 것이다.

여덟째, '봉헌영가'는 시 51편에서 온 구절인데 하나님의 말씀을 들은 것에 대한 응답으로 부르는 찬양이다. 이 찬양 후에는 하나님께 헌금을 드린다. 헌금 후에 일반기도를 드린다. 이 기도는 우리 자신뿐만 아니라 각계각층의 모든 사람에게 주어질 모든 축복을 빈다.

아홉째, '주기도문'은 성찬 없는 예배에서는 일반기도 후에 시행되며, 성찬과 함께 하는 예배에서는 찬송 – 서언 – 쌍터스 후에 시행된다. 루터는 주기도를 기도 중의 기도이며 주님께서 영, 육 간의 모든 필요물을 다 여기에 포함시키셨다고 말하기도 하였다.

열째, '서언'(Preface)이란 기독교 초기부터 성만찬 예식을 시작할 때 사용한 것으로 회중에게 기쁨과 감사로 충만해야 할 경건한 마음을 가지게 한다. 이 '서언'에는 두 구절이 있는데 첫째는 '수르숨 코르다'(Surum Corda, 마음을 드높이)요, 둘째는 '우리 주 하나님께 감사드리세'(Gratias agamus)이다.

열한째, '상투스'(Santus, 거룩송)는 성만찬 예배에서 가장 중요한 찬송으로서 거룩하신 하나님을 향한 감사의 찬양이다. 여기에는 두 부분으로 구성되어 있는데 그 첫 부분은 이사야 6:2,3절에서 유래한 것이며, 그 둘째 부분은 그리스도께서 예루살렘 성으로 입성하실 때 무리들이 부르는 찬송이다(마 21:9). 처음 것은 하늘에서, 둘째 것은 지상에서 부르는 찬양이다.

열두째, '주의 평화'(Pax Domini)는 부활하신 주님께서 그의 영광스러운 성찬에 참여하기 위해 나오는 백성들에게 주시는 인사이다. 루터는 이것을 '사죄의 복음(The Gospel Absolution)이라고 하였다.

열두째, '하나님의 어린 양'(Agnus Dei)은 전통적으로 그리스도 교회가 부르던 찬송이다. 요 1:29에 있는 대영광송(Gloria in Excdelsis)의 한 부분이 수정된 것이다.

열셋째, '눈크 디미티스'(Nunc Dimittis)는 눅 2:26 – 38(시므온의 노래)에 나오는 라틴어 첫 부분의 말이다. 이것은 예수 그리스도에게서 나타난 구원을 기쁨으로 감사하는 찬송이다. 이 부분은 성찬예배를 끝맺는 찬송이다.

열넷째, '축도'는 교인들을 향한 마지막 축복의 선언으로 루터교에서는 '아론의 축도'(민 6:22-26)를 주로 사용하며, '사도의 축도'(고후 13:13)를 사용하기도 한다.

3. 특별 고찰

1) 조선 성공회, 『公禱文』(1939)

전 장에서 종고성교회의 『공도문』(1908)을 다룬 적이 있다. 1910년 이전까지는 성공회를 '종고성교회'라 불렀으며, 그 이후 '조선성공회'라는 이름으로 활동하기 시작하였다. 종고성교회 『공도문』은 초창기에 부분별 예식문을 분권으로 사용하다가 한 권의 책으로 만들어진 것이었지만 완벽한 공도문은 아니었으며,[194] 또한 1912년 『임시공도문』이 나왔으나 일부 내용은 생략되어 제목만 표기된 부분들이 있었다. 그 후 1939년에 나온 이 공도문은 이전의 공도문보다 더 풍부한 내용을 갖고 있으며 1960년대에 나온 공도문의 전신에 해당하는 것인데,[195] 온전한 형식은 1960년대서부터 나오기 시작한다. 이 책의 서지사항을 살펴보면, 겉표지에 '성공회공도문'이라고 되어 있고, 안표지에는 '공도문,' '조선성공회'로 나오며, 그리고 그 다음 면에 제4대 주교 具世實(Cecil Cooper, 1931-1955)의 인가문(認可文)이 나온다. 이어 목차에는 조선성공회 月曆, 지킬 瞻禮(첨례: 축일의 이전 용어)와 齋日(재일: 금식일), 復活主日 及 其他 敎會 名節日表, 早禱,

---

[194] 대한성공회, 『기도서』(서울: 대한성공회 출판부, 2005), 10.
[195] 대한성공회, 『기도서』(2005), 11.

晚禱, 特禱, 總禱文, 讚頌天主聖歌, 聖亞他那是奧 信經(아타나시우스 신경), 聖體聖事 禮文 등이 나타나 있다.¹⁹⁶

먼저, 성체성사(이는 성찬식을 포함함 주일예배 전체를 의미함) 예문을 그 순서만 간단히 살펴보기로 한다.¹⁹⁷ 여기 나오는 각 순서 제목은 한자어와 우리말이 병기(倂記)되어 있고, 본문은 우리말로만 나와 있다.

預備祈禱(예비기도) - 정심축문 - 求矜經(구긍경) - 榮光頌(영광송) - 當日祝文(당일축문) - 宗徒書信(종도서신: 사도서신을 이름) - 福音前誦(복음전송) - 福音聖經(복음성경) - 說敎(설교) - 尼凱亞信經(니개아신경) - 봉헌례 (봉헌례) - 奉獻祝文(봉헌축문) - 爲聖敎會祈禱文(위성교회기도문) - 擧心經(거심경) - 序誦(서송) - 三聖經 (삼성경: '거룩'을 세 번 외침) - 特誦(특송; 성탄절, 부활절 등 12개의 특송이 나옴) - 祝聖經(축성경: 祝 聖하는 내용을 의미함) - 羔羊經(고양경) - 司祭領聖體(사제영성체) - 領聖體 禱文(영성체 도문) - 勸衆文(권 중문) - 告罪文(고죄문) - 赦罪文(사죄문) - 信者領聖體(신자영성체) - 感謝祝文(감사축문) - 美祀後禮(미사후 례) - 祝福文(축복문: 축도문을 의미함) - 美祀後福音(미사후복음)

다음은, 이 공도문에 사용되는 신조들(종도신경, 니케아 신조, 아타나시우스 신조)와 일부 다른 순서 몇 가지를 간략히 살펴보고자 한다.

첫째, 신조는 종도신경(宗徒信經)과 니개아 신경(尼凱亞信經), 그리고 성 아타나시오스(聖 亞他那是奧信經)이 사용되고 있는데 그 각각을 살펴보기로 한다. 개신교에서 사도신경이라고 일컫는 성공회의 '宗徒信經'은 조도와 만도에 사용되고 있다. 또한 니케아 신경(더 정확히는 381년에 작성된 니케아-콘스탄티노플 신조임)은 '尼凱亞信經'으로 표현되어 있고 '성체성

---

196 조선성공회,『공도문』(경성: 발행처 불명, 1939), '목차'
197 조선성공회,『공도문』(1939), 73 - 128.

사'(미사)에서 설교 다음에 사용되고 있다. 한편, 아타나시우스 신경은 '聖亞他那是奧 信經'으로 되어 있으며 성체성사 앞에 나타나 있으며, 이 신경은 구주 성탄일과 성삼주일, 또한 다른 날에 종도신경 대신으로나 혹은 미사 전후에 외울 수 있다.[198] 현재, 성공회를 제외한 개신교단에서 사도신경, 니케아 신경과 아타나시우스 신경을 모두 사용하는 교단은 루터교단이다.

둘째, 기도문들과 축도에 대해 살펴보자. 주기도문은 '천주경(天主經)'이란 이름으로 조도, 만도, 총도문, 성체성사에 나온다. 또한 크리소스톰 기도문은 '金口聖人祝文'이름으로 특도, 총도문 안에 나오는데 여기서 한자어 '금구(황금입) 성인'이란 크리소스톰을 가리키는데 그가 설교를 잘해서 황금입을 가진 성인이라는 뜻으로 후대에 붙여진 이름이다. 그리고 축도(고후 13:13)는 '求恩經'으로 표현되고 있으며 특도, 총도문 안에 나온다. 또 다른 축도로는 성체성사의 끝 부분에 있는 '축복문'이 사용되기도 하였다.

셋째, 이 공도문에는 십계명이 나오지 않는다. 이것은 이전 종고성교회의 『공도문』(1908)에 십계명이 나온 것과 대조적이다. 현대 성공회 공도문들 중에는 십계명이 나와 있는 것과 그렇지 않은 것 등 두 가지가 공존하고 있다. 이 차이는 한국 성공회가 영국 국교회의 어떤 공도문을 번역하여 사용하는가에 달려 있다. 어떤 경우는 영국 국교회의 공도문 중 로마 카톨릭 경향이 강한 예전(십계명이 나오지 않음)을 사용하기도 하며, 또 다른 경우는 개신교적 경향이 강한 예전(십계명이 나옴)을 사용함에 따라 달라지는 것으로 보인다.

---

198 조선성공회, 『공도문』(1939), 65 - 72.

2) 칼 바르트의 『교회와 예배』(1953)

이 책은, 바르트의 기포드 강좌(Gifford Lectures), 즉 1938년 스코틀랜드 에버딘(Aberdeen)에서 행한 강의내용(1938)인 "하나님 인식과 예배"(Gotteserkenntnis und Gottesdienst)의 제14장-18장을 번역한 것이다.[199] 본서는 『스코틀랜드 신앙고백』(1560년, 존 낙스가 기초하여 국회를 통과한 신앙고백임)을 강해하는 형식으로 되어 있다. 이 번역서는 원문 일부를 번역한 것인데, 나중에 백철현이 전문을 번역하여 『하나님 · 교회 · 예배』(천안: 基民社, 1987)라는 이름으로 출판되기도 하였다.

바르트의 이 강연 전체내용은 "하나님 인식과 예배"라는 제목 하에, 제1부 '스코틀랜드 신앙고백'(1560), 제2부 '하나님 인식'(1-10장), 제3부 '교회와 예배'(11-20장)로 구성되어 있다. 이 중 제3부 각 장의 내용을 보면, 제11장 현실적인 그리스도인의 삶, 제12장 그리스도인의 삶의 질서, 제13장 참된 그리스도인의 삶, 제14장 교회의 비밀, 제15장 교회의 형태, 16장 교회의 정치, 제17장 하나님의 행위로서의 교회 예배, 제18장 사람의 행위로서의 교회 예배, 제19장 정치적 예배, 제20장 위로의 은혜와 희망 등으로 되어 있다. 이 책에서는 14장부터 18장까지의 내용인 교회의 비밀, 교회의 형태, 교회의 정치, 하나님의 행위로서의 교회의 예배, 그리고 사람의 행위로서의 교회의 예배 등을 주제로 소개하고 있는 것이다.

바르트는 이 책에서 교회의 예배란 일차적이요, 근본적이며 본질적인 하나님의 행위요, 그 다음에 비로소 이차적이며 근본에서 유래하는 신자의 순종의 행동이라는 점을 강조하고 있다. 교회의 예배에서 이 두 가지

---

[199] Karl Barth, 『교회와 예배』, 장하구 역 (서울: 사상계사, 1953), '차례'. 이 번역서의 출판년도에 대해 미상으로 나타나거나 1900년으로 나타나기도 하나, 필자는 연세대 학술정보원에 추정년도로 나와 있는 대로 1953판으로 표기한다. 역자는 제목에서 Gottesdienst를 '하나님 봉사'로 번역하지 않고 '예배'로 번역하여 더 정확한 의미를 전달하고 있다.

의 차이를 바로 알고 이 둘이 분리되지 않고 밀접하게 연결되어 있으며, 교회는 예수 그리스도 안에서 성령님의 역사하심으로 말씀과 성례(세례와 성찬)속에서 일어나는 하나님의 뜻과 명령을 성취하기 위해 섬기며 순종하는 것이 중요함을 역설하였다.[200]

3) 거포계 · 고영춘의 『예배수첩』(개정판, 1954)

『예배수첩』은 미국 감리교 여선교사 거포계(巨布計, S. K. Cooper)와 고영춘(高永春) 목사가 공편(공동편집)한 소책자이다. 원래 이 소책자의 초판이 6.25 전쟁으로 인해 다 소실되었고, 다만 인쇄소의 성의로 지형(紙型)[201]이 보관되었던 것인데 이를 활용하여 초판의 미비한 점을 고치고, 그 책명도 고쳐『예배수첩』이라고 이름 붙여 내 놓게 되었다고 한다. 그러므로 이『예배수첩』이라는 책 이름은 이전 판의 이름을 바꾼 것이고, 그 내용도 일부 고쳤으므로 사실 개정판인 셈이다.[202] 머리말에서 밝힌 대로, 선교사 거포계는 자신의 선교사업과 성경공부를 통해 축적된 내용을 이 책

---

200 Barth,『교회와 예배』, 35 - 37.
201 지형(紙型)이란 연판(鉛版)을 뜨기 위하여 식자(植字)한 활판 위에 종이를 올려놓고 눌러서 그 종이에 활자(活字)의 자국이 나게 한 판을 가리킨다. 교학사 출판부 편,『새국어사전』(서울: 교학사, 1989), 1740.
202 거포계·고영춘 공편,『예배수첩』(서울: 星光文化社, 1954). "머리말"(면수가 본문부터 붙어있고 머리말에는 별도의 면수표시가 없음). 이 소책자의 머리말에는 두 가지의 글, 즉 초판의 것(1949년 성탄절에 쓴 글)과 재판의 것(1954. 2. 15. 일자)이 나타나 있다. 재판에서 이 책의 초판의 책명을 밝히지는 않고 있다. 다만 재판의 책 이름 밑에 "성경일과"라는 작은 글씨가 적혀 있는데 이것을 초판의 이름으로 추측해 볼 수 있다. 공동 편자 중 한 사람인 거포계(巨布計)는 미국 남 감리교회 여선교사로서 미국명은 S. K. Cooper이다. 그녀는 1903년 뉴 올리안즈에서 모인 남 감리회 여자 해외선교회에서 한국 선교사로 파송 받았다. 1908년 내한하여 원산선교부로 부임, 활동을 시작하였다. 여성을 교육하는 활동에 힘썼으며 어린이 휴양부(탁아소)를 설치하여 아동사업도 담당하였다. 1931년 제1회 조선감리회 연합연회에서 한국인 목사(양주삼 총리사)에게 목사안수를 받았다. 1940년 본국으로 소환되었다가 1953년 다시 내한하여 감리교 신학교 내의 전수과 설립을 위해 힘썼으며 동교의 교수로 수고하다가 1957년 은퇴하고 귀국하였다. 기독교대백과사전 편찬위원회,『기독교대백과사전(제14권)』(서울: 기독교문사, 1984), 1416.

에다 실었으며 특히 말씀과 기도에 전념할 때 성령님이 스승이 되셔서 인도할 것이라고 밝히고 있다. 또한 나라의 쇠망은 교회의 무력함에 따르는 것이며 이 작은 책자를 통해 이러한 위기에 직면한 우리들 신자의 개인이나 가정의 기도와 예배에 도움이 되기를 바란다는 마음을 피력하고 있다. 이 책에는 목차가 따로 없고 곧바로 본문으로 들어간다.

먼저, 이 책의 내용을 살펴보기로 한다. 1년 365일분의 내용(총 121면)이 나오는데 그 구성은 매일의 날자, 제목과 성경본문(신약), 간단히 요약한 권면의 말, 그리고 구약의 말씀 등으로 되어 있다. 여기서 이 문서 내용 중에 대표적으로 2일분을 소개해보면 다음과 같다.

一月一日

▲ 새 날의 새 결심(골 3:1 - 17)

그리스도 안에 있으면 새로 지은 것이니(고후 5:17)새 소망 속에 새 날이 밝았다. 새날 새 나라에는 새 일꾼이 요구된다. 성경은 우리에게 옛 사람과 그 행(위를 벗어버리고(골 3:9) 새 사람이 되어 사랑을 옷 입듯 하라고 가르친다. 사랑만이 온전하게 매는 띠인 것이다.

시 65〔편〕

十二月三十一日

▲ 마지막 약속과 기도(묵시 22:14 - 21)

아 - 멘 주 예수여 오시옵소서(20)

내가 진실로 속히 오리라! 이 약속보다 더 큰 약속은 없다. 이것은 모든 언약이 다 응하는 것이다. 이 약속이 있는 이상 아무리 파란곡절 많은 이 세상에서라도 우리는 용기를 얻을 수가 있다. 우리의 대답은 요한과 같이 아 - 멘 주 예수여 오시옵소서 하는 것뿐이다. 늘 기다리고 등대할 뿐이다.

다니엘10〔장〕

다음으로, 『예배수첩』의 내용을 평가하기로 한다. 이 책은 머리말에서 밝히는 대로, 선교사 개인의 아침기도 시간과 성경 공부한 것을 정리하여 교계에 신자들의 영적 향상을 위해 내 놓은 것으로 오늘날 Q. T.(Quiet Time)의 일종이라고 볼 수 있다. 매일 말씀 상고를 중점으로 하고 있으며, 기도에 대해서는 본문에는 없으나 머리말에서 언급하고 있어 전체적으로 말씀과 기도를 함께 강조하고 있다. 또한 저자는 이 작은 책자를 활용하는 자들에게 성령님이 말씀을 가르치시는 스승이 되시며 기도를 북돋으시기 바란다고 하여 성령님의 역사를 강조하고 있다. 당시 한국교회는 새벽기도회와 같은 공동체적 모임은 가지고 있었지만, 개인적인 경건의 시간은 없었던 시기에 이 소책자는 오늘날의 Q. T.와 같은 성격의 문서로 한국교회에 소중한 가치를 제공하였다.

4. 소결론

일제의 극심한 탄압과 한국전쟁은 전 국민생활의 피폐뿐 아니라 기독교 신앙에 있어서 예배의 침체로 나타났다. 이 시기에 출판된 문헌들은 비록 적게 출판되었지만, 역경의 기간에 발간된 소중한 예배관련 자료들이다.

장로교의 『헌법』 "예배모범"(1934) 개정판은 초판(1922)의 내용과 비교해 볼 때, 제13장 '병자심방' 항목 자체가 삭제되었으며, 또한 어떤 조항 내용 중 일부가 삭제되거나 축소되기도 하였으며, 일부 한자 용어를 한글 용어로 바꾸어 번역하기도 하였다.

선교사 솔토(소열도)의 『예배첩경』은 예배에 관한 내용을 중심으로 한 소책자로서 성례에 관한 언급은 없고 예배의 요소들과 순서들(주일 오후, 주일 저녁, 삼일 저녁 등)을 소개하고 있다. 여기서 소열도는 개신교의 이름을 '갱정교회'(更正敎會)로 소개하고 있는데, 이는 1930년대에 개신교를 번역한 말임을 보여주고 있다. 그는 특히 예배에서 성령님의 역사를 강조하고 있으며, 특히 그가 제시한 주일 오후(주일 대 예배를 이름)에는 사도신경이 나오는가 하면, 주일 저녁 예배에는 십계명(교독이나 암송), 주기도문(십계명 교독 후) 등이 나온다. 이는 곽안련의 『목사지법』(1919) 주일 대예배에 사도신경과 십계명이 나오며, 주기도문이 나오지 않는 것과 대조적이다.

곽안련의 『목회학』(1936)은 『목사지법』을 대폭 개정하여 나온 책으로서 주일 대 예배 순서를 목사지법의 17개 순서에서 강도순서가 빠져 있고, 광고와 찬송 그리고 축도와 묵기도 등이 합해져 모두 14개 순서가 제시되어 있다. 특히 묵상기도(묵도) 순서가 『목사지법』에는 축도 후 한번 나오나, 이 『목회학』에서는 시작 시에 정식 예배 순서로 한 번, 그리고 축도 후 한 번, 모두 두 번이 나오는 점이 특이하다. 예배 시작 때에 묵도가 정착된 것은 1920년대 혹은 1930년대 장로교와 감리교에서 나타난 공통적인 현상이다. 이것은 이 시기에 일본 기독교의 영향을 받아 이 순서가 들어온 것으로 보이는데 그 근거로 당시 일본의 종교예식(기독교나 神道나 할 것 없이) 예식을 묵도로 시작하는 것을 들 수 있을 것이다.

곽안련의 『목사필휴』(1938)는 소책자 형태의 목회 핸드북으로서 주일 예배와 각종 예식을 담고 있다. 특징적인 점은 축도 이전에 폐회기도가 나타나며, 주일 저녁예배에도 헌금순서가 있다. 또한 확실한 용사(용서와 사면의 준말) 끝에 "성부 성자 성령이 늘 함께 하옵소서"라는 내용에 나오는데 이는 로마 가톨릭이나 동방 정교회에서 흔히 사용하는 표현이며 개신교에서는 잘 쓰지 않는데 이에 대해 논란이 있을 수 있다. 이 책에서 곽안련은 주일 대예배, 저녁예배, 인도자 없이 드리는 예배 모두 기도 시에 성령님의 역사를 강조하고 있다.

감리교의 『교리와 장정』(1931)는 미국 남·북 감리회 선교부의 전권을 넘겨받아 조선감리회를 설립한 다음 해에 출판된 조선감리회 최초 교리와 장정이다. 주일예배는 (모두 15개 순) 이전 남·북 감리회 시기의 순서에 비해 묵도(주악)가 처음 순서와 마지막 순서로 들어 왔으며, 성가 곡 일부가 빠졌으며, 수전 및 고시가 이전에는 신약 낭독 후였는데 여기서는 성경낭독 앞으로 바뀌었다. 또한 1935년『교리와 장정』에서부터 예배에 매삭(매월) 1차 이상 "감리교 교리적 선언" 낭독이 추가되었는데 이 선언 낭독이 묵도-찬송 다음 순서로, 사도신경의 앞 순서로 들어가게 되었으며, 이후 오래 동안 감리교 특징적인 순서로 자리 잡게 되었다. 이 선언문의 가치는 한국인 작성하여 예배에 직접 사용한 최초의 신조라는데 있다.

성결교의 『임시약법』(臨示約法, 1933)은 최초의 임시헌법 성격을 띤 문서로, 이 약법에는 주일예배가 나타나지 않으며, '성례문'이라 하여 성찬, 세례, 학습, 입회, 헌아, 혼인, 매장, 안수 예식 등 각종 예식 순서가 나타나 있다. 특히 여기서 눈여겨 볼 점은 '성례문'이란 용어의 적절성 문제이다. 개신교에서 성례는 세례와 성찬만을 말하는데 여기서는 여러 예식까지 포함하는 의미로 사용했다는 점이다. 이와 대조적으로 이전 문서인 『교리 급 조례』에서는 '예식'이라고 바로 명명했는데, 이『임시약법』로부터 이후 성결교『헌법』(1936),『헌법』(1945)까지 이 용어를 사용하다가 1950년대 들어서 성례식과 의식(기타 예식)을 구분하여 바로 사용하고 있다.

1936년의 『헌법』은 성결교 공식헌법으로 최초 발행되는 것으로 여기에 성결교의 주일 낮 예배가 처음 나타난다. 공예배 순서는 모두 12개 순서로 첫 순서로 '성가 및 사도신경'이 나온다. 특징적인 것이 '은혜좌'로 나타나며, 묵도는 주일 본 순서가 아니라, 예배 준비행위로서 나타난다. 또한 축도 또는 주기도문 순서를 넣음으로써 축도 대신 주기도문의 사용 예를 보여주고 있다.

김응조의『목회학』(1937)은 주일예배 순서에서 개회(묵도)로 시작하여 모두 12개 순서를 제시한다. 특히 사도신경이 대표기도 다음에 나오며 주기도문은 나오지 않는다. 여기서는 주일 낮 예배, 오후 예배, 주일 야(夜)예배(구령회로 모임), 기도회(삼일 기도회 등)가 설명되어 있으며, 주일 예배시간의 적절한 배려를 위해 각 항목에 적정시간을 기입해 놓은 점은 주일예배 시간의 안배를 위한 특별한 배려로 볼 수 있다.

『헌법』(1945, 1955)에는 예배순서가 모두 16개로 정착된다. 묵도가 첫 순서로 고정되고, 맨 끝에 축도가 마지막 순서로 나온다. 그런데 "축도가 끝난 후 회중은 묵도하며, 목사는 폐식선언 후에 산회한다" 되어 있어 사실상 17개의 순서인 셈이다. 여기에서 성결교에서는 1945년의 『헌법』에 묵도가 정식 예배 순서로 처음 나타나며, 축도 후 추가 순서에도 나타나고 있음을 알 수 있다.

루터교는 세계 개신교 뿐 아니라 한국 개신교에서도 가장 예전을 중시하는 교단으로 알려져 있다. 본격적으로 한국인을 대상으로 행한 루터교 선교사들의 활동은 1958년에 시작되었으며, 한국어로 된 루터교 예식문이 처음 나온 것은 『루터교 예배의식문』(1960)이다. 여기에는 예배의식(성찬 없이, 성찬과 함께)과 세례식 및 입교식이 나타난다. '성찬 없이' 행하는 예배에는 '주악'으로 시작하며, '설교' 이전에 '사도신조'가 들어가며, '축도' 이전에 '주기도문'이 들어있으며, '축도'로 마친다. 또한 '성찬과 함께' 행하는 예배에는 '사도신조' 대신에 '니카야 신조'가 사용되며, '주기도'가 성찬식의 성찬본문 앞으로 이동하며, 성찬식 끝부분에서 '축도-묵도'의 순서로 끝을 맺는다. 이 '묵도' 순서는 1965년 『예배의식문』 개정판에도 들어 있었으나, 1993년 『예배의식문』 개정 2판에는 '묵도'가 사라지고, '인사' 순서로 대체된다. 개신교에서 '니케아 신조'를 처음 사용한 교단과 문서는 감리교의 『주일예배경』(1895)이며, 그 다음으로 종고성교회(성공회)의 『공도문』(1905)이며, 세 번째로 사용된 것은 루터교의 이 예배의식문으로 보인다.

특별고찰로 먼저, 조선성공회의 『공도문』(1939)은 이전 종고성교회의 『공도문』(1908)을 보완하였으며, 후에 모든 형식을 갖춘 『공도문』(1960)의 기초를 이룬 공도문으로 그 의미를 갖는다. 여기서 신조로는 1908년 『공도문』에 나왔던 '사도신조', '니케아 신조'뿐 아니라 '아타나시우스 신조'도 추가되어 있다. 한편, 이 공도문에는 1908년의 공도문에 십계명이 나온 것과 대조적으로 십계명이 나오지 않는다.

다음으로, 칼 바르트의 『교회와 예배』(1953)는 원저 『하나님 인식과 예배』 중에서 부분 번역(제14-18장) 한 것으로, 교회의 예배란 일차적, 근본적, 본질적인 하나님의 행위와 이차적인 사람의 행위인 순종이 분리되지 않고 밀접하게 연결되어 있음을 강조하고 있다. 그러므로 교회는 성령의 역사하심과 말씀과 성례 속에서 나타나는 하나님의 뜻과 명령 성취를 위해 섬기며 순종하는 것이라고 하였다.

마지막으로 거포계·고영춘 공저의 『예배수첩』(1954)은 주로 미국 감리교 여선교사인 거포계(S. K. Cooper)가 자신의 선교사업과 성경공부를 통해 축적된 내용을 수록한 소책자로서 1년 365일 날짜 별로 제목과 성경본문(신약), 간략한 권면의 말, 그리고 구약의 말씀 등으로 구성되어 있어 일종의 큐티(Quiet Time)와 같은 책으로서 당시에 이미 이런 책자가 발행되었다는 데에 큰 의미가 있다. 또한 저자는, 특히 말씀과 기도에 전념할 때 성령님이 스승 되셔서 인도할 것이라는 원칙적인 예배의 원리를 강조하고 있다.

제5장
굴곡기의 예배(1961 – 1990)

1. 개요

이 시기는 사회적으로 경제개발 및 소득성장과 아울러 민주화의 갈등이 있었는가 하면, 교회적으로는 교단 분열의 여파가 나타나게 되었으며, 교회 성장에 목회 지향점을 두기도 하였다. 예배학적인 측면에서도 예배의 원리나 순서에 있어서 여러 가지 변화의 경향을 보이고 있다. 이 기간 동안에 예배학 문서들이 점차 많이 출판되는 경향도 드러난다.

먼저, 장로교, 감리교, 성결교, 루터교, 침례교 등 여러 교단의 예배관련 교단문서들을 다룬다. 여기서 장로교와 성결교는 이 시기에 교단분열 이후 출판된 여러 예배문서들을 본장과 다음 장에서 해당 교단 별로 시기에 따라 다루되, 먼저 『헌법』 "예배모범"이나 예배조항 등을 다루고, 이어 예배 예식서를 다룰 것이다. 교단의 배열 순서는 교단 약칭에 따라 가나다 순서로 진행할 것이다.

장로교 문서로 고신 교단의 『표준예식서』(1983)를 다루며, 기장 교단의 『헌법』 "예배모범"(1980), 『예식서』(1964), 『예식서』(1978)를 다룬다. 이어 통합 교단의 『헌법』 "예배와 예식" ("예배모범"의 새 이름, 1983), 『예식서』(1961), 『예식서』(1977), 『예식서』(1987)를 다루며, 합동 교단의 『헌법』 "예배모범"(수정판, 1990), 『표준예식서』(1978), 그리고 합정 교단(현 백석 교단)의 『예식서』(1987) 등을 다룰 것이다.

감리교 문서로는 『교리와 장정』(1962)과 『예식규범』(1964), 『예문』(禮文, 1977)을 다루게 될 것이다.

성결교 문서로 기성 교단 『헌법』(개정판, 1974)의 "주일예배"와 『예식서』(1989)를 다루며, 예성 교단의 『헌장』 "공예배"(1962)와 『헌장』 "공예배"(1971)를 살필 것이다.

루터교는 『예배의식문 해설』(1965. 6)과 『예배의식문』(1965. 9)의 내용을 이전의 예식서와 비교하면서 고찰할 것이며, 침례교는 『목회예식서』(1981)의 예배를 살펴 볼 것이다.

이어서, 예배관련 개인저서들을 다루는데 한국인의 저서들, 박신오·최효섭 공저 『예배와 기독교 교육』(1961), 김동수의 『예배학 개론』(1967)과 『평신도와 예배 – 개혁교회의 예배』(1969), 박성겸의 『새예식서』(초판1969, 3쇄 1972) 등을 살펴 본 후, 예배학 번역서들과 예배의 역사 저서들을 개략적으로 소개할 것이다. 다음으로, 특별고찰로서 『리마예식서』(1982)를 다룬 후, 소결론으로 정리할 것이다.

2. 예배관련 교단 문서

1) 장로교

장로교는 1950년대에 분열하기 시작하면서 1960년대부터 각 교단별로 예배관련 문헌들을 출간하게 된다.

(1) 고신 교단

동 교단의 『헌법』 "예배모범"은 장로교 분열 이전의 것(1934)을 그대로 사용하였으므로 여기서는 생략하며, 예배 예식서 위주로 살펴볼 것이다.

① **예배 예식서**

ⓐ 『표준예식서』(1983)[203]

이 예식서는 고신교단에서 처음 나온 이 예식서이다. 그간 동 교단의 전용 예식서가 없었기 때문에 다른 교단에서 출판된 예식서나 개인이 출판한 예식서를 사용함으로 그 순서들과 용어가 통일되지 않아 어려움을 느끼던 차에 고신 총회에서 표준예식서로서 그 필요성을 인식하고 펴낸 것이다. 제30회 총회에서 선정한 예식서 제정위원들이 펴낸 이 예식서의 특징으로 각 예식을 성경적으로 설명하였으며 예식 전에 준비사항을 수록하였고 해당성구와 예문설교를 곁들인 것 등을 들 수 있다.[204] 이 예식서의 차례를 보면, Ⅰ. 성례식 - 세례식, 유아세례식, 입교식, 학습예식, 성찬예식, Ⅱ. 임직식 - 목사 임직식, 목사 위임(취임)식, 공로목사 추대식, 원로목사 추대식, 군목 안수식, 장로장립(취임)식, 원로장로 추대식, 집사장립(취임)식, 권사 취임식, Ⅲ. 봉헌식 - 예배당 기공식, 예배당 정초식, 예배당 준공식, 예배당 입당식, 예배당 헌당식, Ⅳ. 혼인식 - 약혼식, 혼인식, Ⅴ. 수연(생일) 기념식, Ⅵ. 장례식 - 입관식, 발인식, 하관식, 별세 ( )주년 기념식, 삼우 및 성묘, 화장할 때, Ⅶ. 은퇴식 - 목사 은퇴식, 장로(전도사, 집사, 권사) 은퇴식, Ⅷ. 부록 - 장례식 설교, 혼인식 설교, 인용할 성경구절(생일, 혼인식, 세례식, 성찬식, 임종 및 장례식, 유족위로, 공로목사 추대, 원로목사 추대, 예배당 기공식, 예배당 헌당식 목사 임직식, 수연식 등이다.

이 예식서에는 성찬식을 비롯한 여러 예식을 제시하고 있으나, 주일

---

[203] '표준예식서'라는 명칭은 고신교단 이외에도 합동교단 예식서(1978)의 이름으로 사용하고 있으며, 통합 교단도(1998) 사용했던 일반적인 이름이다.
[204] 대한예수교장로회총회(고신), 『표준예식서』(부산: 羊門 出版社, 1983), "예식서를 내면서."

예배 및 수요예배에 관한 사항은 나타나지 않는다. 동 교단에서 주일예배 의의와 순서에 대해 나오는 것은 나중에 나오는 『예전예식서』(1999)에서이다. 여기서는 '성례식'과 부록 성찬관련 성구 등에 나오는 내용을 중심으로 살펴보고자 한다.

먼저, Ⅰ. 5 '성찬예식'에 '자격과 준비사항,' '예식순서,' '참고' 등과 Ⅷ. '부록' 3. '인용할 성경구절' - '성찬식' 관련 구절들이 나와 있는데 이를 차례로 소개한다.[205]

Ⅰ. 성례식 5. 성찬예식
◇ 자격과 준비사항

1. 1년에 2회 이상 4회 정도 당회가 결정하여 시행함이 좋을 줄 안다(예배모범 7장 6의 ①과 헌법적 규칙 6조 ④). 1회: 1월 1일이나 1월 첫 주일 새벽시간, 2회: 고난주간 목요일 저녁시간, 3회: 9월 첫 주일 낮 예배시간, 4회: 추수감사절 직전 주일 저녁시간
2. 적어도 1주일 전에 교회 앞에 광고하고 기도로 준비케 한다.
3. 무흠 세례교인, 본 교회 교인이 아니라도 합당한 세례교인, 유아세례 후 입교한 자(정치 문답조례 155문). 이 때 성찬 참여자는 가슴에 "성찬"이라고 쓴 리본을 달게 하는 것도 바람직하다.
4. 성찬에 참에 못할 자(정치문답조례 156문)
① 성찬의 뜻을 알지 못하는 자 ② 악행하는 자 ③ 교회 재판에 계류 중인 자 ④ 남이 알지 못하는 은밀한 죄를 범한 자 ⑤ 당회가 교회의 유익을 위하여 허락할 수 없는 자
5. 목사와 수종하는 장로의 까운과 흰 장갑 준비
6. 떡과 포도즙은 당회원이 직접 손수 준비하는 것이 바람직하다.
7. 집례자와 참여자는 정한 자리에서 기도도 준비한다.

---

[205] 대한예수교장로회총회(고신), 『표준예식서』(1983), 28 - 34, 125.

◇ 예식순서

묵도(송영, 다같이) - **성구낭독**(사53:4 - 6) - **기원** - **신앙고백**(사도신경) - **찬송**(567장) - **예식사**(소요리 168문답)[206] - **기도**(대표자) - 성경봉독(고전 11:23 - 32, 요6:47 - 58) - **설교** - **찬송**(① 새161장, ② 새 563장) - 성찬 ①분병(떡 들어 올림, 기도, 분병, 확인) ② 분잔(잔 들어 올림, 기도, 분잔, 확인) - **기도** - **성구낭독**(마26:30; 이에 저희가 찬미하고 감람산으로 나아가니라) - **찬송** - **축도** - **폐회**

〈참고〉

(1) 성례란 무엇인가? 말씀은 귀에 들리는 복음이고, 성례는 시각적 복음이다. 말씀은 성례없이 가능하나 성례는 말씀 없이 무의미하다. 성례의 기원 - 하나님께서 정하셨고 그리스도께서 세우셨다. 성례의 의도 - 교훈상 의미를 새롭게 확인, 교회상 신앙과 은혜를 강력하게 증가, 은혜를 보충, 시험하며 사랑과 교제를 마음에 새기기 위해, 교인 구별 표시로

(2) 성례의 부분 - 물은 죄를 씻게 하는 표, 떡과 포도즙은 영양공급을 표시하는 자연적인 것으로 그리스도의 유월절 양 됨을 상징하는 표

(3) 성례는 몇 가지인가? 구약시대에는 할례와 유월절 예식(창 17장; 출 17장), 신약시대는 세례와 성찬이다. 로마 가톨릭교회는 7가지(성찬, 세례, 혼례, 견신, 고해, 임직, 종도례 등)

(4) 합당하게 장립 받은 목사가 베풀되, 책벌 받은 목사는 베풀지 못한다(정치문답조례 154문).

---

206 원문에는 '소요리 168 문답'으로 되어 있으나, 이것은 인쇄 상 오류로서 '대요리 168 문답'로 수정되어야 한다. 소요리문답은 107개의 문답으로, 대요리문답은 196개의 문답으로 구성되어 있다. 대요리 문답 168의 내용은 다음과 같다. "문 - 성찬이 무엇입니까? 답 - 성찬은 예수 그리스도의 제정하신 대로 떡과 포도주를 주고 받음으로써 그의 죽으심을 보여주는 신약의 성례입니다. 성찬에 합당하게 참여하는 자는 그의 살과 피를 먹고 마심으로 영적 양식이 되고, 은혜로 자라는 것이며, 주님과의 연합과 교제가 확고하여지고, 하나님께 대한 감사와 서약과 한 신비로운 몸의 지체로서 서로 사랑과 교제를 증거하고 새롭게 하는 것입니다." 최병섭 엮음, 『개혁교회 신앙고백서』(광주: 도서출판 신성, 1997), 589.

(5) 성찬에 쓰는 것은 포도즙이나 포도주가 다 가능하나 총회에서 포도즙을 사용키로 하였다(정치문답조례 156문).

(6) 성찬은 예배당에서 베푸는 것이 상례이나 특별한 경우에는 당회의 작정대로 출장 시행할 수 있다.

(7) 교리를 깨닫지 못하는 자와 교회를 부끄럽게 하는 자는 성찬에 참여할 수 없다(예배모범 7장 6의 ②)

Ⅷ. 부록 3. 인용할 성경구절 - 성찬식

창 14:18 - 20, 출 12:3 - 28, 왕상 19:7 - 8, 마 26:26 - 29, 막 14:22 - 25, 눅 22:14 - 20, 요 13:1 - 15, 고전 11:23 - 32

다음으로, 이 예식서에 나타난 성찬 관련 사항들을 분석해 보기로 한다.

첫째, 몇 개로 제시된 성찬 베푸는 날과 시간이다. 1월1일이나 1월 첫 주일 새벽시간, 고난주간 목요일 저녁시간, 9월 첫 주일 낮 예배시간, 추수감사절 직전 주일 저녁시간 등으로 제시되고 있다. 대부분의 장로교회들은 주일 대예배 때 성찬을 시행하는 것으로 인식되어 있는데, 고신 교단 예식서의 성찬수행 날과 시간 등에 있어서 평일(목요일) 또는 주일 새벽, 주일 낮, 주일 저녁 시간 등 다양하게 제시하고 있음을 볼 수 있다.

둘째, 성찬 참여자의 구별방법을 구체적으로 제시한다. 성찬 참여자는 가슴에 '성찬'이라고 쓴 리본을 달게 하는 것도 바람직하다고 한다. 이것은 준비와 참여의 철저성, 구별의식을 잘 나타내 보여주는 것이라 할 수 있다. 여기서 굳이 리본을 달지 아니한다 하더라도 수찬자는 예배에 미리 참석하여 준비하고, 앉을 좌석도 앞자리에 정하여 성찬에 참여하는 것이 좋을 것이다.

셋째, 성찬에 참여하지 못할 자를 정치문답조례 156, 예배모범 7장 등을 인용하여 세부적으로 규정하고 있다. 우리는 먼저 성경구절(고전 11:27

-34. 공관복음서 내용) 등을 제시하고 난 후 이런 규례들을 제시하는 것이 더 좋을 것이다.

넷째, 성찬식 중 첫 순서로 '묵도'와 '송영'을 하는 것으로 나타난다. 일반적으로, '묵도' 후에 다음 순서로 '송영'을 행하는데 여기서는 함께 하는 것으로 되어 있다. 여기서 '송영'이라는 순서를 회중이 시행하는 것인지, 성가대가 부르는 것인지 불분명한 면이 있다.

다섯째, 성찬식의 두 번째 나오는 순서인 '성구낭독'의 본문이 이사야 53:4-6로 나오고, 그 뒤에 '기원'이 나오는데 그 보다는 '기원' 순서가 먼저 와야 순서상 더 적절할 것으로 보인다. 또한 성찬식 해당 성구들을 읽는 '성경봉독'이 설교 앞에 나오는데, 그렇다면 '기원' 앞에 나오는 성구낭독 필요성이 굳이 필요한지 의문을 제기할 수도 있다.

여섯째, 성찬식 중 '예식사' 문구를 웨스트민스터 대교리 168문답의 내용으로 한다는 것이 또 하나의 특징이다. 대부분의 교단들이 행하는 것처럼, 미리 정해진 예식사를 사용하는 것도 좋은 방법이 될 것이다.

일곱째, 수찬순서는 '목사-세례교인-분급위원' 순으로 행한다. 이것은 합동교단의 방식과 동일하다. 그리고 성찬을 받았는지를 확인하는 순서, 소위 '문수찬'(問受饌), '문수배'(問收盃)도 역시 동일하다.

여덟째, 성찬식 순서 중 '성경봉독'에 고린도전서 11:23-32과 요한복음 6:47-58의 말씀을 읽는 것으로 소개되어 있으나, 실제인용은 고린도전서 11:23-32만 수록되어 있다. 또한 부록 Ⅷ. 4. 성찬식에는 요한복음 6장은 빠지고 요한복음 13장이 들어가 있다. 그런데 사실 요한복음 6장도 직접적으로 성찬을 거행하면서 주신 말씀이 아니다. 요한복음 13장 또한 성찬식을 의미하는 것이 아니고 주님께서 제자들의 발을 씻어 주시는 장면에 나오는 말씀이다. 그리고 부록에 언급된 다른 구절들, 창세기 14장, 출애굽기 12장, 열왕기상 19장 등의 말씀들은 성찬에 직접적으로 사용하기 어려운 구절들이다. 그러므로 성찬식에 이런 구절들을 잘못 이용할 수 있으므로 충분한 해설 후에 사용한다든지, 아니면 직접적인 성찬 구절만을 제시하는 것이 더 유익할 것이다.

(2) 기장 교단

① 『헌법』, "예배모범"

ⓐ 『헌법』, "예배모범"(1980)

기장 교단은 1980년 이전까지만 해도 장로교 공통의 "예배모범"을 사용해왔다. 초기 장로교는 1922년 "예배모범"을 최초 출간하였고, 이어 1934년에는 개정판을 내었다. 장로교 교단 분열 후, 기장 교단은 예배모범의 개정의 필요를 느껴 1980년에 이르러 개정판을 출판하였는데, 이전 예배모범과는 아주 다른 구도로 새로운 예배모범을 작성하였다. 여기서 기장 교단의 『헌법』을 개략적으로 제목 위주로 살펴 본 후, "예배모범"에 대해 세부적으로 고찰하고자 한다. 이 헌법의 내용 차례를 살펴보면, Ⅰ. 신조(12신조임), Ⅱ. 신앙고백서(서론, 하나님의 신앙과 성서, 창조와 세계, 인간과 죄, 예수 그리스도와 속량, 성령과 삶, 교회와 선교, 역사와 종말), 제38회 호헌총회 선언서, Ⅲ. 신앙요리문답(복음과 신앙, 삼위일체 하나님, 창조와 구원, 실천과 생활), Ⅳ. 정치(교회정치원리. 교회, 신도, 목사, 장로, 권사·집사, 준목·전도사, 치리회, 당회, 노회, 총회, 공동의회와 제직회, 재정, 선교협력, 의사규정, 헌법개정), Ⅴ. 권징조례(총칙, 소송당사자와 소의 제기, 소송절차, 판결, 상소, 재심, 소원, 재판국, 치리회간의 재판, 시벌 및 해벌, 재판의 특별규정), Ⅵ. 예배모범(1-11장), 부록: 교회행정 제반서식 및 양식 등으로 구성되어 있다. 여기서는 예배모범을 중심으로 개정된 내용을 살펴보고, 분석하고자 한다.

먼저, Ⅵ. 예배모범의 장별 제목 위주로 내용을 요약하여 살펴보기로

한다.[207]

제1장 예배 공동체로서의 교회와 그 사명
1. 교회는 하나님의 부름을 받아 예수 그리스도를 믿는 사람들의 공동체이다.
2. 이 공동체는 먼저 하나님을 예배하며 하나님께 영광과 찬양을 돌려야 할 의무가 있다.
3. 교회를 세우신 하나님은 그 교회가 온 인류에게 구속의 진리를 선포한 사명을 주셨다.
4. 그리스도인은 누구나 받은 은사에 따라 주님을 섬기는 일에 참여해야 한다.
5. 교회가 이 사명을 감당하기 위해서 그리스도의 부름을 받고 안수받은 교역자들이 있다. 교역자와 일반 신도들 사이에는 차별이 있을 수 없다. 둘 사이에 직책의 구분은 있다.
6. 공동예배 준비와 그 책임은 당회에 있으며 예배에 필요한 과제를 집사와 장로 등 직분자들에게 위임할 수 있다.

제2장 하나님의 예배와 선교
1. 예배는 하나님이 주관하신다. 인간은 감사와 찬양으로 응답한다. 모든 예배는 성령의 임재하심이 있어야 한다.
2. 그리스도인의 예배는 공동체의 행위이다. 예수 그리스도 안에서 하나님의 구속행위에 대한 교회 공동체로서 응답이 곧 예배인 것이다.
3. 우리는 하나님의 은혜를 찬양하고 우리 자신의 잘못을 뉘우치며 용서에 대한 감사와 하나님께 대한 순종으로 응답해야 한다.
4. 하나님의 구원역사는 교회의 공중예배 밖에서도 생활을 통한 예배로서 이루어진다.
5. 하나님의 예배는 선교 행위를 통해서도 이루어진다.

---

207 한국기독교장로회총회(기장), 『헌법』 "예배모범"(서울: 한신대학출판부, 1980), 159 - 86.

제3장 하나님의 말씀과 예배

1. 성서는 사람을 구원하는 하나님의 말씀이다. 모든 예배행위는 하나님이 예수 그리스도 안에서 구원의 행위로서 그 의미를 가진다. 하나님의 말씀은 여러 가지 모양으로 그 백성에게 계시된다. 또 예배는 하나님 나라의 종말론적 선취행위로서 그 나라의 잔치를 앞당겨 맛보는 잔치이다.
2. 성서는 인간의 글이나, 성령의 감동으로 쓰인 하나님의 말씀이다.
3. 설교는 인감의 말로써 전해지는 하나님의 말씀이다. 설교는 성서에서 실현된 하나님의 행위를 현재적으로 선포하는 것이 되어야 한다.
4. 성례전은 행동으로 표현된 하나님의 말씀이다. 물, 떡과 포도주로 제정된 이 성례전은 그리스도의 구원의 은혜를 받는 것이다.

제4장 공중 예배의 배열

1. 그리스도교 예배의 첫째 원리는 성서적이어야 한다는 점이다. 교회의 전통과 일관성을 유지하면서 세계 교회의 역사적 경험을 받아들여야 한다. 전통을 살리면서 동시에 고유의 배열을 개발하는 창의성이 강조되어야 한다.
2. 공중 예배의 기본 구조는 네 부분으로 구분하는데, 그 첫째 부분은 개회의 순서이다.
3. 둘째 부분은 말씀의 순서이다. 구약과 신약을 동시에 읽는 것을 원칙으로 한다.
4. 셋째 부분은 응답의 순서이다. 회중은 찬송과 기도로 응답하고 교회의 신조나 신앙 선언에 따라 신앙을 고백함으로써 응답할 수 있다. 여기에 성례전도 응답행위로서 배열된다. 교회의 편의에 따라 주일마다 성찬식을 거행하지 못한다 하더라도 성찬식을 포함한 예배가 완전한 예배임을 주지시켜야 한다.
5. 넷째 부분은 보냄과 결단의 순서이다. 교회는 흩어져 세상에 나아가 하나님의 선교에 동참할 것을 권면한 후 축도로써 회중을 내보낸다. 축도는 성서의 원문에 충실해야 한다.

제5장 성례전

1. 성례전은 행동으로 선포하는 하나님의 말씀이다.
2. 세례는 인간의 죄를 깨끗이 씻어 주는 성례이다. 이 세례는 하나님의 백성 위에 내려 주시는 성령의 역사를 의미한다. 세례를 받음으로 그리스도의 교회에 연합하게 된다.
3. 성례전으로서의 세례는 전체 교회의 행위이다. 이 세례는 공중 예배 가운데 말씀의 순서에 이어서 베푸는 것이 원칙이다. 이 세례는 공동체에 가입하는 행위이기 때문에 한 사람에게 한 번만 베풀어져야 한다.
4. 세례를 받음으로 우리는 하나님의 자녀가 되고 그의 가족의 일원이 된다.
5. 어린이 세례는 공적으로 모든 회중 앞에서 공적으로 이 아이가 하나님의 자녀임을 선포하는 행위이며 약속의 예전이다. 이 예전에서 부모들과 회중은 책임의식을 갖고 임해야 한다. 세례를 받은 어린이는 견신례를 통해 스스로의 신앙을 고백할 때까지는 성찬에 참여할 수 없으나 특수한 경우에 당회의 허락을 받아서 참여케 할 수도 있다.
6. 견신례는 어린이 세례를 받은 사람이 성장해서 스스로 예수 그리스도를 고백하는 것을 인정하는 교회의 입교예식이다. 이 견신례를 받은 후에 교인으로서의 특권과 책임을 부여한다. 교회는 이들에게 성령의 능력을 주실 것을 위해 간구하고 이를 확증한 후 교회 앞에 선포한다. 일반적으로 견신례에 이어서 성찬식을 거행하는 것이 통례이다.
7. 어른 세례는, 어린이 세례를 받지 않은 사람이 성인이 된 후에 신앙을 고백하고 교인이 되고자 할 때 베푸는 세례이다. 이 세례를 받기 전에 그 후보생은 그리스도교의 신앙의 본질과 특권, 책임에 대한 교육을 받아야 한다. 이 세례는 공중예배 때 받는 것이 원칙이나 예외적인 경우(예, 환자)에는 교회를 대표하는 교인들의 참석 하에 베풀 수도 있다.
8. 성찬은 세례의 예전을 통해 공동체의 일원이 된 신자들에게 영원한 생명을 위한 영적인 양식을 제공하는 것이다.
9. 이 성례전의 주인은 성령 안에서 임재하시는 예수 그리스도 자신이시다. 우리는 성찬에 참여함으로써 그리스도가 오실 때까지 하나님의 백성의 계속

되는 역사에 참여하는 것이다.

10. 이 성례전은 기본적으로 네 가지 순서로 표현된다. 그것은 그리스도의 마지막 만찬과 바울을 통해 고린도 전서에 주신 말씀들(마 26:26 - 29, 눅 22:15 - 20, 고전 11:23 - 26)에 따른 교회 전승의 유산이다. 첫째는, 성찬예물 준비하는 행위이다. 둘째는, 감사의 기도를 드리는 일이다. 역사적으로 전해 내려오는 감사 기도의 유형이 있다. 이 기도의 내용이 우리의 감사 기도에도 반영되어야 한다. 셋째는, 분병의 순서이다. 목사가 회중 앞에서 떡을 떼고 포도주를 따르거나 그 잔을 높이 들어 보여줌으로써 예수 그리스도의 살과피를 믿음으로 깨닫게 한다. 넷째는, 배찬의 순서이다.

11. 이 성찬식을 거행할 때 유의할 사항으로 이 성찬의 의미를 말로 다 설명할 수는 없으나 그 때마다 말씀의 빛 안에서 직접 계시하시는 그 뜻을 분별하도록 노력해야 하며 죄인인 우리에게 주시는 은총의 선포행위이기 때문에 감사의 심정으로 성찬에 임해야 한다.

12. 성찬식은 전체 교회의 행위로서 선포되는 하나님의 말씀이므로 일반적으로 전체 회중이 참여할 수 있도록 해야 한다. 그러나 특수한 경우에는 당회가 인정하는 범위 안에서 교회당 밖에서도 거행할 수도 있다. 이것은 개인적인 성찬으로 이해해서는 안 되며 교회 공중예배의 연속으로 이해해야 한다.

13. 세례와 성찬은 선교의 차원에서 이해해야 된다. 세례는 그리스도인의 만인 사제직을 위한 안수식이므로 하나님과 계약을 맺는 행위로 이해되어야 하며, 성찬은 이 만인 사제직의 안수와 계약을 갱신하는 축제로서 생각할 수 있다. 이 두 성례전은 모두 선교의 차원에서 밀접한 관계를 가지고 잇는 종말론적 예전이다.

제6장 회중집회

1. 그리스도의 교회는 주일예배 이외에도 회중의 집회가 강조되어 왔다. 회중집회는 반드시 흩어져 자신들이 받은 은사대로 증거 하는 삶을 사는 살아야 하는 전제를 두고 있다.

2. 회중집회는 모임의 목적이 분명해야 하며, 모임의 시기와 시간도 필요에

따라 조정될 수 있어야 한다. 회중의 요청과 상황에 따라 다양하고 창의적인 모임이 되어야 한다.

3. **새벽기도회**는 역사적으로 그리스도인의 신앙 훈련의 기회로 생각되어 왔다. 본래는 수도원 생활의 일면으로 많은 교회에서 일출 시간을 전후해서 이 기도의 모임을 갖곤 했다.

4. **주일 저녁 모임**의 찬양예배는 교회 공동체의 친교와 훈련을 위해서 중요한 집회이다. 주일 아침예배의 반복이 되어서는 안 되며, 교인들의 신앙적 삶과 증거를 위한 훈련의 기회가 되어야 한다(찬양예배, 헌신예배, 선교활동과 관련된 선교의 밤 순서 등).

5. **수요기도회**는 새벽 기도회와 마찬가지로 중세기의 수도원 생활의 일면을 전승한 회중 집회로서 신도의 신앙 훈련을 위한 기회이다.

6. **구역예배**는 교회의 일정한 지역별 모임으로서 기도와 친교를 위한 집회이다. 삶과 봉사를 통한 그리스도인의 증거를 할 수 있는 선교 공동체의 지체 구실을 할 수도 있다.

7. 이외에도 **특별집회**를 가질 수도 있다. 이런 집회는 개인적인 신앙의 성숙과 교회 공동체의 친교적 성장을 위한 기회가 되어져야 한다(선교의 축제, 사경회 등).

8. 교회에 속한 **각 기관의 모임**도 전체 교회의 선교적 목적과 관련된 집회여야 한다. 간단히 성찬식이나 애찬을 나눌 수도 있다.

9. 모이는 집회 후에 흩어져 교회로서의 선교활동을 시작하는 **선교현장 예배** 같은 것도 바람직하다.

제7장 교회예식

1. 교회예식은 여러 가지 임직식과 봉헌식을 통칭한다.

2. 목사 후보생 공인식, 3. 준목인허식, 4. 목사 임직식(종전에 목사 안수식이라 했음), 5. 목사 취임식, 6. 부목사 부임식과 남녀 전도사 부임식, 7. 시무장로 임직식, 8. 교회 직원 임명식, 9. 목사 전입식(다른 교단의 목사를 본 교단 목사로 받을 때), 10. 노회·총회 임원 취임식, 11. 교회당 정초식, 12. 교회당

헌당식, 13. 교회 설립 공인식과 교회 가입 공인식.

제8장 가정예식

1. 가정예식은 관혼상제의 그리스도교적 예식을 의미한다.
2. 약혼 예식, 3. 결혼식, 4. 임종 예배, 장례의 예식(교회당 안에서 영결의 순서를 갖는 경우와 교인의 집에서 갖는 경우), 하관식, 5. 추도 예식(고인의 생애 기념하고 유족들에게 종말의 희망을 격려해야 함).

제9장 시벌

1. 교회의 책벌은 범과의 성질에 따라 합당하게 베풀어야 한다. 2. 치리회는 자비한 마음으로 판단하고 온유, 겸손한 뜻으로 징계해야 한다. 3. 유기책벌은 치리회 석상에서 본인에게 언도하든지 교회에 공포할 수 있다. 4. 무기책벌은 대단히 신중하게 다루어야 하고 일단 치리회가 판결한 후에 언도한다(회개하여 만족한 증거를 나타낼 때까지 교회의 성찬에 참여하지 못하게 직분 시무 정지된 것을 언도함), 5. 출교는 당회장이 교회 앞에서 심사한 전말을 공식으로 알리고 마 18:15 - 18, 고전 5:1 - 5에 의거하여 부정한 교인을 출교할 권이 있음을 설명하고 선언함(… 본 당회는 그에게 성찬을 참여하지 못하며 성도의 교제가 단절됨을 선언함), 6. 면직 선언(… 충분한 증거가 들어 났으므로 노회 혹은 당회 심사 결과 … 주 예수 그리스도의 이름과 그의 직권으로 파면하고 그 직분 행함을 금함).

제10장 해벌

1. 교회 치리회원들은 수찬 정지를 당한 자에게 늘 관심을 가지고 기도해야 한다. 2. 책벌당한 자가 치리회나 교회 공석 앞에서 자복하게 하고 권징조례의 규정대로 성례 참여와 복직을 허락할 수 있다. 3. 출교 당한 교인이 회개하고 다시 돌아오기를 원할 때 당회는 그 진실을 알아본 후에 당회의 결의로 해벌할 수 있다. 4. 면직을 당한 자가 회개하고 전항과 같이 문답한 후 복직될 수 있으나 다시 피선되어야 시무할 수 있다. 5. 정직한 목사를 복직 또는 임직할

때는 노회가 신중을 기해야 한다.

제11장 헌금
1. 헌금은 헌신의 표징으로서 하나님이 허락하신 물질을 성별하여 드리는 예배행위이다. 2. 교회는 예배와 교육을 통해 물질에 대한 올바른 성서적 이해를 갖도록 해야 한다(모든 신자의 청지기 직분). 3. 헌금하는 자세는 기쁨과 감사로 헌금해야 한다. 4. 교회의 헌금은 교회의 질서와 통일을 세워 시행함이 합당하다. 5. 헌금은 가장 아름답게 효율적으로 사용되어야하며 어느 한 쪽에 치우친 예산 편성이나 집행은 피해야 한다.

다음으로, 이전의 예배모범(1934)과 비교하여 이 예배모범을 간략히 분석하고자 한다. 이전 예배모범은 장로교 공통으로 사용하던 것인데, 새로 개정한 이 예배모범에서는 그 "예배모범"이라는 이름만 동일하게 사용했을 뿐, 구조나 내용을 거의 대부분 새롭게 바꾸었다. 이전의 예배모범은 총 18장으로 구성되었으나 이 예배모범은 모두 11장으로 구성되었다. 공통적으로 나오는 것은 설교, 성례전(세례, 유아세례, 입교), 혼례식과 장례식, 시벌과 해벌, 헌금 등이며 여기서 시벌과 해벌, 헌금은 이전 예배모범에서처럼 맨 나중에 위치해 있다. 그러나 그 세부내용들은 이전 예배모범에 비해 많이 수정되어 있다. 또한 신설된 항목들 중에는 제6장 회중집회에 여러 집회들을 싣고 있으며, 제7장 교회예식에서도 여러 예식들을 싣고 있다. 제8장 가정예식에는 관혼상제를 다루고 있는데 약혼식을 추가하였고, 장례식 등 여러 가지 예식을 추가하였다. 그리고 이전에 있던 항목 중, 금식일과 감사일, 은밀기도와 가정예배는 생략되었다. 이상에서 개략을 살펴보았듯이 이전의 예배모범을 대폭 수정한 이 예배모범(1980)은 이후에 2005년도 예배모범(모두 7장)에서 또 다시 개정되는데 전혀 새롭게 바뀌게 된다(제1장 온 생명의 찬양, 제2장 교회의 예배, 제3장 예배의 원리, 제4장 예배의 순서, 제5장 성례전, 제6장 회중모임, 제7장 상황예식 등).

② **예배 예식서**

ⓐ 『예식서』(1964)

한국 기독교장로회는 1953년 교단 설립이후 1960년 총회에서 예식서를 작성하기로 가결하여 1961년 총회에서 제출된 초안이 통과되었으나 제반 사정에 의해 1964년에 이르러 교단 출범이후 최초의 예식서를 출판하게 되었다. 이 예식서는 미국, 캐나다 등 여러 장로교회와 및 캐나다 연합교회와 한국의 여러 장로교회, 그리고 그 밖의 개혁교파들의 예식서들을 널리 참고해서 만들었다. 서문에서 밝히고 있는 대로, 모든 예식에 있어서 근년 세계적으로 추진되는 예식 개혁 운동에 동조함과 동시에, 될 수 있는 대로 세계적 공통 요소를 도입하는데 노력하였고, 추도식 같은 한국 특유의 사정을 고려하여 예식에 넣은 것도 있다[208] 이 예식서의 특징은, 장로교단들 중에 최초로 교단 예식서에 주일예배를 실었다는데 있다. 이보다 3년 전에 통합 교단에서 먼저 『예식서』(1961)가 나왔지만 거기에는 주일예배가 나오지 않았고 성례전을 비롯한 여러 가지 예전을 실었다.

기장 교단의 이 예식서의 목차를 보면, 크게 '예배,' '성례전,' '교회 예식'으로 구분되어 있고, 세부적으로 '예배'에는 주일 아침 예배와 저녁예배가 나와 있으며, '성례전'에는 세례식(애기 세례, 견신례, 어른 세례)과 성찬식이 나와 있다. 또한 '교회 예식'에는 결혼식, 장례식, 추도식, 임직식(목사 후보생 공인식, 준목 인허식, 목사 임직식, 목사 위임식, 부목사 취임식, 시무 장로 임직

---

208 한국기독교장로회 총회(기장), 『예식서』(서울: 종로서적, 1964), '서문,' 기장 총회는 이로부터 15년 후에 많은 부분을 수정 보완, 신설하여 개정된 예식서(1978)를 내었으며, 최근에 『희년예배서』(2003년)를 내기도 하였다.

식, 다른 교파 목사를 본 교파 목사로 받아들이는 경우의 예식, 총회장 및 신 임원 취임식), 교회당 봉헌식(정초식, 헌당식) 등으로 구성되어 있다. 여기서는 주일 예배를 중심으로, 그리고 성찬식을 간략하게 다루고자 하며, 다음으로 예배에 관한 사항을 분석하고자 한다.

먼저, 주일예배를 살피고자 한다.

주일 아침 예배[209]

1. 예배 시작하기 전

① **환경**: 깨끗이 소제되고 모든 기구가 바르게 정돈되고 제단, 강단, 꽃 등을 정성스럽게 손질해 놓을 것이며 차광, 통풍, 난방 등도 면밀하게 검토 준비되어 있어야 한다.

② **출석**: 성가대, 당번 장로나 집사 또는 일 맡은 위원은 예배 시간 적어도 30분 전에 출석하여 살피고 모든 것을 준비하고 기다려야 한다. 일반 예배자는 적어도 예배시간 직전까지에 들어와 자리에 앉아 고요히 예배 시간을 기다려야 한다.

③ **안내**: 안내는 장로, 집사 또는 위원이 맡은 것으로서 문간에서 교우들을 일일이 환영하고 교우들을 일일이 그 자리까지 안내한다. 자기가 한 곳에 서서 손으로 앉을 자리를 가리키는 것은 예가 아니다. 안내는 주님의 겸손을 연습하는 가장 복된 봉사의 하나다.

④ **성가대**: 성가대는 별실에 모였다가 시간이 되면 행렬에 참여해야 하며 행렬이 없는 경우에는 시간 전에 다 함께 정해진 자리에 참석하여 정중하게 예배를 위하여 기다리며 준비의 기도를 드린다. 성가대원의 자세가 불경건하거나 옆의 사람과 이야기하거나 웃거나 하면 그것은 눈에 뜨이는 잘못이며 예배 분위기는 그것 때문에 심한 파괴를 당하는 것이다.

---

[209] 여기에 나오는 주일 아침 예배는 본문 그대로 옮겨 놓은 것이며, 이하에 나오는 저녁예배는 내용을 간추린 것이다. 여기서 굵은 글씨로 나타나는 부분은 원문에 있는 그대로 쓴 것이다. 『예식서』 (1964), 1 - 8.

2. 예배 시작과 진행

① **시작** 성가대를 선두로 강단까지 행진하는 일도 있고 시간 정각에 목사가 강단에 나타나는 일도 있다. 이 경우에 성가대는 반드시 미리 자리에 정좌해 있어야 한다. 올간 전주가 있다.

② **진행** 목사가 강단에 올라서자 교인들은 일제히 동시에 기립한다. 목사는 **예배를 선언**한다. "다 와서 우리를 지으신 하나님 앞에 예배드리자 그는 우리의 하나님이시오 우리는 그의 백성이며 그의 초장의 양떼임이니라" 교인들이 조용히 머리 숙인다. 목사는 **찬양의 시**를 주께 드린다. "오 하나님, 무한하시고 … 주의 영광이 독생 성자 예수 그리스도 안에 나타나서 그의 안에서 죄인과 화목하게 하시오니 성부, 성자, 성신, 한 하나님께 우리는 영광과 찬양과 존귀를 영세토록 돌리나이다. 아멘" 다음에 **개회기도**를 올린다. "영원하시고 전능하신 하나님 … 주의 공로로 저희를 용납하사 영과 진리로 주를 경배하게 하옵소서. 성자 예수 그리스도 우리 주님 이름을 받들어 기원하나이다. 아멘" 목사와 회중이 함께 씌여진 기도문에 의하여 **참회기도**를 올린다. "전능하시고 지극히 자비하신 하나님 아버지, 우리는 양과 같이 길을 잃고 방황하였나이다 … 오 자비하신 아버지시여, 주 예수 그리스도의 공로와 약속을 보사 참회하는 죄인을 회복시켜 주옵소서 그리하여 이제부터 우리가 경건하고 의롭고 건전한 생활을 할 수 있게 하옵소서. 아멘."

목사가 **용서의 확신**으로 기원을 올린다. "모든 믿는 자들을 보호하시는 하나님, … 참회하는 심령에 용서를 베푸소서. 상한 심령에 속량의 은혜로 채워 주옵소서. 주 예수 그리스도의 온전하신 희생을 통하여 우리의 모든 죄를 제거하시며 우리 양심의 죄책을 씻어 주시옵소서. 아멘." 다음으로 **시편** 몇 구절을 **읽든지 교독**하든지 하고, 이어서 (풍금 반주자는 이리 준비했다가 시편 교독이 끝나자마자 첫 음을 누른다.) **송영(582장)**을 합창한다. 그리고 첫 **성경 봉독**이 있다. 첫 성경봉독에서 구약을 읽는다. 읽을 성경 구절은 미리 표 해 둔 대로 지체 없이 열어 정중히 읽는다. 읽기 전에 "구약성경 제__장 __절부터 제__절까지 봉독하겠습니다."하고 똑똑히 선포한다. 교인들이 따라 찾기를 기다리지 말며 두 번 반복하지 말 것이다. 다 읽은 다음에는 "주께서 그의 거룩한 말씀에 축복하시기 바랍니다."하고 정중하게 그 책을 덮는다. 첫 성경 읽은 다음에 이어서 **사도신경**을 회중 기립하여 함께 고백하고, 계속하여 예배에 합당한 **찬송**(4, 7장 같은 것)을 부른다. 회중이 앉은 다음에 다시 **둘째 번 성경 봉독**이 있다. 이번에는 **신약**에서다. 이 두 번 읽을 성경구절을 다 신약에서 찾는 경우에는 처음에 편지 또는 사도행전, 다음에 복음서, 이렇게 갈라도 된다.

목사가 **목회기도**를 올린다. 목회기도는 반드시 담임목사가 해야 한다. 목회기도에는 찬양과 감사와 간구가 있으나 중보의 내용이 주가 된다. 교회적으로 올리는 것이요 개인적인 사사 기도가 아니다. 목회기도 끝에 이어서 **주기도**를 회중과 함께 드린다. **헌금**은 설교 전에 하기도 하고 설교 후에 하기도 한다. 질서정연하고 행동이 신속해야 하며 헌금기도도 목사가 한다. 간단한 내용이다. (헌금위원은 앞자리에 대기하였다가 가운데로 열을 지어 강단 앞에까지 이르러 연보함을 받아 가지고 각 열을 따라 연보를 거둔 후 다시 정렬하여 발을 맞추어 강단 앞까지 걸어 나와 헌금함을 정중히 바친 후 목사가 기도하고 위원은 정중히 발을 맞추어 돌아간다.) **특별찬양**은 성가대의 일이다. 설교 전에 한다. 목사가 **설교**한다. 이것은 목사에게 맡겨진 특권이다. 25분간을 원칙으로 한다. 설교 후에 간단한 기도가 있다. 설교 후에 설교와 서로 응하는 내용의 **찬송**을 다 기립하여 부른다.

3. 종결

그리고 목사의 **축복기도**로 예배를 마친다. 난잡하지 않게 그러나 기쁘고 명랑하게 산회 한다. 광고는 목사가 적당한 대목에 넣을 것이다. 그것은 정식 예배 순서에 들어갈 성질의 것은 아니나 실제상 아주 뺄 수도 없다.

*광고는 적당한 위치에 할 것

〔예배순서만 요약하면 다음과 같다: 예배선언 - 개회기도 - 참회기도 - 용서의 확신 - 시편교독 - 송영 - 첫 성경봉독(구약) - 사도신경 - 둘째 번 성경봉독(신약) - 목회기도 - 주기도(회중과 함께) - 헌금(설교 전이나 후) - 특별찬

양 - 설교 - 축복 기도 - 산회]

저녁예배 [필자가 요약하여 제시함]
시작(시편이나 찬송을 목사가 읽든지 교인과 함께 노래로 부를 수 있다) - **목사의 참회와 간구의 기도** - **주기도** - **시편 교독** - **송영**(582장) - **성경 봉독** - **찬송** - **기도**(찬양과 회개와 감사와 간구, 중보의 내용) - **설교** - **간단한 기도**(교인이 다 함께 하든지 몇 사람을 지목하여 기도 제목을 주어 간결한 기도를 하게 하는 일이 종종 있어도 좋음) - **찬송**(설교에 서로 응하는 내용의 찬송) - **축도**(목사는 회중을 축복하고 예배를 마침)

이어, 성찬식을 간략하게 소개하고자 한다.[210]

성찬식
대예배 때의 순서의 하나로 거행하는 짧은 형식의 성찬식
성찬예식은 당회에서 작정하고 적어도 한 주일 전에 회중에게 광고하여 마음 준비를 시키는 것이며 무흠한 세례교인이면 참여할 수 있는 것이다.
목사는 성찬대에 나와 **성찬초대의 말을 하고 성경을 읽음**("수고하고 무거운 짐진 자들아…," "나는 생명의 양식이니 내게 오는 자는 …," "의 사모하기를 주리고 목마름같이 하는 자는 복이 있나니 …") - **목사의 간단한 기도**("하나님이시여, … 주의 초청을 받아 … 우리의 몸을 하나님이 기뻐하시는 산 제사로 … 아멘") - **사도신경**(신앙고백) - 고전 10:23 - 26까지 읽음 - 배찬할 장로나 목사를 성찬대 앞에 서게 하고 목사가 **기도함**("사랑 하는 주님 … 생명의 떡과 새 언약의 잔을 마시게 하옵소서 … 아멘.") - 목사가 성찬상을 덮은 보를 벗김 - 목사가 **떡 접시를 들고 성구**("주 예수께서 잡히시던 밤에 떡을 가지사 …")를 읽고 배찬자에게 떡 그릇을 주면 배찬자는 **먼저 목사에게 드리고 이어**

---
[210] 한국기독교장로회 총회(기장), 『예식서』(1964), 18 - 23.

회중에게 배찬함 - 성가대의 수난 성가 또는 목사의 적당한 성구나 성시 낭독 (사 53장, 요 6;27 - 35, 묵시록 5:9 - 10, 5:12, 구약의 메시야 예언 등) - 배찬자가 돌아오면 목사가 **배찬자들에게 떡을 줌** - 목사가 **잔 쟁반을 들고 성구를 읽음**("식후에 또 이와같이 잔을 가지시고 …") - 목사가 배찬자에게 잔 쟁반을 주면 배찬자는 **목사에게, 그 다음에 회중에게** 잔을 나누게 함 - 배찬자가 돌아오면 목사가 **배찬자들에게 잔을 줌** - 성찬대를 덮고 배찬자들은 자기 자리로 돌아 감 - 온 회중이 찬송 부름(269장 또는 적당한 찬송) - **축복의 기도** ("하나님 아버지, 독생자를 우리에게 주시고 … 성부, 성자, 성신, 전능하신 하나님의 축복이 온 교회에 충만하시기를 주님의 이름으로 축원하옵나이다. 아멘.")

여기서 위에 제시된 수찬 순서와 다른 방식들을 소개하는데, 하나는, 동시수찬의 방식으로서 먼저 목사와 회중이 떡을 다 받고 나서 함께 떡을 먹고, 그 후에 잔을 모두 받고 다 같이 잔을 마시는 방법이다. 다른 하나는, 먼저 목사가, 다음으로 배찬자, 그리고 회중의 순으로 배찬하는 방식이다.

다음으로, 이 예식서에 나오는 주일 예배와 성찬식에 대해 분석하기로 한다.

첫째, 예배를 '예배의 선언'으로 시작한다. 이전에 한국교회에서는 '묵도'로 시작했던 것이 일반적이었는데 이 예식서에 이 순서를 예배 시작부분에 넣음으로써 장로교 교단 예전서로는 처음으로 사용한 것이다. 감리교에서는 이 용어와 비슷한 용어로 '예배에의 부름' 순서를 1962년 『교리와 장정』에 최초로 반영하였는데 이 두 용어가 같은 순서인지는 대해서는 논증이 필요하다.

둘째, 주기도의 위치이다. 주기도가 주일 아침 예배와 저녁 예배에 모두 들어 있는데, 그 순서는 다르다. 주일 아침 예배 때는 예배의 중반부,

즉 목회기도 다음, 설교 앞에 위치한다. 이에 비해, 저녁예배 때는 예배의 초반부에 위치한다. 성찬식을 거행할 때는 주기도문이 수찬 앞에 시행하는 것이 오랜 교회의 전통인데 이 예식서에는 성찬식에 반영되지 않았다. 한국 장로교에서 주기도가 맨 먼저 나온 문서는 소열도의 『예배첩경』(1934)으로 주일 낮 예배가 아니라 주일 저녁에 나왔는데 비해, 이 예식서는 장로교 교단 예전 서 중에서 주기도가 주일 낮 예배에 나온 것으로서는 첫 번째 사례로 보인다.

셋째, 사도신경은 주일 아침 예배와 성찬식에 나온다.

넷째, 찬송 순서와 기도 순서의 비중에 관한 것이다. 이 두 순서에 대해 주일 오전 예배에는 찬송 4회, 기도 6회(용서의 확신과 축복기도를 포함한다면) 나온다. 저녁 예배에는 찬송 4회, 기도 4회가 나온다. 이를 보면, 예배 중에 예배순서들이 균형적으로 배치되어야 하는데 주일 오전 예배에서 기도에 너무 치우친다는 인상이 든다.

다섯째, 축도에 관하여 이 예식서에 두 용어를 사용하고 있다. 주일 오전 예배에는 '축복기도'로, 주일 저녁 예배에는 '축도'로 칭하고 있다. 이 둘은 같은 의미이지만, 원래 이 순서는 영어의 Blessing, 또는 Benediction을 번역한 말로 '축복' 또는 '강복'이라고 하는 용어가 더 적절하다고 본다. 현재 한국 교회에서 이 순서를 기도의 한 순서(축원)으로 보는 교단도 있기만, 필자는 그 의미보다 하나님께서 주시는 복을 선포하는 의미로 받아들이는 입장이다.

여섯째, 성찬의 배찬 순서에 대해 3가지 방법을 소개하고 있는데 그것은 첫 번째는 '목사 – 회중 – 배찬자(장로)', 두 번째는 '동시수찬', 세 번째는 '목사 – 배찬자(장로) – 회중' 등이다. 이중에서 첫 번째 방법은 장로교에서 오랫동안 지켜온 것이며 세 번째 방법도 사용하는 교회도 많이 있다. 이 중에서 세 번째 방법이 초대교회 때부터 시행된 방법으로 소개되기도 한다. 이에 비해, 두 번째 방법은 현재 장로교회에서 잘 시행되는 방법은 아니지만 여건만 조성된다면 시도해 볼 만한 방법이다. 이 방식을 사용하려면 단번에 성찬이 돌아갈 수 있도록 떡과 잔이 충분히 준비되어 있어야 하며, 떡과 잔을 먼저 받은 사람들이 기다리는 시간도 함께 고려해 보아야 할 것이며, 또한 사전에 미리 설명하고 충분히 숙지된 상태에서 시행하도록 해야 할 것이다. 이와 같이 성찬 배찬 방식은 전통에 매어 오직 한 가지 방식으로만 시행할 것은 아니며 다양하게 시행될 수 있으나, 반드시 목회자와 회중의 신학적 이해를 전제로 해야 할 것이다. 또한 너무 자주 방식을 전환해서 회중들을 혼란에 빠뜨리게 할 수도 있는 문제도 염두에 두어야 할 것이다.

ⓑ 『예식서』(1978)

기장 교단의 1964년 판 예식서(초판)가 나온 지 얼마 되지 않아 매진되자, 1972년 총회에서 새로운 예식서의 가능성을 제의하게 된다. 그 이유로는 초판의 지형(紙型)이 보존되지 않았고 예식서의 내용이 교회 헌법의 정치 편과 예배모범 내용 사이에 다소 차질이 생겼고, 그간 10여 년간에 예배신학의 발전과 세계교회 예배갱신에 대한 시도와 경험을 예배서에 반영할 필요성을 느끼게 되었던 점 등을 들었다.[211] 이런 문제점들을 보완하고 다소 수정을 가하고 증보하여 기장 교단의 두 번째 예식서로 나오게 된 것이 바로 이 『예식서』(1978)이다. 이 예식서가 초판 예식서와의 현저한 차이는 현대 예배의 신학과 예배갱신 운동의 현대적 경향을 크게 반영한 점이다. 또한 에큐메니칼적인 전통과 유산을 활용하고 옛 형태의 예배의식을 새롭고 창의적으로 표현하려고 노력한 흔적을 발견할 수 있다.[212]

이 예식서의 차례를 살펴보면, 서문에 이어 Ⅰ. 공동예배-주일예배

---

211 한국기독교장로회총회(기장), 『예식서』(서울: 한국신학대학 출판부, 1978), '서문'(1면)
212 한국기독교장로회총회(기장), 『예식서』(1978), '서문'(2면)

의 내용 및 주일예배 순서(성찬식을 포함한 예배 1, 2, 3), 어린이 세례 순서(1,2) 어른 세례와 견신례 순서(1,2), 성찬을 제외한 주일예배의 내용(1, 2)가 실려 있다. Ⅱ. 교회집회-아침기도회, 저녁기도회, 간단한 성찬식, 애찬식, Ⅲ. 교회 예식-목사후보생 공인식, 준목 인허식, 목사 임직식, 담임목사 취임식, 부목사 부임식, 장로 임직식, 교회직원 임명식, 신입교인 환영식, 어린이 봉헌식, 목사 전입식, 노회·총회임원 취임식, 교회당 정초식, 교회당 헌당식, 교회설립 공인식 등이 제시되어 있으며, Ⅳ. 가정예식-약혼식, 결혼식, 임종식, 입관식, 장례식, 하관식, 추도식 등이 담겨 있다. 마지막으로 부록Ⅰ. 예배자료-예배부름, 개회기도, 죄의 고백, 용서의 선언, 찬양사, 봉헌사, 헌금기도, 감사의 기도, 남을 위한 기도, 자기를 위한 기도, 분부, 축도 등이 나타나 있고, 부록Ⅱ. 교회력에 따른 성서일과 1, 2가 실려 있다.

여기서는 주일예배(성찬식 유무 예배)와 교회 집회(아침과 저녁 기도회, 간단한 성찬식, 애찬식)을 간략하게 살피고 분석하도록 한다.

먼저, Ⅰ. '공동예배'에 나오는 주일예배 세부사항을 살펴보기로 한다. 이 주일예배에는 성찬식을 포함한 예배, 성찬식을 생략한 예배 등 두 가지 다 제시하고 있다.

주일예배의 내용〔성찬식을 포함한 예배임〕

기본요소	부가요소
예배부름	시편윤독
예배찬송	
죄의 고백	
용서의 선언	
응답	(영광송, 찬송 혹은 시편)
기도	(혹은 그날의 기도)

구약성서 봉독
신약성서 봉독
설교   찬양사, 혹은 기도
                                         간증, 결단의 기도
신조   찬송
교회의 소식
신조의 기도
평화의 인사
헌금   찬양 또는 특송
                                         봉헌송

성찬초대
성찬기도
주의 기도
성찬(수찬을 의미함)
응답
찬송
분부
축복기도

주일예배 순서(1)
* 개회예배 *

예배사(혹은 성구 요3:16, 고전5:19 - 20)) - 예배 찬송 - 죄의 고백(공동 기도 후에 개인 죄 고백할 기회 줄 수도 있음, 후에 "하나님의 어린 양"으로 기도나 찬송할 수도 있다) - 용서의 선언(딤전 1:15, 롬 8:1-2, 성부, 성자, 성령의 이름으로 죄 용서 선언) - 영광송(성부, 성자, 성령, 영원히 영광 받으옵소서…) - 기도(목회자나 회중의 대표)

* 말씀의 예배 *

구약봉독 - 신약봉독 - 찬양(성가대나 공동으로) - 설교 - 신조(사도신조나 그 밖에 적절한 교회의 신조) - 화해의 찬송(설교의 주제와 맞게) - 평화의 인사(교우 간 인사나 교우소식) - 중보의 기도(전 세계의 평화, 하늘나라의 확장, 인류의 구원 위한 기도; 전통적으로 연속기도가 바람직)

* 성찬의 예배 *
성찬사(성찬초청의 말) - 헌금/성찬예물(배찬위원이 성찬예물을 가지고 가면 헌금 위원이 뒤 따라 가며 헌금과 성찬예물을 상위에 놓음, 이미 떡과 포도주가 상에 놓여져 있으면 상보를 걷음) - 봉헌송 - 제정의 말씀(고전11:23 - 25) - 성찬기도(목사 혹은 회중이 함께 할 수도 있음, 기도 중 성령으로 함께 하여달라는 기도, 즉 epiclesis 에피클레시스 포함) - 주의 기도 - 성찬분배(목사, 회중, 배찬자들 순서로) - 감사기도

* 파견의 예배 *
결단의 찬송 - 파견사(목사의 권고, 살전 5:14 - 18) - 축복의 기도("주 예수 그리스도의 은총과 하나님의 사랑과 성령께서 이루어주시는 친교가 여러분에게 항상 함께 하시기를 축원합니다.") - 송영(기악의 짧은 후주나 성가대의 송영)

주일예배 순서(2)
* 부름과 나옴 *
(예배시간에 맞추어 목사의 강단 등단과 올겐 전주의 끝이 동시에 되게 함. 목사가 등단하자 회중이 일어선다. 목사가 사회단에 서서회중을 예배에로 부른다.)
예배부름(요4:23 - 24) - 나옴 찬송 - 고백의 기도(목사와 회중이 함께) - 용서의 선언(복음의 기쁜소식을 들어 보십시오 … 이제 그리스도 예수 안에서 우리의 죄가 용서받은 것을 선언합니다. 하나님께 영광과 찬송을 드립시다.) - 영광 찬송 - 오늘의 기도

* 말씀과 신앙 *

구약의 말씀 - 신약의 말씀 - 기다림 찬송(성가대의 찬양으로 대치할 수 있음) - 오늘의 증언(설교의 끝은 짧은 기도나 찬양사로 끝맺을 수도 있음) - 신앙고백 - 성도의 교제(교우 간 인사, 교회소식 시간으로 할 수도 있으며 '목회기도'를 삽입할 수도 있음) - 선교헌금 - 봉헌찬송(간단한 봉헌기도를 드릴 수도 있음.)

* 몸과 참여 *

주님의 초청 - 몸에 대한 말씀(고전11:23 - 26) - 축사와 성별(surusum corda: 마음을 드높이, sanctus: 三聖誦, epiclesis 포함) - 주기도 - 분병과 배찬(목사와 배찬 위원, 회중 순으로 할 수도 있음) - 감사의 기도("하나님 아버지, 예수 그리스도와 성령 안에서 거룩한 식탁, 성찬을 베풀어 주시오니 감사합니다 … 우리도 주님을 섬길 수 있는 결단을 하도록 도와주시옵소서 … 아멘)

* 보냄과 분부 *

응답의 찬송 - 보냄의 축복("… 우리 아버지 하나님의 사랑과 주 예수 그리스도의 은총과 주 성령의 평화가 여러분에게 내리시기를 빕니다." 회중: 아멘) - 분부의 말씀(회중이 세상을 향하여 돌아선 후, 신자에게 부름받은 책임을 다하라고 권한 후 마28:19 읽음) - 송영(올겐 후주나 찬양대의 성가)

주일예배 순서(3)

* 모이는 교회 *

모임찬송(목사와 성가대 혹은 회중이 행렬로 입장하며 부를 수 있다.) - 임재의 기원 - 죄의 고백(개인의 죄를 고백하는 침묵의 시간을 가질 수도 있음. 다음의 기원을 공동으로 낭독하거나 노래로 할 수 있음 "주여 우리를 불쌍히 여기소서. 그리스도여 우리를 불쌍히 여기소서. 주여 우리를 불쌍히 여기소서.") - 용서의 말씀("… 예수 그리스도 안에서 우리의 죄는 용서를 받았습니다. 우리도 서로의 허물을 용서합시다 …) - 시편교독 - 오늘의 간구(목사, 장로, 아니면 회중의 대표자가 드릴 수 있음, 교회 전통에 따라서는 '오늘의 기

도'를 드릴 수 있음)

* 말씀 듣는 교회 *

옛 계약의 말씀 - 영광 찬송 - 새 계약의 말씀 - 특별 찬양(성가대나 독창 또는 중창) - 오늘의 말씀(설교를 짧은 기도나 찬양사로 끝맺음) - 신앙 선언(사도신조나 우리의 신앙선언을 같이 선언함) - 성별의 찬송

* 행동하는 교회 *

주님의 초대(마 11:28 - 30, 요 6:35) - 응답의 선물(예비한 예물을 가지고 배찬위원은 성찬예물을 가지고 헌금위원과 함께 대기하고 다음의 찬송을 부를 때 앞으로 나가 헌금은 성찬상 뒤에, 성찬예물은 식탁위에 놓음. "만복의 근원 주 하나님 … 찬양 성부 성자 성령, 아멘," 봉헌기도를 목사와 회중이 공동으로 드림) - 행동에 대한 말씀(눅 24:16 - 32) - 감사의 기도(마음을 드높이: sursum corda, 성령임재기도: epiclesis 포함) - 주기도 - 행동의 참여(빵과 잔을 나누어 준 후 상보를 덮음) - 응답의 기도(목사와 회중이 성찬 참여한 것을 감사드리며 성찬이 행동을 수반하는 믿음을 가지게 해달라고 기도함.)

* 흩어지는 교회 *

선교의 소식(교우들의 선교적인 활동에 대한 소식을 전함) - 결단의 찬송 - 보내는 말씀(마5:16 읽고 하나님은 신자들 통해 선교를 항상 계속하고 계심을 말함) - 축복 기도(회중을 뒤로 돌아서 세상을 향하게 하고 할 수도 있음. "하나님 아버지와 주 예수 그리스도와 주 성령께서 열 교우들에게 평화를 내려 주시고 믿음과 더불어 한 없는 사랑과 축복을 베풀어 주시기를 축원하나이다. 아멘.")

성찬식을 제외한 주일예배의 내용

기본요소	부가요소
예배부름	시편윤독

    예배찬송
죄의 고백
용서의 선언
    응답   (영광송, 찬송, 시편)
    기도 (혹은 그날의 기도)
    구약성서 봉독
    신약성서 봉독
    설교   찬양사, 혹은 기도
                                            간증, 결단의 기도
    신조   찬송
                                            교회의 소식
                                            신조의 기도
    평화의 인사
    헌금   찬양 또는 특송
                                            봉헌송
    응답의 기도
    주의 기도
    찬송
    분부
    축복기도

성찬을 제외한 주일예배(1)
* 모이는 교회 *
전주 - 입장 찬송 - 예배 부름 - 개회 기도 - 예배 찬송 - 고백의 기도 - 연도 - 용서의 선언 - 영광송

* 말씀을 듣는 교회 *
기도 - 구약성서 봉독 - 사도서신 봉독 - 시편 찬미 - 복음서 봉독 - 찬송 - 설

교 - 찬송

*** 응답하는 교회 ***
교회소식 - 헌금 - 헌금 기도 - 일반 기도 - 주의 기도

*** 흩어지는 교회 ***
결단의 찬송 - 분부 - 축도 - 후주

성찬을 제외한 주일예배(2)
전주 - 입장찬송 - 예배 부름 - 개회 기원 - 예배 찬송 - 고백의 기도 - 용서의 선언 - 구약성서 봉독 - 사도서신 봉독 - 시편 찬미 - 복음서 봉독 - 일반 기도 - 교회 소식 - 헌금 - 헌금 기도 - 찬송 - 설교 - 찬송 - 분부 - 축도 - 후주

이어, Ⅱ. '교회 집회'에 나와 있는 아침기도회, 저녁기도회, 간단한 성찬식, 애찬식에 대해 소개하고자 한다.

아침기도회
예배 부름 - 찬송 - 시편 교독 - 성서 봉독 - 오늘의 명상 - 기도 - 찬송 - 권면과 축도(딤후 2:15, 골 1:2, 살후 1:2)

저녁기도회
예배 부름 - 찬송 - 시편 교독 - 기도 - 성서 봉독 - 찬송 - 저녁 명상 - 특별순서 - 기도의 친교 - 찬송 - 권면과 축도

간단한 성찬식
(가정이나 교회의 그룹 또는 성서 연구반에서 필요에 따라 거행할 수 있다. 교회가 늘 사용 하는 성찬 기물을 사용하지 않고 일반 식탁처럼 차려도 좋다.)

성서의 교훈(눅 24:30 - 35, 눅 9:10 - 17, 눅 14:15 - 24, 요 6:25 - 34, 고전 10:24 - 34 중 하나 선택) - 성찬기도(하나님의 사랑과 활동에 대한 감사, 예수 그리스도의 죽으심과 부활 기억하면서 성령의 임재 기원 기도, 개인적으로나 그룹으로서 하나님의 선교의 뜻을 위해 바치기로 작정하는 결단의 기도) - **분병과 배찬**(한 덩이의 빵을 돌려가며 각자가 떼어 먹을 수도 있다. 같은 잔을 돌려가면서 마실 수도 있고 큰 병 또는 주전자를 돌려가면서 자기 잔에 부어 마실 수도 있다.) - **응답의 기도**(성찬에 대한 감사, 간구나 중보, 세상에서 그리스도의 몸을 세우는 사명과 책임을 다하겠다는 기도, 참여자가 돌아가면서 즉흥적인 기도를 드릴 수 있으나 구체적인 기도가 바람직하다.) - **결단의 찬송 - 분부와 축도**

애찬식

(애찬은 "아가페 식사"라고 불려지는 그리스도인들의 공동 식사로서 성찬식과 혼동해서는 안 된다. 애찬은 예수께서 제자들과 함께 나눈 식사를 회상하는 것으로서 그리스도인들이 한 가족처럼 모일 때마다 친교의 표현으로 역사적으로 전승되어 오고 있다. 애찬은 보통 식탁에서 행해지며 참여한 회중의 대표자나 그들의 도움을 받아 목사가 주재할 수 있다. 공동 식사를 위한 상을 차려 놓고 회중이 둘러앉은 다음 사회자가 일어서서 인도한다)

찬송 - 환영사 - 성서 봉독 - 주의 기도 - 성서봉독("해가 기울기 시작하자 열두 제자가 예수께 와서 여기는 외딴 곳이니 군중을 헤쳐 제각기 근방 마을과 농촌으로 가서 … 빵 다섯 개와 물고기 두 마리밖에 … 모두 배불리 먹고 남은 조각을 모아 들였더니 열두 광주리나 되었다." 눅 9:12 - 17) - **기도 - 공동식사**(보통 다섯 개의 빵을 식탁 중앙에 차려 놓는다. 사회자가 빵 한 개를 들어 둘로 떼어 하나를 오른편으로, 다른 하나는 왼편으로 돌린다. 회중은 빵을 떼어 골고루 나누어 먹는다. 나머지의 빵도 그렇게 나누어 먹는다. 그리고 공동식사를 시작한다. 사회자는 식탁의 화제를 제시할 수도 있다. 그리하여 식사를 즐겁게 한다. 공동식사가 끝나면 다음 순서를 진행시킨다.) - **사랑의 교훈**

(회중 가운데서 한 두 사람 선정하여 다음의 성서 말씀 중에서 하나나 둘을 선택하여 봉독하게 한다. 마 22:34 - 40, 눅 14:16 - 24, 고전 13장, 고후 9:6 - 15, 빌 2:5 - 11, 성서 봉독 후 명상의 기회를 줄 수도 있다.) - **기도**(창조주 되시는 우리의 하나님 … 우리가 나누어 먹은 그 빵 한 덩어리가 땅위에 뿌려진 낟알들이 모여져 된 것처럼 주님의 교회도 하나로 … 아멘.) - **찬송**(혹은 송영) - **권면**(요일 4:7 - 21 낭독으로 대치할 수도 있다) - **축복의 기도**

다음으로, 주일예배(성찬식을 포함하거나 포함하지 않는)와 애찬식에 대하여 분석하고자 한다.

첫째, 기장 교단 예식서로는 처음으로 주일예배의 유형을 다섯 가지로 제시하였다. 이전에 나왔던 동 교단의 예식서(1964)에는 주일예배(주일 아침, 주일저녁)가 각각 한 개 씩만 소개되었으나 이 예식서에는 주일예배가 성찬식을 포함(3개 순서)하거나, 포함하지 아니한 순서(2개)가 다양하게 소개되어 있다. 이와 비교하여 통합 교단에서는 1961년 예식서에 주일예배가 나오지 않았고 1977년에 나온 예식서에 주일예배를 본격적으로 주일 낮(6개), 주일 저녁(4개), 그리고 수요 기도회(2개)가 나와 있어 기장 교단 보다도 1년 먼저 더 많은 예배순서들을 소개하고 있다. 합동 교단은 『표준예식서』가 1978년에 나오나 성찬식을 비롯한 예식들 위주로 되어 있고 주일예배는 나와 있지 않으며, 1993년 『표준예식서』에 가서야 주일예배(낮, 밤 각 1개 순서)와 수요기도회 순서가 나온다.

이 예식서에서 각 순서를 네 개의 큰 주제로 나누고 있다. 성찬식을 포함하는 주일예배 (1)형은 개회예배, 말씀의 예배, 성찬의 예배, 파견의 예배로, (2)형은 부름과 나옴, 말씀과 신앙, 몸과 참여, 보냄과 분부로, (3)형은 모이는 교회, 말씀 듣는 교회, 행동하는 교회, 흩어지는 교회로 나누고 있다. 또한 성찬을 제외한 주일예배 (1)형은 모이는 교회, 말씀 듣는 교회, 응답하는 교회, 흩어지는 교회로, (2)형은 큰 구분 없이 되어 있다. 이 예배서에서 이런 구분을 하는 것에 대해 문제점을 지적할 수 있을 것이다. 하나는, 성찬식 있는 예배 중에 (2)형에 대해 성찬식을 '몸과 참여'라는 구분에 대해 낯설기도 하며 한편 성찬식 참여를 '몸과 참여'라고 부름에 대해 용어상 적절한지 신학적인 질문을 던질 수도 있을 것이다. 성찬식의 빵과 포도주에 대한 참여를 몸과 참여라는 말로 표현할 수 있는가 하는 점이다. 또 다른 하나는 성찬식 있는 예배 중에 (3형)에서 성찬식을 '행동하는 교회'로 묶은 것도 문제를 제시할 수 있을 것이다. 말씀예배에는 행동이 없다는 말인가? 행동을 성찬에만 국한시킬 때 말씀에 대한 이해는 어떻게 해야 할 것인가? 아마도 이런 구분법은 어떤 신학적인 깊은 숙고보다는 새로운 용어를 만들어 신선한 느낌을 주고자 했던 것으로 보이나 교단 예식서에서 용어사용은 적절하고 신중해야 하리라고 판단된다.

둘째, 이전 예식서에서 나왔던 '참회기도'와 '용서의 확신'에 대해 이 예식서에서는 '죄의 고백'과 '용서의 선언'으로 표현되어 용어가 다르게 나온다. 이 '죄의 고백'은 이전과 같이 목사와 신자가 함께 기도하는 형식을 취하고 있고, '용서의 선언'은 이전 예식서에 용서를 구하는 '기원'을 올린 것과는 달리, 성구를 인용(롬 8:1-2)한 후 성부, 성자, 성령의 이름으로 용서를 '선언'하고 있다. '선언'은 하나님의 권위로 선포하는 것이요, 이와는 다르게 '기원'은 소원을 아뢰는 기도의 한 종류이므로 이 둘 사이에는 대상면에서 차이가 있는데, '선언'의 대상은 신자들이며, '기원'의 대상은 하나님인 것이다.

셋째, '연도'의 사용에 관해서이다. 성찬을 제외한 주일예배 (1)에서 '고백기도'와 '용서의 선언' 사이에 '연도'를 넣고 있다. 여기에 나타난 '연도'는 '주님(그리스도), 우리를 불쌍히 여겨 주소서'라는 기도로서 헬라어 '키리에 엘레이손'를 연이어 3번 반복하는 내용으로 되어 있다. 이 '키리에 엘레이손'은 흔히 로마 가톨릭 교회나 동방정교회, 그리고 영국 국교회에서 연원되거나 사용하는 기도문으로 알고 있으나, 사실 신약 성경(마

20:30)에 근거한 것으로 초대교회 때부터 예전에서 사용해 왔던 것이며, 예배의 정신에도 잘 맞는 의미가 있으므로 한국 개신교에서도 이 기도문을 적절히 사용하는 것이 좋을 것이다.

넷째, 성경봉독에 관해서는 제시된 모든 유형에 '구약의 말씀'과 '신약의 말씀' 봉독으로 나온다. 이것은 이전 예식서에도 동일하게 신약과 구약을 봉독하는 순서가 나와 있다. 여기에 추가하여 주일예배(성찬 없는) 2개의 순서에 신구약 성경봉독 이후에 '복음서 봉독'이 설정되어 있다. 또한 '시편교독'에 대해서는 5개의 순서 중 3개의 순서에 나타난다.

다섯째, 설교본문에 관한 것이다. 설교본문이 앞서 봉독한 것과 다를 경우 설교본문을 다시 봉독하고 설교한다고 되어 있다(5개의 순서 중 3개의 순서).

여섯째, 신앙고백에 관한 것이다. 이 신앙고백은 성찬 있는 주일예배의 설교 후에 나오는데(3개 순서 중 2개 순서에) 사도신조나 그 밖에 적절한 교회의 신조를 사용할 수 있다고 하였다. 여기서 기장 교단의 '우리의 신앙선언'[213]도 가능하다고 하였다(1개 순서에). 이와 유사하게 곽안련은 일찍이 『목사지법』(1919)에서 신앙고백의 일종으로 장로교 12신조를 사용할 수 있다고 하였다.

일곱째, 헌금순서에 관한 것이다. 이 예식서에서 '헌금'은 대부분 설교 뒤의 순서로 나와 있으며, '성찬 없는 주일예배'(2)에만 설교 앞에 나오는 것으로 나와 있어서 설교 후에 헌금하는 순서가 더 많이 나타나고 있다. 이 두 가지 경우가 다 나오는 것을 볼 때, '헌금' 순서는 설교 앞이나 뒤에나 다 가능하다는 점을 보여주고 있다. 한국교회 초기 예배에 있어서 헌

---

[213] '우리의 신앙선언'이란 한국기독교장로회 신앙고백 선언서 내에 들어 있는 선언문으로 1972년에 나타난 것이다. 그 본문은 크게 구분하여 성부 하나님, 성자 예수 그리스도, 성령 하나님, 교회, 역사의 종말과 완성을 믿는 내용으로 되어 있다.

금 순서는 장로교, 감리교, 성결교 할 것 없이 모두 설교 앞에 위치해 있었다. 이것이 1960년대에 들어서서 설교 전과 후, 다 가능한 순서로 나타남으로 순서의 융통성이 주어진 것이다. 다만 루터교는 전통적으로 헌금이 설교 뒤로 고정되어 나온다.

여덟째, 성령임재기도에 관한 것이다. '성찬과 함께 하는 주일예배'의 분병과 배찬 순서 전에 나오는 성찬기도 순서에는 '마음을 드높이'(수르숨 코르다), '상투스'(三聖誦), '성령 임재기도'(epiclesis)가 들어있다. 여기서 '성령 임재기도는 떡과 잔에 참여하는 자에게 성령으로 함께 해 주시기를 기원하는 내용이다. 한국 교회 교단 예식서에서 '성령 임재기도'는 처음으로 통합 교단의 1977년 『예식서』에서 언급되었는데 거기서는 떡과 포도즙에 성령임재를 기원하는 내용으로 나온다. 여기에 더하여 기장 교단의 이 『예식서』(1978)에서는 성찬 참여하는 자에게도 임하게 해달라는 내용을 추가하고 있다.[214] 기도문의 내용상 약간의 차이가 있기는 하지만, 이 두 교단의 예식서들에 반영된 성령 임재기도는 세계기독교협의회(W. C. C.) 산하 기관인 신앙과 직제 위원회에서 나온 『리마예식서』(1982)보다 먼저 성령임재 기도를 반영했다는 면에서 그 의미가 크다.

아홉째, 주기도의 사용에 대해서이다. 주일예배 다섯 가지 예식문 중에 마지막 한 가지를 제외하고는 주기도문이 다 들어있다. 성찬식이 있는 경우에는 성찬 수찬 전에 들어 있으며, 성찬식이 없는 경우(1)에는 설교와 헌금 뒤에 주기도를 넣어 예배의 마침의 순서 가까이에 두었다. 비슷하게, 장로교 통합 교단의 경우는 1978년 『예식서』에서 주일 대(낮) 예배(모두 6가지 예식) 중에 5가지 예식에 주기도문이 나타나 있다. 이를 통해 볼 때 장로교 중에서 비교적 예전을 추구하는 교단들에서 주기도를 반영

---

[214] '성령임재 기도'에 대해서는 김태규, 『한국교회 초기문헌에 나타난 성찬신학과 실제』, 57 - 69를 참조하라. 『리마예식서』(1982)에는 성령임재 기도를 두 번이나 순서에 넣고 있다(21, 24번).

하는 경향이 나타나고 있음을 알 수 있다.

열째, 이 예식서에는 애찬식이 소개되어 있다. 이 애찬은 원래 초대교회 초기까지 행해졌던 모임이다. 원래 성찬과 함께 시행하던 이 의식은 성찬식과 구분되면서 일찍부터 그 자취를 감추게 되었다. 오랫동안 교회 예식에서 사라져 버렸던 이 애찬식을 회복한 것은 18세기 웨슬리였으며 그를 시작으로 감리교에서 애찬식을 지속해 왔으나 한국 장로교의 경우는 이곳에 처음 나온 것으로 보인다.

열한째, 이 예식서에는 주일 저녁예배나 수요 기도회에 관한 사항에 대해 설명되어 있지 않다. 이전 『예배서』(1964)에는 주일 저녁예배가 나왔으나, 이 예배서에는 주일 저녁예배에 대한 언급이 없다. 또한 교회 집회 난에 매일의 아침 기도회와 저녁 기도회가 나와 있기는 하나, 수요 기도회에 대한 내용은 나타나지 않는다.

(3) 통합 교단

① 『헌법』 "예배와 예식"("예배모범"의 새 이름)

ⓐ 『헌법』 "예배와 예식"(1983)

이 "예배와 예식"[215]은 그 명칭으로만 보면 '예식서'를 의미하는 문서로 생각할 수 있다. 그러나 이 "예배와 예식"은 예식서가 아니라, 통합 측 총회(67차)에서 『헌법』 안에 있는 "예배모범"(1934)을 전면 개편하여 붙인 새 이름이다. 이 "예배와 예식"은 각 항목의 명칭뿐 아니라 그 내용에 있어서도 획기적인 변화를 보여준다. 통합 총회는 서구 선교사들에 의해 전수

---

[215] 대한예수교장로회(통합), 『헌법』 "예배와 예식" (서울: 대한예수교장로총회출판국, 1983), 243-70.

받은 신학을 기초로 한국 사회의 시대적 변화상을 담아 교회 내부의 제도, 조직뿐만 아니라 신학과 교리 등에 대한 수정을 예배에도 적용하여 전반적 변화를 모색한 것이었다.[216]

먼저, 그 구조를 개략적으로 살펴보면 다음과 같다.

> 제1장 교회, 제2장 예배, 제3장 주의 날, 제4장 예배의 내용, 제5장 예배의 배열, 제6장 예배와 말씀, 제7장 시와 찬미와 음악, 제8장 공중 예배와 기도, 제9장 예배와 예물, 제10장 성례전, 제11장 세례, 제12장 성찬, 제13장 예배의 분류, 제14장 교육과 훈련, 제15장 교회예식, 제16장 혼례식, 제17장 장례식, 제18장 교회의 기율

다음으로, 이 "예배와 예식"을 이전의 "예배모범"(1934)과 비교 분석해 보기로 한다.

첫째, "예배와 예식"과 이전의 "예배모범"은 모두 18장으로 전체 장수는 같으나, 그 내용은 대부분 동일하지 않다. 이 "예배와 예식"에는 제목이 새롭게 붙여진 것이 많으며, 내용도 추가되거나 삭제 또는 통합되어 있는 조항도 나온다. 구체적으로 살펴보면, 새롭게 나타나는 것들은 '교회'(제1장), '예배'(제2장), '예배의 내용'(제4장), '예배의 배열'(제5장), '성례전'(제10장), '예배의 분류'(제13장), '교육과 훈련'(제14장), '교회 예식' 등의 제목들이다. 또한 추가, 삭제, 통합된 것들도 나타나는데, "예배모범"(1934)의 제1장 '주일 성수'는 제3장의 '주의 날'로, 제2장 '교회 회집과 예배 시행위'는 삭제, 제3장 '성경봉독'과 제6장 '강도'는 '예배와 말씀'으로 통합, 제7장 '주일학교'는 제목은 사라졌으나 내용은 제14장 '교육과 훈련' 속에 포함, 제8장 '기도회'는 제13장 '예배의 분류' 안으로 들어갔으며, 제9장

---

216 이현웅, "장로교 예배모범의 역사와 전망에 관한 연구", 257 - 59.

'유아세례'와 제10장 '입교 예식'은 제11장의 '세례'로 묶여졌으며, 제14장 '금식일과 감사일'과 제15장 '은밀기도와 가정예배'는 삭제되었고, 제16, 17장의 '시벌과 해벌'은 '교회의 기율'로 통합되었다.[217]

둘째, 이 "예배와 예식"에는 주로 예배의 원리들을 위주로 싣고 있으나, 제5장 '예배의 배열'에서는 예배의 순서까지도 제시하고 있다. 원래 예배모범은 예배의 원리나 원칙을 싣고 예배순서를 싣지 않는데 비해, 예배서(예식서)는 예배의 순서, 절차 등이 실려 있다. 그런데 이 예배모범("예배와 예식") 안에는 예배서에 들어갈 예배순서들이 포함되어 있다. 이와 비교하여, 동일 교단에서 나온 최근 예식서(『예배·예식서』)에 보면 예배모범에 나와야 할 내용(예배의 원리) 등도 실려 있어 이 두 문서 간의 차이점에 대해 혼동을 일으킬 수 있다.

셋째, 제13장 주일예배와 기도회를 구분하는 문제이다. 예배의 분류에 보면 주일예배, 찬양예배, 기도회, 새벽 기도회, 구역 예배, 가정 예배와 개인 기도생활, 특별 집회(사경회, 철야 기도회, 금식 기도회 등)로 나타나 있어 기도회나 특별집회 등도 크게 예배로 분류하고 있는데 이에 대해 주일예배와 집회(기도회)의 성격을 구분해야 좋을 것으로 본다. 동 교단의 『예배·예식서』에도 주일예배와 기도회를 구분해 놓고 있다. 이것은 같은 교단에서 헌법("예배와 예식")과 예배서(『예배·예식서』)와의 불일치를 보여주는 것이라고 볼 수 있다.

넷째, 예배의 요소 간 불균형의 문제이다. 말씀에 대해서는 한 장(제6장)을 설정하고 있는가 하면, 성례는 세 장(제10장 성례 개관, 제11장 세례, 제12장 성찬)을 설정함으로써 예배 요소 간 균형적인 배려를 이루지 못하고 있다는 인상을 준다. 또한 성례전은 세 조항으로 되어 있는데 비해 시벌과 해벌은 교회의 기율로 둘로 구분하지 않고 한 조항으로 묶여져 있다는 것

---

[217] 이현웅, "장로교 예배모범의 역사와 전망에 관한 연구", 259-60.

도 동일한 예라고 볼 수 있을 것이다.

② 예배 예식서

ⓐ 『예식서』(1961)

한국의 장로교단은 1950년대에 큰 변화를 거치게 되는데, 고신교단(1952)의 분열, 기장교단(1953)의 분열, 그리고 합동과 통합으로 분열(1959) 되는 아픔을 겪게 된다. 이후 통합 교단은 교단에 필요한 예식서를 맨 먼저 발간하였는데, 분열 이후 장로교 최초의 것으로 총회 종교교육부에서 발행한 『예식서』(1961)이다. 종교교육부 총무인 안광국 목사는 머리말에서 "우리 교역자들이 가장 많이 가지고 다니는 책은 성경과 찬송이다. 그 다음에는 이 예식서가 필요한 것이다"라고 하면서 세례, 성찬식을 비롯한 여러 예식서를 펴낸다고 쓰고 있다.[218] 이 예식서에는 주일의 정규예배와 수요 기도회는 포함되어 있지 않고, 성찬식을 비롯한 여러 가지 예식들을 담고 있다. 목차를 보면 성찬식, 학습예식, 유아세례 예식, 입교세례예식, 장로 안수식, 강도사 인허식, 목사 임직식, 목사 위임식, 예배당 정초식, 예배당 헌당식, 약혼식, 결혼예식, 출관식, 하관식 등 모두 13개의 예식들이 나온다.[219] 여기서는 성찬예식 준비와 순서를 소개하고 이어 그에 대한 분석을 하고자 한다.

먼저, 성찬예식의 준비와 순서를 소개한다.[220]

---

218 대한예수교장로회총회(통합),『예식서』(서울: 총회 종교교육부, 1961), 3. '머리말', 이 예식서는 수정판이 나오기도 하였다.『예식서』(서울: 기독교문사, 1970), "머리말"
219 대한예수교장로회총회(통합),『예식서』(1961), 5.
220 대한예수교장로회총회(통합),『예식서』(1961), 7 - 14.

1. 성찬식 준비

(一) 성찬식은 1년에 몇 번을 거행하든지 그 당회가 작정하여 덕을 세우도록 할 것

(二) 성찬식에 참여하는 자는 입교인(세례교인)에 한하되 교회를 수치케 하는 자나 훼방할 기회를 짓는 자, 즉 범죄자와 양심에 가책을 받는 자는 참석하지 않게 할 것

(三) 성찬식은 한 주일 전에 교회 앞에 광고하고 또 교인들이 합심기도하고 경건한 마음으로 성찬에 참예케 할 것

(四) 성찬에 참예하는 자는 예배당 앞자리에 정돈하여 앉게 함으로 떡과 잔을 나눌 때에 질서있게 할 것

(五) 떡과 잔을 나눌 장로들을 미리 선정하여 편리한 자리에 앉게 하되 떡을 나누는 장로와 잔을 나누는 장로를 각각 다른 이로 함이 편리하다

(六) 먼저 목사에게 떡(잔)을 나누게 하고 일반교우들에게 나누게 한 후 장로에게는 집례하는 목사가 나누게 할 것

(七) 성찬상은 예배시간 전에 준비하되 떡과 포도즙을 각각 분배할 수 있도록 미리 준비하여 성찬예식을 행할 때에 미비한 것이 없도록 할 것

2. 성찬식 순서[이 순서는 학습, 세례식을 겸한 성찬식 순서임]
1. 묵도(죄를 고하고 은혜를 구하는 뜻) 2. 찬송(191, 192, 193, 197, 199) 3. 기도(사죄와 감사기도 4. 성경봉독 5. 헌금 6. 기도 7. 학습, 세례식 8. 성가 9. 설교 10. 기도 11. 찬송(목사가 성찬상 앞에서 보를 엶) 12. 성찬식 ① 성경(사 50, 마 26:26 - 28, 고전 11:23 - 29) ② 기도(장로들로 떡 그릇을 들게 한 후) ③ 분병(分餅) ④ 수찬에 대해 물음(목사가 떡 받지 못한 이가 있는가 교회 앞에 물음) ⑤ 기도(장로들로 성찬기를 들게 한 후) ⑥ 분즙(分汁) ⑦ 잔을 받았는가 물음(교우 중에 받지 못한 이가 있는가 물음) ⑧성찬보로 성찬상을 덮을 것 13. 찬송(3장) 14. 축도(예: 히13:20 - 21)

다음으로, 이 성찬예식을 이전의 장로교 최초 예식서인 『혼상예식서』 (1924) 중 부록 성찬예식과 비교 분석하고자 한다. 두 예식서의 성찬예식을 비교하면, 전체적으로 그 흐름이 거의 같다. 다른 점을 들면 다음과 같다.

첫째, '기도' 회수가 『혼상예식서』에서 3회이던 것이 여기에서는 5회가 나온다.

둘째, 『혼상예식서』의 '구제연보'가 이 예식서에서 '헌금'이라는 용어로 바뀌었다.

셋째, 『혼상예식서』에 있던 광고 순서(책벌 하에 있는 자와 양심이 불안한 교우들을 경성케 하는 내용)가 여기에는 삭제되어 있다.

넷째, 『혼상예식서』의 '강도'가 이 예식서에서 '설교'로 바뀌었다.

다섯째, 두 예식서 모두 성찬식에 사용하는 성구들이 거의 동일한데 『혼상예식서』의 고린도전서 11:23-34이 여기서는 고린도전서 11:23-29로 되어 있어 몇 절이 빠져있다.

여섯째, 『혼상예식서』에서 한문용어인 '문수배,' '문수찬'과 아울러 그 설명이 함께 실려 있었으나, 이 예식서에서는 우리말로 묻는 것만 나온다.

일곱째, 『혼상예식서』에서 '축복감사기도'로 되어 있는 것을 여기서는 '축도'라는 용어로 수정되어 나온다. 두 예식서 모두 큰 틀에서 축도(축복)를 기도의 한 형태로 보고 있다.

여덟째, 『혼상예식서』에서 '축도' 대용으로 사도신경이나 주기도문을 사용할 수 있다는 조항이 여기에서는 빠져 있다. 이것은 예배학적 관점에서 잘 판단한 것으로 보인다.

아홉째, 『혼상예식서』에서는 '폐식' 순서가 끝 순서로 되어 있으나 여기서는 '축도'로 예배를 마친다. 예배가 공식적으로 끝나는 것은 축도로 마무리되는 것이 더 성경적이며, 폐식이나 폐회선언이라는 용어가 더 이상 필요 없다고 판단된다.

열째, 두 예식서의 찬송가 장수가 일부 다르게 나오는 것은 그동안 새로운 찬송가의 출현으로 인한 것으로 보인다.

ⓑ 『예식서』(1978)

통합교단의 이전 예식서(1961)에는 주일예배가 나오지 않았으나, 이 예식서에서 동 교단 최초로 주일예배를 실었으며, 그 예배순서를 하나만 신지 않고 다양하게 주일 낮 예배, 저녁예배를 다루었고, 또한 이외에도 수요 기도회와 기타 예식들 등 다양한 여러 순서들을 담고 있다.

'차례'를 통해 전체구조를 살펴보면, Ⅰ. '총론'에 장로회 신조(12시조), 사도신경, 주기도, 의식 준칙, 예배원리 등이 순서대로 나와 있으며, Ⅱ. '예배순서'에는 주일 낮 예배순서 4개, 신년주일 예배순서 1개, 성찬예식과 함께한 주일예배 순서 1 개 등과 주일저녁 예배순서 3개, 주일저녁 헌신예배 순서 1개, 그리고 수요 기도회 순서 2개 등이 실려 있다. Ⅲ. '성례'에는 학습식(예배 중에), 유아 세례식(예배 중에), 세례식(예배 중에), 입교예식, 성례식(종합), 성찬 예식(성찬 예식만), 성찬 예식(예배 중에) 등으로 구성되어 있다. Ⅳ. '임직과 봉헌'은 목사 임직식, 목사 위임식, 장로·집사·권사 취임식, 공로 목사 추대식, 원로 목사 추대식, 원로 장로 추대식, 예배당 기공식, 예배당 정초식, 예배당 헌당식 등이 나와 있으며, Ⅴ. '가정의례'에는 약혼식, 결혼식(1, 2), 입관식, 장례식, 하관식, 추도식 등이 수록되어 있고, Ⅵ. '교회력'에는 교회력, 성서일과, 예복이 실려 있으며, 마지막 Ⅶ. '부록'에는 목사 청빙서, 예배의 말씀 성귀, 축도, 연도(連禱, 7가지) 등이 나와 있다.

여기서는 Ⅰ. '총론' 중 5. '예배 원리'와 Ⅱ. '예배순서,' 그리고 Ⅲ. '성례' 내용 중 주일예배와 연관된 성찬식 순서들에 대해 살펴 본 후, 이에 대한 분석을 하고자 한다.[221]

---

[221] 대한예수교장로회총회(통합), 『예식서』(서울: 총회교육부, 1978), 18 - 78.

먼저, 예배원리에 대해 살펴본다. 이 예배원리는 총론 중 마지막 항에 나와 있는데 주요한 내용을 요약하여 제시하기로 한다.

5. 예배 원리

1) 예배의 본질 - "하나님과 그의 백성과의 대화" 또는 "예수 그리스도를 중보로 한 하나님과 사람, 곧 예배자와의 교제 혹은 만남"이 예배의 본질이다.

2) 예배의 요소 - 초대교회의 예배에는 사도의 가르침(설교), 권면과 기도, 떡을 뗌(예전) 등이 있었고 그 후 시편의 노래, 찬송 부름이 첨가 되었고, 그리고 신앙고백, 헌금, 축도와 송영 등이 있었다.

3) 예배의 순서 - 개신교회 입장은 각 교회의 자유에 위임되어 있다. 이것이 개신교회의 특색이자 약점이라고도 할 수 있다. 순서에도 원리가 있으니 그 원리에 기준해서 자유롭게 준비하는 것이 효과적일 것이다. 예배의 제 요소가 분산되지 않고 유기적 통일을 가지고 예배의 본질을 구현시켜나가야 한다.

4) 예배의 신학 - 살아계시며 주체이신 하나님과의 만남은 예배 행위에서 가능하며 그 예배는 교회를 교회되게 하는 본질적 요소가 된다. 예배의 형식은 창의적으로 변할 수 있어야 하며 그 형식의 한계는 예배의 참된 경험과 참여의 내용에 의해서 결정되어야 한다. 형식 못지않게 중요한 것은 예배의 장소의 문제인데 예배가 기구적인 교회라는 장에서 시행되지만 다원화된 사회에서 지역별, 직장별, 가정이라는 작은 그룹을 기구적 교회 못지않게 중요한 장으로 생각해야 한다.

5) 성찬식 - 개신교회는 로마 천주교의 성찬 중심의 미사와 달리 말씀중심의 예배로 시행하여 성찬을 등한시하는 경향으로 흐르게 되었다. 그러나 말씀선포와 성찬이 병행할 때 완전한 예배가 된다. 교파에 따라 성찬의 회수가 다르겠으나 가능한 한 월1회로 그 회수를 늘려야 할 것이다. 성찬예식은 반드시 낮 예배 시간에 거행해야 된다는 법이 없다. 교회의 사정에 따라 밤이나 조찬 예배 또는 새벽 기도회 시간도 이용할 수 있을 것이다.

6) 예배와 생활 - 예배는 예배당 안에서의 예배로 끝나는 것이 아니라 세계

속의 생활 가운데서 계속해서 메시지가 행동으로 나타나게 해야 한다. 예배당 안의 예배와 세계 속의 생활과 일치 될 때에 참으로 "거룩한 산 제사"가 된다는 것을 인식해야 한다.

이어, 예배순서들에 대해 살펴본다. (여기서 * 표는 "다같이 일어선다"는 표시이다). 세부순서나 참고사항 중 굵은 글씨는 필자의 표시이다.

예배순서(1) - 주일 낮 예배
주악 - **묵도** - **예배의 말씀** - *찬송 - 교독 - 개회기도 - 연도(목사와 회중) - *찬송 - **목회기도(목사)** - **주기도**(다같이) - 성경봉독 - *찬송 - 헌금 - 찬양 - 말씀 - *찬송 - 교회 소식 - *찬송 - 축도와 아멘 송 - 주악 - 폐회

예배순서(2) - 주일 낮 예배 -
전주 - 묵도 - 개회송영(성가대) - **예배의 말씀** - *송영 - 교독 - 기원 - *찬송 - **기도와 주기도** - 찬송 - 성경 봉독 - **신앙고백** - 찬양 - 말씀 - 찬송 - 헌금 - 특별찬송(헌금하는 동안) - 교회소식 - *찬송 - 축도 - 묵도 - 폐회 송영(성가대) - 후주(피아노 주자)

예배순서(3) - 주일 낮 예배
주악 - *개회찬송 - ***예배의 말씀** - *송영(성가대) - ***기원과 주기도** - **연도** - 찬송 - 성 경봉독 - 찬양 - 기도 - 화답송 - 헌금(성가대 찬양) - 봉헌기도 - 찬송 - 말씀 - 기도(설교자) - **사도신경** - *폐회찬송 - *축도 - 주악 - 폐회

예배순서(4) - 신년 주일 예배
전주 - **예배의 말씀** - 개회송(성가대) - **고백기도(목사와 회중)** - **사도신경** - **용서의 선언**(목사) - 영광송 - 성시교독 - 기원 - 개회찬송 - 목회기도(목사) - 찬송 - 성경일과(목사나 장로) - 찬양 - 말씀 - 기도(설교자) - 찬송 - 헌금

- 성도의 교제 - 폐회찬송 - 축도 - 폐회송영(성가대) - 후주(올갠주자)

예배순서(5) - 주일 낮 예배 -
Ⅰ) **개회**
전주 - *개회찬송(목사, 장로, 성가대가 입장하며 합창하며 교인은 기립함) - ***예배의 말씀** - *기원 - ***주기도** - *송영(성가대) - *성시교독 - *찬송 - **목회기도(목사나 장로)** - 응답송
Ⅱ) **말씀의 선포**
구약성서 - 찬송 - 신약성서 - 찬양 - 설교 - 기도(설교자) - 신앙고백 - 찬송
Ⅲ) **감사의 응답**
헌금 - 감사기도(위원) - 감사송(성가대) - 중보기도(목사) - *폐회찬송 - *위탁말씀(성령의 능력을 힘입어 그리스도의 군병과 종으로서 사명을 다하기 위해 세계 속으로 나갈지어다) - *축도 - 광고 -폐회

*참고사항
1. 전주는 예배시간 5분 전에 시작하며 회중은 묵상기도로 예배를 준비한다.
2. 성서는 신·구약을 함께 낭독한다. 설교본문이 신약이면 구약에서 공통된 구절을 찾는다.
3. **신앙고백은 "말씀"에 기초한 사도의 고백이기에 성서 낭독 후에나 설교 후에 암송하는 것이 장로교 예배에 타당하다.**
4. 중보기도(Intercession)는 "타자를 위한 기도"이기에 특별한 경우에 있는 자들을 위해 예배순서 중에 기도함이 좋을 것이다.

예배순서(6) (성찬예식과 함께) - 주일 낮 예배
전주 - 입례송(성가대) - **예배의 말씀** - 개회송(성가대) - 참회와 위안(목사와 회중) - 성시교독 - 기원 - 개회찬송 - 목회기도(맡은 이) - 송영(성가대) - 성경일과(구약, 신약) - 찬송 - 헌금 - 찬양 - 말씀 - 기도(설교자) - 성찬찬송과 봉헌(성찬위원) - 권면 - 성경봉독 - 간구(집례자) - **신앙고백이나 주기도(다**

같이) - 성찬(위원): 떡과 잔 분배(빠진 자의 유무확인, **목사 - 교인 - 장로 순**으로 분배) - 감사와 축복의 기도(집례자) - 찬송 - 축도 - 후주

* 성찬준비: 당회가 작정하고 적어도 1주일 전에 회중에 알려 준비시킬 것, 교회적으로 1주일 전에 준비 기도회나 교인 각자가 준비하여 경건한 생활로 준비할 것, 성찬에 쓸 떡과 포도즙은 목사의 책임 하에 미리 준비하되 가급적 일반 상품은 사용하지 않는 것이 좋음
* 성찬 후 처리: 남은 떡과 포도즙은 가급적 땅에 묻는 것이 좋고, 성찬 용기는 깨끗이 보관되어야 함

예배순서 (7 - 10) - 주일 저녁 예배, 주일 저녁 헌신예배
주일 낮 예배에 비해 **사도신경, 주기도** 등이 생략되고, 헌금 순서가 있기도 하며 빠지기도 하며, 헌신예배 때는 간증, 특송이 추가됨

예배순서(11 - 12) - 수요 기도회
주일 저녁 예배보다 축소된 기도회 형식이며 기도에 중점을 두어 시행하며 간증을 하기도 하며, 축도나 주기도로 폐회하기도 함
* 목사가 시무하지 않는 교회에서는 **예배 마지막에 주기도로 반드시 끝내야 되는 법이 없다.** 찬송을 부른 후에 교역자나 예배 인도자의 기도로 끝나도 좋을 것임

다음으로, 성례식에 관해 성찬예식(성찬예식만), 성찬예식(예배 중에)을 소개한다.

6. 성찬예식(성찬예식만)
묵도(성찬에 참여할 분을 정돈시켜 착석케 한다) - 예배의 말씀(수고하고 무거운 짐진 자들 …) - 송영(성가대) - 기원 - 식사(집례자) - 찬송 - 기도(맡은

이) - 성경봉독(고전 11:23 - 30) - 권면 - 찬송 - 기도(자비하신 하나님 아버지시여 … 성령으로 떡과 잔을 축복하시고 거룩하게 … 성령의 도우심이 …) 와 **신앙고백**(사도신경) - 성찬 (1) 떡(분병) (순서는 **목사 - 회중 - 장로**, 다 받았는지 확인) (2) 잔(분잔) (순서는 분병의 순서와 동일, 다 받았는지 확인) - 기도 - 찬송 - 축도 - 폐회

7. 성찬예식(예배 중에)
전주 - 송영(성가대) - 예배의 말씀 - 개회송영(다같이) - 연도(목사와 회중) - 기원과 고백(목사와 회중) - 개회찬송 - 기도 - 성경봉독 - 찬양 - 설교 - 찬송 - 식사 - 성경봉독(고전 11:23 - 30) - 권면 - **신앙고백**((사도신경) - 성찬 (1) 분병(수찬순서와 수찬확인은 6과 같음) (2) 분잔 - **주기도** - 찬송 - 축도 - 폐회

마지막으로, 이 예식서의 주일예배와 성찬식에 관해 분석해 보기로 한다.
첫째, 이 예식서와 이전에 나왔던 예식서(1961)와의 비교는 주일예배에 관한 내용이 없으므로 성찬식 예배에 관해서만 가능하다. 이 예식서는 모두 세 가지의 성찬 예식문이 나와 있으나 이전의 예식서는 하나의 성찬식 순서만 나온다. 상호 비교해 보면, 이 예식서에는 순서면에서 볼 때 이전의 예식에 없던 순서들을 더 많이 첨가하고 있다. 그 예로 전주, 입례송, 예배의 말씀, 송영, 참회와 위안, 연도, 주기도문과 사도신경 등을 들 수 있다.
둘째, 이 예식서의 주일예배 '묵도' 순서에 대해 살펴본다. 이 예배서의 예배순서들에는 '묵도'가 예배순서의 초반에 들어 있는 것도 있고, 예배의 정식 순서에 들어 있지 않은 경우도 있다. 성찬예식이 들어 있는 3개 순서 중에 '예배순서' 6과 '성례식' 7 (성찬예식)에는 '전주'가 예배 시작

순서로 나타나며, '성례식' 6 (성찬예식)에는 '묵도'로 시작하는 것으로 나타난다. 이전 예식서의 성찬예식(1개 순서만 있음)에도 '묵도' 순서가 예배 시작 순서에 실려 있었다. 사실 '묵도'는 장로교나 감리교 초기 문헌에는 나오지 않았으며 1920-30년대에 이르러 일본교회의 영향 하에 들어 온 순서로 추측된다. 그 근거로 일본의 기독교회나 신도(神道)의 종교의식에 '묵도'가 나오는 점을 들 수 있다. 오늘날 한국교회에 관습상 예배를 '묵도'로 시작하는 교회들이 많이 있으나, 세계교회 예배사를 살펴볼 때 기독교회 전통적 예전에 이 순서가 들어 있지 않기 때문에 '묵도' 순서를 정식 예배순서보다는 예배 '전' 순서에 넣는 것도 좋은 방법이라고 본다.

셋째, '주기도'에 대해 고찰해본다. 이 예식서에는 통합교단의 주일예배에서 최초로 주기도문을 사용하고 있다. 여기에는 '주기도'가 성찬 없는 주일 대 예배(말씀예배)와 성찬예배의 대부분에 들어 있다. 주일예배(말씀예배)에서 '주기도문'의 위치는 성경봉독 앞(예배순서 1, 2), 예배 초두 부분의 송영 바로 뒤(예배순서 3), 송영 바로 앞(예배순서 4), 수찬 직전(예배순서 6), 수찬 뒤(성례식 7-성찬예식), 폐회 직전(예배순서 12-수요기도회) 등 다양하게 나타난다. 특히 예배순서(12)에 나와 있는 수요 기도회에는 폐회 직전에 '주기도' 또는 '기도' 순서가 나오는데 그 밑에 각주에 "목사가 시무하지 않는 교회에서는 예배 마지막에 주기도로 반드시 끝내야 되는 법이 없다. 찬송을 부른 후에 교역자나 예배 인도자의 기도로 끝나도 좋을 것이다"[222]고 나와 있다. 이 예식서에서 보는 바대로 '주기도문'은 모든 예배에서 고정된 위치로 활용되지는 않지만 예배의 중요한 순서임이 확실히 드러난다. 이전 예식서들에서 살펴 본 대로, 한국교회 주일예배에서 가장 최초로 주기도문을 사용한 교단은 감리교회이며, 지금도 그 전통을 유지하고 있다.

---

[222] 대한예수교장로회총회(통합), 『예식서』(1978), 47.

예배에 있어서 초대 및 중세교회 주일예배는 언제나 말씀예배와 성찬예배를 함께 드려왔는데 주기도문은 성찬예배에 들어 있었다. 종교개혁 시대부터 개신교에서 말씀예배와 성찬예배의 분리가 나타나면서 성찬을 자주 시행하지 않게 되었으며, 주기도문은 주로 말씀예배로 이동하게 되었다. 한국 장로교는 감리교에 비해 주기도문을 늦게 주일예배 순서로 받아들였으며, 최근 들어서는 장로교뿐 아니라 범교단적으로 사용하는 추세에 있으며, 주기도문을 외우는 형태나 노래로 부르는 등 다양하게 활용하기도 한다.

넷째, 신앙고백(사도신경)에 관해 살펴보면, 이 예식서에서 그 위치가 동일하지 않다는 것을 알 수 있다. 즉 설교 앞에(예배순서 2), 설교 뒤에(예배순서 3, 5), 성찬식에 수찬 앞(예배순서 6, 성례 6, 7의 성찬예식)에 나온다. 특이한 점은 신앙고백(사도신경)이 주일 밤 예배와 수요 기도회에서는 사용하지 않는다는 점이다. 여기서 한 가지 제안해 보면, 신앙고백을 사도신경 이외의 신경도 사용할 수 있도록 선택의 자유를 주는 것을 고려할 수 있다는 것이다. 구체적으로 자주 시행할 수는 없다고 하더라도 특별한 시기(성찬식이나 특별절기)에는 이 예식서 총론(제일 첫 순서)에 나와 있는 장로교 신조(12신조)를 사용할 수 있으며, 다른 신조 즉 니케아 신조(381), 아타나시우스 신조 등도 활용 가능할 것이다.

ⓒ 『예식서 – 가정의례지침』(1987)

장로교 합동과 통합의 분열 이후, 통합 교단 예식서가 최초 1961년에 나왔으나 주일예배를 다루지 않았고 이어 나온 『예식서』(1977)는 통합 교단 최초로 주일 낮·밤 예배와 수요 기도회의 순서들을 여러 개를 들어 제시하고 있으며 예배의 원리도 간략하게 다루고 있다. 그 후 1984년 69회 총회 결의에 의해 "가정의례 지침서"가 마련되었고, 다음 해 70회 총회에서 종래의 예식서(1978)와 이 "가정의례 지침서"를 합본하기로 결의함에 따라 가급적 예식서와 지침서의 내용을 빠트리지 않는 것을 원칙으로 하고, 예식서의 각 항목에 신학적 의미를 첨가하는 방향으로 편집하여 이 합본 예식서를 나오게 된 것이다(1987). 이 예식서는 교회예식의 규범뿐만 아니라 새로운 선교의 장이 되며 민족전통을 수렴하여 새로운 기독교 문화를 창조하는데 도움이 되기를 바라는 마음을 담고 있다.[223]

이 예식서의 차례를 보면, Ⅰ. "총론"에 장로회 신조, 의식 준칙이 있고, Ⅱ. "예배"에 예배의 신학적 의미, 예배순서(주일예배와 수요 기도회 모두 12개)이 있으며, Ⅲ. "성례"에는 성례의 신학적 의미, 학습식(예배 중), 유아세례식(예배 중에), 세례식(예배 중에), 입교예식, 성례식(종합), 성찬식(성찬식만), 성찬식(예배 중에)이 나온다. 이어 Ⅳ. "임직"에는 임직의 신학적 의미, 목사 임직식, 목사 위임식, 전도사 임직식, 장로 · 집사 · 권사 임직식, 공로목사 추대식, 원로목사 추대식, 원로장로 추대식, 항존직 은퇴식이 나오며, Ⅴ. "봉헌"에는 봉헌의 신학적 의미, 예배당 기공식, 예배당 정초식, 예배당 정초식 순서, 예배당 입당식, 예배당 입당식 순서, 예배당 헌당식, 예배당 헌당식 순서 등이 나오며, Ⅵ. "혼례"에는 결혼의 신학적 의미, 약혼식, 약혼식 순서(1,2), 결혼식, 결혼식 순서(1,2,3)이 있고, Ⅶ. "상례"에는 죽음의 신학적 의의, 죽음의 준비와 임종, 임종식 순서, 입관식, 입관식 순서(1,2), 장례식, 장례식 순서(1,2), 하관식, 하관식 순서(1,2), 첫 성묘, 탈상, 추도식, 추도식 순서(1,2) 등이 나오며, Ⅷ. "경축례"에는 삶의 신학적 의미, 백일, 생일, 성년, 장소(회갑, 진갑)이 나오며, Ⅸ. "계절에 관한 예식"으로는 계절의 신학적 의미, 신년, 주석, 성묘가 나오며, 마지막으로 Ⅹ. "주택 및 생업에 관한 예식"에는 주택 및 생업의 신학적 의미, 기공식, 정초식, 상량식, 준공식, 입주식(이사), 개업식 등이 나온다.

여기서는 예배부분을 위주로 다루고자 하려고하기 때문에 '예배의 신

---

[223] 대한예수교장로회총회(통합), 『예식서 - 가정의례지침』(서울: 한국장로교출판사, 1987), 3 - 4.

학적 의미'와 간략한 분석을 위주로 다루고자 한다.

먼저, '예배의 신학적 의미'라는 제목에 관해 살펴보고자 한다. 이전 예식서에는 Ⅰ. '총론'에서 '장로회 신조,' '사도신경,' '주기도,' '의식준칙,' '예배원리' 등이 수록되었다. 이 '예배원리'에 '예배의 본질,' '예배의 요소,' '예배의 순서,' '예배의 신학,' '성찬식,' '예배와 생활'(끝 부분에 예배드리는 목적이 나옴) 등 소제목이 들어 있었다. 이에 비해 이 예식서에는 Ⅰ. '총론'에 '장로회 신조'와 '의식 준칙' 만이 실려 있고 '예배원리'는 '총론'에서 빠지는 대신 Ⅱ. '예배'의 첫 번 순서인 '예배의 신학적 의미' 아래의 소제목 속에 그 내용들이 다 들어 있다. 소제목을 보면 '예배의 본질과 목적,' '예배의 요소,' '예배의 순서,' '성찬식,' '예배와 생활' 등이 들어 있다. 여기서 주의할 것으로 첫째, 두 순서를 하나의 순서로 통합했다는 점이다. 이 예식서에 있는 '예배의 순서'에는 이전 예식서의 '예배의 순서'와 '예배의 신학'을 두 순서를 합해 하나가 된 것을 들 수 있다. 둘째, 동일한 내용을 위치를 바꾸어 수록했다는 점이다. 즉, 예배의 '목적'이 이전 판에는 마지막 소제목인 '예배와 생활' 끝 부분에 나왔었는데, 이 예식서에는 위치를 바꾸어 첫 소제목 '예배의 본질과 목적' 끝 부분에 들어있는 것이다. 여기에서도 독립된 소 항목으로 되어 있지 않다.[224]

다음으로, 이 예식서와 이전 예식서(1977)를 간략히 분석하고자 한다. 이 예식서는 이전 예식서와 전체적인 순서를 비교해 보면, 제2장 '예배'와 제3장 '성례'까지는 '신학적 의미'가 추가된 것 외에는 달라진 것이 없고 그 이후 순서는 세분화 되거나 새로운 항목을 추가하였거나 삭제한 것도

---

[224] 예배드리는 '목적'을 보면 다음과 같다: 첫째는, 받은 바 은혜에 대하여 하나님께 감사이며, 둘째는 시간과 몸과 물질을 바치는 헌신이요, 셋째는 예배의 모든 행위를 통하여 기독교의 덕, 즉 믿음, 소망, 사랑, 온유, 겸손, 용서, 이해의 덕성을 함양하고, 넷째는 예배의 제 행위에서 성도가 자극을 받고 은혜를 받아 세계 속에서 그리스도의 참된 증인이 되기 위해서이다. 대한예수교장로회총회(통합), 『예식서 - 가정의례지침』(1987), 19.

있다. 특히 매 항목의 첫 번 순서로 각 예식의 '신학적 의미' 난을 추가한 것이 중요한 특징이며, 아쉬운 점은 이전 예식서(1978)에 있던 '부록' 항에서 그 내용을 참고할 만한 것이 들어 있었는데 이 예식서에는 전부 빠져 있다는 점이다.

(4) 합동 교단

① 『헌법』"예배모범"

ⓐ 『헌법』"예배모범"(수정판, 1990)

합동 교단의 이 『헌법』"예배모범"의 내용은 이전의 예배모범(1934)과 거의 같으나 현대어로 문체를 바꾸었다[225]. 먼저, 각 장의 제목들을 살펴보면 다음과 같다.

> 제1장 주일을 거룩히 지킬 것 제2장 교회의 예배의식 제3장 예배 때 성경봉독 제4장 시와 찬송 제5장 공식 기도 제6장 강도 제7장 주일학교 제8장 기도회 제9장 유아세례 제10장 입교 예식 제11장 성찬 예식 제12장 혼례식 제13장 장례식 제14장 금식일과 감사일 제15장 은밀 기도와 가정 예배 제16장 시벌 제17장 해벌 제18장 헌금

다음으로, 이 예배모범을 이전 예배모범들과 비교·분석해보자. 합동 교단의 "예배모범"은 동일하게 총 18장으로 구성된 1934년의 "예배모범" 내용의 대부분 그대로 두었으며, 일부 문구는 수정하였다.[226]

---

[225] 대한예수교장로회(합동) 『헌법』 "예배모범" (서울: 총회출판국, 1990), 3.
[226] 여기서는 필자가 소장한 2000년도 판을 근거로 살펴본다.

첫째, 한자어를 우리말로 바꾼 경우이다. 1934년 예배모범 제3장의 제목 '禮拜 時 聖經拜讀'은 '예배 때 성경봉독'으로 바꾸었다. 제1장 6절 내용 중에 "이와 같이 … 예배를 필한 후에 … 영적 수양서를 보대 …"를 이 예식서에서는 "이와 같이 … 예배를 마친 후에는 … 영적 수양서를 읽되 …"로 바꾸어 제시하고 있다.

둘째, 축약하여 제시한 경우이다. 1934판의 제2장 제목 '敎會 會集과 禮拜 時 行儀'는 '교회의 예배의식'으로 축약하였다.

셋째, 본문의 내용 가운데 뜻이 잘 통하도록 바꾼 경우가 나타난다. 한 예로 1934년 판 제4장 2절에 "하나님을 讚頌하는 노래를 부를 시는 精神[227]으로 하며 …"를 "하나님을 찬송하는 노래를 부를 때는 정성으로 하며 …"라고 표현하여 그 의미를 바로 잡기도 하였다.

넷째, 전체적으로 문어체나 고어체를 현대 구어체(口語體)로 바꾸었으며 현대에 더 잘 사용하는 단어나 그 뜻을 풀어서 제시한 경우도 있다. 이 수정판에는 이전에 나왔던 "… 하니라" 또는 "할지니라", "할 것이니라"라는 표현을 "한다"로 바꾸었다. 또한 이전 개정판 제5장 2절 6항에 "他人을 위하여 … 聖神 부어주실 것과 … 貧寒하고 窮乏한 자와 旅客과 … 主掌하는 牧師가 深思(깊이 생각)하여 作定할것이니라"를 "다른 사람을 위하여 … 성령을 부어 주실 것과…가난하고 궁핍한 자와 나그네와 … 주장하는 기도자가 깊이 생각하여 작정한다"로 바꾸었다. 이와 같이 현재 잘 사용하지 않거나 의미가 통하지 아니하는 용어에 대하여 현대 기독교인이 사용하는 용어로 수정하는 작업은 반드시 필요한 일이며 오늘날에 사용하는 용어도 시간이 흘러 후세대들에게 잘 사용하지 않을 경우 역시 개정이 필요할 것이다. 이것은 언어에도 생명이 있다는 원리로 볼 때 그러한 것이다.

---

227 이 '精神'이라는 표현은 1922년 판과 1936년 판에서 같은 단어로 표현되고 있다.

② 예배 예식서

ⓐ 『표준예식서』(1978)

1959년 장로교단이 합동과 통합으로 나누어진 후로, 합동 교단은 1978년에 이르기까지 교단의 정식 예식서 없었다. 이러한 정황에서 합동총회는 표준예식서의 시급을 요하여 몇 분의 위원들에게 집필을 부탁하고 문체와 내용에 있어 현실과의 거리를 좁히고 목회자들이 이용하기에 편리하도록 하는 동시에 그 서차와 내실을 더욱 충실히 하게 하여 혼잡이 없는 통일된 예식서를 편찬하게 된다. 합동교단으로서는 최초의 예식서인 이 『표준예식서』는 총회 헌법과 개역판 성경, 새찬송가 및 교회 정치 문답 조례를 기준으로 하여 이제까지 출판된 모든 예식서를 참고로 하여 작성하였다. 이 예식서에는 주일예배와 수요예배(기도회)에 관한 내용이 들어있지 않은데, 이것은 개정판(1993)에 이르러야 반영된다.

이 예식서의 차례를 보면, 머리말, 일러두기, 사도신경, 주기도가 실려 있으며 Ⅰ. '성례식'에는 성찬예식, 학습예식, 유아 세례식, 입교예식, 세례식이 있으며, Ⅱ. '임직식'에는 장로·집사 임직식, 장로·집사 취임식, 강도사 인허식, 목사 임직식, 목사 위임식, 원로목사 추대식, 공로목사 추대식, 권사 취임식 등이 있다. Ⅲ. '예배당 건축'에는 예배당 기공식, 예배당 정초식, 예배당 헌당식 등이 있으며, Ⅳ. '혼례식'에는 약혼예식, 혼인예식이 나타나며, Ⅴ. '상례식'에는 입관식, 발인식(장례식), 하관식이 있으며, Ⅵ. '부록'에는 시벌, 해벌, 참고성구(성례식, 임직식, 예배당 건축, 혼례식, 상례식), 비망록 및 설교 메모 등으로 구성되어 있다.

여기서는 Ⅰ. '성례식' 중 1. 성찬예식을 중심으로 살펴본 후 이에 대한 분석을 하고자 한다.[228]

---

[228] 대한예수교장로회총회(합동)『표준예식서』(서울: 총회출판부, 1978), 13 - 23.

먼저, 성찬예식에 대해 살펴보기로 한다.

1. 성찬예식

◉ **참고사항** ◉

(1) 헌법적 규칙

① 제3조 3. 무흠 입교인은 성찬에 참례하는 권한이 있다.

② 제6조 4. 교회가 성례를 1년에 2회 이상 거행함이 적당하고, 성례 거행하기 1주일 전에 교회에 광고하고, 준비 기도회로 교인의 마음을 준비하게 한다.

③ 제6조 5. 성찬으로 쓰고 남은 떡과 포도즙은 정한 곳에 묻거나 불에 태운다.

④ 제9조 2. 성찬 예식을 거행할 때에 필요하면 무임 장로에게 성찬 나누는 일을 맡길 수 있다.

(2) 교회 정치 문답 조례

문: 성찬에 참여하지 못할 자는 어떠한가?

답: 성찬에 참여하지 못할 자는 아래와 같으니라.

① 성찬의 뜻을 알지 못하는 자 ② 악행하는 자 ③ 교회 재판에 계류 중인자(그 재판을 속히 처결하여 稱冤이 없게 할 일) ④ 남이 알지 못하는 은밀한 죄를 범한 적이 있는 자 ⑤ 재판 계류 중에 있는 자가 아니라도 당회가 교회의 유익을 위하여 허락할 수 없는 자(제156문답).

※ 교회 정치 문답 조례(참고 문140, 153 - 159)

※ 헌법(참고 예배 모범 제11장)

◉ **성찬예식 순서** ◉

묵도(송영, 다같이) - 성시(사53:1 - 6) - 찬송(일어서서) - 기원(사도신경, 일어서서) - 찬송(앉아서) - 기도(장로) - 성경(고전11:23 - 32, 요6:47 - 58) - 학습문답 - 공포 - 세례문답 - 세례 - 공포 - 찬양(성가대) - 설교 - 기도(설교자) - 찬송 - 헌금 - 광고 - 성찬식 ① 찬송("주 달려 죽은 십자가 …") ② 설명

③ 분병 A. 분병기도(마 26:26, 요 6:56 - 58) B. 성경낭독(분병 마치기까지 고전 11:23 - 29, 요 6;47 - 48을 반복하여 낭독하므로)**229** C. 확인(떡 받지 못한 자 손들어 표하라고 함) D. 위원 분병 ④ 분잔 A. 분잔기도 B. 성경낭독 C. 확인(잔 받지 못한 자 손들어 표하라고 함) D. 위원 분잔 ⑤ 성찬상을 덮음 ⑥ 성경(마 26:30, 이에 저희가 찬미하고 …) ⑦ 찬송 ⑧ 축도(히 13:20 - 21, "양의 큰 목자이신 우리 주 예수를 …").

이어서, 이 『표준예식서』를 통합 교단의 문서인 『예식서』(1961), 예식서 (1977)와 비교 분석하고자 한다.

첫째, 성찬식을 비롯한 각 예식의 전체적인 예배순서에 대한 논의이다. 이 예식서에는 성례식 항에 성찬예식, 학습예식, 유아 세례식, 입교예식, 세례식 등이 나온다. 여기서는 성찬예식만 전체적인 순서가 제시되어 있고 나머지 예식들은 전체적인 순서는 나와 있지 않고, 예사나 서약, 그리고 기도문, 공포의 내용만 나온다. 또한 학습, 세례의 문답 및 공포는 성찬식 순서 안에 제목만 붙여 나올 뿐이다. 이런 방식은 통합 교단의 『예식서』(1961)가 취한 방식과 똑 같다. 이후에 나온 통합 교단의 『예식서』(1978)에는 성찬식을 제외한 각 예식의 식사, 서약, 선포 등은 이전 방식과 동일하게 나와 있으나, 마지막에 더 추가하여 성례식(종합) 난에서 정상적인 예배순서 안에 이 예식들을 종합해서 반영하고 있다.

둘째, 각 예식에 대한 명칭의 통일성 문제이다. 이 예식서에서는 성찬과 학습, 입교에는 '예식'이라고 되어 있는 반면, 유아세례와 세례에는

---

229 이어서 다음 문구가 나온다: "성령을 거스르는 자, 교리를 모르는 자, 교회를 부끄럽게 하는 자, 무슨 은밀한 중에 짐짓 범죄한 자들을 경계하여 참여하지 못하게 하며, 또 한편으로는 죄에 빠져 할 수 없는 형편인 줄로 깨달아 죄 사함과 하나님의 허락하심을 얻기 위하여 그리스도의 구속하심을 의뢰하는 자, 복음의 도리를 학습하고 주의 몸을 분변하는 완전한 지식이 있는 자, 저희 죄를 끊어 버리며 거룩하고 경건한 생활을 하기로 작정하는 자, 참 종교를 믿는 타교파 무흠 입교인 등에게 참여하게 한다."

'식'이라고 되어 있다. 이에 비해 통합교단의 『예식서』(1961)에는 성찬에는 '식'이라고 하였고, 학습과 유아세례, 입교에는 '예식'이라고 되어있다. 이 두 교단의 사례를 통해 보면 이 시기에는 이런 명칭들이 아직 통일되지 않았음을 알 수 있다.

셋째, 성찬예식의 축도문에 대한 논의이다. 이 예식서에는 히브리서 13:20-21을 축도로 제시했으며 통합교단의 『예식서』(1961)도 동일한 문구로 제시되어 있다. 이것은 근원적으로 장로교 『헌법』 "예배모범"(1922, 1934)이나 『혼상예식서』(1924)에도 나오는 문구이다. 이에 비해 통합교단의 『예식서』(1977)에는 '축도'라고만 되어 있고 그 성경구절은 나타나지 않는다. 오늘날 현대 장로교회에서는 성찬식을 실시하던지, 않던지 간에 주일예배의 축도문으로 고린도후서 13:13을 사용하고 있다.

(5) 합정 교단(현 백석 교단)

이 시기에 『헌법』 "예배모범"은 장로교 분열 이전의 것을 사용하였으므로 여기서는 생략한다.

① 예배 예식서

ⓐ 『예식서』(1987)

합정('합동정통'의 약칭) 교단은 현재 백석 교단의 이전 명칭이다. 이 예식서의 머리말에는 이 책의 출판 배경을 설명하고 있다. 교단 예식서가 없는 상황에서 다른 교단의 여러 예식서를 사용하면서 통일된 예식을 집례하지 못한 아쉬움이 있어 교단 예식서를 내 놓게 되었으며, 이 예식서를 통하여 하나님께 경건한 예식이 되며 본인들이나 성도들에게 은혜와 축복과 위로가 되며, 불신자들에게는 전도의 기회가 되기를 바란다고 밝히

고 있다.[230]

이 예식서의 차례를 보면, 목차에 이어 제1편 교회 예식(예배, 성례식, 임직식, 위임·추대식, 교회의 기타 예식, 성전건축 예식), 제2편 가정예식(혼례, 생신, 상례식, 주택예식), 그리고 부록 제1편 교회예식 부록(성례식 부록, 임직식 부록), 제2편 가정예식 부록(혼례식, 회갑예식 부록, 장례예식 부록), 제3편 시벌 및 해벌 예식 부록(시벌, 해벌), 제4편 기타예식 참고자료(예배의 참고자료, 교회력) 등이 실려 있다. 여기서는 먼저, 제1편 '교회 예식' 중 제1장 '예배'를 살펴보고, 이어서 제1편 '교회예식' 중 제2장 '성례식'에 대해 살펴보기로 하며, 다음으로 이에 대한 분석을 하도록 한다.

먼저, 1편 '교회예식' 1장 '예배'에 나오는 주일 낮 예배와 저녁예배 및 헌신예배에 대해 소개한다. 이 예배서는 예배에 대한 해설이 없이 곧 바로 예배순서를 제시하고 있는데, 주일 낮 예배순서(1,2)와 주일 저녁 예배순서(1), 그리고 주일 저녁 헌신예배순서가 나온다. 그 순서를 살펴보면 다음과 같다.[231] 제시된 예배 순서들 중에 굵은 표시는 필자에 의한 것임.

1. 주일 낮 예배순서(1) (※는 일어서서)
주악 - 묵도 - 예배의 말씀(하나님은 영이시니 … 예배할찌니라) - 개회 기도 - ※찬송 - ※교송 - ※사도신경 - 목회기도 - **주기도** - 성경 봉독(사회자) - ※찬송 - **헌금** - 교회소식(이때 먼저 새신자 소개를 한다) - **설교** - 찬양(성가대) - **설교** - ※찬송 - 위탁 - 축도 - 폐회

2. 주일낮 예배순서(2)
전주 - 묵도 - 예배의 말씀 - 송영(다같이) - 개회 기도 - ※찬송 - ※성시 교독 - ※신앙고백 - 찬송 - 목회 기도 - **주기도** - 성경 봉독(사회자) - 찬양(성

---
[230] 대한예수교장로회총회(합동정통), 『예식서』(서울: 총회출판국, 1987), 머리말, 3.
[231] 대한예수교장로회총회(합동정통), 『예식서』, 11 - 16.

가대) - **설교** - 찬송 - **헌금**(헌금 중에 성가대 찬양이나 특송을 하면 좋다) - 교회 소식(이때 먼저 새 신자를 환영한다) - 찬송 - 위탁 - 축도 - 폐회

3. 주일 저녁예배순서(1)
전주 - 묵도 - 예배의 말씀 - 기도 (사회자) - ※찬송 - 기도(회중 대표) - ※찬송 - 성경 봉독(사회자) - 찬양(맡은 이) - 설교 - 기도(설교자) - ※찬송 - 헌금 - 기도(담임 교역자) - 교회 소식 - ※찬송 - 축도 - 폐회

4. 주일저녁 헌신예배
주악 - 묵도 - 예배의 말씀 - 기도(사회자) - 찬송 - 기도(맡은 이) - 찬송 - 성경 봉독(맡은 이) - 찬양(성가대) - 설교 - 기도(설교자) - 간증(회원 중) - 특송(회원) - 헌신기도(회원) - 교회 소식 - 찬송 - 축도 - 폐회

헌신예배는 좀 더 다양하게 간증, 자기기관 소개, 기간 중 기관보고 등을 삽입하여 예배순서를 가지는 것도 좋다.

이어서, 제1편 '교회예식' 중 제2장 '성례식' 중에서 5항 성례식 종합(학습, 유아세례, 입교, 세례, 성찬 예식의 종합)을 살펴본다.[232] 제2장 '성례식'에는 1. 학습예식, 2. 유아세례예식, 3. 입교예식, 4, 세례예식, 5. 성례식(학습, 유아세례, 입교, 세례예식 등을 종합하여 예배 중에 실시하는 순서)이 나오는데, 여기서는 이 중 5. 성례식(종합)을 다루고자 한다. 이 성례식(종합)의 바로 밑에 있는 설명부분에는 성찬식이 포함되지 않은 것으로 되어 있으나 본 내용을 보면 성찬식이 들어 있다.

---

232 대한예수교장로회총회(합동정통), 『예식서』 27 - 35.

5. 성례식(종합)

1. 묵도(송영) 2. 예배의 말씀(사회자) 3. 찬송 4. 성시교독(성례식; 사회와 회중) 5. 신앙고백 6. 찬송 7. 목회기도(목회자) 8. 찬송 9. 성경봉독(고전 11:23 - 32, 요 6:47 - 58: 집례자) 10. 학습예식(집례자) (1) 호명 입석(명단대로 호명하여 세움; 집례자 (2) 예식사(집례자) (3) 학습서약문답(1 - 4문답: 집례자: "이 서약이 성령의 도우심으로 성취되시기를 빕니다.") 11. 유아세례예식(세례는 나중에 성인세례와 같이한다.) (1) 호명 입석 (2) 예식사 (3) 유아세례 서약문답(1 - 3문답) 12. 입교예식 (1) 호명 입석 (2) 예식사 (3) 입교서약문답(1 - 4문답) 13. 성례예식('**세례예식**'의 잘못 표기임) (1) 호명 입석(명단대로 호명하여 세운다: 집례자) (2) 예식사 (3) 세례 서약문답(1 - 4문답) (4) 세례 ① 유아세례 ② 성인세례 14. 기도(집례자) 15. 공포 16. 찬양(성가대) 17. 설교 18. 기도(설교자) 19. 찬송 20. 헌금(헌금위원) 21. 광고(위원) 22. 성찬예식 (목사가 성찬대 앞에 서고 장로 두 분이 나와서 상찬상보를 벗겨 옮긴다.) (1) 찬송 (2) 기도와 신앙고백(집례자와 회중) (3) 예식사(집례자) (4) 분병 ① 설명 ② 분병기도 ③ 집례자가 먼저 떡을 받는다 ④ 떡을 나눈다 ⑤ 분병에 빠진 자 확인 ⑥ 위원에게 분병 (5) 분 잔 ①분잔설명 ②분잔기도 ③ 집례자가 먼저 잔을 받는다 ④ 잔을 나눈다 ⑤ 분잔확인 ⑥ 위원에게 분잔 ⑦ 성찬상을 덮는다 (6) 성경(마 26:30 "이에 저희가 찬미하고 감람산으로 나아가니라": 집례자) 23. 찬송 24. 축도 25. 폐식

다음으로, 주일 낮과 저녁예배 및 헌신예배를 분석하기로 한다. 이 예식서에는 삼일 기도회 순서는 나오지 않는다.

첫째, 주일 낮 예배 순서에 관한 것이다. 전체적으로 보아 주일 낮(1, 2) 순서의 차이는 헌금순서의 위치에 있는데 순서 1에는 헌금이 설교 전에 오며, 순서 2에는 설교 뒤에 오는 점이다. 주일 낮 예배 순서들을 살펴보면, 모두 '전주−묵도−예배말씀'으로 시작한다. 여기서 '예배말씀'은 '예배선언의 말씀' 순서인 것으로 보면 '묵도'와 '예배선언'이 함께 나타나는

것으로 볼 수 있다. 필자의 견해로는, '묵도'로 예배를 시작하는 것은 일본 기독교 영향으로 1920-1930년대에 예배관습이므로 '묵도'를 아예 제외하던지, 아니면, '묵도'가 오랫동안 예배와 관련이 있으므로 아주 생략하기보다는 예배 전에 준비사항으로 넣고, 본 순서에는 '예배말씀'으로 시작하는 것이 더 좋을 것이다. 이 교단에서 최근에 나온 예식서는 시작 순서에 대해 '묵도'를 빼고, '전주-예배의 부름-개회기도' 등의 순서로 바로 잡고 있다(『표준예식서』, 백석교단, 2013).

'사도신경'은 1, 2 순서에 다 나타나며, '주기도문' 전에 나온다. 주기도문은 1, 2 순서 모두 '사도신경-목회기도' 뒤에 나온다. '목회기도'는 '사도신경'과 '주기도문' 사이에 위치한다. 여기서 '목회기도'는 교인 대표로서 장로(집사)가 시행하는 것이 아니라 목회자가 시행하는 것으로 나온다. 그렇게 되면 교인대표 기도는 사라지게 되는데, 이것은 나중에 나온 교단예식서(2013)에서 대표기도(맡은 이)와 (설교 후) 목회자의 기도가 두 개의 별개 순서로 나와 있어 이 순서를 바로 잡은 것을 알 수 있다. 또한 순서 1에서 설교가 두 번 나오는데, 앞의 설교는 인쇄 상 오류인 것으로 보인다.

둘째, 주일 저녁예배순서(1)를 살펴보면 '기도'가 주일 낮 예배처럼 목회자가 행하는 것이 아니라 회중 대표가 기도를 시행하는 것으로 나온다. '주기도문'과 '사도신경'이 나타나지 않으며, '헌금과 교회소식'이 설교 후에 나타난다. 여기서 특이한 것은 주일 밤 예배에도 '헌금' 순서 들어 있다는 점이다. 이것은 곽안련의 주장과도 상통하는 순서이다. 주일 밤 예배도 '축도'로 폐회한다.

셋째, 주일 저녁 중에서 헌신예배로 드리는 경우의 특별순서에 관한 것이다. 이 헌신예배에는 설교 후에 '간증'과 '특송', '헌신기도' 등 특별한 순서가 나온다. 모두 회원 중에서 행하는 것으로 되어 있다. '사도신경', '주기도문', '헌금' 순서가 나타나지 않으며, '축도'로 폐회한다. 이 헌신예배에는 다양한 순서를 권장하고 있는데 순서 제일 밑에 "좀 더 다양하게 간증, 자기 기관 소개, 기간 중 기관 보고 등을 삽입하여 예배순서를 가지는 것도 좋다"는 문구가 들어 있다. 이와 같이 여러 경우의 순서들을 다양하게 활용하여 헌신예배의 의미를 살리는 노력이 목회자에게 필요함을 보여주고 있다.

넷째, 성례식(종합) 즉 세례와 성찬식에 관련한 모든 예식을 함께 시행하는 것에 대한 것이다. 여기의 취지는 좋으나 예식이 너무 길어 실제로 시행하는 데에는 세심한 준비와 배려가 필요한 데, 구체적으로 설교 시간, 전체 순서의 시간, 성찬과 세례 예식 간의 시간 등에서이다.

2) 감리교

(1) 『교리와 장정』(1962)[233]

『교리와 장정』에서 주일예배 형식이 1931년부터 1961년까지 30년 동안 한 가지 유형만 소개되었으나, 1962년에 이르러서 최초로 두 유형(1,2형)이 제시되었다. 이후 약 40년간 계속되다가 2004년 판『교리와 장정』에서 주일예배 순서가 사라지고, 『예배서』(1992)가 나와 새로운 형태의 예배를 제시한다. 여기서는 먼저, 1962년『교리와 장정』과 이전의 1931, 1935년 예배순서를 싣고, 이어 상호 비교 분석하고자 한다.

먼저, 『교리와 장정』(1962)에 나오는 두 유형의 주일예배를 1931, 1935년 판의 예배순서와 함께 싣기로 한다. 굵은 글씨체는 필자의 표시이다.

1931판에 나오는 주일예배
一. 묵도(주악) 二. 찬송 三. 사도신경(주일아침) 四. 기도(주기도문) 五. 구약(시편) 六. 찬송(혹 歸榮歌) 七. 헌금(기도) 八. 광고 九. 찬송(혹 특별음악)

---

[233] 기독교대한감리회,『교리와 장정』(서울: 총리원, 1962).

十. 신약낭독) 十一. 설교 十二. 기도 十三. 폐회찬송 十四. 축복 十五. 묵도(주악, 산회)

1935년판에 나오는 주일예배
一. 묵도(주악) 二. 찬송 三. **감리교회 교리적 선언 낭독(매삭1차 이상)** 四. 사도신경 五. 기도(주기도문까지) 六. 구약(시편) 七. 찬송(혹 歸榮歌) 八. 헌금과 기도 九. 광고 十. 찬송(혹 특별음악) 十一. 신약봉독 十二. 설교 十三. 기도 十四. 폐회찬송 十五. 축복 十六. 묵도(주악, 산회)

1962년판에 나오는 주일예배(1)
전주 - **예배에의 부름 - 기원** - 찬송 - 성경교독(**교리적 선언**) 및 사도신경 - 성삼위 영가 - 기도 - 주기도문 - 응답의 노래 - 찬송 - 성경봉독 - 헌금 - **광고** - 찬송(성가대) - 설교 - 기도 - 신신자견신(新信者堅信) - 찬송 - 축도 - 후주

1962년판에 나오는 주일예배(2)
전주 - 묵상 - 찬송 - 성경교독(**교리적 선언**) 및 사도신경 - 성삼위영가 - 기도 - 주기도문 - 응답의 노래 - 찬송 - 성경봉독 - 헌금 - 찬송(성가대) - 설교 - 기도 - 신신자견신 - 찬송 - 축도 - 후주

다음으로, 이상의 예배순서들을 분석해보기로 한다. 여기서는 1962년판 예배순서 (1)과 (2)의 차이점과 공통점, 그리고 이 예배순서와 이전 순서를 비교 분석하려고 한다.

첫째, 이『교리와 장정』의 주일예배 (1)과 (2)가 이전 예배순서와 공유하고 있는 공통점을 살펴보자. '교리적 선언'(1935년 이후), '사도신경', '삼위영가'(귀영가), '기도와 주기도' 등 감리교 특징적인 순서가 거의 공통적으로 들어 있다. 순서의 이름들이 약간의 차이가 있기는 하지만 전체적인 순서 배열은 동일한 맥락을 갖고 있다.

둘째, 이 『교리와 장정』에 나오는 주일예배 ⑴과 ⑵의 상호간의 차이점을 살펴보자. 주일예배⑴에는 '예배에의 부름'과 '기원'이 이어져 나오나 ⑵에는 이 두 가지가 없는 대신에 '묵도'가 들어 있다. 예배순서 제일 첫 순서로 '전주'가 나오기는 하지만 이는 반주자에 의해 시행되는 것인데 비해, '예배에의 부름' 순서는 예배의 대상이신 하나님께서 부르시는 순서로서 예배 참여자 모두 참여하는 첫 순서이다. 아마도 개신교단 공식 문서에서 이 '예배에의 부름' 순서를 처음 넣은 것은 이 문서로 판단된다. 그리고 ⑴에는 '헌금'이 '광고' 순서 앞에 나오나, ⑵에는 '헌금' 순서는 있으나 '광고'가 예배순서에서 아주 빠졌다는 점이 특기할 일이다.

셋째, 이 『교리와 장정』의 주일 예배 ⑴과 ⑵ 순서가 이전 1930년대 순서와 어떤 차이점이 있는가를 살펴보자. 전체적으로 보면, 주일예배 순서 ⑴과 ⑵는 이전 순서보다 몇 개의 항목을 더 가지고 있다. 주일예배 ⑴은 모두 20개 순서, 주일예배⑵는 18개 순서로 나온다. 이것은 이전에 나왔던 1931년 판의 15개 순서, 1936년 판의 16개 순서와 비교해 보면 3-4개의 순서가 더 많아 졌음을 알 수 있다. 1931년판과 1935년 판의 차이는 1935년 판에는 '감리교 교리적 선언'이 추가되어 나오는 것만 다르다. 이 선언은 1935년 판 이후 계속 감리교 예배에 이어져 정착되었다.

세부적으로 살펴보면, 이 문서에는 예배가 '전주'로 시작되고 예배에의 부름이나 묵도로 이어지고 마지막에 '후주'로 끝맺으나, 이전 문서 (1931, 1935)에는 '주악'을 겸한 '묵도'로 시작하고 '묵도'로 끝맺는다. 이 주일예배 ⑵는 '묵도'가 '전주' 다음 순서로 나온다. 주일예배⑴에는 '묵도'가 아주 사라지고, 대신 '예배에의 부름'이 나타난다. 또한 이 문서에는 성경교독과 성경봉독이 각각 한 번씩 나오지만 이전 문서에는 감리교 전통적인 순서대로 구약 낭독과 신약 낭독, 이 두 가지가 나왔다는 점이다. 여기서 이 구약과 신약 봉독이 교독문의 개념인지, 아니면 이 둘 중의 하나가 설교의 본문인지는 명확하지 않다. 이 예배순서에서는 '구약봉독'이나 '신약봉독'이라 하지 않고, 앞부분을 '성경교독'이라 하였고 뒷부분의 것을 '성경봉독'이라 부른 것으로 보아 앞부분의 것은 교독문으로 보이며 뒷부분은 설교본문이라고 보아도 좋을 것이다. 그리고 이전 예배순서에는 나오지 않았던 항목이 새롭게 나타난 것은 '신신자 견신'으로, 이후 1967년 판에는 '새신자견신'으로 바뀌어 나오는데 이 명칭이 앞의 것보다 뜻이 더 잘 통하는 명칭으로 보인다.

(2) 『예식규범』(1964)

감리교 『예식규범』은 감리교 총리원 교육국에서 발간한 문서로 감리회 총회에서 이미 제정한 『교리와 장정』 안의 "예문"에 대한 부연(敷衍)과 "예문"에 없는 것을 만들어 각종 예식 집행에 도움을 주기위해 만들었다. 이 규범을 만든 취지는 (1) 목회자들에게 예식을 뜻 있게 집행할 수 있을 재료를 제공하며 (2) 교인들에게 각종 교회 의식과 가정행사에 대한 원칙과 방법을 제공하며 (3) 전체 국민들에게 기독교적인 감화를 끼쳐 덕이 되게 하고 복음을 증거함에 있다. 또한 이 규범의 원칙은, 기독교인은 모든 행사를 (1) 간단히(순서, 시간) (2) 돈 적게 들고(경제적) (3) 뜻 있게(전도, 교육) (4) 잘(외관, 감정) 하는 데 있다고 하였다.[234]

이 『예식규범』의 차례를 보면, 머리말과 일러두기에 이어 제1장 예배에 관하여, 제2장 학습식에 관하여, 제3장 세례식에 관하여, 제4장 성찬식에 관하여, 제5장 직원 취임식에 관하여, 제6장 설립 기념 예배에 관하여, 제7장 성역 기념 예배에 관하여, 제8장 약혼식에 관하여, 제9장 결혼식에 관하여, 제10장 상례에 관하여, 제11장 추도 기념예배에 관하여, 제12장 성탄절 축하에 관하여, 제13장 감사절 축하에 관하여, 제14장 부활절 축하에 관하여, 제15장 어린이 및 부모님 주일 축하에 관하여, 제16장

---

[234] 기독교대한감리회, 『예식규범』(서울: 총리원교육국, 1964), iv, v. '일러두기'

돌 축하에 관하여, 제17장 회갑 축하에 관하여, 제18장 생일 축하에 관하여, 등 여러 순서들로 배열되어 있다.

여기서는 제1장 '예배에 관하여'와 제3장 '세례식에 관하여' 중에서 세례기에 관련된 사항, 그리고 제4장 '성찬식에 관하여' 등에 실려 있는 내용을 상세히 살펴보기로 하고, 이와 관련된 사항을 분석하고자 한다.

먼저, 제1장 예배, 제3장 세례식에 관련된 일부내용, 제4장 성찬식의 내용을 살펴보기로 한다.[235]

제1장 예배에 관하여〔요약〕

1. 예배의 의의 - 예배는 하나님께 경배하는 것이다 … 구약시대에는 제사장을 통하여 제물을 드려 하나님께 경배하고 그와 교통을 하였으나, 신약시대에는 예수 그리스도를 통하여 신령과 진리로 하나님께 예배를 드림으로 그와 교통하게 되었다.

2. 예배의 준비

(1) 기도하는 마음으로 준비할 것 (2) 의복과 머리를 단정히 할 것 (3) 성경, 찬송, 헌금을 꼭 준비할 것 (4) 교역자는 주일예배 설교를 늦어도 금요일 저녁까지는 완성할 것 (5) 성가대의 찬양은 설교에 맞도록 준비할 것 (6) 교역자는 주일예배 순서 맡은 이와 성가대의 준비 여부를 일일이 확인하여 (7) 주보는 토요일 저녁까지 등사 또는 인쇄 완료하며 담임자는 주보에 세심한 주의할 것 (8) 예배 약 30분 전에 목회자의 강단과 예배 환경 확인 (9) 예배순서 참여자의 복장은 까운(2, 3벌 씩 준비)이나 검은 색 옷 착용 (10) 안내위원의 준비 - 예배시간 약 15분 전에 나와 교회에 나오는 교우들과 처음 나오는 이들을 맞이할 것

3. 예배의식

(1) 예배시간 약 5분 전에 목사가 기도하고, 목사에 이어 성가대가 입장함 (2)

---

235 『예식규범』, 1 - 8, 13 - 18, 20 - 27.

목사가 강대상에 나오면 교우 일동이 기립하여 목사의 지시를 따라 묵도로 귀영(歸榮) 순서로 시작함 (3) 예배 차례에 관하여 ① 귀영(Adoration) - 이는 하나님께 영광을 돌려 보내는 차례이다. 이때 찬송(제1장 - 50장 중 하나)도 부름 ② 자복(Confession) - 이는 하나님 앞에 죄를 자복하는 차례이다. 통성기도로 죄를 자복하여도 좋다. 아침예배의 기도는 목사가 함이 옳을 것 ③ 교통(Communion) - 이는 예배자와 하나님과의 교통을 의미하는 것이다. 이 부분에서는 하나님께 올라가는 것(찬양, 기도, 헌금)과 하나님께서 예배자에게 내려오시는 차례(말씀)가 있는데 설교자의 중한 책임이 있음. ④ 헌신 - 이는 하나님께 마음과 몸을 드리는 차례이다. 예배 마지막 부분의 찬송은 하나님께 감사와 영광을 돌리는 송영의 내용을 택할 것 (4) 의자가 있는 예배당에서는 귀영의 부분에서 교우의 기립이 좋음 (5) 예배는 엄숙히 진행해야 하며, 예배에 방해가 되는 행동을 해서는 안 됨 (6) 예배순서에 참여하는 자들은 음성을 크게 똑똑히 하여 참여자들이 잘 알아듣도록 할 것 (7) 광고는 주보 그 주간에 가장 중요한 것 한두 가지만 간단히 하도록 할 것 (8) 목사는 축도와 묵도가 끝난 다음 문에 나아가 순서대로 교인과 인사를 교환하며 성가대는 묵도 후에도 교우들이 다 나갈 때까지 계속하여 합창이나 반주를 할 것

4. 유의할 일들

(1) 예배순서에 참여하는 이는 까운이나 흑색 옷을 착용, 그렇지 못할 경우 보통 의복으로 정장함 (2) 예배 출석하는 교우들도 단정하게 하고, 특히 여름철이라도 상의는 반소매 이상 긴 것을 입도록 함 (3) 예배소에 들어오면 앞자리부터 채워서 앉도록 함 (4) 예배소에 들어올 때부터 끝나서 나갈 때까지 정숙해야 함 (5) 기도할 때는 출입을 엄금해야 함 (6) 어린이들을 데리고 온 교우들은 뒤에 앉도록 하였다가 울면 곧 밖으로 나가도록 하고, 예배 보는 동안 저들을 특별히 단속해야 함 (7) 강단에 앉은 이들은 다리를 꼬지도 말고, 기도할 때 궁둥이를 대중을 향하여 돌리지 말 것 (8) 성가대원들은 옷차림이나 몸가짐에 조심하고 가급적 까운을 입도록 할 것 (9) 성가대의 찬송은 교우들을 위한 것이 아니고 하나님께 찬양을 드리는 것이므로 독창이나 중창을 하는 경우에 교우들을 향하여 인사를 하는 것을 금함 (10) 예배를 필하고 돌아갈 때 (특히 저

녁예배 후) 너무 떠들지 않도록 할 (11) 교우들은 새로 나온 이나 손님들에게 각별한 관심을 가지고 환영의 성의를 다 할 것 (12) 용모의 예절 - 짙은 화장이나 사치한 옷차림은 합당치 않고 옷, 머리, 수염 등에서 청결과 단정하게 할 것.

제3장 세례식에 관하여
1. 세례의 의의
2. 세례의 준비
(1) 전용 세례기 - 물 그릇과 쟁반을 준비하여 세례기로만 전용케 한다. 그릇은 유기로 모양을 내서 만들어 두고 사용 전 후 깨끗이 닦아둔다(별지 도안 참조) (2) 흰 보 두 개 - 보는 목자나 비단천으로 하되 백색 실로 십자가의 모양을 수놓도록 한다(별지도안 참조) (3) 세례대〔기구 위치〕세례대는 중앙에 강대상이 있을 경우에는 강대상에 서서 우측에 놓게 함. 또한 좌우에 설교대와 사회대가 있을 경우에는 강단에 올라서서 회중을 향하여 좌측, 강단 우측에 놓도록 한다(별지 도안 참조) (4) 세례증서 (5) 세례문답

3. 세례식
(1) 세례식은 연중을 통하여 수시로 거행한다. (2) 세례는 예배당에서 거행하는 것이 원칙이나 특수한 경우(병중에서 세례를 받을 때 등)에는 개인의 가정에서 거행할 수도 있다. (3) 주례자는 세례 받을 이들을 예배 개회 전에 교중 앞자리에 나와 앉게 하고 … 한 사람씩 세례대 앞에 나와 무릎을 꿇고 세례를 받게 한다. 세례대가 없는 경우에는 부목사나 전도사나 장로 중에서 세례기를 들도록 한다. (4), (5), (6) 생략

4. 유의할 일들 (생략)

〈세례기 형태 도안〉
세례기 형태 도안이 다섯 개의 그림으로 나온다. 여기에는 세례기만 나오는 것이 아니라 세례대까지 포함하는 기구 일체를 싣고 있다. 〈제1도〉는 전용세례기(유기로), 〈제2도〉는 세례기 받힐 쟁반(유기로), 〈제3도〉는 세례대(가로 및 세로 36 ㎝, 높이 60 ㎝, 기타), 〈제4도〉는 세례대에 펼 보(가로 및 세로 45 ㎝, 기타), 〈제5도〉는 세례기를 덮을 흰 보(가로 및 세로 60㎝) 등으로 나와 있

다.[236]

제4장 성찬식에 관하여
1. 성찬식의 의의
2. 성찬식의 준비
(1) 성찬기를 준비해 둔다. 떡 담는 쟁반 1개, 차관1개, 잔 60개 들이 한 벌이나 두 벌을 마련해 둔다(별지 도안 참조). (2) 성찬기를 늘 깨끗이 닦아 둔다. (3) 성찬에 쓸 떡과 포도즙을 적어도 하루 전에 준비해 둔다. 떡은 식빵이나 가스테라가 좋고 만일 그런 것을 구지 못하면 보통 떡도 된다. 떡의 크기는 4면 1㎝ 정도로 하면 된다. (4) 성찬 예배 전에 강단에 제단이 있으면 제단 위에 흰 보를 펴고 그 위에 성찬기를 준비해 놓고 흰 보를 덮어 둔다. (5) 상을 덮기에 넉넉한 흰 보 두 개를 준비한다(별지 도안 참조). (6) 성찬기를 상에 준비해 놓을 때 혹시 포도즙 색이 흰 보에 묻지 않게 하기 위하여 흰 보 안으로 엷은 플레스틱 보를 덮어 두는 것이 좋다. (7) 성찬을 거행하기 몇 주일 전부터 회중에게 널리 광고하여 성찬에 대한 인식을 잘 시켜 회중으로 하여금 성찬에 나올 때 통회와 자복, 감사와 감격의 마음으로 나오게 할 것이며, 성찬을 통하여 새로운 생활에 들어가는 계기를 삼게 한다. (8) 성찬을 받는 방법을 실제로 가르쳐 성찬을 받을 때 실수 없고 엄숙하게 받게 한다. (9) 연보를 하기에 편리하도록 미리 헌금위원으로 하여금 연보함을 준비하고 대기하게 하였다가 순서를 따라 곧 시행케 한다. (10) 연보에 대해서는 미리 성찬식에 가난한 사람들을 구제하기 위하여 연보가 있을 것을 광고하고 성찬예배에 참석할 때 연보를 준비해 가지고 오도록 한다.

3. 성찬식
(1) 세례 받는 자들만 성찬에 참례한다. (2) 영아 세례자나 타 교파에서 세례 받는 이도 참례 할 수 있다. (3) 성찬은 회중으로 하여금 강대상 앞에 나와 무

---
[236] 『예식규범』 18.

릎을 꿇고 받도록 한다. (4) 성찬 받는 사람이 많을 때에는 정리위원을 내서 질서 있게 받도록 한다. (5) 성찬 예배에 성가대를 준비시키고 교체해서 성찬을 받을 때마다 성가대는 찬양을 부르고 성가대가 없는 경우에는 일반교우들로 찬송을 부르게 한다. (6) 성찬은 1년에 2차 이상은 거행하여야 한다. (7) 담임자가 성찬을 거행할 자격이 없으면 지방 감리사나 혹은 이웃 목사를 청해서 거행케 한다. 특히 매년 10월 첫 주일은「세례 성찬 주일」로 되어 있으므로 그 날은 빠짐없이 성찬을 거행하도록 한다. (8) 성찬식을 거행하기 시작할 때 주례자가 성경을 읽는 중에 이미 대기하고 있던 헌금 위원들로 하여금 연보를 거두게 한다. (9) 성찬이 끝나는 대로 성찬에 쓰다 남은 떡이나 포도즙은 위원들로 하여금 정한 곳에 갖다가 묻도록 한다. (10) 성찬식을 거행하는 동안 온 교중은 기도하는 마음으로 머리를 숙이고 있는다.

4. 유의할 일들

(1) 성찬식을 거행한 후 즉시 성찬기와 보를 깨끗이 닦고 빨아 두도록 한다. 세례 받지 않은 이는 성찬에 참석치 않도록 미리 일러둔다. (2) 성찬기를 넣어두는 장을 만들어 두고 성찬기나 세례기를 이곳저곳 되는대로 두지 않는다. (3) 세례는 받았으나 낙심하여 교인 생활에 꺼리끼는 점이 있는 사람은 성찬에 참석해서는 안 된다. 그러나 자복하고 회개 한 후 상한 심령으로 나와 받을 수는 있는 것이다. (4) 성찬식에서 연보한 헌금은 가난한 사람을 구제하는 데 사용한다.

〈**성찬대 모양**: 제단이 없을 경우에 강단에 준비해 놓을 상〉, 〈**떡 담는 쟁반**〉, 〈**포도주 담는 차관**〉, 〈**포도즙을 담는 잔과 볼**〉 등을 그림과 아울러 각 치수를 기록하고 있으며, 그리고 〈**무릎 꿇은 종류**〉 세 가지, 선 무릎, 반 무릎, 앉은 무릎을 그리고 있는데, 〈**성찬이나 세례 받을 때의 무릎 꿇은 것은 앉은 무릎을 꿇어야 한다.**〉라고 쓰여 있다.[237]

---

[237] 『예식규범』, 26 - 27.

이어서, 『예식규범』에 나타난 내용들을 분석해 보기로 한다.

첫째, 주일예배에 관한 전반적 사항을 세부적으로 기록하고 있다. 동 교단의 『교리와 장정』 안에 있는 "예문"에는 주일예배가 나오지 않고, "교인의 은혜받는 방법" 중 "공중예배" 항에 나온다. 그런데 이 『예식규범』에는 간략히 요약된 형태로 주일 예배순서가 나오며 특별히 예배의 의의와 준비에 대해서, 그리고 유의할 점이 세부적으로 나온다. 이렇게 자세히 규정되어 나오는 것에 대해 하나의 가능성이 아닌 필수적인 것으로 강조된다면 개신교 예배원리의 자유성을 침해할 수도 있을 것이라는 비판을 받을 수 있다. 그러나 예배의 근본 원리 안에서 여러 유형의 방법들을 선택의 자유를 전제로 대한다면 나름대로 그 유익성을 인정할 수 있을 것이다. 또한 이 지침서는 예배와 성례식 준비와 과정에 대해 세세히 수록하여 실제적으로 많은 도움을 주고 있으나, 내용 중에 반복되는 것이나 진술과정에서 너무 압축되어 내용이 잘 정리되지 못한 부분이 있는데 그런 부분은 잘 정리되어야 할 것이다.

둘째, 성찬대와 세례대의 존재 및 활용에 대한 언급이다. 성찬대는 한국 교회에 낯 익은 성구(聖具)이다. 여기서 특별한 것은 성찬대를 직접 제작하거나 의뢰할 경우를 위해 그 크기의 각 치수를 제공하고 있다는 점이다. 또한, 세례대의 필요성 대하여 언급하고 있다. 이 세례대는 세례기와 구분되는 기구이다. 물론 이 책에서는 세례대가 있는 경우와 없는 경우, 둘 다 염두에 두고 기술하고 있다. 현대 한국 개신교회에서 대부분 장로나 집사 등 직분자가 세례기를 손에 들고 있는 상태에서 목사가 세례를 베풀기 때문에 세례대가 따로 존재해야 할 필요성에 대해 의문을 제기할 수도 있을 것이다. 그러나 세례식이나 성찬식이 끝났을 때에 성찬대는 계속 신자들의 눈에 보이나, 세례대는 보이지 않는다는 문제가 발생한다. 여기서 우리는 개신교 신학에서 세례와 성찬을 보이는 말씀으로 기술하고 있는 것을 어떤 의미로 받아들이고 있는가를 깊이 새겨보아야 한다. 아마도 성례식 시행할 때만 그 존재 가치를 말하는 의미 그 이상일 것이다.

역사적으로 기독교는 초기부터 동방, 서방교회 모두 성찬대와 세례대를 갖고 있었으며, 종교개혁 시기에 루터교에도 이 두 기구들이 존재했으며, 오늘날 개신교 진영에서 루터교회, 영국 국교회나 영국 외 지역의 유럽 및 아메리카 지역의 감독교회, 아시아 지역의 성공회에도 세례대가 존재한다. 아마도 이 문서에서 감리교회가 영국 국교회에서 나온 교단이기 때문에 그 영향으로 이 세례대를 제시했을 수도 있다. 필자는 오늘날 대부분의 한국 교회에 성찬대만 존재하고, 세례기는 있으나 세례대에 대해서는 그 존재자체를 모르고 있는 교회 현실에 대해 문제점을 제시하고자 하는 것이다.

여기서 두 가지 방안을 제안한다면, 우선 세례대를 신설해 성찬대 옆에 놓는 방법이 있고, 또 다른 방법으로 이전에 없었던 세례대를 신설하는 것이 어려운 경우 성찬대는 어느 교회나 비치해 놓은 것이므로 이 성찬대를 세례대와 합하여 '성례대'라 새기고 세례와 성찬을 함께 집행하는 기구로 사용하는 방안도 있을 것이다. 이 경우 성찬대에 새겨진 예수님의 주의 만찬 모습은 그대로 두고 '성례대'라는 이름을 새기거나, 아니면 거기에 세례를 상징하는 그림을 함께 넣어 '성례대'라고 새기는 기술적인 작업도 가능할 것이다. 성찬대 사용에 관련하여 주의사항을 말하자면, 성찬대를 성찬 베푸는 목적으로 사용해야하며, 사회대나 광고대로 사용해서는 안 된다는 점이다. 이는 성례기구 자체를 신성시하려는 의도에서 그런 주장을 하는 것이 아니라, 성찬 기구는 그 목적대로 사용해야 은혜의 수단으로서 성례를 간직하는 방법의 하나가 될 것이기 때문이다.

(3) 『예문』(禮文, 1977)

조선 감리회 설립(1930) 이후 성찬예문 수록의 변천과정을 약술해보면, 처음에는 독립된 책으로서 예문이 존재하지 않았고 『교리와 장정』에 들어 있었다. 『교리와 장정』(1931)의 "예문"에는 성찬식 순서에 각 번호가 붙여져 있지 않았으나, 1939의 "예문"에는 내용에는 변화가 없으나 성찬식 순서에 각각 번호가 붙여진 점이 차이점이다.[238] 이 특성은 해방이후 1976년 까지 계속 유지되다가 1977년에 이르러서 이전의 『교리와 장정』 속에 들어 있던 "예문"이 하나의 독립된 문서 『예문』으로 나오게 된다. 이 때 이 『예문』에 나오는 성찬식은 이전 1939년 판의 구성과 비교해서 내용이 축소되었거나 빠지기도 하였으며 순서제목 이름이 바뀌거나 새로운 이름으로 나타난 것도 있다.

여기서 다루고자 하는 이 『예문』(1977)에는 주일예배나 수요 기도회에 대해 수록되어 있지 않으며, 성찬, 세례 등 모두 36개의 예문들이 수록되어 있다.[239] 이 예문들을 제목만 열거하면 다음과 같다. 학습, 영아 세례, 청소년 세례, 세례와 입교식 합동, 입교식, 세례인 받는, 성찬식, 약혼식, 결혼식, 입관식, 어린이 장례식, 어린이 하관식, 장년 장례식, 장년 하관식, 부모님 추도식, 목사 안수식, 장로 안수식, 연회 협동회원 허입, 연회 준회원 허입, 연회 정회원 허입, 설교자 자격 인정, 감독 취임식, 목사 취임식, 장로 취임식, 교회 임원 취임식, 교회학교 교직원 취임식, 성가대원 취임식, 예배당 기공식, 예배당 정초식, 예배당 성별식, 예배당 봉헌식, 입주 예배, 학교 건물 봉헌식, 병원 봉헌식, 목사관 봉헌식, 교육관 봉헌식 예문 등이다.

---

[238] 필자가 자료로 사용하고 있는 판은 1931년 판과 1939년 판인데 1935년 판이 그 사이에 출판되었다는 주장이 있다. 만약 1935년 판이 1939년 판과 내용이 같다면, 1935년 판이 성찬식 순서에 번호가 붙은 최초 판이 될 것이다. 이와는 달리 1935년 판이 1931년 판과 같다면, 1939년 판이 그 최초판이 될 것이다.

[239] 이 『예문』에는 주일예배가 포함되어 있지 않고 성찬식을 비롯한 여러 예문이 나와 있는데, 주일예배를 포함하는 예배서의 필요성을 느껴 1992년에 『예배서』가 나오게 된다. 여기에는 주일예배 순서와 예문에 있던 일부 예식을 포함되어 있다. 나중에 이 두 개의 예식서가 병행 사용되어 사용되다가 합해져 새로운 문서로 나온 것이 바로 『새예배서』(2002)이다.

먼저, 이 『예문』(1977)과 1931년 판, 1939년 판의 "예문"의 성찬식 순서를 살펴보기로 한다. 순서 중 굵은 글씨는 필자에 의한 것이다.

1977 『예문』 중 성찬식[240]

1. 묵도 **2.** 성경(요 6:51, 고전 10:16 - 17, 벧전 2:24, 요일 4:7 - 9, 계 3:20) **3.** 예식사 **4.** 통성기도 **5.** 기도(주례목사) **6. 사죄의 말씀**(목사, 성구 한 두절 읽음: 마 11:28, 요 3:16, 딤전 1:15, 요일 1:9, 요일 2:1-2) **7.** 성결의 기도(목사가 성물을 성결케 하는 기도) **8.** (집례목사와 돕는 목사의 수찬 후) 주기도문 **9.** 찬송(123, 518, 519, 520장 등) **10.** (교인들의) 성찬분급(수찬) **11.** (남은 성물 상위에 보로 덮은 후) 기도 **12.** 송영(582장) **13.** 축도("하나님께서 … 하나님 아버지와 아들과 성령의 은총이 우리 중에 영원히 함께 하시기를 간절히 축원하옵나이다. 아멘")

1931년 『교리와 장정』 "예문" 중 성찬식[241] (각 순서 번호, 제목은 필자 임의로 붙인 것임)

일. 성구(마 5:16, 마 7:12, 마 7:20, 눅 19:8, 고후 9:6,7, 갈 6:10, 히 6:10, 13:16, 요일 3:17, 잠 19:17, 시 41:1, 신 19:11)와 구제헌금 **이.** 성만찬 초청문 **삼.** 자복 기도문 **사.** 목사의 기도(1) **오.** 목사의 기도(2) **육.** 성물을 위한 기도문 **칠.** 집례목사와 참여 목사의 수찬, 교인들로 더불어 주기도문 암송 **팔.** 찬송 후 교우에 떡 분급 **구.** 교우에 잔 분급 **십.** 남은 성물 보에 덮고 기도 **십일.** 귀영의 말씀 **십이.** 찬송 후 축복 ("하나님께서 … 하나님 아버지와 아들과 성신의 은총이 우리 중에 영원히 있기를 원하옵나이다. 아멘")으로 폐회

주의사항 - 목사가 행례할 시간이 부족하면 떡과 포도즙을 거룩케하는 예문 외에는 편리하도록 가감할 수 있으며 혹 본 교회에서 출교할만한 불합한 행위

---

[240] 기독교대한감리회, 『예문』(서울: 감리회본부선교국, 1977), "성찬식 예문," 24 - 30.
[241] 기독교조선감리회, 『교리와 장정』(경성: 총리원교육국, 1931), "예문," 18 - 28.

를 한 이가 있으면 성만찬에 참예하기를 허락하지 못함.

1939 『교리와 장정』 "예문" 중 성찬식[242] (각 순서 제목은 원문에 의한 것임)

一. 默禱 二. 聖經(마 5:16, 마 7:12, 7:20, 눅 19:8, 고후 9:6 - 7, 갈 6:10, 히 6:10, 히 13:16, 요일 3:17, 잠 19:17, 시 41:1, 신 15:11)〔과 구제헌금〕三. 式辭 四. 通聲祈禱(자복하는 기도) 五. 祈禱(주례목사의 기도) 六. 祈禱(목사나 돕는 이의 기도) 七. 祝辭祈禱(떡과 포도주를 거룩하게 하는 기도) 八. (주례목사나 돕는 이 수찬 후) 主祈禱文 九. 讚頌(106장, 109장) 十. 聖饌分給(교우들 수찬) 十一. (성찬 종료 후 남은 것 상위에 보로 덮고 나서) 祈禱 十二. **歸榮** 十三. (찬송 부른 후) 祝禱(축복기도로 예식을 마칠 것: "하나님께서 … 하나님 아버지와 아들과 성신의 은총이 우리 중에 영원히 있기를 원하옵나이다. 아멘") 十四. 默禱(예식 시간이 부족하면 떡과 포도즙을 거룩케 하는 예문 외에는 편리하도록 가감할 수 있음. 혹 본 교회에서 출교할 만한 불합리한 행위를 한 이가 있으면 성찬예식에 참례하기를 허락지 못함)

다음으로, 『예문』(1977)을 이전의 두 "예문"과 비교 분석하기로 한다. 이 세 예문에 나타나는 성찬식을 살펴보면 명칭과 순서에 있어서 변화가 나타남을 알 수 있다.

첫째, '묵도' 순서에 관해서이다. 이 성찬예문(1977)에는 '묵도'로 시작되고 마칠 때는 '축도'로 마친다. 이에 비해 1931년 판 성찬예문에는 '묵도' 자체가 나오지 않으며, 1939년에는 '묵도'로 시작하고 '묵도'로 마친다. 이것은 주일예배 경우도 동일하다. 1931년 판부터 1961년 판까지 주일예배가 『교리와 장정』에 한 가지 형태만 소개되었는데, '묵도'로 시작하고 '묵도'로 마치고 있다. 1962년부터 두 가지 형태의 주일예배가 나오는데 첫 번째 유형은 '묵도'가 아예 삭제되었고, 두 번째 유형에는 예배 시

---

[242] 기독교조선감리회, 『교리와 장정』(경성: 총리원교육국, 1939), "주의 성찬예문," 208 - 23.

작 부분에서 '묵도'로 하고 마칠 때는 '축도와 후주'로 마쳐 끝부분의 '묵도'는 사라지게 된다. 이로 볼 때 감리교는 1960년대부터 서서히 예배에서 '묵도'가 사라지고 있음을 알 수 있다.

둘째, 성찬에 초대하는 순서에 대해서 내용은 동일하나, 그 용어만 바뀌었다. 이 예문에는 '예식사'라는 용어로 사용하고 있으나, 1931년 판에는 '성만찬 청하는 예문', 1939년 판에는 '式辭'라는 용어를 사용했다.

셋째, 자백기도문에 대해서도 역시 내용은 동일하나 그 용어만 바뀌었다. 이 예문과 1939년 판은 동일하게 '통성기도'로 나오나 1931판에는 '자복하는 기도문'으로 나온다. 여기서 용어의 적절성으로 본다면 일반적으로 기도의 내용보다는 방식을 의미하는 '통성기도'보다는 그 내용으로 보아 '자백'(자복) 기도라고 하는 것이 이 기도의 특성을 살리는 표현으로 보인다.

넷째, 이 예문의 자백기도 후에 나오는 '목사의 기도'가 이전의 기도문에 하나 더 추가하여 나온다. 이전의 예문에는 두 편의 기도문이 나왔으나 이 『예문』에 새로운 기도문이 하나 더 나오는데, 이것은 여러 종류의 기도문을 목회자가 선택하여 사용할 수 있는 장점을 제공하는 것으로 보인다.

다섯째, 이 예문의 '사죄의 말씀' 순서는 이전의 성찬식에 없었던 새로운 순서로 오해할 수 있으나 감리교는 초기부터 성찬식에 사죄의 말씀이 있었다.

여섯째, 이 예문의 '성결의 기도'는 이전에는 '성물을 위한 기도'(1931), '祝辭祈禱'(1939)로 나왔었다. 여기서 '축사기도'라는 용어에 대해 살펴보면, 이 기도는 성찬의 말씀성구를 인용하면서 성찬에 임하는 자들에게 떡과 포도즙을 받는 가운데 주님의 거룩한 살과 피를 먹고 마시게 해 달라는 기도이다. 우리는 이것을 더 확장하여 성령임재기도(에피클레시스)로 연결할 수 있을 것이다.

일곱째, 이 예문에는 '주기도문'에 대해서 교우들의 수찬 앞에 오는 순서를 취한다. 조선 감리회와 이후 한국 감리회는 '주기도문'이 교우들의 수찬 앞에 오는 순서를 따랐다. 이는 영국 국교회 기도서(BCP, 1549)와 미국의 남 감리회 순서를 따른 것이다. 이에 비해 북 감리교는 영국 국교 기도서(BCP, 1552)와 웨슬리가 『북미 감리교인들을 위해 보낸 예전』(1784)을 따라 교우 수찬 뒤에 주기도문을 외웠다.

여덟째, 축도문은 세 개의 예문이 다 동일하다. 성부, 성자, 성령의 이름으로 축도하되 고린도후서 13:13과 동일하게 하지 않고 그 말씀을 기본으로 하여 자신의 교단에 맞는 축도문을 사용하고 있다. 이것은 초기 감리교에서부터 성례식에 사용되던 방법이었으며 장로교의 경우 『혼상예식서』(1924) 부록 "성찬 설행법"에 보면 이 '축복기도' 대신에 '사도신경'이나 '주기도문', 또는 히브리서 13:20-21을 사용할 수 있다고 하였다.

열째, 이 예문에는 '축도'로 성찬식을 마친 후, "주의사항"이 생략되어 있으나 1931판과 1939판에는 "주의사항"(두 가지)이 제시되어 있다. 이 주의사항이 생략된 것은 그 내용들이 교인들에게 이미 익숙해져 삭제한 것으로 보인다.

3) 성결교

(1) 기성 교단

① 『헌법』 "주일예배"

ⓐ 『헌법』 "주일예배"(개정판, 1974)

성결교 기성 총회는 1974년 헌법을 개정하면서 주일예배 순서에 변화를 갖는다. 한편, 성찬식 순서는 이전 순서 그대로 유지된다. 전체적인 목차를 살펴보면, 제1장 總綱, 제2장 敎理 및 聖禮典, 제3장 支敎會, 제4장 敎會行政 및 事務機關, 제5장 治理會議, 제6장 財産管理, 제7장 總會本部, 제8장 宣敎와 宣敎師, 제9장 禮拜規範, 제10장 生活規範, 제11장 褒賞 및 懲戒, 별항으로 懲戒法, 施行細則, 禮文(학습, 세례, 입회, 헌아, 성찬, 결혼, 목사안수, 장로안수(취임식), 목사위임, 성전봉헌, 장례, 하관, 추도등 예식), 교역자 연금법, 포상법(심판위원회 운영규정), 의사회 규정, 교직시취문답 등으로 구성되어 있다. 여기서는 제9장 禮拜規範 제80조 '절기와 의식', 제81조 '예배', 제82조 '禮拜主掌', 제83조 '성례전 집행', 제84조 '공예배 순서', 제85조 '예배의 질서' 등을 중심으로 살펴보고자 한다. 성결교의 분열 이후, 기성 교단이나 예성 교단 모두 이전 문서들을 보면, "예문"을 "성례문"으로 잘못 표현하고 있으나 이 문서에서는 "예문"으로 바로 표기한다.

먼저, 제9장 예배규범에 나와 있는 내용을 소개하기로 한다. 이중에서 제84조의 예배순서는 다음 항에 따로 소개한다. 여기서 원문에는 대개 한문으로 되어 있으나 필자 임의로 한문과 우리말로 표기하기로 한다.

제9장 禮拜規範[243]
제80조 절기와 의식
본 교회에서 집행하는 주요한 절기와 의식은 다음과 같다. (1) 절기 - 성탄절, 수난절, 부활절, 성령강림절, 감사절 (2) 의식 - 학습예식, 세례예식, 헌아식, 입회식, 성찬식, 안수식, 취임식, 위임식, 헌당식, 결혼식, 장례식, 추도식
제81조 예배
본 교회는 매주 3회(주일낮 공예배, 주일밤 예배, 수요일 기도회) 예배당에 모여 예배드린다.

---

[243] 기독교대한성결교회(기성),『헌법』(서울: 기독교대한성결교회 출판부, 1974), 53 - 55.

제82조 禮拜主掌

모든 예배의 주장은 주임교역자가 할 것이며 上會에서 파송한 자와 당회나 목사가 허락한 자만이 할 수 있다. 단 설교도 본 조문에 준한다.

제83조 성례전 집행

각 지교회는 매년 2회 이상 성례전(세례와 성찬)을 집행하여야 한다.

제84조 공예배의 순서는 다음에 준한다(다음 항에 별도로 소개함).

제85조 예배의 질서

예배는 神聖한 行儀이니 이에 參禮한 교인은 사회자에게 순종할 것이요 순서 진행 중 질문이나 騷搖(소요)를 일으켜 예배를 紊亂케 하면 懲戒法에 의하여 治理한다.

이어, 개정된 이 예배순서(1974)와 이전의 예배순서를 그 아래에 소개한다.

〈 1974년 공예배 순서 〉

제84조 公禮拜의 順序는 다음에 준한다.

1. 默禱 2. 祈禱 3. 讚頌 4. 信仰告白 5. 主의 祈禱 6. 聖詩交讀 7. 讚頌 8. 祈禱 9. 聖經奉讀 10. 獻金 11. 感謝祈禱 12. 讚揚 13. 說敎 14. 祈禱 15. 頌歌 16. 祝禱 17. 閉會

〈 1955년 공예배 순서〉 (여기의 일련번호는 상호 비교를 위해 필자가 붙인 것임)

1. 默禱(一同) 2. 聖歌(一同 起立) 3. 使徒信經 誦讀(一同 起立) 4. 祈禱(一同이 着席하고 代表로 祈禱할 것) 5. 主의 祈禱 6. 詩篇 交讀 7. 聖歌(一同) 8. 獻金 9. 感謝祈禱 10. 聖經 奉讀 11. 廣告 12. 特別讚揚 13. 說敎 14. 祈禱 15. 頌歌(一同 起立) 16. 祝禱(一同 起立) (祝禱가 끝난 후 會衆은 敬虔히 默禱하고 牧師의 閉式宣言이 있은 후에 散會할지니라.)

다음으로, 이 개정된 예배순서와 이전의 예배순서를 비교 분석하기로 한다.

첫째, 전체 예배 순서를 비교해 보면 동일하게 총 17개의 순서들로 구성되어 있으나 세부적으로 보면 몇 개 순서가 빠지고 새로운 순서가 들어 있음을 알 수 있으며 순서의 변동도 나타난다. 또한 이 예배순서는 이전 것에 비해 괄호를 사용한 설명부분이 다 사라졌다.

둘째, 두 헌법의 예배순서에서 '묵도'로 시작하고, '축도'와 '폐회'(선언)로 끝맺는 것은 동일하다.

셋째, 이 예배순서에는 '묵도'에 이어 '기도'가 새로 신설되어 나오는데 이것은 '기원'의 성격인 것으로 보인다. 이전 예배(1955)에는 이 순서가 들어 있지 않다.

넷째, 이 예배순서에는 이전의 '사도신경 송독' 순서를 '신앙고백'으로 용어를 바꾸어 사용하고 있다. 이렇게 한 개념만을 제시하는 것보다는 오늘날 한국교회에서 행하는 것처럼 주보에 '신앙고백'을 왼 편에, '사도신경'을 해당순서의 오른 편에 함께 싣는 것이 더 좋을 것이다. 여기서 신앙고백이라 함은 폭 넓은 개념이요, 여기에 사용되는 세부내용으로는 사도신경, 니케아 신경, 또는 아타나시우스 신경이나 교단 고유의 신조들이 사용될 수 있을 것이다.

다섯째, '주의 기도'에 대해서 이 예배순서에는 '신앙고백' 바로 후에, '(대표)기도' 세 번째 앞에 위치하고 있으나, 이전 순서에서는 '기도' 뒤에 나온다. 개신교는 '주의 기도' 순서의 위치를 어디에 둘 것인가라는 문제에 대해 예배순서의 자유성을 가지고 있다. 로마 가톨릭과 동방교회는 주기도문 순서를 매주 시행하는 미사나 리터지(Liturgy) 순서 중 말씀예전 부분이 아닌 성찬예전에 고정사용하고 있다. 이에 비해 개신교는 루터교의 경우 말씀예배 때는 설교 이후, 성찬예배 때는 수찬 앞에 시행하나, 다른 개신교에서는 순서에 고정되지 않고 자유롭게 사용하고 있다.

여섯째, 이 예배순서에 회중의 대표기도가 두 번째 나오는 '기도'(8)라는 용어로 나오며 주기도문의 세 번째 뒤에 나온다. 이 순서에서는 '(대표)기도'가 '주의 기도-성시교독-찬송' 후의 순서로 나오는데 비해, 이전 예배순서에는 '주의 기도' 바로 전에 위치해 있다. 이로 볼 때 1974년 『헌법』의 공 예배에서는 '(대표)기도'가 '주기도문'과 분리되어 있으며 그 순서도 '주의 기도' 세 번째 뒤에 나온다는 점이 이전과 다른 특징을 갖고 있다. 이것은 이전까지만 해도 감리교의 순서(기도-주기도)를 따랐던 순서에서 벗어나 성결교 나름의 순서를 새롭게 제시한 것이다.

일곱째, 성경봉독과 설교의 위치에 관한 것이다. 이 예배순서는 '성경봉독'이 '헌금-감사기도' 앞에 오는데 비해, 이전 예배에는 '헌금'-'감사기도' 뒤에 나온다. 여기서 '성경봉독'은 '설교' 순서와 연관성이 있는 순서로, 이 예배순서에서는 세 순서 후에, 이전의 예배 순서에서는 두 순서 후에 '설교'가 위치한다. '성경봉독'과 '설교'는 가까우면 가까울수록 좋을 것이다.

여덟째, '설교'에 대해서 두 곳 모두 '헌금' 순서 이후에 위치해 있다. 개신교에서는 설교 이후에 헌금이나 광고를 넣는 교회가 있는가 하면, 반대로 설교 이전에 이 순서들을 넣는 교회들이 있어서 가변적임을 알 수 있다. 이에 비해 로마 가톨릭이나 동방교회들은 공통적으로 '헌금' 순서를 말씀예배에 넣지 않고 성찬식 첫 순서에 넣고 있다.

아홉째, '광고' 순서는 이 예배순서에서 삭제되었다. 이전 예배순서는 '광고'가 '헌금', '감사기도', '성경봉독' 다음에 위치했다. 이 '광고' 순서를 예배 시간 순서 중의 하나로 넣는 교회도 있고, 예배 축도 후에 간단히 하는 경우도 있으며 또는 예배 순서지에 그 내용을 싣기만 하거나 아예 순서지에는 넣지 않고 교회 광고판에 붙여 놓는 교회도 있다. 이처럼 이 순서는 교회 규모나 예배 순서에 대한 목회자의 견해에 따라 달라질 수도 있겠으나 '광고'도 역시 성도의 교제 속에 포함된다는 것을 감안하면 예배순서에서 아주 제외시키기는 어려울 것이다. 그러므로 '광고'에 과도하게 치우치면 산만하게 되고 설교에 대한 이미지가 희석될 소지가 있어 예배 분위기를 해칠 수 있음을 인식하고 이에 대처하는 방법을 잘 고려해야 할 것이다.

② 예배 예식서

ⓐ 『예식서』(1989)

성결교 기성 교단은 주일예배 순서와 성찬식을 비롯한 예식들이 『헌법』에 수록되어 있었으나, 새롭게 『헌법』과 별개의 문서로 예식서를 발간하였다. 예배학적인 면을 바탕으로 교단성을 가미하여 교단 최초로 이 『예식서』(1989)를 출판하게 된 것이다.[244] 이 예식서에는 예배의 본질을 설명하고 있으나 주일예배 순서에 대해서는 제시되어 있지 않고, 성찬예식을 중심한 각종 예식서가 들어 있다.[245]

전체적인 목차를 살펴보면, Ⅰ. "총론"에서 본 교회의 사명, 지도원리, 사회에 대한 건덕생활, 생활에 있어서의 교인의 자세, 성례전의 의미, 교회력의 절기, 절기의 색깔, 예배의 본질(제8항) Ⅱ. "교회예식"에서 헌아, 학습, 세례, 입회, 성찬예식(낮예배시), 성찬예식(밤예배시), 예식총례(제7항,

---

[244] 성결교 기성 교단에서 발행된 『새예식서』(1996) 머리말에 보면, 1987년에 예식서가 초판되었다고 언급되고 있으나 필자가 참고하고 있는 1989년판 머리말에 보면 1987년에 초판되었다는 언급이 없고 오히려 1989년 판이 초판인 것처럼 서술하고 있다. 만약 이것이 오식이 아니라, 1987년 초판이 발견된다면 여기서 다루고 있는 1989년 판은 재판이 될 것이다.
[245] 『예식서』 편집의 주요사항은 다음과 같다: 1. 헌법책에 제시된 예식문의 주요 내용은 그대로 사용했다. 2. 그 동안 사용한 의예식 종류(17가지)를 대폭 증가하여 47개로 확정했다. 3. 인도자의 편의를 위해 본 교단 중견 목회자들이 집필한 기도문과 설교문을 1편씩 요약하여 실었다. 4. 인도자의 전이해를 위해 교단의 지도원리와 예배의 원리 그리고 본 교단의 입장에서 본 성례전의 의미라는 논설을 실었으며, 각 식순마다 사전의 준비과정을 간략히 제시했다. 5. 모든 의예식에서 부를 찬송가를 부록에 삽입했다. 기독교대한성결교회(기성), 『예식서』(서울: 기독교대한성결교회 출판부, 1989), 3 - 4. 머리말.

학습, 세례, 성찬예식을 함께 거행할 경우), 혼례(약혼, 결혼식), 상례(임종전, 임종, 입관식, 장례식, 하관식), Ⅲ. "교회의식"에는 임직식(목사안수, 목사취임, 목사위임, 원로목사 추대, 공로목사 추대, 장로장립 및 안수, 장로취임, 원로장로 추대, 공로장로 추대, 권사 취임, 임직 종합예식), 봉헌식(성전 기공, 입당, 봉헌, 교육관 봉헌, 교역자관 봉헌식, 교회창립 개척 및 기념), Ⅳ. "가정의례"에는 경축의례(회갑, 결혼 기념일, 백일, 생일, 성년식), 추모의례(추모식, 성묘, 신년-정초, 명절-추석), 생활 경축의례(개업, 주택기공, 상량, 준공식, 입주-이사).

이 예식서에는 주일예배 순서가 공식적인 항목으로 소개되지 않았지만 Ⅰ. "총론" 중 '예배의 본질'이 실려 있으며, Ⅱ. "교회예식" 중 '예식총례'에 주일예배 때에 행하는 학습, 세례, 성찬예식을 함께 넣어 거행하는 순서에서 그 일부를 찾아 볼 수 있다.

먼저, 이 예식서에 나오는 Ⅰ. "총론" 중에서 제8항 '예배의 본질'에 대해 살펴보기로 한다.[246]

8. 예배의 본질

예배의 본질에 대한 정의는 "예수 그리스도를 중보로 하여 하나님과 예배자와의 교제 또는 만남이다"라고 내리고 있다 … 필연적으로 두 종류의 요소가 포함되어야 한다. 그 첫째는 신적인 부분인 성서낭독, 설교, 예전[247], 축도로서 하나님이 사람에게 말씀으로 오시는 것이며, 둘째는 교회적 부분으로 기도, 찬송, 헌금 등으로써 사람이 하나님에게 믿음으로 응답하는 것이다. 이것이 하나님의 쌍방통행로(two-way street)로 하나님을 예배하는 것이다 … 예배는 하나님이 영적으로 임재하셔서 말씀으로 예배자에게 오시는 것이고 예배자는 전인격적(全人格的)인 참여로 응답하는 것이 참 예배이며 이것이 예배의 참된 본질이다. 한국교회는 의식면에서 갱신할 일이 너무도 많다 … 한

---

[246] 기독교대한성결교회(기성),『예식서』(1989), 21-22.
[247] 여기서 '예전'이라는 것은 '성례전'을 의미하는 것으로 보인다.

국교회는 하나님을 향한 예배와 축하식을 혼돈을 하고 구분을 하지 못하고 있다(예: 축하예배, 취임예배 등 축하와 예배를 동시에 사용 할 수 없슴). 예배의 대상은 인간이 아니며 … 교회행사나 가정에서 가지는 의례(儀禮)의 용어도 잘못 사용하고 있다(예: 추도예배가 아니라 추도식). 또한 '장례식'을 '영결식'이라고 하는 것은 기독교적이 아니다. 신자는 하늘에서 장차 만남이 있기 때문에 영원히 결별하는 영결예배 또는 영결식이 아니라 어디까지나 '장례식'으로 해야 한다.

이어서, 이 예식서의 Ⅱ. "교회예식" 중 5항과 6항의 내용(성찬식을 위주로 실은 순서)을 중심으로 하고, 제 7항에 나오는 "예식총례"는 요약하여 소개한다.[248]

5. 성찬예식(낮 예배시 시행하는 순서)
일러두는 말과 준비사항 (생략)
진행사항(요약) - 성찬예식에 믿음으로 참여케 하기 위해서 가급적이면 10명 단위로 앞으로 나와 서게 한 후, 배종자가 집례자의 권유의 말씀에 따라 떡과 포도주를 들게 하고 빈 잔을 거둔 뒤, 다음 사람으로 순서를 잇게 한다. 앉은 자리에 성찬을 돌려 진행할 수도 있다.
회개에의 부름 - 참회의 기도 - 예식사 - 성찬초대의 기도 - 분병 - 분잔 - 감사의 기도

6. 성찬예식(저녁예배를 통한 예식)
전주 - 찬송 - 회개에의 부름 - 참회의 기도 - 성경봉독 - 성찬의 말씀 - 성찬초대의 기도 - 분병 - 분잔 - 감사의 기도 - 찬송 - 축도

---

248 기독교대한성결교회(기성), 『예식서』(1989), 36 - 50.

7. 예식총례(학습, 세례, 성찬예식을 함께 거행할 경우)

묵도 - 찬송 - 기도(사랑의 하나님 … 성례를 거행할 수 있도록 시간을 허락해 주시고 … 감사드립니다 … 아멘) - 성경봉독(요 7:37, 엡 5:18) - 설교(성령충만의 비결) - 서약을 위한 기도 1) **학습예식** 서약(문1 - 6) - 기도 - 공포(이제 … 학습교인 됨을 성부와 성자와 성령의 이름으로 공포하노라. 아멘) 2) **세례예식** 서약(문1 - 7) - 세례 3) **성찬예식** 성찬초대의 기도 - 분병(성찬의 말씀을 읽는다. 받지 못한 자가 있는가 알아보기 위하여 거수케하고 떡을 받게 함) - 분잔(성찬의 말씀을 읽는다. 받지 못한 자가 있는가 알아보기 위하여 거수케 하고 떡을 받게 함) - 감사의 기도 - 찬송 - 축도

다음으로, 이 예식서와 이전 동교단의 『헌법』(1974) 중 '예식' 및 성찬식을 비교해보도록 한다.

첫째, 이 예식서는 '예배의 본질'이라는 항목을 설정하여 예배의 바른 정의와 한국교회 예배의 정신에 있어서 잘못된 점들을 밝히고 있다. 특히 한국교회 예배 의식에서 갱신할 일이 너무 많음을 지적하면서 예배 용어에 대한 바른 사용을 강조하고 있다. 이와 같은 서술은 이전의 『헌법』에는 나오지 않은 글들을 이 예배서에 처음으로 담음으로써 예배의 원리에 대해 잘 지적하고 있다.

둘째, "예식총례"에서 성찬식과 함께 학습예식과 세례예식을 병행하는 경우를 싣고 있는데 이것은 주일예배 때에 시행하는 것으로 보인다. 그 근거로 '묵도'로 시작하고, '설교'가 있으며, '축도'로 끝마치는 주일예배 형식이 나오기 때문이다. 성찬예식만 행하는 경우는 묵도로 시작하지 않고 찬송과 기도로 시작한다. 여기서 주일예배에 세 가지 예식(성찬, 학습, 세례)을 함께 시행하는 경우는 교회 별로 형편이 다르겠으나 년 1, 2 회 정도일 것으로 보이며, 이 경우 설교시간은 제약이 있어 짧게 이루어져야 할 것으로 보인다.

셋째, 성찬식을 포함한 "예식총례"의 주일예배는 『헌법』에 나오는 일반 주일(낮)예배에 나온 것과 다르게 사도신경과 주기도문, 특별찬양, 헌금 등의 순서가 수록되어 있지 않다. 이 "예식총례"가 주일예배 순서로 진행하는 경우라면 당연히 이 순서들을 생략하지 않고 그대로 넣어 제시하는 것이 더 나을 것으로 보인다. 왜냐하면 이 순서들은 주일(낮)예배에 필수적인 순서로 여겨지기 때문이다.

(2) 예성 교단

① 『헌장』 "공예배"

ⓐ 『헌장』 "공예배"(1962)

성결교회는 1961년에 W. C. C. 가입문제로 기성 측과 예성 측으로 나뉘게 된다. 기성 교단은 이전 교단인 기독교대한성결교회라는 명칭 그대로 사용하였으며, 새로 나누어진 교단은 예수교대한성결교회로 명칭되었다. 분열 후 처음 예성 교단은 교단의 헌법서를 내 놓는데 그것이 바로 『헌장』이라는 문서이다. 이 헌장의 구조를 보면 前文에 이어 제1장 總綱, 제2장 信條, 제3장 公禮拜와 聖禮典, 제4장 禮式과 節期, 제5장 生活規範, 제6장 政治, 제7장 教會事務 處理會, 제8장 政治會議, 제9장 憲法改正, 제10장 褒賞 및 勸懲, 附一 議事會 規定, 附二 聖禮文(학습, 세례, 입회, 헌아, 성찬, 결혼, 장로장립(취임), 안수, 위임, 정초, 헌당, 장례, 매장, 추도식 등), 附三. 教職者試取問答 등이 나와 있다. 여기서는 주일예배와 성찬예식에 대해 살펴보기로 한다.

먼저, 주일예배를 살펴보자. 제3장 "공예배와 성례전" 제1절 "공예배"와 제2절 "성례전" 그리고 제4장 "예식과 절기" 제1절 "예식"부분을 소개

하고자 한다.[249]

제3장 公禮拜와 聖禮典
제1절 公禮拜
제22조 意義
예배는 하나님께 대한 인간의 최고의 도덕적 행위인즉 성결교회는 정기적으로 정한 시간에 힘써 성전에 모여 엄숙하고 질서 있게 예배를 드려야 한다.
제23조 공예배 순서
본 교회는 매주 3회씩(주일 낮, 주일 밤, 수요일 밤) 공예배회로 성전에 모이나니 주일예배 순서는 다음과 같다.

禮拜順

默禱 - 頌榮(一同 起立) - 使徒信經 朗讀(一同 起立) - 祈願(司會者) - 詩篇交讀(一同) - 讚頌(着席) - 祈禱(代表) - 聖經奉讀(司會者) - 特別讚頌 - 說敎 - 祈禱(一同 或은 說敎者) - 讚頌(一同) - 獻金 - 感謝祈禱 - 廣告 - 頌歌(一同 起立) - 祝禱 - 閉會

제2절 聖禮典
제24조 種別
본 교회에서 거행하는 聖禮典은 洗禮와 聖餐 二種이 있나니 년 2회 이상 거행한다.
제25조 意義 1. 세례 2. 성찬

제4장 禮式과 節期
제1절 禮式

---

249 예수교대한성결교회(예성), 『헌장』(서울: 성청사, 1962), 35 - 38, 108 - 111.

제26조 種別 - 학습예식, 세례식, 입회식, 성찬식, 안수식, 장로장립식, 위임식(담임목사), 정초식, 헌당식, 결혼식, 헌아식, 장례식, 추도식

제2절 節期

제27조 種別 - 성탄절, 수난절, 부활절, 성신강림절, 맥추절, 감사절

이어서, 附二 "聖禮文" 중 제5 "聖餐禮式"을 소개한다.

제5 聖餐禮式

(세례인 중 무흠한 자로 좌석을 정리한 후에 다음의 순서에 의하여 예식을 거행할지니라)
一. 찬송 一. 기도 一. 성경(고전 11:23 - 29, 눅 22:14 - 20) 一. 권고("성찬예식은 우리 주께서 세우신 거룩한 예식이니 … 그러므로 스스로 살펴 범죄함이 있거든 요일 2:1 말씀을 기억하고 … 회개하고 용서하심과 안위를 받아 참여할 것이다") 一. 기도 1. 떡을 나눔(주례목사와 배종자가 먼저 받고 회중에게 받게 함. 나눈 후 받지 못한 자가 있는지 거수로 확인) 2. 포도즙을 나눔(떡 나눌 때와 동일하게) 一. 기도 一. 송가 一. 축도

다음으로, 공예배(주일예배)와 성찬예식에 대해 분석해보고자 한다. 여기에는 이 『헌장』에 나와 있는 주일예배와 성찬예식을 교단 분열 이전의 성결교 『헌법』(1955)과 비교하며 분석할 것이다.

첫째, 이 『헌장』에서 예배의 시작을 '묵도'로 하고 있는데 이것은 1955년 『헌법』도 동일하다.

둘째, 이 『헌장』의 '사도신경'은 세 번째 순서로 나오는데 이것도 1955년 『헌법』 순서를 그대로 유지하고 있다.

셋째, 이 『헌장』에는 '사도신경'에 뒤이어 나오는 순서가 사회자의 '기원'인데 1955년 『헌법』에는 '기원'은 없고 '대표기도'만 나온다. 이 『헌장』

의 '대표기도'는 '성경봉독' 바로 앞에 나온다. 이『헌장』은 사회자의 '기원'과 '대표기도'를 분리해서 따로 나온다는 점에서 다른 것이다.

넷째, 이『헌장』에는 '주의 기도'가 생략되어 있으나, 분열 이전의 1955년『헌법』에는 '시편교독' 앞에 나온다. 기성 교단은 1955년『헌법』을 그대로 따라 '주기도문'을 유지하고 있다.

다섯째, 이『헌장』에는 '헌금-감사기도-광고'로 이어진 순서들이 '설교' 이후에 나오나, 1955년『헌법』에는 '설교' 이전에 나온다.

여섯째로, 이『헌장』의 성례식 순서에는 성찬식 후 '기도'로 나오는데, 이전 1936년 및 1945년 판 성결교『헌법』에는 '기도'(배종교사)와 '주기도'(일동)로 되어 있고, 1955년 판에는 '기도'로만 되어 있어 '주기도'가 빠져 있는데 이 헌장은 1955년 판을 그대로 따른 것이다.

일곱째, 이 문서에서는 "성례전"이라는 용어에 대해 3장에서는 세례와 성찬만을 가리키는 의미로, 제4장에서는 성찬식을 비롯한 13개 예전들을 다 통칭해서 사용하는 의미로도 사용하고 있다. 이처럼 한 문서 내에서 두 가지의 용어를 함께 사용한다면 혼란을 일으킬 수 있으므로 주의해야 한다. 여기서 세례와 성찬은 "성례"라는 용어를, 나머지는 "예식"이라고 구분해서 사용하는 것이 개신교 신학에 맞는 구분이라고 본다.

ⓑ 『헌장』 "공예배"(1971)[250]

예성의『헌장』이 1962년에 초판이 나온 후 1971년에 이르러 일부 내용을 수정하여 수정판이 나온다. 예배 순서는 약간의 순서변경이 있고 성찬식은 이전 판과 동일하다. 여기서는 주일예배에서 변경된 부분만 다루려고 한다.

먼저, 수정된『헌장』(1971)의 예배순서와 이전 판『헌장』(1962)의 예배순

---

[250] 예수교대한성결교회(예성),『헌장』(서울: 성청사, 1971), 34 - 35.

서를 비교를 위해 소개하기로 한다. 두 개의 예배순서 비교에서 필자가 '광고' 순서를 굵은 글씨로 표시하였다.

〈1971년 『헌장』(수정판)〉
제3장 공예배와 성예전
제1절 공예배
제22조 예배의 뜻매김(정의) (생략)
제23조 공예배 이 교회는 매주 세 번씩(주일 낮, 주일 밤, 수요일 밤) 공예배로 성전에 모이니, 주일 예배 순서는 다음에 준한다.
예배순서
묵도 - 송영(모두 일어섬) - 사도신경 송독(모두 일어섬) - 기원(사회자) - 시편교독(모두) - 찬송(모두 앉음) - 기도(대표) - 성경봉독(사회자) - 특별찬송 - 설교 - 기도(모두 또는 설교자) - 찬송(모두) - 헌금 - 감사기도 - 송가(모두 일어섬) - 축도(목사) - **광고** - 폐회

〈1962 『헌장』〉
禮拜順
默禱 - 頌榮(一同 起立) - 使徒信經 頌讀(一同 起立) - 祈願(司會者) - 詩篇交讀(一同) - 讚頌(着席) - 祈禱(代表) - 聖經奉讀(司會者) - 特別讚頌 - 說敎 - 祈禱(一同 或은 說敎者) - 讚頌(一同) - 獻金 - 感謝祈禱 - **廣告** - 頌歌(一同 起立) - 祝禱 - 閉會

다음으로, 이 헌장과 이전 헌장(1962)을 비교 분석하기로 한다. 이 헌장은 1962년 초판에 비해 모두 한글로 표기하고 있다. 그대로 한자를 한글로 옮긴 것도 있고 한자를 우리말로 풀어 옮긴 것도 있다. 전체 항목은 동일하나, 순서가 달라진 것이 있는데 그것은 '광고' 순서이다. 이 헌장에는 '광고'가 '축도' 바로 다음 순서, '폐회' 이전에 위치해 있는데 이전 판에는

'찬송과 축도'의 앞, '헌금과 감사기도' 다음에 나오고 있다. 이처럼 '광고'를 '폐회' 순서 앞에 넣은 것은 아마도 '광고'로 인해 예배분위기가 산만해질 것을 고려한 것으로 판단된다.

4) 루터교

(1) 『禮拜儀式文 解說』(1965. 6)

이전에 살펴본 『예배의식문』(1960)이 나온 후, 루터교 예배의식문 중 "성찬 없는 예배" 또는 "일반예배"에 대한 해설이 지원용 編著로 나왔는데 바로 이 책 『禮拜儀式文 解說』이다. 영문제목은 *Explanation to the Lutheran Litergy*이며, 그 차례는 1. 예배의식의 소개, 2. "일반예배"(여기서 "일반예배"라는 말은 성찬 없이 드리는 주일예배를 의미함: 필자 주)의 의식문 설명, 3. 공동신조(ㄱ. 니카야 신조, ㄴ. 아다나시안 신조), 부록으로 교회 연력표, 용어풀이, 교회 절기와 성구 등으로 되어 있다. 여기서는 1. 예배의식의 소개, 2. "일반예배" 의식문의 설명에 대해 간략히 서술하기로 한다.

먼저, 1. "예배의식의 소개"를 살펴보자.[251]

> 1. 예배의식의 소개
> 공중예배에 참석한 회중들이 그 예배를 뜻있게 드리려면 거기에는 반드시 어떤 순서와 질서와 조화가 있어야 한다는 생각은 기독교 초기부터 있었다 … 초대교회의 예배의식이 중세를 거쳐 내려오는 동안 적지 않게 변질되기도 하였다 … 기독교 초기에는 성찬식이 주로 신자들의 주일예배 행사였다. 그 당시에는 예배식을 두 부분으로 구성하였었다. 제1부에서는 시편낭독, 찬송, 기도, 성서봉독, 설교 등이 포함되었고 제2부에서는 봉헌식, 성찬식, 성찬시행

---

[251] 한국루터교, 『禮拜儀式文 解說』 지원용 편저 (서울: 컨콜디아사, 1965), 5-8.

에 따르는 순서들이 있었다. 교회의 정회원들은 의식의 1,2부에 모두 참석 했으나 정식으로 교인이 되지 않은 사람들(Catechumen)은 제1부에만 참석하였던 것이다 … 그 결과로써 루터가 제시한 예배 의식 가운데는 로마 가톨릭 교회의 "미사"와 흡사한 부분이 몇 군데 있다. 예를 들면 고대 교회의 기도문, 시편 봉독문, 짧은 기도문(Collect), 기도와 응답문 등은 초대교회 예배에서도 사용되었고, 로마 가톨릭 교회나 성공회에서도 사용되는 부분들이다. 그러나 루터교회의 예배의식은 로마 가톨릭 교회의 "미사"와 그 근본취지에 있어서 다른 점이 적지 않다 … 루터교회와 다른 프로테스탄트 교회들 간의 외면적 상이점으로서 예배의식을 들 수 있다. 그러나 루터교회에 있어서 그 예배 의식은 신앙과 구원문제를 좌우할 정도로 중대한 것이 결코 아니며, 거룩한 하나님께 드리는 예배로 하여금 좀 더 경건하고 엄숙하게 하려는 방편에 지나지 않는 것이다 … 그러나 어디까지나 그리스도 안에서 신앙으로 의로움을 받는다는 교리가 신자의 모든 생활과 예배의식의 중심점이다.

이어서, "2. 일반예배" 의식문의 설명 부분 중 '신조' 부분만 싣기로 한다.[252] 아래의 굵은 글씨는 필자가 표시한 것이다.

사도신조는 하나님의 말씀에 근거한 크리스챤의 신앙을 가장 간단명료하게 증거 하는 신앙고백서로서 가장 오래된 신조이다. 옛날 초대교회에 있어서 실제적인 필요에 따라 만들어 진 것이며, 세례를 받기 위한 사람들의 교육과 또한 일반 교인들이 그들의 신앙을 고백할 때에 사용하도록 된 것인데, 기독교 신앙의 요약문이기도하다. "음부에 내리신지"란 부분을 사용치 않는 교파도 있다. 이 신앙고백이 성서의 말씀을 봉독한 다음에 나오는 것은 가장 논리적인 순서라고 말할 수 있을 것이다. 루터교회에서 일반 예배 때에는 사도신

---

[252] 한국루터교, 『예배의식문 해설』(1965), 18 - 19, 니카야 신조와 아다나시안 신조의 본문은 23, 25에 나온다.

조를 사용하고, 성찬이 있는 주일 예배에는 **니카야 신조**를 사용하며 일 년에 한번 씩 있는 삼위일체 주일(5월말 경)에는 **아다나시안신조**를 사용하여 예배드리는 사람들이 그들의 신앙을 고백하도록 한다. 이상의 세 가지 신조를 가리켜서 세계적인 "공동신조"라고 부른다.

다음으로, 이 예식문을 분석하면 다음과 같다.

첫째, 『禮拜儀式文 解說』의 편저자가 앞서 나온 『루터교 예배의식문』(1960)에 대한 해설을 내 놓은 것은 매우 의미 있는 일이라고 여겨진다. 왜냐하면 두 가지 측면, 즉 루터교인에게는 루터교의 예식에 더 익숙해지도록, 그리고 다른 신교도들에게는 루터교의 생소한 예배의식에 대한 이해를 돕기 위해 다 필요했을 것이기 때문이다. 한 가지 아쉬운 점은 루터교 예배에 두 가지(성찬과 함께, 성찬 없이)가 있는데 여기에서는 성찬 없이 시행되는 주일예배에 대해서만 해설하였으므로 성찬식이 있는 예배순서 해설에 대한 궁금증이 남게 된다는 점이다. 이것은 추후에 박성완, 『루터교 예배 이해』(2000)라는 책자를 통해 해소되기는 하지만 일찍부터 "성찬 있는 주일예배"와 "성찬 없이 행하는 주일예배"에 대한 해설을 소개했으면 더욱 좋았을 것이다.

둘째, "축도"에 대한 설명이다. 이 책의 '축도' 부분 해설에서 구약의 축도(제사장의 축도, 민수기 6장)와 신약의 축도(사도바울의 축도, 고린도후서 13장)를 소개하며, 이 두 축도문 가운데서 어느 것이나 사용할 수 있는데 루터교회에서는 주로 구약의 축도를 선호한다고 한다. 그런데 이전에 나왔던 『루터교 예배의식문』(1960)에는 주일예배(성찬 없이, 성찬과 같이)에 구약의 축도만 나타나고 있다. 또한 이 해설 책자가 나온 지 3개월 후에 나온 『루터교 예배의식문』(1965. 9)의 주일예배(성찬 없이, 성찬과 같이)에 모두 구약의 축도만 실려 있고, 다만 아침 기도회와 저녁 기도회에는 신약의 축도만 실려져 있다. 이후에 1981년에 나온 개정판에는 주일예배(성찬 없이, 성찬과 같이), 아침 기도회, 저녁 기도회에 구약의 축도와 신약의 축도를 모두 실어 놓은 것을 찾아 볼 수 있다. 이것은 한국 루터교회 내에서 개정판을 내 놓을 때, 이전에 나왔던 판들의 미흡점을 잘 보완한 것으로 보인다.

셋째, 아다나시우스 신조에 관한 내용이다. 이 신조에 관한 설명은 "2. 일반예배" 의식문 설명 중 '신조' 부분에 나오며, 그 본문은 "3. 공동신조" 중 '아다나시우스 신조'에 나온다. 한국 루터교회는 성찬 없이 드리는 예배에서 '사도신조'를, 성찬과 같이 드리는 예배에서는 '니캐아 신조'를 사용하며, 일 년에 한 번씩 있는 삼위일체 주일(5월 말 경)에는 '아다나시우스 신조'를 사용한다. 이 세 가지 신조를 세계적인 "공동신조"라고 부른다.[253] 여기의 '아타나시우스 신조'에 대해 초대교회 동방교부인 아타나시우스(Athanasius, 293?-373)가 직접 만든 신조는 아니지만, 아타나시우스의 신학을 담았다고 하여 그렇게 부른다. 이 신조는 '사도 신조'와 '니케아 신조'(381)보다 내용이 훨씬 길며, 한국교회에서 루터교회 외에도 대한 성공회에서도 사용한다. 성공회에서는 구주 성탄일과 성삼주일(삼위일체 주일을 말함), 또한 다른 날에 종도신경(사도신경을 말함) 대신으로나 혹은 미사 전후에 외울 수 있다고 하였다.[254] 또한 영국 국교회 1662년 『공동 기도서』(The Book of Common Prayer)에는 크리스마스 날, 예수 공현 축일(Epiphany), 부활 주일(Easterday), 성령강림 주일(Whitsunday), 삼위일체 주일 등의 아침 기도에 '사도신경' 대신에 '아타나시우스 신경'을 사용할 수 있다고 하였다.[255]

---

253 한국루터교, 『예배의식문 해설』, 19.
254 조선성공회, 『공도문』(1939), 65-72, 대한 성공회, 『새편집 공도문』(서울: 대한성공회출판부, 1994), 164-67.
255 Brian Cummings edited, *The Book of Common Prayer, The Texts of 1549, 1559, and 1662* (Oxford: Oxford University Press, 2011), 247, 257-59.

(2) 『예배 의식문』(1965. 9)

이 『예배 의식문』(*The Order of Worship*)은 지원용 번역으로 한국 루터교에서 나온 세 번째 예식서이다. 한국 루터교 예식서의 역사에서, 다음의 세 문서들은 가장 기본적인 문헌이 될 것이다. 첫 번 문서는 1960년 판 루터교 『예배 의식문』이며, 두 번째 문서는 『예배의식문 해설』(1965. 6)이며, 세 번째 문서는, 두 번째 문서가 나온 지 3개월 후에 나온, 이 수정판 『예배 의식문』이다. 이 세 권의 문서들은 모두 한국 루터교 개척자 중의 한 분이신 지원용 목사에 의해 번역되었거나 편저된 작품들이다.

이 『예배의식문』에는 예배 의식문(성찬 없이), 예배 의식문(성찬과 같이), 아침 기도회, 저녁 기도회, 세례식(장년 세례, 유아 세례), 입교식, 부록(아다나시안 신조) 등이 실려 있다. 여기서는 주일예배(성찬 없이, 성찬과 함께)는 생략하고, 이전 예배서(1960)에 나타나지 않았던 아침 기도회와 저녁 기도회를 소개하고, 다음으로 이 문서를 중심으로 이전 문서들과 비교 분석하기로 한다.

먼저, 이 예배 의식문에는 아침 기도회와 저녁 기도회가 실려 있는데, 이 두 기도회는 1960년 판 루터교 『예배 의식문』에는 나타나 있지 않았고, 이 예식서에 처음으로 나타나는 것이다.[256] 아래 순서의 굵은 글씨는 필자에 의한 것임.

아침 기도회

찬송 - 베니테(Venite) - 찬송 - 시편 교독 - 성경 봉독 - 설교 - 영창(The Canticle), 주일에는 테데움(Te Deum)이나 사가랴 송가(Benedicus)를 사용하고, 다른 날에는 다른 영창을 사용한다 - 기도 - 키리에 - 주기도 - 인사 - 기도 - 송축 - 축도(고후 13:13).

---

[256] 한국루터교, 『예배 의식문』, 지원용 역 (서울: 컨콜디아사, 1965), 21 - 32.

저녁 기도회

찬송 - 시편 교독 - 성경 봉독 - 찬송 - 설교 - 찬송 - 영창(The Canticle), 막니피카트(The Magnificat)나 눈크 디미티스(Nunc Dimittis) - 기도 - 키리에 - **주기도** - 인사 - 평화의 기도 - 송축 - 축도(고후 13:13).

다음으로, 이『예배 의식문』을 중심으로 이전 문서들과 비교 분석하기로 한다.

첫째, 이 예배 의식문에는 이전 문서들에 비해 아침 기도회와 저녁기도회 등이 새로 실려 있다. 이 의식문을『예배의식 의식문』(1960)과 비교해 보면, 예배 의식문(성찬 없이, 성찬과 같이), 세례식(장년, 유아 세례) 및 입교식이 그대로 수록되어 있고, 새로 추가된 내용으로 아침 기도회와 저녁 기도회가 있으며, 부록에는 아타나시우스 신조가 추가되어 있다. 또한『예배의식문 해설』(1965. 6)과 비교해 보자. 이『예배 의식문』에는 "공동신조" 난이 없고, 부록으로 "아다나시안 신조"가 들어 있다. 이에 비해 이전에 나온 해설판에는 "예배의식" 개념을 해설하고 "일반예배"(성찬 없이) 의식문에서 사도신경과 두 신조를 해설한 후, "공동신조" 난을 신설하여 두 신조, 즉 니카야 신조와 아다나시안 신조 본문을 소개하고 있으며, 부록으로는 교회 연력표, 용어 풀이 및 교회 절기 및 성구 등이 실려 있다.

둘째, 이 예배 의식문("성찬 없이")에는 1960년 판에 없던 내용을 추가한 점이 나타난다. 다른 내용들은 거의 수정됨이 없이 나오나 한 가지 추가되어 나오는데, 즉 '헌금 – 일반기도 – 찬송' 뒤에, 그리고 '축도' 바로 앞에 나오는 내용이 나오는 것이다. 이 내용에는 "말씀을 위한 기도문" 혹은 "교회를 위한 기도문"이라고 하여 두 편의 기도문이 실려 있어서 이 두 기도문 중 하나를 할 수 있다는 것이다. 한편, "성찬과 같이" 하는 예배에는 이 두 기도문이 실려 있지 않다.

셋째, 이 예배 의식문에 나오는 축도문 사용에 관한 것이다. 두 개의 주일 예배 의식문에는 아론의 축도(민 6:24-26)를 사용하고, 아침과 저녁 기도회에는 사도 바울의 축도문(고후 13:13)을 사용하고 있다. 이것은 아직까지 주일예배에서는 두 축도문이 공히 다 사용되지 않고 있으나, 아침과 저녁 기도회에 처음으로 신약의 축도문이 나왔다는 점에서 큰 변화를 보이고 있다. 한국 루터교에서는 이후에 개정되는 1981년 판에 이르러서 주일예배나 아침 기도회, 저녁 기도회 모두 두 개의 축도문 중에 하나를 선택하도록 예배의식문에 싣게 되는데 이것은 한국 루터교 예전의 더욱 진일보한 차원이라고 평가할 수 있을 것이다.

5) 침례교

한국의 초기 침례교회는 장로교와 감리교, 성결교에 비해 문서들을 많이 발간하지 않았다. 한국 침례교 역사는 1889년 말엽 캐나다 출신의 독립 선교사 말콤 C. 펜윅(Malcom C. Penwiek, 1863-1935)의 활동에서 시작된다. 그는 개인적으로 신약 성서를 번역하였으며(1919), 찬송가 집으로 『복음찬미』, 그리고 개인 전도문서 등을 출판했다. 침례교회는 교단명칭을 '대한기독교회'로 출발하였으며[257] 1906년에 제1회 대화회(현재 총회에 해당)에서 46개조로 된 『침례교회 교규(敎規)』를 선포하였다. 여기에는 교역자(감목, 목사, 감로, 교사, 전도 등)와 직무, 침례법, 각종 회의(대화회, 임원회, 현재의 지역회에 해당하는 당회), 당원에 해당하는 반장, 총장, 통장, 그리고 교회의 경비, 벌칙, 부칙 등을 규정하고 있다. 그러나 이 교규도 1940년도에 이르러 펜윅의 평소 주장대로 "사람이 만든 교규는 옳지 않으니 성경

---

[257] 한국침례교는 교단이름이 여러 번 바뀌게 된다. 최초의 '대한기독교회'(1906년), 이후 '동아기독교회'(1921), 동아기독대(基督隊, 1933), '동아기독교'(1940), '대한기독교침례회'(1949), 그리고 최종적으로 '기독교한국침례회'(1976)에 개칭되어 오늘에 이르고 있다.

대로만 하자"하여 사실상 무효화되었다. 초기 침례교의 교회조직은 현대 침례교와는 달리 장로교와 감리교의 절충적 형태를 취했으며 교단운영에 있어서 펜윅의 개인적 성향이 많은 영향을 끼쳤다.[258]

침례교의 초기 문헌에 침례법에 관한 내용이 나오나, 예배에 관한 전반적 모습을 한국인의 실정에 맞추어 예식서 형태로 담은 것은 아래의 『목회예식서』(1981)에서부터 시작된 것으로 보인다.

(1) 『목회예식서』(1981)

이 예식서는 미국의 The Broadman 출판사에서 나왔던 지글러(Franklin M. Segler)의 『목회자 편람』, 노윤백 역 (*Minister's Manual*)을 이정희의 편저, 『목회예식서』(1981)로 나온 책이다. 지글러는 이전에 요단출판사에서 출판한 『예배학원론』(*Christian Worship, Its Theology and Practice*, 1979)의 저자이며 미국 침례교의 실천신학자, 특히 예배학 분야에 권위 있는 학자이다. 이 『목회예식서』는 서언대로, 편저자에 의해 지글러의 책의 내용을 주축으로 하면서 우리나라 실정에 알맞도록 삭제하거나 보충해서 편(編)한 책이다. 이 책은 나중에 이정희 저술로 『기독교 예식 매뉴얼』(2000)이란 책으로 대폭 개정해서 나오는데 이에 대해서는 후에 상술할 것이다.

이 『목회예식서』의 전체구조는, 서문(서언)에 이어, Ⅰ. 공중예배 순서 (예배순서 Ⅰ, Ⅱ, 예배 의식을 위한 자료), Ⅱ. 침례와 성찬식, Ⅲ. 약혼식 Ⅳ. 결혼식 Ⅴ. 장례식, Ⅵ. 교회조직, Ⅶ. 안수식 예배, Ⅷ. 봉헌식과 취임식 예배, Ⅸ. 심방과 상담, Ⅹ. 부가적 자료(1980-2012년까지의 부활주일, 교회원의 서약, 신앙의 확인, 추천서, 천거서, 목사안수 증명서, 목사의 기록) 등으로 구성되어 있다. 여기서는 Ⅰ. "공중예배 순서"와 Ⅱ. "침례와 성찬식" 중 성찬식을

---

[258] 기독교한국침례회 총회역사편찬위원회 편저, 『한국 침례교회사』(서울: 침례회출판사, 1996), 43, 57-64, 83, 102, 118, 137. 김태규 『한국교회 초기문헌에 나타난 성찬신학과 실제』, 23.

중심으로 다루려고 한다.

먼저, Ⅰ. "공중예배 순서"에 대해 요약해서 살펴보기로 한다.[259] "공중예배 순서" 이 후에 "예배의식을 위한 자료"가 나오는데 여기서는 생략한다.

제1부 공중예배(公衆禮拜) 순서

인간의 중요한 삶의 목적은 예배와 헌신적인 봉사(ministry)를 통해서 하나님께 영광을 돌리는 것이다. 교회의 가장 중요한 기능은 예배를 드리는 일이다. 예배는 하나님의 자기계시(自己啓示)에 대한 인간의 응답이라고 정의할 수 있다. 예배는 하나님과 인간 사이에 직접적이며 의식적인 경험이다. 그러나 이 경험은 일정한 객관적인 요소에 의해서 중재(仲裁)된다. 하나님은 말씀과 행동을 통해서 인간에게 그의 계시를 전하여 주신다. 인간은 공중예배에서 일정한 순서를 통해서 말과 행위로서 응답하는 것이다.

지도원리(指導原理)

1. 질서와 자발성은 교회의 예배에서 상호 연결된다. 제안된 순서는 도움이 되기 위한 것이고 엄격한 제한을 하려고 한 것이 아니다. 성령께서는 인간의 경험 속에서 그가 원하시는 대로 행동하시는 것이다. 2. 예배는 하나님과 인간 사이의 대화이다. 인간이 공중예배로 나올 때에 그는 하나님을 향하여 행동하고, 하나님은 그에게 응답하신다. 3. 예배행위는 경배와 찬양, 감사, 고백, 간구와 도고, 봉사를 위한 적극적인 위임이 포함된다. 4. 예배, 행동, 음악, 다른 예술적인 형태를 통하여 상징적으로 표현된다.

여기에서 제시하는 예배순서는 다만 하나의 지침을 제고하려 한 것이고 독창성이 없이 사용하게 한 것은 아니다. 제안된 내용들은 창의적인 지도자들에게 좋은 예배순서를 계획하기 위한 방법과 수단을 암시해 줄 것이다. 두 가지 예배순서를 여기 제안하겠다. 첫째 예배순서는 훈련된 찬양대가 없는 적은 교회

---

[259] 이정희 편저, 『목회예식서』(서울: 침례회출판사, 1981), 9 - 21.

에서 사용할 수 있는 단순한 예배순서이며, 둘째 예배순서는 훈련된 음악인들을 가진 큰 교회에서 사용할 수 있는 좀 더 정교(精巧)한 예배순서이다.

예배순서 (Ⅰ)

아침예배(오전 11시)

묵도(묵도 전에 반주가가 전주한다.) - 예배에의 부름 (사회자가 낭독함; "하나님은 영이시니 예배하는 자가 신령과 진정으로 예배할지니라", 요4:24) - 찬송("거룩 거룩 거룩", 합동 4장) - 기원 - 찬송("선한 목자되신 우리 주, 합동 580장) - 성경낭독(사회자가 혼자 낭독하든지, 사회자와 회중이 같이 낭독하거나 교독할 수 있다. 설교 본문 이외의 성구를 택해서 성서 자체가 말씀하도록 낭독함이 좋다.) - 목회기도 (감사, 고백, 간구와 도고, 위임) - 광고 (내빈 환영이나 권면을 할 수 있다.) - 찬송("주의 나라", 합동 524장) - 헌금선언(약1:17, 이제 우리의 십일조와 헌금을 가지고 하나님께 예배드립시다.) - 헌금(헌금할 동안 성가대가 성가를 부르거나 독창을 한다) - 헌금기도 - 특별찬양(성가대에 의해서 독 창, 중창 혹은 다른 특별한 음악) - 설교(설교 본문을 특별찬양 전에 봉독할 수 있거나, 설교자가 설교단에 서서 직접 읽고 설교함) - 초청 - 찬송("나의 생명 드림", 합동 457장) - 새 회원 환영(그날 결신한 자와 이사 온 자들 중에서 그 교회 교인이 되기를 원하는 새 회원을 소개하고 환영한다.) - 축도 - 후주

(이 예배순서 가운데서 헌금의 순서는 설교와 초청 이후에 하는 것도 좋겠다.)

예배순서 (Ⅱ)

아침예배 오전 10시 50분

올갠 음악("Chorale", Scheidt: 입장과 기도)

★★★ **찬양의 예배**

찬송(합동 7장, "전능왕 오서서": 목사와 찬양대가 입장할 때 부르는 찬송, 교인들은 일어 나서 찬송함) - 예배에의 부름(찬양대 - "큰 소리로 부르며 기쁨으로 노래할지어다 … 거룩하신 분이심이라.", 회중 - "대저 저는 우리의 하나

님이시오, 우리는 그의 기르시는 백성이며 그 손의 양이라", 목사 - "너희가 오늘날 그의 음성듣기를 원하노라 …" 시 95:7 - 8상) - 기원

★★★ **기도의 예배**

목사의 권면(광고와 내빈 환영) - 성경낭독(요 19:23 - 27, 회중은 일어서서 성삼위 영가, 합동582장을 부를 때까지 서 있는다.) - 성삼위 영가(합동582장) - 묵상기도 - 아침기도(목회기도)

★★★ **선포의 예배**

어린이 설교(필요한 경우에만) - 찬송(합동315장, 많은 교회에서는 이때 성가대가 특별 찬송을 하게 한다.) - 아침헌금, 헌금(찬양대가 합창곡을 부르거나 혹은 독창한다.) - 봉헌기도 - 특별찬양("Sanctus", Gounod) - 설교("하나님을 사랑하는 사람")

★★★ **고백의 예배**

봉헌찬송("십자가를 생각함", 합동177장, Mason) - 새 회원 환영 - 축도와 성가대의 아멘 - 올갠 후주 - 폐회

★★★ 이때에 안내는 자리를 정돈한다.

예배의식을 위한 자료 - 해당 순서에 대한 성구와 예문들을 제시하고 있다. 예배에의 부름(Call to Worship, 성구 8개), 기원(Invocations, 2개의 예문), 헌금성구(offertory sentences, 성구 6개), 헌금기도(offertory prayers, 3개 예문), 축도(Benedictions, 성구 7개)

이어서, Ⅱ. "침례와 성찬식" 중에서 성찬식에 대해 살펴보기로 한다.[260]

제Ⅱ부 침례와 성찬식

침례(Baptism)과 성찬식(The Lord's Supper)은 우리 주님의 명령에 의해서 지

---

[260] 이정희 편저, 『목회예식서』(1981), 23 - 35.

키게 된 교회의 의식이다. 성찬식은 십자가에 달리셨던 예수 그리스도의 죽음을 상징한다. 떡과 잔에 참여하므로 회중은 그리스도의 죽음을 기억하고 또한 다시 오시겠다는 예수님의 약속에 대한 소망을 표현하며, 교인들이 엄숙한 예배에서 주의 명령을 이행할 때 주님께서 교인들과 함께 계시는, 살아계신 주님께 자신을 새롭게 위탁하는 것이다.

성찬식
지도원리

1. 성찬은 주님의 식탁이다. 예수님 자신이 만찬을 제정하셨다(마 26:26 - 30 참조). '성찬식'이란 용어자체는 성경에 없다. 그러나 신약에서 성만찬을 가리키는 용어는 다양하다. 주의 만찬(고전 11;20), 주의 잔과 주의 상(고전 10:21), 떡을 뗌(행 2:42 - 46) 등이다. 그러나 '성찬식'이란 말이 성경적인 용어의 뜻을 격하시키지 않으므로 여기서는 일반적으로 많이 사용 되어 온 이 용어를 그대로 사용하겠다. 2. 교회는 성찬식을 주님이 다시 오실 때까지 지속하라는 명령을 받았다. 성찬식은 공중예배에서 그리스도와 더불어 가지는 신자들의 친교(Communion)이다. 3. 예배자들이 성찬식에 참여하는 것은 하나의 헌신과 봉헌의 행위이다. 4. 교회는 성찬식을 정규적으로 집행하도록 명령을 받았기 때문에 그리스도인들은 정규적으로 이 예식에 참여해야 한다. 5. 신약성경에는 성찬의식의 회수에 대해서는 뚜렷한 지시를 하지 않는다. 교회에 따라서 어떤 교회는 매주, 또 다른 곳에서는 매월 아니면 일 년에 네 차례 행하는 곳도 있다. 6. 성찬식의 예배순서는 주의 깊게 계획되어야 한다. 만찬이 예배의 중심부분이 되어야 한다. 7. 성찬식을 위한 상(床)과 떡과 잔을 준비하기 위하여 성찬식 위원으로, 보통은 집사 부부를 선정한다. 그들은 책상보와 쟁반 그리고 잔을 잘 정리해야 한다. 위원들은 특별히 성찬식에 사용할 떡으로는 누룩을 섞지 않은 떡을 사든지, 아니면 미리 만들어 놓아야 한다. 만일 누룩을 섞지 않은 떡을 구할 수 없으면 흰 떡이나 빵을 잘게 썰어서 사용할 수도 있을 것이다. 그리고 발효되지 않은 좋은 포도즙은 성찬식 잔을 위해서 가장 적합할 것이다. 8. 성찬 의식에 대해 미리 광고하고 교인들이 성찬을 위

해 그들 자신을 준비하도록 권유해야 한다. 안내원들은 교인들을 잘 안내해 주어야 한다.

제안된 절차

1. 예배 순서의 적절한 시간에, 보통 묵상기도(설교) 후에 목사는 성찬상 뒤에 있는 그의 위치에 서게 된다. 그 다음에 집사 대표 두 사람이 성찬상 양쪽 끝에 자리를 정한다. 집사들은 조심스럽게 성찬상에 덮힌 보자기를 벗겨서 잘 접어놓는다. 어떤 교회는 보를 덮지 않는다. 2. 목사는 고전11:23 - 24 말씀과 같은 적당한 성경구절을 읽는다. 그리고 목사는 자기 몫으로 떡을 떼는 수도 있고 떼지 않을 수도 있다. 3. 목사는 회중의 떡을 뗄 때 하나님께서 그들 위에 복을 내리시기를 간구하는 감사와 헌신의 기도를 드린다. (혹은 미리 준비한 집사가 기도드릴 수도 있다.) (기도문 생략) 4. 집사들은 주례자의 지시를 받기 위해 설 것이며 주례자로부터 떡 접시를 나누어 받는다. 이때로부터 집사들이 성찬식에 참여하는 교인들에게 떡을 다 돌릴 때까지 적절한 음악을 연주한다. 5. 집사들은 자기에게 분담된 교인들에게 떡을 나누어 준다. 6. 교인들이 떡을 다 받은 다음에 집사들이 다시 성찬상 앞으로 돌아오면 주례자가 쟁반을 받아서 성찬상 위에 놓는다. 7. 집사들은 자리에 앉아 주례자로부터 떡을 받는다. 8. 봉사한 집사들에게 떡을 준 주례자는 제 자리로 돌아와 스스로 떡을 뗀다. (이 순서는 목사의 재량에 따라서 여러 가지로 달리할 수 있다. 그러나 주의해야 할 것은 예식을 행하기 전에 목사와 종사할 집사들 간에 의논이 있어야 한다는 사실이다.) 9. 목사는 다음과 같은 성경구절을 읽을 수도 있다. (롬12:1). 그 다음에 목사는 교인들에게 떡을 먹도록 권한다. 아래와 같은 말로 권할 수 있을 것이다(권면의 말 생 략). 10. 다음에 목사는 고전11:25 - 26을 읽는다. 적절한 기도를 드린 후에 집사들은 떡을 나누어 줄 때와 같이 잔을 나누어 준다. 11. 목사는 성경말씀을 낭독할 수 있으며, 그 다음에 교인들이 잔을 마시도록 권한다. 만일 잔이 모자라면 집사들이 빈 잔을 모아야 한다. 잔을 마시도록 권할 때 아래와 같이 말할 수 있을 것이다. "우리가 지금 받아든 이 잔은 우리를 위하여 흘리신 주님의 피를 상징하는 잔입니다. 다같이 감

격된 마음으로 마십시다." **12.** 성찬식 뒤에 찬송을 부르는 것이 대부분의 교회의 전통이 되어 있다. **13.** 축도 후 폐회한다. 축도는 히13:20 - 21 같은 것을 할 수 있을 것이다.

성찬식을 집행할 때 사용할 수 있는 성경구절을 아래와 같다. 마 5:3 - 12, 5:13 - 16, 26:26 - 28, 막14:22 - 26, 눅 22:19 - 22, 요 6:35 - 40, 6:53 - 58, 14:15 - 21, 17:1 - 10, 롬8:28 - 30, 8:35,37 - 39, 12:1 - 3, 12:9 - 13, 고전 11:23 - 26, 12:27 - 31, 13:1 - 13, 엡 3:20 - 4:6, 6:10 - 18, 빌 2:1 - 11, 3:7 - 11, 12 - 16, 4:8 - 9, 골 3:15 - 17, 히 11:1 - 3, 12:1-2, 벧전 1:3 - 9, 5:6 - 11, 계 22:14, 17, 20 - 21.

다음으로, 공중예배 순서와 성찬식에 관해 분석하고자 한다. 이 두 분야에 관해 이전에 이 교단에서 어떤 문서가 나왔는지 확인할 수 없으므로 여기서는 이 목회예식서에 나타난 사항을 중심으로 분석한다.

첫째, 공중예배 순서 중 예배에 대한 정의와 "지도원리" 부분에 예배의 원리에 대해 잘 설명하고 있다. 특히 정의 부분에서 "하나님은 말씀과 행동을 통해서 인간에게 그의 계시를 전하여 주신다."는 언급을 전제하면서, "지도원리" 1의 내용 중에 "성령께서는 인간의 경험 속에서 그가 원하시는 대로 행동하신다."는 것과 "인간들이 임의의 방법으로 하나님께 예배드리는 것은 자유이다"라는 원리를 내세운다. 이 두 가지를 병행하되 말씀과 성령님의 역사하심을 먼저 강조하고 이어 인간의 자유를 주장한 것을 볼 수 있다.

둘째, 예배순서(I)를 살펴보면, 아침예배에서 제일 먼저 시작하는 순서가 '묵도'인데 그 오른 편 괄호 안의 설명부분에 "묵도 전에 반주가가 전주한다."로 되어 있다. 이것은 설명부분에 넣을 것이 아니라 '묵도' 앞에 준비순서로 '전주'를 바로 넣는 것이 더 나을 것으로 보인다. 그리고 이

'묵도' 순서가 예배순서(Ⅱ)에는 나타나지 않는다. 예배역사로 볼 때, 전 회중이 참여하는 예배의 시작 순서는 '묵도'보다는 '예배에의 부름'로 보는 것이 더 타당할 것인데 왜냐하면, 모든 예배는 하나님이 우리를 부르심으로 나아가는 것이지, 인간이 먼저 하나님을 위하는 순서로 진행되는 것이 아니기 때문이다. 또한 광고나 헌금 순서가 설교 전에 위치한다. 그리고 설교 후에 '초청' 시간과 '새 회원 환영' 순서를 넣은 것은 침례교적인 특징으로 보인다. 여기서 '초청'은 침례교만이 갖는 순서는 아니며, 초기 성결교의 경우도 초청의 형식이 있었다.

셋째, 예배순서(Ⅱ)를 살펴보면, 예배 첫 순서로서의 '묵도'가 없고, '찬송'으로 예배가 시작된다. '예배에의 부름'은 찬송에 이어 다음 순서로 나온다. 여기서 회중이 참여하는 첫 순서는 '찬송'이나 '묵도'보다는 '예배에의 부름'이 가장 먼저 나와야 할 부분으로 판단된다. 이 예배순서에서는 광고가 빠져 있다. 이 예배순서(Ⅱ)는 예배 구분의 큰 제목이 나오고 그 밑에 세부 순서가 나오는데 여기서 "★★★ 기도의 예배" 부분에 '성경낭독'(요19:23 – 27)이 나오며 '묵상기도'가 나오는데 이 두 가지가 부적절한 인상을 준다. 특히 '묵상기도'가 '묵도'의 준말이라면 더욱 그렇다. '묵상기도'는 예배 시작할 때 하는 '묵도'와 같은 것인지, 다른 것인지 여기서 파악하기 어려우며 예배 중에 행하는 기도를 '묵상'이란 말과 함께 사용하는 용례가 세계 교회 예배순서에 나오지 않기 때문이다. 또한 '성경낭독' 순서는 말씀의 성격이 있으므로 이 영역보다는 오히려 "★★★ 찬양의 예배"에나 "★★★ 선포의 예배" 속에 넣는 것이 더 낳을 것이다.

넷째, 성찬식에서 침례교 상황을 반영하고 있다. 여기서 성찬식 위원으로 보통은 집사 부부를 선정하는 것으로 나타나는데 이것은 침례교적인 상황에서 비롯된 것으로 보인다. 대개 장로교나 감리교는 장로(권사 또는 안수집사) 직분을 맡은 분들이 봉사한다. 또한 떡의 재질에 대해서 "누룩 섞지 않는 떡을 사든지, 아니면 미리 만들어 놓아야 한다. 만일 누룩을 섞지 않은 떡을 구할 수 없으면 흰 떡이나 빵을 잘게 썰어서 사용할 수도 있을 것이다. 그리고 발효되지 않는 좋은 포도즙은 가장 적합할 것이다"하는 표현으로 보아 성찬식에 사용하는 떡은 무교병(누룩이 들어 있지 않은 떡 또는 빵)을 선호하고 있음을 보여준다. 그러나 일반적으로 개신교에서는 유교병과 무교병 사용에 대해서는 특별히 문제 삼지 않고 있음을 고려해 볼 때 이런 조건은 선택적 사항에 해당할 것이다. 여기서도 그런 떡을 구할 수 없으면 흰 떡이나 빵을 사용할 수도 있을 것이라고 함으로써 이러한 점을 잘 보여준다고 할 것이다.

수찬순서는 회중-성찬위원-집례자 순서로 행하는 것으로 나타난다. 그러면서 괄호 안에 "이 순서는 목사의 재량에 따라서 여러 가지로 달리 할 수 있다. 그러나 주의할 것은 예식을 행하기 전에 목사와 봉사할 집사들 간에 의논이 있어야 한다는 사실이다."라고 밝힘으로써 변경 가능성을 제시하고 있다. 이런 표현들은 침례교의 자유의 전통을 보여주는 한 예로 볼 수 있을 것이다. 사실, 이러한 침례교의 수찬순서는 장로교와 감리교에서 거의 사용하지 않는 순서인데 이 두 교단은 주로 집례자로부터 수찬이 시작된다. 그리고 분병과 분잔 이후, 수찬 받지 못한 있는지를 확인하는 절차(문수찬, 문수배)에 대해서는 언급이 없다. 또한 성찬의 집행에 대해 그리스도의 속죄의 죽음을 기념하며 주님이 다실 오실 때까지 지속하라는 명령을 받았으므로 정규적으로 집행해야 한다고 말하며 성찬의 회수는 성경의 뚜렷한 지시는 없으나 교회에 따라 행하는 규례(매주, 매월, 년 4회 등)를 소개하고 있다. 이는 흔히 침례교가 단순한 기념설적 개념을 주장한다는 주장과 상당히 다른 것임을 보여주는 것이다.

다섯째, 이 예배서에는 주기도문과 사도신경이 나오지 않는다. 여기서 우리는, 예배서에 사도신경을 반영하지 않는 이유를 성경에 직접 나와 있지 아니한 까닭으로 말한다면, 주기도문은 성경에 나와 있는데 반영하지 않는 이유에 대해 의문을 가질 수 있다. 동방교회와 로마 가톨릭과는 다르게, 종교개혁 이후 개신교회는 성경에 예배순서를 세부적인 순서까지 지정하지 않으므로 이를 자유롭게 선정할 수 있다는 원칙을 고수하고 있다. 그러나 사도신경과 주기도문을 반영하지 않는 것은 이러한 자유를 남용하는 것으로도 이해될 수 있기 때문에 주의해야 한다. 침례교의 이 예식서에는 주기도문이 반영되어 있지 않으나, 이후 2000년의 『기독교 예식 매뉴얼』에는 회중예배 순서1에, 그리고 2012년의 『목회예식서』에는 회중예배 순서1과 만찬식(성찬식) 순서에 "주기도를 드릴 수 있다"라는 조건적 문구로 사용가능함을 보여주고 있다.

3. 예배 관련 개인 저자 및 저서들

이 시기부터 예배에 관련된 한국인의 저서들뿐 아니라 번역서도 활발히 출판되기 시작했다. 1960, 1970년대에 소수의 도서들이 나온 반면, 1980년대에 이르러 점점 늘어나는 추세를 보여주고 있다.[261] 이와 같이 한국교회는 1980년대부터 예배학에 관심이 높아지기 시작했다는 것을 알 수 있다. 여기서는 해당문서들에 대해 서지사항 위주로 소개하고자 하며, 이 중에서 몇 개의 문서들을 선별하여 약술하고자 한다.

1) 한국인의 저서들(총 21권)

1961년부터 1990년까지 출판된 한국인의 저서들을 10년 단위로 세부 구분하여 제시하고자 한다.

(1) 1961년부터 1970년까지 출판된 도서들(4권)

---

[261] 이것은 필자가 소장하거나 파악한 자료를 중심으로 판단한 것이다.

박신오 · 최효섭 공저, 『예배와 기독교 교육』(서울: 기독교대한감리회 총리원교육국, 1961); 김동수, 『교회력』(서울: 광음서림, 1962); 김동수, 『예배학 개론』(서울: 대한기독교교육협회, 1967); 김동수, 『평신도와 예배 – 개혁교회의 예배』(서울: 대한예수교장로회총회교육부, 1969).

(2) 1971년부터 1980년까지 출판된 도서들(5권)

김동수, 『목회사전』(서울: 대한예수교장로회총회교육부, 1971); 박성겸, 『새 예식서(제3판)』(서울: 은성문화사, 1972); 김소영, 『예배와 생활』(서울: 대한기독교서회, 1974); 박병진, 『교회 예식서』(서울: 성광문화사, 1977); 김동수, 『청년과 예배 – 청년 예배자료』(서울: 대한기독교교육협회, 1978)[262]

(3) 1981년부터 1990년까지 출판된 도서들(12권)

이종기 편, 『간추린 예배학』(서울: 세종문화사, 1982); 백동섭, 『새예배학』(부천: 도서출판 복음, 1983); 정장복, 『예배학 개론』(서울: 종로서적, 1985); 김득룡, 『현대교회 예배학 신강』(서울: 총신대학출판부, 1985); 김창인, 『예식과 설교』(서울: 충현교회출판부, 1986); 박근원 편저, 『리마 예식서』(서울: 한국기독교교회협의회, 1987); 고응보 편저, 『한 · 영 예식서』(서울: 성도출판사, 1987); 김홍전, 『예배란 무엇인가』(서울: 도서출판 성약, 1987); 박은규, 『예배의 재발견』(서울: 대한기독교출판사, 1988); 순복음교육연구소 편, 『교회와 예배』(서울: 서울서적, 1988); 김진호, 『예배 – 숨겨진 보물』(고양: 도서출판 예수전도단, 1989); 배양서, 『예배와 언어』(서울: 성지출판사, 1990).

---

[262] 이 책은 연세대학교 학술정보원(도서관)의 출판년도에 의하면 1964년이며, 서울신학대학원 도서관 것의 년도는 1978년이며, 장로회신학대학교 도서관 것의 년도는 1984년으로 나온다. 여기서는 1978년도 출판으로 소개한다. 이 외에도 김동수의 저서로 『예배의 부흥』과 『목회수첩 – 예식서』라는 책이 소개되어 있으나 출판년도와 출판사를 파악할 수 없다.

(4) 일부 저서 고찰

① 박신오 · 최효섭 공저, 『예배와 기독교 교육』(1961)

이 책은 감리교 주일학교 지도자 양성교본의 일환으로 총리원 교육국에서 출판되었으며, 모두 2부로 구성되어 있다. 제 1부 "장년과 예배"(집필-박신오)에서는 12장으로 구성되었으며 그 제목은 다음과 같다: 예배란 무엇인가?, 예배의 종별, 예배자의 준비, 예배실의 미화 정돈, 예배와 강단, 예배와 순서 작성, 예배와 음악, 예배와 성구 사용, 예배와 기도, 예배와 설교, 예배와 헌금, 예배와 사회자 등이다. 이어 제2부 "아동 및 청년과 예배"(집필-최효섭)에서는 모두 3장, 즉 유치기 아동과 예배, 아동과 예배, 청년과 예배 등으로 구성되어 있다.[263] 이 책의 일부 내용을 요약하여 아래에 제시한다.

제1장 "예배란 무엇인가" 항목아래에 4개의 절로 나누어 예배의 정의, 구약 제사와 신약의 예배, 예배와 봉사, 예배와 사생활을 다루고 있다. 여기서 예배의 정의를 한 마디로 잘 요약하고 있다: "예배란 살아계신 하나님의 임재를 그의 창조한 만물 안에서 느끼고 내 죄를 인하여 고난당하신 그의 아들 그리스도의 은혜를 힘입어 그의 영의 감동하심을 따라 믿음으로 드리는 온 몸과 온 영의 감사와 간구와 귀영(歸榮)과 헌신의 생명적 표현이다."[264] 또한 성부 하나님, 성자 예수 그리스도, 성령님께 대한 헌신의 예배를 강조하고 있다. 그리고 예배란 구약의 제사와 신약의 예배는 결국 동일한 것이며 그 제물의 내용이 달라진 것뿐이라고 하였으며 그 근본정신은 동일하다고 하였다. 또한 예수님의 생애와 교훈은 우리에게

---

[263] 박신오·최효섭 공저, 『예배와 기독교 교육』(서울: 기독교대한감리회총리원교육국, 1961), 4. "차례."
[264] 박신오·최효섭 공저, 『예배와 기독교 교육』, 8-9.

참된 예배가 무엇인가를 보여주고 계신데 그는 예배와 생활을 그대로 연결시킨 신앙의 생활화를 우리에게 보여주신 것이라고 했다[265]

제2장 "예배의 종별"에서 제1절 "개인예배"에 이어 제2절 "가정예배"가 나온다. 이 가정예배가 모든 예배 중에서 가장 형식적으로 흐를 염려가 많다고 하였고, 보통으로 가정예배(가족 기도회)는 아침이나 저녁의 어느 일정한 시간을 가족들이 한자리에 둘러 앉아 찬미하고 성경 읽고 식구 중에 한 사람이 기도 인도 하고 주기도문으로 마친다고 하였다. 여기서 주기도문을 가정예배에서 사용할 것을 강조하고 있다고 볼 수 있다. 제6장 "예배와 순서 작성"에 보면 그 중요성과 순서의 다양성을 다루고 있는데 여기에서 "성령의 지도하심을 의지하면서 인간 편에서 성의를 다한 순서 진행이 준비되게 될 때에 아름다운 결과가 이루어진다"고 함으로써 성령님의 역사와 예배 준비자의 철저한 준비를 함께 강조함으로써 초점의 균형성을 강조하고 있다.

제12장 "예배와 사회자" 제1절에서는 유언사회와 무언사회를 소개하고 있다. 1960년대 초기에 나온 이 책이 무언사회를 언급함으로써 예배 진행의 다양성을 소개하고 있다는 점에서 당시로서는 획기적인 일이라고 볼 수 있을 것이다. 제2절에는 "무언사회(無言司會)의 실례"와 "유언사회(有言司會)의 실례'를 들고 있는데 여기서 유언사회의 순서가 다음과 같이 제시된다:

묵도 - 찬송가 - 교독문 - 사도신경 - 송영 - 기도 - 성경랑독 - 성가대 합창 - 설교 - 기도(설교 전이나 후에) - 찬송가 - 헌금 - 광고 - 찬송가 - 축도(양손을 들어 축도하는 것이 통례이나 한손, 즉 오른손만 들어 축도하는 것도 아름답게 표현되면 좋을 것이다) - 주악

---

[265] 박신오·최효섭 공저, 『예배와 기독교 교육』, 12.

이 책의 순서들은 감리교 주일학교 지도자 양성교본의 일환으로 나온 것으로 감리교의 교리와 장정의 순서를 모두 따라서 만든 것은 아니다. 그러나 주기도문이 가정예배(제5장 2절)에서 사용되는 것이 나타나는 반면, 정작 주일 예배의 순서에는 빠져 있다는 것은 감리교 예배 전통에서 뿐만 아니라 예배의 균형적인 순서 배열 면에서 볼 때 시정되어야 할 문제로 보인다.

② 김동수, 『예배학 개론』(1967)

김동수는 해방 이후 예배학을 신학교에서 가르치고 예배학 관련 도서들을 저술하였다. 이 책은 외국의 예배학 책들을 편저한 것으로 보이는데, '후기'에서 밝힌 대로 외국의 예배학자들의 책들(Reedy의 *Worship*, E. Underhill의 *Worship*, Raymond, Abbs의 *Principles of Christian Worship* 등)을 많이 참고했고 직역했으며 여기에 일부 가필했음을 알 수 있으며, '참고서' 난에 일본 서적도 참고했음을 알 수 있다.

먼저, 이 책의 목차를 살펴본다.[266]

서문
I 부 예배의 신학
1장 예배의 원리, 2장 말씀과 설교, 3장 기도와 찬송, 4장 성례전, 5장 예배와 교회력, 6장 예배와 상징, 7장 예배당

II부 각 교회의 예배
8장 유대 교회의 예배, 9장 기독교 예배의 기원, 10장 동서방 교회의 예배, 11장 개혁교회의 예배, 12장 자유 독립교회의 예배, 13장 영국 교회(성공회)의

---

[266] 김동수, 『예배학 개론』(서울: 대한기독교교육협회, 1967), 5. 이 책은 총 312면으로 구성되어 있어 당시 도서출판 정황으로 볼 때 상당히 방대한 책이라 할 수 있다.

예배, 14장 세계교회운동과 예배
참고서적
부록·식복·예배용구

이 책은 '예배학 개론'이라는 이름으로 나왔는데, 한국 교계에서 최초로 '예배학'이란 이름을 사용한 온 책으로 의미가 있다. 또한 이 책에서 교회력[267]과 상징, 그리고 예배당 건물에 대한 내용을 다루었다는 점이 1960년대로서는 거의 찾아 볼 수 없는 내용들이다. 저자(편저자)는 이 책에서 각 교회의 예배를 소개하면서 유대교, 동방·서방 교회, 개혁교회, 자유 독립교회, 영국 국교 그리고 세계교회 운동(W.C.C.)을 싣고 있다. 특이한 것으로 끝부분의 '식복'난에서 여러 성직자의 복장과 아울러 성례도구를 소개하고 있는데 여기에서 한국 교회에 거의 나타나지 않는 '세례반'[268]을 보여주고 있다. 이 성공회에서 사용하는 대리석 모양의 것으로 한국 교회에서는 성공회, 천주교를 제외하고는 이런 모양의 세례반을 찾아보기 어렵다. 단 감리교의 『예식규범』(1964)에서 '세례대'(이것은 세례반이라고도 한다)와 아울러 세례대 덮는 흰 보 그리고 세례기를 덮는 흰 보 등의 그림과 치수를 제시한 적이 있음을 이미 언급한 바 있다.[269]

③ 김동수,『**평신도와 예배 – 개혁교회의 예배**』(1969)

이 책은 장로회총회(통합) 교육부 위촉을 받아 맥크레오드 교수의 '장로회 예배'(*Presbyterian Worship*)를 중심하여 엮은 책(편집)이다. 편저자는 '서문'에서 한국교회 신학교육에 예배학이 반영된 것은 1960년대임을 밝히고 있다. 차례를 보면, 서문에 이어 예배의 의의, 예배의 행위, 성례(세례),

---
[267] 김동수 목사는『교회력』이라는 책을 이미 1962년 단행본으로 출판한 적이 있다.
[268] 김동수,『예배학 개론』, 299.
[269] 기독교대한감리회,『감리교 예식규범』(1964), 18.

성례(주의 만찬), 결혼, 장례, 교회력, 강단예법 등이 나와 있고, 부록으로 예전운동, 세속시대에 있어서의 예배, 그리고 주(註) 등이 나와 있다.[270] 이 책에서 우리가 주목해서 볼 부분은 제2장과 제4장에 나오는 예배순서이다. 예배 순서 중에 굵은 글씨 표시는 필자에 의한 것이다.

제2장 '예배의 행위'의 첫 부분에 예배순서(성례가 집행되지 않는 주일예배)가 나 오고, 그에 따라 그 순서들을 설명하는 내용이 뒤 따라 나온다. 순서를 열거해보면 다음과 같다:[271]

〈준비〉
전주 - 예배에의 부름 - 개회 찬송 - 기도(경외 - 회중이 일어서서, 고백 - 앉아서 한 목소리로 사죄와 확신) - 찬양의 찬송

〈말씀의 선포〉
도움을 구하는 기도 - 구약 성경 일과 - 성송(글로리아 파트리) - 신약 일과 - 송영 - 설교 - **사도신경**

〈친교의 기도〉
헌금 찬송 - 봉헌 - 감사와 중보의 기도(주기도) - 폐회 찬송 - 축도 - 후주

제4장에서는 말씀예배와 주의 만찬 순서가 함께 나오는 순서를 제공한다. 이 예배순서는 살펴보면 다음과 같다:[272]

---

[270] 김동수, 『평신도와 예배 - 개혁교회의 예배』(서울: 대한예수교장로회총회교육부, 1969), 2 - 3. 이 책은 총 241면으로 된 책으로 그의 다른 저서 『예배학 개론』에 비해서는 적은 분량이나, 그 내용이 예배에 관한 한 다양한 내용을 싣고 있다.
[271] 김동수, 『평신도와 예배 - 개혁교회의 예배』, 34.
[272] 김동수, 『평신도와 예배 - 개혁교회의 예배』, 94 - 98.

⟨말씀예배⟩

예배에의 부름 - 경외의 찬송 - **십계명** - 연도(키리에: 자비송) - 고백의 기도 - 사죄의 확증 - 찬양의 찬송(혹은 기도서 성가) - 말씀선포(조명을 위한 기도와 성경일과와 설교를 포함) - 송영

⟨주님의 만찬⟩

선언들(요 3:16, 17, 15:13, 롬 12:1 등) - 친교 찬송(이때 장로 두 분이 상보와 성찬 요소의 가리워진 것을 벗길 것) - **니케아 신조** - 성찬 설립의 말씀(고전 11:23 - 26) - 봉헌의 기도 - 떡 조각(2*3인치)과 잔(포도주) - 하나님의 어린 양(찬양) - 평화 기원 - 분배 - 은혜("우리 주 예수 그리스도의 은혜가 너희와 같이 있을지어다") - 감사의 기도 - **주기도** - 찬양(혹은 봉헌의 찬송) - 축도

이 책은 다음과 같이 주목을 끈다. 첫째, 예배초두에 '예배에의 부름' 순서를 넣었다는 점인데 당시 한국 장로교회는 예배시작을 대개 '묵도'로 시작했던 것과 비교하면 예배학적 관점을 가지고 있음을 알 수 있다. 물론 이 책 자체는 서문에서 본 대로, 맥크레오드의 『장로교 예배』(*Presbyterian Worship*)를 편역했던 점을 보면, 저자 자신의 신학을 전적으로 표현했다기보다는 전체적으로 맥크레오드 책에 동의하고 있음을 보여준다고 보아야 할 것이다. 한국 교회 주일예배 순서에 '예배에의 부름'이라는 순서는 감리교(1962년 『교리와 장정』)에 이어 이 책에 두 번째 나오는 것으로 보이며, 장로교로 볼 때 첫 번 나오는 것이 될 것이다. 여기서 이 책보다 앞서 기장 교단의 『예식서』(1964)에 '예배선언' 순서가 예배의 첫 순서로 나오는데, 만약 이 '예배선언'이 '예배에의 부름'과 동일한 순서의 다른 이름이라면, 이 순서에 관한 한, 기장 교단의 예식서가 장로교에서 첫 번 언급한 것이 될 것이다.

둘째, '십계명'에 관한 내용이다. 이에 대해서 해방이전에 개인 출판문

서에 언급하였고(곽안련, 소열도), 해방이후에는 이 책에서 처음 다룬 것으로 의미가 있는데 여기서는 성찬 있는 주일예배에서 말씀예전 순서의 고백기도 이전에 위치해 있다. 장로교 교단차원의 공식적 예배서에 십계명을 반영하기 시작한 것은 2008년에 발간한 장로교 통합 교단의 『예배·예식서』(표준개정판)에서이다.

셋째, 주기도문과 사도신경, 니케아 신조에 관한 것이다. 성찬 없는 주일예배에서 주기도문은 축도 두 순서 앞서 나오며, 사도신경은 설교 후에 위치한다. 현재 한국 개신교에서 이 두 순서는 자유롭게 그 위치를 변동될 수 있음을 보여주고 있다. 또한 성찬 있는 주일예배에서 니케아 신조는 수찬 전에 위치하고 있으며, 이는 동방교회 예전의 경우와 같다. 이에 비해 로마 가톨릭은 말씀예전의 설교 전에 위치해 있다. 일반적으로 개신교에서는 니케아 신조를 사용하고 있지 않으나, 루터교에서는 로마교와 같이 니케아 신경(또는 사도신경)을 설교 전에 두고 있다.

넷째, 한국교회 신학교육에 있어서 예배학 과목 선정의 시작에 관한 언급이다. 이 책의 '서문'에서, 한국교회에서 예배학이 신학교육에서 처음 나타나게 된 것은 1964년 이후라고 밝히고 있는데,[273] 이와 같이 예배학 교육의 시작 년도를 밝힌 것은 처음이라고 판단되며, 추가적으로 한국교회 예배학 교육의 역사에 대한 본격적인 연구가 필요하다고 본다.

④ **박성겸, 『새예식서』(초판 1969; 3쇄 1972)**

이 예식서는 해방 이후 개인적으로 예식서를 낸 것으로는 최초의 것으로[274] 목차를 보면 서문, 주례자의 자세, 예배(주일 아침예배, 주일 저녁예배, 삼

---

273 김동수, 『평신도와 예배 - 개혁교회의 예배』, 2.
274 '예식서'(초판 1969년)를 개인이름으로 최초로 낸 목회자는 박성겸 목사이다. 이 예식서에는 주일예배 순서가 나와 있다. 장로교 교단차원으로 보면, 통합교단에서는 1961년에 예식서가 교단 차원에서 나왔지만 거기에는 주일예배가 나타나지 않고 성례식 등 여러 예식들의 순서를 다루었

일 기도회, 헌신예배), **성례**(세례식, 성찬식), **임직**(강도사 혹은 준목, 목사 임직식, 목사 위임식, 부목사 임직식, 장로 집사 임직식, 권사 임직식), **결혼**(약혼식, 결혼식), **상례**(입관식, 발인식, 하관식, 추도식), **성전봉헌**(정초식, 헌당식), **초청장**(성역 기념식, 목사 장로 임직식, 결혼식 등의 초청, 장례식의 부고), **축조문**(결혼식의 축전, 장례식의 조문), **답례**(결혼식의 답례, 장례식의 답례) 등이 순서대로 나와 있다.[275]

먼저, 주일저녁과 삼일기도회, 헌신예배 내용은 생략하고 여기서는 주일아침 예배에 대한 전반적 내용을 살펴보기로 한다. 순서에 앞서 유의사항 몇 가지를 제시한다: 환경정리, 출석점검(장로 집사 당번들, 성가대원, 일반교우들 미리 준비), 예배진행시 유의사항(여러 예배순서 설명 중에 특히 기립하여 신앙고백 후에 2, 3분간 참회시간을 가지며, 설교는 강도로 괄호표시 되어 있으며, 헌금은 설교와 성가대의 찬송 전에 있는 것이 좋으나 한국 교회 실정이 그렇지 않음, 광고는 주보로 대용함이 좋으나 부득하면 설교 후보다 성경봉독 전후에 하는 것이 가장 적당할 듯함, 한국교회에서는 헌신예배 이외에는 저녁예배에 헌금을 드리지 않는 것은 유감스러운 일이며 제물 없이 하나님께 제사를 드릴 수 있을까 한번 다시 생각해 볼 문제라고 함).[276]

이어, 주일아침 예배순서를 제시하면 아래와 같다. 굵은 글씨는 필자에 의한 것이다.

전주악 - 묵도 - 개회송영 - 부르시는 말씀(성시로) - **축원** - 신앙고백(사도신경) - 찬송 - 성시교독 - 목회 기도(목사 혹 장로) - 찬송 - 성경봉독 - 광고(없으면 더욱 좋음) - 헌금 - 찬양 - 기도(목사) - 설교 - 기도(목사) - 찬송 - **축도** - 폐회송 - 후주 - 폐회

다. 이에 비해, 기장 교단에서는 1964년 예식서(초판)에 주일 아침, 저녁예배 순서를 싣고 있다.
[275] 박성겸, 『새예식서』(서울: 은성문화사, 1972), 3 - 4. 이 소책자의 '서문'에 저자의 글이 나타나는데 한국 교회 여러 교파의 예식서 중에서 좋은 부분만을 발췌하여 간추려 작성했다고 하였다. '서문'에 보면 초판은 1969년에 나왔으며, 필자가 참고한 것은 제3판의 것이다.
[276] 박성겸, 『새예식서』(1972), 7 - 10, 12.

다음으로, 예배에 관련된 사항 몇 가지를 분석한다.

첫째, '축원' 순서의 문제이다. 위에 제시된 순서에서 '축원'이 '신앙고백' 바로 전에 나오는데 이것은 주일 밤 예배순서에도 비슷한 위치에 나온다.[277] 이것은 예배 끝부분에 나오는 '축도'와 다른 것이다. 한국 교회에서 교단 발행 예배서를 볼 때, 예배순서 초반부에 '축원'을 쓰는 교단은 없다. 여기의 '축원'은 '기원'이라고 해야 더 좋을 듯하다.

둘째, '주기도문'은 주일 아침, 주일 밤 예배, 삼일 밤 기도회에 전혀 언급이 없다. 이 예식서의 저자는 서문에서 "이 예식서는 현하 각 교파에서 제정한 예식서 중에서 좋은 부분만을 발췌하여 간추려 작성한 것입니다"라고 하였는데 여기에 '사도신경'은 예배순서에 넣고 '주기도문'이 빠져 있다는 것은 감리교, 성결교의 예배순서에 주기도문이 반영되었던 것을 깊이 고려하지 않은 증거라고 볼 수 있을 것이다.

셋째, '헌금' 순서에 관한 것이다. 이 예배서의 저자는 주일 낮 예배 뿐 아니라 주일 밤 예배에도 봉헌순서를 넣어야 한다는 지론이다(p. 12). 대개 주일 밤 헌신예배 때는 헌금을 드리나, 일반 주일 밤 예배 때는 드리지 않는 것을 유감이라고 말하고 있다. 이것은 곽안련의 『목사지법』이나 『목회학』, 『목사필휴』에도 나타나는 주장이다.

2) 번역서들(총 19권)

1971년부터 1990년까지 출판된 외국인 저자들의 번역서들을 서지사

---

[277] 주일 밤 예배순서는 전주 - 송영 - 묵도 - 축원 - 찬송 - 기도 - 찬송 - 성경봉독 - 헌금 - 찬양 - 설교 - 기도 - 찬송 - 축도 - 폐회송 - 후주 - 폐회 등이다. 여기서 헌금을 주일 밤 예배에 넣지 않는 것은 유감스러운 일이라고 한다. 주일 밤에는 주일 아침예배를 약간 줄인 형태인데 특히 사도신경이 생략되어 있다(제 11면). 또한 삼일 기도회와 헌신예배에 대해서는 간략한 방향만 언급하고 그 순서는 제시되어 있지 않다.

항을 10년 단위로 구분 소개하였다. 여기서 1961년부터 1970년까지 도서의 출판은 파악하기 어려운 관계로 생략하였다.

(1) 1971년부터 1980년까지 출판된 번역서들(6권)

R. 압바, 『예배의 원리와 실제』, 허경삼 역 (서울: 대한기독교서회, 1974); P. 비트, 『기독교교육과 예배』, 김소영 역 (서울: 대한예수교장로회총회출판국, 1978); J. G. 데이비스, 『예배와 선교』, 김소영·홍철화 공역 (서울: 대한기독교서회, 1978); J. J. 폰 알멘, 『예배학 원론』, 정용섭 외 3인 공역 (서울: 대한기독교출판사, 1979); F. 지글러, 『예배학 원론』, 정진황 역 (서울: 요단출판사, 1979); W. 해릴슨, 『구약성서의 예배』, 장일선 역 (서울: 대한기독교출판사, 1980)

(2) 1981년부터 1990년까지 출판된 번역서들(13권)

로버트 G. 레이번, 『예배학』, 김달생·강귀봉 공역 (서울: 성광문화사, 1982); H. 그래디 데이비스, W. 매듀으스, 『예배의 실제』, 박일영 역 (서울: 컨콜디아사, 1983); O. 쿨만, 『원시 기독교 예배』, 이선희 역 (서울: 대한기독교서회, 1984); 존 맥아더, 『참된 예배 - 예배란 무엇인가?』(서울: 두란노, 1986); 랄프 마틴, 『초대교회 예배』, 오창윤 역 (서울: 은성, 1986); 박근원 편저, 『리마 예식서』(서울: 한국기독교교회협의회, 1987); 칼 바르트, 『하나님·교회·예배』, 백철현 역 (천안: 基民社, 1987);[278] 폴 앵글, 『당신의 예배생활, 전통적인

---

[278] 이 책은 1938년에 출간된 칼 바르트의 저서 *Gotteskenntnis und Gottesdienst nach reformatorischer Lehre, über das Schottische Bekenntnis von 1560* 전문을 1987년에 우리말로 번역한 것이다. 그 목차를 보면 제1부 스코틀랜드 신앙고백(1560), 제2부 하나님 인식(1장 - 10장; 자연신학과 종교 개혁자들의 가르침, 한 하나님, 위엄 있고 인격적이신 하나님, 하나님의 영광과 인간의 영광, 인간의 길, 예수 그리스도 안에서의 하나님의 계시, 하나님의 결단과 인간의 선택, 하나님의 활동과 인간의 구원, 인간의 미래와 현재 속에서의 하나님 나라, 신앙의 자유), 제3부 교회와 예배(제11장 - 20장; 현실적인 그리스도인의 삶, 그리스도인의 삶의 질서, 참된 그리스도인의 삶, 교회의 비밀, 교회의 형태, 교외의 정치, 하나님의 행위로서의 교회 예배, 사람의 행위로서의 예배, 정치

가, 성경적인가』, 정광욱 역 (서울: 나침판사, 1987); 로버트 R. 웨버, 『예배의 역사와 신학』, 정장복 역 (서울: 대한예수교장로회총회출판국, 1988); 페르디난드 한, 『원시 기독교 예배사』, 진연섭 역 (서울: 대한기독교서회, 1988); 일리온 T. 존스, 『복음적 예배의 이해』, 정장복 역 (서울: 한국장로교출판사, 1988); 로버트 뱅크스, 『1세기 교회의 예배 모습』, 장동수 역 (서울: 여수룬, 1989); 메시 H. 세퍼드, 『예전학—교회의 예배』, 정철범 역 (서울: 대한기독교서회, 1990)

3) 예배사 저자들

위 번역서들 가운데 예배사 연구에 주목을 끈 세 권이 나오는데, 로버트 R. 웨버의 『예배의 역사와 신학』(1988), 페르디난드 한의 『원시 기독교 예배사』(1988), 그리고 일리온 T. 존스, 『복음적 예배의 이해』(1988)[279] 등이다. 아마도 예배사 분야에서는 최초로 나온 번역서들로 판단된다.

4. 특별 고찰

1) 『리마 예식서』(1982)[280]

적 예배, 위로의 은혜와 희망 등으로 구성되어 있다. 참고적으로, 바르트의 이 책의 일부(제14 - 18장)가 장하구 역으로 『교회와 예배』(서울: 思想界 社)으로 번역 출판되어 있음을 이미 살펴보았다. 그 년도는 제시되어 있지 않고 일자(11月10日)만 나타나 있는데 아마도 1953년도일 것으로 추정된다.

[279] 이 책의 원문제목은 A Historical Approach Evangelical Worship으로 관점이 예배의 역사적 접근임을 알 수 있다.

[280] 이 두 문서가 우리말로 번역되어 나와 있는데, 『리마문서』는 장신대 이형기 교수에 의해, 그리고 『리마예식서』는 기장 교단의 박근원 교수에 의해 각각 번역되었다. 세계교회협의회, 『BEM문서(세례·성찬·직제)』, 이형기 역 (서울: 한국장로교출판사, 1993; 박근원 편저, 『리마 예식서』(서울: 한국기독교교회협의회, 1987). 이 두 문서의 평가에 대하여는 김태규, 『한국교회 초기 문헌에 나타난 성찬신학과 실제』, 63을 참조하라

『리마 문서』(Lima documents, 또는 Baptism, Eucharist, and Ministry, 약칭 BEM문서)와 『리마 예식서』(Lima liturgy)를 동일문서로 착각하는 이들이 더러 있으나 서로 다른 두 문서이다. 이 문서들은 1982년 페루의 수도 리마에서 세계교회협의회(W. C. C.)의 산하기관인 "신앙과 직제위원회"에서 채택된 것으로서, 『리마 문서』는 세례, 성찬, 그리고 목회에 대해 규정한 문서이며, 『리마 예식서』는 『리마 문서』의 정신에 따라 작성된 예배의식서이다. 특히 이듬해 W. C. C. 제6차 밴쿠버 총회(1983, 캐나다) 때에 이 『리마 예식서』로 개신교(성공회를 포함한)와 로마 가톨릭, 동방 정교회 성직자들이 함께 예배를 드렸던 적이 있다. 여기서는 『리마 예식서』(총 35개의 순서)의 줄거리를 소개하고 이에 대해 간략히 평가할 것이다.

먼저, 『리마 예식서』의 예배순서를 제목 위주로 살펴보면 아래와 같다.[281]

제1부 개회의 예전(순서 1 - 6)
개회찬송 - 인사 - 죄의 고백 - 용서의 선언 - 자비의 연도 - 영광송

제2부 말씀의 예전(순서 7 - 16)
오늘의 기도 - 구약성서 봉독 - 명상의 시편 - 사도서신 낭독 - 할렐루야 영창 - 복음서 낭독 - 설교 - 침묵 - 신앙고백(니케아 신조) - 중보의 기도

제3부 성만찬의 예전(순서 17 - 35)
준비기원 - 인사의 교환 - 처음 기원 - 삼성창 - 성령임재의 기원(Ⅰ) - 성만찬 제정사 - 기념사 - 성령임재의 기원(Ⅱ) - 추모의 기원 - 마지막 기원 - 주의 기도 - 평화의 인사 - 분병례 - 하나님의 어린 양 - 성만찬에의 참여(受餐

---

[281] 박근원 편저, 『리마 예식서』(1987), 32 - 40.

을 의미함) - 감사의 기도 - 폐회 찬송 - 분부의 말씀 - 축복기도

다음으로, 『리마 예식서』에 대하여 평가를 하고자 한다. 긍정적 입장에서는, 전 세계 기독교의 대표적인 교단들이 모여 이 예식서를 가지고 함께 예배를 드렸다는 것은 기독교 역사상 이제까지 없었던 획기적인 점이었다. 또한 초대교회 예전에 나와 있는 순서들(영광송, 구약과 신약 봉독, 삼성창, 성령임재의 기원, 주기도, 마라나타 사용 등)을 사용했다는 점, 특히 초대교회 문헌(『디다케』)을 활용하여 '마라나타'[282]를 이 예전서에 세 번(준비 기원, 기념사, 추모의 기원의 끝 부분)[283]이나 사용함으로써 이 예배의식들을 초대교회와 연결한 것도 높이 평가할 만하다. 한편, 비판적 입장에서 이 예식서가 세계 기독교의 여러 교단을 배려해서 만든 것이었기 때문에 혼합적인 요소가 들어 있다는 점(침묵, 중보의 기도, 추모의 기원 등)에서 그 한계성을 가지고 있다고 할 것이다. 여기에 덧붙여 말할 것은 이 예식서의 우리말 번역본에 대해서이다. 박근원 교수가 번역한 내용 중 한 부분을 오역한 부분이 나오는데, 기독교 신앙 또는 예배에서 중요하게 여기는 니케아-콘스탄티노플 신경(콘스탄티노플 종교회의, A.D 381)의 일부 조항의 의미가 훼손되는 우려를 낳게 한다. 즉 기독론 조항에서 영어 원문의 "begotten, not made"를 "나신 분이시며, 지음 받은 분이 아닙니다"로 번역하지 않고, "낳음과 지음 받은 분이 아닙니다"로 번역하여 성자 예수 그리스도께서 아버지로부터 나신 분이 아니라는 의미로 잘못 번역한 것이다. 이것은

---

[282] 마라나타는 아람어인데 그 뜻은 "주께서 임하셨다" 또는 "주여 오시옵소서"이다. 성경에는 고린도전서 16:22에 나온다. 우리말 성경 중에 개역판에는 설명이 없으며, 개역개정판에는 성경본문에 이 말을 우리말로 풀어 "주여 오시옵소서"로 기록하고 있으며, 각주에서 "마라나타"로 표시하고 있다. 현재 한국어 성경 중에서 이 부분을 가장 잘 표현한 것은 『표준 새번역』으로서 본문에 "마라나 타, 우리 주님 오십시오"로 아람어 음역과 그 뜻을 함께 제시하고 있으며, 각주에 "이 아람어를 달리 '마란 아타'라고 읽으면 '우리 주님 오셨다'가 됨"이라고 밝혀주고 있다.
[283] 박근원 편저, 『리마예식서』, 36, 38, 39.

이 예식서 번역본뿐만 아니라, 그의 저서 『교회예배서』에서도 이 부분을 그대로 두었는데, [284] 이는 반드시 수정되어야 할 사항이다.

5. 소결론

이 시기는 교회적으로 교단 분열의 여파가 나타나게 되었으며, 교회 성장에 목회 지향점을 두기도 하였다. 예배학적인 측면에서도 예배의 원리나 순서에 있어서 여러 가지 변화의 경향을 보이고 있다. 이 기간 동안에 예배학 문서들이 점차 많이 출판되는 경향도 드러난다.

예배관련 교단 문서들 중 장로교와 성결교는 이 시기에 분열로 인하여 여러 교단으로 나누여졌으므로 각 교단별로 헌법(헌장)의 예배관련 내용을 다룬 후 예배 예식서를 다루었다.

장로교 문서에 대해서는 고신, 기장, 통합, 합동, 합정(현 백석) 교단 순서로 다루었으며, 여기서 각 교단 명칭은 약칭을 사용하였다.

첫째, 고신 교단의 『표준예식서』를 다루었다.

『헌법』 "예배모범"은 장로교 분열 이전의 것(1934년 판)을 그대로 사용하여 변동이 없으므로 생략하였다.

『표준예식서』(1983)는 고신 교단에서 최초로 나온 예식서로서 주일예배는 나오지 않고 성례식을 포함하여 여러 예식서들이 나온다. 성례식에서 묵도로 시작해서 신앙고백(사도신경)이 나오며, 독특하게 성찬식을 1년에 4회(1월1일이나 1월 첫 주일 새벽시간, 고난주간 목요일 저녁시간, 9월 첫 주일 낮예배, 추수감사절 직전 주일저녁 시간)를 추천한다. 이와 같이 성찬 실시일을 주일 새벽, 낮과 저녁뿐 아니라 목요일 저녁 시간 등을 추천하는데 이는 타 교단 예식서뿐만 아니라 동교단의 이후 예식서(1999년 『예전예식서』에는

---

[284] 박근원 엮음, 『교회예배서(제1권)』 (서울: 도서출판 진흥, 1994), 27.

주로 주일 낮 중심인 점과 다르다.

둘째, 기장 교단의 『헌법』 "예배모범"(1980)과 『예식서』(1964), 『예식서』(1978)을 다루었다.

『헌법』 "예배모범"(1980)은 장로교 분열 이전의 예배모범(1922, 1934)과 다른 구도로 개정(총 11장)된 것으로 이전의 예배모범에서 금식일과 감사일, 은밀기도와 가정예배, 주일학교 등이 빠지고, 거의 대부분 기존의 제목, 내용들이 새롭게 바뀌어 나온다(예배 공동체로서의 교회와 사명, 하나님의 예배와 선교, 하나님의 말씀과 예배, 공중예배의 배열, 성례전, 회중집회, 교회예식, 가정예식, 시벌, 해벌, 헌금 등).

『예식서』(1964)는 기장교단 출범(1953) 후 교단 최초의 예식서로서, 장로교단들 중에서는 최초로 주일예배(주일 아침, 저녁)를 실었다. 여기에서 전통적인 예배시작 순서인 '묵도'가 사라지고 '예배선언'이 나오며 참회기도와 용서의 확신, 주기도 등 특징적인 순서가 반영되어 있으며 성찬식에는 주기도가 나타나지 않는다.

『예식서』(1978)는 이 교단의 두 번째 예식서로서, 옛 형태의 예배의식과 그동안의 예배신학 발전과 세계교회 예배갱신이 반영되었다. 성찬과 함께 하는 주일예배(3종류), 성찬 제외한 주일예배(2종류)와 기타 예식 등이 나오며 예배의 시작은 예배사(예배의 부름)로 나타나며, 이외에도 죄고백, 용서선언, 주기도, 연도(키리에 엘레이손) 등이 반영되어 있다. 이 예식서에 애찬식을 소개하고 있는데 이는 한국 장로교로서는 최초 소개되는 순서로서, 이는 18세기 감리교 웨슬리가 초대교회 초기의 것을 다시 살렸으며, 한국의 감리교, 성결교에도 반영된다.

셋째, 통합 교단의 『헌법』 "예배와 예식"("예배모범"의 새 이름, 1983)과 『예식서』(1961), 『예식서』(1977), 『예식서-가정의례지침』(1987)을 다루었다.

『헌법』 "예배와 예식"(1983) "예배와 예식"은 "예배모범"을 새로 개칭한 것으로, 이 명칭이 교단의 예배서인 『예배·예식서』(2008)와 비슷한 점에

유의해야 한다. 여기에는 각 항목의 제목, 내용에 있어서 이전 "예배모범"을 포함하거나 생략, 또는 추가하여 획기적으로 구성하고 있다(총 18개 조항; 즉 교회, 예배, 주의 날, 예배의 내용, 예배의 배열, 예배와 말씀, 시와 찬미와 음악, 공중예배와 기도, 예배와 예물, 성례전, 세례, 성찬, 예배의 분류, 교육과 훈련, 교회예식, 혼례식, 장례식, 교회의 기율 등을 싣고 있으며 금식일과 감사일, 은밀기도와 가정예배 등을 생략됨). 통상적으로 예배순서는 예배서에 실려 있고, 예배의 원칙들은 예배모범에 실려 있는데, 이 새 예배모범에는 예배의 순서까지 실려 있다(제5장 예배의 배열). 『예식서』(1961)는 교단의 최초 예식서로서, 여기에는 정규예배와 기도회는 나와 있지 않으며 성찬식, 세례식 등 13개의 각종 예식이 실려 있다. 축도문은 히브리서 13:20-21을 사용한다.

『예식서』(1977)는 이 교단에서 두 번째 나온 예식서로서, 주일예배(낮예배-4종류, 저녁예배-3종류, 헌신예배-1종류)과 수요기도회(2종류)를 교단 최초로 실었다. 설명부분에서, 개신교회의 예배의 자유성이 특색이자 약점이라고 하였으며 예배는 제 요소가 분산되지 않고 유기적 통일을 이루어야 예배의 본질을 구현하는 것이라고 하였으며, 말씀예배와 성찬예배가 병행할 때 완전한 예배가 된다고 하였다. 예배 순서에서 묵도가 성찬 없는 주일예배 순서에서 빠지고 대신 전주로 대신하였으며, 성찬예배에 묵도나 전주로 시작하기도 한다. 수요 기도회는 축도나 주기도로 마칠 수 있음을 언급하고 있다. 신앙고백(사도신경)의 위치는 설교 전이나 후로 나온다.

『예식서-가정의례지침』(1987)은 1977년에 나온 예식서에 "가정의례지침서"가 통합되었으며, 이전 예식서에 비해 각 항목에 "신학적 의미"가 추가된 점에 있어서 다르다.

넷째, 합동 교단의 『헌법』 "예배모범"과 『표준예식서』를 다루었다.

『헌법』 "예배모범"(1990)은 1934년의 "예배모범"과 동일하며(총18장), 장로교 가운데 고신, 합신, 통합, 기장 교단들은 옛 예배모범을 크게 바꾸거나 일부 내용을 수정하지만, 이 교단의 "예배모범"은 문구만 현대어체로 바꾸었을 뿐 이전의 것과 동일하다.

『표준예식서』(1978)는 교단의 최초 예식서로서, 주일예배와 수요 기도회가 나오지 않으며 성례식 등의 예식들이 나오며, 성찬식의 축도문은 히브리서 13:20-21을 사용한다.

다섯째, 합정 교단(현 백석 교단)의 예식서를 다루었다.

이 교단의『헌법』"예배모범"은 장로교 분열 이전의 것(1934년 판)을 그대로 사용하여 변동이 없으므로 생략하였다.

『예식서』(1987)에는 주일 낮 예배(2종류), 주일저녁예배(1종류), 주일저녁 헌신예배(1종류) 등과 여러 예식서들이 실려 있으며, 주일 낮 예배에 묵도, 사도신경과 주기도문이 반영되어 있으며, 주일 저녁예배와 성찬식에는 주기도문이 나타나지 않는다.

감리교 문서에 대해서는 『교리와 장정』 및 교단 예식서들에 나타난 예배를 다루었다.

『교리와 장정』(1962)은 감리교에서 최초로 두 가지 주일 예배유형을 제시하였는데 이전까지 장정에는 주일예배에 1 가지만 있었다. 이 장정의 1형에서는 "전주" 후 "예배에의 부름"으로 시작하며(모두 20개 순서), 2형은 "전주" 후 "묵상"으로 시작한다(18개 순서). 특이한 순서로서 1, 2 형 모두 이전에 없었던 "신신자 견신"(新信者堅信)이 들어 있다. 여기의 '예배에의 부름'은 한국교회에서 최초로 나오는 것으로 보인다.

『예식규범』(1964)은 교리와 장정 안의 "예문"에 대한 부연 또는 "예문"에 없는 것을 만들어 각종 예식의 집행을 도와주기 위해 만들어진 문서이다. 이 문서에서 특기할 만한 내용으로, 성찬대의 크기(치수), 떡 담는 쟁반, 포도주 담는 차관, 포도주 잔과 담는 그릇, 그리고 세례대의 크기(치수)와 전용 세례기, 세례대에 펴는 보와 덮는 보 등을 그림으로 그려 제시하였다. 대개의 한국교회는 성찬대는 교회에 비치해 있으나 세례대는 없다. 세례는 성찬과 마찬가지로 보이는 말씀으로서의 기능이 있는데 평소에 세례대가 보이지 않으므로 성찬과 세례 간의 불균형을 초래할 수도 있다. 감리교의 이 규범에서 세례대를 제시한 것은 성공회에 있는 것을 모본으로 한 것으로 보이며, 이를 한국적인 상황에 맞게 제시한 것으로 그 의미가 크다고 할 것이다.

『예문』(1977)은 원래 장정의 한 부분이었던 "예문"이 최초 독립된 문서로 나오게 된 것으로 여기에는 주일예배, 수요기도회에 대해서는 언급이 없고 성찬식을 비롯한 각종 예식들(36개)이 나타나있다. 성찬식은 '묵도'로 시작해서 말씀과 성찬 순서을 포함하며 '축도'로 마친다. 여기서 주기도문은 성찬 분급 전에 나타나는데, 이는 이전의 남 감리교 순서를 따른 것으로, 북 감리교는 성찬 분급 후에 주기도문 순서를 넣었었다.

성결교 문서는 교단이 분리되면서 기성 교단의 『헌법』과 예성 교단의 『헌장』에 주일 예배순서가 나오며, 또한 예식서는 기성 교단의 것만 나오며 주일예배를 제외한 여러 예식들이 나온다.

첫째, 기성 교단의 『헌법』(개정판, 1974) "주일예배"와 『예식서』(1989)를 살펴보았다.

『헌법』(개정판, 1974) "주일예배"는 이전 1955년 『헌법』과 비교하여 성찬식 순서는 그대로 유지되나 주일예배는 변화를 갖는다. '묵도'는 그대로 유지되나, 이전에 '대표기도-주기도'가 연결되어 나왔던 것이 여기서 분리되어 '주기도-시편교독-찬송-대표기도' 순서로 바뀌어 '대표기도'보다 '주기도'가 앞서 나온다. 이것은 이전 순서(1955)가 감리교의 순서와 동일하였으나, 이 개정판에서는 성결교 교단 나름의 변화를 갖게 된 것이라는 데에 의의가 있다. 또한 이전 순서에서 설교 전에 나왔던 '광고'는 예배 본 순서에 빠지게 된다.

『예식서』(1989)가 처음으로 별도의 서책으로 출판되어, 이전에 『헌법』에 "예문"안에 들어 있던 모든 "예식"들을 세부적으로 구분하였는데, 성찬식을 비롯한 "예식", 그리고 "의식"(임직식, 봉헌식 등), "의례"(가정의례) 등으로 나누어 제시한다. 여기에 주일예배는 나타나지 않으며, 성찬식에는 묵도로 시작하는 것은 동일하나, 사도신경이나 주기도문 등이 나타나지 않는다.

둘째, 예성 교단 『헌장』 "공예배"를 살펴보았다.

예성교단의 『헌장』(1962, 1971)에서는 주일예배를 제시하면서 교단 분리 이전의 순서와 약간 달리한다. 『헌법』에 있었던 '주기도' 순서가 빠지며 성찬식은 이전의 『헌법』과 동일하며, 달라진 점은 1971년에 나온 『헌장』에는 이전 헌장에서 '광고' 순서가 '헌금' 후에 시행되었던 것을 '축도' 후의 순서로 위치 변동된 것이다.

루터교의 예식문 관련 두 개의 문서를 다루었다.

『예배의식문 해설』(1965. 6)은 지원용 박사 편저로 나온 것으로 '성찬 없이' 시행하는 주일예배를 해설하며, 세계교회 공동신조로서 사도신조, 나카야 신조, 아다나시우스 신조를 소개한다.

『예배의식문』(1965. 9)은 주일예배가 '성찬 없이', '성찬과 함께' 행하는 두 종류로 소개되고 있다. 또한 1960년 판 『예배의식문』에 없었던 "아침 기도회", "저녁 기도회"가 추가되어 있는데 이 기도회들에는 '주기도'가 설교 뒤에 반영되고 있다.

침례교의 예식서를 다음과 같이 살펴보았다.

『목회예식서』(1981)는 미국 실천신학 교수 지글러(F. M. Segler)의 『목회자 편람』, 이정희의 편저를 출판한 것으로, 주일예배 순서(Ⅰ, Ⅱ)가 제시되어 있다. 순서 Ⅰ (총 19개 순서)에는 '묵도'로 시작해서 '예배에의 부름, 설교 전 헌금, 초청, 새회원 환영, 축도' 등의 순서이며, 순서 Ⅱ (총 19개 순서)는 '묵도' 없이 '찬송 후 예배에의 부름'으로 시작하는 점, 세부 순서를 큰 묶음으로 '찬양의 예배', '기도의 예배', '선포의 예배', '고백의 예배'로 배열했다는 점에서 순서 Ⅰ과 다르다. 여기 예배순서에는 주기도문과 사도신경이 나타나지 않는다.

　이어, 예배관련 한국인 개인저서(편저)들(총 21권)을 살펴보았다. 1961년에서 1970년 사이에는 4권, 1971년부터 1980년도 사이에는 5권, 1981년부터 1990년 사이에는 12권이 출판되어 점차 증가되는 추세임을 보여주고 있다. 그 중에서 몇 권의 저서들을 요약하여 다루었다. 박신오·최효섭 공저, 『예배와 기독교교육』(1961)에서 주기도문이 주일예배에 나온다. 김동수, 『예배학개론』(1967)은 외국의 예배학자들의 책을 번역 또는 가필하여 내었다. 아마도 한국교회에서 『예배학개론』이라는 책명으로 나온 것은 최초의 것으로 보인다. 또한 김동수, 『평신도와 예배: 개혁교회의 예배』(1969)는 맥크레오드 교수의 책을 편집한 것으로, "서문"에서 한국교회 예배학이 신학교육으로 처음 나타난 것은 1964년 이후로 밝히고 있는데 이에 대한 자세한 연구가 필요하다고 본다. 이 책에서 예배의 첫 순서로 '예배에의 부름'이 나오는데, 이 명칭으로는 감리교의 『교리와 장정』(1962)에 이어 두 번째 나오는 것으로 보이며, 기장 교단의 『예식서』(1964)에는 이보다 먼저 '예배선언'이라는 명칭으로 나오는데 이 두 용어가 같은 순서인지에 대해서는 더 연구가 필요하다. 그리고 "성찬 없는 주일예배"(제2장)에서 '주기도문'을 사용하며, '묵도'는 사용하지 않는다. "말씀과 성찬이 함께 있는" 주일예배(제4장)에서, 말씀예배 순서 중에 십계명, 고백기도, 사죄확증 등이 사용되며, 성찬예배 중에는 니케아 신조, 주기도문이 사용된다. 이 책은 대부분 원저자의 글들을 인용한 것이지만, 통합교단의 위촉으로 한국교회에 정식으로 소개되었다는 점에서 그 의미가 있다. 박성겸 목사, 『새예식서』(1969)는 해방이후 처음 나온 개인 저술의 예식서이며, 주일 아침예배 순서가 '전주악-묵도-개회송영-축원-신앙고백 … 축도' 등으로 나오는데 여기서 '축원' 순서는 '축도'의 순서가 아니라 '기원' 순서로 보인다.

　번역서들(총 19권)은 1961년에서 1970년 사이에 출판된 책들은 발견할 수 없었고, 1971년부터 1980년도 사이에는 R. 압바, 『예배의 원리와 실제』를 비롯하여 6권, 1981년부터 1990년 사이에는 로버트 G. 레이번, 『예배학』을 비롯하여 13권이 출판되어 점차 증가되는 추세임을 보여주고 있다. 이중에서 예배의 역사(예배사)를 다룬 저서는 모두 3권으로 웨버의 『예배의 역사와 신학』(1988), 페르디난드 한의 『원시 기독교 예배사』(1988), 일리온 존스의 『복음적 예배의 이해』(1988) 등이다.

마지막으로, 특별고찰로 W. C. C. 산하 기관인 "신앙과 직제위원회"에서 채택한 『리마예식서』(1982)를 중심으로 다루었다. 이 예식서는 모두 총 35개의 순서로 되어 있는데 큰 구분으로 개회예전(1-6), 말씀의 예전(7-16), 성만찬예전(17-35) 등 구성되어 있다. 이 예전으로 개신교, 로마 가톨릭, 정교회, 성공회 등이 참여하여 예배를 드리기도 하였다. 여기에는 특징적인 순서로, 신앙고백을 니케아 신조(말씀예전)로 함, 성령임재의 기원(Ⅰ,Ⅱ), 설교 후 침묵, 마라나타(세 번), 중보의 기원, 추모의 기원 등이 나타난다. 한국교회에서는 이 예식서에 대해서 개신교 교단의 성향에 따라 비판과 긍정적 평가가 함께 나타나고 있다.

제6장

재정립기의 예배(1991 −)

1. 개요

이 시기는 가장 최근의 예배학 시기로서 대체로 두 부류가 공존되는 시기라고 볼 수 있다. 한편으로는, 한국교회의 예배전통을 중시하면서 동시에 초대교회와 종교개혁시기 교회 그리고 그 이후 교회의 전통들을 수용하고자 하는 흐름이 있다. 또 다른 측면으로, 현대예배들 즉, 열린예배나 구도자 예배, 각종 미디어 활용한 예배 등을 적극 반영하고자 하는 흐름이 있다. 이러한 시대적 특징을 갖고 각 교단별로 시대에 적합한 예배지침과 예배서들이 활발하게 출간되었다.

먼저, 각 교단별로 아래의 문서들을 대상으로 살펴볼 것이다.

장로교 문서로 고신 교단은 『헌법』 "예배지침"("예배모범"의 새 이름, 개정1판, 1992), 『헌법』 "예배지침"(개정판, 2011), 『예전예식서』(1999)를 살핀다. 기장 교단은 『헌법』 "예배모범"(2005), 『희년 예배서』(2003)를 다루며, 백석 교단(구 합동정통)은 『헌법』 "예배모범"(2019), 『표준예식서』(2013)를 다룰 것이다. 또한 통합 교단은 『헌법』 "예배와 예식"("예배모범"의 새 이름, 개정판, 2002), 『표준예식서』(1997), 『예배 · 예식서』(표준개정판, 2008)를 살피며, 합동 교단은 『표준예식서』(개정판, 1993)를 살펴 볼 것이다. 합신 교단(구 개혁교단)

은 『헌법』 "예배모범"(2015), 『예식서』(개혁, 1992), 『표준예식서』(개정초판, 개혁 교단, 1999; 개정초판 2쇄, 합신 교단, 2005) 등을 다룰 것이다.

감리교 문서로는 『예배서』(1992.3), 『예문』(1992. 9), 『교회력과 절기에 따른 성만찬 예문집』(2000년, 재판), 그리고 『새예배서』(2002. 4)를 살필 것이다.

성결교 문서로, 기성 교단은 『예식서』(1991), 『새예식서』(1996), 『예배와 예식서』(2004)를 다룰 것이며, 예성 교단은 『헌장』 "공예배"(2002), 『목회예식서』(1994), 『목회예식서』(개정판, 2012) 등을 살필 것이다.

침례교 문서로는 『기독교 예식 매뉴얼』(2000), 『목회예식서』(기침, 2012)를 살필 것이며, 하나님의 성회(기하성) 문서로 『목회예식서』(증보1판, 2002), 『목회예식서』(증보2판, 2005)을, 루터교 문서로는 루터교 『예배의식문』(개정2판, 1993), 한국 루터회 『예배서』를 다룰 것이다. 구세군 문서로는 『구세군 예식서』(2016), 기타 한국군종목사단의 『군종예식서』(1994)와 『군인교회 예식서』(2010), 그리고 미국 장로교의 예배서를 통합 교단에서 번역한 『공동예배서』(2001) 등을 다룰 것이다.

다음으로, 예배에 관한 개인 저서들을 소개하는데, 여기에는 한국인의 저서들, 번역서들, 그리고 예배사 저서들을 개략적으로 고찰한다. 이어서, 특별고찰로 한국 천주교와 한국 정교회에 관해 간략하게 살펴 본 후 소결론으로 이 장을 마무리할 것이다.

2. 예배 관련 교단 문서들

1) 장로교

(1) 고신 교단

① 『헌법』 "예배지침"("예배모범"의 새 이름)

ⓐ 『헌법』, "예배지침"(개정 1판, 1992. 11. 28.)

고신 교단은 해방 이후 장로교 최초로 분립해 세워진 교단이다(1951). 이 교단은 합동 교단과 동일한 "예배모범"을 사용해 오다가 1974년에 일부 수정하였으며, 이후 1989년 39회 총회에서 헌법 전반(신앙고백, 대·소 요리문답, 교회 정치, 권징조례, 예배모범)을 수정 보완하기 위해 헌법수정연구위원회를 만들고 그 위원들을 선정하였으며 이 위원회에서 1년간 활동하여 신앙고백, 대·소 요리문답을 새로 번역하여 1990년 총회에 제출하였다. 총회는 헌법수정연구위원회를 헌법개정위원회로 개편하여 전면적인 개정작업을 위임하는 동시에 기본적인 헌법과 시행세칙격인 헌법적 규칙으로 이원화하기로 결정하였다. 동 위원회에서 교회정치, 권징조례와 예배모범을 포함한 헌법 전체의 개정안을 1991년 총회에 제출하였고 총회는 원안대로 채택하였다. 확정된 개정안은 1992년 4월 전체노회에서 수의를 거쳐 1992년 42회 총회가 이를 공포하여 발효시켰다.

이 헌법의 제1부 교리표준에서는 고신 교단의 신학과 신앙에 관한 문제들의 답을 제시하고 있는데, 여기에는 신앙고백(웨스트민스터 신앙고백), 대 교리문답(웨스트민스터 대 교리문답)과 소 교리문답(웨스트민스터 소 교리문답)이 들어 있다. 제2부 관리표준으로는 교회를 치리하는 원리와 권징과 예배를 인도하는 문제들의 답을 제시하고 있는데, 교회정치, 권징조례, 예배지침이 들어 있다. 그리고 부록으로 두 가지가 실려 있는데, 그 하나는 헌법적 규칙으로서 이것은 교회행정의 실질적인 내용들을 담고 있으며, 또 다른 하나는 12신조로서 초창기 장로교회가 사용했던 신조이다.[285]

분열 이전의 장로교 헌법에 대해 간략히 살펴보자면, 1922년에 『헌법』에 신경(12신조), 소요리문답, 정치, 예배모범, 권징조례 등 5항으로 구성하여 출판하였으며, 이어 1934년에 개정판이 나왔다. 장로교가 분열된

---

[285] 대한예수교장로회총회(고신), 『헌법』(서울: 총회 출판국, 1992. 11. 28), 3 - 4, 머리말.

후에도 이 헌법이 계속 사용되다가, 고신 교단은 1974년에 이르러 모두 6항으로 구성된 헌법을 출판하였는데, 신앙고백(웨스트민스터 신앙고백), 대요리문답, 소요리문답, 교회정치, 권징조례, 예배모범, 그리고 부록으로 12신조로 구성되어 있다. 이것은 이전의 장로교 헌법에 비하면, 12신조 대신에 웨스트민스터 신앙고백을 넣었고, 대요리문답을 새로 추가하여 모두 6부로 구성되었으며, 12신조는 부록으로 위치를 바꾼 것이다. 이후 대폭적인 개정작업에 들어가 1992년에 신앙고백, 대 교리문답, 소 교리문답을 제1부 "교리표준" 아래로, 교회정치, 권징조례, 예배지침(이전에 예배모범을 새로운 이름으로 바꿈)을 제2부 "관리표준" 아래로 넣었던 것이다. 여기서는 『헌법(고신)』 "예배지침"(1992)과 『헌법(고신)』 "예배모범"(1974)을 제시한 후, 이 두 문서를 비교 분석할 것이다.

먼저, 『헌법』 "예배지침"과 『헌법』 "예배모범"(1974)을 제목 위주로 제시한다.[286]

『헌법』 "예배지침"(1992)

제1부 교리표준

1. 신앙고백(웨스트민스터 신앙고백에다 "제34장 성령에 관하여, 제35장 하나님의 사랑과 선교에 관하여"를 추가한 것임). 2. 대요리문답(웨스트민스터 대요리문답) 3. 소요리문답(웨스트민스터 소요리문답)

제2부 관리표준

(1. 교회정치 2. 권징조례)

3. 예배지침

제1장 교회와 예배

제1조 교회, 제2조 예배

---

[286] 대한예수교장로회총회(고신), 『헌법』(1992), 237 - 54.

제2장 주일성수
제3조 주일성수의 의무, 제4조 주일공동회집, 제5조 주일준비, 제6조 주일에 할 수 있는 일

제3장 주일예배
제7조 주일예배 참석자의 자세, 제8조 주일예배의 순서, 제9조 공동의 찬송, 제10조 찬송의 회수, 제11조 공식기도, 제12조 설교 후의 기도, 제13조 기도의 준비, 제14조 공식 기도에 참석한 자의 자세, 제15조 예배와 헌금, 제16조 폐회

제4장 말씀의 선포
제17조 말씀 선포자의 자질, 제18조 성경봉독, 제19조 설교

제5장 성례
제20조 성례의 종류, 제21조 세례식, 제22조 유아세례, 제23조 성찬예식

제6장 신앙고백
제24조 신앙고백의 제도, 제25조 학습, 제26조 입교

제7장 금식일과 감사일
제27조 금식일, 제28조 감사일

제8장 기도회
제29조 기도회의 의의, 제30조 기도의 의무, 제31조 기도회의 종류, 제32조 기도회의 인도

제9장 주일학교
제33조 명칭, 제34조 주일학교의 예배, 제35조 주일학교의 편제, 제36조 주일학교의 책임자, 제37조 주일학교의 교사, 제38조 주일학교의 교재

제10장 시벌과 해벌

제39조 시벌, 제40조 해벌

부록 1. 헌법적 규칙 2. 십이신조

찾아보기

『헌법』"예배모범"(고신, 1974)

제1장 주일을 거룩히 지킬 것, 제2장 교회 회집과 예배시 행의(行儀), 제3장 예배시 성경봉독, 제4장 시와 찬송, 제5장 공식기도, 제6장 설교, 제7장 주일학교, 제8장 기도회, 제9장 유아세례, 제10장 입교예식, 제11장 성찬예식, 제12장 혼례식, 제13장 장례식, 제14장 금식일과 감사일, 제15장 은밀기도와 가정예배, 제16장 시벌, 제17장 해벌, 제18장 헌금

다음으로, 이 "예배지침"을 기준으로 이전의 "예배모범"(1974)과 비교 분석한다.

첫째, 두 예배문서를 비교하여 대별해보면, 새 문서인 『헌법』 "예배지침"은 이전 "예배모범"에 비해 거의 새롭게 재구성되어 있는데, 이를 세분하여 이 예배지침에 삭제된 것, 용어가 바뀐 것, 추가된 것 등으로 정리해 볼 수 있다. 삭제된 것은 '은밀기도회', '혼례식', '장례식' 등이 있다. 또한 용어가 바뀐 것은 '시와 찬송' 제목이 '공동의 찬송'(제3장 주일예배 중 제9조)과 '찬송의 회수'(제10조)로 바뀌었으며, '가정예배'가 '가정기도회'(제31조)로 바뀌었다. 그리고 추가된 것은 제1조 '교회', 8조 '주일예배 순서', 16조 '폐회' 순서 등인데, 이 '폐회' 순서는 백석 교단의 예배모범(2019) 제8장에도 신설되어 나타나는데 이는 고신 교단의 이 "예배지침서"에 영향을 받은 것으로 보인다. 또 17조 '말씀 선포자의 자질', 24조 '신앙고백의 제도', 25조 '학습', 제31조 '수요기도회', '새벽기도회', 기타 기도회, 33조 '주일학교 명칭', 35조 '주일학교의 편제', 38조 '주일학교의 교재' 등도 신설되어 나타난다. 이외에도 세부적인 부분에 있어서 추가된 내용들이 많이 나타난다.

둘째, 한 문서 내에 '신앙고백'이라는 동일 용어에 대해 내용이 다른 경우가 나타난다. 즉 하나의 용어가 각기 다른 의미로 나타나는데, 하나는, 제1부 교리표준의 1. "신앙고백"이 나오는데 여기서의 의미는 이미 믿는 이들이 자신의 신앙을 고백할 뿐 아니라, 다른 사람들에게도 변증

하려는 목적으로 고백하는 문서와 그 내용을 말한다. 다른 하나는, 제2부 관리표준, 3. "예배지침"의 '제6장 신앙고백'(제24조 신앙고백의 제도, 제25조 학습, 제26조 입교)에 나오는 '신앙고백'으로서 이 용어는 초신자가 학습을 거치고 입교에서 그 마무리를 하는 의미로 쓰인다. 그러므로 내용이 다른 두 문서에 대해 한 용어로 사용하면 혼동이 올 수 있으므로 의미를 구분하여, 각기 다른 명칭을 사용하는 것이 더 좋을 것이다. 이에 대해 필자는 제1부의 '신앙고백'은 그대로 두고, 제2부의 '신앙고백'은 '신앙교육(서)'로 표현하는 것을 제시한다.

ⓑ 『헌법』 "예배지침"(개정판, 2011)

고신교단은 합동 교단과 동일한 "예배모범"을 사용해 오다가 1974년에 일부 수정하였으며, 1992년에는 『헌법』 "예배모범"을 "예배지침"으로 명칭을 바꾸면서 그 내용을 대폭 개정했고, 이후 2011년 출판된 『헌법』(개정판)에서 이전의 "예배지침"을 일부 개정하였다.

먼저, 이 "예배 지침"(2011)에 나와 있는 내용을 제목위주로 살펴본다.[287]

제1장 교회와 예배
제1조 교회, 제2조 예배 1, 2.
제2장 주일성수
제3조 주일성수의 의무(뒷부분은 원래 4조 뒷부분이었음), 제4조 주일 공동회집, 제5조 주일준비, 제6조 주일에 행할 일
제3장 주일예배

---

[287] 대한예수교장로회총회(고신), 『헌법』 "예배지침"(개정판) (서울: 헌법개정위원회, 2011), 225-51.

제7조 주일예배 참석자의 자세 1, 2.

제8조 주일예배의 순서와 요소

1. 예배의 순서 - 개회, 죄의 공적 고백과 사죄 선언, 말씀선포, 성례식, 중보기도, 나눔의 사역, 폐회 (모두 7개 항목)

2. 예배의 요소 - 예배의 초청, 기원, 영광송, 회개기도, 십계명, 신앙고백(사도신경), 감사찬송, 대표기도, 성경봉독, 찬양대의 찬양, 설교, 성례, 금식과 감사, 권징, 화답찬송, 헌금, 교제, 주기도, 축도(모두 20개 항목)

제9조 공동의 찬송, 제10조 찬송의 횟수, 제11조 대표기도, 제12조 설교후의 기도

제13조 기도의 준비: 목사의 기도 준비, 제14조 예배와 헌금: 헌금의 의무, 헌금의 의의와 종류, 십일조의 의무(소속 교회에), 제15조 폐회

제4장 말씀의 선포

제16조 말씀선포자의 자질, 제17조 성경봉독, 제18조 설교: 설교본문의 선택, 설교의 방법, 설교시간의 배정

제5장 성례

제19조 성례의 종류: 세례와 성찬, 제20조 세례식: 세례를 베풀 수 있는 자, 세례 받을 자격, 세례의 장소, 세례문답, 세례의 서약, 세례의 시행(내가 성부와 성자와 성령의 이름으로 세례를 주노라),[288] 세례공포, 제21조 유아세례식: 유아세례의 문답, 유아세례를 위한 권면, 유아의 서약, 유아세례의 시행, 유아세례의 공포, 제22조 성찬예식: 성찬예식의 횟수, 성찬예식의 예고, 성찬예식 참석자의 자격, 성찬예식의 집행, 성찬예식 참석자들의 태도, 성찬예식의 폐회

제6장 신앙고백

---

[288] 기독교 전통에는 세례 베푸는 사람("나")을 말하는 경우와 말하지 않는 경우가 있다. 동방교회는 세례 베푸는 사람을 언급하지 않는다("성부와 성자와 성령의 이름으로 세례를 주노라"). 반면 서방교회(로마 가톨릭과 개신교)에서는 대개 세례 베푸는 사람을 언급한다("내가 성부와 성자와 성령의 이름으로 세례를 주노라"). 그런데 장로교 예배모범에는 이 두 가지가 다 사용된다. 1922년의 "예배모범"에는 "내가 … "로 되어 있으나 1934년의 "예배모범"에는 "내가"가 빠져 있다. 합동 교단의 예배모범에는 1934년의 예배모범을 그대로 따랐으나, 고신 교단은 1922년의 예배모범을 따르고 있는 것으로 보인다.

제23조 신앙고백의 제도(학습과 입교의 예식), 제24조 학습식, 제25조 입교식(유아 세례자는 입교 후 성찬 참여)

제7장 금식일과 감사일

제26조 금식일, 제27조 감사일

제8장 기도회

제28조 기도회의 의의: 주일 공예배(오전, 오후/저녁)를 제외한 일체의 모임을 원칙적으로 기도회라 함, 제29조 기도의 의무, 제30조 기도회의 종류: 수요기도회, 새벽기도회, 구역기도회, 가정기도회, 기타 기도회, 제31조 기도회의 인도: 목사나 당회에서 선정한 자.

제9장 주일학교

제32조 주일학교의 명칭, 제33조 주일학교 교육이념, 제34조 주일학교 교육목적, 제35조 주일학교의 예배, 제36조 주일학교의 편제, 제37조 주일학교의 책임자, 제39조 주일학교의 교과서

제10장 시벌과 해벌

제40조 시벌, 제41조 해벌

부록 1. 헌법적 규칙 2. 십이신조

다음으로, 이 "예배지침"에서 개정된 내용에 대해 필요한 조목을 중심으로 1992년 "예배지침"과 비교하며 분석해 보기로 한다. 여기서는 "장"은 생략하고 "조"만 표시한다.

제1조 "교회"에서는 교회의 정의를 말하면서 "구원받은 신자들"(1992년판)을 "구원받은 그리스도인들"로 자구 수정을 하였다. 제2조 "예배"에서는 2항이 추가 신설되었다(예배의 본질). 제3조 "주일성수의 의무"에서는 이전 예배지침의 뒷 조항에 있던 내용의 핵심내용을 이 조항의 뒷부분으로 위치를 바꾸었다. 제5조 "주일준비"에서는 앞부분에 이전에 있던 "(주일)성수는 제4계명이 가르치는 대로"를 생략하고 나머지는 그대로 두었다. 제7조 "주일예배 참석자의 자세" 2항은 이전 내용을 일부 생략하고 핵심

적인 내용만을 실었다.

제8조 "주일예배의 순서와 요소"는 주의를 요하는 항목이다. 여기서 우리는 예배의 "순서"와 "요소"의 차이가 무엇인가를 인식해야 한다. 예배학적 견지에서 보면, 예배의 요소는 예배의 필수적인 것들을 설명하는 것이며 이것은 주로 예배모범(예배지침)에 실어야 하는 내용들인데 비해, 예배의 순서는 형식을 말하는 것으로 이것은 주로 예배서에 취급하는 것으로 알려져 있다. 이 두 가지가 구분되어 내려 왔는데 최근 예배서 내에도 예배모범에 들어갈 내용들이 나오고, 반면 예배모범에 나와야 할 내용들이 예배서에도 나오는 것들이 눈에 띤다. 이런 현상은 통합 측의 『예배·예식서』에도 나타나고 있다.

고신 교단의 이 "예배지침"에는 이전 예배지침에 있던 예배의 "순서" 11가지를 7가지로 줄이는 한편, 이전에 없던 예배의 "요소" 20가지를 새로이 신설하였다. 여기에서 부분적인 차이점들이 다수 나타난다. 먼저, 예배 "순서"를 살펴보면, 이전 예배지침에는 '기도, 찬송, 성경봉독, 성경해석과 설교, 세례, 성찬, 금식과 감사, 성경문답, 헌금, 권징, 축복' 등 11가지가 나타나는데 비해, 이 예배지침에는 '개회, 죄의 공적 고백과 사죄 선언, 말씀 선포, 성례식, 중보기도, 나눔의 사역(이것이 특별히 무슨 사역을 의미하는지 설명이 없다.), 폐회' 등 7가지로 줄어든다. 사실상, 이 항목들은 예배 "순서"라기보다는 예배 "요소"라는 인상이 든다. 다음으로, 예배"요소"는 새롭게 설정되어 나오는데 모두 20개의 항목이 나와 있다. 이 항목들을 세세히 살펴보면 예배의 "요소"라기보다는 예배의 "순서"라는 느낌이 든다. 여기에 나오는 특별한 항목은 '십계명', '주기도'로서 이전 "예배지침"(1992)에 나타나지 않던 것들이다.

제11조의 제목은 이전 "예배지침"의 '공식기도'를 고쳐서 '대표기도'로 바꾼 것인데, 그 내용의 첫 부분이 추가되었으며 다른 내용은 동일하다. 여기서 기도의 내용 중 5번째 '다른 사람을 위한 기도'는 소위 '중보기도'

를 가리키는데 이는 그 용어보다 더 알맞은 표현으로 보인다. 제14조 "예배와 헌금"은 이전 예배지침에 있던 제14조 "공식기도에 참석한 자의 자세"가 삭제되고, 이전의 제15가 제14조로 바뀌게 된다. 이 조항의 내용이 일부 수정된다. 이전 예배지침의 "헌금은 ... 십일조와 헌물로 구분하되, 십일조는 교인의 당연한 의무이며, 그 외에 감사헌금, 주일헌금, 기타 건축, 구제, 선교 헌금 등으로 구별된다"는 내용은 이 예배지침에서 "헌금은 ... 십일조와 주일헌금으로 구분하되, 십일조와 주일헌금은 당연한 의무이며 그 외 감사헌금, 기타헌금 등은 자유로운 헌납이 되어야 한다."로 수정되었다. 여기의 두 예배지침에서 '주일헌금'의 의미가 다르게 나타나 있는데, 주일에 드리는 헌금 전체를 의미하는 것은 아닌 것으로 보인다. 이전 예배지침에서는 주일헌금이 세부 항목 중 하나에 해당하는 것이며, 이 예배지침에서는 십일조와 감사헌금 및 기타 헌금이 아닌 비교적 큰 항목 중의 하나로 보는 듯하다.

제15조 "폐회"는 이전 예배지침에 "공식 예배의 모든 순서를 마친 다음에 목사가 하나님을 대신하여 축복기도(축도)를 하고 폐회할 것이다."라고 되어 있던 것을 더 정확한 의미로 다음과 같이 수정하고 있다: "공예배의 모든 순서는 목사의 축도로 폐회한다." 왜냐하면 축도도 예배 순서의 하나이지 모든 순서 후에 행하는 별도의 것이 아니기 때문이다. 그런데 여기서 이전에 있던 표현, "하나님을 대신하여"가 생략된 이유는 알 수 없다. 장로교 통합 교단의 경우 이 축도문을 축복 기도문으로 바꾸어 "… 축원하옵나이다."라고 한 경우라면 이것은 신자를 대신하여 하나님께 올려 드리는 기도문으로 볼 수 있지만, 고신 교단에서 사용하는 문구인 "… 있을 지어다"라는 표현은 하나님을 대신하여 목회자의 임무를 수행하는 것인데 왜 이 문구를 생략했는지 설명이 없어 아쉬운 면이 있다.

제19조는 성례의 종류를 언급하는데 이전의 지침서에 추가한 부분이 많이 나타난다. 성례의 개념, 유익, 언약 밖에 있는 자와의 구별성 등을

더 언급하고 있다. 제20조 "세례식"을 설명하는 말은 이전 것에 비해 내용을 바꾸어 세례의 개념, 유형교회 안에서만 베풀 것, 유아들은 세례를 받을 것을 말하고 있다. 1항에 "세례를 베풀 수 있는 자"에서 이전 문서의 표현인 "… 평신도가 줄 수 없고 …"를 생략했는데 이는 뒤에 나오는 "반드시 합법적으로 안수를 받은 목사가 행하여야 한다"는 말 속에 그 의미가 들어 있기 때문으로 보인다. 6항의 세례의 '시행'은 성부와 성자와 성령(삼위 하나님) 이름으로 시행한다고 하였고 7항 세례의 '공포'에서는 동일한 문구로 공포한다고 하였다. 이에 비해 유아세례는 '시행'은 삼위 하나님의 이름으로 하나, '공포'에는 삼위 하나님이란 문구가 들어가지 않았다. 그런데 제24조 학습식에서는 3항에 학습 '공포'에 삼위 하나님이름으로 공포한다고 하였고, 제25조 입교식에서도 4항 입교 '공포'에 삼위 하나님의 이름으로 공포하는 것으로 나와 있다. 여기서 성인세례, 학습, 입교의 "공포"에 삼위 하나님 이름으로 나오나 유아세례의 '시행'에는 나오나 '공포'에만 삼위 하나님의 이름이 빠진 것은 아마도 인쇄상의 오류일 것으로 보인다. 왜냐하면 '시행'이 삼위 하나님의 이름으로 되었다고 선언된다면 '공포' 역시 삼위 하나님 이름으로 이루어져야 옳기 때문이다. 더구나 학습 예식의 '공포'에도 삼위 하나님 이름으로 나오니 더욱 그렇다. 참고적으로 이전 예배지침에는 세례와 유아세례의 '시행'에서만 삼위 하나님의 이름으로 나오고, '공포'에서는 삼위 하나님 이름이 모두 생략되어 나온다.

제27조 "감사일"에는 이전 예배지침에 나오는 "교회는 지정된 감사일(맥추, 추수) 외에도 특별한 사항이 있을 때에 …"라는 내용을 "교회는 지정된 절기 성탄절, 부활절, 성령강림절과 감사일(맥추, 추수) 외에도 특별한 사항이 있을 때에 …"로 수정하고 있다. 이는 성탄절, 부활절, 성령강림절을 추가하여 감사일의 개념을 넓히고 있는 것이다. 제28조 "기도회의 의의"에서 기도회에 들지 않는 순서를 설명하면서 주일 공예배 순서에

성례를 추가하였다. 제30조 "기도회의 종류"에서 주일 예배(오전, 오후나 저녁)를 제외한 모든 모임(수요기도회, 새벽기도회, 구역기도회, 가정기도회, 기타 기도회)을 "기도회"라고 총칭하고 있다. 즉 "기도회"와 "예배"라는 용어사용의 기준은 주일에 모이느냐, 아니면 다른 날에 모이느냐에 따라 구분하고 있다. 어떤 교단에서는 "수요기도회"와 "수요예배"를 혼용하기도 하나, 고신 교단의 경우처럼 분명한 구분이 제시되어야 혼동을 막을 수 있을 것으로 본다.

제33조 주일학교 교육이념은 새로 추가되었는데 "개혁주의 정신에 입각하여 웨스트민스터 표준문서들(신앙고백서, 대교리문답, 소교리문답, 예배지침, 교회 정치 및 권징조례)을 따라 하나님을 사랑하고 이웃을 사랑하는 그리스도인을 양성한다."고 하였다. 제34조 주일학교 교육목적도 새롭게 추가되었다. 여기에 예배적 인격(하나님 사랑과 섬김), 인화적 인격(인간 사랑), 문화적 인격(맡은 일에 충성)을 제시하고 있다. 제36조와 제37조 주일학교 예배 및 편제는 일부 수정되었는데 나이별 여러 부서들을 소개하고 있으며, 특히 학생신앙운동(SFC/Student for Christ)도 포함시키고 있다.

이상에서 살펴본 대로, 고신 교단은 이전의 "예배모범"을 "예배지침"으로 바꾸었으며(1992), 그 내용도 대폭적으로 수정한 후, 2011년에 이 "예배지침"의 개정판을 낸 것이다. 여기에는 새로운 시대에 맞게 개정한 긍정적 측면도 있으나, 예배 순서와 예배 요소 간의 구분은 명확하지 않은 측면도 나타나는 것을 볼 수 있다.

② 예배 예식서

ⓐ 『예전예식서』(1999)

고신 교단은 1996년 46회 총회에서 기존의 예식서(『표준예식서』, 1983)를 수정 보완하여 새로운 예식서를 발행하도록 결의하였다. 이에 따라 약 2

년 동안 예전예규위원회의 심도 있는 연구를 거쳐 1998년 제48회 총회에서 새로운 예식서를 통과하였고, 그 다음해에 출판하게 된다. 이 예식서는 이전의 이름을 바꾸어 『예전예식서』로 출판하였다. 이 예식서의 "머리말"에서 볼 수 있는 것처럼, 한국 장로교회 예배는 "웨스트민스터 예배모범"과 청교도적 경건주의, 그리고 대각성 운동에 뿌리를 둔 부흥회식 열정주의의 유산을 물려받았다. 초기 선교사들이 전해준 이러한 유산 위에 한국교회 고유의 영성과 토착적인 관습이 가미되어 오늘날과 같은 예배형태를 갖추게 되었다. 그런데 한국교회의 예배형태는 적잖은 문제점이 내포되어 있는 바, 이 예식서는 이런 문제점들을 개혁하는 데 상당한 주안점을 두었다.

본 예식서는 교회의 예배생활을 위하여 공헌할 수 있는 바를 밝히고 있으며,[289] 1983년에 나온 동교단의 『표준예식서』에는 주일예배에 관한 내용이 나오지 않았으나, 이 『예전예식서』에는 제1장에서 이 부분을 자세히 다루고 있으며 기타 내용도 체계적으로 정리되어 있다. 이 예식서의 전체적인 "차례"를 제시하면 다음과 같다. 제1장 "예배"에는 예배의 기본구조, 예배의 구성요소(입례, 말씀, 응답, 파송), 예배순서(A, B, C), 예전양식(예배부름, 인사, 기원, 참회기도, 사죄의 확신, 파송말씀, 축도) 등으로 구성되어 있으며, 제2장 "성례"에는 성찬식/성찬식 순서, 세례식/세례식 순서, 유아세례식 순서 등이 제시되어 있고, 제3장 "신앙고백"에는 학습식/학습식 순서, 입교식/입교식 순서 등이 나타난다.

제4장 "임직 및 은퇴"에는 목사 안수식, 목사 위임식, 선교사 파송식,

---

[289] 대한예수교장로회총회(고신), 『예전예식서』(서울: 총회 출판국, 1999), 5 - 7. 그 내용은 다음과 같다: 첫째, 주일예배와 각종 예식들을 위해 바람직한 양식을 제공하는 것이며(정중함과 진지함, 질서와 균형) 둘째, 개혁교회의 신학과 역사적 유산에 조화되도록 현재의 예배생활을 개혁하는 것이며(근래에 발전된 예배학의 연구가 뒷받침되어 파격적인 내용포함) 셋째, 교회에 예배생활의 중요성을 다시금 인식시키는 데 있다. 이 예식서가 한국교회의 예배생활을 신학적, 예배학적으로 올바른 토대위에 건설하는데 의미가 있을 것을 확신한다.

장로 · 집사 · 권사 임직식, 은퇴식, 추도식 등이 있으며, 제5장 "봉헌"에는 예배당 기공식, 예배당 입당식, 예배당 헌당식이 들어 있다. 제6장 "혼례"에는 약혼식/약혼식 순서, 결혼식/결혼식 순서 A, B, C, 결혼식 예전양식, 결혼식 설교 등이 있으며, 제7장 "상례"에는 입관식/입관식 순서, 장례식/장례식 순서, 입관식 · 장례식 · 하관식 예전양식, 추도식/추도식 순서, 화장/화장식 순서 등이 실려 있으며, 제8장에는 "목회적 예식"으로 생일(돐 또는 백일 감사예배순서/ 생일 감사예배 순서/ 수연 또는 고희 감사예배 순서, 수연 또는 고희 감사예배 설교), 치유예배/치유예배 예전양식, 입주/입주 감사예배 순서, 개업/개업 감사예배 순서 등이 있다.

여기서는 제1장 "예배"에 관한 내용들과 제2장 "성례" 중에 성찬식에 관한 내용을 살펴보고 이에 대한 분석을 하고자 한다.

먼저, 제1장 "예배"에 관한 내용을 요약하여 살펴보기로 한다.[290]

제1장 예배

1. 예배의 기본 구조

입례 - 말씀(들리는 말씀인 성경봉독과 설교, 그리고 보이는 말씀인 성찬) - 응답 - 파송

2. 예배의 구성 요소 (아래의 /은 필자의 표시임)

(1) 입례: 입례의식을 통하여 하나님과 회중과의 만남을 위한 준비가 이루어진다.

입례송 - 묵도를 함으로 예배를 시작할 수 있으나 묵도는 예배를 준비하는 마음으로 미리 하는 것이 좋다. / **예배부름** - 이는 성도들로 하여금 예배드릴 수 있도록 불러주시는 하나님의 초청이라고 할 수 있다. 이때 간단한 성구를 선택하는 것이 좋으며 때로는 인도자와 회중이 성구를 교독할 수 있다. / **인사** -

---

[290] 대한예수교장로회총회(고신), 『예전예식서』, 13 - 49.

인도자가 성경적인 축복의 말로 인사하면 회중은 아멘으로 화답한다. / **기원** - 하나님의 임재와 권능을 깨닫는 믿음으로 예배드리게 해달라는 간결한 기도이다. / **참회기도** - 거룩하신 하나님의 임재 앞에서 자신의 죄와 연약을 고백한다. 인도자는 참회기도가 피상적이거나 형식적이 되지 않도록 미리 준비해야 한다. / **사죄확신** - 참회기도가 끝나면 인도자는 용서를 약속하는 성경말씀을 선포한다. / **찬송** - 용서와 은혜를 베푸시는 하나님을 찬송한다.

(2) 말씀

성경봉독 - 초대교회 때는 구약, 서신서, 그리고 복음서 등 세 번의 성경봉독이 있었다. 지금은 신, 구약에서 각각 한 부분씩을 봉독하거나 교독문과 설교의 본문을 봉독하는 방식을 택할 수 있다. 봉독구절은 선택적 봉독 또는 연속적 봉독을 채택할 수 있다. / **찬양** - 찬양대가 감사의 찬양을 드린다. / **설교** - 선포된 성경말씀을 해석하고 삶에 적용시킨다. 설교자의 입술을 통해 하나님이 말씀하실 수 있는 것은 성령의 역사께서 역사하시기 때문이다.

(3) 응답

신앙고백 - 사도신경이나 개혁교회가 받아들인 신앙고백 가운데서 설교의 주제와 관련된 것을 융통성 있게 사용할 수 있다. / **목회기도** - 전통적으로 목회기도는 설교 후에 드렸다. 회중이 함께 주기도문을 드림으로 마칠 수도 있다. / **성찬** - 초대교회 때부터 성찬은 주일예배의 필수적인 요소였다. 순서 중 떡을 떼는 행위와 잔을 붓는 행위를 회중 앞에서 나타내 보임으로 우리가 한 떡과 한 잔에 참예함을 표현함이 좋다. 분병분잔은 앞으로 나와 받을 수도 있고 회중석에서 받을 수도 있다. /**봉헌** - 연보는 하나님께 대한 감사와 헌신의 표시이다.

(4) 파송

파송말씀 - 세상 속에서 빛과 소금이 되어야 할 성도의 사명을 상기시킨다. / **축도** - 말씀을 받은 백성들에게 하나님께서 주시는 복의 약속이요, 선언이다. / **교제** - 예배를 마친 후에 하는 것이 좋으나 예배 중에도 가질 수 있다. 간략하게 하는 것이 좋으며 새신자를 환영하거나 긴급한 기도 제목을 나누는 것이 좋다.

3. 예배순서(3가지 형태) - A형은 한국 교회에 정착되어 있는 재래적인 형태이며, B형은 예배의 원리를 반영한 개혁적 형태이며, C형은 절충적인 형태이다. [주기도문에 굵은 글씨로 한 것은 필자의 표시임]

예배순서 A

입례송 - 예배부름(시100:1-2,5) - 기원(거룩하신 하나님 아버지 … 우리를 성령으로 충만하게 … 주 예수님의 이름으로 기원하옵나이다. 아멘) - 참회기도(인도자나 회중) - 사죄확신(미7:18 - 19) - 찬양대의 감사의 찬송으로 노래함 - 신앙고백 - 찬송 - 기도(기도가 끝나면 회중이 함께 **주기도문**을 암송하거나 찬송해도 좋다) - 성경봉독 - 찬양 - 설교(설교자는 말씀을 깨닫게 해 달라고 간결한 기도 후 설교) - 성찬(성찬이 생략될 시는 곧바로 봉헌드림) - 봉헌 - 교제 - 찬송 - 축도(고후13:13) 〔이외에도 민 6:25 - 26, 히 13:20 - 21, 롬 15:13, 빌 4:7,19, 살전 5:23 가능함〕.

예배순서 B

입례송 - 예배부름 - 인사(인도자와 회중의 인사 교환) - 기원 - 찬송 - 참회기도 - 사죄확신(미 7:18 - 19) - 찬양대의 감사의 찬송으로 노래함 - 성경봉독 - 찬양 - 설교 - 신앙고백(설교 내용과 관련된 신앙고백을 드리거나 사도신경으로 신앙고백을 드림) - 목회기도(기도가 끝나면 회중이 함께 **주기도문**을 암송하거나 찬송해도 좋다) - 성찬(성찬이 생략될 시는 곧바로 봉헌을 드림) - 봉헌 - 찬송 - 파송말씀 - 축도(고후 13:13) - 교제

예배순서 C

입례송 - 예배부름 - 인사 - 기원 - 참회기도 - 사죄확신(미 7:18 - 19) - 신앙고백 - 찬송 - 기도(기도가 끝나면 회중이 함께 **주기도문**을 암송하거나 찬송해도 좋다) - 성경봉독 - 찬양 - 설교 - 성찬(성찬이 생략될 시는 곧바로 봉헌을 드림) - 찬송 - 파송말씀 - 축도(고후 13:13) - 교제

4. 예전양식 - 몇 개의 순서에 대한 성구들을 제시하였다: 예배부름/ 인사/ 기원 - 기도문 양식(5가지 - 이중 3가지가 기도문 중 성령님을 언급함/ 참회기도/ 사죄확신/ 파송말씀 / 축도: 고후13:13, 민 6:24 - 26, 히 13:20 - 21, 롬 15:13, 빌 4:7,19, 살전 5:23 등.

이어, 제2장 "성례" 중 성찬에 관한 내용을 살피고자 한다.[291]

제2장 성례
1. 성찬식

준비 - 초대교회 때는 교인들이 떡과 잔을 바치는 것으로 성찬식을 시작했으나 지금은 예배 전에 미리 준비해 놓는다. 칼빈은 교인들이 떡과 잔이라는 물질에 미신적인 생각으로 주목하지 않도록 흰 보로 덮어 두었으나 지금은 그럴 필요는 없다. / **초청** - 성찬은 단순히 그리스도의 고난을 기억하며, 그리스도의 몸과 교통함이므로 성도들이 감사함으로 성찬에 참여하도록 초청의 말을 한다. / **평안의 인사** - 성찬은 성도가 한 몸임을 고백하는 의식으로 성찬을 통하여 참된 의미에서 교회의 연합을 체험한다. / **의미와 권면** - 역사적으로 교회가 성찬의 의미로 받았던 것은 1) 창조와 구속에 대해 하나님께 감사함, 2) 그리스도의 고난에 대한 기념, 3) 성도의 연합과 교제, 4) 하늘에서의 온전한 잔치에 대한 대망 등이었다. 개혁교회는 교회의 치리나 고의적인 범죄 가운데 있는 사람들은 참여치 못하게 했고 회개하는 자에게는 성찬을 통해 새롭게 사죄의 은총을 확신하는 복이 주어짐을 언급해야 한다. / **감사기도** - 하나님의 구속 역사 전체를 기억하며 떡과 잔을 주셔서 그리스도의 몸과 교통하게 됨을 감사드리며 성령께서 임하여서 성찬을 통해 진정으로 그리스도와 교제할 수 있기를 기도한다. / **제정말씀** - 성찬을 시행하라는 주님의 명령과 그로 말미암는 복의 약속이 내포되어 있으므로 말씀의 권위에 근거해서 물질이 성

---

[291] 대한예수교장로회총회(고신), 『예전예식서』 52 - 58.

례가 될 수 있는 것이므로 제정말씀을 분명하게 선포한다. / **분병분잔** - 하나의 떡을 떼며 하나의 잔에 붓는 행위를 회중 앞에서 보이는 것이 좋으며, 그 행위는 장중하면서도 천천히 거행한다. / **수찬** - 열을 지어 성찬상 앞으로 나와서 받을 수도 있고, 회중석에 앉은 채 받을 수도 있다. 수찬 중에는 성도들이 조용히 묵상할 수 있도록 오르간을 낮게 연주함도 가하다. / **찬송** - 감사와 기쁨의 찬송을 부름으로 성찬예식을 마친다.

성찬식 순서

초청(2가지 양식) - 평안의 인사(성도들이 일어서서 서로에게 인사함) - 권면(성찬을 통해 신자의 영혼이 견고해져서 더욱 풍성한 구원의 은혜 누리게 됨, 세례 받은 자들 가운데서도 회개치 않거나 고의적인 범죄있는 자는 참석치 못함) - 감사기도(하나님의 창조와 통치에 대한 감사, 그리스도의 구속사역에 대한 감사, 성령께서 임하셔서 그리스도의 몸과 연합되며 교회가 연합되도록, 성찬을 선물로 주심에 대한 감사) - 분병분잔하는 행위를 제정말씀(고전 11:23 - 26) 읽으면서 회중 앞에 보여줌 - 제정말씀(떡) - 수찬위원들이 회중에 분배 - 제정말씀(고전 11:23 - 26, 잔) - 수찬위원들이 회중에 잔 분배 - 수찬 순서는 목사, 장로, 회중 순 또는 회중, 장로, 목사의 순서로 받을 수도 있다. 회중은 회중석에 앉은 채로 받거나 열을 지어 앞으로 나와서 받을 수도 있음 - 찬송

다음으로, 예배와 성찬에 관한 내용을 분석하기로 한다.

첫째, 여기서 소개하고 있는 주일예배는 주일 낮 예배 또는 대예배를 의미하는 것으로 보이며, 주일 오후나 저녁 예배, 또는 수요 기도회에 관한 내용은 나타나 있지 않다. 이 예식서가 공인된 교단 예식서이므로 이런 순서들에 대해서도 예식문과 함께 설명문을 제시해주는 것이 더 유익하리라고 판단된다.

둘째, '묵도'와 '예배부름'에 대해서 살펴보자. 이 『예전예식서』에서는

'묵도'로 예배를 시작할 수 있으나 예배의 본 순서에 넣지 않고, 예배를 준비하는 마음으로 미리 하는 것이 좋다고 진술한다. 대신 '입례송'과 '예배부름'으로 시작하는 것으로 되어 있다. 이것을 동 교단의 이전『표준예식서』(1983)와 비교해 보자. 이『표준예식서』에서는 주일예배에 관한 사항이 나타나지 않고 성찬식 순서가 주일예배 중에 실시하는 형태로 나오는 것인데 첫 순서가 '묵도'로 나타난다. 이 두 예식서를 비교해 볼 때, 16년 후에 출판된 이『예전예식서』에서는 '묵도'라는 용어를 사용하지 않고, 대신 '예배부름'이라는 용어를 사용하고 있다. 이것은 그동안 고신교단 예배학자들이나 목회자들이 세계 개혁교회 예전에 관한 연구를 해왔다는 것을 방증한다고 볼 수 있다.

셋째, 신앙고백에 대해서 살펴보면, A형과 C형이 설교 전에, B형은 설교 후에 나온다. "예배의 구성요소"에서 신앙고백은 사도신경이 주를 이루고 있으며 이 외에도 개혁교회가 받아들인 여러 신앙고백서 가운데서 설교의 주제와 관련된 것을 융통성 있게 사용할 수 있다고 하였다. 여기서 개혁교회가 받아들인 여러 신앙고백서들을 언급하는데 아마도 이것은 웨스트민스터 신앙고백이나 벨직 신앙고백서 등을 의미하는 것으로 보인다. 여기에 기독교 초대교회 산물인 니케아 신경(325, 381)이나 칼케돈 신경(451), 아타나시우스 신경 같은 역사적인 신경도 포함하여 명문화하는 것도 좋을 것이다.

넷째, 주기도문 순서에 대해서 언급이 되고 있는데 "예배순서 A형, C형"에서는 '신앙고백－찬송－기도〔대표기도〕' 후에 주기도문을 암송하거나 찬송해도 좋다고 하였으며, "예배순서 B형"에는 '설교－신앙고백－목회기도' 후 주기도문을 암송하거나 찬송해도 좋다고 하였다. 순서상 차이가 있다면, 앞의 경우(A형, C형)는 교인의 대표기도 후에 시행되는 것인데 이것은 감리교와 동일한 순서로 주기도문을 시행하는 것이며, 뒤의 경우(B형)는 설교 후라는 점이다. 또한 이 예식서에서는 성찬식과 주기도문과의 연관성을 찾아 볼 수 없다. 동서방 교회의 초기교회들은 성찬식에 주기도문을 사용하였다. 한국교회에서는 장로교 통합 교단 『예식서』(1987), 『표준예식서』(1997)에 주일 대예배 시 말씀예배에서 설교 전에 나타나고, 성찬예배의 경우 수찬 전이나 후에 나타나고 있다. 동방교회나 로마 가톨릭 교회에서는 수찬 전에 사용하나 영국 국교는 처음에 수찬 전에 사용했다가 수찬 후로 바뀌었고, 현재는 수찬 전에 사용하고 있다.

다섯째, 수찬순서에 관하여 고신 교단의 이전 예식서에서는 합동 교단과 동일하게 '목사-회중-장로' 순서 한 가지만 나와 있으나, 이 예식서에는 큰 변화가 나타난다. 여기서는 앉아서 받는 형태는 두 가지로 제시되어 있고, 그 순서도 '목사-장로-회중 또는 회중-장로-목사' 순서로 이전의 예식서와 상당히 다르다. 또한 다른 형태로, 앞으로 나와서 받는 경우도 가능하다고 하였는데 이것은 전통적인 감리교의 수찬형태이기도 하다.

여섯째, '축도'의 경우는 주일예배 A, B, C에서는 고후 13:13을 제시했지만, 예전양식에는 이외에도 구약의 제사장 축도인 민 6:24-26을 비롯하여 히 13:20-21, 롬 15:13, 빌 4:7,19, 살전 5:23 등이 더 수록되어 있다. 이 구절들 중에서 현재 한국 교회에서 가장 많이 사용하는 축도문은 신약성경에 나오는 바울의 축도(고후 13:13)이며, 최근 구약의 제사장의 축도(민 6:24-26)도 일부 교회에서 사용하며, 다른 구절들은 거의 사용하지 않는다. 종교개혁 시대에는 루터를 비롯한 칼빈 등 개혁자들은 구약의 축도를 사용했으며, 신약의 축도는 사용하지 않았다. 근대에 이르러 침례교회와 장로교회에서 바울의 축도를 주로 사용하고 구약의 축도는 사용하지 않았으나 최근에 이르러 이 축도문도 사용하는 경향이 나타나고 있다. 감리교와 성결교, 그리고 장로교 통합 측은 다른 장로교의 경우처럼 "… 있을지어다"라는 선포형을 사용하지 않고, 바울의 축도문 끝부분에 "… 축원하옵나이다"라는 기원형 문장을 사용하고 있다.

일곱째, "예전양식" 중 '기원'의 예문 5가지 중에서 성령님의 역사에 대해 3번이나 언급하고 있다. 한국교회 교단들 중에 장로교 고신 교단에서 기원문 속에 성령님의 역사를 이처럼 강조한 것은 이전에 없었던 형식으로 아주 바람직한 현상이다. 특히 성례식에서 성령님의 역사에 대해 강조하는 경우(예를 들어 에피클레시스 즉 성령임재기도 사용)는 최근 한국 교회에서 점점 사용하는 추세에 있기는 하지만, 이 경우처럼 말씀예전 시작부분인 '기원' 순서 속에 성령님의 역사를 강조하는 것은 드문 일이며 아주 좋은 실례로 볼 수 있다.

여덟째, '참회기도와 사죄확신'에 대해서 주일예배 A, B, C에서 모두 나타난다. 이 예식서의 "예배순서"에서 보는 바대로 "예배순서 A"는 한국교회에 정착되어 있는 재래적인 형태라고 규정했는데 여기서 '참회기도'와 '사죄확신'과 '주기도문' 사용 등 몇 개의 항목에는 한국교회에 이미 정착되었다고 볼 수는 없을 것이다. 필자의 견해로는 아직도 이 순서들에 대해 어떤 교단이나 교회들 또는 목회자들이 신학적이나 관례적 이유로 예배순서에 사용하기를 미루거나 거부하는 경향이 있다고 본다. 특히 '사죄확신'에 대해서는 천주교식 발상이라는 생각을 갖는 목회자들이 그 사용을 반대하고 있다. 물론 개신교에서 '사죄확신' 순서를 사용하는 이들은 천주교 사제의 중보직과 같은 권한을 목사가 가지고 행하는 것이 아니라, 직접 하나님의 말씀을 읽는 방식으로 진행한다고 말한다. 그러므로 이 순서에 대해서는 교단 내에서나 교단 간에 확실한 논의가 있은 후에 사용하는 것이 좋을 것으로 판단된다. 또한 이 예전서에 소개하고 있는 한국 교회의 "재래적인 형태"에 대해서 그 해당 시기를 구체적으로 설명할 필요가 있다고 본다.

(2) 기장 교단

① 『헌법』 "예배모범"

ⓐ 『헌법』 "예배모범"(2005)

1953년에 분리한 장로교 기장 교단은 처음에는 기존의 장로교 공통의 예배모범을 사용하다가 1980년에 이르러 이전의 예배모범의 형태의 틀을 바꾸어 교단의 최초 수정판 예배모범을 출판하였다. 그 후 2005년에 새로운 모습으로 『헌법』 "예배모범"(개정판)을 내게 된다. 장로교에서 최근 통합 교단이나 고신 교단이 "예배모범"이라는 명칭을 바꾸어서 다른 명칭을 사용하는 것과는 달리, 기장 교단은 "예배모범"이라는 명칭을 그대로 사용하되 그 세부 내용에 있어서는 이전 판들과는 전혀 다른 방식과 내용으로 개정한 것이다. 이 새 "예배모범"은 총 7장으로 구성되어 있는데, 그 주제들은 온 생명의 찬양, 교회의 예배, 예배의 원리, 예배의 순서, 성례전, 회중모임, 상황예식 등이다.

먼저, 이 예배모범의 개략을 살펴본다.[292]

제1장 온 생명의 찬양

1. 온 만물과 생명의 창조주 하나님 2. 온 생명에 가득한 주님의 은총 3. 온 피조물의 찬양과 예배 4. 하나님의 새 창조

제2장 교회의 예배

5. 예배 공동체인 교회 6. 모든 찬양과 예배를 엮는 교회 7. 구원의 방주인 교회의 예배 8. 예배는 구원의 잔치 9. 예배는 하나님과의 만남 10. 예배는 부르

---

[292] 한국기독교장로회총회(기장), 『헌법』 "예배모범" (서울: 한국기독교장로회출판사, 2005), 165-91.

심과 은총 11. 예배는 응답과 생명 12. 예배는 생명의 계약 13. 성령의 임재 14. 하나님 나라와 섬김

제3장 예배의 원리

15. 그리스도께서 제정하심 16. 감사와 응답 17. 예배의 표현 18. 예배를 통한 구원과 창조 19. 예배를 통한 화해 20. 성경을 통한 말씀(성령의 감동으로 기록된 하나님 말씀인 성경이 예배의 토대) 21. 설교를 통한 말씀(설교자는 성경을 재해석하고 전하며 성령께서 역사하심) 22. 성례전을 통한 말씀(성례전은 몸으로 받는 하나님의 말씀)

제4장 예배의 순서

23. 모임(예배에 부름, 모임 기도, 찬송 또는 시편 찬송, 죄의 고백과 용서, 평화의 인사, 영광송) 24. 말씀(성서일과 사용, 찬양과 신조, 신앙고백, 세례예식, 간증, 사귐, 중보기도) 25. 성찬(성찬 예식은 그리스도 잔치에 참여하는 것, 봉헌은 성찬예식 순서의 첫 순서, 성찬을 생략한 예배에서는 봉헌이 성찬에 해당되므로 그 시간에 감사와 헌신을 표현) 26. 보냄(찬송과 기도, 축복기도, 보냄의 말씀)

제5장 성례전

27. 성례전의 의미(세례와 성찬은 선교의 차원과 밀접한 관계) 28. 세례의 의미 29. 세례의 집례 30. 어린이 세례 31. 견신례(견신례는 입교예식으로서 어린이 세례 받은 자가 자라서 스스로 신앙고백하는 것을 인정하는 교회의 예식) 32. 어른 세례 33. 성찬의 의미 34. 성찬의 집례(한 달에 한 번 정도 성찬예식을 베푸는 것이 개혁교회의 전통) 35. 성령과 성찬예식 36. 성찬 예식의 순서(성찬 예식은 슬픈 기념예식이 아니라 부활의 승리를 축하하는 기쁨의 잔치임) 37. 성찬 예식과 회중의 참여

제6장 회중 모임

38. 주일예배와 다른 신앙 모임 39. 매일기도(주일예배 이외의 모든 신앙 모임과 일상생활에서) 40. 새벽기도 모임 41. 주일 저녁 모임(교회공동체의 친교와 훈련을 위해) 42. 수요 저녁 기도 모임 43. 구역 모임(기도와 친교를 위한) 44. 그 밖의 상황에 따른 현장모임

제7장 상황예식

45. 상황예식의 의미와 가치(주일예배와 매일기도 이외의 교회 안팎의 예식)
46. 믿음예식(각종 직분자 임직, 취임, 전입, 신입교인 환영 등)
47. 희망예식(장례 관련 의식, 이장, 성묘, 추모 등)
48. 사랑예식(약혼, 결혼, 은혼과 금혼예식 등 결혼 기념 예식)
49. 축복예식(돌, 생일, 회갑, 이사, 개업, 지역사회 연관 문화 예식 등)
50. 목양예식(각종 위로의 예식들 - 질병, 이혼의 위기, 재난 당한 자들을 대상으로)

다음으로, 이 예배모범(2005)과 이전 예배모범(1980)을 비교 분석하고자 한다.

첫째, 전체적인 구성은 1980년 판이 모두 11장으로 되어 있는데 비해, 이 예배모범은 모두 7장으로 구성되어 있다. 이전 예배모범이 예배에 있어서의 선교를 자주 강조한 것에 비해 이 예배모범은 예배의 원리, 성령님의 임재와 하나님 나라를 강조하고 있으며 창조와 구원을 예배와 연관시킴으로써 보다 균형적인 접근을 하고 있다.

둘째, 이전 예배모범에는 "성서"라는 표현이 이 예배모범에는 "성경"으로 바뀌어 나타난다. 또 이전 예배모범 제3장 "하나님의 말씀과 예배" 제2항에서 "성서는 인간의 글이나, 성령의 감동으로 쓰인 하나님의 말씀이다"라는 부분을 이 예배모범에서는 "성경은 성령의 감동으로 기록된 하나님 자신의 말씀이다"라고 표현함으로써 이전보다 보수적인 표현을 사용하고 있다.

셋째, 제4장 "예배의 순서"에는 크게 모임, 말씀, 성찬, 보냄 등 4중 구조를 언급하고 있는데 비해, 이전 예배모범에는 제4장 "공중 예배의 배열"에서 공중예배의 기본구조를 개회, 말씀, 응답(찬송, 기도, 신앙고백, 헌금 등), 보냄과 결단의 순서로 제시하였다. 여기서 차이점은 이 예배모범에는 성찬을 4중 구조 중 하나로 보았으며, 이전 예배모범에는 응답 순서에 성찬을 포함하여 찬송 기도, 신앙고백, 헌금 등을 넣었다는 점이다.

넷째, 제5장 성례전 부분은 두 예배모범의 내용이 대동소이하나, 이 예배모범의 35항은 신설된 내용으로 성령님의 역사를 다음과 같이 강조한다. "모든 예배가 성령의 임재하심 속에 드려야 하는 것이지만 성찬예식에서는 더욱 성령이 강조된다. 성령은 성찬 예식으로 세상 끝 날의 메시아 잔치를 앞당겨 누리게 하시며, 떡과 포도주를 통해 우리를 거룩한 그리스도와 한 몸이 되게 하신다. 그러므로 성찬 예식을 거행할 때 집례자는 성령께서 오시기를 기원하며 모두가 성령의 임재를 느끼는 가운데 진행한다"라고 하였다.[293] 이것은 소위 교회의 오랜 전통인 성찬식에서의 '에피클레시스'(성령임재기원)에 해당하는 내용이라고 할 수 있다.

다섯째, 이 예배모범의 제6장은 "회중모임"으로서 이전 예배모범의 제6장 "회중집회" 내용과 거의 비슷한데 특별히 추가된 것은 "매일기도"이다. 이 기도시간은 아침과 한낮, 저녁시간으로 정하며 교회력의 틀 안에 담겨있다. 이 "매일기도"를 드림으로 주일예배와 그 외의 모든 신앙적인 모임과의 조화를 이룰 수 있고 주일과 평일의 조화를 이룰 수 있다. "매일기도"의 중요한 요소는 기도이지만 성경과 찬송의 요소도 함께 구성되어 있다. 그리고 이전 예배모범에서는 "구역예배"로 되어 있던 것을 이 예배모범에는 "구역모임"으로 명칭을 바꾸어 사용하고 있다.

여섯째, 이 예배모범의 마지막 제7장은 "상황예식"으로 여기에는 믿음예식(각종 부름 받음, 건축 및 봉헌과 관련된 예식), 희망예식(죽음과 추모에 관련된 예식), 사랑예식(약혼과 결혼) 등은 이전 예식서 제7의 "교회예식", 8장의 "가정예식"을 요약하여 담고 있으며, 이외에도 축복예식(돌, 생일, 회갑 등)과 목양예식(각종 재난이나 위기상황에 대한 위로의 예식들) 등은 신설된 항목들이다.

---

[293] 한국기독교장로회총회(기장), 『헌법』 "예배모범" (2005), 185.

일곱째, 이 예배모범에는 이전의 예배모범의 제9장 '시벌'과 제10장 '해벌', 제11장 '헌금' 등의 항목들을 제외하였다.

전체적으로 보면 이 예배모범은 이전의 예배모범에 비해 항목이 일부 축소되었으며, 선교를 강조하던 것에서 다양한 요소들을 강조하는 것으로 바뀌었고, 성령님의 역사와 말씀과 성찬을 균형 있게 강조하고 있다.

② **예배 예식서**

ⓐ 『희년 예배서』(2003)

장로교 기장 교단에서 교단 설립(1953년) 50주년을 맞이하여 출판한 예배서가 바로 이『희년 예배서』이다. 이 교단은 1964년에 첫『예식서』를 내었고, 이어 1978년에 개정된『예식서』를 출판하였으며, 1983년에 부분적으로 보완하였다. 그 후, 이 개정 예식서가 발행된 지 이미 20년 이상 되었고 그 동안 한국 사회의 문화적 환경과 교회의 목회환경, 그리고 1982년 리마문서의 출현으로 세계교회 예배의 흐름에 큰 변화를 겪으면서 새로운 예배서가 필요하던 중 교단 설립 50주년 희년을 기념하여 이『희년 예배서』가 출판되기에 이르렀다.[294]

이 예배서를 차례 위주로 살펴보면, 발간사와 희년 예배서 사용 지침이 서론격으로 제시되었으며, 제1권 주일예배에는 1. 주일예배 해설(주일예배의 틀, 주일예배의 흐름과 구성 요소, 주일예배의 윤곽) 2. 주일예배 순서(성만찬을 포함한 주일예배, 성만찬을 간소화한 주일예배, 성만찬을 생략한 주일예배), 3. 세례와 관련된 예식(세례와 견진예식, 어린이 세례예식, 견진예식, 어른 세례예식, 세례 인정예식), 4. 주일예배 자료(예배 부름, 기원, 고백기도, 용서의 선언, 중보 기도, 찬양

---

[294] 한국기독교장로회총회(기장),『희년 예배서』(서울: 한국기독교장로회출판사, 2003), 5 - 6. 발간사.

사, 봉헌사, 보내는 말씀, 축도, 성만찬-창조절, 세계 성만찬 주일, 대림절, 성탄절, 계액갱신, 주현절, 사순절, 부활절, 성령강림절, 해방절, 애찬, 민속예배, 시편 교독 등이 실려 있으며, 제2권 매일기도에는 1. 매일 기도 해설(매일 기도의 기본 틀, 매일 기도의 흐름과 구성요소, 매일 기도의 윤곽), 2. 매일 기도 순서(아침 기도, 한낮 기도, 저녁 기도), 3. 매일 기도 자료(매일 성서일과, 응답송) 등이 실려 있다.

제3권 상황예식에는 1. 상황예식 해설(상황예식의 틀, 상황예식의 흐름과 구성 요소, 상황예시식의 윤곽, 상황예식에 필요한 자료 모음), 2. 상황예식 순서로 믿음예식(교역자, 신도, 교회 공동체와 관련된 예식 등), 희망예식(임종, 입관, 장례, 하관, 화장, 납골당 안치, 첫 성묘, 탈상, 이장, 추모, 차례 예식 등), 사랑예식(약혼, 결혼, 전통 혼인, 결혼 기념예식 등), 축복예식(생애 주기와 관련된 예식, 교회당과 관련된 예식, 가정의례와 관련된 예식), 목양예식(환자, 고난 중에 있는 자, 임종자를 위한 기도, 그 외의 목양기도 등)이 실려 있으며, **부록**으로 1. 그리스도교 예배해설에서 그리스도교 예배정신, 예배의 두 가지 전승, 예배의 구성 요소(말씀의 선포, 성만찬, 기도, 찬송, 성도의 교제), 2. 예배와 교회력에서 교회력 해설, 교회력 절기, 3. 예배와 성서일과(성서일과 해설, 교회력에 따른 성서일과, 2021년까지의 주요 교회력) 등이 실려 있다.

여기서는 서론 격으로 나오는 희년 예배서 사용지침, 제 1권 주일예배 중에서 1. 주일예배 해설, 2. 주일예배 순서, 4. 주일예배 자료 중에서 필요한 사항 몇 가지를 개관하고, 이어서 제2권 매일기도, 부록 1. 그리스도교 예배 해설의 핵심적 내용 위주로 살펴보기로 한다.

먼저, 위에 제시된 내용을 필요에 따라 요약 정리하기로 한다.

희년 예배서 사용 지침[295]

---

295 한국기독교장로회 총회(기장), 『희년 예배서』, 7 - 9. 사용지침의 내용은 아래와 같다:
    1. 이 예배서를 『희년 예배서』로 이름 붙인 것은, 이 예배서가 한국기독교장로회의 50주

제1권 주일예배[296]

1. 주일예배 해설

1) 주일예배의 틀 - 모임, 말씀, 성만찬, 보냄

2) 주일예배의 흐름과 구성요소

년(희년)을 기념하여 새롭게 출판되기 때문이고, 또한 예식보다는 예배를 주요 내용으로 담고 있기 때문이다.
  2. 이 예배서는 개혁교회 예배의 뿌리가 되는 웨스트민스터 예배모범의 예배신학과 전통에 근거를 두었고, 리마 문서에 반영된 교회일치, 희년, 생명, 환경 등의 정신을 담아서 세계 교회와의 일치와 유대를 지향했다.
  3. 우리 민족의 고유한 문화유산과 역사 전통을 각종 예배와 예식에 반영하도록 노력했다.
  4. 본 예배서는 '주일예배, 매일기도, 상황예식' 세부분으로 구성되어 있어서 그리스도교 신앙의 전반 적인 삶을 안내하고 있다.
  5. 여러 가지 목회상황에 따른 예식을 '믿음예식, 희망예식, 사랑예식, 축복예식, 목양예식의 다섯 가 지 틀로 제시하였다.
  6. 예배와 예식을 구별하여 사용하도록 하였다. 예배란 택함 받은 백성이 예수 그리스도를 통하여 구 원을 받고 그 구원의 감격과 감사를 성령의 도움을 받아 삼위일체 하나님께 영광과 존귀와 찬양을 드 리는 신앙적 행위이다. 예식이란 예법에 의해 행하는 의식(儀式)을 가리킨다. 따라서 기존 예식서에서 각종 식(결혼식, 임직식 등)으로 표현된 용어를 '예식'으로 통일하였다.
  7. 주일예배 외의 모든 행사는 집회, 기도회, 모임, 예식 등의 용어를 사용했다. 또한 주일예배를 '주 일 대 예배' 또는 '주일 낮 예배'를 '주일예배'로 통일하였다.
  8. 한국 교회 목회한경의 변화에 발맞춰 기존 예식서에 없는 각종 교회예식, 장묘예식, 가정예식 등 을 보완하여 제시했다.
  9. '축복'이라는 용어는 '복을 빈다'는 뜻이기 때문에 '하나님의 축복'은 문법상 맞지 않다. 하나님은 복을 주시는 분이지 복을 비는 분이 아니기 때문이다. 이 예배서는 '복'과 '축복'을 경우에 맞게 사용 하도록 노력했다. [성도 상호 간에는 '축복'이라는 말을 사용한다]
  10. '교역자'와 '목회자'의 용어를 구분해서 사용했다. 교역자는 전도사, 준목, 목사를 일컫는 용어로, 목회자는 안수 받은 목사를 의미하는 용어로 사용했다.
  11. 목회자가 예배나 예식을 진행하는 경우에는 '집례자'로 표기하고, 가정예식처럼 평신도도 진행할 수 있는 경우에는 '인도자'로 표기했다.
  12. 예배서의 부록으로 '그리스도교 예배 해설, 교회력 해설, 교회력에 따른 성서일과'를 제시하였다. 여기에 제시된 교회력과 성서일과는 삼위일체력을 따랐다.
  13. 성경 대본으로는 『표준 새번역 개정판』을 사용했다.
  14. 예배와 예식 내용 가운데 집례자가 읽을 부분은 '명조체'로, 회중이 읽을 부분은 '고딕체'로, 함께 읽을 부분은 '가는 고딕체'로 표시해 놓았다. [편의상 그대로 따르지 않고 큰 제목 위주로 굵은 고딕 체 표시를 하였음.]

[296] 한국기독교장로회총회(기장), 『희년 예배서』, 17 - 201.

(1) 주일예배

① 모임의 요소 - 예배부름, 개회 기도, 찬송 또는 시편 찬송, 죄의 고백과 용서, 평화의 인사, 영광송 등. 세례예식은 이 부분이나 뒤의 말씀 부분에서 말씀에 대한 응답의 순서로 베풀 수 있다.

② 말씀의 요소 - 교회력에 맞추어 성서일과에 따라 그 날의 성경 본문들이 낭독된다. 성 경 낭독 사이에 회중의 응답송이나 성가대의 찬양이 있을 수 있다. 말씀에 대한 응답으로 신앙적인 결단 행위가 뒤따를 수 있다(신조, 세례예식, 간증, 중보의 기도 등).

③ 성만찬의 요소 - 성만찬의 첫 순서는 봉헌으로 성만찬을 생략한 예배에서는 헌금시간 이 곧 성만찬에 해당되기 때문에 봉헌기도 시 감사와 헌신을 표현해야 한다.

④ 보냄의 요소 - 찬송과 기도, 보냄의 말씀과 축복 기도를 통해 하나님의 파송을 받는다. 교회의 활동에 대한 안내가 앞 순서에서 되지 않은 경우는 이 시간에 할 수 있다.

(2) 성만찬

① 성만찬의 집행 - 온전한 예배는 말씀과 함께 성만찬이 있어야 한다. 성만찬예식은 전체 교회가 참여하는 예식이기 때문에 항상 공중 예배의 한 부분으로 행해야 한다.

② 성령과 성만찬예식 - 성만찬 예식은 주님이 친히 제정하신 예식으로서 성령의 임재를 통해서 이루어진다.

③ 성만찬예식의 순서 - 이 순서는 네 순서로 이루어졌다. 이 순서는 고전 11:23 - 26, 마 26:26 - 29, 눅 22:15 - 20에 따른 교회 전승에서 생겨났다. 첫째 순서는 차리는 순서이다. 이 때 봉헌물을 성만찬 예물과 함께 성찬상 위에 차려 놓을 수도 있다. 둘째 순서는 감사의 순서이다. 제정의 말씀을 읽은 다음에 감사 기도를 드린다. 셋째 순서는 떡을 떼는 순서이다. 그것은 예수 그리스도의 죽음을 기념하는 것이며 부활의 기쁨과 함께 나누어야 한다.

넷째 순서는 떡과 잔을 나누는 순서이다. 참여하는 자들은 그리스도의 고난과 부활에 참여하게 된다. 따라서 성만찬예식은 우울한 기념식이 아닌 부활의 잔치이다.

(3) 세례예식
어린이 세례와 어른 세례, 세례 베품, 견신례 (세부 내용은 생략함).

3) 주일예배의 윤곽
모임] 예배 부름 - 경배 찬송 - 기원/오늘의 기도 - 시편/성시교독 - 고백기도와 용서의 선언
말씀] 오늘의 기도(말씀을 위한 조명 기도) - 구약성경 봉독 - 서신서 봉독 - 복음서 봉독 - 성가대의 찬양 - 설교 - 신앙고백(사도신조/니케아 신조) - 성도의 교제(평화의 인사/소식) - 중보기도(성만찬이 없을 경우: 봉헌 - 감사기도 - 주의 기도 후 보냄 순서로)
성만찬] 봉헌 - 성만찬 초대 - 성만찬 기도 - 제정의 말씀 - **주의 기도** - 성령 임재의 기원 - 분병례 - 성만찬 나눔 - 감사 기도
보냄] 결단 찬송 - 보내는 말씀 - 축도

2. 주일예배 순서
1) 성만찬을 포함한 주일예배
- 모임의 예전 -
예배 부름 - 경배 찬송 - 기원(성령의 임재를 간구하는 기원) - 시편 교독(끝에 시편 응답송: 악보 제시됨) - 고백 기도(끝에 자비송, 즉 키리에 엘레이손: 악보 제시됨) - 용서의 선언 - 영광송

- 말씀의 예전 -
오늘의 기도(끝에 기도 응답송, 즉 키리에 엘레이손: 악보 제시됨) - 찬송 - 성경 봉독(구약, 서신서, 복음서 순, 이어 말씀 응답송) - 찬양 - 설교 - 신앙고백

(사도신조나 니케아 신조[297] 고백 하거나 노래한다.) - 성도의 교제 - 중보 기도(이때 목회 기도를 포함한다. 기도 중에 자비송, 즉 키리에 엘레이손을 부름) - 평화의 인사(평화송을 부른다)

- **성만찬예전** -

봉헌 - 성만찬초대 - 성만찬 기도(우리 마음을 주님을 향하여 즉 수르슴 코다를 포함함) - 삼성송(상투스를 노래로) - 제정의 말씀 - 기념송(노래로) - 성령 임재의 기원(떡과 포도주, 성찬 참여자를 위한) - 주의 기도(노래로 할 경우는 악보 참조) - 분병례(떡과 포도주를 들어 올리며) - 하나님의 어린양(악보 있는 노래) - 성만찬 참여(성만찬 찬송과 함께) - 감사기도

- **보냄의 예전** -

결단 찬송 - 보내는 말씀 - 축도(고후13:13 바울의 축도인데 끝 부분이 선포 형태가 아닌 축원 형태로 나온다: "… 여러분 모두와 함께 하시기를 축원합니다).

2) 성만찬을 간소화한 주일예배

- **모임** -

예배 부름 - 경배 찬송 - 기원 - 시편 교독(시편 응답송) - 고백 기도(기도 후 자비송) - 용서의 선언 - 영광송

- **말씀** -

오늘의 기도(끝에 기도 응답송) - 찬송 - 성경 봉독(끝에 말씀 응답송) - 찬양 - 설교 - 신앙고백(사도신조) - 중보기도(목회 기도 포함, 기도 후 기도송) - 평화의 인사(끝에 평화송)

- **성만찬** -

봉헌 - 성만찬 초대(마라나타, 주 예수여 오시옵소서) - 성만찬 기도(끝에 삼

---

[297] 이 예식서에 나오는 니케아 신조 중에서 성자 하나님 예수 그리스도에 관한 조항 "… 낳음과 지음을 받으신 분이 아닙니다"라는 번역은 오역이다. 원문대로 번역하자면, "… **낳음되셨고**, 지음을 받은신 분이 아니십니다"로 되어야 한다. 이 잘못된 번역대로 한다면, 성자는 성부에게서 나신 분이심을 부정하는 의미가 되므로 성자의 신성을 부인하게 되어 삼위일체 신관에 오해를 불러일으킬 수 있다.

송성) - 제정의 또는 찬송으로 - 분병례 - 성만찬 참여(성만찬 찬송과 함께) - 감사기도
 - 보냄 -
결단 찬송 - 보내는 말씀 - 축도(민 6:24 - 26, 회중은 선 채로 결단의 기도를 드린다)

3) 성만찬을 생략한 주일예배
묵상 기도 - 경배 찬송(성령 임재 기원을 드릴 수 있다. - 시편 교독(끝에 시편 응답송) - 신앙고백(사도신조, 고백 후 서로 평화의 인사를 나눌 수 있다) - 찬송 - 오늘의 기도(끝에 응답송) - 성경 봉독 - 찬양 - 설교 - 봉헌과 감사기도 - 성도의 교제(교회 소식, 성도 환송 및 환영) - 목회기도 - 결단 찬송 - 축도

3. 세례와 관련된 예식
1) 세례(어린이, 어른)와 견신예식
2) 어린이 세례예식
3) 견신예식
4) 어른 세례예식
5) 세례 인정예식 - 다른 교회에서 전입해 온 교우들의 세례 인정식임. 내용은 생략함.

4. 주일예배 자료
(1 - 10은 생략)
11) 애찬(사랑의 식사)은 환영사 - 찬송 - 성경 봉독 - 애찬 기도 - 공동 식사 - 하나 되는 기도 - 결단찬송 - 주의 기도 - 보냄 송으로 구성되어 있다.
12) 민속예배에서는 예배를 알리는 징소리 - 헌물 들고 나오기 - 아뢰기 - 주님 모시기 - 우리 가락 시편 - 기도 - 성경 봉독 - 노래 봉헌 - 말씀 선포 - 성

도의 교제 - 중보기도 - 성만찬 상차리기 - 성만찬 이야기 - 주의 기도 - 성만찬 나누기 - 감사기도 - 다짐과 보냄 - 결단 찬송 - 축복기도로 구성되어 있다. 이는 기독교 전통의 추수감사예배를 우리 민족의 정서에 맞게 한가위 감사예배로 표현해 본 것이며 설 민속예배나 다른 민속예배도 이 틀을 참고하여 고쳐 쓸 수 있다.

13) 시편교독

제2권 매일 기도[298]

1. 매일 기도 해설

1) 매일 기도의 기본 틀: 모임 - 말씀 - 기도 - 보냄('주의 기도' 노래 부르며 기도 모임 마침).

2) 매일 기도의 흐름과 구성 요소: 옛날 이스라엘 민족은 날마다 아침과 저녁, 그리고 오전과 오후의 새참에 기도와 시편 노래를 불렀다. 초기 그리스도교는 이 아침과 저녁 기도회 전통을 이어 받아 새롭게 발전시켰으며 오랜 교회 전통 안에 이 매일 기도가 계승되고 보전되었다. 수도원은 하루 일곱 번씩 기도드리기도 하였고, 중세 교회에서도 다섯 번 기도하는 습관으로 이어졌다. 종교개혁자들은 특히 성서를 계속 읽는 것을 매일기도의 중요한 과제로 삼았다. 시편, 성경, 찬송, 침묵 등 설명.

3) 매일 기도의 윤곽: 모임송 - 기원 - 찬송 - 시편 - 기도 - 성경 - 침묵 - 보냄

2. 매일 기도 순서

1) 아침 기도: 아침 기도는 감사와 은총을 주제로 드릴 수 있다. 새벽 기도와 모든 아침 시간의 신앙 모임에 사용할 수 있다.

모임송(모두 동쪽을 향해 앉는다. 모임송을 마음이 열릴 때까지 반복해 부르며 기도 모임을 시작한다. 모임송의 음악 악보 제시됨) - 기원 - 찬송 - 시편

---

298 한국기독교장로회총회(기장), 『희년 예배서』, 205 - 338.

(끝 부분에 시편 응답송이 악보와 함께 제시됨) - 은총 기도(끝 부분에 기도송이 악보와 함께 제시됨) - 성경(끝 부분에 악보와 함께 찬송이 제시됨) - 침묵 - 보냄("성부 성자 성령, 전능하신 하나님께서 베푸시는 복이 오늘부터 영원히 여러분과 함께 하기를 빕니다. 아멘". 끝 부분에 보냄송이 악보와 함께 제시됨).

2) 한낮 기도
3) 저녁 기도

3. 매일 기도 자료 (세부내용은 생략함)
1) 매일 성서일과 - 교회력의 흐름에 따라 매일 아침과 저녁에 기도할 때마다 읽고 명상하도록 성구를 배열한 것으로서, 2년을 한 주기로 삼고 있다.
2) 응답송 - 모임송, 경배송, 기도송, 영광송, 말씀송, 알렐루야송, 봉헌송, 성만찬송, 거룩송, 기념송, 어린양송, 평화송, 아멘송, 보냄송 등이 가사와 함께 악보가 제시되어 있다.

부록[299]
1. 그리스도교 예배 해설
1) 그리스도교 예배정신
2) 예배의 두 가지 전승 - 그리스도론적 예배와 삼위일체론적 예배이다. 동방교회는 그리스도론적 입장을 고수하였고, 서방교회는 그리스도론적 예배와 삼위일체론적 예배를 함께 발전시켰으며, 종교개혁자들은 삼위일체론의 틀을 고수하면서 말씀의 비중을 드높였다

3) 예배의 구성 요소
(1) 말씀의 선포 - 교육적 선포는 유대교 회당예배에서부터 유래하였고, 성경

---

[299] 한국기독교장로회총회(기장), 『희년 예배서』, 579 - 622.

봉독을 그 핵심에 두고 있다. **목회적 선포**는 성경말씀을 인용하여 문안, 인사, 사죄의 선포, 축도의 형태로서 회중에게 선포하는 말씀을 뜻한다. 축도는 아론의 축도(민 6:22 - 27), 사도적 축도(고후 13:13)이 쓰이는데 동방교회와 로마 가톨릭에서는 전자를, 한국 개신교에서는 후자를 많이 사용하고 있다. 이 축도에 십자가를 표시하는 동작이나 두 손을 들어 올리는 동작(예수님이 승천 전에 두 손을 축복하셨음 - 눅 24:50 장면 연상)을 사용하는데 한국 교회는 후자의 전승을 따르고 있다. **예언적 선포**는 설교를 뜻한다. 그리스도는 이 말씀 속에 임재하신다. 따라서 예배의 기원은 "주여, 오시옵소서"(마라나타)라는 청원(에피클레시스)으로 시작되어야 한다. 이 청원은 성만찬예식의 첫 머리에서는 물론이지만 일상적인 주일예배에서도 처음 기원의 부분에서 활용되어야 할 것이다.

(2) 성만찬

(3) 기도 - 주일예배에 **죄의 고백**이 기도의 형태로 들어온 것은 칼빈의 영향이다. 그리스도교는 약 1천년 동안 주일예배에서 죄의 고백을 하지 않았는데 그것은 주일이 주님의 부활과 승천을 축하하는 기쁘고 영광스러운 날이라는 성격 때문이었다. 그러나 종교개혁 이후 칼빈은 신도의 훈련을 위하여, 그리고 예배자가 먼저 성경해야 한다는 예배 정신을 살리기 위하여, 죄의 고백과 사죄의 선언을 주일예배의 앞부분에 놓게 되었다. 또한 **묵도**는 서구 전통의 예배에서 찾아 볼 수 없는 순서로 불교문화의 영향을 받아 어느 정도 토착화된 요소라고 학자들은 보고 있다. 서구교회의 수도원 전통에서 발전된 **침묵**은 영성훈련에서 중요한 몫을 차지하고 있지만, 한국교회의 **묵도** 전승이 이 침묵에서 유래했다고 보기는 어렵다. 입례송이나 개회사로 시작하는 서구 전통보다는 묵도로 예배를 시작하는 것이 한국인의 영성에 더 적합하다면, 묵도를 우리의 고유한 전통으로 살려나가는 것도 하나의 방안이 될 것이다.

(4) 찬송

(5) 성도의 교제

2. 예배와 교회력

1) 교회력 해설 2) 교회력 절기

3. 예배와 성서일과
1) 성서일과 해설
2) 교회력에 따른 성서일과

다음으로, 이『희년예배서』내용을 분석하도록 한다.

첫째, 예배의 첫 순서로서 '묵도'의 사용문제이다. 예배에 관한 우리의 기준은 하나님의 말씀인 성경이다. 신약성경에는 예배순서에 대한 지시는 나타나고 있지 않다. 구약의 제사는 신약의 예배에 대한 예표라고 볼 수 있다. 오늘날 구약제사의 정신은 이어 받으나, 그 형식 그대로 예배드리는 기독교회는 없다. 여기서 우리는 예배순서 중에 '묵도'를 어떻게 보아야 할 것인가? 이『희년 예배서』는, '묵도'로 예배를 시작하는 것이 한국인의 영성에 더 적합하다면 묵도를 우리의 고유한 전통으로 살려나가는 것도 하나의 방안이 될 것이라고 주장하고 있다.300 이 '묵도' 순서가 성경적 예배의 한 순서로 정착 가능하다는 것인데 이에 대한 본격적인 논의가 필요하다. 한국교회 예배사를 고찰해 보면, '묵도'는 한국 교회 선교 초기부터 예배에 들어있던 순서가 아님을 알 수 있다. 선교 초기 한국 장로교, 감리교, 성결교 모두 '묵도'로 예배를 시작하지 않았다.

장로교의 경우, 『위원입교인규조』(마포삼열 저, 1895)에서 예배 시작에 '찬미시를 부를 것이오'라고 하여 찬미시로 순서를 시작한다. 이어『목사지법』(곽안련 저, 1919)에서는 '총설, 성경요절이나 기도나 찬송'으로 시작하며, '묵상기도'(묵도)는 안수축복으로 예배를 마친 후에 나온다. 장로교단의 공식문서 중에 최초로 '묵도'가 나오는 것은 1924년 출간된『혼상예식서』부터이다. 이것은 1895년을 선교의 시작으로 본다면 약 30년이 지난 후가 된다. 이『혼상예식서』가 나온 후, 1933(1938)년에 나온『목사필휴』

---

300 한국기독교장로회총회(기장), 『희년예배서』, 588 - 89.

(곽안련 저)에는 '개회찬영 – 낭독'순서로 시작되며, 1934년 『예배첩경』(소열도 저)에는 '찬송'으로 시작되며, '묵도'로 시작되지 않는다. 그런데 1936년 『목회학』(곽안련 저)에는 첫 순서로 '인도, 시작선언, 찬송, 성경낭독, 기도, 묵상기도'가 나오고, 마지막 순서에 '축복', '묵기도'가 나온다. 여기서 '묵도'라는 표현은 쓰지 않았지만 '묵상기도'나 '묵기도'가 '묵도'인 것으로 보인다.

감리교의 경우, 최초로 주일예배를 소개한 것은 1898년 1월 12일자 『대한크리스도인 회보』이다. 여기 첫 순서는 '풍류소리'로서 이는 前奏를 가리키는 말이다. 이어 1905년 『찬미가』에 주일예배 순서가 나온다. 여기에 "교우들이 회당에 들어온 후 즉시 엎드려 기도할지니라"라는 문장이 나온 후 예배순서가 나오는데 '제일, 풍류로 노래함'이 나오며, 1908년 『감리교회 조례』에도 동일하게 나온다. 1910년 출간된 북 감리회 『대강령과 규칙』에도 예배 전에 준비로서 묵묵히 기도할 것을 말하고 있으며, 예배의 첫 순서는 '자원하여 풍류를 치거나 소래〔찬양〕할 것이요'라고 되어 있다. 1919년 『남감리교회 도리와 장정』에는 예배당에 들어오는 즉시 엎드려 묵상기도하게 한다는 문구가 나오며, 예배의 본 순서는 '志願대로 주악이나 성악함'이라고 나온다. 1921년 북 감리회 『미감리교회 교의와 도례』, 1923년 『남감리교회 도리와 장정』에도 동일한 내용이 나온다.

그 후 남 · 북 감리회 선교부가 한국인에게 교단운영을 넘겨주어 조선 감리회로 발전되면서 1931년 『교리와 장정』을 펴내는데 거기의 예배순서의 첫 순서가 정식으로 '묵도'가 들어가게 된다. 해방 이후 감리교에서 발행된 『예문』에는 예배 첫 순서로 '묵도'가 계속 나왔으나, 1992년 발행된 『예배서』에는 '묵도' 순서가 사라지고 대신 '예배에의 부름'이 나온다. 이 두 문서가 통합되면서 나온 『새예배서』(2002)에는 주일예배에서 입례송 후 '예배로 부름과 기원' 순서가 본격적인 예배 시작의 순서로 나온다. 이에 비해 『새예배서』에 주일 예배 아닌 다른 예배들에서는 '조용한 기도'

('묵도'라는 말을 사용하지 아니하나 그 내용상 '묵도'로 보임)로 예배를 시작하는 예문들이 나온다.[301]

성결교의 경우는 1936년 『헌법』에 최초 주일예배 순서가 등장하는데, 그 첫 순서가 '성가'로 나오나, 1937년 『목회학』(김응조 저)에 개회 순서로 '묵도'가 첫 순서로 나오며, 이후 1945년(11월) 나온 『헌법』에 교단 공식문서로서는 처음으로 예배의 첫 순서로 '묵도'가 나타난다.

이상에서 볼 수 있는 바대로, 한국교회는 1920년대 중반부터 '묵도'를 예배 첫 순서로 반영하기 시작하다가(『혼상예식서』, 1924) 1930년대에 본격적으로 예배에 '묵도'를 반영하고 있음을 볼 수 있다. 한국교회에 들어온 이 순서의 근원은 아마도 한국 불교의 영향보다는 일본의 기독교 또는 신도(神道)의 영향으로 보인다.[302] 『희년예식서』에서 "입례송이나 개회사로 시작하는 서구 전통보다는 묵도로 예배를 시작하는 것이 한국인의 영성에 더 적합하다면, 묵도를 우리의 고유한 전통으로 살려나가는 것도 하나의 방안이 될 것이다."라고 말하고 있다. 이는 하나의 가정적 주장이기는 하나, '묵도'가 한국인의 영성에 적합하다면 우리의 예배순서에 들어올 수 있다는 주장에 대해서 이의를 제기할 수 있다. 왜냐하면, 기독교의 합당한 예배순서에는 먼저 성경적인 근거가 있어야 하며, 또한 예배신학에 맞는지도 살펴 보아야하기 때문이다.

우선, 성경에 '묵도'라는 용어가 나오는가에 대해 살펴보자. 한글 개역판 성경에 "묵도(하다)"는 구절은 창세기 24:45, 욥기 15:4, 느헤미야 2:4 등 세 군데 나온다. 여기서 창세기 24:45은 히브리 원문에 '다바르'로 나오며, 개역판에는 "묵도하다", 개역 개정판 성경에는 "말하다", 영어 성

---

301 기독교대한감리회, 『새예배서』(서울: 신앙과 직제 위원회, 2002), 608.
302 장로교 기장 교단의 『회년 예배서』에서는 이에 대하여, 학자들의 주장을 근거로 불교문화의 영향을 받아 어느 정도 토착화된 요소라고 말하고 있으나, 필자는 불교문화라기보다는 일본 기독교나 신도의 영향이라고 본다. 일본인의 종교집회의 순서의 첫 순서로 '묵도'가 나오기 때문이다.

경 KJV에는 'speak', NIV에는 'pray' 의미로 번역하고 있다. 그리고 욥기 15:4은 원문에 '시하'로 나오며, 개역판과 개역개정판에는 "묵도하다"로, KJV에는 'prayer', NIV에는 'devotion'으로 나온다. 또한 느헤미야 2:4은 원문에 '파랄'로 나오며, 개역과 개역개정판에는 "묵도하다"로, 영어 KJV, NIV 둘 다 'pray' 의미로 번역하고 있다. 이상으로 볼 때, 세 구절 중에서 욥기 15:4이나 느헤미야 2:4은 '묵도'라는 의미보다는 '기도'라는 의미이며, 다만 창세기 24:45은 그 뒤 단어와 합하여 '마음으로 하는 기도'라는 말이 될 수 있으나, 또 달리 구약 헬라어 역인 70인경(Septuagint)이나 영어 KJV처럼 '마음속으로 말함'이라는 말이 될 수 있다.

성경시대에 이어 초대교회 때에 '묵도'를 예배현장에서 사용한 것이 있는지에 대해서 살펴보면, 초대교회 때부터 내려오는 역사적 예배순서에 들어 있지 않으며, 한국교회에서는 1920년대부터 시작하여 현재에 이르고 있음을 알 수 있다. 그러나 최근 한국교회 많은 교단이나 개 교회들이 '묵도'보다는 '예배로의 부르심'(혹은 예배 부름) 순서를 예배의 첫 순서로 취하고 있다. 이것은 바람직한 현상으로 보인다. 예배는 제일 먼저 하나님께서 우리를 부르심에서부터 시작되어야 하며, 그 이후에 기도나 찬송 순서가 나와야 순서상 맞는 일이다. 다만 예배시작 전에 묵상기도(혹은 묵도)로 준비하는 일은 예배에 도움이 되는 요소가 될 것으로 보인다.

둘째, 예배에서 '죄의 고백'과 '사죄의 선언'에 대한 역사적 이해에 관한 것이다. '죄의 고백'이 언제부터 교회예배에서 시작되었는가라는 점이다. 이에 대해 비교적 상세한 설명을 하고 있는 예시서는 이 『희년 예배서』와 감리교의 『새예배서』이다.[303] 『희년 예배서』(2003)에서는 '죄의 고백'이 기도의 형태로 들어온 것은 칼빈의 영향이라고 하였고 그리스도교는

---

[303] 『희년 예배서』, 588; 기독교대한감리회 『새예배서』, 35; 이 외에도 장로교 통합 교단의 예시서 『예배·예식서』, 29 - 30을 참조하라.

약 1천년 동안 주일예배에서 '죄의 고백'을 하지 않았다고 하면서 그 이유를 주일이 주님의 부활과 승천을 축하하는 날이기 때문이었다고 말한다. 이에 비해, 감리교『새예배서』에서는 좀 더 근원적으로 초대교회 때부터 예배의 중요한 순서로 받아들여졌다고 한다. '죄의 고백'은 8세기경까지는 땅에 엎드려 묵묵히 속죄의 표현을 해 왔으나, 9세기경부터는 '죄의 고백'으로 바뀌었으며, 종교개혁자들도 이 전통을 개신교회 예배의 중요한 순서로 계승하였다고 말한다. 오늘날 장로교회 일부에서는 '죄의 고백'에 대해서는 대표기도에 포함되는 내용이기 때문에 문제시하고 있지 않으나, 그 다음 순서에 해당하는 '사죄의 선언'에 대해서는 로마 가톨릭적 요소라 하여 비판하는 이들이 있다. 그러나 성경적 입장에서 죄를 고백하는 신자들에게 목회자가 사죄에 관한 성경의 말씀을 읽어주는 것은 문제시할 수 없을 것이다. 종교개혁자 칼빈도 그 예전서에 '죄의 고백과 사죄 선언'을 넣고 있다(1540년 스트라스부르크 프랑스 예배의식).

셋째, '성령임재기원'(에피클레시스)과 '마라나타'의 사용문제에 관한 것이다. 현재 한국 교회 교단 예식서에는 성찬식 초두에 '마라나타'가 나오는 예식서로는 성결교 예성 교단의 『목회예식서』(1994)와 기성 교단의 『새예식서』(1996), 『예배와 예식서』(2004) 등이다. 또한 성찬식에서 '에피클레시스'는 앞의 세 예식서 뿐 아니라, 장로교 고신 교단의 『예전예식서』(1999), 장로교 통합 교단의 『예배·예식서』(2008)에도 반영되어 있다. 그런데, 이『희년 예배서』(2003)에서는 '에피클레시스'라는 말을 넓은 개념으로 사용하고 있다. 원래대로 이 순서를 성찬예식의 첫 부분(성만찬 초대, 이 예배서의 56면)에서 사용할 뿐만 아니라, 더 나아가 일상적인 주일예배에서도 말씀선포 부분인 '첫 기원'에서 활용되어야 할 것이라는 주장을 하고 있는 것이다(585면). 그 내용도 "주여 오시옵소서"(마라나타)라는 내용을 포함하여 그리스도께서 성령으로 예배에 임재하셔서 말씀을 조명해주시고 구속사의 완성을 보증해주시도록 기원해야 한다고 말한다. 이와 같은 주장은 전통적인 성찬식에 이 두 가지를 사용하는 것과 상당히 다른 견해처럼 들린다. 그러나 한국교회가 성찬을 자주 실시하지 않는 현실을 고려해 볼 때, 이 견해를 성찬식 없는 주일예배에 적용하면 오히려 좋은 순서가 될 것이다. 한국 교회는 보통 말씀중심의 예배를 드리고, 1년에 2-4회 성찬식을 거행하는 교회들이 많다. 이런 상황에서 『희년 예배서』의 이 주장을 말씀중심의 예배에도 적용한다면 성령충만한 예배(에피글레시스), 주님의 재림을 사모하는 예배(마라나타)로 예배의 초점이 바로 모아질 것이다.

넷째, "애찬"(11)과 "민속예배"(12)가 특이하게 나타나는데 이 두 가지는 주일예배에 포함하여 제1권 주일예배 중 "4. 주일예배 자료"에 제시되어 있다. 대개의 경우 "애찬"은 주일예배와는 별도로 취급되어 있는데 여기서는 주일예배 속에 포함하고 있다는 점이 특이하다. 또한 "민속예배"는 그리스도교 전통의 추수감사예배를 우리 민족의 정서에 맞게 한가위 감사예배로 표현해 본 것으로, 설 민속예배나 다른 민속예배도 이 틀을 참고하여 적절히 고쳐 쓸 수 있음을 제시한다. 이러한 특별예배에 대한 규정은 성경적 틀에 어긋나지 않는 한, 조심스럽게 사용할 수 있다고 본다.

다섯째, "매일 기도"에 대한 새로운 제안이다. '매일 기도'의 기원은 옛날 이스라엘 민족이 날마다 아침과 저녁, 오전과 오후의 새참에 기도를 드리며 시편 노래를 불렀던 데에 있다. 초기 기독교회가 아침과 저녁 기도회 전통을 이어 받아 새롭게 발전시킨 것을 현대화해서 만든 모임이 이 예식서의 "매일 기도회"이다. 아침 기도, 한낮 기도, 저녁 기도로 모일 수 있으며 그 순서는 '모임송-기원-찬송-시편-기도-성경-침묵-중보의 기도-보냄송'으로 진행된다. 그 뒤에 이 기도회에서 활용할 수 있는 여러 가지 자료들이 제공되어 있다. 여기에서 지적할 수 있는 것은 바쁜 현대인의 생활 가운데 목회자와 신자들이 이를 얼마나 잘 활용할 수 있을 것인가에 대한 질문으로 이에 대한 목회적 차원의 배려들이 연구되고 제시되어야 한다.

(3) 백석 교단(구 합정 교단)

① 『헌법』 "예배모범"

ⓐ 『헌법』 "예배모범"(2019)

장로교 백석 교단의 시작은 1976년 대한복음신학교 개교로 시작, 1978년에 대한예수교장로회복음총회, 후에 합동정통 교단으로 발전하다가 개혁주의 신학을 표방하는 건전한 다른 교단들과 지속적으로 통합을 이뤄오면서 2009년 백석 총회로 교단 명칭을 변경하고, 다음해 교단 설립을 기준으로 회기를 제34회기로 변경하여 지금에 이르고 있다.[304] 동 교단에서 『헌법』을 2016년에 통합헌법으로 제정하여 출판했던 것을 개정하고 수정해서 내 놓은 것이 바로 이 『헌법』(2019)이다. 이 헌법의 목차의 내용을 개략하면, 제1편 교단선언문(개혁주의 생명신학 선언문, 종교개혁 500주년 선언문), 제2편 교리(대한예수교장로회 신조, 성경 소 요리문답, 웨스트민스터 신앙고백), 제3편 정치(총론, 원리, 교회, 교인, 교회의 직원, 목사, 장로/권사/집사, 전도사/서리집사, 강도사/목사후보생/권찬, 교회 정치와 치리회, 당회, 노회, 총회, 교회 소속 각 회의/권리와 책임, 재산, 선교협력, 의사규정, 정치/권징/예배모범/교리의 개정, 제4편 권징(총칙, 소송의 절차, 특별소송절차, 행정심판, 과벌과 해벌, 제5편 예배모범 (제1장－19장), 제6편 시행세칙(총칙, 정치, 권징), 그리고 부칙 등으로 구성되어 있다.

백석 교단의 "예배모범"은 총19장을 구성되어 있는데, 이 교단의 『헌법』(2019)에 나와 있는 "예배모범"을 합동 교단의 『헌법』(2000) "예배모범"과 비교한 후 이에 대한 내용을 분석하고자 한다.

---

[304] 대한예수교장로회총회(백석), 『헌법』(서울: 헌법 개정·수정위원회, 2019), 3 - 4.

먼저, 백석교단의 "예배모범"과 합동 교단의 예배모범 주제들을 비교하도록 한다. (백석교단의 달라진 주제에는 필자가 굵은 표시를 하였다.)

백석 교단의 "예배모범"(2019)[305]	합동 교단의 "예배모범"(2000)
제1장 주일을 거룩하고 온전하게 지킬 것	제1장 주일을 거룩히 지킬 것
제2장 교회의 회집과 예배시의 행위	제2장 교회의 예배 의식
제3장 예배 때 성경봉독	제3장 예배 때 성경봉독
제4장 시와 찬송	제4장 시와 찬송
제5장 공식기도	제5장 공식기도
제6장 설교	제6장 강도〔講道〕
제7장 헌금	제7장 주일학교
제8장 폐회	제8장 기도회
제9장 주일학교	제9장 유아세례
제10장 기도회	제10장 입교예식
제11장 유아세례	제11장 성찬예식
제12장 입교예식	제12장 혼례식
제13장 성찬예식	제13장 장례식
제14장 혼례식	제14장 금식일과 감사일
제15장 장례식	제15장 은밀기도와 가정예배
제16장 금식일과 감사일	제16장 시벌
제17장 은밀한 기도와 가정예배	제17장 해벌
제18장 시벌	제18장 헌금
제19장 해벌	

다음으로, 백석교단의 "예배모범" 내용을 기준으로 합동 교단과 비교

---

305 대한예수교장로회총회(백석), 『헌법』 "예배모범" (2019), 259 - 91.

분석하기로 한다. 여기서 합동 교단과 비교하는 이유는, 장로교 통합 교단, 고신 교단, 기장 교단들은 이전에 계속 내려왔던 『헌법』의 "예배모범"의 틀을 바꾸어 새롭게 개정했지만 백석 교단과 합동 교단은 그 틀을 거의 유지하는 편에 속해 있기 때문이다.

첫째, 이 예배모범에는 해당 내용에 대한 성경구절이 수록되어 있다. 즉 단원(장) 일부, 그리고 세부 항목 대부분에는 성경 증거구절들이 수록되어 있다. 이것은 대부분 다른 교단들이 예배모범 본문만 실어 놓은 것에 비하면, 본문과 증빙구절을 함께 참고할 수 있기 때문에 활용가치가 더 있다. 그리고 일부 한자어 제목은 한글 제목에 한자어를 괄호 안에 삽입하여 이해를 돕고 있다(예, 施罰과 解罰).

둘째, 제1장과 2장의 내용은 차이가 없고, 제목만 약간 차이가 있는데 이는 번역 상 차이로 보인다. 제6장의 '설교'는 합동 교단의 '강도'를 '설교'로 바꾼 것이며, 6장 내에서는 일관되게 '설교'라고 칭하지만, 제13장 성찬예식의 ④항에 "강도를 마친 후에는 …"라 하여 '강도'라는 단어를 사용하기도 한다. 이것은 '설교'를 '강도'라고도 부를 수 있음을 보여준다고 할 수 있으나, 한 예배모범 내에서는 한 용어로 통일하는 것이 일관성 면에서 더 나을 것이다.

셋째, 제7장 헌금은 합동교단의 제18장의 순서를 바꾼 것이며 그 내용은 약간 추가되었다. 즉, ①-③항은 합동 교단의 그것과 내용이 동일하고, ④은 앞부분은 동일한데 비해, 뒷부분 즉 십일조에 대해서는 추가된 사항이다. 또한 ⑤는 새롭게 추가된 것인데 헌금 사용에 대한 영수증 첨부 할 것과 예외 규정(선교헌금, 구제헌금, 목회자 판공비)을 두고 있다.

넷째, 제8장 '폐회' 부분은 새로운 장으로 설정된 것인데 "공예배의 모든 예배는 목사의 축도(고후 13:13, 히 13:20-21, 엡 3:20-21, 살후 2:16-17, 민 6:24-26)로 하되 목사가 없는 경우는 주기도(마 6:9-13)로 폐회한다"라고 진술하고 있다. 이 '폐회'를 넣은 것은 고신 교단에서 참고한 것으로 보이는데, 고신 교단은 1992년에 "예배모범"을 "예배지침"으로 바꾸면서 내용을 현격하게 개정하는 데 여기 제16조에 '폐회'를 설명하고 있으며, 2011년에 개정된 "예배지침" 제15조에도 '폐회' 조항이 나온다.

다섯째, 제11장 "유아세례" 조항 ①은 새로 추가된 사항이다("유아세례는 하나님께서 성도에게 자녀를 축복으로 선물하시고 그 양육을 위탁하신 후 하나님과 계약을 맺는 중요한 예식이다. 창17:9-14, 겔16:20").

여섯째, 제15장 "장례식"의 ①항은 다음과 같이 새로 삽입된 내용이다. "장례예식의 목적은 죽은 자를 위하여 집례하는 것이 아니고 상을 당한 가족을 위하여 하는 것이다. 천국의 소망을 주어 가족 잃은 아픔을 위로하고 더욱 소망으로 믿음 생활을 잘하게 하기 위함이다. 고후 4:18, 5:1."

② **예배 예식서**

ⓐ 『표준예식서』(2013)

이 『표준예식서』는 2008년에 초판이 나왔던 것을 2013년에 개정·수정판 발행한 것이다. 목차를 살펴보면, 추천의 글(총회장), 머리글(교육원 원장), 예식서 사용준칙이 나온다. 이어 제1편 "교회예식"에 제1장 "예배"에 기독교 예배 신앙, 주일 예배 개요, 1. 주일 낮 예배순서(1,2), 주일 저녁 예배순서(1,2: 2는 헌신예배순서임), 수요 예배순서(1,2), 절기 예배순서, 기념 예배순서가 나오며, 제2장 "성례전"에는 유아 세례예식(1,2), 입교예식(1,2), 세례예식(1,2), 성례식(종합), 성찬예식(종합), 성찬예식(예배 중에) 등이 나온다. 이어 제3장 임직식, 제4장 위임 추대식, 제5장 교회의 기타예식, 제6장 성전 건축예식이 나온다.

제2편 가정 예식, 제1장 생일 감사예배, 제2장 혼인 감사예식, 제3장 상례 예식(일반적인 상례식 이외에도 어린이 장례, 화장, 수목장, 이장, 추모 예식 등이

포함됨), 제4장 주택 예식 등이 나온다. 여기서는 제1편 교회 예식 중 제1장 예배와 제2장 성례전을 중심으로 그 내용들을 간략히 살펴본 후, 이 내용들을 자체 분석하면서 이전에 나왔던 『예식서』(합동정통)와 비교 분석할 것이다.

먼저, 예배와 성례전을 중심으로 그 내용을 살펴보되, 필요에 따라 생략, 요약할 것이다. 아래의 예배 순서와 내용 중 굵은 글씨는 주의해 보라는 의도로 필자가 표시한 것이다.

제1편 교회 예식
제1장 예배[306]
기독교 예배신앙(각주 참조)
주일예배 개요(각주 참조)
1. **주일 낮 예배순서(1)** *는 일어서서, ⊙ 헌금은 설교하기 전에 하는 순서임. 교회소식은 후에도 할 수 있다.

전주 - 예배의 부름(요4:24) - 개회기도 - *찬송 - *성시교독 - *사도신경 - 찬송 - 대표기도 - 주기도(생략 가) - 찬송 - 헌금 - 헌금기도 - 교회소식(인도자) - 성경봉독(인도자) - 찬양(찬양대) - 설교 - 기도(설교자) - *찬송 - *위탁(000목사) - *축도 - 후주(찬양대) - 폐회(다같이) - 성도의 교제(다같이)

---

[306] 대한예수교장로회총회(백석), 『표준예식서』(개·수정판) (서울: 총회출판사, 2013), 13 - 28. "제1장 예배" 주제에 나오는 내용은 다음과 같다. **기독교 예배신앙** - 하나님을 예배하는 성도들의 행위는 기독교 교회의 가장 중요한 일입니다. 주님의 날(정해진 예배)에 드리는 예배를 일상생활 속에서 삶의 핵심으로 이어가도록 노력해야 합니다. 그러므로 예배는 구원받은 인격체들이 신령과 진정으로 드리는 예배가 되어야 합니다. 아멘. **주일예배 개요** - 기독교는 하나님을 예배하는 종교입니다. 예배의 본질에서 이탈하지 않도록 장로교가 오랫동안 지켜오는 예배신학의 전통 같은 말씀과 성례전 중심의 예배이어야 합니다. 가식적인 의식의 예배로 끝나지 않도록 예배의 생활화 작용으로 일상생활에 적용되어야 하겠습니다. 예배는 언제나 사람대상이 아닌 하나님께 드리는 예배로 개인이나 공동체의 행사 위주가 아닌 하나님을 대상으로 하는 예배이어야 합니다. 축하순서 등은 제2부로 돌려 하고 그의 명칭도 감사예배로 해야 합니다.

2. 주일 낮 예배순서(2) *는 일어서서, ⊙ 헌금은 설교하기 전에 하는 순서임.
전주 - 예배의 부름 - 개회기도 - *찬송 - *성시교독 - *사도신경 - 찬송 - 대표기도 - 주기도(생략 가) - 성경봉독 - 찬송 - 헌금 - 헌금기도 - 교회소식(인도자) - 찬양 - 설교 - 기도 - *찬송 - *위탁 - *축도 - 후주 - 폐회 - 성도의 교제

3. 주일 저녁 예배순서(1)
전주 - 예배의 부름 - 기도 - 찬송 - 기도(회중 대표기도) - 찬송 - 성경봉독 - 찬양 - 설교 - 기도 - 찬송 - 헌금 - 헌금기도 - 교회소식 - 찬송 - 축도 - 후주 - 폐회 - 성도의 교제

4. 주일 저녁(헌신예배) 순서(2)
⊙ 헌신예배는 좀 더 다양하게 간증, 자기기관 소개, 기간 중 기관보고, 성경 암송 등을 삽입하여 예배순서를 가지는 것도 좋다.
전주 - 예배의 부름 - 기도 - 찬송 - 기도(회중대표기도) - 찬송 - 성경봉독 - 찬양 - 설교 - 기도 - 간증 - 특송 - 헌금 - 헌금기도 - 교회소식 - 헌신기도 - 찬송 - 축도 - 후주 - 폐회 - 성도의 교제

5. 수요 예배순서(1)
⊙ 목회자가 시무하지 않는 교회에서 예배 마지막에 반드시 주기도문으로 끝내야 되는 법은 없다. 찬송을 부른 후에 교역자나 예배 인도자의 기도로 끝나도 좋을 것이다. 기도의 제목은 감사, 자복, 간구의 순으로 하면 좋다. 간구에 개인, 가정, 교회, 국가, 세계에 대한 기도를 할 것이다.
묵도 - 찬송 - 기도 - 성경봉독 - 성경강해 - 자유기도 - 간증 - 찬송 - **주기도** 또는 기도 - 폐회

6. 수요 기도회(예배) 순서(2)
전주 - 찬송 - 기도(맡은이) - **주기도**(다같이) - 성경말씀 - 설교 - 기도(지명

된 이가 제목에 따라) - 찬송 - 축도(또는 마침기도) - 후주 - 성도의 교제 및 교회소식

7. **절기 예배순서** - 고난주일, 부활절, 성령강림절, 맥추감사절, 추수감사절, 성탄절.
*절기예배는 주일 낮 예배에 준하여 시행하되, 교회 실정에 맞게 할 것.
전주 - 예배의 말씀 - 예배찬송 - 성시교독 - 신앙고백 - 찬송 - 기도 - 성경봉독 - 찬양 - 설교 - 기도 - 찬송 - 헌금 - 교회소식 - 찬송 - 축도 - 폐회 - 성도의 교제

8. **기념 예배순서** - 어린이 주일, 어버이 주일 / 이 예배는 7의 순서와 거의 동일하나 "예배의 말씀" 순서가 "기원"으로 바뀐 것만 다름으로 여기서 생략한다.

제2장 성례전[307]
기독교 신앙과 성례식
기독교 예배는 기본적으로 말씀의 예전과 성례식으로 구성되어 있습니다. 이 성례식은 그리스도인들이 그리스도의 지체가 되어 살아가는 필수적인 과정으로 주님께 영접된 자신의 정체성을 확인하는 것입니다.

1. 유아 세례예식(1), 2. 유아 세례예식(2), 3. 입교예식(1), 4. 입교예식(2), 5. 세례예식(1), 6. 세례예식(2)은 생략한다.

7. **성례식(종합 1)** - 유아세례, 입교, 세례예식, (성찬예식) 등을 종합하여 예배 중에 실시 하는 순서.
기원 - 예배의 부름 - 찬송 - 성시교독(성례식) - 사도신경 - 찬송 - 목회기도

---

307 대한예수교장로회총회(백석), 『표준예식서』(2013), 29 - 33, 49 - 77.

- 찬송 - 성경봉독(고전11:23 - 32, 요6:47 - 58) - 유아 세례예식(호명입석, 예식사, 서약문답) - 입교예식(호명입석, 예식사, 서약문답) - 세례예식(호명입석, 예식사, 서약문답) - 세례(유아세례, 성인세례) - 기도 - 공포 - 찬양(찬양대) - 설교(고전 11:23 - 29 "나를 기념하라") - 기도 - 찬송 - 헌금 - 광고 - 성찬예식 (1) 찬송 (2) 기도와 사도신경 (3) 예식사 (4) 분병 ① 분병설명 ② 분병기도 ③ 집례자가 먼저 떡을 받는다 ④ 떡을 나눈다. 나누는 동안 집례자는 고전11:23 - 29 또는 요6:47 - 58을 반복 봉독하여 성찬의 바른 의미를 알고 동참케 한다. ⑤ 분병에서 빠진 자 확인 ⑥ 위원에게 분병(집례자) (5) 분잔 ① 분잔 설명 ② 분잔기도 ③ 집례자가 먼저 잔을 받는다 ④ 잔을 나눈다. 나누는 동안 떡을 나눌 때의 동일 성구를 반복 읽음 ⑤ 분잔확인 ⑥ 위원에게 분잔(집례자) ⑦ 성찬상을 덮는다 (6) 성경(마 26:30) - 찬송(다같이) - 축도 - 폐회송영(찬양대) - 폐회

8. 성찬예식(종합 2)

기원 - 예배의 부름 - 찬송 - 성시교독 - 신앙고백 - 찬송 - 목회기도 - 찬송 - 성경봉독(고전11:23 - 32, 요6:47 - 58) - 유아 세례예식(호명, 예식사, 서약문답) - 입교예식(호명, 예식사, 서약문답) - 세례예식(호명, 예식사, 서약문답) - 세례(유아 세례, 성인세례) - 기도 - 공포 - 찬양(찬양대) - **설교(요6:48 - 51 "성만찬의 영적 의미")** - 기도 - 찬송 - 헌금 - 광고 - 성찬예식 (1) 찬송 (2) 예식사 (3) 분병 ① 분병설명 ② 분병기도 ③ 떡을 나눔. 집례자가 먼저 떡을 받는다 ④ **참예선언**("이제 주님의 떡을 받으시고 우리를 위하여 상하신 주님의 살을 깊이 생각하시고 진심으로 감사를 드립시다.") ⑤ 떡을 받음. 이때 고전 11:23 - 29 또는 요 6:47 - 58을 반복 봉독한다. ⑥ 분병에서 빠진 자 확인 ⑦ 위원에게 분병(집례자) (4) 분잔 ① 분잔 설명 ② 참예선언 ③ 잔을 받음 ④ **감사기도** ⑤ 집례자가 먼저 잔을 받는다 ⑥ 잔을 나눈다. 나누는 동안 떡을 나눌 때의 동일 성구를 반복 읽음 ⑦ 분잔확인 ⑧ 위원에게 분잔(집례자) ⑦ 성찬을 덮는다 (5) 성경(마 26:30) - 찬송(다같이) - 축도 - 폐회

9. 성찬예식(예배 중에)

성찬의 초대 - 찬송 - 제정의 말씀 - 신앙고백(사도신경) - 분병의 기도 - 떡을 나눔 - 분잔의 기도 - 잔을 나눔 - 감사의 기도 - 감사찬송 - 축도

다음으로, 위에서 나온 내용들을 자체 분석하거나 이전의 예식서(1987)와 비교 분석하도록 한다.

첫째, 『표준예식서』의 주일 낮 예배의 시작부분에서 이전의 『예식서』(1987)에 있었던 '묵도'의 순서가 사라지고 '전주-예배의 부름-개회기도' 순으로 시작된다. 이전 예식서에는 '주악-묵도-예배의 말씀-개회기도'로 시작된다. 사실 '묵도'는 예배의 준비 순서에 해당되는 것이며 이 예식서에서 예배의 본 순서에 넣지 않는 것은 한국교회 초창기 예배전통뿐만 아니라 세계교회 전통을 수용한 것으로 보인다. 어떤 이는 이 '묵도' 순서가 우리 고유의 전통인 것처럼 언급하기도 하지만, 선교 초기에는 이 순서가 나타나지 않다가, 1920년대 혹은 1930년대에 처음 나타나는데, 이는 일본교회의 영향 하에 들어온 순서로 판단된다. 이에 대하여는 더 심도 있는 논의가 필요하다고 본다. 참고로 이 예식서의 주일예배 순서에서는 '묵도' 순서가 아주 빠져 있으나 수요기도회(예배) 두 순서 중, 순서 1에는 '묵도'가 나오고 있어 모든 예배 순서에서 다 사라진 것은 아님을 보여주고 있다.

둘째, 『표준예식서』의 주일 낮 예배순서 (1)과 (2)는 순서상 약간의 차이점을 가진다. (1)은 헌금 및 헌금기도, 교회소식이 성경봉독 앞에 위치하는 데 비해, (2)는 헌금 및 헌금기도, 교회소식이 성경봉독 다음에 위치한다는 점이다. 한편, 『표준예식서』 주일 낮 예배 (2)는 이전의 『예식서』(1)과 거의 비슷하다. 이들 순서들은 모두 설교 이전에 나타난다. 이전 『예식서』(2)는 헌금과 교회소식이 설교 후에 위치한다.

셋째, 회중을 대표하여 드리는 기도에 대해서, 『표준예식서』에는 주일

낮 예배(1, 2) 모두 '대표기도'로 나오나, 성찬예식 종합 (1, 2)에는 '목회기도'라고 나온다. 이전의 『예식서』에는 주일 낮 예배(1, 2)나 성례식(종합) 모두 '목회기도'라고 나온다. '목회기도'가 옳은가, 아니면 '대표기도'가 옳은가 하는 문제는 오늘날 예배학자나 목회자들 사이에 논의되고 있는 것으로 예배에서 회중의 참여성을 고려해 본다면, 두 기도를 구분해서 '대표기도'는 회중의 대표가 담당하는 것이 좋을 것이며, '목회기도'는 목회자가 설교 후에 실시하는 것이 좋을 것으로 보인다.

넷째, 주일 낮 예배에서 '주기도문' 순서에 대해서 『표준예식서』에는 주일 낮 예배(1, 2) 모두 "생략할 수 있다"고 하였으나, 이전 『예식서』에는 순서 (2)에만 "생략할 수 있다"고 되어 있고, 순서 (1)에는 생략 가능 순서라는 말이 나타나지 않는다. 사실 주기도문이 주일 낮 예배순서에 나오는 것은 오랜 기독교 예전전통에 근거한 것인데 『표준예식서』에서 유독 이 순서에 대해서만 생략할 수 있다고 한 것은 이해하기 어려운 문제이다. 이전 『예식서』(2)는 생략가능하다고 했으나 (1)은 생략순서가 아닌 것으로 보이는데, 『표준예식서』의 (1)과 (2)가 모두 이를 따르거나 그 중 하나라도 따랐다면 더 좋았으리라고 판단된다.

다섯째, 주일 낮 예배의 폐회부분 순서에 대해서 『표준예식서』에는 '축도-후주-폐회-성도의 교제'로 나오나, 이전 『예식서』에는 '축도-폐회' 두 가지만 나타난다. '폐회' 전과 후에 '후주'와 '성도의 교제'가 삽입되어 있음을 알 수 있다.

여섯째, 주일 저녁 예배순서(1, 2) 있어서 『표준예식서』는 "묵도"를 제외하였으며, 낮 예배와 마찬가지로 예배 끝 부분에 '후주'와 '성도의 교제'가 추가되었다. '헌금' 순서는 (1, 2) 모두 '설교' 후에 시행하는 것으로 되어 있어서 주일 낮 예배(1, 2) 때 '설교' 전에 시행하는 것과 대조를 이룬다. 이 예식서에는 그 이유를 제시하지 않으나 필자의 판단으로는 이 순서에 대하여 주일 낮과 밤 예배 순서에 설교 전과 후, 두 경우를 다 두는 것이 더 좋을 것이다.

일곱째, 『표준예식서』에서 수요예배(기도회)의 명칭 문제와 수요모임 시 '주기도문' 순서 문제에 대해 다룬다. 이 예배서에는 수요예배 또는 수요기도회의 순서들을 제시하고 있다. 그런데 그 명칭이 "목차"에서 제시된 것과 약간 다르다. "목차"에서는 수요"예배"(1, 2)로 나오나, 실제 순서가 제시되는 곳에서는 수요"예배" 순서와 수요 "기도회" 순서 각각 한 개씩 나타난다. 이것은 일관성의 문제로서 "목차" 제목과 실제 순서의 제목은 같아야 한다. 또한 수요모임 시 '주기도문'에 대해 수요모임 순서①에서는 주기도(또는 기도)가 폐회 직전에 나오는데 비해, 수요모임 순서②에서는 설교 이전에 나온다. 관례적으로 한국교회에서는 수요 모임을 주기도로 마치는 것으로 되어 있지만(수요예배 1), 예배의 앞부분(성경봉독과 설교 이전)에도 제시되어 있다는 것은(수요예배 2) 매우 그 의미가 있다. 이와 같이 '주기도문'이 수요기도회 뿐 아니라, 주일 낮 예배 때도 생략가능 순서가 아니라, 정규순서로 주기도문이 정착된다면 더욱 좋을 것이다.

여덟째, 『표준예식서』의 성례식 (종합 1, 2) 순서는 이전의 『예식서』(1987, 한 가지만 제시되어 있음)의 것과 대부분 동일한데 몇 가지 수정한 차이점이 나타난다. 우선 이전 『예식서』의 '묵도' 순서를 '기원'으로 용어를 변경했으며, '예배의 말씀'을 '예배의 부름'으로 약간 용어를 수정했으며, '신앙고백'을 '사도신경'으로 바꾸어 구체화 하였고, 이전에 있던 "학습예식"을 이 예식서에서는 생략하였다. 또한 세례예식을 이전 예식서에서는 제목을 "성례예식"(세부내용은 세례예식이었음)던 것을 바로 잡아 "세례예식"으로 수정하였다. 설교에 대해서 이전 『예식서』에는 '설교'라는 순서만 넣었으나, 이『표준예식서』에는 설교 본문과 설교내용이 두 순서에 모두 각기 다른 내용이 나와 있으며, 이전의 예식서에는 '축도' 후에 '폐식' 순서로 마쳤으나, 이 예식서에는 '축도' 후에 '폐회송영'(찬양대)이 추가 되었으며 그 후 '폐식' 대신에 '폐회'로 수정하여 제시하고 있다. 한편, 『표준예식서』

의 성찬예식 종합 1과 2의 차이점은 설교 본문과 설교문이 다르다는 점에 있으며, 성찬예식 순서 초입부분의 순서 1에 '기도와 사도신경' 나타나며, 수찬 부분의 순서 2에 '참예선언과 감사기도'가 나타난다는 점에서 다르다.

(4) 통합 교단

① 『헌법』 "예배와 예식("예배모범"의 새 이름)

ⓐ 『헌법』 "예배와 예식"(개정판, 2002)

통합 교단 총회가 1983년에 종전의 "예배모범"의 이름을 "예배와 예식"으로 바꾸어 그 형식과 내용을 획기적으로 개정한 지 19년이 되는 해에, 같은 이름으로 다시 개정판을 내었다. 빠른 속도로 변화하는 세계에서 현실을 직시하고 교회의 교리와 정치, 권징과 아울러 이 "예배와 예식"(예배모범) 등을 새롭게 개정한 것이었다. 이 개정판은 이전의 것과 구조적인 면과 내용 면에서 현저한 차이를 보이고 있다.[308] 먼저, 그 구조를 간략히 살펴보기로 한다.

제1장 교회와 예배
1 - 1 예배 공동체로서의 교회, 1-2 예배(대상 - 삼위일체 하나님), 1 - 3 예배의 시간(주일예배와 봉사, 교회력, 명절과 국경일), 1 - 4 예배의 장소, 1 - 5 예배의 교육

제2장 예배의 기본 요소
2 - 1 말씀의 예전(기도, 말씀, 시와 찬미와 찬양), 2 - 2 성례전(세례와 성찬, 봉헌)

---

[308] 이현웅, "장로교 예배모범의 역사와 전망에 관한 연구", 272 - 73.

제3장 예배의 배열(6가지의 기본 배열)

제4장 예배의 분류(주일 예배, 찬양 예배, 수요 기도회, 새벽 기도회, 교회학교 예배, 구역기도회, 가정 기도회와 개인 기도생활)

제5장 교회 예식

5 - 1 임직 예식, 5 - 2 봉헌 예식, 5 - 3 결혼 예식, 5 - 4 장례 예식

제6장 예배와 목회

6 - 1 예배와 선교, 6 - 2 예배와 화해, 6 - 3 예배와 목회적 돌봄, 6 - 4 예배와 경건

다음으로, 개정된 "예배와 예식"을 이전의 "예배모범"(1934), "예배와 예식"(1983)[309]과 비교 분석하도록 한다. 총18장으로 구성되었던 이전의 "예배모범"이나 "예배와 예식"과는 상당히 다르게, 이 문서는 총6장으로 되어 있으며 거기서 세부항목으로 나누는 형식을 취하고 있다. 제4장까지는 이전의 예배모범들을 거의 수용하여 전통성을 이어 가고 있으며, 제5장에서는 1983년의 것이 개략적으로 서술된 것에 비해 더 구체적으로 임직, 봉헌, 결혼, 장례 등으로 세분화하고 있다. 그리고 이 문서의 제6장은 이전의 예배모범들에는 없는 내용들로 새롭게 제시된 것이다. 반면에 1983년의 것 제14장 '교육과 훈련', 제18장 '교회의 기율'은 아주 삭제되었다.

또한 1983년의 "예배와 예식" 제13장에는 '구역 예배', '가정 예배'라는 용어를 사용했으나 이 문서에서는 제4장 예배의 분류에서 '구역 기도회', '가정 기도회'로 수정한다. 이것은 주일 집회를 '예배'라 하고 다른 날들의 집회는 '기도회'라고 일관성 있게 사용했다는 점에서 이전 것을 바로잡은 것으로 보인다. 또한 헌금에 대하여 1983년의 것은 제9장에 "예배

---

[309] 이하에서는 필요에 따라 예배모범의 다른 이름인 1983년의 "예배와 예식"을 사용하기도 하고, 때로는 통칭인 "예배모범(들)"이라는 용어를 함께 사용하기로 한다.

와 예물"로 규정되어 있었으나 이 문서에서는 제2장 성례전 항목 "봉헌"에 나타나는데, 세례와 성찬 성례전 바로 다음에 위치하여 크게 성례식에 속해 있는 것으로 서술된다. 이것은 성례전이 없는 주일에 실시하는 헌금에 대한 규정이 없는 것처럼 보일 수 있다. 그러므로 헌금에 대한 배열이 별도의 항목으로 되어 있는 1983년의 것이나 그 이전의 예배모범이 예배의 요소를 더 잘 설명한 것으로 판단된다. 마지막으로, 2002년의 "예배와 예식"이 최근 미국 장로교회에서 개정된 "예배모범"(1997)과의 상호 연관성을 심층 연구할 수 있을 것이다.

② **예배 예식서**

ⓐ 『표준예식서』(1997)

장로교 통합 교단은 교단 분열(1959) 후 『예식서』(1961)를 총회 교육부에서 처음 출판하였는데 여기에는 주일예배나 수요 기도회에 대해 언급이 없었으며, 성례식 등 여러 예식들을 규정했다. 이어 1978년에 대폭 개정해서 주일예배를 포함하여 여러 예식을 담은 『예식서』를 내었고, 1987년에는 이전 예식서를 기본으로 하고 여기에 가정의례 지침을 몇 가지 더 추가하여 『예식서-가정의례 지침』을 출판하였고, 10년이 지난 1997년에는 이전 예식서의 이름을 고쳐 『표준 예식서』라 이름하고 약간의 순서를 추가하여 출판한다.

이 『표준예식서』의 내용이 이전 예식서와 공통되는 부분이 많기 때문에 간략히 살펴보도록 한다. 전체적으로 차례를 개관하여 보면, "표준 예식서를 내면서"(총회장), "머리말"(예식서수정위원회 위원장)에 이어 Ⅰ. "예배를 위한 준비"에 예배를 위한 명상과 준비기도, 예배를 위한 준칙, 예배의 기본적인 신학과 구조, 예배순서에 대한 이해 등이 나온다. Ⅱ. "예배순서의 실제"에서는 주일예배의 개요, 주일예배 순서(1,2,3,4,5), 주일예배

순서(6: 성찬 성례전이 있는 순서), 주일예배(7: 성찬 성례전과 함께), 주일예배(8: 세례 성례전과 성찬 성례전을 함께 하는 순서), 주일저녁 찬양예배 순서(1,2), 수요기도회 순서(1,2) 등이 나와 있다. Ⅲ. "성례전"에는 성례전의 신학적 의미, 학습예식, 유아 세례예식(주일예배 중에, 찬양예배 또는 기타 예배 중에), 세례 성례전(주일예배 중에, 찬양예배 또는 기타 예배 중에), 입교예식(주일예배 중에, 찬양예배 또는 기타 예배 중에), 성례전(종합1,2-학습예식, 유아 세례예식, 입교예식과 세례식, 그리고 성찬식), 성찬 성례전(성찬예식만 1,2) 등이 실려 있다.

Ⅳ. "임직예식"에는 임직의 신학적 의미, 목사 안수예식(1,2,3), 목사 위임예식, 목사 위임예식 및 집사·권사 임직예식, 전도사 임직예식, 장로·집사·권사 임직예식, 공로목사 추대예식, 원로목사 추대예식, 항존직 은퇴예식, 서리집사 임명식, 교회학교 교사 임명식, 전입교인(등록교인) 입회식 등이 나오며, Ⅴ. "봉헌예식"에는 봉헌의 신학적 의미, 예배당 기공예식/기공식 순서, 예배당 정초예식/정초예식 순서, 예배당 입당예식/입당예식 순서, 예배당 헌당예식/헌당예식 순서 등이 나온다. Ⅵ. "결혼예식"에는 결혼의 신학적 의미, 약혼예식/약혼예식 순서, 결혼예식/결혼예식 순서(1,2,3) 등이 있으며, Ⅶ. "상례예식"에는 죽음의 신학적 의미, 임종예식 순서, 입관예식/입관예식 순서(1,2), 장례예식/장례예식 순서(1,2), 하관예식/하관예식 순서(1,2), 첫 성묘, 추모예식/추모예식 순서(1,2) 등이 실려 있으며, Ⅷ. "경축례"에는 삶의 성경적 의미, 백일, 생일, 성년, 장수(회갑, 진갑) 등이 있으며, Ⅸ. "계절에 관한 예식"에는 계절에 관한 예식의 의미, 신년 감사예배, 추석 감사예배, 성묘예식 등이 실려 있으며, Ⅹ. "주택 및 생업에 관한 예식"에는 주택 및 생업의 의미, 기공예식, 정초예식, 준공예식, 입주예식(이사), 개업예식 등이 있으며, Ⅺ. "총회임원 이취임식 순서"가 있다. 여기서는 Ⅰ. "예배를 위한 준비"를, 이어 Ⅱ. "예배순서의 실제"를 살핀 후 Ⅲ. "성례전"에서 성례전(종합과 성찬예식만)을 요약하며, 마지막으로 이에 대한 분석을 하고자 한다.

먼저, Ⅰ. "예배를 위한 준비"를 살펴보기로 한다.[310] 여기에서는 세부 항목으로 구분된 대로 예배를 위한 명상과 준비기도, 예배를 위한 준칙, 예배의 기본적인 신학과 구조, 예배순서에 대한 이해 등의 순서로 요약하고자 한다.

Ⅰ. 예배를 위한 준비
1. 예배를 위한 준비기도(생략)
2. 예배를 위한 준칙
1) 하나님만을 예배하는 성도들은 온전히 영과 진리로 예배를 드려야 한다. 2) 예배를 인도하는 사람은 그 책임의 막중함을 인식하고 준비를 철저히 해야 한다. 3) 주님의 날에 드리는 예배는 초대교회 때부터 말씀의 예배와 성찬의 예배를 정기적으로 행하였다. 개혁교회 예배에서 성찬식을 자주 행하는 예배가 되도록 노력해야 한다. 4) 예배는 일회적인 행위가 아니라 일상생활 속에서 삶의 핵심으로 이어가도록 해야 한다. 5) 하나님을 경배하는 예배와 단순한 행사인 예식을 구분해서 사용하도록 해야 한다.

3. 예배의 기본적인 신학과 구조
장로교가 지키고 있는 예배 신학의 전통은 말씀과 성찬을 중심으로 한 초대교회의 줄기를 이어가는데 있다. 특히 이러한 역사적 맥락을 강조했던 칼빈과 녹스와 같은 개혁자들의 예배 신학사상은 장로교의 모체인 스코틀랜드 교회에서 구체화되어 전 세계의 장로교회는 동일한 예배신학과 그 형태를 유지하고 있다. 오늘의 장로교는 다음과 같은 예배의 내용(5가지)을 주일예배에서 지켜나가는 전통을 가지고 있다. 즉, 참회와 경배와 찬양을 드리는 부분, 하나님의 말씀을 경험하는 부분, 세례 성례전, 성찬 성례전(전통적으로 기독교 예배의 중심을 이루어 온 이 예전은 초대교회 예배의 핵심이었으며 단순한 기념

---

[310] 대한예수교장로회총회(통합), 『표준 예식서』(개정초판) (서울: 한국장로교출판사, 1997), 15 - 37.

의 차원이 아닌 회상과 재현의 차원에서 지켜졌다.), 파송의 순서를 갖는다.

4. 예배순서에 대한 이해 - 예배순서마다 부여된 신학적 깊은 뜻을 이해하는 것은 중요하다. (아래에서 /표시는 필자가 삽입한 것임)

예배를 위한 준비 / 예배의 선언 - 묵도로 예배를 시작하는 것은 예배 전통에서는 좀처럼 볼 수 없는 모습이므로 그보다는 예배 인도자의 예배시작 선언의 말이 더 효과적이고 타당하다. / **성가대 입당송 / 예배의 말씀** - 성경의 말씀으로 예배의 주권이 인간에게 있는 것이 아니라 하나님에게 있음을 알리는 순서이다. / **기원 / 경배의 찬송 / 시편 교독** - 신약시대와 초대교회 예배에서는 보편적인 운율을 사용하여 시편을 찬송으로 불렀는데 16세기에 루터를 기점으로 18세기의 웨슬리와 19세기의 생키와 같은 인물들에 의해 이 시편송을 외면하게 되었으나 최근 들어 다시 시편송으로 초대교회 전통을 회복하고 있다. / **참회의 기도** - 최근 우리 교회에 도입되기 시작한 부분으로 아주 중요한 의미를 가지고 있다. 이 기도는 종교개혁자들에 의해 시작되었으며, 개혁교회 예배의 중요한 순서로서 지켜지게 되었다. / **용서의 확신** - 회중들이 고백한 죄가 하나님의 말씀(성경)으로 용서받은 것을 확신케 하는 순서이다. / **영광송** - 하나님의 용서의 말씀을 들은 회중들이 감격하여 용서받은 기쁨 속에 성부, 성자, 성령 하나님을 찬양하며 영광 돌리는 순서이다. / **목회기도** - 목회기도는 예배를 인도하는 목사가 성도들 위해 기도하는 것인데 한국 교회에서는 대표기도라는 이름으로 장로들이 오래 전부터 이 순서를 담당하고 있다. / **성경말씀** - 이 순서는 하나님께서 인간에게 주시는 순서로서 종교개혁 당시부터 개신교 예배가 중요한 대목으로 여겨왔다. / **성가대의 찬양 / 설교 전 기도** - 말씀 선포 전 성령님께서 임재하시어 우리의 마음을 열어주시고 그 말씀에 순종하도록 해달라는 기도이다. / **설교** - 설교란 기록된 하나님 말씀의 선포이며 해석이며 적용이다. / **설교 후 기도** - 말씀이 성령님의 역사 안에서 자라 결실을 맺게 해달라는 간결한 기도이다. / **감사와 응답의 찬송** - 선포된 말씀을 듣고 감사의 응답을 표현하는 순서로서 개혁자들의 예배에서는 구제헌금으로 표현하기도 하였으며, 찬송을 부름으로써 계시에 대한 응답을 하는 순서이다.

세례와 수세(受洗) - 세례는 모든 증인들 앞에서 자신이 예수 그리스도를 영접하고 하나님의 자녀가 되는 인(印)치는 예전으로, 성령님의 역사가 이 예전을 통해 수반되도록 기도해야 한다. 수세는 〈디다케〉에 나타난 대로 세 가지 형태, 즉 흐르는 강물에 잠기는 방법, 물을 받아 거기에 잠기는 방법, 성부와 성자와 성령의 이름으로 세 번 머리에 물을 뿌리는 방법 등인데 우리의 장로교는 세번째의 것을 전통적으로 지켜 오고 있다. / **헌금** - 헌금의 의미는 예물만을 드림이 아니라 원칙적으로 하나님의 은총 앞에 성도들이 드리는 응답의 행위를 총칭하는 것이다. / **성찬제정의 말씀** - 성찬식이 단순히 집례자의 권위가 아니라 주님의 명령으로 제정된 것임을 알려주기 위해 이 제정의 말씀(복음서나 고전 11장 등)을 읽고 해석과 적용을 해 주어야 한다. / **성령임재를 위한 기도(에피클레시스)** - 동방정교회나 로마 가톨릭 교회에서는, 이 기도를 드린 후에는 성물들이 진실로 주님의 살과 피가 된다는 교리를 믿고 있기 때문에 성찬식에서 이 순서를 가장 중요하게 생각한다. 개신교는 그들의 교리를 수용하지 않으나 성령님의 임재 아래서 성찬의 신비한 의미와 역사를 깨달아 성찬에 참여한 무리들의 가슴에 새로운 변화의 역사라 일어 나도록 기원하는 것은 당연하다. / **떡과 잔을 나눔** - 칼빈과 같은 개혁자들은 떡과 잔을 나누어 주기 전에 떡을 들어 주님이 하신대로 축사하고 떡을 쪼개는 의식을 매우 중요하게 시행하였다. 그리고 잔을 들어 축사한 후 주님이 하신 말씀을 반복하는 것을 원칙으로 하였다. / **감사와 결단** - 주님의 살과 피를 받아 주님의 사람이 되었음을 확인하는 이 예전을 마무리 하면서 감사를 드리고 결단의 찬송을 부르는 것이다. / **위탁 의 말씀** / **축도(축복선언 - Benediction)** - 축도(강복선언)의 시작은 구약에서 시작된 오랜 역사성을 가지고 있다. 아브라함부터 시작되었으며(창 12:3), 제사장에게 고유권한으로 하나님의 복을 무리들에게 내려주시도록 선언(강복선언)하는 일을 맡기셨다(민 6:24 이하). 칼빈을 비롯한 개혁교회의 예배는 대부분 이 아론의 축도를 사용하였고 지금도 그 지역에서는 이 축도를 사용하고 있다. 미국의 침례교와 장로교 일부에서는 고후 13:13의 바울의 축도를 애용하는 편이다. 장로교 통합 교단은 총회에서 바울의 축도 끝말에 "축원하옵나이다'를 사용하도록 결의한 바 있다. / **성도의**

교제 및 교회소식 - 예배순서에 성도의 교제가 있는 것은 1세기에 "평화의 입맞춤"에서부터이다. 이 순서는 예배의 역사에 오랫동안 지속되어 예배가 시작하기 직전에 성도들이 전후좌우로 서로가 주 안에서 인사를 나누는 것은 오랜 전통이 되고 있다. 교회소식은 실질적으로 예배의 부분이 아니므로 예배 시작 전이나 축도가 끝난 다음에 교회소식을 갖는 것이 정상이다.

이어서, Ⅱ. "예배순서의 실제"에서 주일예배의 개요와 주일예배 순서(1-5), 주일예배 순서(6: 성찬 성례전이 있는 순서), 주일예배 순서(7: 성찬 성례전과 함께), 주일예배 순서(8: 세례와 성찬 성례전을 함께하는 예배), 주일저녁 찬양예배 순서(1, 2), 수요 기도회 순서(1, 2) 등을 간략히 살펴보기로 한다.[311]

Ⅱ. 예배순서의 실제

주일예배의 개요: 이 순서는 세계의 개혁교회들이 매주일 드리고 있는 예배의 기본구조임.

〈기본구조〉	〈첨가할 수 있는 순서들〉
예배의 말씀	
경배의 찬송	
참회의 기도	
용서의 확신	
	성시교독
목회 기도	
구약의 말씀	
신약의 말씀	
	성가대
설교	

---

[311] 대한예수교장로회총회(통합), 『표준예식서』(개정초판, 1997), 39-78.

	결단을 위한 초청
신앙고백	
세례	
	응답의 찬송
공동체를 위한 중보기도	
평화의 인사	
헌금	
	특송
	헌금송

성찬초대

제정의 말씀

성령임재를 위한 기도

주기도

떡을 뗌

떡을 나눔

잔을 부음

잔을 받음

감사의 기도

감사의 찬송

파송의 말씀

축도

성도의 교제 및 교회소식

주일예배 순서(1) 〔*표시는 일어서서〕

전주(반주자) - 예배의 말씀(인도자) - 응답송(성가대) - 기원(인도자) - *경배의 찬송(다같이) - *성시교독(다같이) - *사도신경 - *찬송 - 목회기도(맡은이) - 주기도(다같이) - 성경말씀 - 찬양(성가대) - 설교(설교자) - 설교 후 기도(설교자) - 응답의 찬송 - 헌금 - *헌금송(다같이) - *감사기도(맡은이) - *

찬송 - *축도 - *후주(반주자) - 성도의 교제 및 교회소식

주일예배 순서(2)
1. 개회
전주 - 입례송(다같이, 성가대와 예배위원 입장) - 예배의 말씀 - 응답송 - 기원 - 주기도 - 영광송(다같이) - 성시교독 - 경배찬송 - 목회기도(목사) - 응답송(성가대)

2. 말씀의 선포
구약의 말씀(맡은이) - 송영(성가대) - 신약의 말씀(맡은이) - 찬양(성가대) - 설교 - 설교 후 기도 - 신앙고백(다같이) - 응답의 찬송(다같이)

3. 감사의 응답
헌금(맡은이) - 감사기도(맡은이) - 헌금송(다같이) - 중보기도(특별한 형편에 처한 교우들을 위해) - 찬송 - 파송의 말씀(목사) - 축도 - 성도의 교제 및 교회소식

주일예배(3) : 이 순서는 1990년대 초반 서구 개혁교회들이 사용했던 예배서의 기본구조임
전주 - 예배의 말씀 - 송영(성가대) - 기원(인도자) - 경배찬송 - 성시교독(다같이) - 참회의 기도(침묵으로, 다같이) - 용서의 확신(성경말씀으로, 인도자) - 찬송 - 신앙고백 - 목회기도(맡은이)와 주기도 - 성경말씀(맡은이) - 찬양(성가대) - 설교 - 설교 후 기도 - 찬송 - 헌금(헌금위원) - 감사기도(맡은이) - 헌금송(다같이) - 축도 - 후주(반주자) - 성도의 교제 및 교회소식

주일예배 순서(4)
1. 예배를 위하여 나아감
전주 - 예배의 선언 - 응답송 - 예배의 말씀(인도자) - 예배의 기원(인도자)

2. 찬양과 고백

*경배의 찬송 - *시편교독 - *고백의 기도 - *침묵의 기도 - *용서의 확신 - *영광송 - *신앙고백

3. 중보의 시간

기도(맡은이) - 주기도(다같이)

4. 말씀의 선포

구약의 말씀(목사 또는 평신도) - 서신서(목사 또는 평신도) - 찬양(성가대) - 복음서의 말씀(설교자) - 설교 전 기도(설교자) - 말씀의 선포 - 설교 후 기도(설교자)

5. 감사와 응답

응답의 찬송(설교와 관계된 찬송, 다같이) - 헌금과 기도(헌금위원) - 헌금찬송(다같이)

6. 위탁과 축복

*파송의 말씀 - *축도 - *후주 - 성도의 교제 및 교회소식

주일예배 순서(5): 이 순서는 장로교 본산인 스코틀랜드 교회 예식서와 미국 장로교 예식서의 기본 순서임.

*입례송 - *예배의 말씀 - *기원 - *고백의 기도(다같이) - *용서의 선언 - *영광송 -*성시교독 - *찬송 - 기도(맡은이) - 주기도(다같이) - 구약의 말씀(맡은이) - 서신서의 말씀 - 찬양(성가대) - 복음서의 말씀 - 설교 - 설교 후 기도 - 신앙고백(사도신경) - *응답의 찬송 - 헌금(헌금위원) - 헌금송(다같이) - *파송과 축도 - 성도의 교제 및 교회소식

주일예배 순서(6) - 성찬성례전이 있는 순서

전주 - 입례송 - 예배의 말씀 - 응답송(성가대) - 기원 - 참회와 용서(목사와 회중) - 성시교독(다같이) - 경배찬송 - 목회기도(맡은이) - 응답송(성가대) - 헌금(헌금위원) - 감사기도(맡은이) - 헌금송(다같이) - 성경말씀(맡은이) - 찬양(성가대) - 설교 - 성찬찬송 - 권면 - 제정의 말씀(고전11:23 - 29) - 성령임재를 위한 기도(떡과 잔) - 신앙고백 - 성찬참여 1. 떡(기도 후 분배, 집례

자 - 위원 - 회중 순) 2. 잔(기도 후 분잔, 집례자 - 위원 - 회중 순) - 감사찬송 - 축도 - 후주 - 성도의 교제 및 교회소식

* 성찬 준비: 성찬예식은 당회가 작정하고 적어도 1주일 전에 회중에게 알려서 마음에 준 비를 시켜야 한다. 떡과 포도주는 목사의 책임 하에 미리 준비하되 가급적 일반적인 상품은 사용하지 않는 것이 좋다.

* 성찬 후 처리: 성찬에 쓰고 남은 성물은 집례한 목사가 보관하거나 또는 안수 받은 평신도들과 함께 먹도록 한다.

주일예배 순서(7) - 성찬 성례전과 함께
전주 - 송영(성가대) - 예배의 말씀 - 찬송(47장) - 연도(목사와 회중) - 기원과 고백(목사와 회중) - 찬송(147장) - 기도(맡은이) - 성경말씀(인도자) - 찬양(성가대) - 설교 - 찬송(284장) - 헌금(헌금위원) - 헌금송(다같이) - 성찬선언 - 제정의 말씀(고전11:23 - 24) - 권면(성찬의 목적과 의미와 자세) - 신앙고백(사도신경) - 성찬〔수찬〕 1. 떡을 나눔/ 기도 2. 잔을 나눔/ 기도 (떡과 잔 받는 순서는 집례자 - 위원 - 회중 순) - 주기도 - 찬송(144장)/찬송 부르는 동안 상보를 덮고 장로는 하단함 - 축도 - 후주 - 성도의 교제 및 교회소식

주일예배 순서(8) - 세례 성례전과 성찬 성례전을 함께 하는 예배
1. 예배를 위하여 나아감
전주 - 예배의 선언 - 응답송 - 예배의 말씀 - 예배의 기원
2. 찬양과 고백
*경배의 찬송 - *언약의 확인(다같이) - *고백의 기도 - *침묵의 기도 - *용서의 확신 - *영광송
3. 중보의 시간
기도(맡은이) - 주기도(다같이)
4. 말씀의 선포
구약의 말씀 - 서신서의 말씀 - 찬양(성가대) - 복음서의 말씀 - 설교 전 기도 -말씀의 선포 - 설교 후 기도 - 헌금

5. 세례 성례전

수세후보자 호명(집례자) - 서약 - 성령임재를 위한 기도(집례자) - 세례(수세) - 선포와 환영(집례자와 회중)

6. 성찬 성례전

*신앙고백 - *성찬의 찬송 - 제정의 말씀 - 성령임재를 위한 기도 - 떡을 뗌 - 참예선언 - 떡을 받음 - 잔을 부음 - 참예선언 - 잔을 받음 - 감사의 기도(다같이) - *감사의 찬송(다같이)

7. 위탁과 축도

*파송의 말씀 - *후주 - 성도의 교제 및 교회소식

주일저녁 찬양예배 순서(1): 목사가 인도하지 않는 예배에서 마지막에 반드시 주님의 기도로 끝내야 할 필요는 없다. 찬송을 부른 후 인도자의 기도로 끝나도 좋을 것임.

전주 - 기원 - 송영 - *찬송 - 기도 - 주기도 - *찬송 - 성경말씀 - 찬양 - 설교 - 설교 후 기도 - *찬송 - *축도(또는 마침기도) - *후주 - 성도의 고제 및 교회소식

주일저녁 찬양예배 순서(2): 시편낭송 또는 교독은 인도자보다는 평신도가 담당하게 하여 참 여하는 예배가 되게 한다. 이 때의 설교는 10분 내외로 하는 것이 좋음.

전주 - 예배의 말씀 - 송영 - 기원 - 경배의 찬송(인도자 또는 찬양인도자: 하나님의 영광과 존귀와 능력에 관한 찬송 2,3곡) - 시편교독(위의 찬양과 관련된 시편 중에서, 맡은이) - 은혜의 찬양(인도자 또는 찬양인도자) - 기도 - 감사의 찬양(감사와 간구의 찬양 2,3곡/ 또는 가족찬양이나 각 단체찬양) - 성경말씀(인도자) - 찬양(성가대) - 설교 - 기도 - 찬송 - 축도(마침기도) - 송영 - 성도의 교제 및 교회소식

수요 기도회 순서(1)

전주 - 찬송 - 기도 - 주기도 - 성경말씀 - 설교 - 기도(지명된 이가 제목에 따라) - 찬송 - 축도(또는 마침기도) - 후주 - 성도의 교제 및 교회소식

수요 기도회 순서(2): 감사의 기도, 참회의 기도, 간구 또는 중보의 기도를 위한 제목은 회중에게 예배 전에 미리 받아서 5 - 6개로 정리하여 함께 기도드리도록 한다.

전주 - 찬송 - 감사의 기도(2 - 3인, 맡은이) - 참회의 기도(합심기도) - 주기도 - 찬송 - 성경말씀 - 성경강해 - 중보의 기도(2 - 3인, 다같이) - 찬송 - 마침기도 - 후주 - 성도의 교제 및 교회소식

다음으로, Ⅲ. "성례전"에서 성찬식을 중심으로 성례전(종합과 성찬예식만)을 요약하고자 한다.[312]

Ⅲ. 성례전

성례전의 신학적 의미

1) 세례 성례전

2) 성찬 성례전

(1) 성찬의 기원: 이 성례전은 예수께서 친히 세우신 예전으로서 십자가에 못 박히시기 전 제자들과의 마지막 식탁에서 세워진 예식이다. 그 시간은 유대인의 출애굽 사건을 회상하는 유월절이었으나 그 의미와 대상은 새로운 차원의 것이었다. 이 예전은 주님이 부활하시고 승천하신 후에 사도들에 의해 매 주일 철저히 준수되어 오늘에까지 이른 것이다.

(2) 성찬의 신학과 의미: ① 성찬은 하나님[아버지]께서 우리를 죄에서 구속하시고 믿음을 주시고 성화시키는 은혜에 대하여 감사하는 것이다. ② 성찬

---

312 대한예수교장로회총회(통합), 『표준 예식서』(개정초판, 1997), 79, 82 - 84, 105 - 124.

은 그리스도의 구속사 죽음, 부활, 재림)를 새롭게 회상(anamnesis: 기념, 재현)하는 것이다. ③ 성찬에서 성령의 임재를 기원한다. ④ 성찬은 그리스도와 화해한 본을 따라 성도의 교제를 이룬다. ⑤ 성찬은 장차 하나님나라에서 있을 어린양의 혼인잔치 를 미리 맛보는 잔치의 식사이다.

(3) 성찬의 실제: ① 세계 개혁교회 예배에서는 매주 성찬 성례전을 기본으로 하고 있으나 각 교회의 형편에 따라 그 회수는 자율적으로 조정하고 있는 실정이다. ② 이 예전의 형태는 다양한 방법으로 거행하여 늘 신선한 감각을 불러일으키도록 함이 좋다. ③ 성찬 받는 순서는 집례자 - 분병위원 - 회중의 순서로 함이 개혁교회의 일반적인 전통이다. ④ 빵과 포도주를 대하기 전에 성결한 몸과 마음으로 준비해야 할 것이며 집례자 역시 함께 준비하는 정성을 필요로 한다.

1 - 7. 학습예식/ 유아 세례예식1, 2/ 세례 성례전 1, 2/ 입교예식 1, 2 - 세부내용 생략

8. 성례전(종합)
예배의 말씀 - 주기도 - 성시고독(교독문 54. 성례식) - 찬송 - 목회기도 - 찬송 - (1) 학습예식 (2) 유아 세례예식 (3) 입교예식 (4) 세례예식 - 찬송 - 성경말씀 - 찬양 - 설교 - 기도 - 신앙고백(사도신경) - 찬송(설교에 부합되는 것) - 헌금 - 감사기도(맡은이) - 성찬성례전 - 찬송 - 축도 - 교회소식 -기념사진 촬영(수세자와 당회원)

9. 성례전(종합)
예배의 말씀 - 경배의 찬송 - 참회의 기도 - 용서의 확신 - 찬송(영광송) - 목회기도 - 성경말씀 - 찬양 - 설교 - 사도신경 - 세례 성례전 (1) 학습예식 (2) 유아 세례예식 (3) 입교예식 (4) 세례예식 - 환영 및 성도의 교제(학습, 세례 증명서 또는 선물을 줄 때 온 회중이 환영한다) - 헌금 및 헌금찬송 - 감사기도 -

〈성찬 성례전〉 성찬초대 - 제정의 말씀(고전 11:23 - 29) - 성령임재를 위한 기원 - 주기도 - 떡을 나눔 -잔을 나눔 - 감사의 기도 - 감사의 찬송 - 축도

10. 성찬 성례전(성찬 예식만)

예배의 말씀 - 송영 - 기원 - 성찬예식 선언 - 찬송 - 기도 - 성경말씀(고전 11;23 - 29) - 설교(간단히) - 찬송 - 신앙고백(사도신경) - 성찬 1. 떡을 나눔 2. 잔을 나눔 〈*나눔의 순서는 집례자 - 위원 - 회중 순〉 - 기도 - 찬송("주님은 만찬을 마친 후에 찬미하며 감람산으로 가셨다고 하셨습니다. 이제 우리도 일어나서 찬송141장을 부릅시다") - 축도 - 성도의 교제 및 교회소식

11. 성찬 성례전(성찬 예식만)

*신앙고백(사도신경) - *성찬찬송 - 제정의 말씀(복음서나 고전11;23 - 29 읽은 후 간단한 교훈) - 성령임재기원(… 성령님의 특별하신 임재 안에서 이 고귀한 성례전이 이루어지게 하옵소서 …) - 떡을 뗌 - 참예선언 - 떡을 받음 - 잔을 부음 - 참예선언 - 잔을 받음 〈떡과 잔을 받는 순서는 집례자 - 위원 - 회중 순〉 - 감사의 기도 - *감사의 찬송 - *파송의 말씀 - *축도 - *후주 - 성도의 교제 및 교회소식

마지막으로, 장로교 통합 교단의 『표준예식서』에 대해 분석을 하고자 한다. 여기에서 분석은 이전 문서들과의 비교 분석보다는 이 예식서 안에 있는 여러 예배순서들 간의 차이점, 공통점 등을 비교 분석하고자 한다.

첫째, 이 예식서에 나타난 주일예배 8개 형태들을 비교 분석해보자.

1. 주일예배 순서에 대해 큰 주제를 설정하고 그 아래에 세부 순서를 제시한 것은 순서 ⑵, ⑷, ⑻이다. 세부적으로 보면, 순서 ⑵는 개회, 말씀의 선포, 감사의 응답으로 3구분하였고, 순서 ⑷는 예배를 위하여 나아감, 찬양과 고백, 중보의 시간, 말씀의 선포, 감사와 응답, 위탁과 축복 등으로 여섯 구분을 하였다. 그리고 순서 ⑻은 세례와 성찬과 함께 드리

는 주일예배로서 예배를 위하여 나아감, 찬양과 고백, 중보의 시간, 말씀의 선포, 세례 성례전, 성찬 성례전, 위탁과 축도 등으로 7구분하고 있다. 여기서 중보의 시간이 두 군데(순서 4, 8)에 나타나는데 이것은 굳이 구분하지 않아도 되리라고 판단된다. 예배의 두 기둥이 말씀과 성례(세례와 성찬)를 중심으로 한다면 개회, 말씀선포, 성례 시행, 위탁과 축복 등 네 구분이 가장 적절하다고 본다.

2. 예배의 시작을 거의 다 '전주'로 시작한다. 이 순서들 가운데 주일예배 순서(5) 하나만 '입례송'(다같이)으로 시작하고 다른 모든 순서는 '전주'로 예배를 시작한다. (6)은 '전주' 다음에 '입례송'이 나타난다. 이전의 한국교회 예배에서 '묵도'로 시작하는 관습은 여기에서 하나도 나타나지 않는다. 이 예배서에서 "묵도로서 예배를 시작하는 것은 예배 전통에서는 좀처럼 볼 수 없는 모습이다"고 말하며 예배의 선언으로 시작하는 것이 좋다는 견해를 보여주고 있다.[313]

3. '예배의 선언'은 주일예배 (4)와 (8)에 나오며, '예배의 말씀'은 (1), (2), (3), (4), (5), (6), (7), (8)에 나오며 여기서 (4)와 (8)에서 두 순서가 다 나오는데 '응답송'의 앞과 뒤에 나온다. 이 두 순서를 제외하고는 모두 '예배의 말씀'과 '예배의 선언'이 합쳐져서 '예배의 말씀'으로 나온다고 볼 수 있다.

4. '응답송'은 '예배의 선언'이나 '예배의 말씀'에 대한 응답으로 성가대가 담당한다. 이 중 (3)은 '예배의 말씀' 다음에 '응답송'이라 하지 않고 '송영'으로 표현한다. 정반대로, (7)에는 '예배의 말씀' 앞에 '송영'이 나타난다. (4)와 (8)은 '예배의 선언 – 응답송 – 예배의 말씀' 순서로 나와 두 순서 중간에 '응답송'이 나타난다. (5)에는 '응답송'이나 '송영' 순서가 나타나지 않는다.

5. '참회(고백)의 기도'와 '용서의 확신(선언)' 순서는 함께 나오는 순서로

---

[313] 대한예수교장로회총회(통합), 『표준 예식서』(개정초판, 1997), 26.

서, ⑶, ⑷, ⑸, ⑹, ⑻에 나타난다. 다만 순서 ⑻에는 '고백의 기도'와 '용서의 확신' 사이에 '침묵의 기도'가 나타나는데 이 순서에 대해서 예배순서로서 필요성에 대한 의문이 제기될 수 있다. 즉 이 순서 ⑻에는 곧 이어 '기도'와 '주 기도'가 나오는데 굳이 '침묵의 기도'의 기도가 필요할 것인지에 대한 것이다. 그리고 '용서의 확신'은 ⑶에 "성경말씀으로"라는 설명을 달아 놓은 것은 올바른 것이다. 왜냐하면 개신교 예배신학에 따르면, 이 순서가 로마 가톨릭 식의 사제의 권한에서 나온 것이 아니라, 말씀에 나와 있는 것을 그대로 목사가 수행하는 것이기 때문이다.

6. 구약 특히 시편을 교독하는 순서에 대해서, 순서 ⑴, ⑵, ⑶, ⑸, ⑹에는 '성시교독'으로, ⑷에는 '시편교독'으로, ⑺에는 나타나지 않으며 ⑻에는 '구약의 말씀'으로 나타난다. 이런 용례들에서 '성시'라는 것이 시편을 가리키는 것으로 볼 때 비록 횟수는 적게 나오지만 '시편교독'이나 '구약봉독'이라는 말이 더 정확한 표현으로 보인다.

7. '사도신경'은 크게 설교 이전과 이후에 나오는 두 가지로 대별될 수 있다. 여기서 순서 ⑴에서 ⑸까지는 성찬 없는 주일예배이며, ⑹에서 ⑻까지는 성찬식과 함께 행하는 주일예배임을 전제하고 살펴봐야 한다. 먼저, '사도신경'이 설교 이전에 나오는 경우는 순서 ⑴, ⑶, ⑷이며, 반면에, 설교 이후 나오는 경우는 순서 ⑵, ⑸, (6, 7, 8: 설교 이후, 성찬식에서 수찬 전) 등으로 나온다. 여기서 종합해 보면, 성찬식을 행하는 주일예배 때는 '사도신경'이 모두 말씀예전에 있지 않고 성찬식의 수찬 전에 행한다는 것을 알 수 있다. 또한 성찬 없는 주일예배의 경우는 설교 이전과 이후, 둘 다 나온다는 것을 알 수 있다. 이렇듯 신앙고백의 위치는 한 곳에 고정되어 있지 않다는 것을 잘 보여주고 있다. 덧붙여 이 예식서에서는 신앙고백을 '사도신경'을 쓰는 것으로 나와 있으나, 니케아 신조(381)나 아타나시우스 신조도 간단한 설명과 함께 사용하는 용례로 제시해 주었으면 더 좋으리라 판단된다.

8. '대표기도(기도, 또는 목회기도)'와 '주기도'에 관해서 살펴보면, 두 순서가 이어져 나오는 경우와 떨어져 나오는 경우로 나누어 볼 수 있다. 첫 번째 경우는, 두 순서가 이어져 나오는 경우는 '대표기도' 후 '주기도'가 나오는 순서로, 순서 (1), (3), (4), (5), (8: 세례 성례전과 성찬 성례전을 함께 하는 예배)가 이에 해당된다. 이와 같은 순서는 감리교의 전통적 순서와 같다. 우리는 감리교 문서들을 살펴보면서 대표기도와 주기도를 연이어 행하는 오랜 전통을 갖고 있음을 파악했다. 두 번째 경우는, 두 순서가 떨어져 나오는 경우로서 주기도가 먼저 나오는 순서로 (2), 반대로, 주기도가 나중에 나오는 순서로 (7: 성찬 성례전과 함께)을 들 수 있다. 마지막 경우는, 주기도가 나타나지 않는 경우로 순서 (6, 성찬 성례전이 있는 순서)를 들 수 있다. 이를 통해 볼 때 주기도문은 대표기도(목회기도) 전, 후나 그리고 성찬식이 있을 때 수찬 후에 나오는 등 순서가 일정치 않다는 것을 알 수 있다. 이에 비해 동방 정교회나 로마 가톨릭 교회에서는 매 주일마다 말씀 예배와 성찬예배가 함께 나오는데 여기서 주기도문은 언제나 성찬예배 때 수찬 전에 나온다. 또한 특이하게 영국 국교회 예전 역사를 보면, 성찬식에 나오는 주기도문 순서가 처음에는 수찬 전에, 그리고 수찬 후, 다시 수찬 전으로 돌아간 과정을 겪게 된다.

9. '헌금' 순서는 설교 전에 나오는 경우, 설교 후에 나오는 경우, 그리고 성찬 시작할 때 드리는 경우 등 세 가지로 나누어 볼 수 있다. 설교 전에 나오는 경우는 순서 (6)으로 한 번 나오며, 설교 후에 나오는 경우는 순서 (1), (2), (3), (4), (5), (8) 〔(8)의 이 순서는 세례와 성찬을 주일예배에서 시행하는 순서임〕 등이 이에 속한다. 또한 성찬 시작할 때 드리는 경우는 (7)이 해당된다. 초대교회는 매주 말씀예배와 성찬예배를 드렸는데, 헌금은 성찬 시작부분에서 드렸다는 내용을 이미 살펴본 바 있다. 이와 같은 전통은 오늘날 동방교회와 로마 가톨릭에서도 이어 내려오고 있으나 개신교에서는 매주 성찬을 행하지 않는 교회들이 많이 있기 때문에 고정된 순

서를 갖고 있지 못하며 또한 반드시 고정될 필요는 없다. 개신교회들은 교회 예배의 역사를 기반으로 하여 성찬식이 있는 주일과 말씀예배만 드리는 예배로 구분하여 헌금 순서에 대한 예식서 차원의 설명, 순서에 대한 논의가 있어야 할 줄로 판단된다.

10. '성도의 교제' 및 '교회소식'은 이 예배서의 모든 경우에 제일 마지막에 시행하는 것으로 나타난다. 특히 '광고' 순서는 교회에 따라 예배 본 순서 속에 반영한 경우도 있으며 그 순서도 일정치 않은 형편이다. 이 예배서에서는 예배가 하나님 중심으로 바로 드려져야 한다는 원칙아래 '광고' 순서와 '성도의 교제'를 예배 후의 순서로 넣고 있는듯하다. 오늘날 예배가 하나님이 부르심에 따라 하나님을 경외하는 자들이 그 도리로서 드리는 것인지, 아니면 신자들을 감동시키기 위해 드리고 있는 것인지를 잘 분별해야 할 것이다.

둘째, 주일저녁 찬양예배 순서들(Ⅰ, Ⅱ) 사이에 비교 분석해 보기로 한다.

1. 둘 다 '전주'로 시작하고 '묵도'로 시작하지 않는다. '기원'은 순서 ⑴에는 '전주' 다음에, '송영' 앞 순서에 나오나, 순서 ⑵에는 '송영' 뒤 순서로 나온다. 즉 '송영'은 '기원' 앞이나 '기원' 뒤에 오기도 한다.

2. '기도'와 '주기도'가 순서 ⑴에는 이어져 나오나, 순서 ⑵에는 '주기도'가 나오지 않는다. 이것은 주일 낮 예배 때와 같이 주기도를 말씀 전에 둠으로써 예배의 끝마무리로서 축도 대신 사용하는 순서로 사용하지 않는다.

3. '시편교독'은 순서 ⑴에는 나타나지 않으나, 순서 ⑵에 나타난다. 주일 대예배 때의 시편교독은 다같이 교독하는 순서이지만, 주일저녁 찬양예배 때 '시편교독'이나 '시편낭송'은 인도자보다는 평신도(맡은이)가 담당하게 하여 참여하게 한다고 하였다. 한국 교회 예배에는 주일저녁에 이 순서에 대한 사용례가 거의 나타나지 않는다.

4. 이 예식서에는 두 순서 모두 주일오후 예배를 "찬양예배"라는 명칭

이 붙여져 있다. 어떤 목회자들은 순서 (1)처럼 주일 낮과 구분 없이 순서를 진행하며 그 명칭도 "주일저녁예배"라고 하나, 예배의 변화를 시도하며 인간의 심성을 잘 파악하는 목회자들은 순서 (2)와 같이 다양한 찬양의 순서(경배의 찬송, 은혜의 찬양, 감사의 찬양)를 넣어 가족찬양이나 단체 찬양 등 다양한 순서를 활용할 수 있을 것이다. 이 예식서에는 이 경우 설교는 10분 내외로 하는 것이 좋다고 제안하고 있다.

셋째, 수요 기도회 순서 간에 비교 분석하기로 한다.

1. 이 예배서에서는 수요모임의 명칭을 두 순서 모두 "수요 기도회"라 칭하고 있다. 이 예식서를 발행한 통합 교단은 1977년 『예식서』부터 줄곧 수요 모임을 "수요 기도회"라는 명칭을 사용해 오고 있다. 한국교회 역사에 보면 주일과 주일 사이, 중간의 날이 수요일임을 감안하여 수요일에 모임을 갖게 된 것으로 알려져 있는데 이 날의 모임은 주일예배와 성격을 달리하는 것이 좋을 것이다. 주일 대예배는 말씀과 성찬에 중점을 두고, 주일저녁은 찬양에 중점을 두어 모임을 갖으며, 이 수요모임은 기도에 초점을 두어 모임을 진행하는 것이 좋을 것이다. 이런 차원에서 이 모임을 "수요 기도회"라 칭하고 있음은 매우 적절한 명칭으로 보인다.

2. 수요 기도회에서도 '주기도문'이 사용되고 있는데 주일저녁 찬양예배(1회)와 달리, 수요기도회 두 개의 순서 모두 사용하고 있으며 그 위치도 폐회부분에 나타나지 않는다는 점이 특별하다. 대개 수요기도회에는 목사가 봉직하고 있는 경우에도 주기도문으로 순서를 폐회하는 경우가 많으나, 이 예식서에서는 그렇지 않고 성경봉독과 설교 이전에 주기도가 나타나고 있다. 이 예식서에서는 예배의 끝마침 순서는 목사의 축도나 마침기도로 설정하고 있다.

3. 이 수요 기도회는 그 이름대로 특별한 기도의 시간을 갖고 있다. 순서 (1)의 경우처럼, 지명된 이가 제목에 따라 기도를 인도할 수도 있으며, 순서 (2)와 같이 감사의 기도(2-3인), 참회기도를 합심으로 하며, 성경강

해〔설교에 해당한다고 보여 짐〕 후에 중보의 기도(2-3인), 그리고 마침기도(인도자) 등 풍부한 기도의 순서를 갖는 등 다양하게 나타난다. 이 예배서에서 보는 대로, 감사의 기도, 참회의 기도, 또는 중보를 위한 제목은 회중들로부터 예배 전에 미리 받아서 5-6개로 정리하여 함께 기도드리도록 하는 세심한 준비하여 시행하면 그 효과는 배가가 될 것으로 생각한다.

넷째, 성찬식 순서들 간에 비교 분석해 보자.

1. '주기도'는 위에 제시된 4개의 순서 중에 두 개의 순서에 나온다. 하나는, 순서 8. "성례전 (종합)"에 나오는데 예배를 '예배의 말씀'으로 시작하고 곧 바로 이어 '주기도문'으로 잇는 순서를 갖고 있다. 다른 하나는, 순서 9. "성례전 (종합)"에서는 '주기도'가 세례 성례전 마친 후, 성찬 성례전이 시작되면서 '성찬초대-제정의 말씀-성령임재를 위한 기도' 다음 순서에 '주기도'가 나오며 그 다음 순서는 '수찬'이다. 이와 같이 성찬식을 포함한 주일예배 순서 중에도 '주기도문'을 말씀예전 초두에 두기도 하며, 성찬 예배의 수찬 전에 두기도 한다. 특히 성찬 예배 때 수찬 전에 주기도문을 두는 관습은 초기 교회로부터 지금까지 동방교회와 로마 가톨릭 교회에 그대로 이어져 내려오고 있다. 이런 초기 교회 전통을 성찬식 순서 9에서 잇고 있는 것으로 보인다. 이와는 대조적으로, 앞에서 진술한 대로 이 예식서에서는 주일예배 순서 (7), 성찬 성례전과 함께하는 예배에서 수찬 이후에 주기도문이 실려 있는 것을 살펴보았다. 이처럼 수찬 후 주기도문 순서를 갖는 것은 역사적으로 영국 국교회에서 약 350년 동안 이어진 일이었다. 영국 국교회는 1549년 최초 공동기도서가 나올 때는 주기도가 수찬 전이었다. 그런데 1552년 두 번째 공동기도서가 나올 때 주기도가 수찬 후로 바뀌어 1928년 공동기도서가 개정되기 전까지 그대로 사용되다가, 1928년 이후 처음 기도서의 순서대로 수찬 전으로 바뀌어 지금에 이르고 있다.

2. 성찬식 있는 예배 때 신앙고백에 관하여 살펴보자. 순서 8. "성례전

(종합)"에는 '세례식 − 설교 − 신앙고백(사도신경) − 찬송 − 헌금 − 성찬성례전' 순서로 나오는데 비해, 순서 9. "성례전(종합)"에는 '설교 − 사도신경 − 세례식 − 성찬식' 순서로 나와 차이를 보이고 있으며, 순서 10. "성찬 성례전(성찬예식만)"에서는 '성찬예식 선언 − 찬송 − 기도 − 성경말씀(고전 11:23−29) − 설교 − 찬송 − 신앙고백(사도신경) − 성찬' 등의 순서로 나오며, 순서 11. "성찬 성례전(성찬 예식만)"에는 '신앙고백 − 성찬찬송 − 제정의 말씀 − 성령임재기원 − 수찬' 등으로 나온다. 이를 정리해보면, 순서 8, 9는 말씀예전에 속한다고 볼 수 있으며, 순서 10, 11은 성찬예전에 속한다고 볼 수 있다. 이처럼 이 예식서에서는 사도신경이 말씀예전에 속하기도 하며, 성찬예전에 속하기도 한다. 역사적으로 서방교회 예전에서 신조(주로 니케아 신조이지만 때로 사도신조도 쓰임)는 말씀예전에 위치해 있으며, 동방교회 예전에서는 신조(니케아 신조만 쓰임)가 성찬예전의 초두에 나타난다. 결론적으로 이 예식서에는 동방교회의 경우처럼 니케아 신조를 쓰지는 않지만 사도신경을 성찬예전 초두에 넣는 순서를 갖고 있는 경우, 그리고 전통적인 서방교회처럼 말씀예전에 사도신경을 사용하고 있는 경우 등, 두 가지 용례를 사용하고 있음을 보여주고 있다.

ⓑ 『예배 · 예식서』(표준개정판, 2008)

장로교 통합 교단은 장로교 다른 교단에 비해 예식서를 가장 많이 출판한 교단으로 1961, 1977, 1987, 1997년에 이어 2008년에는 새로운 개정예식서를 내었다. 이 예식서는 『예배 · 예식서』라는 이름으로 나왔는데 아마도 지금까지 나온 장로교 예배서 중에서 면수가 가장 많은 예식서로 보인다(총 648면). 한국 개신교회 전체로 보자면 감리교의 『새예배서』(2002년, 총 688면)가 약간 많은 면수를 갖고 있다. 이 예식서는 총회예식서 개정위원회 편으로 나온 표준개정판이다.

이 예배서의 "머리말"에서 총회 예식서개정위원회 위원장 정장복은,

이 예식서를 내면서 무엇보다도 장로교 예배의 역사와 전통을 이어 가는 데 깊은 관심을 가지고 목회자들과 예배신학자들로 전문위원회를 구성하고 예식서 만드는 작업에 정성을 기울였음을 말하고 있다.[314] 이 예배서는 장로교 전통을 이어갈 뿐만 아니라 현대 젊은이들과 호흡을 같이 하는 예배와 교회력과 절기에 필요한 예배 순서들을 다양하게 선을 보이고 있다. 또한 "일러두기"에서 이 예배서를 사용하는데 필요한 사전안내를 목적으로 여러 가지 사항을 일러두고 있다. 여기서 통합 교단이 이미 사용해 온 모든 순서는 삭제하지 않고 약간의 수정을 가하여 보존을 원칙으로 했으며 새로운 순서들을 제시했다. 여기에는 한국 장로교 예배의 근거가 된 칼뱅, 낙스, 웨스트민스터, 마펫, 곽안련의 예배순서들도 실려 있으며 현대예배, 청소년예배, 세대통합예배 등도 제시되어 있다. 헌아예식은 새롭게 제정되었으며 국제결혼이 보편화되는 변화에 따라 영어 예식순서도 실려 있으며 부록에는 성서정과표, 교회력, 어린이(아동) 세례, 세례재확인 예식, 필요한 성구, 예전찬송, 현대어식 높임말의 사용 설명 등을 실었다.

　전체적인 구성을 살펴보면, Ⅰ. "예배를 위한 준비"에는 예배 준비기도(회중, 예배인도자의 준비기도, 성찬성례전을 위한 준비기도), 예배를 위한 지침, 예배의 기본적인 신학과 구조, 예배순서에 대한 이해 등을 실었고, Ⅱ. "주일예배"에는 주일예배의 개요, 주일예배(성찬 없는) 순서 (1)-(5), 주일예배(성찬과 함께하는) 순서 (6)-(9), 주일예배(세례예식: 세례성례전의 신학적 의미, 유아 세례예식, 유아 및 어린이를 위한 세례예식, 지적 혹은 발달 장애인을 위한 세례예식, 성인 세례예식 1,2, 입교예식 1,2, 성례식-종합), 한국교회 예배의 뿌리들(칼뱅, 낙스, 웨스트민스터, 마펫, 곽안련, 1930년대 등의 예배순서), 절기예배(대림절기, 성찬절, 주현절, 사순절기, 수난/종려주일, 성금요일 1,2, 부활절 새벽, 성령강림주일 등의 예

---

314 대한예수교장로회 총회(통합), 『예배·예식서』(표준개정판) (서울: 한국장로교출판사, 2008), 8.

배), 국가기념주일 및 특별한 날들(광복절 감사, 추수감사주일, 송구영신 등의 예배), 교육과 전도 및 치유예배(유·청소년 1, 2, 현대, 세대통합, 치유 등의 예배) 등이 실려 있다. Ⅲ. "찬양예배 및 기도회"에는 주일찬양예배(찬양예배순서 1-4), 기도회(수요기도회 1-4, 새벽기도회, 금요기도회, 구역기도회, 이웃을 위한 기도회) 등이 나온다.

Ⅳ. "치리회와 각 기관에 관련된 예배"로 총회, 노회에 관련된 예배, 기관 및 학교예배(채플), 각종 모임을 위한 경건회 등이 실려 있으며, Ⅴ. "임직예식"에는 임직의 신학적 의미, 임직예식(총 16개 항목)이 있으며, Ⅵ. "예배당 봉헌예식"에는 예배당 봉헌의 신학적 의미, 예배당 봉헌예식 순서(총 7개 항목)이 나오며, Ⅶ. "가정의례 예식"에는 삶의 성경적 의미, 생일감사예식(총 9개 항목), 성장감사예식(헌아예식 등 4개 항목), 혼인감사예식(결혼의 신학적 이해와 약혼 및 예식 해설, 결혼 및 약혼식 순서/총 6개 항목, 국제결혼예식 및 결혼기념예식 순서), 상례예식(죽음의 신학적 의미를 비롯하여 모두 30개 항목), Ⅷ. "명절에 관한 예식"으로 명절에 관한 예식의 의미, 명절예식 순서(총 4개 항목), 주택 및 생업에 관한 예식(총 8개 항목) 등이 나오며, "부록"에는 성서정과표, 교회력과 성서정과(Lectionary), 성서정과에 대한 이해와 공동성서정과, 교회력과 예전 색깔, 예배당 공간의 구조, 예복, 예배와 상징, 어린이(아동) 세례예식, 세례언약 재확인 예식, 분병·분잔을 위한 성구모음, 절기에 따른 예문, 장애인 세례 예식과 문답교육 일반, 예전찬송 모음 등이 실려 있다.

여기서는 Ⅰ. "예배를 위한 준비"와 Ⅱ. "주일예배"에서는 이전 예배서인 『표준예식서』(1997)와 비교하며 살펴 볼 것이며, 이전 예식서에 나오지 않는 순서들에 대해서 비교적 자세히 소개할 것이다. 또한 Ⅲ. "찬양예배 및 기도회"에는 주일찬양예배, 기도회 등에 대해서는 이전 예식서와 비교하며 소개하고자 한다. 다음으로, 이상에서 소개한 내용들에 대해 이전 예식서나 동일 예배서 내에서 비교 분석하고자 한다.

먼저, Ⅰ. "예배를 위한 준비", Ⅱ. "주일예배", Ⅲ. "찬양예배 및 기도회"를 소개하기로 한다. 여기서 이 예식서의 내용 중에 『표준예식서』(1997)의 내용과 동일하거나 큰 차이가 없는 경우가 많이 나타나는데 이를 살피기 위해 이전의 『표준예식서』와의 비교를 편의상 이 항에서 실시하고자 한다. 아래의 ( )안의 순서는 두 예식서의 비교를 위해 『표준예식서』의 것을 필자가 삽입한 것이며, 각 예배순서에 있어서도 두 예식서의 비교를 필자가 시행하였다. 또한 * 표시도 이 예식서에 주의를 요하는 의미로 필자가 표시한 것이다. 그 밖의 다른 사항에 대해서는 분석 난에서 다룰 것이다.

Ⅰ. 예배를 위한 준비[315]

1. 예배 준비기도 - 『표준예식서』(1997) "예배를 위한 명상과 준비기도", 16 - 20과 동일.
2. 예배를 위한 지침 - 『표준예식서』"예배를 위한 준칙", 21-22과 동일
3. 예배의 기본적인 신학과 구조 - 『표준예식서』, 23 내용 중 일부 생략함
4. 예배 순서에 대한 이해 - 『표준예식서』, 26 - 37의 내용과 거의 동일하나 일부 순서가 추가 되어 있고 용어도 바뀌었으며, 각 순서의 영어 표현이 이 예식서에는 나와 있으나 여기서는 생략하였다.
모임(예배를 위한 준비) - **예배 선언**(예배의 선언) - **예배로 부름**(예배의 말씀) - **응답송**(성가대 응답송:『표준예식서』에서는 이 순서가 예배선언과 예배로 부름 사이에 있음) - **기원** - **경배의 찬송** - **성시교독**(시편교독) - **참회의 기도** - **사죄의 확신**(용서의 확신) - **영광송** - **목회기도** - 성**경봉독**(성경말씀) - **찬양**(성가대의 찬양) - **설교 전 기도** - **설교** - **설교 후 기도** - **응답의 찬송**(감사와 응답의 찬송) - **세례**〔수세〕 - ***평화의 인사**: 예배순서에 교제가 있는 것은 1세기 예배의 '평화의 입맞춤'에서부터 시작된다. 이 순서는 오랫동안 지속

---

315 대한예수교장로회 총회(통합),『예배·예식서』(표준개정판, 2008), 19 - 39.

되어 성찬 성례전 시작부분에서 성도들끼리 주안에서 인사를 나누는 것이다. 이 순서는 광고와 혼동하지 않도록 주의해야 한다 - *신앙고백: 교회는 역사적으로 니케아신경(325)³¹⁶과 사도신경(404)을 공적으로 채택하기에 이르렀으며 그 위치는 루터의 독일어 미사와 쯔빙글리 독일어 예배에서는 성경봉독 다음에, 부처와 칼빈의 예배에서는 설교 뒤에 있었다. 한국 교회는 설교 전에 둔 전통을 지켜오고 있었으나 현대 많은 세계의 개혁교회는 이 순서를 설교 후에 신앙고백을 하고 있다.

*주기도: 기독교 예배에서 주기도는 매우 중요한 순서이다. 17세기경 스코틀랜드 장로교회에서는 한때 예배에서 금하기도 했으나 바로 회복되어 현대 모든 개혁교회 예배의 중요한 순서로 드리고 있다. 그 위치는 성찬 예식 때는 성찬기도 다음에, 일반예배 때는 교회기도나 봉헌기도에 이어서 드리는 것이 좋다 - **봉헌**(헌금) - *성찬 감사기도 - 제정의 말씀(성찬제정의 말씀) - **성령님의 임재를 위한 기도 Epiclesis** (성령임재를 위한 기도, 에피클레시스) - **성물분할**(떡과 잔을 나눔) - *성찬참여(수찬): 참여 형태 집례자 - 위원 - 회중이다. 여기서 회중은 위원들에게 받을 수 있고, 또는 일어서서 받게 할 수도 있으며, 앞으로 나와서 받을 수 있음) - **성찬 후 감사기도**(감사와 결단) - **위탁(파송)의 말씀 - 축도 또는 강복선언**: 칼빈을 비롯한 개혁교회의 예배는 대부분 민6장 24절 이하의 아론의 축도를 사용하였고 지금도 이 축도를 사용하고 있으나 미국의 침례교와 장로교 일부에서는 고후 13:13을 축도로 애용하는 편이다. 이 예식서에서 유의사항을 제시하는데 "두 개의 축도를 동시에 사용하는 것은 적절하지 못하며 둘 중에 하나만을 사용하도록 해야 한다."³¹⁷고 하

---

316 '니케아 신경'(신조)는 니케아 공의회에서 삼위일체론을 중심으로 325년에 작성되었다. 그 뒤에 '콘스탄티노플 신조'는 콘스탄티노플 공의회에서 381년에 작성되었는데, 이 신조는 '니케아 신조'의 성령조항 부분을 보충하여 완성하였다고 하여 '니케아 - 콘스탄티노플 신조'라고도 부르며 이를 더 줄여 '니케아 신조'라고도 부른다. 두 개의 니케아 신조 중에서 동·서방 교회의 예배에서 사용된 것은 381년의 니케아 신조(니케아 - 콘스탄티노플 신조)이다. 그러므로 위의 325년을 381년으로 수정해야 옳다.
317 유의사항에서 축도(강복선언)의 사용에 대해 구약이나 신약의 축도 이 두 가지를 동시에 사용하지 말고 두 개 중 하나만을 사용하라고 언급되어 있으나, 뚜렷한 성경적 근거를 두고 주장하는 것

였다. - **교회 소식**(『표준예식서』에서는 '성도의 교제'와 '교회소식'을 하나로 묶어 여기에 제시했으나, 이 예식서에서는 '성도의 교제'를 따로 떼어 '평화의 인사'라는 이름으로 신앙고백 앞에 놓았음).

Ⅱ. 주일예배[318] - 여기서 이 예전서를 『표준예식서』와 비교하여 제시한다. 두 문서가 동일 한 부분이 많이 나타나기 때문에 새로 나타나는 순서나 빠진 순서 등을 중심으로 언급한다.

1. 주일예배의 개요 - 『표준예식서』에서 있는 주일예배의 개요와 동일하나 한 가지만 추가 되었는데, 예배순서 '성령님의 임재를 위한 기도'의 우측에 〈첨가 할 수 있는 순서〉로 대감사기도(Great Thanksgiving)가 들어 있음.

2. 주일예배(성찬 없는)

1) 주일예배(1) - 『표준예식서』의 주일예배(1)와 거의 동일한데 몇 순서의 명칭만 바뀌었으나 의미상 변화는 아니며, 또한 한 개의 순서가 빠져 있다. 『표준예식서』의 '예배의 말씀'을 이 예식서에는 '예배로 부름'으로 바꾸었으며, '헌금'과 '헌금송'을 '봉헌과 봉헌송'으로 바꾸어 나타나며, 『표준예식서』의 내용에 있던 '경배의 찬송' 순서가 이 예식서에는 삭제되어 있다. 그리고 제일 끝 순서로 '성도의 교제 및 교회소식'이 '교회소식'으로 바뀌어 나타난다. 이와 같이 바뀐 부분들은 주일예배 모두에 해당되는 공통사항이다.

2) 주일예배(2) - 『표준예식서』의 주일예배(2)와 동일한데, 예배 후반부 큰 구분으로 〈중보기도〉가 이 예배서에서는 〈교회의 기도〉로 바뀌었다.

3) 주일예배(3) - 『표준예식서』의 주일예배(3)와 동일한데, '용서의 확신'이 '사죄의 확신'으로, '성경말씀'이 '성경봉독'으로 바뀌었다.

은 아닌 것 같다. 필자는 이 두 가지를 동시에 사용해도 문제되는 것은 아니라는 견해를 갖고 있다. 그러나 교인들이 아론의 축도를 모르는 경우가 많기 때문에 사전 설명이 있어야 하며, 함께 사용할 경우에 아론의 축도 후에 사도의 축도를 사용하는 것이 혼란을 예방하는 방법이 되리라고 본다.

318 대한예수교장로회 총회(통합), 『예배·예식서』(표준개정판), 41 - 84, 108 - 111.

4) 주일예배(4) - 『표준예식서』의 주일예배(4)와 거의 동일한데, 새로 삽입된 순서가 나타난다. 새로 삽입된 순서는 〈찬양과 고백〉 중에서 '경배찬송 - 성시교독'에 이어 나오는 '십계명 교독'[319] 순서이다. 이 순서는 이곳에서 뿐 아니라, 성찬과 함께 하는 주일예배의 주일예배 순서 (7) 〈찬양과 고백〉 중 '언약의 확인' 순서에도 십계명 교독을 시행하는 것으로 나타난다. 명칭이 바뀐 것은 〈중보의 시간〉이 〈교회의 기도〉로 나오는 것이다.

5) 주일예배(5) - 『표준예식서』의 주일예배(5)와 동일한데, '고백의 기도'가 '참회의 기도'로, '용서의 선언'이 '사죄의 확신'으로 용어만 바뀌어 나타난다.

3. 주일예배(성찬과 함께 하는)

1) 성찬성례전의 신학적 의미 - 이 항목에 대해 『표준예식서』에는 Ⅲ. 성례전에서 다루고 있으나, 이 예식서에서는 Ⅱ. 주일예배에서 다루고 있다. (1) 성찬성례전의 신학적 의미, (2) 성찬의 신학적 의미 등은 『표준예식서』와 동일한 내용이나, (3) 성찬의 실제는 6항목이 나오는데, 이에 비해 『표준예식서』에선 4항목이 나오므로 나머지 두 항목(5, 6 항목)은 추가된 것처럼 보이지만, 사실은 아래의 『표준예식서』 주일예배 순서(6)의 순서가 끝난 후에 두 개의 항목을 싣고 있어 단순히 위치 이동인 것이다. 두개의 항목은 다음과 같다: 5. 성찬예식은 당회가 작정하고 적어도 1주일 전에 회중에게 알려 마음의 준비를 시켜야 한다. 6. 성찬에 쓰고 남은 성물은 집례한 목사와 동역하는 목사가 보관하거나 먹도록 한다.

2) 주일예배 순서(6) - 성찬성례전과 함께: 이 순서는 성찬성례전과 함께 하

---

[319] 이 예식서의 각주에 다음과 같이 나타난다: "십계명은 칼뱅의 예배에서 처음 시작되어 그 후 영국 교회와 스코틀랜드 교회 등에서 사용되어졌다. 자신의 죄를 고백하기 전에 먼저 하나님의 계명을 상기함으로써 자신을 바로 보기 위함이다. 예배 인도자와 회중이 한 계명씩 교독한다. 이 순서는 매 주일예배에서는 생략할 수 있으나 성찬성례전에서는 넣는 것을 원칙으로 한다." 여기서 십계명이 칼뱅에게서 처음 나타난다고 진술하고 있으나 필자는 곽안련의 『목사지법』(1919) 항의 십계명 연구에서 십계명의 위치는 다르지만 먼저 쯔빙글리, 부쩌가 사용하였으며, 칼빈은 부쩌의 사상 영향으로 십계명을 사용한 것으로 고찰한 바 있다. 이에 대해서는 더 상세한 연구가 필요하다.

는 주일예배에 나온 것으로『표준예식서』주일예배 순서(6)에 나온다. 전체적으로 동일한 순서를 가지고 있는데 용어상 변동이 있을 뿐이다. '참회와 용서'가 '참회의 기도와 사죄의 확신'으로 나온다. '주기도'는 이 순서에 나오지 않는다. 위에서 언급한 바와 같이『표준예식서』에서 성찬식이 끝난 후 두 가지 사항, 즉 *성찬준비와 *성찬 후 처리에 대한 내용이 나오는데, 이 예식서에는 위의 성찬성례전의 신학적 의미에 그대로 실려있다.

3) 주일예배 순서(7) - 세례성례전과 성찬성례전을 함께: 이 순서는『표준예식서』주일예배 순서(8)에 나오는 순서와 동일한데, 두 가지 유의할 것은 〈중보의 시간〉이 〈교회의 기도〉로 용어가 바뀐 점이며, '언약의 확인' 순서에 '십계명 교독'을 세부내용으로 추가했다는 점이다. 한편, '주기도'가 〈교회의 기도〉의 (대표)'기도'에 이어 나온다. 또한 '신앙고백'은 성찬예전에 나온다. 참고적으로『표준예식서』주일예배 순서(7)은 이 예배서에서 삭제되어 있다.

4) 주일예배 순서(8) - 이 순서는 초대교회 예전을 반영하여 교회력을 활용한 현대화한 예전으로 보인다. 이 예배순서는『표준예식서』주일예배 순서에는 나오지 않는다.

오르간 전주 - 인사(목사: 주님의 은혜가 성도 여러분과 함께하시기를 원합니다. 회중: 또한 목사님과 함께하시기를 원합니다) - 예배로 부름(요 4:23 - 24, 교회력과 특정 주일에 적합한 성경구절을 봉독하고 예배로 초대한다. 성경구절은 성서일과에 따라 예배순서 중에 있는 신·구약 성서 봉독에 포함되지 않는 성경을 봉독할 수 있다. - 입례의 찬양(입례송) - 기원 - 참회의 기도 - 자비송(키리에: 주여 우리를 불쌍히 여기소서, 그리스도여 우리를 불쌍히 여기소서) - (이어지는 침묵의 기도와 함께 오르가니스트의 반주가 끝나면 집례자는 사죄의 확신을 선포한다.) - 사죄의 확신(집례자: 요일 1:9, 확신의 기도) - 영광송 - 설교 전 기도 - 구약봉독(맡은이) - (읽은 후 맡은이: 하나님의 말씀입니다. 회중: 아멘) - 화답송(시편송: 다같이) - 신약봉독(읽은 후는 구약봉독과 동일하게) - 응답의 찬양(찬양대) - 설교 - 설교 후 기도 - 신앙고백(니케아 신경) - 평화의 인사(마 5:23 - 24, 앞뒤, 좌우로 악수나 포옹하면서 "주님의 평화가 함께하시기를 …" 이라고 인사한다.) - 봉헌(성물이 강단에 미리 준비되어 있지 않은 경우, 즉 회중들이 앞으로 나와서 성찬을 받을 경우에는 빵과 포도주를 함께 봉헌한다) - 봉헌송 - 봉헌기도 - 성찬초대(집례자: 여러분의 마음을 주님께로 높이 드십시오, 회중: 우리의 마음을 주님께로 높이 듭니다. 집례자는 주님께 감사합시다, 회중: 주님께 감사와 찬양을 드림이 마땅합니다.) - 예비기원 - 성찬 감사기도(여기서 성령임재기도를 드린다: "… 주 성령이여! 오셔서 떡과 잔을 성별하시며, 이를 먹고 마시는 주님의 백성들이 그리스도의 변화된 몸을 입어 세상을 변화시키게 하소서.") - 주기도 - 제정의 말씀(주님의 만찬의 말씀을 읽으며 떡을 떼고 잔을 든다) - 하나님의 어린양(낭송보다는 노래를 부르도록 한다) - 성찬참여(분병분잔) - (회중 또는 찬양대가 시편창을 부른다) - (성찬은 집례자, 성찬위원, 회중 순으로 하며, 회중 들이 성찬위원 앞에 가서 떡과 잔을 받을 경우, 떡을 포도주에 찍어 먹을 수도 있고, 떡을 먹은 후 포도주를 따로 마실 수도 있다.) - 성찬 후 기도 - 성찬 감사찬송 - 파송(집례자) - 축도(강복선언[320], 민6:24 - 26)

5) 주일예배 순서(9) - 이 순서는 미국 장로교총회(PCUSA) 예식서에서 나온 주일예배 순서이다. 이 예배순서도 『표준예식서』 주일예배 순서에 나오지 않는다.

〈예배로 나아감(개회예전)〉

예배로 부름(살후 3:18) - 오늘의 기도 혹은 개회기도 - 찬송, 시편 또는 영가 - 참회의 기도와 사죄의 확신 - 평화의 인사 - 영창, 시편, 찬송 또는 영가

〈말씀예전〉

설교 전 기도 - 구약성경 낭독 - 시편 - 사도서신 낭독 - 성가, 찬송, 시편, 영창 또는 영가 - 복음서 낭독 - 설교 - 찬송, 영창, 시편송 또는 영가 - 신앙의

---

[320] 강복선언에 대하여 이 예식서는 다음과 같이 언급한다: 강복선언은 하나님의 백성들에게 내리시는 하나님의 복을 선언하는 순서이다. 하나님의 은혜의 복을 집례자의 음성을 통해 직접적으로 대언하는 순서이므로 마치 집례자가 하나님께 복을 기원하는 마음으로 "… 간절히 축원하옵나이다"라는 기도 형식은 지양하여야 한다. 하나님께서 위임하신 강복선언의 권한을 기원형식으로 바꾸지 말고 하나님의 복을 목사의 음성을 통해 직접 선포하여야 한다 … 목사는 하나님의 복을 선포하는 역할에 충실하도록 해야 한다. 『예배·예식서』, 82.

고백 - 회중의 기도
〈성찬예전〉
봉헌 - 성찬초대 - 성찬 감사기도 - 주기도 - 떡을 뗌 - 성찬에의 참여
〈세상으로 나아감(파송예전)〉
찬송, 영가, 영창 혹은 시편 - 위탁과 축복

4. 주일예배(세례예식) - 1)은 세례성례전의 신학적 의미 2) - 9)까지는 세례예식을 소개한 것인데, 아래의 9)만 세례(유아세례, 입교, 성인세례)와 성찬식이 나와 있다.
9) 성례전 - 유아세례, 입교, 성인세례 〔본 예배서에는 성찬식도 들어있음〕: 이 순서는 『표준예식서』의 III. 성례전 중 8. 성례전 - 종합 - 에 해당하는 내용과 거의 동일한데, 한가지 차이점은 〈유아세례예식〉 바로 앞에 〈학습예식〉이 빠져 있다는 것이다.

5. 한국교회 예배의 뿌리들[321]
1) 칼뱅의 예배순서(1542) - 〔이는 칼뱅의 두 예전, 즉 스트라스부르 예전과 제네바 예전 중에 제네바 예전이다.〕
예배로 부름 - 참회기도 - 운율 시편송 〔칼뱅의 또 다른 예전서 스트라스부르 예전서(1540)에는 키리에와 함께 운율에 맞춘 십계명 찬송이 있음〕 - 성령임재 기도[322] - 성경봉독 - 설교 - 봉헌 - 교회의 기도 - 주기도문 - 성물준비 - 사도신경송 - 성찬제정사 - 권면 - 성찬기도 - 떡을 뗌(성체분할) - 분병분잔 - 성찬참여 - 성찬 후 기도 - 아론의 축도(민 6:24 - 26)
2) 낙스의 예배순서(1556)
예배로 부름 - 참회의 기도 - 운율 시편송 - 성령임재 기도 - 성경봉독 - 설교

---

[321] 대한예수교장로회 총회(통합), 『예배·예식서』(표준개정판), 112 - 16.
[322] 이 예식서에는 '성령임재기도'로 번역하고 있으나, '성령의 조명을 위한 기도'로 번역함이 더 좋을 것이다. 이 예식서는 낙스의 예배순서에도 동일하게 번역하고 있다.

- 봉헌 - 감사, 교회의 기도 - 주기도문 - 사도신경 - 봉헌(시편송) - 성찬제정사 - 권면 - 성찬기도 - 떡을 뗌(성체분할) - 성찬참여 - (수난사 낭독) - 성찬 후 기도 - 시편송 - 아론의 축도 또는 바울의 축도

3) 웨스트민스터 예배순서(1664)[323]

기원 - 구약, 신약 한 장씩 봉독 - 운율 시편송 - 고백과 중보 - 설교 - 기도 - 주기도 - 봉헌 - 성찬초대사 - 성물배열 - 성찬제정사 - 권면 - 성찬기도 - 떡을 뗌(성체 분할) - 분병분잔 - 성찬 참여 - 권면 - 성찬 후 기도 - 운율시 편성 - 아론의 축도 또는 바울의 축도

4) 마펫 예배순서(1895)
본 예전은 한국 장로교 최초의 주일예배 예전으로 네비어스 선교정책에 따라 간단한 예배의 형태로 만들어진 마펫이 『위원입교인규조』에서 제시한 예배순서이다.

기도 - 성경봉독 - 기도(회중 가운데) - 찬송 - 성경공부 - 기도 - 봉헌 - 찬송

5) 곽안련 예배순서(1919)
본 예전은 당시 장로교 신학교(평양신학교) 교수였던 곽안련이 그의 책『목사지법』에서 제시한 예배순서이다.

총설(성경요절이나 기도나 찬송) - 자복(시편 2, 32, 38, 51, 102, 130, 143) - 찬양(합창) - 예정한 성경봉독 - 신경(사도신경이나 본 교회 신경, 십계명) - 찬송(합창이나 별찬송) - 강도에 관한 성경낭독 - 공기도 - 찬송(합창이나 별찬송) - 연보와 연보에 관한 기도 - 광고 - 찬송(합창이나 별찬송) - 강도 - 강도 후 기도 - 찬송(제1, 2, 3장) - 안수축복 - 묵상기도

6) 1930년대 예배순서
본 예전은 당시 많은 교회들이 사용하였던 예배순서로 1932년 한국 최초로 발행된 새문안교회 주보에서 발견된다.

찬송 - 기도(장로) - 시편낭독 - 성경봉독 - 찬양(찬양대) - 설교 - 기도 - 봉헌과 기도 - 광고 - 찬송 - 축도

---

[323] 이 예식서에는 "웨스트민스터 예배순서"로 나와 있으나, "웨스트민스터 예배모범"이라고 함이 더 정확한 표현이다. 왜냐하면 웨스트민스터 예배모범에는 '예배원리'가 나와 있으나, '예배순서'를 제시한 것은 아니기 때문이다.

6. 절기예배 7. 국가기념주일 및 특별한 날들 (두 항목은 생략함)

8. **교육, 전도, 치유예배**: 유·청소년 예배, 현대예배, 세대통합예배, 치유예배 등으로 최근 예배경향을 알려주고 있다. (이 순서들은『표준예식서』에 없는 순서들이며, 아래 순서들에서 굵은 글씨는 필자의 표시임)
1) **유·청소년 예배(1) 찬양중심의 예배**
2) **유·청소년 예배(2) 절기예배**: 말씀의 전달을 육성에만 의존하지 말고, 영상이나 연극·드라마 등의 다양한 방법을 사용하도록 한다.
*예배로 나아감 - *예배로 부름과 인사(요 4:24, 절기별 구절, 인도자와 회중의 인사) - *경배의 찬양(다같이: 특별히 이 순서만큼은 찬송가 중에서 절기에 맞는 예배찬송을 선곡하여 유·청소년 시절부터 예배로 나아가기 위한 준비를 하도록 함) - *기원(절기별로) - *참회의 기도(침묵으로 죄를 고백하는 동안 음악을 연주함: 절기별로) - *사죄의 확신(요일 1:9, 절기별로) - 찬양(삼위일체 하나님께 영광을 돌리는 내용의 찬송 혹은 CCM을 선곡함) - 성경봉독 - 응답의 찬양(찬양대 혹은 찬양팀) - 설교 - 설교 후 기도 - 신앙고백(사도신경이나 니케아 신경을 고백함) - 평화의 인사 - 봉헌 - 봉헌송 - 봉헌기도(절기별로) - *결단의 찬송 - *파송 - 강복선언 - *축복송(찬양대 혹은 찬양팀) - *공동체 소식
3) **현대예배**
지침 - 각주 참조
예배순서(1) 〔굵은 글씨는 강조를 위해 필자가 표시함〕
찬양(악기연주) - 환영인사(인도자) - *사도신경 또는 니케아 신경 - 찬송(이때의 찬양은 가능한 찬송가 중에서 택하여 기존의 주일예배와 연계함) - 교회의 기도(이웃을 위한 기도) - 찬양단의 영상 또는 스킷 드라마 - 메시지 - 초청 - 봉헌 - 축도와 파송
예배순서(2) - 생략함
4) **세대통합예배**

지침 이 예배는 부모와 자녀들이 함께 드리는 예배로, 점점 세분화되어 가는 세대 차이에 맞춰 세대별로 따로 드리는 예배의 문제점과 한계를 극복하기 위한 예배이다. 가족예배의 성격이 있으나 혼자 나오는 어린이나 독신들에게 소외감을 줄 수 있기에 세대통합예배라는 용어를 택한다. 주일저녁 각 가정의 가족모임과 병행하는 것도 한 방법이다.

함께 시작하고 나뉘는 예배 - 생략

끝까지 함께하는 예배

예배로 부름 - 찬송 - 성시교독 또는 **십계명 교독** - 찬송(세대를 아우를 수 있는 현대적 찬송이 좋음) - 구약의 말씀 - 응답송 - 신약의 말씀 - 찬양(찬양대) - 설교 - 교회의 기도(목사가 교우 중에 목회적 돌봄이 필요한 이들을 위한 기도를 드린다. 그리고 부모나 교사들이 일어서서 자녀 등를 위한 기도를 조용한 음성으로 드린다) - 찬송 - 봉헌 - 봉헌기도 - 찬송 - 축도

성찬 있는 예배

전주(찬양대 구성은 회중을 대표하는 의미로 어린이를 포함하면 좋음) - 예배로 부름 - 응답송(반주가 또는 찬양대) - 기원 - 찬송 - **십계명 교독** 또는 신앙고백 또는 주기도(주보에 기재하거나 스크린을 통해 비춰줄 수 있도록 함) - 성경봉독 - 찬양 - 설교 - 찬송 - 성찬초대 - 성찬제정사와 떡을 뗌(고전 11:23 낭독하면서) - 성찬기도와 주기도 - 성찬참여(어린이들로서는 성찬에 참여하는 현장에 함께 있으며 그 모습을 보는 것만으로도 의미가 있다. 만일 성찬을 앉아서 받는 경우, 어린 영아들을 위해 별도의 음식을 준비할 수 있다.) - 성찬감사기도 - 찬송 - 축도

5) 치유예배

지침 이 예배는 믿음 공동체가 자신의 연약함을 깨닫고, 한 마음으로 주의 자비와 은혜로 드리는 주일예배이다. 개인적 간구와는 달리 성찬예전을 통한 공동체적이고 예전적 예배이다. 치유의 대상은 예배 참여자 모두이다.

예배로 나아감 / 고백과 사죄 / 치유의 예전 / 주님의 식탁: 성찬을 생략한 경우에는 치유를 위한 안수기도를 하고 파송순서를 갖는다. / **파송**

III. 찬양예배 및 기도회 [324]

1. 주일찬양예배

1) 찬양예배 순서(1) 〔*표는 일어서서〕: 목사가 인도하지 않는 예배에서는 마지막에 반드시 주기도로 끝내야 할 필요는 없다. 이때는 찬송을 부른 후 인도자의 기도로 끝나도 좋을 것이다 - 이 순서는 『표준예식서』의 주일저녁 찬양예배 순서(1)와 동일하다.

2) 찬양예배 순서(2) : 시편낭송 또는 교독은 인도자보다는 평신도가 당당하게 하여 참여하는 예배가 되게 한다. 또 이 예배에서의 설교는 10분 내외로 하는 것이 좋다 - 이 순서는 『표준예식서』의 주일저녁 찬양예배 순서(2)와 동일하다.

3) 찬양예배 순서(3) 헌신예배: 예배를 통해 헌신하는 기관의 다짐이나 기관 소개 등 특별순서를 가짐으로써 그 특색을 표현하는 것이 바람직하다 - 이 순서는 이전 예식서에 나와 있지 않은 순서이다.

예배선언 - 예배로 부름 - 기원 - 찬송 - 기도 - 성경봉독 - 찬양 - 설교 - 설교 후 기도 - 찬송 - 봉헌 - 헌신의 다짐 - 기관소개 - *찬송 - *축도

4) 찬양예배 순서(4): 한국 장로교회는 전통적으로 주일 저녁예배를 찬양예배로 불러 왔다. 찬양예배를 위한 음악, 영상, 공간(무대), 조명, 음향시설, 회중석 의자 배치 등 철저한 준비와 함께 시작하도록 한다 - 이 순서는 이전 예식서에 나와 있지 않은 순서이다.

환영과 인사 - 찬양(20분 정도) - 기도 - 성경봉독 - 메시지(드라마나 영화 등 현대의 다양한 문화적 소재 활용할 수 있으며, 개인적인 간증을 듣고 설교 할 수 있음) - 특별한 경우 설교 후에 **"초청과 영접"** 순서를 가지면서 새로 나온 사람이나 확신이 없는 사람들에게 복음을 전할 수 있음 - 찬송 - 기도와 교제 (인도자가 교회 공동의 기도제목을 제시하면서 함께 기도하거나, 두 사람 또는 그룹으로 기도하는 시간을 가진다. - 필요할 경우 축도로 예배를 마칠 수

---

[324] 대한예수교장로회총회(통합), 『예배·예식서』(표준개정판), 215 - 34

있으며, 아니면 개인별로 혹은 그룹별로 기도한 후 마치도록 한다.

2. 기도회

1) 수요기도회(1) - 이 형식은 『표준예식서』의 주일저녁 찬양예배 순서(1)와 동일하다.

2) 수요기도회(2) - 이 형식은 『표준예식서』 수요기도회 순서(2)와 동일한데, "중보의 기도"가 여기서는 "교회의 기도"로 명칭만 바뀌었다.

3) 수요기도회(3) - 여기서는 다양한 기도의 내용을 가지고 합심해서 기도하고, 대표기도자로 하여금 마무리 기도를 드리게 하는 방식도 있고 그러한 기도 제목을 중심으로 연도(litany) 형식으로도 가능하다 - 이 형식은 『표준예식서』에는 없는 새로운 형식이다.

예배로 부름 - 응답송(찬양대 혹은 반주자) - 기원 - *찬송 - 기도(대표 기도자가 기도하게 하되 중보기도의 내용으로 드릴 수 있도록 준비시키도록 함) - 성경봉독 - 찬양 - 설교 - 설교 후 기도(성경공부 형식의 강해설교가 바람직하고, 함께 통독해가면서 말씀을 공부하거나 성경의 특정 책을 중심으로 강해하는 형식이 좋음) - *찬송 - *마침 기도 - *후주 - 성도의 교제와 교회소식 - 개인기도(기도회의 특성을 살려 모든 순서가 끝난 후 에는 개인기도 시간을 갖도록 한다.)

4) 수요기도회(4) - 이 형식은 『표준예식서』에 없는 새로운 형식이다.

예배로 부름 - 응답송 - 기원 - *찬송 - 교회의 기도(앞의 지침과 같이 다양하게 할 수 있음) - 성경봉독 - 찬양 - 설교 - 합심기도 - *찬송 - *마침기도 - *후주 - 성도의 교제와 교회소식 - 개인기도(앞의 순서와 동일하게)

5) 새벽기도회 - 이 형식은 『표준예식서』에 없는 새로운 형식이다.

신앙고백 혹은 기원 - 찬송 - 기도 - 성경봉독 - 말씀묵상 - 합심기도 - 찬송 - 주기도 혹은 축도 - 개인기도

6) 금요기도회 - 교회의 형편에 따라 철야기도회, 심야기도회, 초저녁기도회로 드리는데 깊은 기도로 나아가기 위한 말씀묵상의 시간을 충분히 갖는다 -

이 형식은 『표준예식서』에는 없는 새로운 형식이다.
시작기도 - 경배와 찬양 - 합심기도 - 성경봉독 - 말씀묵상 - 합심기도 혹은 개인기도 - 결단을 위한 찬양 - 주기도 혹은 축도 - 개인기도(자유롭게)

7) 구역기도회 - 지금까지 '구역예배'란 명칭으로 불린 소그룹 공부 및 친교 모임을 기도회 성격으로 묶은 이름이다. 이 형식은 『표준예식서』에 없는 새로운 형식이다.
기도 - 찬송 - 일상의 삶을 감사하는 기도 - 성경봉독과 말씀과의 만남 - 봉헌과 찬송 - 합심기도와 주기도

8) 이웃을 위한 기도회 - 기독교용어연구위원회의 결정에 따라 교회에서 흔히 사용해 오던 '중보기도회' 대신 '이웃을 위한 기도회'라는 명칭을 사용한다. 그 이유는 예수 그리스도가 하나님과 인간 사이에 있는 단 한 분의 중보자이시기 때문이다(딤전2:5). - 이 형식은 『표준예식서』에 없는 새로운 형식이다.
시작기도 - 찬양 - 감사의 기도 - 성경봉독 및 말씀과의 만남 - 성령님의 도우심을 구하는 기도 - 기도의 제목 나누기 - 주기도

다음으로, 이 예배서에 나오는 내용 중 일부에 대해 자체 분석하거나 이전 예배서와 비교하면서 분석하고자 한다.

첫째, 이 예배서의 주일예배에 관해서 살펴보면, 이전의 『표준예식서』와 크게 달라진 부분이 있다. 『표준예식서』에는 주일예배와 성례전(세례, 성찬)을 나누어 각각 한 장씩 설명했으나, 이 예식서에서는 이 두 부분을 합해서 한 장으로 설명하고 있다. 이 예식서와 『표준예식서』의 "주일예배"(성찬 없는, 성찬과 함께하는)를 비교해 볼 때 『표준예식서』에는 모두 8개(성찬 없는 예배 5개, 성찬과 함께 하는 예배 3개) 순서가 제시되어 있는데 비해, 이 예식서에는 모두 9개 순서로 하나가 더 늘었다. 이것은 새로운 순서가 하나 더 늘어난 것이 아니라, 『표준예식서』 Ⅲ. 성례전 가운데 성찬식이 들어있는 순서(모두 4개 순서)를 하나만 주일예배순서로 이동한 것이며, 나머지 순서는 아예 제외한 것이다. 여기서 초대교회 예전과 현대적인 예전

을 통합한 순서가 나온다. 그것은 주일예배 순서(8)로서 초대교회 예전을 살리면서도 현대화한 순서로 예를 들어, 자비송, 평화의 인사, 성찬초대에서 '마음을 드높이'(sursum corda), 영광송 등을 사용한 것과, 신앙고백에 사도신경을 사용치 않고 니케아 신경을 넣었다는 점 등은 초대교회 예전을 이어 받은 것이며, 참회의 기도나 사죄의 확신 등은 현대적인 예전 순서라 할 수 있을 것이다.

둘째, 십계명을 사용한 예전은 주일예배 순서(4), (7) 등 두 번이 나온다. 둘 다 참회기도와 사죄의 확신 순서 앞에 들어 있다. 필자가 주일예배에서 십계명을 사용한 예들을 자세히 설명한 것은 "형성기의 예배"(1901-1930) 중 장로교, 곽안련의 『목사지법』(1919)의 분석에서 십계명을 특별 고찰한 내용에 있다. 그 내용을 요약하면 십계명을 예배에서 사용한 경우는 크게 네 가지라고 볼 수 있다. 1. 설교 이후에 반영한 경우로 츠빙글리, 파렐과 불링거, 화란의 미크로니우스, 청교도 왈드 그레이브 등이 이에 속한다. 2. 죄 고백문 세 가지 중 세 번째 기도문 안에 십계명을 근간으로 회개하는 내용이 나오는 경우로 이에 해당하는 이는 부쩌이다. 3. 죄 고백과 용서의 선언 후에 그 순서를 둔 것으로 이 경우에 칼빈이 해당하며, 특히 한국의 경우 곽안련은 죄 고백 후 십계명이나 신경을 순서로 두고 있다. 4. 죄 고백 이전에 나오는 경우로 영국 국교회, 화란의 다테누스, 영국의 백스터, 화란의 개혁교회 등이다. 여기서 통합 교단의 이 예식서는 위의 예들 중에서 맨 마지막의 경우에 해당된다고 본다.

셋째, 이 예식서는 한국교회 예배의 뿌리들, 절기예배에 관한 것이나 국가기념주일 및 특별한 날들, 교육과 전도 및 치유예배에 관한 내용들을 새롭게 추가하였다. 특히 이 예배서에서 가장 특징적인 것 중의 하나는 한국 장로교회 예배의 뿌리 되는 내용 등을 소개한 것이다. 여기서 우리는 칼뱅의 예배순서(1542), 낙스 예배순서(1556), 웨스트민스터 예배순서(1664), 마펫 예배순서(1895), 곽안련 예배순서(1919), 1930년대 예배순서 등을 비교하면서 장로교회나 개혁교회의 예배의 큰 흐름을 알 수 있게 해준다.

넷째, 주일 찬양예배 및 기도회에는 일부 추가된 항목들이 나타난다. 이전 예식서에서는 주일 찬양예배가 2개 순서였는데 여기에서는 4개 순서로 늘었다. 또한 기도회 순서에는 순서 자체가 이전에는 수요기도회 2개 순서만 다루었는데 여기서는 수요기도회가 4개 순서로, 그리고 이전에 없었던 새벽기도회, 금요기도회, 구역기도회, 이웃을 위한 기도회 등 다양하게 제시되어 있다.

다섯째, 교육 · 전도 · 치유예배는 『표준예식서』에 없는 순서들로서 유 · 청소년 예배, 현대예배, 세대통합예배, 치유예배 등으로 최근 예배 경향을 알려주고 있다. 특별히 이 순서들에서 유의해 볼 것은 현대적 예배에 니케아 신경과 십계명 교독 순서를 넣고 있다는 사실이다. 니케아 신경이나 십계명 순서는 주일예배에서도 언급되고 있다. 성찬 없는 주일예배(4)에서 십계명 교독이, 성찬과 함께 하는 주일예배(8)에서 니케아 신경이 예배순서의 하나로 다루어 졌다. 그런데 유 · 청소년 예배(2)와, 현대예배 순서(1)에서 니케아 신경을, 그리고 세대통합예배에서 십계명을 예배순서의 하나로 넣었다는 것은 의미 있는 일이다. 이것은 초대교회와 종교개혁의 전통을 잇는 순서로서 여기서 제시되고 있는 현대적 예배는 전통을 무시하지 않고 잘 살리면서 현대인의 감각에 맞게 재구성했다는 점을 드러내고 있다. 오늘날 현대적 예배를 주장하는 사람들 가운데는 시대감각을 너무 앞세우다가 결국 뿌리와 같은 전통을 잊어버리는 결과를 가져다주는 경우가 없지 않다. 이 예식서는 교단예식서로서 신중하면서도 현실감각에 맞게 현대와 전통을 조화하여 예배순서들을 제시했다는 점에서 높이 평가할 수 있다.

(5) 합동 교단

『헌법』 "예배모범"은 이전의 것과 내용상 변동이 없으므로 생략한다.

① 예배 예식서

ⓐ 『표준예식서』(개정판, 1993)

장로교 합동교단은 이전에 『표준예식서』(1978)를 이미 출판했었는데, 이 예식서에는 주일예배와 수요 기도회에 대한 내용이 나오지 않았다. 그 후 15년이 지나서 이 예식서에 교단 예식서로서는 최초로 주일예배를 실었으며 그 외에도 여러 가지 예식을 추가하여 개정판 『표준예식서』 (1993)를 출판하였다. 이 개정된 예식서의 차례를 살펴보면, 서론격으로 머리말, 예식서 사용 준칙, 주기도문, 사도신경, 신조(장로교 12신조) 등이 있으며, 이어 Ⅰ. "예배"에 1. 주일 낮예배, 2. 주일 저녁예배, 3. 수요 저녁예배, 4. 절기예배로 고난(종려)주일, 부활절, 성령강림주일, 맥추감사절, 추수감사절, 성탄절 등이 나오며, 5. 기념예배로 어린이주일, 어버이주일 등이 나온다. Ⅱ. "성례식"에는 세례식(학습식, 유아세례식, 입교식, 세례식)과 성찬식이 나온다. Ⅲ. "임직식(퇴임식)"에는 목사 임직식, 목사 위임식, 강도사 인허식, 장로·집사 임직(취임)식, 권사 취임식, 서리집사 임명식, 추대식(원로목사, 원로장로, 공로목사), 은퇴식(목사, 장로, 집사, 권사), 선교사 파송식 등이 나온다. Ⅳ. "봉헌식"에는 예배당 기공식, 예배당 정초식, 예배당 입당식, 예배당 헌당식 등이 나오며, Ⅴ. "혼례식"에는 약혼식, 결혼식이 나오며, Ⅵ. "상례식"에는 입관식, 장례식, 하관식 등이 나온다. 마지막으로 "부록"으로 1. "예배"에 신년 축하예배, 교회설립 기념예배, 생일 감사예배, 추모예배가 있으며, 2. "임명식"에는 교사 임명식과 임명

장, 성가대원 임명식과 임명장 등이 실려 있다.[325]

예배에는 주일 낮·저녁예배, 수요 저녁예배와 성찬식, 그리고 절기예배로 고난(종려)주일, 부활절, 성령강림주일, 맥추감사절, 추수감사절, 성탄절 등이 나타나며, 기념예배로 어린이주일, 어버이주일 등은 주일 낮 예배에 준하여 실시하되 교회 실정에 맞게 할 것이라고 하였다. 여기서는 주일 낮·저녁예배와 수요 저녁예배, 그리고 성찬식을 위주로 살펴보기로 한다.

먼저, 주일 낮·저녁예배, 수요 저녁예배를 소개하기로 한다.[326]

I. 예배

기독교의 예배신앙

기독교는 살아계신 하나님께 예배하는 종교이다. 기독교의 예배는 예수 그리스도께서 죄인을 위해서 단번에 죽으심으로 인한 구속의 은총을 감사함이요, 하나님 나라를 소망하고 찬양하는 것이다. 그러므로 예배는 구원받은 인격체들의 신령과 진리로 드리는 예배가 되어야 한다.

1. 주일 낮예배 오전: 인도: ○○○

*묵도 - *기원 - *예배찬송 - *성시교독 - *신앙고백 - 찬송 - 기도 -성경봉독 - 찬양 (성가대) - 설교 - 기도(설교자) - 찬송 - 헌금 - 교회소식 - *찬송 - *축도 - *폐회 -*성도의 교제

2. 주일 저녁예배 저녁: 인도: ○○○

묵도 - 기원 - 찬송 - 기도 - 성경봉독 - 찬양(성가대) - 설교 - 기도 - 광고 - 찬송 - 축도 - 폐회

3. 수요 저녁예배 저녁: 인도: ○○○

---

[325] 대한예수교장로회총회(합동), 『표준예식서』(개정판) (서울: 총회출판부, 1993), 5 - 7.
[326] 대한예수교장로회총회(합동), 『표준예식서』(개정판), 17 - 25.

묵도 - 기원 - 찬송 - 기도 - 성경봉독 - 설교 - 기도 - 광고 - 찬송 - 축도 - 폐회 이어, 성찬식(예배 중)에 대해 소개하고자 한다.

2. 성찬식(예배 중)[327]

묵도 - 성시(시 53:1 - 6) - 찬송 - 신앙고백(사도신경) - 찬송 - 기도 - 성경봉독(고전 11:23 - 32, 요 6:53 - 58) - 학습문답 - 공포 - 세례문답 - 세례 - 공포 - 찬양 - 설교 - 기도 - 찬송 - 헌금 - 광고 - 성찬식(목사가 강단에서 내려와 성찬상 앞에 선다) - 기원 - 찬송 - 설명 - 분병(먼저 인도자의 분병 - 성경봉독 - 회중 분병 - 분병위원 분병 - 수찬 누락 확인) - 분잔(분병과 동일하게) - 성경낭독(고전 11;23 - 29, 요 6:4 - 7, 사 53:1 - 6) - 성찬상 덮음 - 성경봉독(마26:30) - 찬송 - 축도〔고후 13:13에 근거하여〕"이제는 우리 주 예수 그리스도의 은혜와 하나님의 사랑과 성령의 교통하심이 이 거룩한 예식에 참여한 모든 성도들 머리 위에 영원토록 함께 있을 지어다.") - 폐회

다음으로, 주일예배와 수요예배, 그리고 성찬식에 대해 분석해보고자 한다.

첫째, 주일예배를 낮, 저녁예배를 한 가지 순서만 제시하였다. 여기서 교단 예식서에 주일예배를 한 가지만 제시한 것은, 사용자의 선택의 폭이 좁아진다는 단점이 있다. 또한 예식서의 주요 편찬자들을 보면 목회자들이 중심을 이루고 있다. 이에 비해 장로교의 다른 교단들, 예를 들어 고신, 통합, 기장 교단들은 두 가지 이상의 예배문을 제시하고 있으며 교단의 예배학자들이 참여하고 있다. 그러므로 교단의 예식서 작성 시 목회자들과 예배 신학자들이 공동으로 참여하여 고대 교회 및 종교개혁기의 예식서, 그리고 현대예식들을 자유롭게 취사선택할 수 있도록 두 개

---

[327] 대한예수교장로회총회(합동), 『표준예식서』(개정판), 42 - 48.

이상의 예식을 제시하는 것이 전문성과 활용성을 위해 바람직하다고 판단된다.

둘째, 세 예배(주일 낮, 밤과 수요예배)의 차이점을 분석해보자. 주일 낮 예배 때는 순서 중에 예배찬송, 성시교독, 신앙고백, 찬양(성가대), 성도의 교제가 나타난다. 이에 비해, 주일 저녁예배에는 성가대 찬양이 나타나나 예배찬송, 성시교독, 신앙고백, 성도의 교제가 나타나지 않는다. 한편, 수요예배에는 예배찬송, 성시교독, 신앙고백, 찬양(성가대), 성도의 교제가 모두 나타나지 않는다.

셋째, 모든 예배는 묵도로 시작하며 주일 낮 예배만 *표시된 일부 순서에서 '서서' 진행한다. 여기서 예배를 묵도로 시작하는 것보다는 예배선언으로 시작하는 것이 예배학적으로 더 근거가 있는 견해라고 판단되며, 묵도는 예배 시작 전에 성도들이 개인적으로 시행하는 예배준비 중의 하나라고 보는 것이 더 좋을 것이다.

넷째, 수요회집을 "수요 기도회"로 칭하지 않고, "수요예배"로 호칭하고 있다. 여기에 대해서는 다른 장로교 다른 교단들에서 대부분 주일예배 이외에는 기도회로 표현한 것과는 대조적이다.

다섯째, 사도신경과 주기도문, 그리고 십계명 사용에 관한 것이다. 이 예배서에는 주일예배에 신앙고백이 나오는데 명백한 지시사항은 없으나 사도신경을 사용한 것으로 판단된다. 또한 주일예배뿐 아니라 수요예배, 기타 모든 예배에 주기도문과 십계명이 나타나지 않는다. 이것은 개혁교회의 여러 예전들을 참고해 볼 때 아쉬운 면이 아닐 수 없다. 우리는 칼빈의 예전(스트라스부르 예전)이나 곽안련의 『목사지법』이나 『목회학』, 소열도의 『예배첩경』에서 해당내용을 찾아 볼 수 있을 것이다.

여섯째, 성찬식에서 장로교 오랜 전통으로 내려온 '문수찬', '문수배'의 규례가 계속 사용되고 있다는 점, 축도에서 이전의 『혼상예식서』(1924)나 합동 교단의 『표준예식서』(1978)에서 사용한 히브리서 13:20, 21을 사용하지 않고, 대신 바울의 축도문을 사용했다는 점을 살펴볼 수 있다. 그리고 수찬순서는 집례자 - 회중 - 배찬위원 등의 순서로 행하는 장로교 전통적인 방법 중의 하나를 취하고 있다.

(6) 합신 교단(구 개혁 교단)

합신 교단은 교단 설립(1981) 당시에는 교단이름이 "개혁 교단"이었고, 신학교 이름은 "합동 신학교"였다. 이후 장로교 내에 "개혁 교단"이라는 이름을 쓰는 몇몇 교단들이 있어 이들과의 혼동을 피하기 위해 2000년 제 85차 총회에서 교단 이름을 "합신 교단"으로 바꾸어 사용할 것을 결의하고 교단의 정식이름으로 "대한예수교장로회(합신)"을 사용하게 된 것이다.

① 『헌법』 "예배모범"

ⓐ 『헌법』 "예배모범"(합신, 2015)

합신 교단이 2015년에 펴낸 『헌법』 차례를 살펴보면, 제1부 총론(교회의 왕, 선서, 체제선언, 제1회 대한예수교장로회총회(개혁) 선언문), 제2부 교리(신조, 웨스트민스터 신앙고백, 대요리문답, 소요리문답), 제3부 교회정치(원리, 교회, 교인, 교회의 직원, 목사, 목사 투표 및 임직, 목사전임, 목사 사면 및 사직, 장로, 집사, 장로와 집사의 선거 및 任免, 목사후보생과 강도사, 선교사, 교회 치리와 치리회, 당회, 노회, 총회, 교회의 거룩한 규례, 교회 소속 기관의 관리 및 책임, 의회, 제직회, 헌법 및 교리 개정), 제4부 권징조례(총칙, 고소에 관한 법, 변호인, 증인, 재판회 및 재판국, 재판에 관한 일반적인 법, 상소와 재심에 관한 법, 행정심판, 위탁재판, 소수의견, 교회 직원에 대한 재판, 권징의 시행, 권징의 해제), 제5부 예배모범(1장-21장) 등이 나온다. 여기서는 『헌법』 "예배모범"에 있는 내용을 중심으로 살펴보기로 한다.

먼저, 합신 교단의 "예배모범"의 장 제목을 합동 교단의 "예배모범"과 비교하도록 한다. (*표시는 새로 추가된 항목에 대해 필자가 표시한 것이다).

〈합신 교단의 예배모범(2015)[328]〉　　〈합동 교단의 예배모범(2000)〉

"예배"란 무엇인가?

(예배의 목적. 예배의 대상과 그 방법)

합신	합동
제1장 주일을 거룩히 지킬 것	제1장 주일을 거룩히 지킬 것
제2장 교회 회집과 예배 석상에서의 신자들의 행위	제2장 교회의 예배의식
제3장 공예배시에 설교본문 이외의 성경봉독	제3장 예배 때 성경봉독
제4장 시와 찬송	제4장 시와 찬송
제5장 공예배시의 기도	제5장 공식기도
제6장 설교	제6장 강도
제7장 헌금	제7장 주일학교
제8장 유아세례	제8장 기도회
*제9장 성인세례	제9장 유아세례
제10장 입교예식	제10장 입교예식
제11장 성찬예식	제11장 성찬예식
*제12장 축복기도(고후 13:13)	제12장 혼례식
제13장 주일학교	제13장 장례식
제14장 기도회	제14장 금식일과 감사일
제15장 금식일과 감사일	제15장 은밀기도와 가정예배
제16장 가정예배와 은밀기도	제16장 시벌
*제17장 병자심방	제17장 해벌
제18장 혼인예식	제18장 헌금
제19장 장례식	
제20장 시벌	
제21장 해벌	

다음으로, 이 예배모범을 합동 교단의 "예배모범"(2000) 또는 1934년

---

328 대한예수교장로회(합신) 총회, 『헌법』 "예배모범" (서울: 총회교육부, 2015), 367 - 405.

개정판 "예배모범"과 비교 분석하기로 한다. 이 예배모범에는 증거구절들을 본문 뒷부분에 싣고 있다.

첫째, 전체적으로 이 예배모범은 모두 21장으로 구성되어 있어 합동 교단 또는 1934년 개정판의 것보다 세 장이 더 추가되어 있으며, 동일한 제목이라 하더라도 세부적인 내용에 있어서는 그 내용이 개정되었거나 추가되어 있는 것들이 일부 나타나고 있다. 앞으로 두 교단의 예배모범을 자세히 상호 대조 및 비교하는 것이 필요할 것이다.

둘째, 합동 교단의 예배모범에 비해 서론격의 내용("예배란 무엇인가")을 새로 추가하였다. 미국 장로교와 한국 다른 장로교들은 이 서론격의 글들을 싣지 않았다.

셋째, 제6장 설교는 1934년의 강도라는 용어 대신에 사용하고 있다. 제7장 헌금은 합동 교단의 예배모범에는 제18장에 나오는 항목이다. 제8장 유아세례는 이전에는 제9장에 나온 것이었다.

넷째, 제10장 입교예식과 11장 성찬예식은 이전에도 동일하게 제10장과 11장에 위치한 것이다. 제13장의 주일학교와 제14장 기도회는 합동 교단의 예배모범에는 제7장과 제8장에 위치해 있었다. 제15장 금식일과 감사일은 합동 교단의 예배모범에는 제14장에 위치한 것이었으며, 제16장 가정예배와 은밀한 기도는 이전의 제15장의 은밀기도와 가정예배의 순서를 서로 바꾼 것이다.

다섯째, 제17장 병자심방은 1922년 판 예배모범에 있던 것이 개정판 1934판과 합동 교단의 예배모범에서 사라진 항목을 복원한 것이다. 이전에 이 병자심방은 1644년의 웨스트민스터 예배모범에는 10번째 순서로 나와 있었으며, 분열 이전의 미국 장로교회 예배모범(1788)에는 12번째로 나타났으며, 분열 후 북 장로교(1784)와 남 장로교(1884), 그리고 한국 장로교 1922년 "예배모범" 등에는 13번째에 나타났던 항목이었다. 이상으로 볼 때, 합신 교단은 오랫동안 과거의 예배모범들에 있었던 병자심방을 회복시킨 것이다. 제18장 혼인예식과 제19장 장례식은 이전의 제12장과 제13장에 있었던 것이며 제20장 시벌과 제21장 해벌은 이전의 제16장과 제17장에 있었던 제목들이다.

여섯째, 합신 교단의 예배모범 중에 특이한 것은 이전 예배모범들에 전혀 나타나지 않았던 것들을 새롭게 제정한 항목들이 있다는 점이다. 그것은 제9장 성인세례, 제12장 축복기도이다. 앞에서 언급한 병자심방은 복원된 항목인데 비해, 성인세례와 축복기도, 이 두 가지는 이 교단 예배모범에 새롭게 추가한 항목이라는 면에서 차이가 있다.

② **예배 예식서**

ⓐ 『예식서』(개혁, 1992)

이 예식서는 장로회 합신 교단의 첫 『예식서』로서, '합신 교단'으로 개칭되기 전의 이름인 '개혁 교단'에서 나온 문서이다(1992). 이 『예식서』의 전체적인 내용을 살펴보면, 머리말, 발간사에 이어, Ⅰ. "성례식"에는 학습예식, 세례식, 유아세례식, 입교예식, 성찬예식 등이 나오며, Ⅱ. "임직식"에는 목사임직식, 목사위임식, 강도사 인허식, 장로·집사 임직식(장립식), 장로·집사 취임식, 권사취임식, 원로목사 추대식, 공로목사 추대식, Ⅲ. "봉헌식"에는 예배당 기공식, 예배당 정초식, 예배당 헌당식, Ⅳ. "혼례식"에는 약혼식, 결혼식. Ⅴ. "장례식"에는 장례지침, 입관식, 발인식, 하관식 등이 수록되어 있다. 여기서는 주일예배에 관한 사항이 나오지 않기 때문에 성례식 중 성찬식을 중심으로 살펴보고자 한다.

먼저, Ⅰ. "성례식" 5. "성찬예식"에 관해 신학적 의미와 참고사항, 그리고 성례식순(종합, 예배 중에)을 요약하여 제시하고자 한다.[329]

---

[329] 대한예수교장로회총회(개혁), 『예식서』(서울: 총회교육부, 1992), 9, 18 - 21.

Ⅰ. 성례식

성례는 "보이는 하나님의 말씀"이다. 성례전에는 세례와 성찬이 있고 하나님의 말씀을 떠나서는 아무런 의미를 갖지 못한다. 성례는 은혜언약에 대하여 인치는 언약의 표이다(창 17:7). 그리스도께서 그의 백성과 언약을 맺으시며 제정하신 것이다(고전 11:23).

5. 성찬예식

* 신학적 의미 - 성찬예식(The Lord's Supper)은 주께서 잡히시던 날 밤에 그의 몸과 피로 성찬을 정하셨으니 우리 주님에 의해서 제정된 예식이다(막 14:22 - 24). 이 예식은 성령께서 은혜를 베푸시는 방편이요, 성도의 믿음이 자라나게 하며 교회의 통일과 친교의 표시이다(고전 10:16). 떡은 그리스도의 몸을, 잔은 그리스도의 피를 기념, 기억하며 전파하는 예식이다.

*참고사항

1) 성찬에 참여할 수 있는 자격은 무흠 입교인이다. 2) 교회가 성례를 1년에 2회 이상 거행함이 적당하고 1주일 전에 광고하여 기도로 준비함이 옳다. 3) 성찬에 사용하고 남은 떡과 포도즙은 땅에 묻거나 불에 태운다. 4) 성찬예식을 거행할 때 필요하면 무임장로에게 맡길 수 있다.

성례식순(종합)

묵도 - 기원 - 성시 - 찬송 - 신앙고백 - 찬송 - 기도 - 성경 - 광고 - 찬양 - 설교 - 기도 - 찬송 - 헌금 - 1) 학습식 2) 세례식 3) 유아세례식 4) 입교식 - 성찬식(상보를 걷는다) - 찬송 - 설명[예식사](성찬식은 … 모든 그리스도인들에게 능력을 주셔서 죄를 대적하게 하시고 믿음을 더하게 하시며 성령의 충만을 받게 하는 예식입니다 …) - 분병 - 분병 기도 - 성경낭독 - 확인(떡을 받으실 분 중에 받지 못한 분은 손들어 표해 주십시오) - 분잔 - 분잔기도 - 확인(잔을 받으실 분 중에 받지 못한 분은 손들어 표해 주십시오) - 성찬상을 덮음 - 성경(이에 저희가 찬미하고 감람산으로 나아가니라) - 찬송 - 축도

성찬식(예배중에)

묵도(송영) - 기도 - 찬송 - 신앙고백(사도신경) - 교독(교독문 중) - 찬송 - 성경봉독 - 광고 - 찬양 - 설교 - 찬송 - 헌금 - 성경봉독 - 설교(성찬의 의미)

- 분병(기도, 떡을 나눔) - 분잔(기도, 잔을 나눔) - 찬송 - 축도

다음으로, 성찬식에 대해 분석하고자 한다.

첫째, 이 예배순서는 주일예배 자체를 주제로 해서 취급하지 않지만 성찬식에 나타나는 주일예배의 면모를 찾아 볼 수 있다. 여기서 사도신경은 제시되어 있으나 주기도문은 나타나지 않는다. 이것은 위에 제시된 성찬식 유형 2가지 모두 공통으로 나타나는 현상이다. 원래 주기도문은 말씀예전과 성찬예전을 함께 드릴 때 성찬예전에서 수찬 전에 이루어지는 경우가 전통적인데 여기에서는 주기도문이 전혀 나타나지 않는다. 이것은 후에 나오는 이 교단의 『표준예식서』(2005)에는 주일 낮 예배 때 5개의 유형 중에 한 번(제5유형), 수요예배나 수요 기도회 때 순서 종료 시에 시행하는 주기도문이 각각 1번 씩 나온다. 이로 볼 때 이 예식서에 주일예배에서 주기도문이 전혀 나오지 않은 것은 한국 장로교 초기부터 내려오던 전통을 그대로 따른 까닭이라고 보며, 후에 나오는 예식서에서 이와 같은 현상이 서서히 사라지며 주일 낮 예배에도 주기도문을 반영하고 있는 것은 예전면에서 긍정적 일로 평가된다.

둘째, 두 순서 모두 광고가 설교 이전에 나타난다. 이것은 대개 한국교회 예배에서 설교 이후에 공통적으로 나타나는 것과는 대조적이다. 아마도 성례식 예배에서 광고를 미리해서 성찬에 중심을 두려는 판단 하에 한 것으로 보인다.

셋째, 성경봉독이 각 유형에 두 차례 나온다. 아마도 앞의 성경은 그날의 설교를 위한 것이며, 뒤의 것은 성찬에 관한 말씀인 것으로 보인다.

넷째, 성찬식 순서(종합) 중 설명(예식사) 부분에서 성령님의 역사, 그리고 죄를 대적하고 믿음을 강조한 것은 매우 유익한 언급으로 이해된다. 대개 비예전적인 장로교의 경우, 성찬식에서 성령님의 역사를 강조하는 것이 드문데 이 예식서에서는 그런 점을 일소하고 성찬에 생동감을

주고자 하는 의도가 담겨있다고 할 수 있다.

다섯째, 성례식이 "보이는 말씀"이며, "성경말씀을 떠나서는 아무런 의미를 발휘하지 못한다."는 표현은 성경과 성찬에 대한 개혁주의적인 사상을 보여준다. 성경말씀과 무관하게, 혹은 말씀을 넘어서서 성찬이 이루어진다면, 그것은 참된 성례전이라고 할 수 없고 다만 인위적인 예식에 그치고 말 것이다.

ⓑ 『표준예식서』(개정초판, 개혁, 1999; 개정초판 2쇄, 합신, 2005)

이 교단은 1992년에 발행된 교단(당시 개혁 교단) 예식서를 출판했으나 좀 더 세밀한 예식서의 필요성을 느껴 총회차원에서 수정 보완하여 새로운 이 예식서를 출판하게 된다. 이 개정 예식서의 초판 1쇄는 1999년이었으므로 교단이름이 "개혁"으로 되어 있으나, 2005년에 나온 2쇄는 동일한 내용의 예식서로서 교단이름이 "합신"으로 바뀌어 인쇄되어 나옴을 알 수 있다.[330] 이 개정 예식서는 1992년 판에 없던 공예배에 대한 새로운 부분을 수록하였고 종전의 예식서를 대폭적으로 개정하여 더 자세하게 만들었다.

이 예식서의 차례를 살펴보면, 머리말에 이어 주기도문, 사도신경, 십계명, 12신조를 실었으며, 본장으로 들어가서 Ⅰ. 예배에서 '예배에 대하여'난에서 예배의 의미, 예배의 목적 및 이유, 예배의 요소와 그 배열을 다루며, 이어 주일 낮 예배(1,2,3,4,5)와 찬양예배, 오후·저녁예배, 헌신예배, 수요예배, 수요기도회 등을 다루고 있다. Ⅱ. 성례식에서는 성례에 대하여(성례의 의미, 성례를 세우신 목적, 성례의 종류), '세례'에서는 세례에 대하

---

[330] 개정판 1쇄(1999)와 2쇄(2005)는 내용과 면수도 동일하다. 한 가지 다른 점은 개정판 1쇄는 교단이름이 바뀌기 전의 이름인 "개혁 교단"에서 출판하였으며, 필자가 여기에서 사용하는 판은 "합신" 교단으로 표기된 개정 2쇄인 2005년 판이다. 대한예수교장로회(합신), 『표준예식서』(개정판) (서울: 합신 총회출판부, 2005), 3. "머리말"

여, 세례 제정의 목적, 세례에 사용되는 도구, 예배 중에 학습식, 유아세례식, 세례식, 입교식 등이 실려 있다. 이어 '성찬'에서는 성찬에 대하여, 성찬의 삼중적 의미, 성찬의 행위, 성찬식(성찬식만), 성찬식(예배 중에), 성례식 종합 – 세례와 성찬 등이 실려 있다.

Ⅲ. 임직식에는 '임직에 대하여'(그리스도의 직임, 교회의 직분, 임직의 의의, 임직 받는 대상), 목사 임직식, 목사 위임식, 선교사 파송식, 강도사 인허식, 장로·집사 임직식, 장로· 집사 취임식, 권사 취임식, 원로목사·원로장로 추대식, 공로목사 추대식 등이 나온다. Ⅳ. 봉헌식에는 예배당 봉헌에 대하여, 기공식, 입당식, 헌당식, Ⅴ. 혼례식에는 혼인에 대하여, 약혼식(약혼지침, 약혼식), 결혼예배(결혼의 의미, 결혼지침, 결혼식 1,2), Ⅵ. 상례식에는 죽음의 준비와 임종, 장례식의 의의, 장례지침, 임종식, 입관식, 장례식(발인예배), 하관식 등이 나온다.

여기서는 예배에 대해 전반적으로 살피며, 성찬에 대해서는 Ⅱ. 성례식 중 '성찬식 – 예배 중에' 행하는 성찬식을 살펴본 후, 이에 대한 분석하기로 한다.

먼저, Ⅰ. 예배에서 '예배에 대하여' 난에서 예배의 의미, 예배의 목적 및 이유, 예배의 요소와 그 배열을 다루며, 이어 주일 낮 예배(1, 2, 3, 4, 5)와 찬양예배, 오후·저녁예배, 헌신예배, 수요예배, 수요기도회 등을 다음과 같이 다루고 있다.

예배에 대하여[331]

1. 예배의 의미 - 각주 참조

2. 예배의 목적 및 이유 - 각주 참조

3. 예배의 요소와 그 배열(예배순서)

중보자이신 예수 그리스도 안에서 성령님의 도우심으로 예배의 모든 요소들이 유기적인 통일성과 상호교통이 나타나야 한다.

1) 예배에의 부름(시 100편, 요 4:24) - 하나님께서 그 백성들을 구속하신 후에 그들에게 '나에게 나와 예배하라'고 부르시는 말씀이다. **2) 예배선언**(시 123:1, 124:8) - '우리가 주님께 나아갑니다'라고 선언하는 것이다. 이 선언 속에는 예배의 대상이 누구인지를 분명히 하는 것이며, 동시에 온 교회가 서로에게 권하는 것이기도 한다. **3) 축복기도**(민 6:24 - 26) - 하나님은 자신에게 예배하러 나아오는 자들에게 예배를 드릴 수 있는 복과 은혜를 베푸신다. **4) 찬송**. 성삼위송, 영광송, 경배송, 봉헌송, 아멘송, 송영 등등이 있다. **5) 십계명 선포** - 십계명은 우리의 죄들을 일깨워 주고 하나님의 백성으로 온전하게 살지 못했음을 회개케 한다. 이어 죄를 고백하며 사죄의 선포가 나온다. **6) 참회의 기도 7) 사죄의 선포** - 십계명을 통하여 하나님의 거룩과 공의가 반영되었다면 용서와 사죄의 선포로 하나님의 은혜와 사랑과 자비와 긍휼이 나타난다. **8) 신앙고백** - 사도신경은 온 교회가 공동 예배를 드리기 위한 통일된 신앙고백이며 공예배시에 항상 있어야 한다. **9) 찬송** - 용서와 사죄에 대한 감사찬송을 드린다. **10) 예배를 위한 교회 공동의 기도 11) 성경낭독** - 초대교회 때에도 행해졌고 역사적 개혁교회들이 언약 예배의 맥락에서 계속해왔던 예배의 요소이다(딤전 4:13). 이 낭독은 신구약 성경전서를 매주 연속하여 읽는

---

331 대한예수교장로회(합신), 『표준예식서』(개정판), 21-28.
　1. 예배의 의미 교회의 예배는 우리의 창조주시며 우리를 구원하시고 자신을 예수 그리스도 안에서 계시하신 하나님께 존귀와 찬양과 감사와 영광을 드리는 것이다. 이 예배야말로 교회가 모이는 가장 큰 목적이다. **2. 예배의 목적 및 이유** 예배의 목적은 하나님께 찬송과 존귀와 권세와 영광을 돌리기 위함이다. 예배의 이유는 하나님은 창조주이시고 우리는 피조물이며 우리를 구원하셨기 때문이다.

것이다. **12) 봉헌** - 하나님께 가장 좋은 것을 가장 좋은 목적으로 가장 의미 있게 몸과 마음을 드리는 것이다. **13) 본문 봉독과 설교** - 말씀은 성령님의 증거이며 교회의 첫째 표지이다. 설교는 일방적이 아니고 쌍방적이다. 회중의 적극적이고 능동적인 행위가 설교에 포함된다. **14) 아멘송** - 선포된 말씀(설교)에 대한 화답송이다. **15) 축도** - 아버지와 아들과 성령의 이름으로 교회에 삼중축복을 하신다. 축도는 한 주간을 예배중심으로 살 수 있게 해 주는 복이다. 이 축도로 예배가 절정에 이른다. **16) 송영** - 온 교회는 하나님께 송영을 같이 드리므로 예배의식을 마친다.

주일 낮 예배 (1)[332]

(⬇) 예배에의 부름(시100편) - (⬆) 예배선언(시123:1, 124:8) - (⬇)축복기도(민6:24 - 26) - (⬆) 찬송(9장) - (⬇) **십계명(선포)** - (⬆) 참회기도 - (⬇) 사죄의 선포(요일1:9, 사1:18) - (⬆) 신앙고백(사도신경) - (⬆) 찬송(35장) - (⬆) 기도 - (⬇) 성경낭독 - (⬆)봉헌송 찬양(14장) - (⬆) 봉헌기도 - (⬆) 설교본문 - (⬇) 설교 - (⬆) 기도 - (⬆) 아멘송 찬송(557, 17장) - (⬇) 축도 - (⬆) 송영

> (⬇) 주께서 그의 백성들에게
> (⬆) 그 백성이 성령으로 말미암아 예수 그리스도 안에서 그들의 주 하나님께

주일 낮 예배 (2)

입례송 - 기원 - 묵도 - 찬송 - 참회기도 - 신앙고백 - 찬송 - 기도 - 성경봉독 - 찬양 - 설교 - 기도 - 찬송 - 헌금 - 봉헌기도 - 교회소식 - 찬송 - 축도 - 송영

---

[332] 대한예수교장로회(합신),『표준예식서』(개정판), 29 - 38.

주일 낮 예배 (3)

기원 - 성경낭독 - 신앙고백 - 찬송 - 기도 - 설교본문 봉독 - 봉헌 - 봉헌기도 - 찬양 - 설교 - 기도 - 찬송 - 교회소식 - 찬송 - 축도

주일 낮 예배 (4)

예배에의 부름 - 묵도 - 기원 - 찬송 - 교독문 - 신앙고백 - 찬송 - 기도 - 성경봉독 - 찬양 - 설교 - 기도 - 찬송 - 헌금 - 봉헌기도 - 교회소식 - 찬송 - 축도 - 송영

주일 낮 예배 (5)

예배에의 부름 - 입례송 - 기원 - 송영 - 시편낭송 - 주기도문송 - 신앙고백 - 찬송 - 기도 - 찬양 - 교회소식 - 성경봉독 - 설교 - 찬송 - 봉헌기도 - 헌금 - 찬송 - 축도 - 성도의 교제

찬양예배

찬양의 시간 - 기도 - 찬송 - 성경봉독 - 찬양(특순) - 설교 - 기도 - 찬송 - 축도 - 송영

오후·저녁예배

예배에의 부름 - 예배선언 - 찬송 - 기도 - 찬송 - 성경봉독 - 찬양(특순) - 설교(교리강설) - 기도 - 찬송 - 축도 - 송영

헌신예배

예배에의 부름 - 예배선언 - 찬송 - 기도 - 찬송 - 성경봉독 - 찬양 - 설교 - 기도 - 특송 - 헌금 - 봉헌기도 - 교회소식 - 찬송 - 축도 - 송영

수요예배

묵도 - 기원 - 찬송 - 기도 - 성경봉독 - 설교 - 기도 - 찬송 - 교회소식 - 주기도

수요기도회

찬양의 시간 - 교회공동의 기도 - 개인을 위한 기도 - 자유기도 - 성경봉독 - 찬송 - 설교 - 기도 - 교회소식 - 찬송 - 주기도

이어서, Ⅱ. '성례식' 중 '성찬식(예배 중에)' 행하는 성찬식을 살펴본다.[333]

성찬식(예배중에)

예배에의 부름 - 예배선언 - 찬송 - 십계명교독 - 신앙고백 - 찬송 - 기도 - 성경봉독 - 찬양 - 헌금 - 봉헌기도 - 설교 - 찬송 - 식사 - 성경봉독 - 권면 - 성찬 (1) 분병(떡을 나눔) - 기도 -〔분병순서〕목사 - 교우 - 분배장로 (2) 분잔(잔을 나눔) - 기도 -〔분잔순서〕목사 - 교우 - 분배 장로 - (성찬 후 등단하여) 기도 - 찬송 - 축도 - 송영

다음으로, 예배와 성찬에 대한 분석을 한다.

첫째, 예배의 시작을 '예배에의 부름'이나 '묵도', '입례송', '기원', '찬양'(의 시간) 등으로 시작하고 있다. 최근 한국교회 예배의 동향을 보면 '예배에의 부름'이 새롭게 많이 부각되고 있는데 여기서도 위에 제시된 10개 순서 중 5개의 순서를 차지하고 있다. 그리고 '묵도'가 3번 나오는데, 이 순서를 유의해보면, 모든 순서 10개 중에 주일 낮 예배순서 (2)와 (4), 그리고 수요예배에 나타난다. 이중에서 예배(집회)에서 첫 순서로 나오는 경우는 수요예배 때 한번 뿐이며, 두 번째 순서에 나오는 것은 주일예배(4)이며, 세 번째 순서로 나오는 것은 주일예배(2)에서이다. 이에 비해 나머지 7개 순서에는 '묵도'가 나타나지 않는다. 이것은 한국교회 예배에서 1920년대 또는 1930년대부터 '묵도'로 시작하는 전통이 생겨 왔는데 이 예배

---

[333] 대한예수교장로회(합신),『표준예식서』(개정판), 60 - 61.

서에서는 '묵도'를 취사선택의 순서로 보는 듯하다. 필자는 더 나아가서 '묵도'는 정식 예배 순서가 아니라 예배 준비 순서로 보는 것이 좋을 것이라는 견해를 피력한 바 있다.

둘째, (⇧)와 (⬇) 표시의 사용에 대해서 살펴보면, 대부분의 이 표시 사용에 대해서는 이의가 없다. 그러나 앞부분에 나오는 축복기도(민 6:24-26)가 (⬇) 표시에 해당하는가에 대해서는 문제점이 있다. 여기의 '축복기도'라는 표현은 예배의 마지막 부분에 속한 '축도'는 아닌 것으로 보인다. 그렇다면 여기의 '축복기도'가 어떤 기도의 표현이라면 (⇧) 표현이 맞는 것이지만, 여기서는 민수기 6장의 말씀이 있는 것으로 보아 기도의 표현은 아닌 것으로 보이는데 이를 '축복기도'로 표시 (⬇)가 있어 그 의미가 모호해진다. 대개 예배 초두에 나오는 기도는 성경낭독 전에 나오는 대표기도와 달리 기원의 기도 성격이 있으므로 (⇧) 표현이 나올 것 같다. 여기에서 모든 기도는 (⇧)인데 여기서는 (⬇)로 되어 있어 그 사용의미가 혼동을 일으킨다. 필자의 판단에 따르면 이 순서는 '기원'이라고 하면 좋을 것이며, '기원'에는 괄호 ( )안의 성경구절은 생략하고, 대신 '축도'에 이 구절(민 6장)이나 고린도후서 13:13을 괄호 ( )표시를 하고 그 안에 삽입하는 것이 더 나을 것이다.

셋째, '예배의 요소와 배열' 부분의 설명문에서 '축도'가 예배의 절정이라고 말한다. 대개 예배학자들이 말하는 예배의 절정이란 설교를 의미하거나 성찬을 의미한다. 여기서는 축도를 의미한다고 되어 있는데 이는 '예배의 절정'이라는 표현보다는 '새로운 예배로의 파송'(일상의 삶으로 나아감)이라는 표현이 더 설득력이 있으리라 판단된다.

넷째, 수요예배와 수요기도회에 대해서 이 예식서에서는 두 용어를 병행사용하며 그 순서도 다르게 제시한다. 이것은 무엇을 의미하는가? 이 예식서를 사용하는 목회자 재량으로 용어나 그 순서를 선택해도 좋다는 의미로 보인다. 그러나 이럴 경우 설명부분에 이러한 내용을 설명하는 것이 좋을 것이다.

다섯째, 주기도문 사용에 관한 것이다. 주일 낮 예배의 대부분은 주기도문을 사용하지 않고 다만 주일 낮 예배 (5)에만 노래로 사용하는 '주기도문송'이 있을 뿐이다. 그리고 수요예배와 수요기도회에서는 모두 주기도문으로 폐회하는 것으로 나타난다. 이것은 한국교회의 고유한 예배전통인데, 수요기도회 때 사용하는 것은 문제 되지 않으나 주일 대 예배 때 사용하지 않는 풍조는 깊이 생각할 점이다. 특히 이 교단의 예전에서는 주일 낮 예배 때에 십계명을 사용하는데 주기도문도 주님의 권위를 드러내므로 노래형식뿐 아니라 기도문 형식의 정식순서로 사용하는 것이 더 좋으리라고 판단된다.

여섯째, 십계명 순서와 신앙고백에 대해서는 이미 곽안련의 『목회학』에서 상세히 다루었다. 십계명에 대해서 이 예배서에는 주일예배 (1)와 성찬식(예배 중에)에서 모두 신앙고백의 앞에 나온다. 그런데 칼빈의 경우는 조금 다르다. 그의 스트라스부르크의 예전에서, '예배의 부름―죄의 고백―속죄의 말씀―용서의 선언―(키리에와 함께 하는) 십계명 찬송' 순서로 나오는데 여기의 주일 낮 예배 (1)에서는 '예배에의 부름―예배선언―축복기도―찬송―십계명―참회기도―사죄의 선포―신앙고백(사도신경)' 순서로 나타난다. 칼빈 예전의 경우 인간의 죄 고백, 속죄의 말씀, 용서의 선언 이후에 성도의 삶 법도의 기준으로 십계명이 나오나, 이 예식서에는 성도의 삶의 기준인 십계명이 먼저 나오고 이어 참회기도, 사죄선포, 신앙고백이 나온다. 우리는 이 두 가지 중에서 어떤 형식이 옳은 것인가라는 관점으로 볼 것이 아니라, 십계명의 의미를 어디에 두느냐의 관점에 따라 달라질 수 있음을 인정하는 것이 유익하리라 본다.

또한 신앙고백에 대해서는 모두 설교 이전에 위치해 있으며, 해설부분에 사도신경만을 소개하고 있다. 세계 기독교 예전(예식)의 전통대로라면 신앙고백에 사도신경뿐 아니라 니케아 신경이나 아타나시우스 신경 등도 사용되고 있는데 오늘날 한국교회에도 사도신경 이외에도 니케아 신경도 사용하고 있는 교회도 생기고 있다는 점을 소개했더라면 더 좋았을 것이다.

일곱째, '참회의 기도'와 '사죄의 선포'에 대해서는 주일 낮 예배 (1)에서, 그리고 '참회기도'에 대해서는 주일 낮 예배 (2)에서만 다루고, 나머지 다른 예배에서는 단순히 '기도'라고 표현하고 있다. 이 예식서대로라면 이 교단(합신)에서는 아직도 '참회기도'와 '사죄선포'가 널리 사용되지 않고 있음을 보여주는 예라고 볼 수 있을 것이다.

여덟째, '봉헌' 순서가 유동적으로 나오고 있다. 설교 전에 두 개 순서(주일 낮 예배 1, 3), 설교 후에는 3개 순서(주일 낮 예배 2, 4, 헌신예배)에 나타남으로써 이 순서의 위치가 자유롭게 위치가 바뀔 수 있음을 보여준다.

아홉째, '광고'(교회소식)에 대해서 생략한 경우도 있으며(주일 낮 예배 1), 대개 설교 후에 나오는 순서들이 많으며, 설교 전에 나오는 경우도 있다(주일 낮 예배 5). 여기서 주의할 것은 이 예식서의 예배해설 부분에서 광고에 대한 설명이 나타나지 않는다는 점이다.

열째, 마지막 순서로 나온 수요기도회에는 '교회 공동의 기도'와 '개인을 위한 기도', 그리고 '자유기도'를 설정하여 다양한 기도제목으로 기도에 집중하려는 의도를 보여주고 있다. 이것은 수요기도회의 특성상 아주 적절한 반영이라고 판단된다.

2) 감리교

(1) 『예배서』(1992.3)

감리교의 예문(예식문)의 역사를 간단히 정리해 보기로 한다. 조선 감리교가 1930년에 세워진 후, 『교리와 장정』 안의 "예문", 또는 별개의 문서로 나온 『예문』(1977)에는 성찬예식을 비롯한 예문 등이 나오나, 주일예배 순서는 나오지 않는다. 주일예배 순서가 나오는 것은 『교리와 장정』의 "예문" 조항이 아닌 다른 조항에 나오는데, 1931년 『교리와 장정』 제3편 입법과 행정, 제6장 교인, 3관 교인의 은혜 받는 방법 중에서 12항 "공중예배에 참예함"이라는 소제목 아래 한 개의 형식(총 15개 순서)이 나온다. 이후 1935년부터 "감리교회 교리적 선언"이 추가되어 모두 16개 순서가 된다. 해방이후, 1962년 『교리와 장정』에는 처음으로 두 가지 형식의 예배순서가 처음으로 나타난다. 1형은 20개 순서로, 2형은 18개 순서로 되어 있다. 이후, 30년이 지나서, 『교리와 장정』(1962)에 나오던 주일예배 순서를 기본으로 하고, 예배에 필요한 여러 가지 내용을 더 담아서 새로운 예배서가 나왔는데 그것이 바로 이 『예배서』(1992. 3)이다.[334]

이 예배서의 전체적인 내용을 간략히 소개하면, 머리말, 발간사, 사용안내에 이어 제1부 교회의 공동예배(예배순서, 세례예식 집행순서, 견신례와 입교식 집행순서, 성만찬 및 성례전의 집행순서, 결혼예배 순서, 장례예배 순서, 준회원목사 안수예배 순서, 정회원목사 허입식 예배순서, 감독 취임예배 순서), 제2부 예배보조자료, Ⅰ. 교회력(공동예배를 위한 성서일과, 부활절을 위한 교회력 안내, 대강절기, 성탄절기, 주현절기, 사순절기, 부활절기, 성령강림절기, 왕국절기, Ⅱ. 일반예배 보조자료(공동예배용, 일반기도문), 제3부 찬양의 예문(시편, 송시 또는 찬양시), 제4부 기타의 경우에 사용하는 예문(설교자 자격 인정, 연회 준회원 허입, 준회원 여자목사 임명, 선교사 파송, 각국 총무 및 연회 총무 임명, 교회 임원 임명, 교회학교 임원 및 교사 임명 성가대원 임명, 교회 창립, 예배당 기공식, 예배당 입당식, 예배당 봉헌식, 학교건물 봉헌식, 병원 봉헌식, 교회음악용 악기 봉헌, 기념관 봉헌식, 입주예배, 성찬예배 등의 예문 등), 제5부 각종 기도문(신정기도, 설날기도, 3·1절 기도, 맥추감사절 기도, 8·15개념예배의 기도, 추석을 맞이하여, 순교자의 날, 나라를 위한 기도, 송년주일, 신학대학주일, 평신도주일, 기독교교육진흥주일, 교역

---

[334] 기독교대한감리회, 『예배서』(서울: kmc, 1992), 머리말. 3.

자보건주일, 군선교주일, 은급주일, 선교주일 등이다.

먼저, 이 『예배서』의 주일예배(1992)와 『교리와 장정』(1962)에 있는 주일예배를 간략히 제시해보기로 한다. 여기서 성찬식에 대해서는 생략하기로 한다.

『예배서』제1부 교회의 공동예배[335]

예배순서〔여기에는 요약된 형식과 완전한 형식 두 가지가 제시되어 있다. 아래의 순서들 중 굵은 글씨는 필자가 표시한 것이다.〕
요약된 형식 - 성전에 들어오면 조용하게 묵상하거나 기도하도록 한다. 예배는 예정된 시간에 정확하게 시작한다. 모든 기도의 끝에는 아멘으로 응답한다. 전주 - 예배에의 부름(성서를 읽거나 성가대가 찬송을 부른다) - 찬송 - 기도(기원, 그날의 기도, 고백기도, **주기도** 중 적절한 것을 선택하여 목사가 인도한다. - **봉독**과 송영(일어서서 교독하거나 한 목소리로 읽는다.) - 찬송 - 성서봉독 - 신앙고백(사도신경 또는 교리적 선언을 교독하거나 한 목소리로 읽고 송영을 부른다.) - 목회기도 - 헌금 - 봉헌기도(목사의 판단에 따라 헌금과 헌금기도를 설교 뒤로 미룰 수도 있다.) - 성도의 교제 - 특별찬양 - 설교(말씀의 선포) - 헌신의 찬송 - 축도 - 후주
완전한 형식〔요약된 형식의 순서 앞에 두 문구는 동일하고 다음의 한 문구가 추가되어 있다: "성경구절, 신앙고백, 기도문, 축도 등을 예배서나 찬송가에서 찾아 활용 할 수 있다."〕
전주 - 예배에의 부름(**성경**을 읽거나 성가대가 찬송을 부를 수 있다.) - 찬송(입례행진을 할 수도 있다) - 기원(목사가 인도하고 회중은 일어선다.) - **고백기도**(회중은 일어서고 **목사가 인도한다.**) - 용서의 말씀이나 확신의 말씀(성경구절을 선택하여 제시할 수 있다.) - 주기도문 - 송영 - 찬송 - 성서봉독(두

---

[335] 기독교대한감리회, 『예배서』(1992), 14 - 17.

곳의 본문을 읽는다. 한 곳은 구약에서, 다른 한 곳은 서신이나 복음서에서 택한다.) - 응답송(영광송을 부른다) - **오늘의 기도**(목사가 인도하거나 목사와 회중이 함께 읽을 수 있다. 회중은 앉아서 머리를 숙이거나 무릎을 꿇고) - 목회기도 - 헌금 - 봉헌기도 - 성도의 교제 - 특별찬양(성가대) - 설교(말씀의 선포) - 헌신의 찬송 - 축도 - 후주

『교리와 장정』(1962) 제5장 교인, 74조 "공중예배"[336]

〔1〕 전주 - 예배에의 부름 - 기원 - 찬송 - 성경교독(교리적 선언) 및 사도신경 - 성삼위 영가 - 기도 - 주기도문 - 응답의 노래 - 찬송 - 성경봉독 - 헌금 - 광고 - 찬송(성가대) - 설교 - 기도 - 신신자견신 - 찬송 - 축도 - 후주〔총 20개 순서〕

〔2〕 전주 - 묵도 - 찬송 - 성경교독(교리적 선언) 및 사도신경 - 성삼위영가 - 기도 - 주기도문 - 응답의 노래 - 찬송 - 성경봉독 - 헌금 - 찬송(성가대) - 설교 - 기도 - 신신자견신 - 찬송 - 축도 - 후주〔총 18개 순서〕

다음으로, 주일예배에 관하여 이 『예배서』(1992)의 두 형식 간 비교 분석하며, 이어 이 예배서의 예배형식들과 1962년 『교리와 장정』의 예배 형식을 비교 분석하면 다음과 같다.

첫째, 이 『예배서』의 주일예배 두 형식 간 상호 비교 분석해보자. 이 예배서에는 "요약된 형식"(총 17개 순서)과 "완전한 형식"(총 21개 순서) 두 형식이 나오는데, 두 형식간의 차이점은 "완전한 형식"에는 "요약된 형식"보다 한 가지 순서가 추가되어 나와 있으며, 추가된 순서는 '용서의 말씀이나 확신의 말씀'이다. 또 선택할 수 있는 순서들이 필수적인 순서로 바뀐 것들은 '기원', '그날의 기도'(오늘의 기도), '고백기도', '주기도'로 나온다. 여

---

336 기독교대한감리회, 『교리와 장정』(서울: 총리원, 1962), 44.

기서 주의 깊게 살펴야 볼 항목은 "요약된 형식"에는 '주기도'가 선택적 순서라고 되어 있는데, 이는 '주기도'가 감리교 초기 전통부터 내려오는 필수적인 순서였던 점에서 보면 쉽게 이해되지 않는다. 또한 "요약된 형식"에는 나와 있으나 "완전한 형식"에서는 빠져 있는 순서가 하나있다. 그것은 '신앙고백(사도신경이나 교리적 선언)' 순서로서, 1962년『교리와 장정』주일예배 1, 2형이나 나중에 나오는『새예배서』(2002)에 모두 필수 순서로 다 반영이 되어 있는 것으로 보아, 아마도 인쇄상의 실수로 빠진 것으로 보여 진다.

한편, "요약된 형식" 중 다섯 번째 나오는 순서 '봉독과 송영'에서 '봉독'이 무엇을 의미하는 지 설명이 나타나 있지 않다. 만약, 이 순서보다 두 순서 후에 나오는 '성서봉독'이 설교본문의 봉독이라면 아마도 이것은 교독문의 봉독일 것으로 추측된다. 그런데 예배사적으로 교독문 봉독이 송영과 함께 묶어져 나오는 경우는 없는 것으로 보면, 이 '봉독' 순서가 무엇인지 판단하기 어려운 문제가 발생된다. 그러므로 교단의 공식적인 예배서에서는 이런 용어들이 명백한 의미로 받아들여지도록 용어선택에 주의를 기울여야 할 것이다. 또한 두 순서 모두 '광고'라는 이름 대신에 '성도의 교제'가 들어 있다.

둘째, 이 예배서 형식들과 1962년 형식들 간의 비교 분석해 보기로 한다.

1. 이 예식서의 두 형식을 살펴보면, "요약된 형식"과 "완전한 형식"으로 구분되어 "완전한 형식"이 요약된 형식을 거의 포함한 것이며 그 순서도 큰 흐름에서 차이가 크지 않다.

2. 1962년 예배서의 두 형식을 살펴보면, 1형(20개 순서)은 2형(18개 순서)에 비해 '묵도'가 빠지고 '예배에의 부름', '기원', '광고'가 더 들어 있고 나머지 순서는 동일하다. 2형은 1형에 비해 '예배에의 부름'과 '기원'이 없고 대신 '묵도'로 되어 있고 '광고' 순서는 빠져 있다. 여기서 '성경교독(교리적 선언)'과 '성경봉독' 순서는 앞의 것은 교독문으로 보이며, 뒤의 것은 설교

본문으로 보인다.

3. 두 예배서에 나타나는 예배 순서를 비교해보자. 이 예배서(1992)의 두 형식 중 "완전한 형식"과 1962의 두 형식 중 〔1〕의 순서를 상호 비교해보면, 상당한 차이가 있음을 알 수 있다. 여기서는 1992년 형식을 기준으로 서술한다. 1992년 형식에 '묵도'는 아예 빠지고 '예배에의 부름'으로 통일된다. 성경교독은 '성서봉독'이란 용어로 나온다. 이것은 설명부분인 "두 곳의 본문을 읽는다. 한 곳은 구약에서, 다른 한 곳은 서신이나 복음서에서 택한다"라는 내용으로 보완 설명되어 있다. 이 순서가 예배 중반부에 나오며 특별히 설교 본문에 대해 나와 있지 않으나 두 곳의 본문 중에 하나로 추측된다. 이에 비해 1962년 순서에는 '성경교독'은 예배 초반부에 나타나며, 설교를 위한 성경 읽는 것은 '성경봉독'이란 이름으로 설교 가까이에 위치해 있다. 또한 헌금순서에 대해 살펴보면 1992년 형식에는 '헌금'과 '봉헌기도' 두 순서가 나오나 1962년 형식에는 '헌금' 순서만 나온다. 이 헌금 순서는 설교 이전에 시행된다는 점에서 두 예배순서 모두 공통이다.

찬송들에 대해 두 순서를 대조해보자. 1992년 주일예배는 "전주–예배에의 부름–찬송–기원–고백기도–용서의 말씀이나 확신의 말씀–주기도문–송영–찬송–성서봉독(본문은 신구약 두 곳)–응답송(영광송)–오늘의 기도" 등의 순서로 나온다. 이에 비해 1962년 주일예배는 "전주–예배에의 부름–기원–찬송–성경교독(교리적 선언) 및 사도신경–성삼위영가–기도–주기도문–응답의 노래–찬송–성경봉독"으로 나와 순서의 배열에서 차이를 드러낸다. 1992년 순서의 찬송순서는, 첫 '찬송'이 순서를 바꾸어 '기원' 앞에 나오며, '송영'이 주기도문 뒤, 응답송은 성경봉독 뒤에 위치하는데 비해, 1962년 순서는, 첫 '찬송'이 '기원' 뒤에 오며, '성삼위영가'('송영'에 해당)가 성경교독 다음으로 나오고, 응답의 노래(응답송)는 성경봉독 앞에 나온다.

기도에 대해서는 1992년의 형식은 '고백기도'와 '용서의 말씀이나 확신의 말씀' 후에 '주기도-오늘의 기도'가 나오나, 1962의 형식은 '기도-주기도'로 연결되며 '용서의 말씀이나 확신의 말씀'이 없다. 1992년의 '오늘의 기도' 순서는 '목회기도'와 구분되는 순서로 '주기도문' 후, '목회기도' 직전에 나온다. 1962년 예배순서에는 '오늘의 기도'라는 명칭은 없으나 주기도문 앞에 있는 '(대표)기도'와 같은 것으로 보인다. 그렇게 본다면 1962년 순서는 초기 감리교 전통대로 '(대표)기도-주기도' 순서를 유지하고 있는 반면, 1992년 순서는 '주기도문-대표기도' 순서로 나와 그 순서가 앞뒤로 바뀐 셈이 되는 것이다. 여기서 주기도문 순서에 관한 한, 1962년 예배순서가 1992년 예배순서보다 더 오래된 감리교회의 전통적 순서임을 확인할 수 있는 것이다.

(2) 『예문』(1992. 9)

감리교는 1977년 이전까지 『교리와 장정』 속에 "예문"이 포함되어 있던 것을 처음으로 별도 문서인 『예문』(총 36개 예문)을 출판하였으며(1977), 이어 1992년 9월에 수정판으로 출판한 것이 바로 이 『예문』이다. 이 수정판에서 제시하고 있는 예식문은 모두 33개 항목이 들어 있으며, 여기에는 주일예배가 나타나지 않는다. 주요 주제별 구분을 보면 Ⅰ. 성례예문(학습, 영아세례, 청소년세례, 세례와 입교식 합동, 입교식, 성찬식 등의 예문), Ⅱ. 혼례예문(약혼식, 결혼식 등의 예문), Ⅲ. 장례 및 추도예문(입관식, 어린이 장례식, 어린이 하관식, 장년 장례식, 장년 하관식, 부모님 추도식 등의 예문), Ⅳ. 허입 및 안수예문(목사 안수식, 장로 안수식, 연회 준회원 허입, 연회 정회원 허입 등의 예문), Ⅴ. 취임 및 임명식 예문(감독 취임식, 목사 취임식, 장로 취임식, 교회임원 취임식, 교회학교 교사 임명식 예문, 성가대원 임명식 등의 예문), Ⅵ. 기공 및 봉헌예문(병원봉헌식, 목사관 봉헌식, 교육관 봉헌식, 학교건물 봉헌식, 예배당 기공식, 예배당 정초식, 예배당 입당식, 예배당 봉헌식, 입주 예배 등의 예문)으로 구성되어 있다.

이 『예문』이 이전 판(1977)과 다른 점을 살펴보면, 이전 판에 있던 항목 일부를 삭제했으며, 삭제하지 않은 항목들은 주제별로 구분되어 있지 않았던 이전 판과 다르게 주제별로 묶어 재구성하였으며, 이전 내용을 일부 수정하거나 추가한 점들이다. 즉 이전 예문에서 삭제한 부분들은 '세례인 받는 예문'(이 예문은 영아세례를 받고 12세가 되어 입교문답을 통해 입교인이 되기위한 예식임), '연회 협동회원 허입 예문', '설교자 자격 인정 예문' 등 세 가지이다. 또한 이 예식서에 제시되어 있는 항목들 중 일부 수정 또는 추가되어 변경된 것들은, 찬송가 장수 변경의 경우 새로 바뀐 찬송가 장수를 택한 것으로 보이며, 예식 진행 시 나오는 지문(해설)의 경우 약간의 수정이 있으며 일부 순서는 추가되어 나타나는데 특히 성찬식에서 이런 점이 더 뚜렷이 나타난다. 이 『예문』에서는 주일예배가 나타나지 않으므로 성찬식에 관련된 내용을 위주로 살펴보고자 한다.

먼저, 성찬식 예문을 살펴보자. 이전의 『예문』에서는 주제별 구분이 되어 있지 않았으나 이 『예문』에는 "성례예문" 이라는 주제 하에 학습, 영아세례, 청소년세례, 세례와 입교식 합동, 입교식, 성찬식 등의 예문으로 나열하고 있다. 이 『예문』의 성찬식 예문과 1977년 『예문』의 성찬식 예문을 요약하여 제시하면 다음과 같다.

I. 성례예문[337](1992년) 중 성찬식 예문

성찬식 예문〔성례예문 중 여섯 번째 순서에 성찬식 예문이 나옴〕 성찬예식 때에는 성찬상에 청결한 흰 보를 깔고 떡과 포도주를 그 위에 놓은 후 청결한 흰 보로 덮는다. 떡과 포도주는 앞에 나온 교인들의 손에 분급하는 것이 통례이다. 교인들은 두 손 모아 떡을 받아먹고 오른 손으로 포도주를 받아 마신다. 그러나 목사의 판단에 따라서는 앞에 나오거나 회중석에 앉아 있는 이들에게

---

[337] 기독교대한감리회, 『예문』(서울: 홍보출판국, 1992), 34 - 42.

도 분급하여도 무방하다.)

1. 묵도(전주) - **2. 성경**(목사가 아래 기록된 성경말씀 중 몇 절을 읽는다. 요 6:51, 고전 10:16 - 17, 벧전 2:24, 요일 4:7 - 9, 계 3:20) - **3. 기도**(목사와 회중이 인사 후 목사의 기도가 나옴: "전능하신 하나님 … 성령의 감동하심으로 우리 마음과 생각을 깨끗게 하옵소서 … 예수 그리스도의 이름으로 기도합니다. 아멘") - **4. 송영**(2장, "성부 성자 성령께") - **5. 초청의 말씀**(예식사) - **6. 통성기도**(목사가 교인들과 더불어 꿇어 엎드려 고백하는 기도문을 읽 음) - **7. 기도**(주례목사가 기도함) - **8. 사죄와 위로의 말씀**(목사가 성경구절 중에서 한 두절을 읽음: 마 11:28, 요 3:16, 딤전 1:15, 요일 1:9, 요일 2:1-2) - **9. 성결의 기도**(목사가 떡과 포도주를 성결케 하는 기도를 드린다) - **10. 주기도**(목사가 먼저 떡과 포도주를 먹고, 혹 돕는 목사가 있으면 떡과 포도주를 그에게 베푼 후에 교인들과 같이 주기도를 함) - **11. 찬송**(147장 "주 달려 죽은 십자가", 또는 283장 "주 앞에 성찬 받기 위하여") - **12. 성찬분급**(목사가 형편에 따라 교인들을 제단 앞으로 나오게 하든지 혹 앉은 자리에서 떡을 차례로 베풀 때에 주께 감사하며, 잔을 들어 주께 감사하라고 권면한 후, 성찬 베품) - **13. 기도**(성찬을 다 베푼 후에 떡과 포도주가 남거든 목사가 상위에 다시 가져다 놓고 정한 보로 덮은 후에 기도함) - **14. 송영**(찬송 2장: "성부 성자 성령께 …") - **15. 축도**("하나님께서 은혜로 주신 측량할 수 없는 평안함이 우리의 마음과 뜻을 지키사 하나님과 그 아들 우리 주 예수 그리스도를 믿고 사랑하게 하시고 전능하신 하나님과 아들과 성령의 은총이 우리 중에 영원히 함께 하시기를 축원합니다. 아멘")

성찬식 예문(1977년 『예문』 중에서 일곱 번째)

1. 묵도(고요히 묵도한다) - **2. 성경**(위와 동일 구절들) - **3. 예식사**(위의 초청의 말씀과 거의 동일한데 약간 길다) - **4. 통성기도**(위의 통성기도와 거의 동일한데 약간 길다) - **5. 기도**(주례목사) - **6. 사죄의 말씀**(목사, 인용 성구 위와 동일) - **7. 성결의 기도**(위의 성결의 기도와 거의 동일하나 약간 단어의 차

이가 있음, 예: 1992년 판에는 "하늘에 계신 우리 주여", "자비하신 하나님"으로 나오나, 여기서는 "하늘에 계신 우리 아버지", "자비하신 아버지시여"로 되어 있음) - **8. 주기도** - **9. 찬송**(123장, 518장, 519장, 520장 등) - **10. 성찬 분급** - **11. 기도**(1992년 판에는 "하늘에 계신 하나님"으로 나오나, 여기서는 "하늘에 계신 우리 아버지시여"로 되어 있음) - **12. 송영**(582장) - 13. 축도

다음으로, 이 『예문』(1992. 9)을 『예문』(1977)과 『예배서』(1992. 3)와 비교 분석하면 다음과 같다.

첫째, 이 『예문』에는 성찬식 시작하기 전에 성찬식의 주의사항이나 범례가 나온다. 이 내용들은 1977년 『예문』에는 없었던 것이 새로 추가된 것이다. 여기에는 성찬식의 정의나 중요성, 특별한 경우에는 교회 이외의 장소에서도 베풀 수 있음을 규정하고 있고, 성찬 떡과 잔을 미리 정결하게 진설할 것, 떡과 포도주의 분급방법 및 분급 장소, 회중들의 성찬예배 참여자세 등을 수록하고 있다. 이것은 같은 해 몇 달 전에 나온 감리교 『예배서』(1992. 3)의 것을 거의 옮겨 놓은 것인데, 차이점은 두 가지 면에서 나타난다. 즉, 이 『예문』에는 마지막 조항에 회중의 참여자세를 언급한 것이 『예배서』에는 나타나지 않으며, 반면 이 『예문』에는 들어 있지 않는 것이 『예배서』에 "떡과 포도주는 이 물질이 섞이거나 발효되지 않는 것이어야 한다"는 규정이 나타나 있다. 이로 볼 때, 이 『예문』이나 『예식서』는 같은 해에 나온 예배문헌으로 상호 영향을 끼친 것으로 볼 수 있다.

둘째, 이 『예문』(1992)의 성찬식은 1977년 『예문』에 없던 두 개의 순서를 새로이 추가하고 있다. 이 순서들은 3. '기도', 4. '송영' 순서이다. 여기의 '기도' 순서는 같은 해에 먼저 나온 『예배서』의 내용과 동일하다. 그러나 '송영' 순서는 『예배서』에 나와 있지 않다.

셋째, 이 『예문』에는 이전의 '예식사'를 '초청의 말씀'으로 명칭을 바꾸어 나온다. 1977년 『예문』에서는 '예식사'라는 이름으로 나타나나, 이 예

문에는 '초청의 말씀(예식사)'로 표현되고 있으며, 내용도 약간 차이가 있는데 '초청의 말씀'이 약간 간략하게 되어 있으나 큰 흐름은 같다. 여기서 '예식사'라는 표현은 넓은 의미이므로 그보다는 세부적 순서를 가리키는 '초청의 말씀'이 더 적절한 용어로 보인다. 이후 2002년에 나온 감리교의 『새예배서』에는 동일한 내용으로 나오는 것은 아니나 '성찬으로 초대'라고 표현되어 있어 '예식사'보다는 '초청의 말씀'에 더 가까운 용어를 사용하고 있다. 사실, 이상으로 볼 때 1992년 수정판 『예문』은 1977년 초판 『예문』을 대부분 이어 받고 있으며 몇 개의 순서에서 추가하거나 문구를 약간 줄였다는 점, 그리고 1992년 『예배서』에서 일부 영향을 받았다는 점을 알 수 있다.

(3) 『교회력과 절기에 따른 성만찬 예문집』(재판, 2000년)

1992년에 기독교대한감리회 선교국에서 만든 『예배서』가 나온 후, 감리교 홍보출판국에서 한국 교회 최초로 『교회력과 절기에 따른 성만찬 예문집』(1998)을 출판하였다. 이는 개신교회 전체가 사용할 수 있는 기회를 마련한 예문집으로 펴낸 것이다. 여기에는 율석 감리교회의 경험을 기본으로 하고, 가톨릭, 성공회, 루터교, 미국 연합감리교회, 『리마 예식서』(1982) 등 전통적인 예배의식을 참고하여 감리교의 가흥순 목사(율석교회)와 실천신학 교수들(감신대 김외식, 안석모, 이기춘 교수, 목원대 박은규 교수, 협성대 나형석 교수)이 공동 연구 및 집필한 것이다. 이 예문집은 말씀과 성만찬이 균형을 이루는 데에 중점을 두고 있으며, 초판 발간 이후 일부를 보완 수정 보완하여 재판(2000)을 발간하였다. 보완한 부분은 교회력과 기타 절기에 따른 기도문, 성만찬으로의 초대, 기념사, 성만찬 후 감사기도의 내용을 교회력의 절기정신에 맞도록 이루어 졌다. 또한 수정한 부분은 기존의 기도문을 운율을 맞추기 위해 수정하였으며, 성령임재의 기원을 신학적인 타당성을 고려하여 수정하였다. 이외에도 이 재판에는 성만찬 예전을 위한 곡들을 감안하여 미국 연합감리교회 찬송 일부를 첨부하였으며 전체문장도 국문학자의 검토를 거쳤다.[338]

이 성만찬 예문집의 차례를 보면, 추천사 1,2, 발간사, 머리글, 해설, 말씀과 성만찬 예배의 실제(예배의 기본 구조와 요소, 율석교회 예배순서와 해설), 평주일 예문(평주일 1,2), 교회력에 따른 예문(대강절, 성찬절, 주현절, 사순절, 부활절, 오순절, 창조절), 일반절기에 따른 예문(신년주일, 3·1절 기념주일, 8·15 광복주일, 세계 성만찬주일, 추수감사주일, 성만찬 예문-약식), 예식을 위한 찬송 자료(성만찬 찬송, 자비송, 삼성창, 주기도문 송, 교회력 표) 등의 순서로 배열되어 있다. 여기서는 말씀과 성만찬 예배의 실제에 있는 내용을 중심으로 살펴보고자 한다.

먼저, 이 책의 "말씀과 성만찬 예배의 실제"에서 예배의 기본 구조와 요소, 율석교회 예배순서와 해설을 다음과 같이 소개한다.

말씀과 성만찬 예배의 실제[339]

예배의 기본 구조와 요소

예배의 기본 구조는 예배신학에 대한 이해(계시와 응답의 구조)와 예배의 역사적 이해(예수 그리스도와 사도들, 초대교회 전통 등을 바르게 이해함)이다. 예배의 요소는 첫째, 예수 그리스도 안에 나타난 하나님의 계시를 예배자들이 경청하고 받아 모시는 요소들이다(예배로 부름, 용서의 말씀, 성시 교독, 구약 봉독, 서신서 봉독, 복음서 봉독, 성가대 찬양, 말씀의 선포, 성례전 등). 둘째, 예수 그리스도를 통하여 예배자들이 하나님의 계시와 은혜에 대하여 찬양하고 응답하는 요소들이다(찬송, 기원, 죄의 고백, 삼위영가, 신앙고백, 주님이 가르치신 기도, 오늘의 기도, 결단의 기도, 찬양, 봉헌, 봉헌 기도, 봉헌

---

[338] 기독교대한감리회, 『성만찬 예문집』(서울: 홍보출판국, 2000), 9 - 11. "추천사"와 "발간사"
[339] 기독교대한감리회, 『성만찬 예문집』 27 - 62.

찬송 등). 셋째, 성례전에 해당하는 요소들이다(성찬과 세례의 순서들). 끝으로, 예배와 선교를 이어주는 요소들이다(예배의 마지막 부분은 단순히 예배의 끝을 알리는 순서가 아니다. 복음을 위임받고 세상을 향해 선교의 사명을 수행하기 위해 파송 받으며 복을 받는 요소이다. 설교 후 목회 기도 혹은 중보기도, 파송의 말씀, 축도, 축복송 등).

율석교회 예배순서와 해설 (감리교 주안지방 율석교회, 가홍순 목사) *한 곳은 일어섭니다.
〔여기서는 예배순서 위주로 소개하고 예배순서 해설은 생략함.〕

◆ **하나님 앞으로 나아옴**
*전주(반주자) - *입례송 - *예배로 부름과 기원 - *경배찬송 - *죄의 고백 - *자비송(Kyrie) - *용서의 말씀 - *교독문 - *삼위영가 - 오늘의 기도(Collect, 성만찬이 없을 경우에는 이 순서 후에 주님이 가르치신 기도를 넣도록 한다.) - 기도 응답송(성가대)

◆ **말씀의 선포**
*성경봉독(구약, 성가대 응답 찬양, 신약) - 찬양 - 설교

◆ **감사와 응답**
합심기도 - *신앙고백(사도신경) - 찬송 - *봉헌(봉헌찬송을 부르면서) - 봉헌 및 목회기도(봉헌기도와 목회기도는 분리된 순서이지만, 시간의 절약을 위해 편의상 함께 드릴 수 있다.) - 봉헌 응답송(성가대)

◆ **성만찬 예전**
1) 떡을 드사(성만찬으로 초대) 2) 축사하시고(떡과 포도주를 성별하는 감사기도) - 시작기도, 삼성창, 예수 그리스도에 대한 감사의 기도, 성만찬 제정사, 기념사(아남네시스), 성령임재의 기원(에피클레시스, 떡과 포도주, 예배자들의 성별위한 기도), 마침 기원 3) 주님이 가르치신 기도 4) 평화의 인사 5) 분병례 6) 분급 7) 성만찬 후 감사기도

◆ **세상으로 나아감**
교회소식 - *찬송 - *파송의 말씀 - *축도 - *축복송(성가대) - *후주(반주자)

다음으로, 이 예문집에 나타난 "말씀과 성만찬 예배의 실제"를 간략히 분석해보기로 한다. 본 예식서에는 웨슬리 예전의 직접적인 영향보다는 초대교회 예전들의 영향을 직접적으로 받아 이루어진 것들이 많은데, 특징적인 순서로는 '키리에'(자비송), '성령 임재기원', '평화의 인사' 등을 들 수 있다. '주기도문'은 성만찬이 없을 때(예배의 4중 구조일 때) "하나님 앞으로 나아옴" 부분의 '기도' 다음에 나오는데, 이는 감리교 전통적인 순서(기도에 이은 주기도)를 따르고 있다. 또한 성만찬을 시행할 때(예배의 5중 구조일 때)는 "성만찬 예전"에서 성찬식의 분급 이전에 나오는데, 이는 남 감리교회와 조선 감리교회의 순서를 따르고 있다. 그리고 '신앙고백'(사도신경)은 이전의 오랜 감리교회 전통적 위치와 다르게, '설교' 후, '봉헌' 전에 나온다. 여기서 필자가 한 가지 지적할 것은, 주일예배가 말씀예배와 성례전을 중심한 예배라고 한다면, 성례전에서 성만찬뿐만 아니라 세례를 함께 행하는 예문도 제시했더라면 더욱 유익하였으리라는 점이다.

(4) 『새예배서』(2002. 4)

감리교 문서 『예문』(1992년, 총 221면)에는 성찬식을 비롯한 예문들이 나와 있었으며, 『예배서』(1992년, 총 416면)에는 주일예배와 성찬식 등 여러 예문이 나와 있었다. 그리고 이전 『교리와 장정』에는 주일예배 순서가 나와 있었는데, 2003년 『교리와 장정』에 "공중예배는 … 그 순서는 예문에서 정한다. 모범 예배 순서와 각종 예식문 등의 규정은 예문(예배서)에 포함한다"[340]고 하여 예배순서는 『교리와 장정』에 더 이상 나오지 않고 다만 예배의 원칙적인 내용(원리)을 제시하고 있다. 이와 같이 예배(성찬식 포함)

---

[340] 기독교대한감리회, 『교리와 장정』(서울: 홍보출판국, 2004), 제3편 조직과 행정법, 제2장 104) 제 5조(은혜 받는 집회의 종류)와 제11편 예문(예배서), 68 - 69, 301. 이 장정은 표지 제목에는 2003년으로 표기되어 있으나 뒷면의 서지사항에는 2004년으로 표기되어 있다.

에 관한 내용이, 앞에서 언급된 예배관련 문서들에 나오다가 하나로 통합되어 새롭게 출판된 것이 바로『새예배서』(2002)이다. 이『새예배서』(총 688면)는 내용으로나 규모로 보아 기존의 예문과 예배서를 다 참고하여 새롭게 나온 '감리교단의 예배 예식서의 종합서'라고 볼 수 있을 것이며, 또한 이 예배서는 예배학 교수뿐만 아니라 목사, 장로 등 여러 분야의 대표로 구성된 예배서 편찬위원회 위원들의 수고의 결실로 나왔다는 점에서도 의의가 있다.

이 예배서의 특색은 감리교 신앙과 신학에 근거한 다양한 예배의식과 융통성 있는 예배구조의 제시, 정통적인 순서와 자유로운 순서, 말씀중심의 예배와 성찬중심의 예배, 가정의례와 예복에 대한 규정을 담아 신앙생활과 교회의 모든 예배를 더욱 질서 있게 효과적으로 수행할 수 있도록 한 것이다. 또한 이 책의 "발간사"와 "머리말"에서는 이 예배서를 만들기 위해 참고한 국·내외의 많은 예배서 및 예식서들(미국 감리교회 예배서와 리마 예식서, 국내외에 출판된 예식서들)과 예배학 저서들에 관해서 언급하고 있다.[341]

『새예배서』의 차례를 살펴보면 다음과 같다.[342] 서론격으로 발간사, 인사말, 머리말, 사용안내와 준칙[343]이 실려 있다. 이어 일반예배, 성례, 일반예배 부록, 예식, 가정의례, 예복 등의 큰 제목 하에 세부적인 항목들

---

[341] 기독교대한감리회,『새예배서』(서울: 홍보출판국, 2002), 3, 6. "발간사," "머리말"
[342] 기독교대한감리회,『새예배서』, 15 - 23.
[343] 이 예배서의 "사용안내와 준칙" 항목에는 여러 가지가 나오는데 그 중에서 몇 가지를 예로 들어 본다. "예배"(일반 예배와 성례), "예식"(일반 예배와 성례를 제외한 결혼식, 기공식, 취임식 등), "의례"(가정의례로서 결혼, 칠순행사 등)를 구분해서 사용하고 있다. "예배"(Worship)와 "예전"(Liturgy)은 같은 뜻으로 사용하며, "성찬"과 "세례"는 "예배"에 포함되지만 특별히 "성례"로 구분하여 사용한다. 또한 "복"(또는 강복)은 하나님이 주어있 경우에 사용하며, "축복"은 인간이 주어일 경우에 사용한다. "목회자"는 목사에게만, "교역자"는 목사와 전도사를 함께 지칭할 때 쓴다. 예배와 예식의 진행은 "집례자"로, 교역자가 아니더라도 진행을 맡아 보는 경우에는 "인도자"로 구분한다. "헌금"은 "봉헌"으로 통일한다. 주일 낮 예배 때 "대표기도"는 "오늘의 기도"로 표기한다. "성가대"는 "찬양대"로 부른다.『새예배서』, 13 - 14.

이 다음과 같이 제시되어 있다.

일반예배

I. **예배에 대한 이해**(예배의 신학적 의미, 예배의 기본 구조와 요소, 예배 순서에 대한 해설), II. **예배 순서**에는 말씀중심의 주일 낮 예배 순서, 말씀과 성찬이 함께 있는 주일 낮 예배 순서/실례, 성찬을 약식으로 행할 경우의 예배순서, 세례와 성찬이 함께 있을 경우의 예배 순서, 자유형 주일 낮 예배순서(1, 2), 주일 저녁(오후) 예배 순서, 수요일 저녁 예배 순서 등.

성례

I. **세례**에는 세례의 신학적 의미, 세례의 순서 해설, 세례가 있을 경우의 예배 순서, 세례의 실례(유아세례, 아동세례, 성인세례와 입교를 함께 하는 경우, 유아·아동·청소년·성인세례, 입교를 함께 하는 경우, 입교만 하는 경우, 급할 때 행하는 세례), II. **성찬**에는 성찬의 신학적 의미, 성찬 순서(절기에 따른 성찬 순서, 여러 목사가 함께 할 수 있는 성찬 순서) 등.

일반예배 부록

I. **예배찬송가**(입례송, 자비송, 영광송 즉 기도송, 주님의 기도송, 봉헌송, 성경봉독 응답송, 삼성창, 성찬송, 축복송), II. **교회력과 색깔** 등.

예식

I. **결혼**(결혼의 의미, 약혼식 - 지침/순서, 결혼식 - 지침/순서, 국제결혼식 순서, 결혼기념식 - 지침/순서 ■ 결혼식에서 사용하는 성경말씀 II. **장례**(장례의 의미, 장례의 절차 - 임종 절차/입관 절차/장례 즉 출관 절차/하관 절차, 임종식 순서 1,2, 입관식 순서, 장례식 순서, 하관식 순서, 화장식 순서, 납골식 순서, 어린이 장례식 순서, 어린이 하관식 순서, 집에 돌아와 드리는 예배, 첫 성묘, 추모식 순서 등. III. **인허입식**(목사 안수식 - 신학적 의미/안수식 순서, 연회 준회원 허입식 순서, 연회 정회원 허입식 순서, 장로 안수식 - 의미/안수식 순서). IV. **취임·이임·은퇴·파송**(감독 취임식 순서, 목사 취임식 순서, 장로 취임식 순서, 목사 은퇴식 순서, 장로 은퇴식 순서, 선교사 파송식 순서. V.

이·취임식 부록(감독, 감리사 이 취임식, 원로목사 및 장로 추대식 순서). **Ⅵ. 임명식**(교회 임원 임명식 순서, 교회학교 교사 임명식 순서, 찬양대원 임명식 순서). **Ⅶ. 봉헌식**(의미, 예배당 기공식 - 지침/기공식 순서 1,2, 예배당 정초식 - 지침/순서, 예배당 입당식 - 지침/입당식 순서 1,2, 예배당 봉헌식 - 지침/순서 1, 2, 병원 봉헌식 순서, 학교 건물 봉헌식 순서, 기념관 봉헌식 순서, 교회 주택 봉헌식 순서). **Ⅷ. 교회 설립**(교회 설립식 또는 개척식의 의미, 교회 설립식 - 지침/순서 1, 2, 교회 설립기념식 - 지침/순서) 등.

가정의례

Ⅰ. 경축례(생애를 경축하는 신학적 의미, 출생, 백일, 돌, 생일, 장수 - 육순/회갑/진갑/칠순, 성인식 등의 지침과 순서. **Ⅱ. 주택과 생업**(주택의 신앙적 의미, 직업의 의미, 주택 기공식, 주택 정초식, 주택 상량식, 주택 준공식, 주택 입주식 및 이사, 개업식 등의 지침과 순서 등.

예복

1. 예복사용의 신학적 의미, 2. 예복을 입는 사람들의 바람직한 마음가짐, 3. 예복사용의 실천적인 지침(감독, 목사, 전도사와 평신도, 찬양대 등의 예복) 등.

여기서는 **일반예배 Ⅰ. 예배에 대한 이해**는 생략하고, **Ⅱ. 예배순서**를 중심으로 다루고자 한다.

먼저, 예배순서에 있어서 말씀중심의 주일 낮 예배 순서, 말씀과 성찬이 함께 있는 주일 낮 예배 순서, 성찬을 약식으로 행할 경우의 예배 순서, 세례와 성찬이 함께 있을 경우의 예배 순서, 자유형 주일 낮 예배순서 (1. 말씀중심의 예배순서, 2. 찬양팀과 함께 하는 예배 순서), 주일 저녁(오후) 예배 순서, 수요일 저녁 예배 순서 등을 요약해서 제시한다.

Ⅱ. 예배순서[344]

1. 말씀중심의 주일 날 예배 순서 집례: 교회담임자 (*한 곳은 일어선다)

  - 하나님 앞으로 나아옴

*전주(반주자) - *입례송(다함께) - *예배로 부름과 기원 - *경배 찬송 - *죄의 고백 - *자비송 - *용서의 말씀 - *교독 - *삼위 영가 -오늘의 기도 - **주님의 기도** - 기도 응답송

  - 말씀의 선포

*성경봉독(구약성경, 서신서, 복음서) - 찬양 - 설교 전 기도 - 설교

  - 감사와 응답

합심기도 - 신앙고백(사도신경) - 찬송 - **평화의 인사** - *봉헌(봉헌찬송을 부르면서) - 봉헌 및 목회기도(집례자) - 봉헌 응답송(찬양대)

  - 세상으로 나아감

교회소식(다함께) - *찬송 - *파송의 말씀 - *축도(000목사, 담임자가 목사가 아닐 경우에는 "오늘의 기도" 다음에 있는 **"주님의 기도"**를 여기서 행한다) - *축복송(찬양대) - *후주(반주자)

2. 말씀과 성찬이 함께 있는 주일 낮 예배 순서

  - 하나님 앞으로 나아옴

*전주(반주자) - *입례송(다함께) - *예배로 부름과 기원 - *경배 찬송 - *죄의 고백 - *자비송 - *용서의 말씀 - *교독 - *삼위 영가 -오늘의 기도 - 기도 응답송

  - 말씀의 선포

*성경봉독(구약성경, 신약) - 찬양 - 설교

  - 감사와 응답

합심기도 - 신앙고백(사도신경이나 기독교대한감리회 신앙고백) - 찬송 - 평

---

[344] 기독교대한감리회, 『새예배서』, 46 - 77.

화의 인사 - *봉헌 - 봉헌 및 목회기도(집례자) - 봉헌 응답송(찬양대)
- 성찬
(찬송) - 성찬으로 초대(마음을 드높이: sursum corda) - 시작기도 - 삼성창 - 성찬 제정사 - 기념사 - 성령 임재의 기원 - 영광 찬양 - 주님의 기도 - 평화의 인사 - 분병례 - 분급 - (찬송) - 성찬 후 감사기도
- 세상으로 나아감
교회소식(다함께) - *찬송 - *파송의 말씀 - *축도(000목사) - *축복송(찬양대) - *후주(반주자)

3. 성찬을 약식으로 행할 경우의 예배 순서 - 생략

4. 세례와 성찬이 함께 있을 경우의 예배 순서 - 예배 중에 세례와 성찬이 함께 있을 경우에는 "봉헌 응답송" 순서 후에 바로 이어서 세례와 성찬을 행한다. 이 경우 시간의 절약을 위해 성찬을 약식으로 할 수 있다.
(1) 세례 - 생략
(2) 성찬
성찬으로 초대 - 시작기도 - 성찬 제정사 - 기념사 - 성령 임재의 기원 - 주님의 기도 - 분병례 - 분급 - 성찬 후 감사기도

5. 자유형 주일 낮 예배 순서 (1)
(말씀중심의 예배 순서) 집례: 000 목사 보좌: 000 목사
*전주(촛불 점화와 입장) - *입례송(찬양대) - *회중의 열린 찬양(다함께) - *예배로 부름과 기원(집례자) - *오늘의 기도(맡은이) - *경배찬송(다함께) - 죄의 고백 - 회개의 기도송 - 용서의 말씀 - 주님의 기도 - *교독 - *신앙고백 - *삼위영가 - 찬양(찬양대) - 성경봉독 - 찬송 - 설교 전 송영(찬양대) - 설교 - 기도(설교자) - 말씀 응답송(다함께) - 교회소식(다함께) - 봉헌 - 봉헌 및 목회기도(담임목사) - *찬송 - *파송의 말씀 - *평화송 - *축도 - *송영(성가

대)³⁴⁵ - *후주

6. 자유형 주일 낮 예배 순서 (2)

(찬양팀과 함께 하는 예배 순서) 집례: 000 목사 설교: 000 목사

*전주(점화, 찬양대의 입례송, 차임종: 반주자) - *예배로 부름과 기원 - *경배찬송(다함 께) - 개회기도(000 장로) - 특별찬양(경배와 찬양: 1. 찬양팀의 찬양, 2. 온 회중과 함께 찬양) - 성경봉독 (000 권사) - 하나님께 드리는 감사(시, 산문, 성경구절: 성도 중) - 특별찬양(감사와 찬양: 1. 찬양팀의 찬양, 2. 온 회중과 함께 찬양) - 설교 - 회개기도(000 권사) - 신앙고백(사도신경) - 봉헌(찬양팀의 찬양, 다함께) - 성도의 교제(새신자소개, 교회소식) - 기도(봉헌, 목회기도) - 찬양(찬양팀의 찬양) - *찬송 - *파송의 말씀 - *축도 - *후주(반주자)

7. 주일 저녁(오후) 예배 순서 집례: 000

전주 - 예배로 부름 - 찬송 - 기도(맡은이) - 성경봉독(집례자) - 찬양(찬양대) - 설교(000 목사) - 설교 후 기도(설교자) - 찬송 - 성도의 교제(집례자) - 축도(집례자가 목사가 아니면 "주님의기도"로 마칠 수 있다) - 후주

8. 수요일 저녁 예배 순서 집례: 000

전주 - 예배로 부름 - 찬송 - 기도 - 성경봉독 - 찬양(맡은이) - 설교 - 설교 후 기도 - 찬송 - 성도의 교제(집례자) - 주님의 기도(집례자가 목사라면 "축도"로 마칠 수 있다.) - 후주

이어, 이『새예배서』에 대하여 분석하도록 한다.

---

345 여기의 '성가대'는 '찬양대'를 잘못 표기한 것으로 보인다. 앞에 나온 순서들에는 '찬양대'로 나온다.

첫째, "말씀중심의 주일 낮 예배 (1)"(필자가 약칭, '주일예배 1'라 칭한다.)을 기준으로 "말씀과 성찬이 함께 있는 주일 낮 예배 (2)"(약칭, 주일예배 2), 그리고 자유형 주일낮 예배 순서 (1)(약칭, 자유예배 1), 자유형 주일 낮 예배 (2) (약칭, 자유예배 2)를 비교 분석하기로 한다.

1. 주일예배 1과 주일예배 2를 전체적으로 비교해보면, 두 예배순서 중 말씀부분은 거의 동일한데, 주일예배 2는 주일예배 1의 순서에 성찬식이 추가되었으며, 주일예배 1순서에 있던 '주기도문'과 '평화의 인사'가 주일예배 2의 성찬식으로 위치 이동하였다.

2. 오늘의 기도[대표기도]에 관하여, 주일예배 1에서 '예배의 부름과 기원 - 경배찬송 - 죄의 고백 - 자비송 — 용서의 말씀 - 교독 - 삼위영가 - 오늘의 기도' 순으로 나오는데 비해, 자유예배 1에는 '예배의 부름과 기원 - 오늘의 기도 - 경배찬송 - 죄의 고백 - 회개의 기도송 - 용서의 말씀'로 나와 '오늘의 기도'가 앞으로 이동하여 '예배의 부름과 기원' 순서 다음으로 배치했다.

3. '주기도문' 순서에 관하여, 주일예배 1에는 '교독문 - 오늘의 기도 - 주님의 기도' 순서로 '교독문' 뒤에 나오나, 반대로 자유예배 1에는 ('오늘의 기도' 몇 순서 뒤) '교독문' 앞에 위치한다. 자유예배 2에는 주기도문이 생략되어 있다. 감리교의 오랜 전통적인 순서는 '사도신경 - 기도 - 주님의 기도 - 구약/신약의 말씀' 순서로 나왔다. 여기서 '구약/신약의 말씀'을 '교독문'으로 본다면, 자유예배 1의 '주님의 기도' 순서는 감리교의 오랜 전통을 드러내고 있으며, 주일예배 1에서는 '주님의 기도'가 '교독문' 뒤에 오는 순서를 택함으로 자유예배 1과 감리교 전통적인 순서와 다른 순서를 제시하고 있다는 점이다.

4. 성경봉독에 관하여, 주일예배 1에서 구약, 서신서, 복음서 등 세 곳을 읽는 것으로 되어 있으나, 자유예배 1과 자유예배 2에는 '성경봉독'으로만 되어 있다.

5. 신앙고백(사도신경)에 관하여, 주일예배 1에서 '설교' 뒤에 시행하는 것으로 나타나나, 자유예배 1은 '설교' 앞 순서로 위치해 있으며, 자유예배 2는 주일예배 1과 동일하게 '설교' 뒤 순서에 위치하고 있다. 전통적으로 감리교의 초기(1898년 『대한크리스도인회보』의 "예배예식")부터 1995년 『교리와 장정』 주일예배 1, 2형에 이르기까지 약 100여 년 동안 '사도신경(신앙고백)'이 '기도와 주기도문' 순서 앞에 위치해 있었으나, 1992년에 나온 『예배서』의 "요약된 형식"에서부터 '설교' 앞에 나오기 시작했으며, 『새예배서』에는 '설교' 앞이나 뒤에 나오는 것이다. 여기서 한 가지 아쉬운 점이 있다면 '사도신경'이 '설교' 앞 또는 뒤에 위치하던 그 순서는 자유로울 수 있으나, 이전에 거의 1세기 동안 지켜온 전통적인 순서(기도와 주기도문 앞)도 『새예배서』 주일예배나 자유예배 순서 중 하나로 넣어 전통도 배려하는 세심한 작업이 있었더라면 전통과 현대를 아우르는 예전서로서 더욱 의미가 있었을 것이다.

6. '봉헌'과 '교회소식' 순서는 모두 '설교' 이후에 위치해 있다. 차이가 있다면 주일예배 1과 자유예배 2에는 '봉헌'이 먼저 나오고, 자유예배 1에는 '교회소식'이 먼저 나온다는 점이다. 감리교의 이전 예배서 순서들에는 '봉헌'이 '설교' 이전에 나오기도 하고, '설교' 이후에 나오기도 했으나, 이 『새예배서』에는 '설교' 이후에만 나오는 순서로 통일하고 있다.

둘째, '묵도'에 관하여 새로운 용어를 제시하고 있다. 주일예배 순서에는 빠져 있으나 장례, 안수식, 이 취임식, 봉헌식 교회설립, 가정의례 등에서 '조용한 기도'라는 용어를 '묵도' 대신 사용하는 것으로 보인다. 그 한 예로, 출산 감사예배의 경우 시작하는 말, "… 함께 조용한 기도로 예배를 시작합시다."라는 문구로 보아 '묵도'를 다른 말로 바꾸어 사용하는 용어인 듯하다. 어느 곳에 설명이 나와 있지 않기 때문에 확실히 단정 지을 수는 없으나, 전통적인 용어인 '묵도' 대신에 '조용한 기도'로 바꾼 이유를 추측해 볼 수 있는데, 현대교회에서 공식 주일예배를 시작하는 용어가 '예배에의 부름'이나 '입례송' 같은 용어들로 바뀌었기 때문일 것으로 보인다. 그 대신 전통적인 순서인 '묵도'(조용한 기도)는 주일예배 아닌 예식 순서의 시작에 사용한 것으로 보인다.

셋째, 성찬론에 대한 평가에 대해서는 수찬자세와 성령 임재기원(에피클레시스)에 대해서만 살펴보겠다. 『새예배서』에서 성찬식에 있어서 수찬 자세를 언급하면서, "왼손은 위로, 오른손은 아래로 십자형을 만들어 떡을 받은 후, 오른손으로 떡을 집어 포도주에 담갔다가 먹거나, 또는 떡과 함께 포도주 잔을 받아먹고 마신다."고 하는 이 방법은 초대교회 후반에 있었던 것으로서 오늘날 현대교회에 성찬식을 의미 있게 참여하는 형식의 하나로 이 예배서에 소개되고 있는 점을 높이 평가할 만한 점이다. 또한 성령임재기원, 즉 성령께서 떡과 포도주 위에 임하셔서 성찬의 식탁을 성별하여 달라는 청원과 성찬에 참여한 무리들 위에 임하게 해달라는 청원, 이 두 가지를 이 『새예배서』의 모든 성찬식에 넣었다는 점이다. 여기서 동방정교회나 로마 가톨릭이 화체설적 의미로 주장하며, W. C. C.의 『리마 예식서』(1982)도 동일한 경향을 보이고 있는데 비해, 이 예배서에서는 개신교 신학에 맞게 수정하고 있는 것이다.[346]

3) 성결교

(1) 기성 교단

『헌법』: 예배에 관한 특별한 변동사항이 없으므로 생략한다.

---

[346] 『리마예식서』 21번 순서, 성령임재의 기원(Ⅰ)에 "… 이 떡과 포도주가 우리를 위한 그리스도의 몸과 피가 되게 하소서"라는 화체설적 의미가 담겨있는 내용을 이 예배서에서는 "… 성령을 보내셔서 떡과 포도주 위에 임하셔서 이 식탁을 성별하여 주옵소서"라고 한 것이 그 한 예이다.

① 예배 예식서

ⓐ 『예식서』(1991)

성결교는 기성 교단과 예성 교단으로 나누어 진 후로 두 교단이 각각 예식서를 발간해오고 있음을 이전에 밝힌 바 있다. 원래 『헌법』(기성)이나 『헌장』(예성)에 예배순서가 제시되어 있었으나 좀 더 세부적인 예식서의 필요를 느껴, 기성 교단에서는 1989년, 1991년, 1996년, 2004년에 예식서들을 출판하였고, 예성 교단에서는 1994년과 2012년 예식서들을 출판하였다. 여기서는 기성 교단의 두 번째 예식서(1991)를 다루고자 한다. 이 예식서의 "머리말"에서, 교단에서 '행정규정 제정위원회'를 구성하여 이미 발행된 '예식서'를 보완하여 새로운 교단 예식서를 내놓게 되었으며 이 예식서가 목회자의 절실한 필요에 부응하여 각종 교회 예식과 의식에 규범과 통일을 제공함으로써 교단발전에 크게 기여하며 새로운 기독교 문화를 창조하는데 이바지하기를 바라는 취지의 내용이 나타나있다.

이 예식서의 차례를 살펴보면 다음과 같다. 머리말에 이어, Ⅰ. "총론"에 본교회의 사명, 지도원리, 사회에 대한 건덕생활, 사회에 있어서의 교인의 자세를 다루었고, 예배의 본질, 성례전(세례와 성찬)의 성서적 의미, 교회력의 의미와 예전색깔 및 성서일과, 부활주일 일람표와 교회력 편람 등이 나와 있다. Ⅱ. "성례전과 교회입문의식"에서는 주일 낮 공예배의 기본형태, 성만찬의식, 세례의식, 입회의식, 헌아의식, 학습의식 등이 나오며, Ⅲ. "교회행사 예식"으로 임직식, 봉헌 및 창립 기념식 등에 세부적인 항목들이 실려 있으며, Ⅳ. "가정의례식"에는 경축의례, 장례식, 추모예식, 생활경축예식 등의 세부항목들이 실려 있다.

여기서는 먼저, Ⅰ. "총론"과 Ⅱ. "성례전과 교회입문의식" 중에서 예배와 성찬에 관련 있는 항목 중심으로 요약하여 제시하기로 하며, 다음으로 이 예식서와 이전 예식서 및 『헌법』중 주일예배 등을 비교 분석하고자 한다.

먼저, Ⅱ. "성례전과 교회입문의식" 중에서 1. "주일 낮 공예배의 기본 형태와 순서", 2. "성만찬 의식"(A형, B형) 내용을 요약하여 제시하려고 한다. 여기서 "총론" 중에서 5. "예배의 본질"은 순서만 다를 뿐이며, 내용은 이전의 예배서와 동일하므로 생략한다.

Ⅱ. 성례전과 교회입문의식[347]

1. 주일 낮 공예배의 기본 형태와 순서

> **참고의 말** 본 교단 헌법 제24조 3항에 보면 주일예배의식 순서가 명시되어 있다. 이는 기독교 공예배의 기초적 순서이다. 여기에 성서적 예배 요소들을 더 보충하여 공예배의식의 형태를 제시한다. 이는 세계교회들의 통용되는 공통적 예배형태이므로 지교회 형편에 맞도록 조정하여 예배의식을 작성하도록 한다.

개회예배

예배사 - 입례송(오르간 혹은 성가대, 회중은 침묵기도) - 예배의 부름 - 경배찬송(일어서서) - 성령임재의 기도(앉아서) - 신앙고백(사도신경) - 참회의 기도(회중 각자, 참회 오르간 연주) - 자비의 기도(인도자) - 주기도(주기도문 영창) - 사죄의 확인(인도자) - 영광송(일어서서, 성가대)

말씀예배

구약성경봉독(맡은이) - 서신교독(교회력 성서일과에서 해당주일의 서신서, 다같이) - 찬양(찬양대) - 복음서 봉독(인도자) - 설교전 기도(인도자) - 설교 - 목회기도(설교자) - 응답의 찬송과 헌금(다같이) - 봉헌기도(인도자)

성만찬예배 (이 예배의 세부순서는 성만찬 의식에 있음)

---

[347] 기독교대한성결교회(기성), 『예식서』(서울: 성결교회출판부, 1991), 45 - 61.

(파송의 예배) 〔원문에는 '파송의 예배'라는 말이 없으나 성만찬 A, B형 끝에 이 문구가 나오므로 필자가 여기에 삽입하였음.〕

광고 - 송영(일어서서, 다같이) - 파송의 말씀(인도자) - 축도

2. 성만찬의식

> **참고의 말** (1-4는 생략) 5. 본 예식서에는 성만찬 에식 A형태와 B형태를 제시하였다. 교회에 따라 선택하여 진행한다. (A형)-배찬위원이 회중에게 가서 성찬을 받게 하는 전통적 방식이며, (B형)-배찬위원이 없이 회중이 목사 앞에 나와 받게 하는 세계교회들의 통용되는 방법이다. 6. 주일낮 예배시 진행할 경우에는 본 예식서에 제시한 주일낮 공예배 순서에서 봉헌기도 순서에 이어 진행하며 그 외의 시간에 진행할 경우에는 설교 후 진행한다.

성만찬의식(A형태) *찬송에는 모두 가사와 악보가 실려 있음

찬송 - 처음기도(집례자) - 삼성창(찬송 "거룩 거룩 거룩") - 성찬제정의 말씀("성령이시여, 오셔서 주님의 말씀을 성취하게 하옵소서. 곧 주께서 잡히시던 날 밤에 … 신앙의 신비가 크고 또 놀랍습니다.") - 성령임재의 기원(… 성령으로 이 성찬에 함께 하옵소서 … 이 성찬에 참여할 때 성령께서 충만하게 하시므로 우리 모두가 그리스도의 살과 피로 하나가 되게 하시고 … 아멘.) - 분병례(반주자는 283장 반주하고 집례자는 분병례문을 낭독함, 집례자가 먼저 떡을 먹은 후 배찬위원들이 먹고 회중에게 배찬함) - 분병과 찬송 - (집례자는 떡을 못 받은 사람이 있는가 살펴 묻는다) - 분잔례(집례자가 먼저 잔을 마신 후 배찬위원들이 마시고 회중에게 분잔한다. 성가대는 찬송을 부르는 중에 배찬위원들은 회중에게 분잔함) - (집례자는 잔을 받지 못한 신자가 없는가 살핀다.) - 감사의 기도(집례자) - 기도송(기도송 후, 앞에 주일공예배 모델에서 파송의 예배 순서로 연결하여 마감한다.)

성만찬의식(B형태) *찬송에는 모두 가사와 악보가 실려 있음

성찬찬송((집례자가 성찬포를 연다) - 처음기원(집례자) - 삼성창(악보 제시됨) - 성찬제정의 말씀("성령이시여 … 신앙의 신비가 크고 또 놀랍습니다.")

- 평화의 인사(다같이) - 성령임재의 기원(" … 성령께서 오셔서 이 식탁이 성별되게 하옵소서 … 아멘.) - 응답송 - 성찬분배례(목사가 성찬기를 높이 들고 말한다. "이 떡은 … 세례교인은 믿음으로 성찬에 참여합시다.) - 성찬에 참여(찬양대 혹은 오르간 연주, 다같이) ① 성찬곡이 오르간으로 은은히 연주하는 가운데 회중은 집례자가 서있는 앞으로 나와 줄을 서서 성찬을 받도록 한다. 여기서는 떡을 먹고 잔을 마시는 일을 동시에 행하는 방법으로 진행한다. ② 부목사, 장로, 전도사 중 한사람이 포도주 그릇을 들고 집례자 오른편에 서고, 집례자는 떡 그릇을 들고 서서 한사람씩 집어주면 신자는 받은 떡으로 포도주를 찍어 먹는다. ③ 부목사는 성만찬이 진행되는 중에 오르간 연주와 함께 성만찬 성구를 낭독하며, 회중이 계속 기도할 것을 간간이 권유한다. - 감사의 기도 - 기도송(기도송 후, 앞에 주일예배모델에서 파송의 예배 순서로 연결하여 마감함.)

다음으로, 이 예식서(1991)와 그 이전의 예식서(1989), 그리고 『헌법』(1974)의 주일예배, 성찬식에 관한 내용을 비교 분석하고자 한다.

첫째, 이 예식서의 "총론" 순서와 이전의 예식서의 "총론" 사이에는 몇 가지 차이가 나타난다. 이 예식서에는 "예배의 본질"이 5번째에 위치해 있으나 이전 예식서에는 8번째에 위치하는 차이점이 있으나 그 내용을 동일하다. 또한 이 예식서에는 이전 예식서에 없던 내용이 추가되었는데 그것은 "교회력의 성서일과", "부활주일 일람표와 교회력 편람" 등이다.

둘째, 이 예식서의 주일 공예배에 관한 사항이다. "성례전과 교회입문의식" 중 1. "주일 낮 공예배의 기본 형태와 순서"의 제목으로 나온 공예배 부분은 이전 예식서(1989)에 나오지 않았으므로 동(同) 교단의 『헌법』(1974)과 대조 비교하기로 한다. 원활한 비교를 위해 앞에서 이미 살펴보았던 1974년 『헌법』의 공예배 순서를 제시한다.

1974년 공예배 순서 - 『헌법』

제84조 公禮拜의 順序는 다음에 준한다.

1. 默禱 2. 祈禱 3. 讚頌 4. 信仰告白 5. 主의 祈禱 6. 聖詩交讀 7. 讚頌 8. 祈禱 9. 聖經奉讀 10. 獻金 11. 感謝祈禱 12. 讚揚 13. 說敎 14. 祈禱 15. 頌歌 16. 祝禱 17. 閉會

    이 예식서(1991)의 주일 낮 공예배 순서는 전체적으로 1974년 『헌법』에 나와 있는 순서와는 많은 차이를 보인다. 여기서는 예배의 각 순서별로 비교하되 처음 나오거나 특징적인 순서만을 다루도록 할 것이다. 첫 순서인 '예배사'는 『헌법』 예배순서에는 나타나지 않고 이 예식서에 처음 나타난다. '입례송'도 처음 나온 순서인데 여기서 오르간이나 성가대가 맡는 순서로 회중은 "침묵기도"하는 것으로 나오므로 이것은 『헌법』의 "묵도" 순서를 포함한다고 볼 수 있다. '예배의 부름' 순서도 처음 등장한다. 이 '예배의 부름' 순서가 개회예배 부분의 세 번째 순서로 나오는데, 다른 교단에서 이 순서는 예배의 처음 순서로 나오는 경우도 있다. '성령임재의 기도'는 성찬식에 주로 쓰이는 기도인데 여기서는 말씀예배 부분에서 나온다. 이 순서는 『헌법』 예배순서에 나오지 않는다. '참회의 기도'와 '자비의 기도', 그리고 '사죄의 확인' 순서는 『헌법』의 '기도'(대표기도)를 나누어 새로운 형식으로 나오고 있다.

    주기도에 대해서는 '주기도(주기도문 영창; 당시 찬송 548장)'으로 되어 있는데 이것은 기도문 형태와 찬송 형태, 둘 다 가능하다는 의미로 보인다. 1974 『헌법』에는 신앙고백 다음에 주기도문이 반영되어 있다. 성결교단에서 주기도문이 사용된 사례는 『교리급 조례』(1925)와 『임시약법』(1933)의 성찬식에 나오며, 『헌법』(1936)의 주일예배(축도 대신)와 성찬식에, 『헌법』(1945)의 주일예배(대표기도 후)와 성찬식에 나오다가, 『헌법』(1955)에는 주일예배(대표기도 후)에만 나온다. 또한 예성과 분리(1961) 후에도 계속 『헌법』

(1974)의 주일예배(대표기도 후)에 나오고 있으며, 이 예식서에서는 '참회의 기도' 후, '사죄의 확인' 전에 사용하는 것으로 나타나고 있다. 이와는 대조적으로 예성 교단은 1962년 『헌장』을 내면서부터 오랫동안 주일 대예배에는 사용치 않고, 수요예배 때 끝 순서로 '축도' 대신 사용하는 것으로 나타난다.

성가대의 '영광송'도 『헌법』에는 나오지 않던 순서이다. 이 예식서에서는 '성경 봉독'이 구약, 서신서, 복음서 등 세 부분의 성경봉독으로 나오며 봉독자들도 맡은이, 다같이, 인도자 등 세 부류가 나누어서 진행하는데 비해, 『헌법』에서는 '성경봉독' 하나만 나온다. '헌금'과 '봉헌기도' 순서는 설교 후 순서로 나오는데 『헌법』에는 '헌금'과 '감사기도'가 설교 전에 위치해 있었다. '광고'는 '봉헌기도' 후에 나오나, 『헌법』에서는 이전에 나왔던 이 순서가 1974년 『헌법』부터 삭제되었다.

셋째, 성찬식에 대해서는 이 예식서(1991)에 나오는 두 개의 형태(A, B)를 상호 비교하고자 한다. 이 성찬식은 "Ⅱ. 성례전과 교회입문의식"에서 A형과 B형으로 제시되어 있다. A형은 배찬위원이 회중에게 가서 성찬을 주는 방법이며, B형은 배찬위원 없이 회중이 목사 앞에 나와 받는 방법이다. 필자는 여기서 이 예식서의 성만찬의식 두 형태를 비교함에 있어서 B형태의 순서를 기준으로 전개하고자 한다. 그 이유는 B형태가 A형태보다 순서와 내용이 많이 나오기 때문이다. 성찬식의 첫 순서로 B형은 '성찬찬송'하는데 A형은 '찬송'으로 시작한다. 두 형태 사이에 용어만 약간 다를 뿐, 내용은 동일한 찬송(당시 찬송가 281장)을 사용한다. 이어 '처음기원'이 나오는데 A형은 '처음기도'라고 하여 의미상 동일한데, 내용은 B형이 A형에 비해 두 배나 많고 마지막에 이사야 6장 3절("거룩하시도다" 세 번 나옴)을 넣었다. 다음에 '삼성창'은 둘 다 동일하며 당시의 찬송가 9장을 실었다. '성찬제정의 말씀'은 동일한 문구로 나오는데 B형에 마지막 문구("오! 주여 오시옵소서")가 추가되어있다. 특이한 내용은 두 형태 모두 기도문 처음 부분에 "성령께서 오셔서 주님의 말씀을 성취하게 하옵소서"라고 기도하는 내용을 담고 있는 점이다. 다음 순서로, '평화의 인사'가 나오나 A형은 이 순서가 생략되어 있다. 이 순서는 성찬을 나누기 전에 평화와 화해의 징표로 인사하는 예식이다.

이어 나오는 순서는 '성령임재기원'으로서 B형이, 성령님이 오셔서 식탁을 성별하게 해달라고 기원하는 데 비해, A형은 성찬 참여자들에게 성령님이 충만히 임하도록 기원하는 내용에 초점을 달리 두고 있다. 예배사적인 면에서 '성령임재기원(에피클레시스)'은 초대교회부터 내려오는 예배전통으로서 성물(요소, 즉 포도주와 빵)과 성찬 참여자에게 임하게 해주시도록 간구하는 기도로 개신교에서는 최근 이 기도를 회복하는 교회들이 늘고 있다. 이 기도에서 동방정교회나 로마 가톨릭 교회는 빵과 포도주가 실체변화를 일으키는 것으로 주장하나, 개신교회에서는 이를 받아들이지 않는다. 다만 성찬에 사용되는 떡과 포도주에 대해 보통의 물질로 생각하는 것이 아니라, 이 두 요소를 믿음으로 거룩히 구별하며, 또한 참여하는 무리들에게 신령한 은혜를 주시도록 간구한다는 차원에서 이 기도에 의미를 두고 있다. 다음으로, B형은 '응답송'(찬송 "비둘기 같이 온유한")이 이어지나 A형은 생략되었다. 이어 B형과 A형 모두 집례자의 '감사의 기도'가 나오는데 그 내용은 각기 다르다. 그리고 두 형태 모두 성가대의 동일한 '기도송'으로 성찬식을 마치고 곧 바로 주일예배 모델의 "파송의 예배" 순서로 연결하여 예배를 마감한다.

넷째, 성찬식에 있어서 이 예식서(1991)와 이전 예식서(1989) 사이를 비교하고자 한다. 이전 예식서(1989)의 성찬순서는 1991년 예식서에 비해 성찬 베푸는 방식의 차이뿐 아니라 내용상의 차이도 보인다. 원활한 비교를 위해 『예식서』(1989)의 성만찬 5, 6, 7 순서를 아래에 제시한다.

『예식서』(1989)

5. 성찬예식(낮 예배시 시행하는 순서)

진행사항 - 성찬예식에 믿음으로 참여하기 위해서 가급적이면 10명 단위로 앞에 나와 서게 한 후, 배종자가 집례자의 권유의 말씀에 따라 떡과 포도주를 들게 하고 빈 잔을 거둔 뒤, 다음 사람으로 순서를 잇게 한다. 앉은 자리에 성찬을 돌려 진행할 수도 있다.

회개에의 부름 - 참회의 기도 - 예식사 - 성찬초대의 기도 - 분병(받지 못한 자가 있으면 확인하여 베품) - 분잔(받지 못한 자가 있으면 확인하여 베품 - 감사의 기도

6. 성찬예식(저녁예배를 통한 예식)

전주 - 찬송 - 회개에의 부름 - 참회의 기도 - 성경봉독 - 성찬의 말씀 - 성찬초대의 기도 - 분병(받지 못한 자가 있으면 확인하여 베품) - 분잔(받지 못한 이가 있으면 확인하여 베품) - 감사의 기도 - 찬송 - 축도

7. 예식총례(학습, 세례, 성찬예식을 함께 거행할 경우)

묵도 - 찬송 - 기도(사랑의 하나님, … 성례를 거행할 수 있도록 시간을 허락해 주시고 … 감사드립니다. … 아멘) - 성경봉독(요 7:37, 엡 5:18) - 설교(성령 충만의 비결) - 서약을 위한 기도 **1) 학습예식 2) 세례예식 3) 성찬예식** - 성찬 초대의 기도 - 분병(성찬의 말씀을 읽는다. 받지 못한 자가 있는가 알아보기 위하여 거수케하고 떡을 받게 함) - 분잔(성찬의 말씀을 읽는다. 받지 못한 자가 있는가 알아보기 위하여 거수케 하고 떡을 받게 함) - 감사의 기도 - 찬송 - 축도

여기서 이 예식서(1991)의 순서를 기준으로 해서 1989년 예식서와의 관계를 살펴보기로 한다. 성찬식의 시작 순서는 이 예식서(1991)에서 '찬송'(A형) 또는 '성찬찬송'(B형)의 순서로 하고 있다. 이에 비해 1989년 예식서의 저녁예배 성찬식에는 '전주-찬송-회개에의 부름'이 나오며, 주일 낮 예배에는 '회개에의 부름'이 첫 순서로 나온다. 여기서 1989 예식서 저

녁예배의 '전주'는 회중 전체의 순서에 해당되지 않고 반주자에 의한 순서이므로 회중순서로는 '찬송'이 처음 순서에 해당한다. 이로 볼 때 1989 주일낮 예배 성찬식을 제외하고, 다른 순서들은 '찬송'으로 시작함을 알 수 있다. 또한 '참회기도'에 대해서는 1989 예식서의 성찬식에 나오나 이 예식서에는 성찬식에 나오지 않고 개회부분에 나온다. 이 예식서의 성만찬의식 A형태는 '찬송－처음기도(집례자)'로 나오며, B형태는 '성찬찬송－처음기원(집례자)'로 나오는데 비해, 1989년 예식서의 저녁예배 성찬식에는 '전주－회개에의 부름－찬송－참회의 기도'가 나오며, 주일 낮예배 성찬식에서는 '회개에의 부름－참회의 기도' 순서로 나온다. 여기서 '참회의 기도'는 성찬식에 들어 있지 않고 주일예배의 개회부분의 중간부에 나오는데 대부분 다른 교단의 예식서에도 성찬식에 위치하지 않고 개회부분에 위치하고 있다.

이어, 이 예식서에는 '삼성창'(A, B) 나오는데, 1989 예식서에는 주일 낮예배나 저녁예배의 성찬식에 나오지 않는다. 이 예식서의 다음 순서로 '성찬제정의 말씀'(A, B)이 나오나, 1989년 예식서는 주일낮 순서에 '예식사－성찬초대의 기도', 주일 밤 순서에 '성경봉독－성찬의 말씀－성찬초대의 기도'로 나온다. 다음으로 '평화의 인사'가 A 순서에는 나오지 않고, B 순서에만 나온다. 이에 비해 1989년 예식서에는 이 순서가 나오지 않는다. 이어 나오는 '성령임재의 기원'은 A, B 순서 모두 나오나, 1989년 예식서에는 이 순서가 나오지 않는다. 이에 비해, 일찍 장로교 통합 교단(1977)과 기장 교단(1978)에서 '성령임재의 기원'을 반영해 왔다. 이 순서는 성경에는 나오지 않으나 초대교회 유산으로 『사도전승』(3세기 초, 히폴리투스의 저작으로 알려져 왔음)에서부터 사용되어온 성찬기도이다. 동방정교회와 로마 가톨릭교회 등도 이를 받아들이고 있다. 한국 개신교회에서는 1990년대 이후 예식서에 반영하여 사용하는 교단들이 많아지고 있다.

이후에 '응답송'이 A 순서에는 나오지 않고 B 순서에만 나오며, 1989

년 예식서에는 나오지 않는다. 다음으로 '분병례'와 '찬송', '분잔례'(A)와 '성찬분배례'와 '성찬에 참여'(B)가 나오는데 비해 1989년 예식서에 '분병', '분잔' 순서로 나온다. 이 순서들에서 여러 용어들이 사용되고 있으나 '분병'과 '분잔'이라는 용어가 가장 함축적인 의미로 사용될 수 있을 것이다. 뒤이어, 이 예식서에 '감사의 기도'와 '기도송'(A, B가 동일한 내용)이 나오는데, 1989년 예식서에는 '감사의 기도'(낮, 저녁이 동일한 내용)와 '찬송'(저녁)이 나온다. 두 예식서를 비교해보면 기도의 내용과 찬송 곡은 같지 않다. 이어 예배의 마지막 부분인 "파송의 예배" 순서로 들어간다.

이상을 정리해보면 이전 예식서에 나타나지 않았던 순서들이 이 예식서에 나타난 순서들을 열거해보면, '삼성창', '평화의 인사'(B), '성령임재의 기원', '응답송'(B) 등이다. 이런 순서들은 세계의 여러 교회들이 사용하는 예식 순서로서 이 예식서에 세계교회의 성찬식 순서들을 반영하고 있다.

ⓑ 『새예식서』(1996)

성결교 기성 교단은 『예식서』(1989)[348]라는 이름으로 발간을 시작하여 증보판 성격의 개정판을 1991년에 내었고, 이어 1996년에 『새예식서』라는 이름으로 대폭 개정해서 내놓는다. 기성 교단의 예식서 수정위원회는 21세기를 맞아 교단의 세계화를 위하여 헌법과 제 규정의 갱신 및 수정이 진행됨에 따라서 예식서를 재수정하게 되었으며 몇 가지 원칙을 전제하여 수정 보완했다는 점을 밝히고 있다.[349]

---

[348] 필자는 1989년에 나온 『예식서』를 초판으로 서술하고 있으나, 『새예식서』의 머리말에는 1987년에 초판되었다고 언급하고 있다. 이에 대해서는 앞에서 기술한 1989년 『예식서』 각주를 참조하기 바란다.
[349] 기독교대한성결교회(기성), 『새예식서』(서울: 성결교회출판부, 1996), 3 - 4. 머리말. 몇 가지 원칙들은 다음과 같다: 첫째, (이전) 개정판 예식서의 원형을 그대로 살리도록 노력하였으며, 다만 총론에서 예식문이 아닌 예배모음자료 부분들은 부록에 실었다. 둘째, 주일 공예배 예문은 초대

『새예식서』의 차례를 살펴보면, "머리말"에 이어, Ⅰ. "주일낮 공예배와 성례전 순서"에는 주일 낮 공예배 순서, 성만찬 예배 순서, 어른 세례예식 순서, 유아 세례예식 순서 등이 나오며, Ⅱ. "교회입문과 관련된 예식 순서", Ⅲ. " 교회임직 및 추대와 관련된 예식순서", Ⅳ. "교회당 봉헌 및 교회창립과 관련된 예식 순서", Ⅴ. "가정의례와 관련된 예식 순서", 그리고 "부록"으로 예배의 본질, 성례전의 성서적 의미, 교회력(예배학적 의미, 예전 색깔, 성서일과), 부활주일 일람표와 교회력 편람, 절기별 성만찬 예문 주보 간지 등으로 구성되어 있다.

여기서는 "주일낮 공예배와 성례전 순서"에는 주일 낮 공예배 순서, 성만찬 예배 순서를 소개하고, 다음으로 『새예식서』와 이전 예배서(1991)를 비교 분석하고자 한다.

먼저, Ⅰ. "주일낮 공예배와 성례전 순서"에는 주일 낮 공예배 순서, 성만찬 예배 순서를 소개한다. 여기서 주일 낮 공예배 B형태와 성만찬 예배 B형은 찬송가에 가사와 악보를 함께 싣고 있다. 아래 세부순서 중 굵은 글씨의 순서는 필자의 표시이다.

1. 주일낮 공예배 순서

일러두기 (요약) - A형태는 초기 한국 개신교회 전통적인 예배형태이고, B형태는 최근 예배갱신에 따른 세계 교회들의 흐름이다. 앞으로는 가급적 세계 교회들과 함께 B형태 예배순서를 소화하여 정착시키는 것이 좋겠다.

주일낮 공예배 순서(A형태) 진행모범 (이 예배순서는 한국교회가 지난 100년

교회의 성서적 예배원행에 접근을 시도하면서 좀 더 보완하려고 노력하였으며 또한 개혁자적이고도 웨슬리적인 예배신학과 함께 초기 한국교회의 전통적인 공예배 부분에도 감안하였다. 셋째, 모든 성경인용은 개역성경에 준하였다. 넷째, 찬송가는 악보를 배제하고 가사만을 삽입하였다. 마지막으로, 본 예식서는 표준 예식 모범을 제공하는데 비중을 둔다. 개신교회 성직자들은 성령의 인도하심에 민감할 뿐 아니라 각양 성령 은사에 위탁하여 진행하는 일에 더 익숙하기 때문에 이 예식서를 집례자가 상황에 따라 보완 가감하면서 사용할 수 있기를 바란다.

동안 통용하고 있는 전통적인 주일낮 공예배순서 틀이다. 한국 개신교 초기 선교사들에 의하여 소개된 로방(길가)예배순서로 알려진 것이다.)

묵도 - 기원 - 송영 - 신앙고백(사도신경) - **주기도문** - 성서교독(다같이) - 찬송 - 성경봉독 - 헌금 - 봉헌기도(다같이) - 찬양(성가대) - 설교 - 송가(다같이) - 축도

주일낮 공예배 순서(B형태) 진행모범 (여기에 제시된 주일낮 공예배 순서는 성서 안에 나타난 초대 기독교 예배의 기본요소들로 짜여져 있다. 여기에는 먼저, "진행모범"이 제시되어 있으며, 바로 이어 "실제 진행순서"를 제시하고 있는데, 이 두 순서 사이에 차이가 나타난다. '주기도'가 "진행모범"에는 '회개의 권면' 뒤, '사죄의 확인' 앞에 나타나나, "실제진행순서"에는 '회개의 권면' 앞에 나타난다.)

모이는 교회의 예배순서

전주 - 예배에로의 부름 - 경배찬송 - 시편교독 - **성령임재의 기도(기원)** - 기도송 - 회개의 권면 - 참회의 기도 - 자비를 구하는 기도 - **주기도**(혹은 주기도문 영창, 548장) - 사죄의 확인 - 영광송

말씀받는 교회의 예배순서

구약성경봉독 - 성경봉독송 - 신약성경봉독 - 찬양 - 설교 - 목회기도 - 신앙고백(사도신경) - 봉헌의 말씀 - 찬송과 헌금 - 봉헌기도 - 교회소식

성만찬 나눔교회 예배순서

(성만찬이 있는 경우에는 이곳에서 시작하며 성만찬의 예배순서는 간지를 이용한다.)

흩어지는 교회의 예배순서

흩어짐 송 - 흩어짐의 말씀 - 송영(일어서서) - 축도 - 후주(오르간)

2. 성만찬 예배순서

일러두기(요약) - 성만찬은 매 주일 행하는 것이 성서적인 원칙이다. 본 예식서는 성만찬 예식 A형과 B형을 제시하였다. A형은 배찬위원이 회중에게 가

서 성찬을 분배하는 전통적인 방법이며, B형은 배찬위원 없이 회중이 목사 앞에 나와 받게 하는 세계 교회들의 통용되는 방법이다. 그러나 여기에서는 배찬위원들이 분배하는 방법을 택하였다.

성만찬 예배 순서(A형태) 진행모범

찬송(281장) - **성령임재의 기도**(집례자) - 삼성창(성가대, 찬송9장) - **성찬제정의 말씀**(고전 11:23 - 26, 집례자) 끝에 "오 주여 오시옵소서"(마라나타) 있음 - 분병례(집례자) 집례자가 먼저 떡을 먹은 후 배찬위원들이 먹고 회중에게 배찬함 - 분병과 찬송(283장, 성가대) 〔원문에 "떡을 받지 못한 신자가 없는가 살핀다"가 빠져 있음〕 - 분잔례(집례자) 분잔 순서는 분병 때와 같음. 성가대는 찬송 283장 부르는 중에 배찬위원들이 회중에게 분잔함. 집례자는 잔을 받지 못한 신자가 없는가 살핀다) - 감사의 기도(집례자) - 응답송(찬송 549장, 성가대)
(기도송 후 앞에 주일공예배 순서에서 파송예배 순거로 연결하여 마감한다.)

성만찬 예식 순서(B형태) 진행모범

찬송(283장) - 성만찬에로의 초청 - 삼성송(다같이 혹은 찬양대, A형과 다른 찬송임) - 성찬제정의 말씀(고전 11:23 - 26, 집례자) 끝에 "오 주여 오시옵소서"(마라나타) 있음 - 평화의 인사 - **성령임재의 기원** - 기도송(다같이, 성가대와 회중) - 분병과 분잔례(집례자와 회중) 떡 그릇을 높이 들고 … 잔 그릇을 높이 들고 … 아멘 - 하나님의 어린 양(다같이 혹은 성가대) - 분병의 말씀(집례자) - 성만찬 노래(다같이) - 배병(떡)/배찬위원 : 찬양대와 함께 노래부르면서 배찬함 - 배잔의 말씀(고전11:25, 집례자) - 배잔(포도주)/배찬위원: 찬양대와 함께 노래 부르면서 배찬함 - 감사의 기도(집례자, A형과 다른 내용임)

다음으로, 『새예식서』와 이전 예식서(1991)와 비교하도록 한다.

첫째, 『새예식서』에는 주일예배와 성만찬은 "예배"로, 다른 항목들은 "예식"으로 통일하였다. 이전 예식서에는 주일예배만 "예배"로, 이외의 모든 항목들 중 성만찬은 "예배"와 "의식" 두 용어를 다 사용하고, 다른 항목들(세례, 입회, 헌아, 학습) 등에는 "의식"으로, 그리고 경축, 장례, 추모, 생활경축에 관련된 가정에 관한 것들은 "(가정)의례식" 등을 사용했다. 이전 예식서의 특징은 성찬에 대해서는 세례나 입회 등과 구분하여 "예배"와 "의식" 용어 둘 다 사용하고 있다는 점이다. 두 예배서를 비교해 볼 때, 『새예식서』의 구분이 더 명료한 것으로 보인다. 여기서 한 가지 첨언한다면, 예배학적 용어 관점에서 보면 말씀, 성찬에 세례를 포함시켜 "예배"란 용어를 쓰는 것이 좋으며, 다른 항목들은 "예식"으로 용어 사용하는 것이 좋을 것이다.

둘째, '회중기도'(대표기도)에 관한 것이다. '회중기도'가 주일낮 공예배 A형태에는 나타나지 않고 있다. 이 A형태는 "진행모범" 하단에 한국교회가 지난 100년 동안 통용하고 있는 전통적인 순서로 소개하고 있는데 여기에 '회중기도'가 빠져 있다. 이는 인쇄상의 실수로 보인다. 이 '회중기도'는 성결교의 『헌법』에 잘 나타나있다. 성결교 분열 이전 『헌법』(1936)에 '성가-사도신경-기도-성경낭독-헌금-감사기도-광고-설교' 등 순서로 나오며, 1945년의 『헌법』에는 '묵도-성가-사도신경 송독-기도-주의 기도' 등의 순서로 나온다. 교단 분립 후, 기성 교단의 1955년의 『헌법』에는 '묵도-성가-사도신경 송독-기도(일동이 착석하고 대표로 기도할 것)-주의 기도' 등의 순서로 나온다. 1945『헌법』부터 기도 다음에 주기도를 연결시킨 것은 감리교의 전통을 성결교가 이어 받은 것으로 보인다. 그 후 1974년 개정판 『헌법』에는 큰 변화가 나타나는데, '묵도-기도〔기원순서로 보임〕-송가-신앙고백-주의 기도-시편교독-찬송-기도〔대표기도로 보임〕-성경봉독-헌금 …' 등의 순서로 나와 주기도와 회중기도 사이를 조금 떼었음을 알 수 있다. 이로 볼 때, 약간의 차이가 있지만 전통적으로 성결교(기성)에서는 '주의 기도' 앞 또는 뒤에 '회중기도'(대표기도)를 넣고 있음을 알 수 있다.

셋째, 주기도문에 관한 사항이다. 주일낮 공예배의 A형태에는 '묵도－기원－송영－신앙고백(사도신경)' 다음에 위치해 있으나, B형태에는 〈모이는 교회의 예배순서〉 진행모범에는 '참회의 기원' 뒤, '사죄의 확인' 앞에 위치해 있다. 그런데 이 예식서에 이 형태를 설명하면서 "진행모범"과 아울러 "실제 진행순서"를 제시하고 있는데 이 둘 사이에 주기도문 위치가 상이하다. "진행모범"에는 '회개의 권면' 뒤, '사죄의 확인' 앞에 나타나, "실제 진행순서"에는 '회개의 권면' 앞에 나타난다. 이와 같이 한 순서 안에 두 개의 설명이 다르게 나타 있는 것은 편집상 오류로 보이므로 어느 한 쪽을 바로 수정해야 할 것이다.

넷째, 신앙고백에 관한 사항이다. 주일낮 공예배 A형태에는 주기도문 앞에 위치하나, B형태에는 설교 뒤에 나타난다. 이처럼 신앙고백 순서는 고정되어 나타나지 않고, 예전에 따라 순서가 크게 설교 전과 후로 나뉘어 나타나는 것을 볼 수 있다. 이전에 한국교회에서는 신앙고백에서 사도신경을 주로 사용했으며 그 순서는 예배의 초반부, 즉 대표기도 이전에 사용해왔다. 그러나 최근에는 다양하게 이 순서를 사용하고 있다. 이것은 장로교 통합 교단의 경우에도 잘 나타난다. 이 교단은 주일예배 순서를 여러 형태로 제시하고 있는데 여기서 신앙고백의 위치를 다양하게 보여주고 있다. 또한 한국교회에서 신앙고백을 사도신경에 국한하지 않고 루터교의 경우처럼 니캐아 신조(381)나 아타나시우스 신조까지 사용하는 경우도 있는데 이를 위해 교단 신학자들이나 목회자의 인식전환이 필요할 것이다.

다섯째, 성령임재(에피클레시스)의 기도에 관한 것이다. 이 기도는 세 곳, 즉 주일낮 공예배 B형태에 있어서 예배 시작부분인 〈모이는 교회의 예배순서〉, 그리고 "성만찬 예배순서"(A, B 형태)에 나와 있다. 먼저, 주일 낮 공예배의 〈모이는 교회의 예배순서〉에 나타나는 성령임재의 기원이다. 원래 이 기원은 성찬식에 주로 사용되지만 이 예배서에서는 예배 초반에도 사용하고 있다. 그 순서를 보면, "전주-예배에로의 부름-경배찬송-시편교독-성령임재기도"로 나오는데 예배의 모든 순서를 성령님께서 주장해주실 것을 기원하는 내용이다. 여기의 주일 공예배의 성령임재의 기도는 성격상 기원의 한 형태에 속한 것으로 보면 좋을 것이다.

다음으로, "성만찬 예배순서" A, B 형태 둘 다 나타나는 '성령임재 기원' 순서로서 성만찬을 통해 성령님의 임재하심으로 은혜를 누리게 해달라는 기도이다. 여기서 A 형태는 성찬제정사 앞, B형태는 성찬제정사 뒤에 각기 나타나는 차이점이 있으나 모두 수찬(분병) 이전에 나타난다는 점에 공통점이 있다.

여섯째, '마라나타' 사용에 관한 내용이다. "성만찬 예배순서" A, B 형태의 모두 성찬제정의 말씀 끝 부분에 "오 주여 오시옵소서"라는 표현을 사용하고 있다. 이것은 기원문으로서 '마라나타'를 우리말로 번역한 내용이다. '마라나타'라는 앞에 나왔던 예성 교단의 『목회예식서』(1994)에도 사용되었는데 거기의 비교분석 난을 참고하면 좋을 것이다. 이 예식서에서 '마라나타'를 사용한 것은 초대교회 성찬식의 전통을 이어 받은 것으로 그 의미가 깊다고 할 것이다.

ⓒ 『예배와 예식서』(2004)

성결교 기성 교단은 한국 교회 다른 교단들에 비해 짧은 기간에 예식서의 개정을 자주 한 것으로 나타난다. 1989(또는 1987)의 『예식서』(초판)를 비롯하여 1991년 개정 증보판, 1996년 『새예식서』를 출판하였고, 곧 이어 2004년에 『예배와 예식서』라는 제목으로 새로운 예식서를 낸 것이다. 이처럼, 이 교단에서 20년이 못되는 기간 동안에 네 권의 예식서를 내 놓은 것은 한국 교회 예전사를 볼 때 독특한 일이다. 그 만큼 이 교단에서는 예식서에 대한 관심이 많은 것을 반증하는 것이라고 볼 수 있다. 이『예배와 예식서』는 책 말미에 참고문헌을 열거하면서 미국 감리교회, 미국 장로교회, 한국 장로교 예배학자(기장 교단) 박근원 등의 문서들을 참고하였음을 밝히고 있다.

이 예배서의 "머리말"에서 몇 가지 기본원칙 하에 이전의『새예식서』를 보완하고 더 풍부하게 하였음을 말하고 있다. 여기에서 이 예배서의 사용을 위한 효과적 지침과 기본원칙을 제시하고 있다.[350] 기본원칙을 요약하면 다음과 같다:『새예식서』(1996)에 나타난 예배와 예식의 정신을 가능한 한 유지하되, 불가피하게 수정할 것만을 수정하였다(예: 학습예식 삭제). 또한 목회의 현장에서 필요한 예식들은 새로이 첨가하였다(예: 세례예비자 예식, 유소년 세례 예식 등). 그리고 기존의 예식서들을 추가하거나 수정 보완하였다. 또한 찬송의 맥락에서 행하는 예배예전을 추가하여 제공하였으며, 이 예식서에 나타난 예식과 기도문들은 개 교회의 상황과 여건에 따라 보완 가감하여 사용할 것이며, 우리 성결교회는 성령의 역사를 강조하는 교단이므로 목회자들은 성령의 각양 은사에 자신을 위탁하는 예배를 집례하기를 바란다. 또한 "머리말"에 이어 "예배예식서 사용안내"[351]가 나오는데, 이 교단의 예배는 초대교회 사도전승의 예배와 웨슬

---

350 기독교대한성결교회(기성),『예배와 예식서』(서울: 성결교회출판부, 2004), I - II. 머리말
351 기독교대한성결교회,『예배와 예식서』(2004), V - VIII. 이 예식서를 효과적으로 사용하기 위한 몇 가지 지침으로서 요약하면 다음과 같다: 첫째, 각 예배예전의 앞부분에 그 예전의 신학적 의미와 예식집례를 위한 지침을 설명하였다. 둘째, 주일예배의식은 여섯 가지 형식을 제공하였다. 여기에 나오는 새로운 예배형식 중에는 한국교회에 익숙하지 않는 몇 가지 의식들이 포함되어 있는데 이를 흔히 로마 가톨릭의 의식이라고 오해되기도 하나 그렇지 않고 모두 초대교회의 유산을 회복한 것인데, 현대 미국 장로교회나 미국 연합 감리교회 등 많은 개신교회들에서 사용하고 있는 순서들이다. 셋째, 본 예식서에는 성만찬 예식이 주일예배에 포함된 것 외에도 통상주일(앞의 세 가지)과 교회력상의 절기, 국경일과 민속명절에 따라 사용할 수 있는 순서들이 많이 제공되고 있다. 여기에 소개된 성만찬예식은 기존의 한국교회에서 행하던 그것들과는 달리, 성만찬 본래의 신학적 의미를 잘 반영할 뿐 아니라 회중을 적극적 참여로 유도하는 것으로서, 가장 좋은 방식은 주님이 마지막 만찬에서 취하셨던 행동과 명령을 그대로 유지하는 방식이라는 믿음에 기인하는 것이다. 넷째, 주일 낮 예배를 제외한 모든 집회들은 제 II장 '기도회·집회 순서'에서 다루

리의 영성이 조화를 이루며 현대 세계교회들의 예배갱신 흐름에 발맞추는 방향으로 집필된 것임을 알 수 있다.

이 예식서의 '차례'를 살펴보면, '머리말', '예배예식서 사용 안내'에 이어, Ⅰ. '주일예배·성만찬 예전'에 주일예배(기본적 구조, 예배순서에 대한 이해, 주일예배 1-6), 성만찬예전(신학적 이해, 성만찬 예전 1-3), 교회력에 따른 성만찬 예전(대림절, 성탄절, 주현절, 사순절 1-3, 부활절, 성령강림절, 창조절), 총회 개회 성만찬 예전, 한국절기에 따른 성만찬 예전(삼일절, 평화통일기원주일, 광복절, 감사절, 민속명절) 등이 나오며, Ⅱ. '기도회·집회'에는 아침 기도회, 저녁(오후) 기도회, 열린 집회, 애찬 집회 등이 나오며, Ⅲ. '교회 입문 예식'으로 세례 예식의 신학적 이해, 세례 예비자 예식, 세례 예식, 유아 세례 예식, 유소년 세례 예식, 견신 예식, 입회 예식, 임종 세례 예식 등이 나온다. Ⅳ. '교회 임직 예식'으로 목사 안수 예식을 비롯하여 군목 안수 예식, 선교사 안수 예식, 평신도 선교사 안수 예식, 선교사 파송 예식 등 모두 17개의 예식이 수록되어 있다. Ⅴ. '교회설립과 봉헌에 관련된 예식'에는 교회 설립, 교회당 기공, 입당 등 모두 7개의 예전이 나오며, Ⅵ. '가정의례 예식'에는 생일과 관련된 감사예식들(6개), 성장과 관련된 축복예식들(헌아, 어린이 된 축복, 성인 된 축복), 혼인에 관련된 감사예식들(7개), 장례에 관련된 예식들(임종-1, 2, 입관, 장례-1, 2, 하관, 시신 기증, 불신자 장례, 화장, 납골 혹 유골안치, 안장-국립묘지 등에서, 이장), 추모에 관련된 예식들(첫 성묘, 추모, 민속명절-설날, 한가위), 생업에 관련된 예식들(4개) 등이 나온다.

이어 **부록**이 나오는데 Ⅰ. '주일예배에 관련된 자료'로 '예배'(예배의 본질, 개회 기도문, 공동기도문 1-11), 성례전(세례와 성만찬의 성서적 의미), 교회력(예

었다(아침 및 저녁 기도회, 열린 집회, 애찬집회 등). 다섯째, '교회입문예식'도 새롭게 개정되었다(예: 학습예식을 삭제하고 새로 생긴 '세례예비자 예식'). 여섯째, 목회적 필요성에 따라, 시대 변화로 인한 요청에 따라 새롭게 예식을 도입하였다(예: 군목 및 선교사 파송예식, 시신 기증예식 등). 일곱째, 부록이 대폭 확장되었다.

배학적 의미, 예전 색깔), 성서일과표(주일 예배 성서 일과표, 매일 아침 저녁기도회 성서 일과표), 부활주일과 교회력 편람, 예배 찬송 등이 나오며, Ⅱ. '예배당 내부 구조', Ⅲ. '성찬기와 예복' 등이 나오며 맨 끝에 참고문헌이 나온다. 여기서는 Ⅰ. '주일예배 · 성만찬예전', Ⅱ. '기도회 · 집회'를 중심으로 하되, 일부 내용을 생략하는 방식으로 소개한 후, 이 예식서 내의 순서들을 자체 분석을 중심으로 하되, 필요시 이전 『새예식서』와 간략히 분석하고자 한다.

먼저, Ⅰ. '주일예배 · 성만찬예전'에서 1. "주일예배"에서 예배의 기본적구도와 예배순서에 대한 이해, 주일예배 1, 2(성만찬없이), 주일예배 3-6(성만찬과 함께)을 살피며, "성만찬 예전"에서는 성만찬 예전의 신학적 이해. 성만찬 예전 1-3을 살펴보도록 한다. 그 외에 교회력에 따른 성만찬 예전, 한국 절기에 따른 성만찬 예전, 또는 총회개회 성만찬 예전은 생략하기로 하되 이 예전들 속에 거의 공통적으로 나타나는 '마라나타'("그리스도께서 다시 오십니다")만 간략히 다루기로 한다.[352]

Ⅰ. 주일예배·성만찬예전
1. 주일예배
예배의 기본적 구조

4중구조로서 '말씀과 성찬'으로 이루어진 초대교회 예배의 2부 구조에 '모임'의 예전과 '파송'의 예전을 첨가한 것이다.

예배순서에 대한 이해

신앙의 고백은 사도신경이나 니케아신경을 고백하거나 노래로 부를 수 있다.

---

352 기독교대한성결교회(기성), 『예배와 예식서』(2004), 2 - 48.

전통적으로 사도신경은 세례나 견신례를 받을 때에 후보자가 회중 앞에서 공적인 신앙의 표현으로 사용하며, 니케아신조는 주의 만찬을 거행할 때에 사용한다. (아래의 순서 중에 굵은 글씨는 필자의 표시임.)

주일예배 1 (성만찬없이)
한국교회에 복음을 전해준 선교사들로부터 전수 받아 지금까지 가장 보편적으로 사용되어 오는 예배형식으로 노방예배 형식이라 함.
기원 - 송영(다같이) - 신앙고백(사도신경) - 주기도문 - 성서교독 - 찬송 - 성경봉독 - 헌금 - 봉헌기도 - 찬양 - 설교 - 찬송 - 축도

주일예배 2 (성만찬없이)
전통적인 한국교회의 예배형식에다 초대교회의 말씀예배를 가미한 예배형태이다. 신앙고백은 말씀에 대한 화답의 성격이 있으므로 설교 뒤에 둠.
예배로 부름 - 개회기원 - 찬송 - 교독문 - 찬송 - 예배기도(맡은이) - 주기도문 - 찬송 - 감화를 위한 기도 - 제1독서(구약, 맡은이) - 화답송(시편, 찬양대) - 제2독서(신약, 맡은이) - 복음환호송(찬양대) - 복음서봉독(맡은이) - 설교 - 응답의 찬양 - 신앙의 확인(사도신경) - 봉헌 - 봉헌기도 - 평화의 인사 - 교회소식 및 새신자 환영 - 결단의 찬송 - 축복과 파송

주일예배 3 (성만찬과 함께)
성경적 예배의 틀에 초기 기독교(2 - 3세기)의 예배형식을 더한 형태이다. 매우 단순하나 예배의 핵심요소는 모두 갖춘 초대교회의 가장 기본적인 예배형태이다.
Ⅰ. **모임의 예전**
찬송(일어서서) - 인사(다같이) - 예배기원(집례자, 회중은 자리에 앉음) - 찬송
Ⅱ. **말씀의 예전**
감화를 위한 기도 - 제1독서(구약) - 화답송(시편송, 찬양대) - 제2독서(서신

서) - 복음 환호송(찬양대) - 복음서봉독 - 설교 - 응답의 찬양(찬양대) - 신앙의 확인(사도신경, 다함께) - 공동기도(맡은이) - 평화의 인사

III. 성만찬 예전
봉헌 -식탁으로 초대(집례자) - 성만찬기도(집례자와 회중), 초반에 sursum corda(마음을 드높이), 거룩송이 나오고, 종반부에 마라나타(주님께서 다시 오십니다)가 나오며, 이어 성령임재기원을 드린다. - 찬송(다같이) - 성만찬 참여

IV. 파송의 예전
찬송(일어서서) - 기도 및 축도(목사) - 새신자 환영 및 광고(회중은 앉아서)

주일예배 4 (성만찬과 함께)
성경적 예배의 틀에 초대교회(4 - 6세기) 예배형식을 더하였다. 이 순서는 예배갱신운동의 영향에 힘입어 현재 세계교회들이 가장 보편적으로 채택하고 있는 예배형태로서 특히 부활의 기쁨과 감격을 강조한다.

I. 입례의 예전
인사(일어서서) - 찬송 - 개회기원(자리에 앉음) - 찬송

II. 말씀의 예전
감화를 위한 기도 - 제1독서(구약) - 화답송(시편송, 찬양대) - 제2독서(서신서) - 복음 환호송(찬양대) - 복음서봉독 - 설교(설교 후에 초청과 결단의 시간을 가질 수 있음) - 응답의 찬양(찬양대) - 신앙의 확인(**사도신경이나 니케아 신경**, 성만찬이 있을 경우에는 신앙고백을 생략해도 무방하며 세례식이나 다른 목회예식이 있으면 이때에 거행함) - 공동기도(맡은이) - 고백의 기도(다함께) - 사죄의 확신 - 평화의 인사

III. 성만찬 예전
봉헌 - 식탁으로 초대 - 성만찬기도, 초반에 sursum corda(마음 드높이), 이어 거룩송, 종반부에 마라나타(주님께서 다시 오십니다)가 나오며, 성령임재기원을 드린다. - **주기도** - 찬송 - 성만찬 참여 - 기도

Ⅳ. 파송의 예전

찬송(일어서서) - 기도 및 축도 - 광고 및 새신자, 방문자 소개(회중은 앉아서)

주일예배 5 (성만찬과 함께) - 주일예배 4과 같으나, 성만찬 기도 중에서 일부분이 음악과 함께 나온다는 점에서 차이점이 있다.

Ⅰ. 모임의 예전

인사(일어서서) - 찬송(찬송 후 자리에 앉음) - 개회기도 - 찬송(후에 자리에 앉음)

Ⅱ. 말씀의 예전

감화를 위한 기도 - 제1독서(구약) - 화답송(시편송) - 제2독서(서신서) - 복음환호송(성가대) - 복음서봉독 - 설교 - 응답의 찬송 - 신앙의 확인(사도신경) - 고백의 기도(다함께) - 사죄의 확신(집례자) - 공동기도(맡은이) - 평화의 인사

Ⅲ. 성만찬 예전

봉헌 - 식탁으로 초대 - 성만찬 기도, 초반에 **sursum corda**(마음 드높이), 이어 거룩송, 종반부에 마라나타(주님께서 다시 오십니다)가 나오며, 성령임재 기원을 드린다. - 찬송 - 성만찬 참여 - 기도

Ⅳ. 파송의 예전

찬송(일어서서) - 기도 및 축도 - 광고 및 새신자, 방문자 소개

주일예배 6 (성만찬과 함께) - 악보가 제시되어 있다.

Ⅰ. 모임의 예배

입례송/찬양대 - 예배로 부름 - 개회 찬송(일어서서) - 개회기도(기도 후 반주자의 아멘송으로 마침) - 찬송 - *회개로의 부름 - 죄의 고백(회중, 오르간 연주와 함께 *용서를 구하는 기도) - 자비의 기도(찬양대) - 용서의 선언(집례자, 사 1:18) - 영광송(찬양대)

Ⅱ. 말씀의 예배

오늘의 기도(집례자) - 구약성경 봉독 - 명상의 시편(교독) - 사도서신 봉독

- 알렐루야 영창(찬양대) - 복음서 봉독 - 찬양(찬양대) - 설교 - 설교 후 기도(설교자) - *응답송(다같이) - 신앙고백(사도신경) - 중보기도 - *봉헌의 말씀(집례자) - 봉헌(찬송부르며 다같이, 성만찬있는 주일에는 전병과 포도주와 헌금을 함께 바치고 봉헌위원은 제자리로 돌아가 앉는다.) *봉헌의 기도(집례자, 성만찬상 앞에서 진행함.)

Ⅲ. 성만찬의 예배

찬송 - *성만찬 초대와 응답 - 성만찬 기도, sursum corda(마음 드높이), 거룩송 - 성만찬 제정사, 끝부분에 **마라나타(주 예수여 오시옵소서, 고전 11:26, 계 22:20)** - 성령임재의 기원(양손을 중간쯤 들어 손바닥이 성만찬을 향하게 하고 기도함) - 주기도 - 평화의 인사 - 분병례(떡/잔을 높이 들고, 회중은 아멘 요 6:56 - 57) - 하나님의 어린양 - 성만찬에의 참여, 집례자와 배종위원이 먼저 성찬을 나누고, 이어 회중이 참여함, 반주자는 성만찬곡 오르간 연주) - 감사기도 - 시므온의 노래(다같이)

Ⅳ. 파송의 예배

*교회소식/집례자(설교대 앞에서 진행함)

폐회찬송(일어서서) - 분부의 말씀(집례자) - 축도(축도 1 - 민 6:24 - 25, 축도 2 - 고후 13:13) - 아멘송(찬양대) - *퇴장(아멘송을 부를 때 집례자와 예배위원) - *후주(오르간)

2. 성만찬 예전[353]

성만찬 예전의 신학적 이해

* **봉헌**
* **식탁으로 초대**
* **대감사기도(성만찬기도)** - 초대교회에서는 대감사기도를 성만찬예식에 있어서 가장 중요한 부분으로 인식하였다. 대감사기도는 기본적으로 삼위일체

---

[353] 기독교대한성결교회(기성), 『예배와 예식서』(2004), 49 - 61.

하나님께 대한 찬송과 기도이다. 예배전통에 따라서 그 순서가 약간씩 다르기는 하나, 성만찬기도는 대체로 다음의 요소들로 구성되어 있다: 예배인사 - 예비기도 - 상투스 - 제정사 - 기념/봉헌사 - 성령임재기도 - 송영 …

* **성만찬 참여(생략)**

1. 성만찬 예전 ①

본 예식은 기존의 예배형태에 성찬식만을 거할 경우에 사용하도록 제공된 것이다.

찬송 - 식탁으로 초대 - 대감사기도: 예배인사(**수르숨 코르다**), 거룩송, 성찬제정의 말씀, **마라나타**, 성령임재기도, 송영 - 성만찬 참여 - 수찬 후 기도 - 찬송 - 축도

2. 성만찬 예전 ②

찬송 - 식탁으로 초대: 수르숨 코르다(마음을 들고 하나님께 감사합시다.), 성찬제정의 말씀, 성령임재기도 중에 **마라나타**가 평문으로 나옴(이 예물들 위에 성령을 부어주시사 … 영원한 승리 가운데 **그리스도께서 다시 오시고** …), 송영 -성만찬 참여 - 수찬 후 기도 - 찬송 - 축도

3. 성만찬 예전 ③

가정에서 거행할 경우 : 환자를 위해서 또는 다른 사유로 인해 가정집에서 성만찬을 거행할 경우 본 방식을 사용할 수 있다.

초대 - 고백과 용서 - 평화의 인사 - 성만찬 준비 - 성만찬 기도: 성찬제정의 말씀, 성령임재기도, **마라나타**(… 예수께서 최후 승리와 함께 **다시 오실 때까지** …) - 주님의 기도 - 성만찬 참여 - 축도

이어서, Ⅱ. '기도회·집회'에서 아침기도회, 저녁(오후) 기도회, 열린 집회, 애찬 집회 등에 대해 소개하도록 한다.

II. 기도회·집회[354]

아침기도회 (요일에 상관없이 매일 아침이나 새벽에 행할 수 있는 집회형태임.)
예배로 부름 - 죄의 고백 - 사죄의 선언(확신) - 찬송 - 감화를 위한 기도 - 제1독서(구약) - 찬송 - 제2독서(서신서) - 찬송 - 복음서봉독 - 설교 - 신앙고백 - 공동기도 - 축복과 파송

저녁(오후)기도회 - 주일 저녁이나 수요일 저녁 또는 매일 저녁에 행할 수 있는 형태임.
예배로 부름 - 개회기원 - 찬송 - 감화를 위한 기도 - 제1독서(구약) - 찬송 - 제2독서(서신서) - 찬송 - 복음서봉독 - 설교 - 응답의 찬양 -공동기도 - 교회소식 및 새신자 환영 - 결단의 찬송 - 축복과 파송

열린 집회 - 주일 오후나 토요일 또는 금요일 저녁에 행할 수 있는 순서로서 교회의 예배에 익숙치 않은 사람들이 주로 모인 집회에서 사용될 수 있다. 이는 공예배나 신자들끼리 모이는 기도회와는 다른 것으로서, 청중들에게 복음을 소개하고 전도하는 것을 주목적으로 하여 구성된 집회순서이다. 따라서 특정한 형식이 있을 수 없고 교회의 여건에 따라 자유롭게 구성할 수 있으며 이 순서는 하나의 예로서 제시한 것이다.
밴드의 연주(워십댄스 팀과 함께 해도 좋다) - 환영의 인사 - 찬송(회중의 취향에 맞는 곡조를 여러 곡 부른다.) - 스킷 드라마 - 메시지(스킷 드라마에서 제기된 주제를 부각시키고 성경에서 해답을 찾아 복음을 제시한다.) - 초청(복음 제시 후 결단을 촉구하며 결신자들을 위해 기도해 준다.) - 축복과 파송

애찬집회 - 애찬집회는 예수께서 공생애 기간 동안 제자들과 가지셨던 친교의 식사에 기원을 두고 있으며, 웨슬레와 감리교도들, 그리고 모라비아 교도들 사이에서 널리 행해 졌던 집회방식이다. 이 집회는 친교와 화합을 목적으로 하되 성경과 간증이 포함되어야 하며, 교회에서 다같이 식사를 가진 후에 후속 프로그램으로 거행할 수도 있다. 성찬식과 혼동을 피하기 위해 포도주

---

[354] 기독교대한성결교회(기성), 『예배와 예식서』(2004), 107 - 12.

나 포도쥬스보다는 다른 색깔의 음료를 사용하는 것이 좋다.

개회찬송 - 기도 - 성경봉독 - 설교 혹은 간증 - 빵을 건넴(... 만일 세례 받지 않은 구도인이 있다면 이때에 그리스도에게로의 초청을 할 수 있다.) - 잔을 돌림(성찬식과 혼동을 피하기 위해 색깔이 다른 쥬스나 또는 차를 사용하는 것이 좋다.) - 간증, 기도, 찬송 - 마침권면 - 찬송 - 축복과 파송

다음으로, 이 예식서에 나와 있는 주일예배 및 각종 집회에 대해 자체 분석 및 『새예식서』와 비교 분석하도록 한다.

첫째, 주일예배 1의 예배순서 중에서 '묵도'와 '주기도문'에 대해서 살펴보고자 한다. 이 주일예배 순서 1의 바로 밑에 이 예배순서 전체를 소개하면서 "한국교회에 복음을 전해준 선교사들로부터 전수받아 가장 보편적으로 사용되어 오는 예배형식으로 이를 노방예배형식이다"라고 언급하였다. 이는 이전의『새예식서』와 거의 같은 언급을 하고 있는데 단지 다른 점은『새예식서』에서는 "지난 100년 동안 통용하고 있는 전통적인 주일 낮 공예배순서 틀이라"고 하여 구체적으로 이 예전이 사용되어 온 기간까지를 말하고 있다는 것이다. 전체 문맥으로 보아 사용기간(100년)이 제시되었던, 아니 되었던 간에, 주일예배 1의 순서는『새예식서』의 순서와 같은 순서인 것은 확실하다.

여기서 문제가 되는 것 중에 '묵도'는 이 예식서에는 빠져 있고 '기원'으로 시작하고 있으나, 이전의『새예식서』에는 '묵도'가 주일 예배 첫 순서로 나온다. 사실 '묵도'는 이전에 언급한 바와 같이 한국교회 초기에 사용하지 않다가 1920년대부터 사용되어 온 것이다. 또한 '주기도'에 대해서는 감리교의 경우 선교 초기부터 주일 낮 예배순서에 반영되어 왔으며, 감리교 이외의 다른 교단들은 다양하다. 성결교는 1945『헌법』에서부터 반영 되었고, 1961년 교단 분열 이후에는 기성 교단에는 그대로 유지되었으나, 예성 교단에는 이 주기도가 빠져 있다. 장로교는 처음에는 주

기도문을 사용하지 않다가 기장교단에서 1964년 예식서에 처음 반영하였으며(주일 아침과 저녁예배 때 설교 전에), 통합 교단에서는 1977년 예식서에 (주일 낮 설교 전), 고신 교단은 1999년 예전예식서에 (주일 낮 설교 전이나 후에) 반영하기 시작하였으며 합동 교단에서는 지금도 주일 대예배에서 주기도문을 사용하지 않고 있다. 한편, 루터교에서는 1960년 『예배의식문』이 처음 나왔는데 여기에 주기도문이 설교 이후에 나타난다. 이러한 세부적인 내용을 언급함 없이 "선교사들로부터 전수받아 온 전통적인" 순서라고 함은 이론의 여지가 있는 것이다.

둘째, 이 예식서에 나오는 '대표기도'(공동기도)의 순서에 관한 것이다. 주일예배 1은 기도가 생략되어 있으나, 이전 예식서에 비추어 보면 주기도문 후로 보는 것이 좋을 것이다. 주일예배 2는 '공동기도'라고 되어 있지 않고 '예배기도'로 나오는데 '주기도문' 전, '설교' 전에 나타난다. 주일예배 3(성만찬과 함께)은 '설교' 후, 성만찬 전에 '공동기도'로 나오며, 주일예배 4(성만찬과 함께)는 설교 후에 '공동기도'로, 주일예배 5는 설교 후에 '고백의 기도'로, 주일예배 6은 '용서의 선언' 전, '설교' 전에 나타난다. 이를 종합해 보면, 성결교 기성 교단의 이 예식서에는 '대표기도'가 '설교' 전이나 후, 두 가지로 나타난다. 이것은, 한국 교회 대부분 '대표기도'가 '설교' 전에 행하는 것으로 나타나는 것에 비하여 특징적이라 할 수 있다. 또 다른 하나는 공동기도와 고백기도가 따로 시행된다는 점인데 공동기도를 '맡은이'가 하고, 고백의 기도는 '다함께' 하는 것으로 되어 있다.

셋째, '마라나타'를 사용하는 용례가 다양하다는 점이다. 1. '주일예배(성만찬과 함께) 3, 4, 5'에 모두 '성령임재기원' 전에 따로 구분되어 나오며, 2. '성만찬 예전 1'에도 동일한 순서와 방식으로 나온다. 이에 비해 '성만찬 예전 2, 3'에는 기도문 속에 섞여져 나타난다. 또한 '교회력에 따른 성만찬 예전들'에는 '성령강림절 성만찬 예전'에서만 나오지 않고, 다른 예전들에서는 '마라나타'가 '성령임재기원' 전에 따로 구분되어 나온다.

이처럼, 이 예배서는 많은 예전들에 '마라나타'를 반영하고 있는 것이다. 이것은 초대교회 예전을 반영하였다는 이 "예배예식서 사용안내"의 진술을 잘 나타낸 것이다.

넷째, Ⅱ. '기도회 · 집회' 중에 '열린 집회'와 '애찬 집회'에 관해 살펴보기로 한다. 먼저, '열린 집회'에 대해 언급하면, 이 '집회'는 현대 교회들이 아직 믿지 않는 자들에게 전도 목적으로 행하는, 즉 구도자를 위한 모임으로 설정하고 있다. 그렇다면 믿는 청년들을 대상으로 그들에게 맞도록 구성한 것을 '열린 예배'라고 할 수 있을 것이다. 이런 용어를 사용함에 있어서 참석자가 기존 신자인가, 아니면 전도대상인가에 따라 '예배' 또는 '집회'라는 용어를 달리 사용할 수 있다고 본다. 여기서는 주로 신자가 아닌 사람들을 대상이기 때문에 '열린 집회'라는 용어로 타당하게 사용하고 있다. 이웃교단인 예성교단에서 최근에 나온 『목회예식서』(2012)에도 '열린 집회 Ⅰ, Ⅱ'로 나와 있다. 이처럼 용어에 있어서 두 교단 예식서 모두 정확한 개념에 근거해서 사용하고 있음을 알 수 있다.

다음으로, '애찬집회'에 대해 살펴보자. 애찬모임에 대해서 이 예식서는 그 근원이 예수님의 공생애 기간에 제자들과 함께 하셨던 친교의 식사에 기원을 두고 있으며, 성결교의 기본 뿌리를 제공한 웨슬리와 감리교도들이 즐겨 행했던 모임이었음을 밝히고 있다. 이것은 이 예식서의 초반부에 나타나있는 '예배예식서 사용안내'의 마지막 부분의 언급과도 잘 연결이 된다. 그곳에서 이 예배서를 통해 기성 교단의 예배에서 초대교회 사도전승의 예배와 웨슬리의 영성이 조화를 이루기를 간절히 바란다는 내용이 실려 있었다. 한편, 예성 교단에서 나온 『목회예식서』(2012)에서는 이 예식을 '애찬예배'로 제목을 붙이고 있어서 차이를 보이고 있지만, 제목만 차이가 있을 뿐 내용은 크게 다르지 않다.

결론적으로, '머리말'과 '예배예식서 사용안내'에서 밝힌 대로 이 『예배와 예식서』는 초대교회의 전통과 웨슬리 영성의 조화와 함께 현대적 예배 형식을 다양하게 소개하고 있으므로 목회자들은 필요에 따라 알맞게 적용하는 방식을 취하여 교회에 유익하도록 해야 할 것이다. 한국교회의 현실에 비추어 보면, 교단의 예식서를 그 교단의 목회자들이 활용하는 경우도 있으며, 반대로 자신이 속한 교단의 예식서보다는 다른 교단의 예식서를 더 많이 참조하는 경우도 볼 수 있다. 우리는 이 지상에서 어느 한 교단에 속해서 신앙생활을 하면서 세계 공통적인 예전에 대한 관심을 가짐과 아울러 초대교회와 현재 자신이 속한 교단의 정체성을 잃지 않으려는 노력을 항상 균형 있게 경주해야 할 것이다.

(2) 예성 교단

① 『헌장』 "공예배"

ⓐ 『헌장』 "공예배"(2002)

성결교 예성 교단은 교단 예식서인 『목회예식서』(초판 1994, 개정판 2012)가 나오기 전에, 이미 『헌장』 초판(1962)에 주일 예배를 처음 수록하였으며, 이 『헌장』의 1차 개정판을 1971년에 내었다. 그 후에도 교단의 헌법은 계속 수정되었으며, 헌법 수정의 간략한 역사가 2002년 『헌장』의 머리말 앞부분에 수록되어 있다. 이것은 『헌장』 전반적인 내용의 수정으로 보이며, 예배순서에 대한 수정이 매 헌법 개정에 반드시 있었던 것은 아니라고 판단된다.[355] 『헌장』 2002년 판의 예배순서가 이전 순서들(1962, 1971년 판)과 일부 바뀌어 나타난다. 여기서는 먼저, 개정판(2002)의 내용을 실은 후, 다음으로 이전 판들(1962, 1971판)과 비교 분석하도록 한다.

---

[355] 필자는 이 교단의 여러 헌장 수정판들을 다 참조할 수 없었으며, 현재 소장하고 있는 2002년 판에 근거해서 고찰했음을 밝혀둔다.

먼저, 『헌장』 개정판(2002)의 공예배 순서를 제시한다.[356]

제3장 공예배와 성례전
제1절 공예배
제23조 예배의 뜻 - 예배는 하나님께 대한 인간의 최고의 도덕적 행위인즉, 성결교회는 정기적으로 정한 시간에 힘써 성전에 모여 엄숙하고 질서 있게 예배를 드려야 한다.
제24조 공예배 - 본 교회는 매주 세 번씩(주일 낮, 주일 밤, 수요일 밤) 공예배로 성전에 모이니, 주일 예배 순서는 다음에 준한다.

예배순서
묵도 - 기원 - 송영(모두 일어섬) - 사도신경 송독(모두 일어섬) - 성시교독(모두 일어섬) - 찬송 - 기도(대표) - 성경봉독(사회자) - 찬양 - 설교 - 기도(모두 또는 설교자) - 찬송 - 헌금 - 헌금 기도 - 광고 - 송가(모두 일어섬) - 축도(*고후 13:13) - 폐회

다음으로, 이 『헌장』의 주일예배와 이전 판들(1962, 1971)을 비교 분석하기로 한다.

첫째, 이 『헌장』의 주일예배 '광고' 순서의 변동이다. 이미 살펴 본바와 같이 『헌장』 초판(1962)과 개정판(1971)의 차이는 '광고' 순서에 있다. 『헌장』 초판에 '헌금과 헌금기도' 후에 '광고'가 있었던 것이 개정판(1971)에서 '광고'가 '축도' 후로 바뀌었는데, 2002년 개정판은 '광고' 순서가 원래의 초판 순서로 되돌아간다. 그러나 정확히 언제부터 그 순서가 원래의 순서로 바뀐 것인지는 파악하기 어려우나 아마도 1994년 『목회예식서』 초판이 나오기 전인 것으로 추측된다. 예성 교단의 『목회예식서』의 역사를 살

---

[356] 예수교대한성결교회총회(예성), 『헌장』(서울: 총회교육국, 2002), 35 - 36.

펴보면 초판(1994), 개정판(2012)이 나왔는데,『목회예식서』개정판 "주일예배 순서 I"의 설명에서 이전『헌장』의 순서를 따랐다고 언급하고 있다. 그런데 예식서의 초판과 개정판의 "주일예배 I"의 순서가 동일하므로 '광고' 순서가『헌장』초판의 순서 돌아간 것은『목회예식서』초판이 나온 해인 1994년 이전으로 보는 것이 추측의 근거이다.

둘째, 이『헌장』의 주일예배 '기원' 순서의 변동이다. 1962판, 1971년 판에는 둘 다 '묵도-송영-사도신경 송독' 다음에 '기원' 순서가 나왔으나, 2002년 판에는 '기원' 순서가 '묵도' 다음, '송영과 사도신경 송독' 앞에 위치하게 된다. 이 경우도『목회예식서』초판과 재판이 동일한 순서이니, 결국『헌장』2002년 판의 '기원' 순서는 적어도 초판『목회예식서』(1994년) 이전에 개정된『헌장』에서 나온 것이라고 볼 수 있는 것이다.

② 예배 예식서

ⓐ『목회예식서』(1994)

예수교대한성결교회(예성)는 교단 분립(1961년) 후, 다음해『헌장』(1962)이 나왔는데 여기에 주일예배순서가 제시되어 있었다. 그 후 목회에 필요한 예식만을 별도로 실은 문서의 필요성을 느껴 교단의 최초 예식서인『목회예식서』(1994)를 출판하게 된다. 이 예식서의 차례를 보면, "머리말", "예배와 예식", "교회력과 해설" 등이 서론격으로 제시되어 있고, 이어 I. "공예배와 성례전"에 공예배 순서(주일낮 예배순서 I, II, 주일밤 예배순서, 수요일밤 예배순서)와 성례전 순서(학습식, 세례식, 입회식, 헌아식, 성찬예식 I, II)가 실려 있다. II. 임직식, III. 교회창립과 봉헌, IV. 주택 및 생업, V. 가정예식(약혼식, 결혼식, 백일 또는 돌 축하식, 생일 또는 생신 축하식, 회갑 또는 고희축하식, 성년식, 설날 가정예배, 추석절 가정예배), VI. 임종과 장례(임종과 장례 지침, 임종식, 입관식, 발인식, 하관식, 유족 귀가 예배, 첫 성묘, 추도식), VII. 절기 및 기념

주일(부활절 새벽 촛불예배, 성탄 축하예배, 송구영신예배), Ⅷ. 기도문(신년축하예배, 졸업주일, 성청주일, 고난주일, 부활주일, 총회주일, 어린이주일, 어버이주일, 장애인주일, 군목주일, 성령강림주일, 해방기념주일, 신학교 주일, 종교개혁 주일, 추수감사주일, 성탄주일, 송년주일, 송구영신예배) 등이다.

여기서는, 서론격으로 나온 예배와 예식, 교회력과 해설, 그리고 Ⅰ. 공예배와 성례전을 중심으로 다루려고 한다.

먼저, "예배와 예식", "교회력과 해설" 부분을 요약하여 제시한다.[357]

예배와 예식

1. 예배의 뜻 - 예배는 하나님께 대한 인간 최고의 도덕적 행위이다. 기독교 예배는 예수 그리스도 안에서 … 예수 그리스도를 통하여 … 성령의 감화와 역사하심의 도움을 받아 … 하나님께 영광을 도리는 공동적인 예배의식적(liturgical) 응답이요, 또한 평생의 봉사(service)이다. 예배의 대상은 하나님 한 분 뿐이므로 인간의 중심이 된 행사에 예배라는 말을 사용할 수 없으며 예배와 의식을 잘 구분해서 사용해야 한다.

2. 기독교 신앙과 의식 - 기독교는 신앙을 중요시하는데, 그 신앙을 옹호하고 보호하기 위해서는 껍질인 형식이나 의식도 중요하다. 의식은 성도들의 신앙적 감화는 물론 신앙 인격의 향상과 성장을 도모하는데 공헌하는 것이다.

3. 교회예식의 의의 - 교회의 예식은 하나님께 대한 신앙의 깊은 뜻을 어떤 형식적 순서와 예모로 조화된 의식으로서 표현하는 신성한 행위이다.

4. 집례자와 마음가짐

(1) 집례자의 자격 - 성례전을 제외한 모든 예식의 집례는 형편에 따라 목사가 아닌 전도사나 장로가 할 수 있다. 다만 책벌 중에 있는 자이거나 혹은 성직상 용인할 수 없는 처지에 있는 자는 집례할 수 없다(헌장49조 3항, 51조 2항).

---

357 예수교대한성결교회(예성), 『목회예식서』(서울: 총회교육국, 1994), 7 - 13.

(2) 집례자의 복장 - 모든 복장이 깨끗하고 단정해야 한다. 교회력과 예배와 의식의 형편을 살펴서 미리 준비해야 한다.

(3) 집례자의 마음가짐 - 기도하는 마음을 가지고 성부와 성자와 성령의 이름으로 거룩하게 행하여 은혜가 풍성하게 하여야 한다.

교회력과 해설

절기의 색깔 - 절기에 따라 설교대, 교독대, 예복, 드림전(Stole)에 사용하는 색깔들.

이어, Ⅰ. "공예배와 성례전" 부분을 요약하여 제시하고자 한다.[358]

Ⅰ. **공예배와 성례전** (이하 세부 순서의 굵은 글씨는 독자들에게 유의하라는 의미로 필자가 표시한 것임.)

● **공예배순서** ●

주일 낮 예배순서(Ⅰ) - 아래 순서 중 *표는 원문에 일어섬을 나타낸다.

묵도 - 기원 - *송영(다같이) - *사도신경 송독(신앙고백) - *성시교독 - *찬송 - 기도 - 성경봉독(사회자) - 찬양(성가대) - 설교(목사) - 기도(모두 또는 설교자) - 찬송 - 헌금(위원) - 헌금기도(목사) - 광고(사회자) - *송가 - *축도(고후13:13) - 폐회

주일 낮 예배순서(Ⅱ)

전주 - 예배의 부름 - 기원 - 화답송 - *경배의 찬송 - *성시교독 - *신앙고백(사도신경) - *영광송(성가대) - **참회의 찬송(다같이)** - **참회의 기도(맡은이)** - **용서의 선언(목사)** - 응답송(성가대) - 성경봉독 - 찬양(성가대) - 말씀 - 목회기도(설교자) - 아멘송(성가대) - 헌신의 찬송 - 헌금(위원) - **봉헌찬송(다같이)** - **봉헌송(성가대)** - 교회소식(맡은이) - *송가(다같이) - *파송과 위

---

358 예수교대한성결교회(예성), 『목회예식서』(1994), 15 - 20, 41 - 60.

탁 - *축도(고후13:13) - *축복송(성가대) - *후주

주일 밤 예배순서

전주 - 기원 - 찬송 - 기도 - 성경봉독 - 찬양(성가대) - 말씀 - 합심기도(다같이) - 찬송 - 헌금(위원) - 봉헌기도(목사) - 교회소식(맡은이) - 찬송 - 축도(고후13:13) - 후주

수요일밤 예배순서

전주 - 기원 - 찬송 - 기도 - 성경봉독 - 말씀 - 합심기도 - 찬송 - *신유기도(목사) - 교회소식(인도자) - 주**기도문(다같이)** - 후주

● 성례전 ●

학습식, 세례식, 입회식, 헌아식, 성찬예식(5, 6) 중에서 성찬예식만 소개함

5. 성찬예식(I)

지침: 성찬은 매월 첫 주일 또는 분기별로 하는 것이 좋다. 떡과 포도즙은 미리 교역자들이 준비하고 끝난 후 교역자들이 땅에 묻는 것이 좋다.

성찬예식 순서

예식사 - 회개에의 부름 - 회개의 기도 - 용서의 선언(요일 1:9) - 성찬의 찬송 - 성령임재의 기도(떡과 잔, 성찬 참여한 신자들에게) - 아멘송(성가대) - 성찬례(집례자가 떡과 잔을 높이 들고 그리스도의 몸과 피임을 선언한 후 집례자와 성찬위원이 먼저 수찬함) 이때 떡은 한덩이, 잔은 큰 잔으로 전 회중이 함께 사용함) - 분병(성찬제정사 분병부분, 권면, 요 6:47 - 51, 53 - 58, 집례자는 떡을 받지 못한 이가 있는지 손을 들어 표시하라고 함) - 분잔(성찬제정 분잔 부분, 권면, 엡 1:7 - 10, 엡 2:12 - 19, 잔을 받지 못한 이가 있는지 손을 들어 표시하라고 함) - 감사의 기도(집례자: 재림을 바라보며 주님의 증인되게 해 달라고 하며 성령의 충만을 달라고 간구함) - 응답송(성가대) - 찬송(주께서 성찬 마치신 후에 찬미하며 감람산으로 가셨음을 본받아 찬송 부르며 헌신의 자리로 나아가기를 바람) - 위탁의 말씀(집례자: 주의 성찬으로 한 몸의 지체가 되었으니 성령의 하나 되게 하심을 힘써 지킬 것 등을 말함, 마라나타!

아멘 주 예수여 오시옵소서) - 축도 - 후주

6. 성찬예식(Ⅱ)

지침 - 생략

성찬예식 순서

전주 - 예배의 부름(성구) - 기원 - 경배의 찬송 - 고백의 기도(기도 후 2분 동안 침묵의 기도) - 용서의 선언(딤전 1:15, 롬 8:1-2) - 영광의 찬송 - 기도 - 구약의 말씀(맡은이: 사 3:4 - 6) - 신약의 말씀(맡은이: 고전 10:14 - 17) - 찬양(성가대) - 말씀(그날의 본문 읽은 후 말씀 전함) - 중보의 기도(설교자) - 성찬의 말씀(고전 11:23 - 30) - 성령임재의 기도 - 아멘송 - 성찬례(순서 Ⅰ과 동일하게) - 떡과 잔을 나눔 (1) 떡을 나눔(집례목사와 배종자가 먼저 받고, 이어 회중에게 나누어 줌, 분병확인), 분병성구(요 6:35, 53 - 58, 고전 11:23 - 29) (2) 포도주를 나눔(분잔순서는 분병과 동일, 분잔확인), 분잔성구(엡 1:7 - 10, 엡 2:12 - 19, 골 1:19 - 23상, 계 1:5) - 감사기도 - 기도송 - 헌금 - 봉헌기도 - 송영의 찬송 - 위탁의 말씀(… **마라나타! 아멘 주 예수여 오시옵소서**) - 축도(고후 13:13) - 후주

다음으로, 『목회예식서』와 이전에 나왔던 『헌장』의 예배부분과 비교 분석하기로 한다.

첫째, 주일낮 예배순서에 관한 것이다. 이 『목회예식서』에는 주일 낮 예배 순서 두 개가 제시되어 있는데 비해, 1962년 판과 1971년 판 『헌장』에 나와 있는 예배순서에는 단 한 개가 제시되어 있다. 이 예식서의 주일예배(Ⅰ)은 이전 헌장(1962, 1971)에 나와 있는 순서와 거의 동일한 것이다. 다른 점은 이미 분석한 것과 같이 1962년 판은 '광고'가 '헌금 감사기도' 다음에 나오나 1971년판은 '광고'가 '축도' 이후로 바뀐 것이 다른데, 이 예식서는 1962년 판으로 되돌아갔다. 또 다른 점은 이 예식서 주일예배(Ⅰ)는 '묵도' 다음에 바로 '기원'이 나오나 이전 순서들(1962, 1971)은 '묵도-송영-사도신경 송독' 다음에 '기원' 순서가 나온다. 한편, 이 예식서에

나오는 주일예배(Ⅱ)에 나오는 두 번째 순서, '예배에의 부름'은 이전 문서들에는 나타나지 않은 새로운 순서이다.

둘째, 이『목회예식서』에는 주일 밤과 수요일 밤 예배에 대해서는 각각 하나씩 제시되어 있으나 이전 헌장에는 이 순서들이 나타나지 않았다. 이 예식서에서는 수요일 집회에 대해서 주일과 마찬가지로 "예배"라는 용어를 사용하고 있다.

셋째, 성찬식의 경우 이 예식서에 두 개의 순서가 제시되어 있으나, 이전 헌법에는 한 개의 순서만 제시되어 있었다. 이 예식서의 성찬예식들은 이전 예식서와 다른 새로운 순서를 다수 나타내 보여주고 있다.

넷째, '마라나타'라는 용어에 대해서 살펴보고자 한다. 이 예식서의 "성찬예식 Ⅰ, Ⅱ" 두 순서 모두, 수찬 후 "위탁의 말씀"의 끝부분에 이 용어가 나타난다. 이 '마라나타'는 원래의 아람어를 헬라어로 음역한 것으로 신약성경 고린도전서 16:22에 나와 있으며, 요한계시록 22:20에는 그 뜻을 기원형으로 풀어 나온다("주여 오시옵소서"). 한글 개역이나 개역개정 성경은 공통적으로 번역문을 본문에 실었고, 그 중에서 개역개정에는 하단 각주에 그 원어와 설명이 짧게 나와 있다. 이 말은 읽기에 따라 두 가지 의미로 쓰인다. '마란 아타'로 읽으면 완료형으로 그 뜻은 "주께서 오셨도다"라는 의미를 가지고 있으며, '마라나 타'로 읽으면 기원형으로 "주여 오소서"로 미래에 오실 주님을 고대하며 쓰는 말이다.

이 용어의 역사를 살펴보면, 초대교회 문헌으로 최초로 이 용어가 사용된 문서는 『디다케』(『교훈집』 또는 『12사도의 교훈집』, 총 16장)이다. 이 문서에 대해 여러 가지 학설이 있지만, 저자는 미상이며 초대교회 초기문서(약 100-150년 경)로 널리 알려져 있다. 『디다케』의 성찬식은 9장과 10장에 나오는데 성찬식의 끝 부분(제10장 6절)에 이 용어가 나온다. 또한 초대교회 문헌 중 『사도헌장』(Constitutiones Apostolicae, 350-380년 경)에도 나오는데, 이 문서는 4세기 초대교회의 법과 전례규정을 총 8권으로 집대성한 전집이다. 이 문서에서 이 단어가 성찬참여 후에 나타난다(7권 26장 5절). 최근에 이 용어는 W. C. C.(세계교회협의회) 산하단체인 '신앙과 직제위원회'에서 만든 『리마예식서』(1982)에도 나온다. 이 예식서의 성만찬예전 시작부분인 '준비기원'(17)의 끝에 Maranatha! Come Lord Jesus! 라고 나오며, 그리고 '기념사'(23) 끝과 '추모의 기원'(25) 끝에 Maranatha! the Lord comes!로 나온다. 여기에서는 기원형의 의미로 사용하고 있다.

이 단어의 성찬식에서의 위치를 보면, 『디다케』나 『사도헌장』은 수찬 뒤에 사용되는 것으로 보이며, 『리마예식서』(1982)는 수찬 앞에 사용되고 있다. 성결교 예성교단의 이 예식서에는 성찬식 두 순서(Ⅰ, Ⅱ) 모두 수찬 뒤에 이 용어가 사용되고 있다. 아쉽게도 예성 교단에서 그 후에 나온 개정판 『목회예식서』(2012)에서는 이 용어가 삭제된다. 이 교단 외에 다른 교단의 용례를 살펴보면, 성결교 기성 교단은 『예배예식서』(2004)에서 수찬 앞에 사용하고 있으며, 장로교 기장 교단에서는 『희년 예배서』(2003)에서 수찬 앞에 사용하고 있는 것을 알 수 있다. 장로교 통합교단은 『예배·예식서』(2008)의 Ⅱ. "주일예배" 6. "절기예배" 중 "대림절기 예배"[359]에서 나오는데, '마라나타'라는 용어는 직접 사용하지 않고 그 번역어에 가까운 표현을 쓰고 있다("우리 주 하나님, 속히 오소서 …").[360] 통합교단의 사용 위치는 수찬 앞에('초대의 말씀' 앞)에 있다. 한 가지 부언할 사항은 동방 정교회 크리소스톰 예전이나 로마 가톨릭 교회의 미사통상문에는 '마라나타'가 나타나지 않는다는 점이다.

---

[359] 주승중은, 예배학 사전에 낸 글에서 대림절과 마라나타에 대해 언급하면서, "대림절은 그리스도의 오심(성육신: already)과 다시 오심(재림: not yet)을 맞이하기 위한 준비의 절기이다 … 1세기 이래로, 초대교인들은 '마라나타'를 고백하여 왔는데 이 말은 두 가지 의미, 즉 과거에 이미 완전히 이루어진 사건을 표현하는 완료형과 미리에 일어날 사건에 대한 명령형으로 해석할 수 있는데 이 두 가지 해석은 대림절 신학에 있어서 아주 중요하다. 우리는 주님이 이미 오셨다는 우리의 믿음(마란 아타)과 미래에 다실 오실 주님에 대한 기대(마라나 타) 사이에 살고 있다"고 하였다. 주승중, "대림절", 『예배학 사전』(서울: 예배와 설교아카데미, 2000), 145 - 47.
[360] 대한예수교장로회(통합), 『예배·예식서』, 121.

ⓑ 『목회예식서』(개정판, 2012)

예성 교단 예식서로서 이전에 『목회예식서』가 1994년에 출판되었었다. 이후 17년간 사용되다가 목회현장 변화와 신학적 이유로 수정이 필요하게 되었고, 2011년 제90회기 총회에서 목회예식서를 새롭게 편찬하도록 함에 따라 이 『목회예식서』(2012)가 개정되어 나오게 된 것이다. 이 두 예식서의 제목은 동일하나, 출판년도나 내용을 통해 구분할 수 있다. 개정된 이 예식서는 몇 가지 방향성을 가지고 편찬되었다.[361] 그것은 초대교회와 종교개혁 정신을 따르되 성결교회의 특성을 살리고 또한 현대적 경향과 요구를 반영하면서도 성령의 역사를 제한하지 않도록 노력한다는 점이다. 특히 편찬 지침에 따라 천주교와 W.C.C.의 리마예식서(Lima Liturgy)의 요소를 배제하도록 노력하였으며, 성결교회 특성인 신유기도와 통성기도, 성별회라는 성결교회 전통을 살려 '신유집회'라는 특별집회 양식도 마련하였으며 초기 성결교회 전통을 살려 침례식 양식도 제시하였다. 또한 현대의 흐름과 요구를 반영하기 위해 선택적인 양식들을 제시하였고 성례식 부분에서는 다양한 세례식과 성찬식 양식을 제시하여 목회현장에 맞게 선택할 수 있도록 하고 있는 것이다.

개정된 『목회예식서』의 전체 내용을 보면, 제1부 "목회예식" 아래, 제1장 "예배와 성례전"에 1. "공예배"에 주일 낮(오전) 예배(Ⅰ, Ⅱ, Ⅲ), 주일 밤(오후) 예배(Ⅰ, Ⅱ), 수요예배(Ⅰ, Ⅱ)가 나오며, 2. "특별예배 및 기도회"에는 헌신예배, 새벽기도회, 금요기도회, 구역예배, 신유집회, 현대예배(열린집회 - Ⅰ, Ⅱ, 총동원 전도 주일, 애찬예배, 세족예배) 등이 나온다. 3. "기관별 예배"에는 연합예배(세대 연합예배 - Ⅰ, Ⅱ, 어린이 예배 - Ⅰ, Ⅱ, 그리고 청소년, 청년 예배 등이 나온다. 4. "절기 예배"에는 부활절(촛불)예배, 추수감사(맥추)절 예배, 성탄절 예배, 송구영신 예배, 기념주일 예배(어린이주일, 어버이 주일, 종교개혁주일, 그

---

[361] 예수교대한성결교회총회(예성), 『목회예식서』(서울: 목회예식편찬위원회, 2012), "머리말"

밖의 기념주일 등. 5. "성례전"에는 헌아식(Ⅰ,Ⅱ), 학습식, 세례식(Ⅰ,Ⅱ,Ⅲ,Ⅳ), 입회식, 성찬식(Ⅰ,Ⅱ,Ⅲ,Ⅳ) 등이 나온다. 제2장 "임직식"(교역자, 일반직원, 교회지도자), 제3장 "교회창립과 봉헌예식" 등이 나온다.

제2부 "가정예식"에는 제4장 주택 및 생업 예식, 제5장 "혼인예식"(약혼예배와 결혼예배), 제6장 "경축예식"(생일 감사예배-출생, 백일 또는 돌, 생일 또는 생신, 장수에는 회갑(고희, 산수, 미수, 백수, 상수) 감사예배, 결혼 기념예배(결혼기념예배, 금혼 감사예배, 금강혼 감사예배), 성년 감사예배, 제7장 "명절예식"에는 설, 추석 명절 예배, 제8장 "임종과 장례예식"에는 임종, 장례, 추모 예식 등이 나온다. 매 마지막 "부록"으로는 목회자의 예복, 강대상의 배치와 장식, 절기와 교회력, 조심스런 상징사용 등의 내용이 들어 있다. 여기서는 제1부 "목회예식"아래, 제1장 "예배와 성례전"에 있는 내용을 중심으로 다루며, 이 예식서와 이전의 『목회예식서』(1994)를 비교 분석하도록 한다.

먼저, 제1부 목회예식, 제1장 예배와 성례전, 1. 공예배, 2. 특별예배 및 기도회, 3. 기관별 예배, 5 성례전 중 5) 성찬식을 중심으로 요약하여 소개하고자 한다.

제1부 목회예식
제1장 예배와 성례전
1. 공예배[362]

1) 주일 낮(오전) 예배 (*는 일어서서)

주일 낮(오전) 예배 Ⅰ - 이 순서는 헌장에 제시된 순서를 따른 것이다.

묵도(전주) - 기원 - *송영 - *신앙고백(사도신경) - *성시교독 - 찬송 - 기도 - 성경봉독 - 찬양(찬양대) - 설교 - 기도(통성기도 또는 설교자) - 찬송 - 헌

---

[362] 예수교대한성결교회총회(예성), 『목회예식서』(2012), 20 - 26.

금 - 헌금 기도(목사) - 광고 - *송영 - *축도 - 폐회(후주)

주일 낮(오전) 예배 II - 헌금순서를 설교 전에 오도록 하였고, 설교 후에는 신유를 위한 기도 또는 성령충만(성결)을 위한 통성기도 순서는 성결교회의 특징을 살린 것이며, 영문이 병기되어 있다.

전주(Prelude) - 예배의 부름(Call to Worship) - *송영(Hymn of Praise) - *성시교(Antiphonal Reading) - *신앙고백(Creed) - 찬송(Hymn) - 기도(Prayer) - 헌금찬송(Offering Song) - 헌금(Offering) - 헌금기도(Offering Prayer, 맡은이) - 성경봉독(Scripture Reading) - 찬양(Anthem, 성가대) - 설교(Sermon) - 기도(Prayer after Sermon, 신유기도 또는 통성기도) - 찬송(Hymn) - 광고(Announcement) - *파송의 찬송(Sending Song) - *축도(Benediction) - *후주(Postlude: 찬양대)

주일 낮(오전) 예배 III - 광고가 설교 전에 있으며 헌금기도를 축도(주기도) 전에 목사가 할 수 있다.

2) 주일 밤(오후) 예배

주일밤(오후) 예배 I

전주 - 예배의 부름과 기원 - 찬송 - 기도 - 성경봉독 - 찬양 - 설교 - 기도(신유기도 또는 통성기도) - 찬송 - 헌금 - 헌금기도 - 광고 - 찬송 - 축도(주기도) - 폐회(후주)

주일밤(오후) 예배 II

교제의 인사 - 찬양(찬양단: 선곡된 여러 곡의 찬양을 함께 부른다.) - 기도 - 성경 봉독(맡은이) - 특별찬양(맡은이) - 설교 - 기도(신유기도 또는 통성기도) - 찬송(주기도문송이나 파송의 찬양) - 축도(주기도) - 폐회(후주)

3) 수요예배 - '전통적 예배'나 '기도회를 겸한 예배'의 두 가지 양식 모두 수요일 오전이나 저녁에 드리는 예배순서로 사용할 수 있다.

수요예배 I - 전통적 수요예배 순서이다.

묵도(전주) - 예배의 부름과 기원 - 찬송 - 기도 - 성경봉독(인도자) - 특별찬양 - 설교 - 기도(통성기도 혹은 설교자) - 광고(위원) - 찬송 - 축도(주기도) - 폐회(후주)

수요예배 II - 기도회를 겸한 예배 순서이다.

신앙고백(사도신경) - 찬송 - 기도(통성기도 또는 공동 기도문) - 성경봉독 - 찬양 - 설교 - 기도(통성기도 혹은 설교자) - 광고 - 찬송 - 축도(주기도)

2. 특별예배 및 기도회[363]

1) 헌신예배 - 인도: OOO 회장(기관장)

묵도(전주) - 예배의 부름과 기원 - 찬송 - 기도 - 특별순서 - 성경봉독 - 설교 - 기도(통성기도 혹은 설교자) - 헌금찬송 - 헌금기도 - 광고 - 찬송 - 축도(주기도) - 폐회(후주)

2) 새벽기도회 - 새벽기도회를 큐티(Q.T.) 형태로 가질 경우에는 목회자가 필요에 따라 순서를 조정하여 인도한다.

신앙고백 - 찬송 - 기도 - 성경봉독 - 설교 - 기도(통성기도 혹은 설교자) - 주기도 - 개인기도 시간(자유롭게)

3) 금요기도회 - 목회자의 목회방침에 따라서 금요기도회를 신유집회 순서에 준하여 실시해도 좋다.

4) 구역예배/ 셀모임

구역예배

신앙고백 - 찬송 - 기도 - 성경봉독 - 말씀 나눔과 간증(다같이) - 중보기도(다같이) - 헌금과 찬송 - 주기도(다같이) - 다과의 시간(자유롭게)

셀모임 - 4W(Welcome, Worship, Words, Words)를 적용하는 것이 특징이다. 환영의 시간(Welcome: 리더), 경배와 찬양(Worship: 다같이), 말씀 나누기(Words), 사역나눔과 중보기도(Words: 다같이) *최근에 받은 사역을 함께 나

---

[363] 예수교대한성결교회 총회(예성), 『목회예식서』(2012), 27 - 42.

누고 기도하며, 전도 대상자를 서로 소개하고 함께 중보기도 한다.

5) 신유집회 - 신유집회는 '성별회'라는 성결교회의 전통을 살린 예배로서 '성별회'는 전통적으로 오후에 드려졌는데 성결을 소망하며 드리는 신유집회였다.

경배와 찬송 - 찬송(보혈찬송) 회개의 기도 - 찬송(성령충만 찬송) - 성령충만의 기도 - 성경봉독 - 설교 - 기도(신유기도 또는 통성기도) - 능력의 찬송(은사찬송) *신유에 대한 확신과 감사함을 가지고 찬송할 때, 목사는 성도들을 위해 안수기도한다 - 은사를 위한 기도 - 감사의 찬송과 기도 - 축도(주기도)

6) 현대예배

열린집회 I - '열린 집회'는 '열린 예배' 또는 '구도자 예배'(Seeker's Service) 등으로 불리는 것으로 주일 오후예배나 토요일 저녁에 행할 수 있으며 구도자를 위한 것이다.

주제영상보기(동영상) - 찬송(찬양단과 함께) - 기도 - 특별순서(스킷드라마, CCD - Contempory Christian Dance: 맡은이) - 성경봉독 - 설교 - 초정(영접기도: 설교자) - 찬송 - 축도 - 친교의 시간

열린집회 II (생략)

총동원(전도)주일

전주(반주나 찬양) - 인사(목회자가 하는 것이 좋다) - 찬송 - 기도 - 성경봉독 - 찬양(찬양대) - 설교 - 초청의 시간 *방송실은 잔잔한 찬송을 계속 나오도록 해야 한다. - 등록자를 위한 기도 *등록 도우미들은 등록카드를 수거해 강단에 올리고 목사는 등록카드를 들고 기도한다. - 축하의 노래 *전주에 사용한 곡을 다시 부르면 된다. - 광고 - 축도(주기도) - 폐회(후주 및 인사)

애찬예배 - 애찬은 친교 목적으로 하므로 성찬식과는 구별이 되어야 한다. 성찬식과 구별하기 위해 한 개의 큰 빵을 사용하고, 잔은 포도주(포도주스)보다는 다른 음료를 사용하는 것이 좋다.

경배와 찬양 - 기도 - 성경봉독 - 설교 혹은 간증 - 애찬 나눔 - 기도와 찬송의 시간 - 권면의 말씀(인도자) - 파송의 찬송 - 축도(주기도)

세족예배 - 성례전은 아니나 예수께서 제자들에게 본을 보이신 것으로 서로의 관계성을 회복하고 섬김을 실천하는 것이다. 고난일과 송구영신예배 그리

고 각종 수련회 등에서 시행할 수 있으며, 이 예배를 마치고 성찬식을 거행해도 된다.

예식사(인도자) - 예배의 부름과 기원(요 13:34) - 찬송 - 회개의 기도(다같이) - 기도(맡은이) - 성경봉독(요13:4 - 15) - 설교 - 세족식을 위한 기도(설교자) - 세족식(세족식이 끝나면 서로를 위해 기도하는 시간을 갖는다) - 찬송 - 축도(주기도)

3. 기관별 예배[364]
1) 연합예배
세대연합예배 I - 어린이, 청소년들을 공예배 순서에 참여시킴으로 어릴 적부터 교회의 일원으로 성장하도록 유도한다. 이 순서는, 예배의 시작은 함께 하지만 설교 전에 각 기관별로 이동하는 양식이다.

예배의 부름과 기원 - 찬송(전 세대가 함께 부를 수 있는 두 세곡의 찬송을 부른다) - 성시교독 - 기도 *어린이, 청소년, 장년부 등의 순서로 하여 모든 세대가 참여할 수 있도록 한다. - 특별순서(기관별 맡은 부서) - 자녀들을 위한 축복 *어린이와 청소년들을 위한 축복의 시간을 갖는다. 그리고 각기 기관별로 흩어져 담당 목회자를 통해 말씀을 듣는다. - 성경봉독 - 찬양(찬양대) - 설교 - 기도(통성기도 혹은 설교자) - 찬송 - 헌금 - 헌금기도 - 광고 - 송영(다같이) - 축도(주기도) - 폐회(후주)

세대 연합예배 II - 예배의 시작부터 끝까지 함께 예배드리는 양식이다.

2) 어린이 예배(I , II)
3) 청소년, 청년예배

5. **성례전**- 헌아식, 학습식, 세례식, 입회식, 성찬식 중에서 성찬식만 소개함.
5) **성찬식**[365]

---

[364] 예수교대한성결교회 총회(예성), 『목회예식서』(2012), 43 - 48.
[365] 예수교대한성결교회 총회(예성), 『목회예식서』(2012), 86 - 102.

지침 - 떡과 잔을 나눌 때 전 성찬위원들에 의하여 나누는 경우가 있고, 성찬대 앞으로 나와 받는 경우 등이 있다. 성찬과 세례가 동시에 있는 경우에는 세례식을 먼저 하고 후에 성찬식을 거행한다. 성찬 시행일은 종교개혁 정신에 따라서 1년에 4번 절기 때(부활절, 맥추절, 추수감사절, 성탄절)에 하는 것이 좋으나 담임목사의 목회방침에 따라서 행하면 된다.

성찬식 I - 이 양식은 성찬식만을 거행할 경우에 할 수 있다.

전주 - 예배의 부름(요 6:35) - 기원 - 회개와 감사의 기도(다같이) - 신앙고백 - 성시교독(교독문 92) - 찬송 - 성찬 제정의 말씀(목사) - 성찬을 위한 기도(맡은이) - 성찬의 고백(집례자와 회중) - 떡과 잔을 나눔(성찬위원) *먼저 집례자와 성찬위원이 떡과 잔을 나누고, 그 후에 회중이 떡과 잔을 나누도록 한다. 성찬인원이 적을 때에는 개인적으로 성찬대에 나와서 받도록 한다. 회중이 성찬에 참여하는 동안 오르간이나 피아노 반주를 성찬을 모두 마치기까지 연주하거나 함께 부른다. - *집례자는 "떡이나 잔을 받지 못한 분들이 있으면 손을 들어 주십시오"라고 말한 후, 받지 못한 이가 있으면 주도 록 한다. - 권면의 말씀(목사) - 감사의 찬송 - 광고 - *송영(다같이) - *축도 - *폐회(후주)

성찬식 II - 이 양식은 주일 낮(오전)예배 중에 설교 전이나 후에 할 수 있다.

예식사 - 찬송 - 성찬의 기도(맡은이) - 떡을 나눔 - 잔을 나눔 *나눔 순서는 성찬식 I 과 동일하며, 떡과 잔을 받지 못한 이가 있으면 확인하고 주도록 한다. - 권면의 말씀(목사) - 감사의 기도(목사)

성찬식 III - 이 양식은 성찬예배를 통해 성찬식을 갖는 경우이다.

성찬식 IV - 이 양식은 수련회나 MT를 비롯한 특별한 행사 중에 할 수 있다.

다음으로, 이 개정판『목회예식서』(2012)와 초판『목회예식서』(1994)와 비교 분석하고자 한다.

첫째, 개정판『목회예식서』의 예배와 성례전(성찬식)은 이전의『목회예식서』(초판)에 비해서 더 많은 유형들을 제시하고 있다. 1994년 판『목회예식서』는 주일 낮 예배순서 2개, 주일밤 예배순서 1개, 수요일밤 예배순서

1개, 성찬식 2개 유형이었으나, 이 예식서에는 각 유형의 수를 대폭 높였다. 즉, 주일 낮(오전)예배 3개, 주일 밤(오후)예배 2개, 수요예배 2개로, 성찬식 예배 4개의 유형을 제시하였다. 또한 1994년 판에 나타나지 않았던 다른 항목의 유형들도 새로 추가하였다. 이에 해당되는 항목들을 살펴보면, "특별예배 및 기도회"로 나오는 유형들에서는 헌신예배, 새벽기도회, 금요기도회, 구역예배/셀모임, 신유집회, 현대예배(열린집회, 총동원주일, 애찬예배, 세족예배 등이 추가되었다. 또한 "절기예배"의 유형들로서는 부활절 예배, 추수감사(맥추)절 예배, 성탄절 예배, 송구영신예배, 기념주일예배(어린이주일, 어버이 주일, 종교개혁주일, 그 밖의 기념주일) 등이 새로 추가된 것이다. 이 외에도 여러 항목들이 추가되어 있다. 이렇게 추가된 예배를 많이 반영한 것은 머리말에서 보여주듯이, 목회현장의 변화를 염두에 둔 것이라고 볼 수 있다. 그러면서도 이 예식서에는 성결교 고유한 신학적 소산들을 보존하고자 힘쓴 부분들이 역력히 나타나 있다.

둘째, 개정판 『목회예식서』(2012년)의 "『헌장』에 제시된 주일예배 순서를 따른 것"이라는 보충설명에 대한 정확성의 문제이다. 이것은 "주일 낮(오전)예배 I" 서두에 나타나 있는데 여기서 이 『헌장』이 언제 나온 것인가에 대해 부정확하다. 1962년에 나온 초판과 1971년 판 수정된 『헌장』의 일부 내용이 다르기 때문에 정확히 초판인지, 수정판인지, 그렇지 않으면 또 다른 수정판인지를 밝히는 것이 좋았을 것이다. 여기서 예식서들 사이에 순서 변동이 있는 두 순서를 살펴보고자 한다. 하나는 '기원' 순서로서 1962년과 1971년 『헌장』에 나오는 이 순서는 '묵도-송영-사도신경 송독-기원'으로 나오고 있으나, 『목회예식서』 초판과 개정판의 주일 낮 예배순서(I)에는 '묵도-기원'의 순서로 나온다. 이를 종합해 보면 이 개정판 예식서의 '기원' 순서는 1994년 『목회예식서』(초판)를 따랐거나, 아니면 1962년과 1971년의 『헌장』의 예배순서를 따르지 않고, 그 이후에 나온 어느 수정판 『헌장』의 예배순서를 따르고 있음을 추측할 수 있는데,

그『헌장』의 정확한 출판년도는 파악하기 어렵다.

또 다른 하나는 '광고' 순서로서 1962년『헌장』예배순서에는 '헌금과 헌금기도-광고'로 나와 있으나, 1971년『헌장』에는 '축도-광고' 바뀌었음을 이전에 이미 밝혔다. 그런데『목회예식서』의 초판과 개정판은 모두 1971년판 개정판『헌장』을 따르지 않고, 1962년『헌장』초판을 따라 '헌금과 헌금기도' 후에 '광고'의 위치를 두고 있는 것이다. 그러므로 이 두 가지 실례를 통해 개정판『목회예식서』의 "주일 낮(오전) 예배Ⅰ"에 대한 보충설명, 즉 "『헌장』에 제시된 주일예배 순서를 따른 것"이라는 문구는 교단 공식적인 목회예식서의 내용으로서는 불명료한 측면이 드러나 있는 것이다.

셋째, 주기도의 사용에 관한 것이다. 초판『목회예식서』에는 주기도가 주일 낮과 밤 예배 모두 나타나지 않았고, 단지 수요일밤 예배의 끝 부분에 나와 있었다. 그런데 이 예식서에는 주기도가 주일 낮예배 Ⅰ, Ⅱ, Ⅲ에 모두 나타나지 않으나, 주일 밤(Ⅰ,Ⅱ)과 수요예배(Ⅰ,Ⅱ), 헌신예배, 신유집회, 총동원주일 예배, 애찬예배, 세족예배, 세대 연합예배(Ⅰ,Ⅱ), 어린이 예배(Ⅰ,Ⅱ), 청소년과 청년예배, 절기 예배들에 축도나 주기도를 사용하는 것으로 나타난다. 또한 주기도문만 사용하는 경우는 새벽기도회, 금요기도회, 구역예배 등의 끝 순서에 나타난다. 이와 같이 이 예식서의 특징 중의 하나는 주기도문 사용을 이전 예식서보다 더 일반화하는 특징을 가지고 있으나, 주일 낮 예배에는 사용하지 않는다는 점이다. 주일 밤, 수요일 예배, 기타 많은 예배나 집회에서는 주기도가 사용되는데, 정작 주일 낮 예배에 사용하지 못할 신학적 이유나 역사적 이유가 있는지에 대한 설명이 나타나지 않는다.

사실, 초대교회와 종교개혁자들은 주일 낮 예배에 축도와 별도로 주기도문을 사용했다. 또한 한국 감리교와 장로교 통합 교단과 기장 교단, 그리고 성결교단도 분열 이전에, 그리고 기성 교단은 계속 주일 대예배 때 축도와 별도로 주기도문을 사용했다. 이 예식서의 "머리말"에서 밝힌 대로 근본적으로 초대교회와 종교개혁 정신을 따른다면 이 주기도문 사용을 기피할 이유가 없을 것인데 그렇지 않음에 대해 깊이 논의해보아야 할 것이라고 본다.

넷째, 용어의 적절성과 통일성의 문제이다. 주일 낮, 밤과 수요일, 구역 및 기관 헌신 등을 목적으로 모이는 집회를 "예배"라는 용어를 사용한 데 비해, 새벽이나 금요모임은 "기도회"로, 전도 목적의 열린 모임이나 신유를 목적으로 모이는 것은 "집회"라 칭하고 있다. 또한 "현대예배" 항목에 애찬이나 세족식의 경우는 "예배"라는 용어를 사용하고 있으나, 동일 항목 내에 구도자들을 위한 모임인 "열린 예배"나 "구도자 예배"로도 불리는 것을 "열린 집회"라는 용어를 사용하고 있다. 여기서 이런 용어들의 구분선이 명확하지 않다는 점이다. 그러므로 교단의 결정이나 이 예식서 서두에 용어사용의 기준 등을 제시해줌으로써 이러한 용어상의 혼용은 수정할 수 있다고 판단된다.

다섯째, 개정판 『목회예식서』 주일예배와 성찬식에는 이전 『목회예식서』에 나와 있던 '용서의 선언', '성령임재기원'과 '마라나타'라는 문구 등을 삭제했다. 구체적으로 살펴보면, 이전 『목회예식서』 초판 주일 낮 예배 Ⅱ과 성찬식 Ⅰ, Ⅱ에 있던 '용서의 선언'을 이 예식서에서는 삭제하고 있다. 그러나 이 선언에 대해서 만약 로마 가톨릭적 발상이라면 우리는 받아들일 수 없을 것이나, 그렇지 않다면 개신교 신학에 비추어 사용가능한 것으로 볼 수 있다. 또한, 이전 『목회예식서』의 성찬예식 Ⅰ, Ⅱ 모두에 예성 교단 최초로 그 내용이 수록되었던 '성령임재기원'(epiclesis)과 '마라나타'도 삭제하였다. 새로 나온 이 예식서에서는 이 세 가지, '용서의 선언', '성령임재기도'와 '마라나타'의 삭제된 이유를 제시하고 있지 않다. 여기서 필자가 언급하고 싶은 것은, 한 교단 내에 여러 예식서들 간의 전통성 유지는 중요하다는 점이다. 만약 이전 예식서가 전통에서 어긋났다고 판단된다면 그 이유를 설명해 주어야 하며, 또한 동시에 현재의 예식서도 완전무결한 것은 아니기 때문에 이전에 밝혀지지 않았던 것이 새롭게 발견된다면 거기에 대응하여 전통을 재정립할 수도 있어야 할 것이다.

4) 침례교

(1) 『기독교 예식 매뉴얼』(2000)

이 예식서는, 이정희 목사가 F. M. 지글러(Segler)의 책을 편(編)한 『목회예식서』(1981)를 대폭 개정해 나온 책으로, 이정희의 저술로 나왔으며, 책명도 바뀌어져 『기독교 예식 매뉴얼』(2000)로 나왔다. 큰 흐름에서는 제목들이 비슷하나 세부 내용에 있어서는 개정된 부분들이 적지 않다. 그 목차에서 구조를 살펴보면 머리말에 이어 제1부 회중예배 1. 회중예배 순서 (1, 2), 2. 예배의식을 위한 자료를 다루고 있으며, 제2부 침례식과 성찬식에는 1. 침례식(지침, 침례식 순서, 침례식 순서 설명), 2. 성찬식(지침, 성찬식 순서, 성찬식 순서 설명)을 다룬다. 제3부 결혼예식(약혼예식, 결혼예식)을, 제4부 상례예식에는 임종예식, 입관예식, 장례예식, 하관예식, 추모예식, 상례예식 설교 준비를 위한 제안, 상례예식 후 목회자의 사역, 상례예식 순서 설명, 상례예식에 적절한 성경구절, 찬송, 시 등이 들어 있다.

제5부 교회 창립, 제6부 안수식(목사 안수식, 집사 안수식), 제7부 봉헌식 (기공식, 정초식, 헌당식, 가정봉헌 등 예배와 **헌아식**이 있다. 제8부 취임식 및 임명식(목사 취임식, 교회 일꾼들의 임명식), 제9부 생일감사예배(돌, 회갑), 제10부 추가 자료 1. 서기 2000년부터 2050년까지의 부활주일. 2. 교회회원의 언약 (Ⅰ, Ⅱ, Ⅲ). 3. 신앙의 확인(사도신경 Ⅰ, 현대적인 신앙의 확인 Ⅱ, Ⅲ.) 4. 추천서(퇴거). 5. 천거서(목사후보). 6. 목사안수 증명서. 7. 목사의 기록(결혼주례 기록부, 장례식 기록부) 등이 들어 있다. 이 목차를 1981년의 목차와 비교해보면 수정되었거나 삭제된 부분, 새롭게 추가된 부분들을 살펴 볼 수 있을 것이며

이들을 비교 분석하는 것은 대부분 제외하기로 하고, 여기에서는 주로 회중예배 부분을 중심으로 다룰 것이다.

먼저, 제1부 회중예배를 위주로 살펴본다.

제1부 회중예배[366]

인간의 삶의 목적은 예배와 봉사를 통해서 하나님께 영광을 돌리는 것이다. 예배는 예수 그리스도를 통한 구속의 은혜를, 믿음으로 받은 신자들이 감사와 찬양과 헌신과 고백의 응답을 하는 것이며, 하나님과 그 백성 사이의 대화이다. 질서와 자발성은 교회 예배에서 상호 연결된다. 목회자는 전통적 형식의 예배를 드리거나 열린 예배의 형식으로 드릴 수 있어야 한다. 열린 예배에 대해서는 릭 워렌 목사의 새들백 교회나 빌 하이빌스 목사의 위로우 크릭 교회의 사례들과 각종 관련 자료들이 도움이 될 것이다. 〔1981년『목회예식서』에 비해 새로운 내용이 일부 들어가 있다.〕

1. 회중예배 순서

두 가지 회중예배 순서를 여기에 제안한다. 순서1은 성가대의 규모가 작거나 혹은 없는 교회에서 사용할 수 있는 예배순서이며, 순서2는 훈련된 음악인들을 가진 교회에서 사용할 수 있는 좀 더 정교한 예배순서이다.

회중예배 순서 1 (인도자 : 000)

전주(반주자) - 예배의 부름(요4:24) - *찬송 - *기원(인도자) - *찬송 - *성경낭독(교독문이나 설교본문이 아닌 성구를 교독한다.) - 목회기도(감사, 고백, 간구와 도고의 기도 후에 **주기도**나 성가대의 응답송이 있을 수 있다.) - 교회소식 - 찬송 - 성경말씀(설교본문) - 찬양(성가대) - 설교 - 초청 - 찬송 - 헌금(약1:17, "우리의 십일조와 헌금을 하나님께 드립시다". 헌금할 동안 독창이나 성가대가 찬양한다.) - 감사기도 - 등록자 환영(인도자) - *찬송 - *축도 - *후주 - 성도의 교제

---

[366] 이정희,『기독교 예식 매뉴얼』(서울: 침례회출판사, 2000), 13 - 33.

* 표는 일어선다. ★ 예배 중에 성찬예식을 거행코자 할 때는 헌금 다음에 순서를 넣는다.

회중예배 순서 2 (인도자 : 000)

전주(반주자)

찬양의 예배

*찬송 - *예배의 부름(시95:6 - 7. 인도자와 회중의 교독식으로 읽음) - *기원

기도의 예배

교회소식 - *성경낭독(교독문이나 설교본문이 아닌 성구를 택하여 교독하거나 인도자가 읽는다) - *찬송 - 고백의 기도(침묵으로 약 1분간) - 용서의 확신(성경말씀으로) - 목회기도

선포의 예배

어린이 설교(필요한 경우에만) - 찬송 - 성경말씀(설교본문) - 찬양 - 설교 - 초청

응답의 예배

찬송(설교와 관계된 찬송) - 헌금 - 감사기도 - 등록자 환영 - *찬송(소명, 헌신, 봉사와 충성 등의 찬송을 1-2절정도 부른다.) - *축도 - *후주 - 성도의 교제
*표는 일어선다.

2. 예배의식을 위한 자료

예배의 부름(성구 11개), 기원(4개 예문), 고백의 기도(3개의 예문), 용서의 확신: 사죄의 말씀(성구 4개), 헌금성구(성구 6개), 헌금기도(3개의 예문), 사명의 말씀(성구 3개), 축도(성구 7개)

다음으로, 『기독교 예식 매뉴얼』과 이전의 『목회예식서』를 비교 분석하기로 한다.

첫째, 이 예배서의 "회중예배 순서 1"은 이전 예배서의 예배순서(Ⅰ)에 해당하는 순서인데 몇 가지 순서가 새롭게 수정되었다. 이 예배서에는

'예배의 부름' 전에 '전주'가 나오는데, 이전 예배서에는 '묵도'가 나왔었다. 이 '묵도' 순서는 이후의 예배서에서도 계속 나오지 않는다.

둘째, 이 예배서의 "회중예배 순서 1"의 "목회기도" 순서에서 그 내용으로 "감사, 고백, 간구와 도고의 기도 후에 주기도나 성가대의 응답송이 있을 수 있다"로 되어 있다. 이것은 『목회예식서』(1981) 예배순서(Ⅰ)에 "감사, 고백, 간구와 도고, 위임" 등의 내용을 일부 바꾼 것인데 여기서 조건적이긴 하나, 주기도문을 할 수 있음을 보여주고 있다. 이에 비해 성찬식에는 주기도문이 반영되어 있지 않다. 이후 2012년의 『목회예식서』에는 성찬식에도 주기도문을 반영하고 있다. 한편, 이 예식서에는 사도신경이 실려 있지 않다.

셋째, 이 예식서에서 '교회소식'이 "회중예배 순서 1"에는 '성경낭독' 이후에, "회중예배 순서 2"에는 '성경낭독' 이전에 위치해 있다. 한편, 이전 예배서의 "예배순서(Ⅰ)"에는 '광고'라는 용어로 '성경낭독' 후에 나타나며, "예배순서(Ⅱ)에는 '목사의 권면'이란 용어로 나타나며 '성경낭독' 전에 나타난다. 여기서 다른 교단의 경우 '광고'는 설교 이후 거의 예배의 끝 부분에 위치해 있는데 비해, 이 침례교단의 예식서는 예배의 전반부에 위치해 있는 것이다. 아마도 설교 전에 광고를 미리 하는 이유는 설교에 집중하기 위한 것이지만, 여기서는 그 이유를 설명하고 있지 않아 알 수 없으나 너무 일찍 광고 순서가 들어있다는 인상을 준다.

넷째, '헌금' 순서에 대해서 이 예배서에는 두 순서 모두 설교 뒤에 시행하는 것으로 나타나나, 이전 예배서에는 두 순서 모두 설교 앞에 시행하는 것으로 나와 있어 그 순서가 바뀌었다. 단 "예배순서(Ⅰ)"의 맨 끝 '후주' 아래 "헌금의 순서는 설교와 초청 이후에 하는 것도 좋겠다"는 조건적 언급이 나타난다.

다섯째, "만찬(성찬)"에 관하여, 이 예배서 "회중예배 순서 "의 맨 나중 범례에서 "예배 중에 만찬예식을 거행하고자 할 때에는 헌금 다음에 가진다"고 되어 있다. 회중예배 순서 2에는 이 범례가 수록되어 있지 않으나 동일하게 적용하는 것으로 볼 수 있을 것이다. 이와 같은 언급은, 성찬이 구제헌금으로 시작해왔던 예배사적 오랜 전통과 동일한 맥락으로 보인다.

여섯째, '고백의 기도'와 '용서의 확신' 순서에 대해 이 예배서의 "회중예배 순서 2"에 처음으로 공식 순서로 '목회기도' 앞에 설정되어 있다. 이에 비해 "회중예배 순서 1"에는 이 순서가 '목회기도'의 설명부분에 "감사, 고백, 간구와 도고의 기도 후에 주기도나 성가대의 응답송이 있을 수 있다."라고 되어 있긴 하지만 '고백기도'를 공식순서로 설정한 것은 아니다.

일곱째, 이 예식서의 "2. 예배의식을 위한 자료"에서 이전 예식서의 내용과 비교해 볼 때, 없었던 예문 및 성구들을 새롭게 나타내거나, 추가로 설명된 부분들이 나타난다. '고백의 기도', '용서의 확신', '사죄의 말씀', '사명의 말씀' 등 순서와 그에 해당하는 예문 및 성구들이 새롭게 추가되었으며, 성구만 추가된 것은 "예배에의 부름" 순서가 이전의 성구 8개에서 11개로, '기원' 순서가 2개에서 4개로 나타난 것 들이다.

여덟째, '헌아식'에 관한 사항이다. 이 '헌아식'이라는 명칭은 이 예식서(제7부 봉헌식 중 6. 헌아식)에 처음 나온 용어로서, 이전 『목회예식서』(1981)에는 "자녀들의 봉헌"으로 나왔었다. 내용상으로는 이전 『목회예식서』와 대부분 동일한데, 약간의 차이는 "헌아식 순서"를 세부 제목 위주로 간단히 추가하여 실어 놓았다는 점이다. 여기에서 이 예식서와 이전 예식서 모두 이 예식에 대해 "예배"라는 말을 사용하지 않았다는 공통점이 있다. 나중에 나온 2012년 『목회예식서』에는 "자녀들의 봉헌"이나 "헌아식"이라 하지 않고, "헌아식 예배"로 나오는데, 이는 헌아식을 예배 중의 하나로 취급하고 있다는 점을 보여준다.

(2) 『목회예식서』(2012)

침례교 예식서는 1981년 『목회예식서』, 2000년 『기독교 예식 매뉴얼』에 이어 세 번째로 2012년 『목회예식서』가 나오는데, 이 예식서는 첫 예식서와 동일이름이므로 주의를 요한다. 앞에 나온 두 예식서는 모두 침례회 출판사에서 나왔으며, 세 번째 나온 이 예식서는 요단출판사에서 출판되었다. 2012년 『목회예식서』는 2000년 『기독교 예식 매뉴얼』에 "제10부 가정예배"를 추가하였고, 이 외에 세부사항에서 일부 추가된 내용 외에는 큰 흐름에서 거의 동일하다. 전체 내용은 총11부로 구성되었다. 머리말에 이어 제1부 회중예배(회중예배 순서-1, 2, 회중예배의식을 위한 자료), 제2부 침례식과 만찬식(침례식, 만찬식), 제3부 결혼예식(약혼예식, 결혼예식), 제4부 상례예식(임종예식, 입관예식, 장례예식, 하관예식, 추모예식), 제5부 교회창립(창립예배 순서-1,2), 제6부 안수식(목사안수식, 집사안수식), 제7부 봉헌식(기공식예배, 정초식 예배, 헌당식 예배, 가정 봉헌예배, 헌아식 예배), 제8부 취임식 및 임명식(목사의 취임식, 교회 일꾼들의 임명식), 제9부 생일감사예배(돌 감사예배, 회갑 감사예배), 제10부 가정예배, 제11부 추가자료 등이다.

여기서는 『목회예식서』(2012)의 "회중예배 순서 1, 2"의 내용이 『기독교 예식 매뉴얼』(2000)과 단지 찬송가 장수만 다를 뿐 동일하므로 생략하기로 하며, 다른 몇 가지만 분석하기로 한다.

첫째, 예배순서의 하나로서 주기도문에 관하여 살펴보자. 침례교의 전통대로라면 예배 때 주기도문을 사용하지 않는다. 이를 잘 반영해주는 것으로 1981년 『목회예식서』에는 주기도문에 대한 언급이 없다. 침례교 예식서에 예배순서의 하나로서의 주기도문에 관해 최초 언급한 것은 2000년 『기독교 예식 매뉴얼』로 보인다. 여기에는 "회중예배 순서 1"에 '목회기도'를 설명하면서 "감사, 고백, 간구와 도고의 기도 후에 주기도나 성가대의 응답송이 있을 수 있다"라고 하여 조건적 사용에 대해 언급하고 있다. 더 나아가 2012년 『목회예식서』의 "회중예배 순서 1" 뿐만 아니라, 만찬식에도 사용 가능성을 언급하고 있다. 만찬식(성찬식) 내용 중 "제안된 만찬순서"에서 '만찬초대 – 성경말씀 – 기도를 제시하면서, 이 기도에 "이어서 주기도를 드릴 수 있다"[367]로 하여 조건적이기는 하지만 성찬식에도 주기도문을 반영하고 있다. 이는 침례교의 이전 예배전통에서는 볼 수 없었던 내용이다.

둘째, 예배순서의 하나로 사도신경 사용에 관하여 살펴보자. 이 『목회예식서』(2012)의 "제11부 추가자료"에 사도신경을 소개하고 있다. 이 "추가자료"에는 1. 서기 2000년부터 2050년까지의 부활주일, 2. 교회 회원의 언약(교회회원의 언약 Ⅰ,Ⅱ,Ⅲ)에 이어 나오는 3. 신앙의 확인(혹은 신앙고백문) 항목에 사도신경(Ⅰ)과 현대적인 신앙의 확인(Ⅱ,Ⅲ)이 소개되어 있다. 이상의 내용은 2000년 『기독교 예식 매뉴얼』 "제10부 추가자료"에도 동일하게 실려 있다. 그 이전에 나온 『목회예식서』(1981)의 "제Ⅹ부 부가적 재료"에는 서기 1980년부터 2012년까지의 부활주일, 교회원의 서약(Ⅰ,Ⅱ)에 이어 나오는 신앙의 확인(혹은 신앙 개조) 항목에 사도신경(Ⅰ), 현대적인 신앙의 확인(Ⅱ) 등이 실려 있었다.

이와 같이 사도신경에 대해서 소개는 하고 있으나, 전통적으로 침례교는 주기도문뿐 아니라 사도신경을 예배에 반영하지 않는 교단으로 알려져 왔다. 만약, 사도신경이 성경에 없는 고백이라 하여 예배에서 제외한다면 침례교인이 부르는 찬송가는 어떻게 보아야 하는가? 오늘날 침례교 뿐 아니라 개신교 전체적으로 볼 때 거의 모든 찬송이 시편 찬송가가 아니며, 또한 예배 때 부르는 많은 찬송들이 다 직접 성경말씀에 근거해 만들어진 것이 아님을 알 수 있을 것이다. 같은 관점에서, 신조 자체는 완전하지 않으나 역사적으로 증명되어 온 것들은 신앙의 교육과 일치를 위해서 사용할 뿐 아니라, 예배 순서에도 반영하여 우리의 신앙을 고백

---

367 이정희, 『목회예식서』(서울: 요단출판사, 2012), 15, 51.

하는 도구로 사용할 필요가 있다고 본다.

셋째, 신조구분(사도신경과 니케아 신경)에 있어서의 명확성에 관한 것이다. 1981년 『목회예식서』와 그 이후에 나온 『기독교 예식 매뉴얼』(2000), 『목회예식서』(2012) 사이를 비교해보면, 최근 두 예식서에서 오류가 나타난다. 1981년 판에는 "… 현재까지 남아 있는 가장 오래된 기독교 교리의 요약인 사도신경; A. D. 325년 니케아 회의에서 채택된 니케아 신조; 영국 국교회의 신앙고백을 구성하고 있는 39개 신조; 웨스트민스터 고백서; …"로 잘 구분되어 있다. 그런데 이후의 두 예배서 중 『기독교예식매뉴얼』에는 "사도신경(A. D. 325년 니케아 회의에서 채택된 니케아 신조로 현재까지 남아있는 가장 오래된 기독교 교리의 요약), 39개 신조(영국 국교회 신앙고백), 웨스트민스터 고백서 …"로 기술되어 있으며[368], 『목회예식서』(2012)에는 "현재까지 남아 있는 가장 오래된 기독교교리 요약인 사도신경 – A. D. 325년 니케아 회의에서 채택된 니케아 신조, 영국 국교회의 신앙고백을 구성하고 있는 39개 신조, 웨스트민스터 고백서 …"로 나와 있다.[369]

두 예배서에는 문맥상으로 볼 때 사도신경과 니케아 신조를 구분하지 않았다. 그러나 이 두 신조는 별개의 신조로서, 초대 교회에서 사도신경은 별관인 세례당에서 시행된 세례식에 사용했던 신조이며, 니케아 신조(325)는 삼위일체 신앙을 최초로 고백한 공의회 신조이다. 한 가지 첨언할 것은, 여기의 니케아 신경도 325년의 것과 381년의 것이 있다. 325년의 니케아 신경은 니케아 공회의에서 만들어진 신조이다. 381년의 니케아 신경은 원래 콘스탄티노플 공회의에서 나온 콘스탄티노플 신경이라 하는데, 이 신조는 325년의 것에 성령론의 내용을 보충하여 완성하였다는

---

[368] 이정희, 『기독교예식매뉴얼』(2000), 232.
[369] 이정희, 『목회예식서』(2012), 213-14.

의미에서 니케아-콘스탄티노플 신경, 또는 이를 더 줄여 니케아 신경이라고도 부른다. 이 381년의 니케아 신경이 주일예배에서 신앙고백으로 사용되었으므로 325년의 니케아 신경보다 더 알려져 있으며, 오늘날에도 동방교회, 로마 가톨릭 교회, 영국 국교회(또는 성공회), 루터교 등이 사용하고 있으며, 개혁교회에는 초기 주일예배에 사용했다.

5) 하나님의 성회(기하성)

(1) 『목회예식서』(증보 1판, 2002)

기독교대한하나님의성회(약칭 기하성, 통상 "순복음 교단"으로 알려짐)는 『목회예식서』를 1992년에 초판 발행했다가 이어 2002년 증보판(1판, 4쇄)을 내게 된다. 그동안에 여러 교단의 예식서에 의존해 왔거나 현실적이지 못한 예식규범에 불편을 겪어 오던 목회자들의 간절한 요청에 의해 교단의 목회예식서가 편집, 제작되어 사용해 오던 중 내용을 더욱 충실히 보완 수정하여 이 증보판(1판)이 나오게 된 것이다.[370]

이 『목회예식서』의 차례를 보면, 머리말, 일러두기, 교단신조(총 18조, 성경, 하나님, 예수 그리스도, 성령, 사람, 구원, 성령세례, 성례세례의 증거, 성별, 침례, 성찬, 신유, 소망, 천년왕국, 불 못, 신천신지, 교회, 성직)에 이어 Ⅰ. 총론(기독교 신앙과 의식, 교회 예식의 의의, 집례자와 마음 가짐), Ⅱ. 교회력의 절기 및 색깔, Ⅲ. 공중예배(예배의 신학적 의미, 예배 순서), Ⅳ. 성례식(성례의 신학적 의미, 성찬예식, 침례예식, 헌아예식), Ⅴ. 혼례식(결혼의 신학적 의미, 약혼식, 결혼식), Ⅵ. 장례식(죽음의 신학적 의미, 임종예식, 입관예식, 장례예식, 하관예식, 화장식), Ⅶ. 임직식(임

---

[370] 기독교대한하나님의성회(기하성), 『牧會禮式書(증보 1판 4쇄)』(서울: 기독교대한하나님의성회 총회 교육국, 2002), 3. 참고로 이 교단의 형제교단인 예수교대한하나님의성회(약칭 예하성)는 『예식서』(1985)를 출판한 바 있는데, 여기에는 성찬식을 비롯한 예식들이 들어 있으나 주일예배에 관한 내용이 실려 있지 않았다.

직식의 신학적 의미, 목사 임직식, 목사 취임식, 목사 위임식, 원로 목사 추대식, 장로 장립식, 권사 취임식, 집사 안수식, 제직 임직식, 선교사 파송식), Ⅷ. **교회설립 · 건축 관련 예식**(성전 기공식, 성전 정초식, 성전 입당식, 성전 봉헌식, 교회 창립 또는 개척식, 교회 창립 기념식), Ⅸ. **가정의례**(삶의 신학적 의미, 회갑, 결혼기념일, 돌 또는 백일, 생일, 추모식, 성묘, 주택 관련 예식-주택 및 생업의 신학적 의미, 개업식, 주택 기공식, 상량식, 준공식, 입주 및 이사 식), Ⅹ. **절기 예식**(절기의 신학적 의미, 신년, 추석 또는 명절), **부록**(입회예식, 치유예식, 축사예식 또는 귀신 쫓기, 세족예식, 성년식), 예식 메모 등으로 구성되어 있다.

여기서는 이 예식서에 나와 있는 예배와 성례를 먼저 다루고, 다음으로 이를 분석하고자 한다.

먼저, Ⅲ. 공중예배 1. 예배의 신학적 의미, 2. 예배순서(예배 표준 A, B)와 Ⅳ. 성례식 중 1. 성례의 신학적 의미, 2. 성찬예식에 제시된 것들을 요약하여 소개하고자 한다.

Ⅲ. 공중예배[371] - 생략하거나 요약함
1. 예배의 신학적 의미(생략)
1) 예배의 본질과 목적(생략)
2) 예배의 요소
초대 예루살렘교회 예배 요소로는 사도의 가르침(설교), 권면과 기도, 떡을 떼는 것(예전)이 있었으며(행2:46), 그 후 시편을 노래하고 찬송 부르는 것이 첨가 되었으며(골 3:16), 신앙고백이 있었고(빌2:11), 헌금하는 일이 있었으며(고전 16:2), 축도와 송영 등이 있었다(고후 13:13).
3) 예배의 순서
개신교는 예배순서를 각 교회의 자유에 위임하고 있는데 이는 개신교회의 특

---
[371] 기독교대한하나님의성회(기하성), 『牧會禮式書』(증보 1판, 2002), 19-26.

색이면서 또한 약점이라고도 할 수 있다. 예배 순서의 기본적 원리는 성경적, 논리적으로 유기적 통일성을 가지고 있어야 한다. 예배의 형식은 창의적으로 변할 수 있어야 하며, 예배의 장소(교회/가정 및 직장 등)도 하나님과의 만남의 경험에서 일어나는 삶의 사건이 되도록 노력해야 한다.

4) 예배와 생활
예배는 예배당 안에서의 예배로 끝나는 것이 아니라 모든 생활 가운데서 계속하여 메시지가 행동으로 나타나게 해야 한다(롬12:1).

2. 예배순서
● **예배표준(A)**
목회자의 판단에 의해 자율적인 형식을 가질 수 있으나 공통적인 기본형식이 있으니 모든 예배는 이에 준하며, 여러 예식과 의식도 이 형식과 조화를 이르러 사용할 수 있다.

〈개회와 송영〉
개회선언(사회자) - 묵도(다같이) - 기원 - *찬송(다같이)

〈고백과 간구〉
*성시교독(사회와 회중) - *신앙고백(사도신경) - 찬송 - 기도(기도위원)

〈말씀과 찬양〉
성경봉독(사회자) - 찬양(성가대) - 설교(담임목사)

〈의전〉
(성례, 교회예식, 교회의식, 권징 등의 행사를 이 부분에 넣어서 의전을 진행할 수 있다.

〈봉헌과 감사〉
찬송 - 헌금(위원과 회중; 반주가 연구, 성가대 합창, 독창) - 봉헌기도(담임목사) - 광고(사회자)

〈폐회와 송영〉
*찬송 - *축도 - 폐회(다같이; 반주자 연주, 성가대 합창)
□ 참고: *표는 일어서는 곳

● 예배표준(B)

목회자의 판단에 의해 자율적인 형식을 가질 수 있으나 공통적인 기본형식이 있으니 모든 예배는 이를 준하며, 여러 예식과 의식도 이 형식과 조화를 이르러 사용할 수 있다.

교회소식(담임목사) - 묵도(다같이; 묵도 전부터 반주자 전주) - 예배에의 부름(사회자는 묵도가 거의 끝날 무렵 다음과 같이 낭독한다: 하나님은 영이시니 예배하는 자가 신령과 진정으로 예배할지니라. 요4:24) - *찬송 - *기도(기도위원) - *공동기도(기도위원의 기도가 끝남과 동시에 주기도를 한다.) - *찬송 - *성시교독 혹은 성경교독(사회자와 회중) - 목회기도(담임목사: 감사, 고백, 간구와 도고, 위임) - 찬송

〈의전〉

(성례, 의식, 권징 등의 행사를 이 부분에 넣어 조화 있게 행할 수 있다.)

헌금선언(헌금위원, 약1:17 읽은 후, "이제 우리의 십일조와 헌금을 가지고 하나님께 예배합시다") - 헌금(헌금위원과 회중; 성가대 합창 혹은 독창) - *헌금송(헌금이 끝나고 헌금 위원이 회중 앞에 다 모이면 찬송한다.) - 찬양(성가대) - 성경봉독 및 설교(담임목사) - 기도(결단과 치유, 예언을 기도 순서와 더불어 실시할 수 있다.) - 신앙고백(사도신경; 설교자의 기도가 끝나자마자 신앙고백을 자동적으로 한다.) - 찬송 - 새신자 환영(사회자) - *축도

□ 참고: *표는 일어서는 곳

IV. 성례식[372]

1. 성례의 신학적 의미

예배에 있어서 설교와 같이 중요시되는 것은 성례전(sacrament)이다. 성례전은 하나님의 말씀을 보이게 만드는 표징이기 때문에 말씀을 떠나서는 아무런 의미를 갖지 못한다.

---

[372] 기독교대한하나님의성회(기하성), 『牧會禮式書』(2002), 27-43.

1) **침례**[생략함]

2) **성찬**

(1) 성찬의 삼중적인 의미

① 그리스도 안에서 하나님의 구원 역사를 기념하는 것이다. ② 단순히 하나의 기념만이 아니고 그리스도와의 현재적인 거룩한 영교(holy communion)이다(고전 10:16). ③ 미래에 주님의 식탁에 주님과 함께 성찬을 나누는 소망의 선포이다(고전 11:26).

(2) 성찬의 해석 문제

천주교의 견해(화체설), 루터의 견해(공재설), 쯔빙글리의 견해(기념설) 등이 있으며, 칼빈의 견해는 성찬에서 그리스도가 영적으로 임재하신다고 믿는다(영적 임재설).

(3) 성찬의 교훈

성찬은 가능한 한 매달 또는 분기별로 거행하며, 교회의 분열을 막고 일치를 위해서도 종종 성찬식을 거행해야 한다.

2. 성찬예식

● **성찬예식(A)** - 성찬식을 주일 낮 예배에 포함할 경우

【참고】

예배 표준 A, B 순서 중 〈의전〉 부분에 넣어서 사용한다.

【준비사항】

집례하기 1주 전부터 3, 4회 광고하여 성도들로 하여금 마음의 준비와 정숙한 복장을 예비하게 한다.

【진행】

성찬위원들에게 미리 담당 회중석을 할당하여 성도들로 하여금 빠짐없이 성찬에 참여하도록 해야 한다. 성찬예식을 마친 후, 남은 떡과 포도주는 깨끗한 땅에 묻는다.

찬송(찬송이 진행되는 동안 집례자와 성찬위원은 성찬상으로 정렬한다. 이

들 중 지정된 자가 성찬상 덮게를 접는다.) - **예식사**(집례자) - **분병**(집례자와 성찬위원; 집례자는 다음과 같이 선언한다. "… 이 떡을 나눠 드리고자 하오니 우리를 위하여 십자가에서 고난 당하신 주님의 몸을 기념하여 성찬에 참예합시다"/ 집례자는 먼저 떡 그릇을 성찬위원들에게 나누어 주고 그 중에서 떡 하나를 들고 다음과 같이 기도한다: "오 하나님, … 오순절날 사도들에게 내리셨던 생명의 성령을 이 시간 주님의 성찬 위에 보내 주시옵소서. 불같은 성령께서 오셔서 여기 감사의 식탁이 성별되게 하시고, 이 떡과 포도주가 우리를 위한 그리스도의 몸과 피가 되게 하소서. … 아멘." 기도가 끝나고 축사한 떡을 받으면 성찬위원들은 담당 구역에서 분병을 시작한다.) - **성경낭독**(고전 11:23-29, 요 6:47-52, 마 26:26), **찬송** - **위원 분병**(집례자) - **분잔**(집례자와 성찬위원: 집례자의 선언, 집례자는 잔 그릇을 성찬위원들에게 나누어 준 후, 그 중에 한 잔을 들고 다음과 같이 기도한다: "주여, … 우리가 그리스도의 몸과 피에 참여할 때 우리에게 성령을 충만히 부어주셔서… 아멘." 기도가 끝나고 축사한 자을 잔 그릇에 놓으면 성찬위원들은 담당 회중석으로 가서 분잔을 시작한다.) - **성경낭독**(고전 11:23-29, 마 26:26-29, **찬송**(반주자는 성경낭독 시 배경음악을 연주하며 성가대는 위원분잔이 끝날 때까지 이 찬송가의 반복 합창을 주도한다. 분잔이 끝난 성찬위원들은 회중석 뒤에 모였다가 같이 정렬하여 성찬상으로 나온다.) - **위원 분잔**(집례자) - **감사기도** - **주기도**(예배표준 B의 〈의전〉 부분에 이 예식을 넣어 사용할 경우는 주기도를 하지않는다.)

● **성찬예식(B)** - 성찬을 중심으로 한 예배일 경우
【참고】
세족식을 병행할 경우 제2부 말씀의 예전을 뺀 곳에 넣는다. 애찬식과 병행할 때는 제3부 성찬의 예식 중 감사기도 뒤에 삽입한다. 필요한 경우에는 제2부 말씀의 예전을 생략할 수 있다.
【준비사항】
집례자와 성찬위원은 가능한 한 예복을 입어야 하나 경우에 따라 평상복도 허

용된다. 성찬식에 떡은 자르지 않은 큰 것으로 여러 개, 포도주는 투명한 큰 그릇 여러 개에 담도록 한다. 좌석배열은 가능하면 둥그렇게 하고 그 가운데 성찬상을 놓는다.

【진행】

성도들이 찬송가 책에 묶이지 않도록 찬송 도중에 가사를 미리 불러주는 것도 좋다. 성찬 위원은 집례재의 가장 가까운 곳에 앉아 있다가 제일 먼저 떡을 받은 다음 회중 스스로 떡덩이를 차례로 넘겨받아 필요한 만큼씩 떼어 들게 하며 마지막 사람까지 떡을 떼었으면 성찬상으로 떡을 되 옮겨 놓는다. 분잔도 마찬가지이다.

● **제1부 개회의 예전**

개회찬송(복음송: 찬양하라 내 영혼아) - 회개기도 - 용서의 선언(집례자: 자비로우신 하나 님 … 하나님의 아들 예수 그리스도를 보시고 우리에게 자비를 베풀어 주시옵소서. 우리를 용서해 주옵시고, 새사람이 되게 하옵소서 … 아멘.) - 응답송(다같이: 복음송, 예수 결박 푸셨도다.) - 성시교독(교독문)

● **제2부 말씀의 예전**(부록에 있는 세족식으로 대치해도 좋다.)

대표기도(기도위원) - **신앙고백**(사도신경) - 성경봉독(집례자) - 특별찬양(성가대 혹은 독창) - **설교 혹은 간증**(담임목사 혹은 간증자) - **침묵**(다같이: 약 3분간 설교나 간증을 침묵 속에서 조명한다.)

● **제3부 성찬의 예전**

주기도송(다같이) - **예식사**(집례자) - **분병**(집례자의 선언, 기도 - "거룩하신 주여, … 이 자 리에 성령으로 임재하셔서 이 떡이 신령한 생명의 떡이 되게 하여 주시옵소서 … 아멘." 기도 후 떡을 두 쪽으로 잘라서 왼편과 오른편의 회중에게 넘겨준다. 회중은 스스로 떡을 떼고 옆 사람에게 넘기기를 계속한다. 맨 먼저 떡을 뗀 성도는 자동적으로 성찬위원이 되어 분병을 좇아 거들며 분병이 끝난 후 남은 떡은 성찬상으로 되옮겨 놓는다.) - **찬송**(분병이 진행되는 동안 집례자나 성가대는 위 찬송을 주도하여 회중으로 하여금 반복하여 따라 부르도록 한다.) - **분잔**(집례자의 선언, 집례자의 기도 - "사랑의 주님, … 이 잔을 드는 자마다 사죄의 은총을 입게 하시고 성령 충만케 하셔서 … 아멘."

기도 후 들고 있던 포도주를 회중에게 인계한다. 회중은 스스로 잔을 마시고 옆사람에게 넘기기를 계속한다. 맨 먼저 받은 성도는 성찬위원이 되어 분잔을 좇아 거들며 분잔이 완료된 후 남은 포도주를 성찬상에 되옮겨 놓는다.) - **찬송**(분잔이 진행되는 동안 집례자나 성가대는 위 찬송을 주도하여 회중으로 하여금 반복하여 따라 부르게 한다.) - 감사기도(분잔과 찬송이 끝난 후 집례자는 자신의 분병과 분잔을 스스로 실시한 후 감사기도를 다음과 같이 한다. "사랑의 주 하나님, … 우리도 주의 충만한 은혜와 성령의 도우심으로 세상에 나아가 … 아멘." 애찬식으로 연결되어도 무난하다. 그 때는 기도 내용이 애찬식과도 관련이 되면 좋다.) - 찬송(복음송: 항상 기뻐하라) - **축도**

다음으로, 예배표준(A, B)에 나타난 순서들과 성찬예식을 분석하도록 한다.

첫째, 예배표준 B에서 예배의 시작을 '교회소식' 순서로 시작한다. 오늘날 예배표준 A처럼 '개회선언'으로 시작하는 경우는 대부분 교단들에서 나타나고 있으나, 예배표준 B처럼 '교회소식'으로 시작하는 순서는 아마도 이 교단에서 특별히 나타나는 경우라고 판단된다. 예배표준 A에서는 '교회소식'을 '광고'라고 표현하며 '설교 - 헌금' 후에 나타나고 있다.

둘째, '묵도' 순서가 예배표준 A, B 모두 두 번째 예배순서로 나타난다. 참고로 성례식 중 성찬을 중심으로 한 예배 (성찬예식 A, B) 경우에 '묵도'가 나타나지 않으나, 침례식 A, B에는 첫 순서로 나타난다. 예배표준 A 경우는 '개회선언 - 묵도 - 기원'으로 하여 '개회선언'을 첫 순서로 하여 '묵도'보다 앞세웠으나, 예배표준 B경우는 '교회소식 - 묵도 - 예배에의 부름' 순서로 나와 '예배에의 부름'보다 먼저 '묵도'를 위치시키고 있음을 알 수 있다. 여기서 보면 대부분의 한국교회 예전에서 '묵도'가 점차 사라지는 경향이 있는데 비해, 이 교단의 예식서에는 주로 '묵도'를 살리면서도 '예배에의 부름'이나 '예배선언' 순서를 함께 사용하고 있음을 알 수 있다.

셋째, '신앙고백'은 예배표준 A, B 모두 사도신경을 택하고 있으며, 그 위치는 A에는 설교 이전에, B에는 설교 이후에 나타나 있다. 성찬예식 A에는 성찬식만 나와 있기 때문에 사도신경이 나타나지 않으나, 성찬예식 B에는 제2부 말씀의 예전, 설교 전에 위치해 있다. 침례예식 A와 B에는 사도신경이 순서에 나타나지 않는다.

넷째, 주기도문에 대해서는 그 순서가 매우 다양하다. 예배표준 A에는 〈의전〉부분에 성례 순서(즉 성찬예식)를 넣어 진행할 수 있다고 되어 있는데, 이 성찬식에 주기도문이 들어 있다(성찬식 A의 끝 순서). 예배표준 B에는 (대표)기도 다음 순서인 공동기도 순서에 주기도를 시행하는 것으로 나타난다. 성찬예식 A는 성찬예식만 나와 있는데 그 끝부분에 주기도가 반영되어 있으며, 성찬예식 B에는 성찬을 포함한 주일예배 전체가 나와 있는데 그 중 제3부 성찬의 예전에서 주기도문이 첫 번 순서로 나온다. 한편, 침례예식에는 A, B 모두 초반부 성경봉독 앞에 나온다.

다섯째, '헌금' 순서의 경우, 예배표준 A에는 설교 뒤에 나타나며, 예배표준 B에는 설교 앞에 있으며 특이한 순서로 '헌금선언'이 있다.

여섯째, 성찬예식에서 성령에 관한 언급이 성찬예식 A, B 모두, 분병과 분잔에 공통적으로 드러나 있다. 이를 통해 기하성 교단이 쯔빙글리적 견해를 취하지 않고 칼빈의 영적 임재설의 경향을 많이 따르고 있음을 알 수 있다. 또한 성찬식 시행을 매월 1회 실시하는 것을 권장하고 있으며, 성찬예식 B에는 세족식 및 예찬식과 병행할 경우를 제시하고 있어서 성찬과 이 두 예식과의 관계성이 다른 교단에 비해 보다 밀접하게 나타나는 것으로 보인다.

일곱째, '헌아예식'은 예배표준 A, B의 〈의전〉부분에 넣어 사용한다. 한국교회의 헌아식은 성결교(기성, 예성), 침례교, 순복음교단 예식서 등에 들어 있다. 이 중에서 성결교 기성 교단만 유아세례와 헌아식을 함께 인정하고 있다.

(2) 『목회예식서』(증보 2판, 2005)

2002년 증보1판이 나온 이후 2005년도에 증보 2판이 발행되었는데, 증보 1판에 비해 전체적인 순서는 동일한 데, 달라진 점은 교단신조에 있다. 증보 1판에 나타난 "교단신조"라는 제목이 증보 2판에서 "기독교대한하나님의성회 신조(2002. 5. 20.)"로 바뀌어 나오며, 총 18조로 되어있어 이전 신조(18조)와 동일한 내용으로 착각하기 쉬우나 그 내용을 주의 깊게 살펴보면 개정 1판에 비해 내용이 수정되거나, 삭제되거나 새로운 항목을 둔 것이 있음을 알 수 있다. 증보 2판의 신조 순서를 제시하면 다음과 같다: 1.영감으로 된 성경, 2. 한분이신 참 하나님, 3. 예수 그리스도, 4. 성령, 5. 인간의 타락, 6. 인간의 구원, 7. 교회의 성례 (1) 침례 (2) 성찬, 8. 성령세례, 9. 성령세례의 최초의 육체적 증거, 10. 성화, 11. 교회와 그 사명 (1) 교회의 사명 (2) 총회의 사명, 12. 사역, 13. 신유, 14. 축복, 15. 부활과 재림(복된 소망), 16. 그리스도의 천년통치, 17. 마지막 심판, 18. 새 하늘과 새 땅.[373]

6) 루터교

(1) 『예배의식문』(개정 2판, 1993)

루터교 『예배의식문』은 초판 1쇄(1960)가 나왔으며, 수정초판 1쇄(1965), 개정초판(1981)이 나왔으며, 이어 개정 2판 1쇄(1993)가 나왔다. 이 『예배의식문』(1993)은 지금도 수정 없이 사용되고 있으며, Lutheran Book of Worship(Augsburg Publishing House, 1978)이 모체가 되었으며, 음악은 서의

---

[373] 기독교대한하나님의성회(기하성), 『牧會禮式書』(증보 2판) (서울: 기독교대한하나님의성회총회 출판국, 2005), 11-18. 이전에 나왔던 교단신조(2002)는 총 18조로서 성경, 하나님, 예수 그리스도, 성령, 사람, 구원, 성령세례, 성례세례의 증거, 성별, 침례, 성찬, 신유, 소망, 천년왕국, 불 못, 신천신지, 교회, 성직 등이다.

선 선교사의 편작곡, 한국음악은 나인용 교수가 작곡하였다.[374] 이 예배 의식문의 특징 중의 하나는 이전 예식서에서 일부 있었던 음악 부분을 새롭게, 많이 도입했다는 점일 것이다. 이 예식서의 차례를 살펴보면, "머리말"에 이어 주일 예배(성찬과 함께), 주일 예배(성찬 없이), 아침 기도회, 저녁 기도회, 저녁 마감 기도회, 세례 의식, 유아세례 의식, 견신례 및 입교 의식이 나오며, 부록으로는 주일 예배(한국 음악), 아다나시안 신조, "음부에 내리신지"에 대한 해설, 사도신조와 주기도문의 개정에 대하여, 인용된 성서구절 주(註) 등이 나온다.[375]

여기서, 이 개정판에 대한 분석을 수정초판(1965)과 비교하면서 진행하고자 한다. 먼저 나왔던 수정초판(1965)은 예배 의식문(성찬 없이), 예배 의식문(성찬과 같이), 아침 기도회, 저녁 기도회, 세례식(장년 세례, 유아 세례), 입교식, 그리고 부록으로 아다나시안 신조가 실려 있었다. 이 개정판에는 이 수정초판에 없던 저녁 마감 기도회, 견신례 및 입교 의식, 부록으로 주일예배(한국 음악), "음부에 내리신지" 해설, 사도신조와 주기도문의 개정, 인용 성구 모음 등이 더 실려 있다. 이와 같이 개정판은 내용 개정, 추가된 내용뿐만 아니라, 서양음악과 한국음악을 더 추가함으로써 한국 루터교 예배의식문의 형식을 상당히 갖추었다고 볼 수 있다. 현재 한국 루터교에 대한 과제로, 지금까지는 미국 루터교의 영향을 크게 받아 왔지만, 향후 미국뿐만 아니라 독일 루터교 예식서, 특히 음악부분에 대한 이해의 폭을 넓히는 문제, 그리고 더 많은 한국음악에 대한 활용 가능성 등을 들 수 있을 것이다.

---

[374] 기독교한국루터회, 『예배의식문』(개정2판) (서울: 컨콜디아사, 1993), 3-4.
[375] 기독교한국루터회, 『예배의식문』(개정2판), 5.

(2) 『예배서』(2017)

이 『예배서』는 종교개혁 500주년 기념판으로 최근에 나온 루터교 예식서로서, 목회자용 예배서(2016)가 간행된 뒤 회중용 예배서로 나온 것이다. 1993년 개정판에 이어 2005년과 2009년에 시험판 『예배서』가 발간되었으며, 2016년에 간행된 목회자용 예배서를 토대로 개정작업을 하여 마침내 이 예배서가 종교개혁 500주년을 기념하여 출판된 것이다.[376] 이 예배서는 이전에 사용되었던 "예배의식문"이란 용어 대신에 "예배서"를 사용함으로써 다른 개신교와 용어를 함께 사용한 것으로 보이며, 이전에 나오지 않았던 많은 예식들을 싣고 있다. 이 예배서에는 주일공동예배 의식문, 기도회, 예식서 등의 용어를 구분하고 있으나 책명으로는 "예배서"로 통칭하고 있다. 이 문서의 내용을 개괄하면 발간사, 차례, 서문에 이어 주요지침, 주일 공동예배 의식문(주일 예배 1- 성찬과 함께/ 주일 예배 2- 성찬 없이/ 주일 예배 3- 한국 음악/ 주일 예배 4- 소공동체를 위한 예배), 기도회(아침기도회, 저녁기도회, 마감기도회), 예식서(세례식, 유아세례식, 견진예식과 입교예식, 결혼예식, 장례식- 임종, 별세, 입관, 장례 1, 2, 3, 화장, 하관, 화장 후 안장예식 등)으로 되어 있다.[377] 부록으로는 아다나시안 신조, "음부에 내리신지"에 대한 해설, 사도신조와 주기도의 개정에 대하여, 교회력, 성회 수요일 예식, 성목요일 예식, 성금요일 어둠의 예식, 송구영신 예식, 용어 설명 등이 나타나있다.

이 예배서에는 이전의 소책자 형식의 예식서와 달리, 내용이 새롭게 보충되었으며 총 면수(288 면)도 크게 증가되어 있다. 유럽이나 미국의 루터교에서 나타나는 것처럼, 주일 예배에서 음악을 많이 반영하고 있으며 각 절기마다 고유한 기도문을 싣고 있으며, 마지막 부분에서 용어 설명

---

[376] 기독교한국루터회, 『예배서』(서울: 컨콜디아사, 2017), 5, 9-11.
[377] 기독교한국루터회, 『예배서』 7-8.

을 통해 이 예식서에 사용된 여러 용어들을 간략하게 잘 실어 놓아 그 실용성을 높이고 있다.

7) 구세군

(1) 『구세군 예식서』(2016)

구세군(救世軍, Salvation Army)은 개신교 교파의 하나로, 감리교 목사였던 영국인 윌리엄 부스(William Booth)와 그의 부인 케서린 부스(Catherine Booth)가 영국 감리회에서 분리, 창설하였다. 처음에는 그리스도교 전도회(Christian Mission)로 시작(1865년 7월 2일)하였고, 1878년 구세군으로 개칭하였다. 그리스도의 사랑을 바탕으로 한 전인적 구원을 설립목적으로 두고, 복음 선교, 예배, 자선 및 사회사업 등을 주요활동으로 하고 있다. 한국에 들어온 것은 1908년 영국에서 파견된 로버트 호가드(Robert Hoggard) 정령(正領)이 10여명의 사관들과 함께 선교사업을 시작하면서부터이다. 구세군은 일반 개신교와 달리 군대식 조직과 명칭을 갖고 있다. 명칭으로는 교회를 '영문', 목사는 '사관', 신학교는 '사관학교'로 부른다. 조직과 관련한 계급으로는 장성사관인 대장과 부장이 있으며, 영관사관으로 정령, 부정령, 참령이 있다. 위관사관으로는 정위, 부위, 별정위, 사관학생이 있으며, 하사관으로 특무정교, 정교(일반교회의 장로 격), 부교(일반교회의 집사 격) 등이 있다. 병사로는 병사(일반교회의 세례교인), 청년병(초등생으로부터 고교생), 예비병(구세군 영문 첫 출석 후 6개월 동안 교리를 배우는 준비기간 중에 있는 자) 등이 있다. 이 교단은 여성활동으로 가정단이 있으며, 그 외 자선봉사단이 있다.

여기서 소개되는 예식서는 대한본영(본부에 해당)에서 발행한 『구세군 예식서』(Salvation Army Ceremonies)로서, 이전 『구세군 예식문』(1992)의 것을 개정하여 2007년에 새롭게 나왔고(초판), 제2판을 다시 발행하게 된 것이다.[378] 차례를 보면, "예식서 발행에 부쳐", "예식서 작성 방식", 제1장 구세군의 중요예식, 1. 입대식(신학적 의의, 병사 입대식의 의미, 병사 입대자의 자격, 병사 입대식 순서, 예비병 입대식 순서, 청년병 입대식 순서), 2. 임명식(하사관 임명 – 신학적 의의, 하사관 임명 시 유의사항, 하사관 임명식 순서, 원로 하사관 임명식), 3. 헌아식(신학적 의의, 헌아식 준비, 헌아식 순서, 불신 자녀의 헌아식), 4. 결혼식(신학적 의의, 약혼식 순서, 결혼식 순서 – 결혼에 관한 일반적 지침, 구세군인의 결혼식 순서, 일반인의 결혼식 순서), 5. 장례식(죽음의 신학적 의의, 장례식 – 임종 전 기도회, 임종식, 입관식, 발인식, 장례식, 어린이 장례식, 자살자 장례식, 화장식, 하관식, 추모식, 장례용어, 묘비) 등이 있다. 제2장 구세군의 각종 의식, 1. 군기수여식(의미, 수여식 순서), 2. 근속장 수여식, 3. 사관의 진급식, 4. 가정단 창단식/입단식(가정단 창단식, 신단원 입단식, 가정단 하사관 임명식), 5. 자선봉사단 창단식/입단식(창단식, 입단식 순서, 촛불 종결식), 6. 은퇴감사예배 등이 있다. 제3장 봉헌식, 1. 봉헌의 신학적 의의, 2. 영문시설 봉헌식(기공식, 정초식, 입당식, 헌당식, 영문 개영식, 영문 창립 기념식), 3. 주택/건물 봉헌식(주택/건물 – 기공식, 정초식, 준공식, 입주식 –, 개업식) 등이 있으며, 제4장 경축의식, 1. 첫 돌 감사예배, 2. 생일 감사예배, 회갑 감사예배, 성년 감사예배 등으로 구성되어 있다. 여기에서는 일반교회의 세례식에 해당하는 구세군의 "입대식"(Swearing – in of Soldiers)에 관하여 개략적으로 살펴보기로 하며, 분석도 간략히 제시하고자 한다.

먼저, 일반교회에서 행하는 세례 대신에 구세군의 입회의식이자 통과의례인 "입대식"에 대해 요약하여 살펴본다.

---

[378] 구세군대한본영, 『구세군 예식서』(서울: 구세군출판부, 2016), 3.

1. 입대식(Swearing-in Soldier)[379]

1) 신학적 의의

세례는 죄인이 중생한 후에 보편적인 교회의 일원이 되는 통과의례에 해당하며 '개종', '정화'의 이미를 함께 갖고 있다. 구세군은 세례 대신에 입회의식이자 통과의례의 수단으로 입대식을 거행하고 있다. 입대식을 통해 그리스도교로의 개종과 죄와 허물로 죽을 수밖에 없는 삶을 떠나 거룩하고 새로운 삶으로 거듭났음과 주님의 교회의 일원이 됨과 동시에 구세군이라는 교회의 일원이 되었음을 의미한다. 입대자가 서약서에 서명하기 전에 다음과 같은 신앙적인 부분들을 신중히 검토하도록 해야 한다. 첫째, 대상자가 구원받고, 하나님을 사랑하기로 결심했는가(신앙체험) 둘째, 대상자가 구세군은 하나님이 세우신 교회란 사실을 믿고, 교리를 수락하는가(믿음) 셋째, 대상자가 세속주의를 거부하고 성결생활을 실천하는가(행위) 넷째, 대상자가 그리스도에 대한 사랑을 세상 속에서 실천하고, 하나님께 자신을 바치는가(열정).

2) 병사입대식의 의미

병사입대식은 그리스도의 제자됨과 구세군의 일원이 됨을 나타내는 신성한 의식이다.

3) 병사입대자의 자격(생략)

4) 병사입대식 순서 - 병사입대식은 대부분 군우가 가장 많이 모이는 시간인 주일 성결회에서 하고 있다.

주일 성결회

찬송 - 기도(맡은이) - 찬송 - **입대식**(집례자; 병사, 예비병, 청년병) - 후렴(다같이) - 성경봉독(맡은이) - 광고·헌금(담임사관) - 찬양(찬양대) - 설교(설교자) - 권면·기도(설교자) - 찬송 - 축도(설교자)

병사 입대식 순서 (* 아래 굵은 글씨는 성령님에 관한 것을 표시하기 위해 필자 임의로 한 것임.)

---

[379] 구세군대한본영, 『구세군 예식서』, 11-24.

군기등단(군기 부교) - 입대자 호명 - 성경봉독(딤후2:1, 3-7; 참고 성경구절들; 집례자) - 구세군 교리낭독(입대자들이 선포할 때에 일반 회중도 함께 선포할 수 있다.)[380] - 후렴(살아계신 성신여/626장; 집례자) - 병사서약서 설명(집례자) - 신앙선포(입대자: "1. 나는 **성령께** 순응하며 은혜 안에서 성장하겠습니다." 외 5항) - 서약("여러분은 지금 선포한 것과 같이 **성령의 역사하심으로** 하나님과 여기 모이신 회중 앞에서 예수 그리스도의 군사와 구세군의 병사가 될 것을 서약합니까? 그렇게 하기로 서약한다면, 오른 손을 들어 '예'라고 말하십시오." - 권면 - 공포 - 기도(집례자) - 병사서약서 수여(집례자) - 간증(신입병사 중 한 두명) - 찬송(우리들은 구세군의 군병되어/676)

5) 예비병 입대식 - 생략

6) 청년병 입대식 - 생략

다음으로, 구세군 예배와 예식에 대해 간략히 분석하고자 한다. 구세군 주일 성결회는 "입대식" 같은 구세군 특유의 순서가 나오며, 사도신경, 주기도문 등의 순서는 나타나지 않으며, 일반 교회의 예배(주일 오후나 저녁예배와 같이 약식예배 형태)와 크게 다르지 않음을 알 수 있다. 구세군의

---

[380] "구세군 교리문"은 다음과 같다: 1. 우리는 신구약 성서가 하나님의 영감으로 이루어졌으며 성서만이 그리스도인의 신앙과 실천의 표준임을 믿는다. 2. 우리는 유일하시고 완전하신 하나님만이 만물의 창조자, 보존자, 통치자이시며 예배의 참 대상임을 믿는다. 3. 우리는 하나님 안에 성부, 성자, 성령의 세위가 있으며 이는 본질상 동일하시고 권능과 영광으로도 동등하심을 믿는다. 4. 우리는 예수 그리스도의 인격 안에 신성과 인성이 합하여 있으며 그는 참 하나님이시고 참 인간이심을 믿는다. 5. 우리는 인류의 시조가 본래 죄 없이 창조되었으나 그들의 불순종으로 모든 사람이 죄인이 되고 전적으로 타락하여 정결과 행복을 잃고 하나님의 진노의 대상이 된 것을 믿는다. 6. 우리는 주 예수 그리스도께서 고난 받으시고 죽으심으로 인간의 죄를 대속하셨으니, 누구든지 그를 믿으면 구원받을 수 있음을 믿는다. 7. 우리는 하나님께 회개하고 주 예수 그리스도를 믿고 성령으로 새로 나는 것은 구원에 필요한 것임을 믿는다. 8. 우리는 주 예수 그리스도를 믿음으로 은혜로 의롭다 하심을 얻으며 믿는 자마다 그 안에 증거를 갖게 됨을 믿는다. 9. 우리는 구원의 상태의 지속은 그리스도 안에서 순종하는 믿음을 계속 가져야 함을 믿는다. 10. 우리는 "온전히 거룩하게 되는 것"은 모든 신자의 특전이며 "저들의 심령과 영혼과 육체를 우리 주 예수 그리스도께서 다시 오시는 날까지 완전하고 흠 없게 지켜주실 것"을 믿는다(살전 5:23). 11. 우리는 영원한 생명, 육체의 부활, 세상 끝의 총 심판, 의인의 영원한 행복과 악인의 영원한 형벌을 믿는다.

입대식 설명에서 볼 수 있는 대로, 세례식을 대용하여 입대식을 행하고 있으며 성찬식을 따로 시행하지 않는다. 구세군 교리문 중 일부를 보면, 삼위일체 교리를 믿으며, 성서를 하나님의 영감으로 된 신앙과 실천의 표준임을 믿으며 예수 그리스도의 양성교리, 성령으로 거듭남을 강조하고 있다. 그리고 믿음은 순종을 동반한다(교리문 9조)는 것도 가르치고 있다("구원의 상태의 지속은 그리스도 안에서 순종하는 믿음을 계속 가져야 함을 믿는다."). 또한 구세군의 예식 가운데 헌아식이 있는데, 이는 창설자 윌리암 부스가 처음 속해 있었던 영국 감리교에는 헌아식이 없고, 유아 세례식이 있는 것과 대조된다.

8) 기타 예식서

(1) 한국군종목사단 외, 『군종예식서』(1994)와 『군인교회 예식서』(2010)

한국에 군종(chaplain) 제도가 생긴 것은 6.25전쟁 중이었다. 1950년 9월 12일에 개신교단들과 천주교가 군종제도 창설을 위해 군종 제도 추진위원회를 조직했다. 교단별 대표는 장로교의 한경직 목사, 감리교의 류형기 목사, 천주교의 캐롤 신부이었으며 이들은 대통령을 방문하여 군종 제도를 청원하였다. 이에 따라 1950년 12월 21일 국방신(國防信) 제29호에 군목제도 시행에 관한 대통령의 지시가 있었고, 1951년 2월 7일 육본 일반명령 제31호로 인사국 내에 군승과(軍僧科, 후에 軍宗科로 개칭)가 생기게 되었다. 개신교 군종예식서의 역사를 약술하면, 개신교 여러 교단에서 파송(장로교, 감리교, 성결교, 침례교) 군목들이 활동하면서 처음에는 소속 교단 예식서나 개인 취향에 따라 다른 교단 예식서를 사용하였다. 1990년대에 이르러 최초로 한국군종목사단과 군복음화후원회에서 『군종예식서』(1994)를 발행하게 되었고, 이후 개정판으로 군종목사단과 한국 기독교군선교연합회(군복음화후원회의 개칭임) 공동으로 『군인교회 예식서』

(2010)가 나온 것이다. 여기에서 두 예식서를 소개한 뒤, 간략하게 분석하고자 한다.

먼저, 『군종예식서』와 『군인교회 예식서』의 전체적인 내용은 다음과 같다.

『군종예식서』(1994)는 "추천사, 발간사, 성직자의 자세"에 이어 제1부 예배의식(주일 낮 예배, 주일 저녁 예배, 수요일 밤 기도회, 특별예배로 내무반, 병실, 수감자를 위한, 야전 예배 등), 제2부 성례식(세례식-학습식, 유아세례식, 입교예식 또는 견신례, 어른 세례식; 성찬식), 제3부 임직식(장로 장립식, 집사 임직식, 권사 취임식), 제4부 예배당 건축 예식(기공식, 정초식, 상량식, 입당식, 헌당식), 제5부 혼례식(약혼식, 결혼식), 제6부 상례식(장례식-유의할 사항, 예배당에서의 장례식, 야전에서의 군대 장례식, 해군의 수장례식, 가정에서의 장례식, 하관식; 추도식-유의할 사항, 기독교 제례의 구분, 설날맞이 추모), 제7부 기타 예식(제막식, 회갑 예배, 생일 축하 예배), 제8부 각종 행사 및 의식(훈련시의 기도문 등 29개), 부록(한국 군종 목사단 운영 내규, 군인교회 운영지침, 군선교 후원 청원서 작성 요령, 각종 양식, 설교자의 자세, 사단법인 군복음화 후원회 개요) 등으로 구성되어 있다.[381]

『군인교회 예식서』(2010)는 앞의『군종예식서』를 개정한 것으로 "차례"에 사도신경 · 주기도문, 비전2020 실천운동 공동기도, 머리말, 발간사 등이 실려 있고, Ⅰ. 예배/성례식, 제1부 예배에는 주일 오전 예배, 주일 오후 예배, 수요 기도회, 방문 예배(생활관 예배, 병실 예배, 수감자를 위한 예배, 야전 예배, 가정 예배), 제2부 성례식(학습식, 유아세례식, 입교식, 세례식, 성찬식) 등이 있으며, Ⅱ. 교회예식, 제1부 임직 예식, 제2부 임관 예식, 제3부 장로 은퇴 예식, 제4부 전역 예식, 제5부 예배당 건축예식(기공식, 입당식, 헌당식), Ⅲ. 가정 예식, 제1부 출산 감사 예배, 제2부 돌 감사 예배, 제3부 결혼 감사 예배, 제4부 회갑/칠순/팔순 감사예배, 제5부 장례 예배(임종 예

---

[381] 한국군종목사단·군복음화후원회 공저,『군종예식서』(서울: 편찬위원회, 1994), 6-11.

배, 입관 예배, 천국 환송 예배, 하관 예배, 추도 예배), 제6부 명절 감사 예배, Ⅳ. 기도문(성례식, 교회 예식, 가정 예식, 위문 예배, 국경일 및 부대행사) 등이 실려 있다.[382]

이어서, 『군종예식서』의 주일예배와 개정판 예식서 『군인교회 예식서』의 주일 예배, 수요 기도회, 방문 예배 중 생활관 예배, 야전 예배 등을 소개하기로 한다.

『군종예식서』(1994)

제1부 예배 의식[383]

제1장 주일 낮 예배

1. 유의할 사항 2. 예배의 진행 3. 예배의 종결

4. 예배 순서 예문 (*표는 일어서서)

*입장찬송(다같이) - *묵도(성가대) - *개회기원(사회자) - *찬송 - *교독 - *신앙고백 - 찬송(앉아서) - *기도 - 성경봉독(사회자) - 찬양(성가대) - 설교 - 기도(설교자) - 찬 송 - 헌금 - *봉헌기도 - 교회소식 - *축도 - *애국가(경절 행사 시)

제2장 주일 저녁 예배

1. 유의할 사항

2. 예배 순서 예문

묵도(다같이) - 찬송 - 기도 - 성경봉독(사회자) - 찬양(성가대) - 설교 - 기도(설교자) - 찬송 - 교회소식 - 찬송 - 축도/주기도문

제3장 수요일 밤 기도회

(1은 생략)

2. 예배 순서 예문

---

[382] 한국군종목사단·한국기독교군선교연합회 공저, 『군인교회 예식서』(서울: 편찬위원회, 2010), 8-11.
[383] 한국군종목사단, 군복음화후원회 공저, 『군종예식서』(1994), 16-19.

묵도(다같이) - 찬송 - 기도 - 성경봉독 - 특송 - 설교 - 기도 - 교회소식 - 찬송 - 축도/주기도문

『군인교회 예식서』(2010)
Ⅰ. 예배/성례식[384]
제1부 예배
제1장 주일 오전 예배
■ 예배순서 1안 인도자: 000 목사 (*는 일어서 주시기 바랍니다.)
*예배로의 부름 - *영광송 - *교독문 - *신앙고백 - 찬송 - 기도 - 성경봉독 - 찬양(찬양대) - 설교 - 합심기도(다같이) - 서례/성찬식 - 찬송 - 헌금 - 봉헌기도 - 인사 및 광고 - *송영 - *축도
■ 예배순서 2안 인도자: 000 목사 (*는 일어서 주시기 바랍니다.)
*입례송 - *예배로의 부름(인도자) - *찬송 - *죄의 고백(다같이) - *용서의 말씀(다같이) - *교독문 - *사도신경 - 찬송 - 오늘의 기도(목사) - 성경봉독(목사) - 찬양(찬양대) - 설교 - 합심기도(다같이) - 세례/성찬식 - *봉헌찬송 - 봉헌 및 목회기도(인도자) 환영(인도자) - 광도(인도자) - *파송의 말씀 - *축도

제2장 주일 오후 예배
찬양(찬양단) - 조용한 기도(인도자) - 찬송 - 기도 - 성경봉독 - 찬양(맡은이) - 설교 - 찬송 - 광고 - 축도

제3장 수요기도회
찬양 - 조용한 기도 -찬송 - 기도(맡은이) - 성경봉독(인도자) - 찬양(맡은이) - 설교 - 찬송 - 광고 - 찬송 - 축도/주기도문

제4장 방문예배 (2, 3, 5는 생략하였으며, 아래의 1, 4는 주요사항만 실음)
1. 생활관 예배

---

[384] 한국군종목사단, 한국기독교군선교연합회 공저, 『군인교회 예식서』(2010), 12-21.

- 지휘계통과 협조가 된 후에 드려야 한다.
- 목사는 가장 친숙한 위치에서 장병에게 이해하기 쉽고 간단한 설교를 해야 하며, 찬송은 배우기 쉽거나 많이 알고 있는 것을 택한다.
- 적어도 예배 20분, 질문과 대화 시간 20분, 간단한 찬송이나 레크레이션으로 20분을 활용하여 모든 순서를 1시간 내에 끝내도록 한다.

(2. 3은 생략)

4. 야전 예배
- 군대의 야전 예배는 특수한 의미를 지닌다. 부대 훈련 중이거나 전투를 위한 부대 투입, 또는 부대 교체를 할 때 목사의 기도는 많은 영혼을 구원한다.
- 동시에 야전 예배는 사생관을 확립시켜 애국심을 함양하고 정신전력 강화에 직접적인 영향을 줄 수 있다.
- 목사는 부대장과 협조하여 완전군장을 하고 출동하기 바로 전에 예배드리는 것이 좋고, 훈련이나 또는 작업 중에는 간단히 그때 형편을 보아서 소단위의 기도회를 갖는 것이 좋다.

다음으로, 군인교회를 위한 두 예식서를 중심으로 간략하게 분석하기로 한다.

첫째, 이 두 예식서는 군인들과 군인가족들을 위한 예식서라는 특별한 의미를 갖는다. 그래서 이 예식서의 일부 내용들은 민간 교회에 적용하기 힘든 사례도 있음을 전제하고 있다.

둘째, 예배를 시작하는 순서로 '예배로의 부름'이나 '묵도' 사용에 대해서 살펴보자. 『군인교회 예식서』와 『군종예식서』의 예배순서를 비교해 보면, 전자는 주일 오전 예배는 '예배로의 부름'(1안)이나 '입례송 – 예배로의 부름'(2안)으로 시작하고, 주일 오후 예배는 '찬양 – 조용한 기도'로 시작하는 데 비해, 후자는 모든 예배순서(주일오전과 저녁 예배, 수요일 기도회)에 '묵도' 또는 '입장찬송 – 묵도'로 예배를 시작한다. 여기서 '묵도'가 '조용한 기도'와 같은 순서라면 『군인교회 예식서』에도 주일 오후와 수요 기도회에

'묵도'(조용한 기도)를 사용하는 것으로 이해할 수 있을 것이다.

셋째, 주기도문 순서에 관해서 살펴본다. 『군인교회 예식서』의 주일 오전 예배 1, 2안과 주일 오후 예배 모두 주기도문 순서가 나타나지 않고, 다만 수요 기도회에서만 '축도나 주기도문' 순서로 맨 끝 순서로 나오는 데 비해, 『군종예식서』에는 주일 오전 예배에는 나타나지 않으나 주일 저녁과 수요일 밤 기도회에는 '축도나 주기도문' 순서가 나온다. 앞에서 성찬식을 소개하지 않았는데, 『군인교회 예식서』 성찬식에 1, 2안 모두 주기도문이 나온다. 반면에 『군종예식서』의 성찬식에는 주기도문이 나오지 않는다. 이와 같이 주기도문이 최근 예식서인 『군인교회 예식서』 주일 대예배(낮 예배)에 나와 있지 않으나, 성찬식에는 사용되고 있다는 것은 앞으로 주일 낮 예배에도 반영될 가능성이 예측된다고 볼 수 있다.

(2) 미국 장로교, 『공동예배서』(2001)

이 예배서는 미국 장로교 대표적인 교단인 The Presbyterian Church(U.S.A)와 The Cumberland Presbyterian Church가 공동으로 사용하기 위해 출판한 예배서, *BOOK OF COMMON WORSHIP* (Westminster/John Knox Press, 1993, 영문 총 1,116 페이지)를 김소영, 김세광, 안창엽 목사 등이 편역하여 한국장로교출판사(통합 교단의 출판사, 한역 총 727 면)에서 출판한 것이다. 이 한글 번역판에는 원서를 번역하지 않은 부분이 적지 않은데, 그 예로 Daily Prayer, The Psalms, Christian Marriage, The Funeral(장례식), Pastral Liturgies(환자를 위한 목회, 죽음의 순간을 위한 기도 등), Acknowledgements, Section Heading Crosses 등으로서 영문으로 총 590여 페이지에 달한다.[385]

---

[385] *BOOK OF COMMON WORSHIP, The Presbyterian Church(U.S.A) & The Cumberland Presbyterian Church* (Louisville/London: Westminster/John Knox Press, 1993), Ⅴ-Ⅷ.

이 번역판 예배서의 내용을 제목 위주로 살펴보면, 맨 먼저 "머리말"(한국장로교출판사 사장 박노원)와 "발간사"(미국장로교총회 국내선교부 한인목회총무 김선배)에 이어, 본 영서의 서문, Ⅰ. 예배를 위한 준비, Ⅱ. 주일예배(주일예배의 기본 흐름, 주일예배의 흐름과 구성에 대한 설명, 주일예배 순서와 예문, 주일예배를 위한 참조 예문), Ⅲ. 교회력에 따른 예배자료(대림절부터 왕되신 그리스도 주일까지), Ⅳ. 세례와 세례언약의 재확인(세례예전-1 2/ 세례와 입교예식/ 입교예식/ 이명해 온 교인의 입교예식/ 회중의 세례언약 재확인 예식1/ 세례언약 재확인 예식(신앙 성장의 기회)/ 목회상담받은 이의 세례언약 재확인 예식, Ⅴ. 여러 가지 경우의 기도 예문들(대연도/ 여러 경우의 연도와 기도 예문들), Ⅵ. 교회력과 성서일과(공주예배에서의 성서/ 교회력과 성서일과: 주일과 기념일/ 평일 성서일과, 그리고 교회력의 주요절기 주기표가 있다. 여기서는 주일예배(성찬식 포함)와 관련된 사항들을 선별적으로 요약 소개하기로 한다.

먼저, 주일예배에 관한 사항을 요약하여 소개한다.

Ⅱ. 주일예배[386]

주일예배의 기본흐름

1. 개회예전(Gathering) 2. 말씀예전(The Word) 3. 성찬예전(The Eucharist) 4. 파송예전(Sending)

주일예배의 흐름과 구성에 대한 설명

기독교 공동체는 예수 그리스도께서 부활하신 날을 "주님의 날"(계1:9)부르며 새 창조의 시작을 보았고 이 날을 '창조의 제팔일'로 여겼으며 모임을 갖게 되었다. 주님의 날에 그리스도인들은 말씀과 성찬(떡과 잔)을 통해 주님의 말씀과 행적을 기억하고 주님의 임재를 찬양한다.

1. 개회예전

---

[386] 『공동예배서』, 김소영 외 2인 편역 (서울: 한국장로교출판사, 2001), 47-64.

1) 예배의 부름 - 회중은 하나님을 예배하도록 부름을 받는다. 성경구절(시 124:8 "우리의 도움은 천지를 지으신 … 있도다")을 낭독하거나 찬양한다. 이렇게 함으로써 우리의 예배가 우리 자신 안에서가 아니라, 하나님 안에서 중심되어진다는 사실을 확인한다.

2) 오늘의 기도 혹은 개회기도 - 개회기도는 경배의 기도이다. 혹은 오늘의 기도가 드려지기도 한다. (선택사항: 오늘의 기도는 예배의 뒷부분에서 사용될 수도 있다.)

3) 찬송, 시편, 영가

여기의 찬양은 예수 그리스도 안에 있는 하나님의 은혜에 대한 즐거운 응답이다.

4) 죄의 고백과 용서

죄의 고백은 기도, 통회자복의 시편, 혹은 적합한 음악을 사용해서 이루어진다. 고백 후 하나님의 용서하심의 은혜가 예수 그리스도의 이름으로 선포되어 우리를 새로운 삶으로 끌어 올리심을 확신하게 된다. (선택사항: 죄의 고백은 주님의 성찬이 있기 전, 중보기도가 있은 후 드려질 수도 있다.)

5) 평화의 인사

죄의 용서를 통한 하나님과의 화해, 신자간의 하나됨을 평화의 인사를 통해 나눈다. (선택사항: 주님의 만찬 전에 시행할 수도 있다. 또 세례식이나 견신례가 있을 경우 이러한 예식들과 연계해서 행할 수 있다.)

6) 영창, 시편, 찬송, 혹은 영가

하나님의 은혜에 대한 우리의 응답을 표현한다.

2. 말씀예전

1) 설교 전 기도

이 기도는 성경낭독과 선포 전에 드린다. 성령의 조명하에 생명의 말씀을 잘 이해할 수 있게 해달라는 것이다.

2) 구약성경 낭독

3) 시편

4) 사도서신 낭독

5) 성가, 찬송, 시편, 영창(canticle), 혹은 영가

6) 복음서 낭독

낭독될 성경구절을 성서일과에 제시된 것들을 따를 것을 권장한다.

7) 설교

설교는 성령을 통해 이루어져야 하며, 단순하고 명료하게, 그리고 사람들이 이해할 수 있는 언어로 복음을 제시해야만 하며, 음악과 다른 예술의 형식들을 통해서 선포될 수도 있다. 설교는 기도나 환호, 송영으로 끝맺을 수 있다.

8) 초청

회중은 그리스도와 그의 나라에 헌신하기로 결단을 하거나 헌신의 기회를 가진다.

9) 찬송, 영찬, 시편, 혹은 영가

그 주일에 낭독되는 성경말씀, 뒤따르는 회중기도나 세례예전으로 인도해주는 찬송일 수 있다.

10) 신앙의 고백

회중은 신조를 말하거나 노래함으로 신앙을 고백할 수 있다. 니케아 신조나 사도신경을 고백할 수 있다. 세례식이 거행될 때는 사도신경을, 성찬식이 거행될 때는 니케아 신조를 택할 수 있다.

11) 세례예전

세례는 말씀선포 후에 세례예전을 따르는 것이 적절하다. 세례의 기본순서는 수세자 소개, 신앙의 고백, 세례수(洗禮水)를 위한 감사기도, 세례(또는 受洗), 안수(성령의 은사를 위한 기도), 환영, 평화의 인사 등으로 진행한다.

12) 교회의 목회예전

하나님의 말씀에 대한 응답으로 여러 가지 행위를 시행할 수 있다(예: 세례자의 개인적 신앙고백 발표, 전입예식, 결혼예식 선교 프로그램, 간증 등).

13) 회중의 기도

세상교회와 세계의 지도자들, 재난과 궁핍에 있는 자들을 위해 기도한다. 여기에는 중보기도와 목회자를 위한 기도가 포함될 수 있다. (선택사항: 죄의 고백기도를 드리지 않았다면 여기서 드려질 수 있다.)

14) 평화의 인사

(선택사항: 앞에서 평화의 인사 순서가 없었다면 여기서 드릴 수 있다.)

3. 성찬예전

1) 예물 바침

기독교 역사의 초기로부터 봉헌은 주님의 만찬에서 사용할 떡과 잔을 바치는 시간에 헌물(헌금)을 함께 드려왔다. 만약 주님의 만찬이 시행되지 않는 주일일 경우 봉헌 후에 찬송, 위탁이나 축도로 예배를 마치게 된다.

2) 주님의 식탁으로의 초대

성찬예전은 모든 주의 날에 거행되는 것이 적절할 것이다. 주님의 만찬은 주의 날의 예배에 부수적인 것이 아니라 핵심적인 것을 명확히 알게 해 주어야 한다. 집례자는 성경에 나타난 성찬제정사(고전 1:23-26, 마 26:26-30, 막 14:22-26, 눅 22:14-20)을 사용하여 성도들을 주님의 식탁에 초청한다.

3) 성찬 감사기도

주님의 식탁이 준비되면 집례자는 성도들을 감사기도로 인도한다. 이 기도는 기독교 예배의 초기부터 성례의 중심적인 위치를 차지하여 왔다. 성찬감사기도 초두에 "주님께 우리의 마음을 드립니다"(sursum corda)가 나온다. 또한 여기서 신앙고백이 드려질 수 있다[동방교회의 경우는 여기서 니케아 신조를 통해 신앙고백을 한다]. 또한 성령의 임재가 간구된다(epiclesis).

4) 주님의 기도

5) 떡을 뗌 [이 명칭은 성찬식에서 떡을 떼는 순서만을 의미하지 않고, 떡을 떼고, 포도주를 잔에 붓는 행위를 포함하는 의미로 사용한다.] 만일 성찬제정사가 이미 선포되지 않았으면 이 때 성찬제정사를 선언한다.

6) 성찬에의 참여

떡과 잔은 예배 상황에 합당한 방법으로 회중에게 나누어진다. 회중이 성찬상 주위에 둘러 모여 성찬에 참여할 수도 있으며, 또는 회중이 떡과 잔을 나누어 주는 사람에게로 나아갈 수도 있으며, 또는 회중이 있는 자리에서 받을 수도 있다. 여기서 포도주는 하나의 잔이나 개인용 잔을 여러 개 준비하여 시행할 수도 있으며, 참여자들이 떡 조각을 잔에 조금 담금으로 성찬에 참여할 수도 있다.

4. 파송예전
1) 찬송, 영가 영창 혹은 시편
2) 위탁과 축복

이 위탁은 신자들을 하나님의 대리자로서 성령의 능력을 힘입어 예수 그리스도의 이름으로 세상 속으로 나아가 모든 삶의 영역에서 하나님의 말씀을 순종하라는 것이다. 이 파송의식은 고후 13:13의 사도적 축도문이나 성경의 다른 곳에 나타나는 절절한 구절들을 인용하는 축복의 선언이 포함되어야 한다. 축도 후에 적절한 악기 음악이 이어지게 한다.

다음으로, 이 예배서에 대한 평가를 간략하게 서술하고자 한다.

첫째, 편자와 역자의 정확한 구분, 그리고 한글 번역판에 나타나지 않은 영어원문에 관한 내용에 관해서이다. 먼저, 어떤 문서든지 저자나 편자 또는 역자의 구분을 정확히 할 필요가 있다. 이 한글 번역판 첫 면에 "편역"자들이 명기되어 있으며, 이 책 맨 마지막 면의 서지사항에는 세 사람의 "옮긴이"로 표기되어 있다. 도서규정 상 "편역"과 "번역"(옮김)은 차이가 있는 단어이므로 일관되게 하나의 바른 용어를 사용해야 한다. 여기에서는 영문원문 전체를 다 번역하지 않았으므로 "편역"이라고 하는 것이 더 바를 것이다. 다음으로, 한글 번역판에 나타나지 않은 영어원문을 간략하게라도 소개했으면 더욱 유익했을 것으로 보인다. 번역된 부분만 보아도 그 양이 많은데, 생략된 부분도 적지 않다. 영문으로 590여 페이지에 달하는 분량이 번역되지 않았다. 이러한 내용을 한국인 역자의 머리말이나 발간사에서 요약하여 밝혀주었더라면 연구자나 활용자들에게 좋은 참고자료가 되었을 것으로 보인다.

둘째, 이 예배서의 장점은 오랜 기독교회 예전의 역사가운데 다양한 예문의 예들을 활용할 수 있게 하였다는 점이다. 이 책에서 사용한 자료가 방대한데 현대적인 양식들과 아울러 고대교회의 양식도 활용하도록

했다. 특히 초대교회 예전에서 나오는 소중한 자료들, 예를 들어, 히폴리투스의 기도문(215년경)이나 4세기 바실(St. Basil), 성 요한 크리소스톰(St. John Chrysostom) 예전 등을 활용, 새롭게 작성하여 현대교회 예배에 어떻게 적용할 수 있는가를 잘 보여주고 있다.

셋째, 이 예전의 기본구조에 세례예전은 말씀 예전에 속해 있고, 성찬예전은 따로 구분되어 있는 점에 대한 것이다. 교회 예배사의 역사를 보면 초대교회에서는 별도의 장소(세례당, 세례소)에서 세례 받은 후 정식 신자가 되었으며, 이어 곧바로 예배당에 들어와 성찬에 참여하였다. 오늘날 동방교회가 이런 절차를 계속 이어 가고 있다. 개신교회는 이와는 달리 대개 예배당 안에서 세례식과 성찬식을 행하고 있다.[387] 그렇다면 세례식은 성찬과 함께 성례로 묶어 성찬 전이나 후의 순서로 진행할 것인지, 아니면 이 예식서처럼 말씀예배에서 행할 것인지 이에 대한 세부적인 논의가 필요하다. 첫 번째 경우의 장점은 성례라는 은혜의 수단인 두 예식을 함께 행함으로 연계성을 가질 수 있다는 점을 들 수 있으나 사용 전례가 거의 없다는 한계가 있다. 두 번째 경우의 장점은 성찬예전 아닌 세례예전은 말씀예전에 넣어 실시하여 개신교 예배의 역사성을 따른 점이며, 그 한계점은 성례로서 세례와 성찬의 분리라고 할 수 있을 것이다. 이러한 점들을 고려하여 목회자는 교회에서 성찬과 세례예식을 함께 실시하던지, 아니면 분리해서 진행하든지 미리 당회나 신자들에게 잘 설명한 후, 자신들이 선택한 방식을 사용하면 좋을 것이다.

넷째, 성경의 용어와 현대적인 용어 사용의 문제이다. 예를 들어, Ⅳ. 세례와 세례연약 재확인, 세례예전(2)이 나온다. 이 세례예전은 북미의 주요 교단들의 예전 갱신을 위한 초교파적 협의체인 COCT(Consultation of Common Texts)에 의해 작성된 것으로, 항목 4. 신앙 확인 1) 포기의 서약에

---

[387] 침례교에서는 야외 침례식이나 예배당 안의 침례탕에서 행하는 침례식을 행하기도 한다.

① "여러분은 사단을 비롯해서 하나님께 대적하는 모든 영적인 악의 세력을 부인합니까?"라는 질문[388]이 나온다. 이것은 이 예배서의 다른 부분에 나오는 장로교 예식서에 사탄을 직접 명시하지 않고 "세상의 악과 그 권세를 버리겠습니까?"라고 묻는 것과 대조적이라 할 수 있다. 성경은 악의 세력의 근원에 사탄이 있음을 말하고 있다. 여기에서 "악과 그 권세를 버리겠느냐"고 묻는 것보다는 그 근원인 "사탄과 모든 악을 버리겠느냐"는 표현이 더욱 성경적이라고 본다. 오늘 우리들의 마음속에는 "악"이라는 개념을 "사탄"이라는 말보다 더 잘 이해하기 쉬운 경향이 있다. 현대에 살고 있는 우리로서는 성경적인 진리를 현대화할 필요는 있으나, 성경의 근원적인 진리 사실 자체를 왜곡시켜 약화시키거나 오해하도록 해서는 안 될 것이다.

다섯째, 이 예배서는, 미국과 한국 장로교의 협력 사업으로 나온 아름다운 결실로서, 한국교회와 미주 한인교회의 예배, 믿음, 그리고 삶의 갱신과 변화를 위해 크게 기여할 것으로 기대된다. 이와 같이 미국의 장로교 예배서가 나온 지 10년도 안되어 우리말로 번역되어 나왔다는 것은 그만큼 외국의 출판 상황이 한국에 빨리 전파되는 추세에 있음을 여실히 보여주는 것이다. 이 시점에 우리 한국교회 예배학자들의 서책들도 외국어로 번역되어 참고, 활용되는 계기가 될 수 있으면 더욱 좋을 것이다.

3. 예배 관련 개인 저자 및 저서들

이 시기에 출판된 한국인 또는 외국인 예배학자나 목회자들이 저술했거나 번역된 책들을 서지사항 위주로 소개하며, 이 문서들 중 예배사 저자와 저서들에 대해서는 그 다음 항목에서 소개하고자 한다.

---

[388] 『공동예배서』, 김소영 외 2인 편역, 505, 525.

1) 한국인의 저서들(총 131권)

이 시기에는 1991년부터 2000년까지 36권, 2001년부터 2010년까지 47권, 2011년 이후 48권 등 모두 130여권이 출판되었다. 이로 볼 때 이전 시기(총 21권)에 비하면 최근에 한국인에 의한 예배학 관련서적이 현저히 늘어나는 추세에 있음을 보아서 그만큼 예배에 대한 관심과 연구의 폭이 넓어지고 있음을 알 수 있다.

① 1991년부터 2000년까지(36권)

배양서,『예배학 입문』(서울: 성지출판사, 1992); 방지형,『기초 예배학』(서울: 성광문화사, 1992); 박근원,『오늘의 예배』(서울: 대한기독교서회, 1992); 백동섭 편저,『장로교 예식서』(부천, 도서출판 복음, 1993); 박은규,『예배의 재구성』(서울: 대한기독교출판사, 1993); 유선호,『예배갱신운동의 정체 Ⅰ, Ⅱ』(서울: 할렐루야서원, 1993); 박근원 엮음,『교회 예배서－새로운 예배자료, 제1권』(서울: 도서출판 진흥, 1994); 김외식,『목회 전문화와 한국교회 예배』(서울: 감리교신학대학교출판부, 1994); 강사문 외 8인,『성경과 예배』(서울: 도서출판 한국성서학, 1994); 김영재,『교회와 예배』(수원, 합동신학교출판부, 1995); 조동호,『성만찬 예배』(서울: 은혜 출판사, 1995); 문성모,『민족음악과 예배』(서울: 한들, 1995); 노영상,『예배와 인간행동』(서울: 성광문화사, 1996); 정장복 편저,『교회력과 성서일과』(서울: 대한기독교서회, 1996); 황원찬,『예배학 총론』(안양: 도서출판 잠언, 1996); 김소영,『현대예배학개론』(서울: 한국장로교출판사, 1997); 정인교,『예배학 원론』(서울: 솔로몬, 1997); 이강호,『예배학』(안양: 성결대학교출판부, 1997); 김석한,『개혁주의 예배의 이론과 실제』(서울: 경성라인, 1997); 김남준,『예배의 감격에 빠져라』(서울: 규장, 1997); 박근원,『목회와 교회예식』(서울: 도서출판 진흥, 1997); 정승훈,『말씀과 예전－초대교회에서 종교개혁까지』(서울: 대한기독교서회, 1998); 김종석,『최신 교회 예식서』(서울: 기독신문사, 1998); 황성철,『예배학』(서울: 대한예수교장로회총회, 1998); 노인학,『열린 예배를 위한 드라마와 음악 그리고 메시지』(서울: 요단출판사, 1998); 이필로, 『아름다운 예배-왕같은 제사장들이 드리는』(서울: 기독교문사, 1998); 안창엽, 『알기 쉬운 예배이야기』(서울: 한국장로교출판사, 1998); 정장복, 『예배의 신학』(서울: 장로회신학대학교출판부, 1999); 조기연, 『예배 갱신의 신학과 실제』(서울: 대한기독교서회, 1999); 정덕주 편집, 『한국문화와 예배 제3집-한국문화신학회 편』(서울: 한들, 1999); 윤용진, 『예배와 교육』(서울, 대한예수교장로회총회, 1999); 김수학, 『개혁주의 예배학』(서울: 총신대학교출판부, 2000); 임영택·나형석 공저, 『예배와 교육』(서울: 종로서적성서출판, 2000); 이정훈, 『한국의 그리스도인을 위한 절기예배이야기』(서울: 대한기독교서회, 2000); 김연택, 『건강한 교회와 예배』(서울: 프리셉트, 2000)

② 2001년부터 2010년까지(47권)

박성완, 『루터교 예배 이해』(서울: 컨콜디아사, 2000); 정용섭, 『예배를 예배되게 하라』(서울: 쿰란출판사, 2001); 한국복음주의 실천신학회, 『복음주의 예배학』(서울: 요단출판사, 2001); 한상신, 『한영 예식서-21세기 지구촌 선교를 위한』(인천: 도서출판 바울, 2001); 송인규, 『예배당 중심의 기독교를 탈피하라』(서울: 한국기독학생회출판부, 2001); 이정현, 『개혁주의 예배학』(서울: 성경신학대학원 출판부, 2001); 남호, 『초대 기독교 예배』(서울: 기독교대한감리회홍보출판국, 2001); 김석한, 『개혁교회 예배학』(서울: 양서원, 2001); 박명섭, 『예배와 음악-하나님께서 기뻐하시는』(서울: 한국장로교출판사, 2001); 최운용, 『부흥을 위해 예배와 찬양을 갱신하라』(서울: 기독교문서선교회, 2002); 김점옥, 『이제는 열린 예배다』(서울: 하늘기획, 2002); 김만형 편저, 『예배 속 드라마 1』(서울: 에듀넷스트, 2002); 靑海 정장복 박사 화갑 기념 논문집, 『현대사회와 예배설교 사역』(서울: 예배와 설교 아카데미, 2002); 유선호, 『리마 예식서의 정체』(서울: 하늘기획, 2002); 박병진 편, 『교회 예식서(증보 4판)』(서울: 성광문화사, 2002); 남호, 『교회력에 따라 예배하기』(서울: 기독교대한감리회홍보출판국,

2002); 허도화『한국교회 예배사』(서울: 한국강해설교학교 출판부, 2003)[389]; 김순환,『21세기 예배론』(서울: 대한기독교서회, 2003); 호남신학대학교 편,『예배란 무엇인가?』(서울: 한국장로교출판사, 2003). 송인규,『아는 만큼 누리는 예배』(서울: 홍성사, 2003); 박은규,『21세기의 예배』(서울: 대한기독교서회, 2004); 조기연,『한국 교회와 예배 갱신』(서울: 대한기독교서회, 2004); 안승오,『능력있는 예배를 위한 7가지 질문』(서울: 한국장로교출판사, 2004); 주학선,『한국 감리교회 예배(1885-1931)』(서울, 도서출판 kmc, 2005); 이정현,『개혁주의 예배학』(개정 증보판) (시흥: 도서출판 지민, 2005; 정장복,『예배학 개론(수정증보판)』(서울: 예배와 설교아카데미, 2005); 고재수(N. H. Gootjes),『세례와 성찬』(서울: 성약출판사, 2005); 김세광,『예배와 현대문화』(서울: 대한기독교서회, 2005); 김대권,『예배와 음악-예배자 갱신과 예배 리더십을 위한』(서울: 그리심, 2006); 허정갑,『입체예배』(서울: 프리칭아카데미, 2006); 김석한,『예배 구성요소와 순서의 신학적 해설-예배갱신 지침서』(서울: 대서, 2007); 조갑진,『신약의 예배』(서울: 크리스챤서적, 2007); 정일웅,『개혁교회 예배와 예전학』(서울: 범지출판사, 2008); 문병하,『그리스도의교회 예배학』(서울: 그리스도대학교 출판국, 2008); 백천기,『한국교회와 리마예식서』(서울, 대한기독교서회, 2008); 침례신학연구소 펴냄,『침례와 주의 만찬-침례교 예전』(대전: 침례교신학대학교출판부, 2008); 이현웅,『존 칼빈의 설교와 예배』(서울: 이레서원, 2009); 민장배,『예배학』(대전: 세화출판사, 2009); 김기현,『예배, 인생최고의 가치』(서울: 죠이선교회, 2009); 조기연,『묻고 답하는 예배란 cafe』(서울: 대한기독교서회, 2009); 서창원 외 3인,『칼빈의 시편찬송가(개정 증보판)』(서울: 진리의 깃발, 2009); 한국 개혁교회,『시편 찬송』(부산, 사랑과 언약, 2009); 박종환 외 6인,『거룩한 상징: 예전가구의 신학적인 이해』(서울: 대한기독교서회, 2009); 임창복 · 김경

---

[389] 이 책은 한국교회 예배사로는 최초로 나온 책으로 나온 것이었으나 개인적인 사유로 더 이상 출판되지 못하고 있으므로 공식적인 평가를 하지 않는다.

진 편저,『성공적인 목회를 위한 예배교육 프로그램』(서울: 한국기독교교육교역연구원, 2009); 김기현,『예배, 인생 최고의 가치』(서울: 죠이선교회, 2009); 김창영,『예배가 살아야 교회가 산다』(서울: 생명의말씀사, 2009); 정일웅,『개혁교회 예배와 예전학(개정판)』(서울: 총신대학교출판부, 2010); 김상구,『개혁주의 예배론』(서울: 대서, 2010); 박근원 엮음,『새로운 예배찬송』(서울: 대한기독교서회, 2010)

③ 2011년 이후(48권)

이명희,『현대 예배론』(대전: 침례신학대학교출판부, 2011); 목회와신학 편집부,『예배』(서울: 두란노 아카데미, 2011); 이승구 외 9인,『칼빈과 예배』(부산: 개혁주의학술원, 2011); 안선희,『예배 돋보기』(서울: 바이북스, 2011); 김양중,『예배공학』(서울: CLC, 2011); 김상구,『개혁주의 예배론(개정판)』(서울: 도서출판 대서, 2012); 조기연,『기독교 세례예식』(서울: 대한기독교서회, 2012); 최정성,『내가 준비하는 추도예배』(서울: 엘멘, 2012); 김순환,『예배학 총론』(서울: 대한기독교서회, 2012); 김상구,『한국 교회와 예배서』(서울: 기독교문서선교회, 2013)[390]; 배진원 편역,『개혁주의 신앙고백-예식문, 질서』(서울: 생명나무, 2013); 안선희,『예배이론·예배실천』(서울: 바이북스, 2013); 유해무,『예배의 개혁, 참된 교회 개혁의 길』(여수: 그라티아출판사, 2013); 허도화,『예배갱신의 이론과 실제-예배 코칭과 컨설팅 안내』(대구: 계명대학교출판부, 2013); 구본선·장석철,『한국교회 처음 예배당』(서울: 홍성사, 2013); 김정,『초대교회 예배사』(서울: 기독교문서선교회, 2014)[391]; 김순환,『예배와 예술』(서울: 쿰란

---

[390] 김상구,『한국 교회와 예배서』(서울: 기독교문서선교회, 2013). 저자는, 20세기말 한국교회에 영미 계통의 예배서들과 한국 교회 교단 예식서들의 출간으로 국내외 예배서들에 대한 연구가 활발해졌으나, 유럽권의 예배서에 대한 소개가 미진하였음을 언급하고 있으며, 이러한 시점에서 독일교회의 예식서를 소개하고 이를 한국 교회에 적용하고 있다. 그는 신학대학(원)에서 예배학 분야에서 강의할 뿐 아니라 관련 저서들을 출간하며 후진양성에 힘을 기울이고 있다.
[391] 김정,『초대교회 예배사』는 한국인으로서 최초로 초대교회 예배사를 썼다는 점에 있어서 의미가

출판사, 2014); 임영택, 나형석 지음, 『예배 · 교육 · 목회』(서울: 도서출판 kmc, 2014); 박종환, 『예배미학: 인간의 꿈, 하나님의 아름다움』(서울: 도서출판 동연, 2014); 안재경, 『교회의 얼굴』(여수: 그라티아 출판사, 2014); 주종훈, 『기독교 예배와 세계관-삶의 변화를 위한 예배의 이해와 실천』(서울: 위십리더, 2014); 정장복 · 최영현 편저, 『교회문헌과 전통: 예배와 설교의 뿌리』(서울: 예배와 설교 아카데미, 2014); 주승중, 『예배를 꿈꾸다-쉽게 풀어쓴 예배 이야기』(서울: 두란노, 2014); 이만규 · 김운용 엮음, 『대한예수교장로회 총회(통합)목회 매뉴얼〈예배목회〉』(서울: 한국장로교출판사, 2014); 총회교육자원부 편, 『개혁교회의 예배 · 예전 및 직제 I 』(서울: 한국장로교출판사, 2015); 김현애 편저, 『견신례/세례언약 재확인 예식』(서울: 예배와 설교 아카데미, 2015); 임채섭, 『예배와 몸』(안양: 둘로스, 2015); 안옥현, 『기독교 장례예식의 길라잡이』(서울: CLC, 2015); 최창균, 『교회력에 의한 성서일과 탐구』(서울: 쿰란출판사, 2016); 유재원, 『이머징 예배-뛰어 넘기: 변화하는 세상 속에서 풀어가는 한국형 예배 이야기』(서울: 도서출판 하늘향, 2016); 김한호, 『디아코니아와 예배』(경기광주: 서울장신대학교 디아코니아 연구소, 2016); 김정, 『초대교회와 오늘의 예배』(서울: 장로회신학대학교출판부, 2017); 최창국, 『예배와 영성』(서울: CLC, 2017); 기독교한국루터회, 『기독교한국루터회 예배서-2017년 종교개혁 500주면 기념판』(서울: 컨콜디아사, 2017); 문화랑, 『예배, 종교개혁자들에게 배우다』(서울: 기독교문서선교회, 2017); 김영태, 『한국교회 주일예배 이렇게 드리라-존 웨슬리로 본』(서울: 도서출판 대서, 2018)[392]; 박성환, 『아름

있다. 내용으로는 프롤로그, 제1장 예배의식과 시간, 제2장 예배 의식과 공간, 제3장 세례의 기원과 발전, 제 4장 성찬의 기원과 발전, 에필로그 등이 실려 있다. 여기에서 초대교회 전반적인 예배에 대하여 간략하다는 아쉬움이 있기는 하지만, 성찬과 세례, 교회 구조 등에 있어서 깊이 있는 연구가 돋보이는 책이다.

[392] 김영태, 『한국교회 주일예배 이렇게 드리라 - 존 웨슬리로 본』는 한국 감리교회뿐 아니라 미국 감리교회 예배를 섭렵하고 있으며, 한국 감리교회 예배 전반에 대한 폭넓은 관점을 잘 보여주고 있는 매우 유익한 저서이다.

다운 예배』(서울: CLC, 2018); 현유광 외 3인, 『세대통합 예배, 어떻게 할 것인가』(서울: 도서출판 생명의 양식, 2018); 김정, 『사라피온 예식서 – 4세기 교회의 예배기도』(양평: 레이투르기아, 개정초판 2019); 김승호, 『블랜디드 예배』(서울: 예배와 설교 아카데미, 2019); 문지영, 『예배와 음악』(서울: 가온음출판사, 2019); 김정, 『사라피온 예식서 – 4세기 교회의 예배기도』(양평: 레이투르기아, 2019); 주종훈 · 이상예, 『일상 성찬』(서울: 두란도, 2019); 이강혁, 『예배의 미래』(서울: 삼원사, 2020); 가진수, 『예배, 패러다임 시프트: 하나님이 원하시는 교회와 살아있는 예배를 위한 미래 리포트』(서울: 위십 리더, 2020); 김세광, 『예배의 신비』(서울: 한들출판사, 2020); 문화랑, 『예배학 지도 그리기 – 목회자와 예배 사역자를 위한 예배 기회 지침서』(고양: 이레서원, 2020); 안옥현, 『영혼의 길라잡이 – 설교와 예식사』(서울: 기독교문서선교회, 2021).

2) 번역서들(총 107권)

이 시기에는 번역서들도 이전 시기의 수(19권)에 비해 현저히 많이 출판되고 있음을 알 수 있다. 해외에 나와 있는 예배학 관련 서적에 비하면 이후에 좋은 책들이 더 소개될 수 있을 것이다.

① 1991년부터 2000년까지(25권)

알프레드 깁스, 『그리스도인의 최상의 의무 예배』, 정병은 역(서울: 전도출판사, 1991); 제임스 화이트, 『기독교예배학입문』, 정장복 역 (서울: 도서출판 엠마오, 1992); 로널드 알렌 · 골던 볼러 공저, 『하나님이 찾으시는 예배』, 황원찬 역 (서울: 도서출판 예루살렘, 1993); A. W. 토저, 『이러한 예배라야』, 엄성옥 역 (서울: 은성, 1993); 세계교회협의회, 『BEM문서(세례 · 성만찬 · 직제)』, 이형기 역 (서울: 한국장로교출판사, 1993); 로버트 엔 쇼퍼, 『예배의식의 변천사』, 김기곤 역(서울: 세종문화사, 1994); 판 도른, 『예배의 아름다움』, 안재경 역(서울: 학생신앙운동 출판부, 1994); 잭 헤이포드 외 공저, 『참된 예배, 어떻게 할 것인가?』, 김진우 역(서울: 도서출판 횃불, 1994); 윌리함 D. 맥스엘, 『예배의 발전과 그 형태－기독교 예배의 역사 개관』, 정장복 역 (서울: 쿰란출판사, 1996); 그래함 켄드릭, 『하나님을 갈망하는 예배사역』, 채슬기 역 (서울: 하늘사다리, 1996); 로널드 S. 월레스, 『칼빈의 말씀과 성례전 신학』, 정장복 역 (서울: 장로회신학대학교출판부, 1996). 제임스 화이트, 『예배의 역사』, 정장복 역 (서울: 쿰란출판사, 1997); 제임스 화이트, 『개신교 예배』, 김석한 역(서울: 기독교문서선교회, 1997); 에드 답슨, 『열린예배 실습보고서』, 박혜영·김호영 공역 (서울: 홍성사, 1997); 밥 소르기, 『찬양으로 가슴벅찬 예배』, 최혁 역 (서울: 두란노, 1997); 제임스 드 종, 『개혁주의 예배』, 황규일 역 (서울, 기독교문서선교회, 1997); 벤 패터슨, 『일과 예배』, 김재영 역 (서울: 한국기독학생회출판부, 1997); 크리스 보와터, 『하나님은 예배하는 자를 찾으신다』, 정규운 역 (서울: 하늘사다리, 1997); 돈 E. 샐리어스, 『예배와 영성』, 이필은 역 (서울: 은성, 1998); 탐 크라우더, 『우리의 예배를 받으시는 이유』, 정민영 역 (서울: 도서출판 예수전도단, 1998); 샐리 모갠쌀러, 『이것이 예배다』, 임하나 역 (서울: 하늘사다리, 1998); 죤 라일, 『예배하는 생활』, 지상우 역 (서울: 기독교문서선교회, 1999); 크리스토퍼 알브레히트, 『예배학 입문』, 김한옥 역 (인천: 도서출판 바울, 1999); 로버트 웨버, 『살아있는 예배를 위한 8가지 원리』, 황인걸 역 (서울: 예본출판사, 1999); 존 프레임, 『신령과 진정으로 드리는 예배』, 김광열 역 (서울: 총신대학교출판부, 2000).

② 2001년부터 2010년까지(35권)

앨리슨 시워트 외 3인, 『예배 핸드북』, 채슬기 역 (서울: 낮은 울타리, 2001); G. A. 프리챠드, 『윌로우트릭 구도자 예배』, 강부형 역 (서울: 도서출판 서로사랑, 2001); 워렌 위어스비, 『참된 예배를 회복하라』, 조계광 역 (서울: 생명의말씀사, 2002); 제레미야 버러스, 『예배의 타켓을 복음에 맞추라』, 서창원·최승락 공역 (서울: 진리의 깃발, 2002); 매트 레드맨, 『하나님 앞에 선예배자』, 홍순원 역 (서울: 죠이선교회출판부, 2002); 토마스 레쉬만 편, 『웨스트민스터 예배모범』, 정장복 역(서울: 예배와 설교아카데미, 2002); 돈 E. 샐리어스, 『예배와 영성』, 이필은 역 (서울: 도서출판 은성, 2002); 사미톤 판겔라, 『예배의 혁명』, 최재훈 역 (성남: 도서출판 NCD, 2003); 로버트 웨버, 『예배가 보인다 감동을 누린다』, 김세광 역 (서울: 예영 커뮤니케이션, 2004); 마르바 던, 『고귀한 시간 '낭비' - 예배』, 김병국·전의우 옮김 (고양: 이레서원, 2004); 앤디 파크, 『하나님을 갈망하는 예배 인도자』, 김동규 역(서울: 한국기독학생회, 2004); A. W. 토저, 『예배인가, 쇼인가』, 이용복 역 (서울: 규장, 2004); 조셉 S. 캐럴, 『기름부음의 예배자』, 임금선 역 (인천: 아이 러브 처치, 2006); 빌리암 나아겔, 『그리스도교 예배의 역사』, 박근원 역 (서울: 대한기독교서회, 2006); 퀸틴 슐츠, 『하이테크 예배 - 예배의 본질을 회복하는』, 박성창 역 (서울: 한국 기독학생회 출판부, 2006); A. W. 토저, 『이것이 예배이다』, 이용복 역 (서울: 규장, 2006); 크리스티안 그레트라인, 『예배학 개론』, 김상구 역 (서울: 기독교문서선교회, 2006); 로버트 E. 웨버, 『교회력에 따른 예배와 설교』, 이승진 역 (서울: 기독교문서선교회, 2006); 윌리엄 바클레이, 『예배와 기도』, 서기산 (서울: 기독교문사, 개정판 2006); 존 위티 주니어, 『성례에서 계약으로 - 서양 혼인법의 역사와 신학』, 류금주 역 (서울: 대한기독교서회, 2006); 코넬리우스 플랭팅카·슈 로즈붐『진정한 예배를 향한 열망』, 허철민 역 (서울: 그리심, 2006); 고든 웨익필드, 『예배의 역사와 전통』, 김순환 역 (서울: 기독교문서선교회, 2007); 밥 로글리엔, 『예배는 체험이다』, 김동규 역 (고양: 도서출판 예수전도단, 2007); 댄 킴볼, 『하나님께서 영광을 받으시는 고귀한 예배』, 주승중 역 (서울: 이레서원, 2007); 알렉산더 슈메만, 『예배 - 세상에 생명을 주는』, 이종태 역 (서울: 복있는 사람, 2008); 찰스 해킷·던 샐리어스 공저, 『예배와 예식 모범 - 모든 교회에서 활용 가능한 예배인도 지침』, 김순환 역 (서울: 대한기독교서회, 2008); 스콧 깁슨, 『예식 설교』, 김주성 역(서울: 두란노 아카데미, 2008); M. H. Micks, 『기쁨이 넘치는 예배』, 김윤규 역 (오산: 한신대학교 출판부, 2008); D.G. 하트 · J. R. 뮤터 공저, 『개혁주의 예배신학』, 김상구 외 2역 (서울: 개혁주의신학사, 2009); 엘머 타운즈, 『예배전쟁의 종결』, 이성규 역 (서울: 도서출판 누가, 2009); Group 엮음, 『오감체험, 예배』, 김용환 옮김 (서울: 도서출판, 국제제자훈련원, 2009); 로빈 리버/조이스 짐머맨, 『예배와 음악』, 허정갑/김혜옥 (서울: 연세대학교 출판부, 2009); 단 샐리어즈, 『거룩한 예배－임재와 영광에로 나아감』, 김운용 역 (서울: 예배와 설교 아카데미, 2010); 톰 라이트, 『예배를 말하다』, 최현만 역 (평택: 에클레시아 북스, 2010); 돈 셀리어, 『신학으로서의 음악, 음악으로서의 신학』, 노주하 역 (대전, 도서출판 대장간, 2010).

③ 2011년 이후(47권)

로버트 E. 웨버, 『예배학－하나님의 구원 내러티브의 구현』, 이승진 역 (서울: 기독교문서선교회, 2011); 데이비드 피터슨, 『예배신학－성경신학적 관점으로 본』, 김석원 역 (서울: 부흥과 개혁사, 2011); 브라이언 채플, 『그리스도 중심적 예배』, 윤석인 역 (서울: 부흥과 개혁사, 2011); 아카기 오시미츠, 『한국교회는 온전한 예배를 드리고 있는가－ 말씀과 성만찬이 어우러지는 예배』, 김종무 역 (서울: 만우와 장공, 2011); 버크 파슨스 편저, 『교리 · 예배 · 삶의 균형을 추구한 사람, 칼빈』, 백금산 외 19인 역 (서울: 부흥과개혁사, 2012); 마이클 호튼, 『개혁주의 예배론』, 윤석인 역(서울: 부흥과개혁사, 2012); 필립 그레이엄 라이큰 · 데릭 토마스 · 리곤 던컨 3세 편집, 『개혁주의 예배학－예배개혁을 위한 비전』, 김병하 · 김상구 공역 (서울: 개혁주의신학사, 2012); 패트릭 카바로우, 『하나님의 임재를 경험하는 예배자－예배의 회복을 통해 영적 부흥의 첫 발을 내 딛어라』, 김창대 역(서울: 브니엘, 2012); 허버트 앤더슨 · 에드워드 폴리, 『예배와 목회상담』, 안석모 역 (서울: 학지사, 2012); 홀톤 데이비스, 『미국 청교도 예배(1629－1730)』, 김상구 역 (서울: 기독교문서선교회, 2014); 크리스티안 그레트라인, 『교회의 아이들』, 김상구 · 김은주 공역 (서울: 기독교문서선교회, 2014); 리처드 A. 멀러, 로우랜드 S. 워드 공저,『웨스트민스터 총회의 실천- 성경해석과 예배모범』, 곽계일 역 (서울: 개혁주의신학사, 2014); 제임스 화이트 · 수잔 화이트 지음,『교회 건축과 예배공간』, 정시춘 · 안덕원 옮김 (서울: 새물결플러스, 2014); 카렐 데던스,『세례반에서 성찬상으로- 공적 신앙고백 예식문 해설』, 양태진 역 (서울: 성약출판사, 2014); 로버트 E. 웨버,『예배란 무엇인가』, 가진수 역 (서울: 위십리더, 2014); 존 랜달 데니스,『샤카, 살아있는 예배』, 송상현 역 (서울: 토기장이, 2014); 콘스탄스 M. 체리,『예배 건축사』, 양명호 역 (서울: 기독교문서선교회, 2015); R. C. 스프롤,『성경적 예배』, 조계광 역 (서울: 지평서원, 2015); 마이클 J. 퀵,『예배와 설교』, 김상구 · 배영민 역 (서울: 기독교문서선교회, 2015); 마이클 포드 엮음,『영원한 계절- 헨리 나우웬과 함께 떠나는 신앙여정』, 최규택 역 (서울: 그루터기 하우스, 2015); 로버트 웨버,『예배의 미래를 준비하라』, 양정식 역 (서울: 워십리더, 2015); 로완 윌리엄스,『그리스도인이 된다는 것』, 김기철 역 (서울: 복있는 사람, 2015); 닐 펨브로크,『예배와 목회돌봄』, 장보철 역(서울: 기독교문서선교회, 2016); 월터 브루그만,『고대 이스라엘의 예배』, 차준희 역 (서울: 대한기독교서회, 2016); 존 제퍼슨 데이비스,『복음주의 예배학-예배와 하나님의 실재하심』, 김대혁 역 (서울: 기독교문서선교회, 2017); 윌리엄 H. 윌리먼,『예배가 목회다』, 박성환 · 최승근 역 (성남: 도서출판 새세대, 2017); 존 제퍼슨 데이비스,『복음주의 예배학-예배와 하나님의 실재하심』, 김대혁 역 (서울: CLC, 2017); 에드워드 폴리,『예배와 성찬식의 역사: 그리스도인들은 어떻게 성찬식을 행하여왔는가』, 최승근 역 (서울: 기독교문서선교회, 2017); 마르바 던,『예배에 대한 중요한 핵심 12가지 질문』, 정종원 역(서울: 워십리더, 2017); 콘스탄스 M. 체리,『교회예식 건축가』, 안명숙 역 (서울: 기독교문서선교회, 2017); 네이선 D. 미첼,『예배, 사회과학을 만나다- 예배연구의 새 지평』, 안선희 옮김 (서울: CLC, 2018); 히에로모낙소스 그레고리오스(아토스 성산의 수도사제),『성요한 크리소스토모스의 신성한 성찬 예배 – 교회 교부들의 가르침에 따른 해설』, 박노양 그레고리오스 옮김 (서울: 정교회출판사, 2018); 토드 E. 존슨 편집, 『21세기 예배와 사역』, 최승근 역 (서울: 기독교문서선교회, 2019); 알렌 크라이더, 『초기 기독교의 예배와 복음전도』, 허현 역(논산: 도서출판 대장간, 2019); 대니얼 R. 하이드, 『아이들이 공예배에 참석해야 하는가』, 유정희 역 (서울: 개혁된실천사, 2019); 대니얼 R. 하이드, 『개혁교회 공예배』, 이선숙 역 (서울: 개혁된실천사, 2019); 데이비드 A. 커리, 『빅 아이디어 예배: 성경적 예배의 원리와 실제』, 김대혁 역(서울: 기독교문서선교회, 2019); 휴즈 올리판트 올드, 『성경에 따라 개혁된 예배』, 김상구·배영민 공역 (서울: 기독교문서선교회, 2020); 테레사 베르거, 『예배, 디지털 세상을 만나다』, 안선희 역 (서울: 기독교문서선교회, 2020). 윌리엄 H. 윌리몬, 『간추린 예배의 역사: 생명의 말씀·세례·성찬』, 임대웅 옮김 (서울: CLC, 2020); 피터 J. 레이하르트, 『찬양신학』, 안정진 역 (서울: CLC, 2020); 엘리노어 크라이더, 『성찬의 신비로운 은혜, 성품을 빚는 성찬』, (논산: 도서출판 대장간, 2020); 크리스티안 그레트라인, 『세례 프락시스 – 과거, 현재, 미래』, 김상구·김은주 역 (서울: CLC, 2020); 데이비드 비드 마이클·셀리 마이클 『우리는 아이들과 함께 예배하기로 했다 – 다음세대를 세우는 세대통합 예배』, 서은선 역 (서울: Semi, 2020); 스캇 맥나이트, 『교회와 유아세례 – 나는 왜 유아세례를 지지하는가?』, 홍수연 역 (서울: 새물결플러스, 2020); 조이스 앤 짐머맨, 『예배, 해석학을 만나다』, 안선희 역(서울: 기독교문서선교회, 2021); 루스 덕, 『생동감 넘치는 예배를 위한 21세기 예배학 개론』, 김명실 역(서울: 대한기독교서회, 2021); 존 윗트빌릿, 『시편과 기독교 예배 – 다양한 자료들의 개괄적 고찰과 안내』, 주종훈 역(서울: 솔로몬, 2021); 미국 정통장로교 총회, 『시와 찬미와 신령한 노래』, 장대선 역 (서울: 고백과 문답, 2021).

3) 예배사 저자들

예배사에 관해 이전 시대(1961-1990)에 세 권이 출판되었던 것에 비해, 이 시기에는 여덟 권이 출판되었으며, 앞으로 연구가 더욱 진작될 것이다. 위에 제시된 번역서들 중에 로버트 엔 쇼퍼, 『예배의식의 변천사』, 김기곤 역 (서울: 세종문화사, 1994); 윌리암 D. 맥스웰, 『예배의 발전과 그 형태 -기독교 예배의 역사 개관』, 정장복 역 (서울: 쿰란출판사, 1996); 제임스 화이트, 『예배의 역사』, 정장복 역 (서울: 쿰란출판사, 1997); 빌리암 나아겔, 『그리스도교 예배의 역사』, 박근원 역 (서울: 대한기독교서회, 2006); 고든 웨익필드, 『예배의 역사와 전통』, 김순환 역 (서울: 기독교문서선교회, 2007); 에드워드 폴리, 『예배와 성찬식의 역사: 그리스도인들은 어떻게 성찬식을 행하여왔는가』, 최승근 역 (서울: 기독교문서선교회, 2017); 윌리엄 H. 윌리몬, 『간추린 예배의 역사: 생명의 말씀·세례·성찬』, 임대웅 옮김 (서울: CLC, 2020) 등이다. 한편, 한국인으로서 예배사를 최초 저술하기로는 김정, 『초대교회 예배사』(서울: 기독교문서선교회, 2014)가 있다.

4. 특별고찰: 성공회, 천주교, 정교회 예전의 간략한 고찰

교회사에서 교회 분리의 역사를 보면, 서방교회(로마 가톨릭 교회)와 동방교회(정교회)는 1054년 상호 파문하여 분리되었으며, 1965년에 이르러 동서 교회는 상호 파문을 취소하고 교류를 재개하게 된다. 또한 그 동안에 서방교회는 1517년 종교개혁으로 로마 가톨릭과 프로테스탄트(개신교)로 분리하게 되었고, 1534년에 영국 국교회(성공회)가 로마 가톨릭과 분리하게 된다. 이런 과정을 겪으면서 서방교회들은 예배의 형식에 많은 변화를 겪게 된다. 서방 로마 가톨릭 교회와 동방 정교회가 분리된 지 약 900년이 지나면서 동·서교회가 화해하게 되었고, 이들 교단 간 교류를 통해 예배 형식이 매우 달라져 있음을 상호 인식하게 되었다. 대체로 동방교회는 초대교회 예전을 유지한 반면, 서방교회는 로마 가톨릭 교회와 개신 교회들, 또한 개신교(루터파 교회와 개혁파 교회) 사이에도 많은 차이점들이 나타났다. 현대에 이르러 기독교 큰 교단들 사이에 교류가 활성화 되면서 공동예배를 드린 적이 있었으나[393] 아직도 풀어야 할 숙제들이 적지 않게 남아있다. 여기서는, 대한 성공회와 한국 천주교, 그리고 한국 정교회의 예배(예전)를 간략하게 개관하며, 분석내용으로 신조, 성령청원 기도(에피클레시스), 주기도문, 축도 순서에 대해서만 간략하게 살피며, 세부적인 평가는 다음으로 미루기로 한다.

1) 대한 성공회, 『기도서』(2004, 2005)

대한 성공회의 선교는 영국 국교회에서 대한 성공회 초대주교로 존 코프(Charles John Corfe) 주교가 1889년에 서품되어, 그 이듬해 한국 땅에 첫 발을 내딛음으로 시작되었다(1890). 대한 성공회는 선교 초기부터 1965년판 공도문을 사용할 때까지 오랜 동안 영국 국교회 1662년 공도문의 신학과 전통을 계승하였다. 본서에서 이미 중국인을 위한 미국 성공회의 공도문(1899)과 한국 전교(傳敎) 후 종고성교회 『공도문』, (1908), 조선성공회 『공도문』(1939)을 소개한 바 있다. 여기서 한국의 성공회 공도문의 간략한 역사를 살펴보면, 초창기에 부분별 예식문을 분권으로 사용하다가, 완벽한 공도문은 아니었지만 한 권의 책으로 최초로 나온 공고문이 '종고

---

[393] 그러한 역할을 한 단체로 W. C. C.를 들 수 있을 것이다. 페루의 수도 리마에서 그 산하단체인 신앙과 직제위원회가 1982년에 작성했던 문서 중에 B. E. M. 문서(세례, 성찬, 목회의 영문 첫 자를 딴 것임)가 있으며, 또 이 문서에 근거하여 작성된 예식서, 리마 예식서(Lima Liturgy)가 있다. 이 예식서를 다음해 캐나다 밴쿠버에서 열린 W. C. C. 제6차 총회(캐나다 밴쿠버, 1983)에서 공동성찬을 실시했던 적이 있었다. 여기에는 러시아 정교회 대주교가 기도를 인도했고, 서독의 가톨릭 주교가 성서를 봉독했으며, 남인도교회의 한 감독이 설교를 했다. 영국 켄터베리의 대주교가 성찬예식을 주재했는데 거기에 보조자들로 덴마크의 루터교회, 인도네시아의 개혁교회, 헝가리의 침례교회, 자마이카의 모라비안 교회의 목사들과 캐나다 연합교회의 여자 목사 등이 선택되었다. 박근원 편저, 『리마예식서』(1987), 10을 참조하라.

성교회 공도문'(宗古聖敎會共禱文, 1908)이었다. 이어 1912년 임시공도문이 나왔으며, 그 후 1939년 발행된 공도문은 이전 공도문보다 훨씬 더 앵글로가톨릭적인 구조와 형태를 갖게 되었다. 해방이후 1965년에 나온 공도문은 한국 공도문의 역사에서 최초로 완전한 공도문으로, 문장과 철자법을 당시의 어법과 문법에 맞추어 개정하였고 일부를 보완하였으며, 1939년부터 사용되어온 '미사'라는 용어를 이때부터 '성찬례'라는 명칭으로 사용했다. 이후 1973년 시험 미사예문, 1982년 미사예문, 1992년 건국의회 의안 공도문, 1999년 시험용 교회예식서를 출간했다.

이러한 노력 끝에, 마침내 2004년 전국의회의 『기도서』가 의결되었고 다음해에 출판되었다(2005). 이 기도서는 '미사'라는 용어 대신에 '감사성찬례'로 사용하며, '천주'를 '하느님'으로, '성신'을 '성령'으로, 칠성사를 대성사와 소성사로 구분하던 것을 성사(세례, 감사성찬례)와 성사적 예식으로 구분하였고, 모든 기도문과 성서인용은 공동번역 성서에 기초하여 작성하였다. 그럼에도 토착화를 위한 한국적인 문화와 상황을 충분히 반영하여 별도의 양식을 마련하지 못했으므로 앞으로 세계 성공회 예전전통을 훼손하지 않으면서도 한국적인 문화와 정서가 충분히 반영되기를 바라는 반성을 담고 있다.[394] 역사적으로 성공회는 로마 가톨릭과 개신교의 영향을 수용하면서 지금도 성찬 의식에 중점을 두고 있는 고교회(High Church), 말씀에 중점을 두고 있는 저교회(Low Church)가 공존하고 있으며 그동안 출간된 기도서들에 이런 경향들이 나타나기도 하였다.

여기서 2005년에 발간된 『기도서』의 차례를 살펴보면 다음과 같다: 발

---

[394] 대한성공회 공도문개정전문위원회, 『기도서 2004』(서울: 대한성공회출판부, 2005), 9-15. 이 기도서에 안표지에는 2004년으로 표기 되어있고 맨 뒷면 서지사항에는 2005년으로 나타나 두 기록이 공존하는데, 이는 아마도 교회승인 년도와 출판 연도를 각각 표기한 것으로 보이며 여기서는 그대로 둘 다 반영한다.

간사, 서문, 교회력, 본기도[395](주일 본기도, 축일 본기도, 특별 기원 본기도), **특별 절기 예식**(양초 축복식, 사순 첫날 재축복식, 고난주일 성지축복식, 성목요일 예식, 성금요일 예식, 부활밤예식), **성무일과**(아침기도, 낮기도, 저녁기도, 밤기도, 간략한 기도예식, 성무일과 송가), **간구기도와 감사기도**(간구기도, 감사기도, 여러 가지 연도), **감사성찬례**(감사성찬례 1, 2형식, 성찬례 특정문, 십계명), **세례성사예식**, **성사예식**(견진예식, 고해예식, 혼인예식, 조병예식, 성직서품예식-부제, 사제, 주교서품), **사목예식**(상장예식-임종기도, 위령연도, 입관기도, 별세기도, 장례성찬례, 고별예식 또는 발인예식, 매장예식, 화장예식, 미신자 장례예식/성당축성예식/여러가지 축복예식), **성서정과**(주일 감사성찬례 성서정과표, 주간 감사성찬례 성서정과표, 성무일과 성서정과표), **시편**, **신앙의 개요〔문답형식〕**, **부록**(관할사제 취임식, 교회위원 위임식, 출산감사예식, 타교파신자 영접예식, 추도예식, 성물축복기도, 주요 기도문).

여기서는, 감사성찬례와 십계명에 대해서 요약 소개하기로 한다. 감사성찬례라는 명칭은 성찬식만을 가리키는 말이 아니고, 말씀예전과 성찬예전을 포함한 주일 예배를 통틀어서 가리키는 용어이다. 성공회의 감사성찬례는 1, 2 형식 두 가지로 나타나는데, 2형식은 간략한 형태이다.

감사성찬례 1형식[396]

개회예식

입당(선다) - 개회기도 - 죄의 고백(집전자는 아래의 권고문이나 다른 절기에 맞는 권고문을 선택한다. 경우에 따라 십계명으로 대신하거나 생략할 수 있

---

[395] 본기도 끝에 붙이는 송영은 다음 세 가지 유형 중에서 선택한다. **1) 성부를 호칭으로 부르는 경우(짧은 송영)**: 성부와 성령과 함께 한 분 하느님이신 우리 주 예수 그리스도의 이름으로 기도하나이다. 아멘. **2) 성부를 호칭으로 부르는 경우(긴 송영)**: 성부와 성령과 함께 한 분 하느님으로 이제와 영원히 사시며 다스리시는 우리 주 예수 그리스도의 이름으로 기도하나이다. 아멘. **3) 성자를 호칭으로 부르는 경우**: 성자께서는 성부와 성령과 함께 영원히 사시며 다스리시나이다. 아멘. 대한성공회, 『성공회기도서』(2004), 40.

[396] 대한성공회, 『기도서 2004』(2005), 236-61.

다.) - 기원송가: '기리에'(Kyrie Eleison)나 '거룩하신 하느님'(Trisagion), '우리에게 오시어', '영광송'(Gloria in excelsis) 중 하나를 임의로 선택할 수 있다.

말씀의 전례

오늘의 본기도 - 1독서(구약의 말씀: 앉는다. 독서 후에 성가나 시편을 할 수 있다.) - 2독서(서신서: 독서 후에 성가나 시편을 할 수 있다.) - 복음환호송 - 복음서(선다. 다 읽은 후 모두 앉고 복음말씀을 잠시 묵상한다.) - 설교(앉는다) - 신앙고백(앉는다: 니케아 신경이나 사도신경 중에서 하나를 할 수 있다. 주일과 대축일에는 니케아 신경을 권장한다. 이 신경은 집전자와 회중이 교송을 할 수 있다.) - 교회와 세상을 위한 기도(Prayers of intercession: 앉는다. 1, 2, 3 양식)

성찬의 전례

평화의 인사(선다) - 봉헌(봉헌하는 동안 성가를 부른다.) - 성찬기도(1양식: 1549년 크랜머가 작성한 것, 2양식: 영국교회 2000년 공도문 중 'E' 양식을 참조한 것, 3양식: 성 크리소스톰의 성찬기도문, 4양식: 에큐메니칼 성찬기도문으로 알려진 기도문으로 성 바실 예전을 기초로 재작성된 것 - 모두 성령청원 즉 에피클레시스가 나옴) - 주의 기도 - 성체나눔(하나님의 어린양, Agnus Dei) - 영성체〔領聖體, Communion; 집전자가 먼저 영하고, 후에 신자가 영한다.〕- 영성체 후 기도

파송예식

축복기도("… 전능하신 하느님 ✠ 성부와 성자와 성령은 여러분에게 강복하소서, 아멘") - 파송(Dismissal; 파송성가를 할 수 있다.)

감사성찬례 2형식[397]

개회예식

입당 - 죄의 고백

---

397 대한성공회, 『기도서 2004』(2005), 262-68.

말씀의 전례

오늘의 본기도 - 독서(구약성서와 서신서 가운데 하나 또는 둘 다 읽을 수 있다.) - 복음서(선다) - 설교 - 교회와 세상을 위한 기도(앉는다. 그날의 상황에 맞는 다른 기도문을 사용 할 수 있다. 4양식)

성찬의 전례

평화의 인사(선다) - 봉헌(봉헌하는 동안 성가를 한다.) - 성찬기도(성찬기도 5양식 - 성령청원 즉 에피클레시스가 나옴) - 주의 기도 - 성체 나눔과 영성체(집전자가 먼저 성체를 영한 후 통상적인 방법으로 성체를 나눈다) - 영성체 후 기도

파송예식

축복기도("… 전능하신 하느님 ✠ 성부와 성자와 성령은 여러분에게 강복하소서, 아멘") - 파송

십계명[398]

십계명은 사순절이나 기타 참회의 절기에 죄의 고백을 대신하여 할 수 있다.

다음으로, 성공회 감사성찬례를 간략히 분석하고자 한다. 주일예배를 감사성찬례(1, 2형식)이라 하며, 크게 개회예식, 말씀의 전례, 성찬의 전례, 파송예식으로 구분하고 있으며 전반적으로 천주교 의식과 비슷한 면이 많이 나타나며, 일부 개신교 순서도 나타난다. 특히 특정절기에 십계명을 사용하는데, 이는 영국 국교회가 개신교회 특히 개혁교회의 칼빈의 영향을 받아 채용한 것이다. 신조는 말씀의 전례에서 사도신경이나 니케아 신경을 사용하며, 성령청원은 성찬 전례에 나오며, 주기도문도 성찬 전례에 들어 있으며, 축도를 '축복기도'로 부른다(그 내용은 "… 강복하소서"로 나옴).

---

[398] 대한성공회, 『기도서 2004(2005)』, 307-08.

2) 한국 천주교, 『가톨릭 기도서』 "미사 통상문"(1998)

천주교는 우리나라에 전래되면서 처음에는 서학(西學), 서교(西敎), 천주학(天主學), 천주공교(天主公敎) 등으로 불리어 오다가 나중에 천주교라는 이름으로 정착하였다. 1784년 정조 8년 이승훈(李承薰)이 북경에서 영세를 받고 돌아와 이벽 · 정약전 등과 함께 신앙공동체를 구성함으로써 비로소 한국의 천주교회가 창설되었다. 천주교는 수용 직후부터 정부의 탄압대상이 되었고 근 일백년 동안 10여 회에 걸쳐 박해들이 끊이지 않았다. 이런 과정을 겪은 후 1882년 고종 19년 미국과 유럽 여러 나라들과의 조약, 1886년 조불(朝佛) 수호통상조약은 조선에 제한적이나마 처음으로 종교의 자유를 가져다주었다. 개화기에 언론과 교육을 통해 개화운동에 적극적이었으며 그 중 하나로 순한글 주간지 『경향신문』(1906년 창간)을 통해 내적 개화를 강조하였다. 일본 제국주의 시기에 천주교회는 국권수호와 독립운동에 대해 선교사들의 소극적인 태도로 전교회적으로 참여하지는 못했지만, 평신도들은 개인적으로 적극 참여하였다. 1920년대에 이르러 일제가 신사참배를 강요하기 시작했을 때 천주교는 이를 이단으로 간주하고 교인들에게 이를 거부하도록 하였으나 1930년대에 이르러 일본에 있는 주교들은 신사참배를 국민의례로 해석하였고 교황청이 이를 허용하였다. 그러나 모든 천주교인들이 다 신사참배에 참여한 것은 아니었고 이를 반대하거나 거부하다가 투옥된 사례도 있었다. 천주교는 해방 이후 6.25 전쟁으로 많은 손실을 입었으나, 이후 오늘날까지 선교, 언론, 교육, 출판 분야에서 많은 노력을 하고 있다.

천주교의 미사(예배) 통상문은 『가톨릭 기도서』(1997)에 여러 기도문들과 함께 실려 있는데 이전에 나왔던 미사통상문을 개정하여 사도좌의 승인을 받아 그 용어와 어투에 맞추어 새로 펴낸 것이다. 『가톨릭 기도서』의 차례를 제목 위주로 소개하면, 서문", "일러두기"에 이어 제1편 주요기도(성호경, 주님의 기도, 성모송, 영광송, 사도신경, 반성기도, 십계명, 고백기도, 통회기도, 삼덕송, 봉헌기도, 삼종기도, 부활 삼종기도, 묵주기도, 식사 전 기도, 식사 후 기도, 일을 시작하며 바치는 기도, 일을 마치고 바치는 기도, 아침기도, 저녁기도, 고해성사)가 나온다. 제2편 특수기도(성요셉 성월, 성모 성월, 예수 성심 성월, 순교자 성월, 묵주기도 성월, 위령 성월, 예수 성심 호칭 기도, 성모 호칭 기도, 성 요셉 호칭 기도, 103위 한국 성인 호칭 기도, 성인 호칭 기도, 십자가의 길, 위령기도), 제3편 여러 가지 기도(성수기도, 복음화를 위한 기도 등 34개 기도문), 제4편 공소예절(사제 없이 평신도 중심의 예식을 말함), 그리고 제5편 미사통상문 등이 실려 있다.

여기서는 제5편 미사통상문에 나와 있는 미사순서를 약식으로 소개한다. 여기에 나오는 표기들은 다음과 같다: † 사제가 하는 부분, † 사제 또는 주송자, † 십자가를 그을 때, † 기도문 선택의 연결부분, ○ 계(啓) 또는 선창자, ● 응(應), ◎ 합송.

제5편 미사통상문[399]

교우들과 함께 드리는 미사

시작예식

입당(† "성부와 성자와 성령의 이름으로", ◎ "아멘") - 인사(† ◎ 4개의 형식) - 참회(사제는 3개의 형식 가운데 하나를 고르거나 다른 말로 교우들을 참회하도록 인도한다. 이후 사제는 사죄경을 외운다. 주일 미사에는 참회예식 대신에 성수 예식을 할 수 있다.) - 자비송(앞의 참회예식에서 세 번째 형식을 바치지 않았으면 이때 바친다.) - 대영광송(대림시기와 사순시기를 제외한 모든 주일, 대축일, 축일에 부른다.) - 본기도[400]

---

399 한국천주교중앙협의회, 『가톨릭 기도서』(서울: 주교회의 전례위원회, 1997), 131-238.
400 본기도는 아래와 같이 맺는다. **가) 성부께 기도드릴 때**: 성부와 성령과 함께 천주로서 영원히 살아계시며 다스리시는 성자 우리 주 예수 그리스도를 통하여 비나이다. 아멘. **나) 성부께 기도드리되 성자를 주어로 할 때**: 성자께서는 성부와 성령과 함께 천주로서 영원히 살아계시며 다스리시나이다. 아멘. **다) 성자께 기도드릴 때**: 주님께서는 성부와 성령과 함께 천주로서 영원히 살아계시며 다스리시나이다. 아멘. 한국천주교중앙협의회, 『가톨릭 기도서』(1997), 137.

말씀 전례

제1독서 - 화답송(선창자는 시편을 읊거나 노래하며, 교우들은 후렴으로 응답한다.) - 제2독서 - 복음 환호송(주례는 조용히 말한다: "주님께서 … 성부와 ✠성자와 성령의 이름으로. 부제는 응답한다: 전능하신 하느님… 복음을 선포하게 하소서) - 복음(이때 사제나 부제는 복음서와 이마, 입술, 가슴에 십자를 긋는다.) - 강론(주일과 의무 축일에는 강론을 한다. 다른 날에도 강론하는 것이 바람직하다. 강론은 그날 전례와 독서에 바탕을 두어야 한다.) - 신앙고백: 주일과 대축일 및 지역의 성대한 축제에는 니케아 신조로 신앙고백하고, 때에 따라서는 사도신경을 외울 수도 있다. 두 신조의 "성령으로 인하여 동정 마리아에게서 육신을 취하시어 사람이 되셨음을 믿는다"는 부분에서 모두 고개를 깊이 숙인다.) - 보편지향기도[401]

성찬 전례

예물준비

제대와 예물준비 - 예물 준비 기도(사제는 제대에 가서 성반을 조금 들어올리고 기도한다. 부제나 사제는 포도주가 담긴 성작에 물을 조금 따르면서 조용히 기도한다. 사제는 성작을 조금 들어 올리고 기도한다.) - 예물기도

감사기도

감사송(마음을 드높이, sursum corda) - 거룩하시도다(노래나 큰 소리로 외운다) - 감사기도(제1, 2, 3, 4 양식: 여기에 성령청원 즉 에피클레시스가 나옴)

영성체 예식

주님의 기도 - 평화 예식 - 빵 나눔(사제는 축성된 빵을 들어 성반에서 쪼개어 그 작은 조각을 성작 안에 넣으며 조용히 기도한다.) - 하느님의 어린양 - 영성체 전 기도 - 영성체(사제는 성체를 경건하게 모신다. 이어서 성작을 받들고 성혈을 경건하게 모신다. 성체와 성혈을 함께 모실 때에는 양형 영성체 규정을 따른다. 성체를 모시는 동안 영성체송을 할 수 있다. 영성체가 끝나면 사

---

[401] 천주교의 "보편지향기도"의 다른 명칭으로 성공회에서는 "교회와 세상을 위한 기도"(Prayers of intercession)로 표현되고 있다.

제는 조용히 기도한다. "주님 … 현세의 이 선물이 영원한 생명의 약이 되게 하소서.") - 영성체 후 기도(사제)

마침예식

강복(… † 전능하신 천주 성부와 ✠ 성자와 성령께서는 여기 모인 모든 이에게 강복하소서. ◎ 아멘.) - 파견(다섯 가지 예문의 말이나 다른 알맞은 말을 한다.)

다음으로, 천주교 미사를 간략히 분석하고자 한다. 주일미사는 크게 구분하여 시작예식, 말씀 전례, 성찬 전례, 마침예식으로 되어 있다. 신조는 말씀의 전례에서 사도신경이나 니케아 신경을 사용하며, 성령청원은 성찬 전례에 나오며, 주기도문도 성찬 전례에 들어 있다. 축도는 '강복'으로 부른다.

3) 한국 정교회, 『성찬예배서』(2003)

한국 정교회[402]는 대한제국 당시, 1897년 러시아 공사 불랴노프스키가 본국에 사제요청을 하면서 러시아 정교회의 한국 전래가 시작되었다. 1903년에 최초로 서울 정동에 성 니콜라스 성당이 세워졌고, 대한제국이 러일전쟁(1904-1905)을 거치면서 러시아와의 관계가 단절되어 정교회의 활동이 중단되었다가 6.25 전쟁 중 그리스 참전 용사를 위해 정교회 성직자가 파견되면서 활동이 재개되었다. 1956년부터 미국의 남북미 정교회 교관구의 한 관구가 되었으며, 1968년 성당은 정동에서 아현동으로 옮겨 비잔틴식 성당이 완공되었다. 그 후 한국 정교회는 1971년 뉴질랜드 정교회 관구로 이관되었으며, 2004년 한국교구가 관구로 승격되어 자치권

---

402 정교회(正敎會)는 正統敎會(Orthodox Church)의 준말이다. 그 시작은 동로마 제국의 지역에 있던 교회를 동방정교회라고 부른데서 연유하였다. 정교회 중에서 가장 큰 교세를 가진 교회는 러시아 정교회이다.

을 갖게 되었고 현재 콘스탄티노플 총대주교청에 속해있는 대교구로 발전되었다. 2004년 소티리우스 트람바스가 관구장으로 부임하였고, 2008년 그리스 출신 암브로시오스 아리스트텔리스 조그라포스 관구장이 부임하여 오늘에 이르고 있다.

한국 정교회가 주로 사용하는 예식서(Liturgy)로는 성 요한 크리소스톰 리투르기아(4세기)가 있으며, 이외에 성 야고보 사도의 리투르기아(1세기)와 성 바실 리투르기아(4세기)가 있다. 야고보 사도의 리투르기아는 야고보 사도 축일(10월 23일)과 크리스마스 둘째 날(12월 26일) 등 보통 1년에 두 번 드리며, 성 바실 리투르기아는 사순절 중 5주일, 성주간 목요일과 토요일 아침에, 크리스마스 전일(24일) 아침에, 성 바실 축일인 1월 1일, 하느님의 발현 축일 전일(1월 5일) 아침 등 1년에 10일 드린다. 크리소스톰 예전은 야고보 예전, 바실 예전 드릴 때와 사순절과 성주간의 월요일부터 금요일까지의 날들을 제외하고 언제 어디서나 드릴 수 있다.[403] 현재 한국어 예식서로 출판된 것은, 1978년 『성 요한 크리소스톰의 리뚜르기아서』, 2000년 『성찬예배식 - 성 요한 크리소스톰 리뚜르기아』, 그리고 2003년에 나온 『성찬예배서 - 성 요한 크리스스톰 및 성 대바실리오스 리뚜르기아』 등이 있다.

여기서는 『성찬예배서 - 성 요한 크리소스톰 리뚜르기아 및 성 대 바실리오스 리뚜르기아』 중 크리소스톰 예전서를 요약하여 제시하고자 한다.

성 요한 크리소스톰의 성찬예배[404]

---

[403] 한국정교회, 『성 요한 크리소스톰의 리뚜르기아서』(서울: 한국정교회출판부, 1978), 7-8.
[404] 『성찬예배서 - 성 요한 크리소스톰 및 대 바실리오스 리뚜르기아』(서울: 한국정교회 출판부, 2003), 9-37. 이 문서 외에 최근 이 예전에 관한 해설서가 우리말로 번역되어 나왔다. 아토스 성산의 수도사제 그레고리오스가 쓴 『성 요한 크리소스토모스의 신성한 성찬예배 - 교회 교부들의 가르침에 따른 해설』로서 박노양 그레고리오스가 그리스어 원저를 참고하며 프랑스어 번역본(2015년)에서 다시 우리말로 번역한 것이다. 이 번역서의 "일러두기"에서 이 책에 실린 크리

대연도

연도(사제, 부제, 회중의 연도: 성부, 성자, 성령을 찬양함/주여, 불쌍히 여기소서 - 키리에 엘레에손) - 제 1 안티폰(응송)의 기도(봉독자가 구약 시편의 특별한 구절을 낭송하면 이어 성가대와 신자가 함께 찬송함/ 성모 테오토코스의 중보와 모든 성인들의 중보) - 제2 안티폰의 기도(구약 시편, 성가대와 신자의 찬양) - 제 3 안티폰의 기도(구복단, 또는 해당 시편 다음에 찬양송을 부름)

소입당

(복음경을 들고 보제가 사제와 함께 회중가운데로 나옴 - 주님의 공생애가 시작됨을 의미함)

입당기도(입당송, 찬양송이나 시기송/ 성삼위 찬양/ 주여, 불쌍히 여기소서) - 삼성송 기도(테오토코스와 모든 성인들의 중보) - 사도경 봉독 - 복음 전 기도 - 복음경 봉독 - 강론 - 연도 - 예비교인들을 위한 기도(보제의 기도와 사제의 기도) - 교인들을 위한 첫 번째 기도 - 교인들을 위한 두 번째 기도 - 헤루빔의 기도("… 그리스도 우리 하느님이시여 … 영원하신 성부와 선하시고 생명을 주시는 성신과 함께 …")

대입당

(대입당을 통해 그리스도께서 골고타를 향해 가시는 것이 재현된다. 주님 자신의 봉헌의 제물로 드린 것이다.)

예물 봉헌의 기도("… 성신이 우리와 이 예물과 당신의 모든 백성 위에 내리게 하소서."/"… 성신과 함께 영원히 찬양되시는 하느님 아버지시여, 당신의 외아들의 자비를 믿고 이 모든 기도를 드리나이다." / "일체이시고 나누이지 아니하시는 삼위, 상부와 성자와 성신을 믿나이다.") - 신앙의 신조(니케아 신경: 12조항/ 사제: "우리 주 예수 그리스도의 은총과 하느님 아버지의 사랑과

소스톰 성찬 예배 본문은 현재 한국 정교회에서 공식적으로 사용하는 성찬예배서와 그 표현에 있어서 다소 차이가 있음을 밝히고 있다. 히에로모낙소스 그레고리오스, 『성 요한 크리소스토모스의 신성한 성찬예배 - 교회 교부들의 가르침에 따른 해설』, 박노양 역 (서울: 정교회출판사, 2015), 4, 10. 여기서 성찬예배란 성찬부분만을 말하는 것이 아니고 말씀예배를 포함한 주일예배 전체를 일컫는 말이다.

성신의 친교가 여러분 모두에게 있으리이다."/ 마음을 드높입시다) - 제1 봉헌기도("… 이 모든 것에 대해 성부와 성자와 성신께 감사드리나이다."/ 회중의 호산나 찬양) - 제 2 봉헌기도("자애로우신 하느님이시여 … 당신과 당신의 외아들과 당신의 성신은 거룩하시나이다 …" / "빵과 잔을 베푸신 주님을 기념하여 이 예물을 주께 바칩니다.") - 성령 임재기원("… 당신의 성신으로 이 변화가 이루어 지이다. 아멘, 아멘, 아멘"/ "이 피흘림이 없는 이 예배를 주께 드리나이다.") - 성모송(축일에 따라 성모송이 바뀐다. "… 하느님의 어머니, 하느님을 낳으신 당신을 찬양함이 참으로 마땅하고 당연하나이다 … 동정으로 하느님이신 말씀을 참으로 낳으신 이여 당신을 찬양하나이다.") - 교인들을 기억하기 위한 기도(성인들, 주교, 사제, 보제, 그 밖의 교직자들, 교회, 위정자들을 위해 기도할 뿐 아니라, 돌아가신 분들이나 살아있는 이들을 위해 기도드린다./ "자애로우신 하느님이시여, 저 높은 하늘 위에 있는 성스러운 영적인 제단에서 … 이 예물을 영혼의 향기처럼 받으셨으니 우리에게 당신의 은총과 성신의 은사를 베푸소서") - 주의 기도(회중: "하늘에 계신 우리 아버지 … 악에서 구하소서.", 사제: "나라와 군세와 영광이 영원히 성부와 성자와 성신의 것이나이다."/"예물이 우리의 각자 필요에 따라 모든 이에게 유익되게 하소서 … 주여, 주님은 우리 영혼과 육신의 의사이시나이다." - 성체성혈을 영하기 위한 기도("주 예수 … 위에서는 아버지와 함께 앉아 계시며 여기에는 보이지 않게 우리와 함께 계시니 성체와 성혈을 우리에게 나누어 주시며 모든 백성에게 나누어 주시옵기를 비나이다.") - 영성체송 - 영성체를 준비하는 기도(사제와 보제, 그리고 회중도 함께 드린다. 사제와 보제, 회중이 서로 용서를 구한다. - 영성체(성체성혈을 영한 사제와 보제는 성작을 들고 아름다운 문을 통해 앞으로 나온다. 준비가 된 정교인들은 성체 성혈을 받으러 나간다.) - 영성체송(영성체가 끝난 후 제단에 있는 성작을 들고 십자성호를 그은 다음 예비제단 위로 모신다. 이는 부활 후 40일 만에 승천하심을 의미한다.) - 감사의 기도(성모 마리아와 모든 성인들의 중보요청, 성부와 성자와 성신께 영광을 드림) - 사제의 기도(사제는 성소에서 내려와 예수 그리스도의 성화 앞에서 기도드림: "… 성부와 성자와 성신께 이제와 항상 또 영원히 영광과 감사를 드리나이다." 회중: "주여, 불쌍히 여기소서") - 사제의 축복 ("주님의 축복과 자비가 주님의 성스러운 은총과 사랑을 통하여 여러분에게 이제와 항상 또 영원히 내리시기를 바라나이다.". 회중: "아멘") - 폐식기도
* 성체성혈의 은총을 받지 못한 회중들은 축복된 빵을 위안물로 대신 받는다.

다음으로, 크리소스톰 성찬예배를 간략히 분석하고자 한다. 크리소스톰 성찬예배는 크게 대연도, 소입당, 대입당으로 구성되어 있다. 여기서 전체 예배의 구조를 보면, 천주교, 성공회와 많이 다르다는 것을 알 수 있다. 특히 신조 사용에 대해서 성공회와 천주교는 말씀예전에서 니케아 신경이나 사도신경을 쓰는 것과 달리, 성찬예전(대입당)에서 니케아 신경만을 사용하며, 성령임재기원과 주기도문도 역시 성찬예전에 쓰이며, 축도는 '사도의 축복'으로 부르고 있다.

5. 소결론

이 시기는 가장 최근의 예배학 시기로서 대체로 두 부류가 공존되는 특징을 갖고 있다. 한편으로 한국교회의 예배전통을 중시하면서 동시에 초대교회와 종교개혁시기 교회 그리고 그 이후 교회의 전통들을 수용하고자 하는 흐름이 있는가 하면, 현대예배들 즉, 열린 예배나 구도자 예배, 각종 미디어 활용한 예배 등을 적극 반영하고자 하는 흐름이 있다. 이러한 시대적 특징을 갖고 각 교단별로 시대에 적합한 예배지침과 예배서들이 활발하게 출간되고 있다.

장로교 문서들의 예배관련 교단문서들을 각 교단별로 『헌법』의 "예배모범"("예배지침")과 예배 예식서에 대해 다음과 같이 살펴보았다.

첫째, 고신 교단의 『헌법』 "예배지침"들과 『예전예식서』를 살펴보았다. 『헌법』 "예배지침"(개정 1판, 1992)은 이전에 사용해왔던 "예배모범"을 "예

배지침"으로 이름을 바꾼 것이다. 이 예배지침을 이전의 "예배모범"과 비교하면, 각 순서에 있어서 거의 새롭게 재구성되어 있으며(총10장), 세분하여 이 "예배지침"에 삭제된 것, 용어가 바뀐 것, 추가된 것 등이 나타난다.

『헌법』"예배지침"(개정판, 2011)은 1992년에 출판한 "예배지침"의 내용을 일부 개정한 것이다(총10조로 구성). 여기의 "예배지침" 제8조 주일예배의 "순서와 요소"에서 그 개념상 혼동될만한 내용들이 나타난다. 즉 이전 "예배지침"에 있던 예배 순서 11개를 7개로 줄여 나타내고 있는데, 이 항목들은 "순서"라기 보다는 "요소"라는 인상이 들며, 또한 이전 "예배지침"에 나와 있지 않던 예배의 "요소"(십계명, 주기도를 포함한 20가지)가 새로이 나타는데, 이것은 예배의 '요소'라기 보다는 '순서'에 가깝다.

『예전예식서』(1999)는 새로운 이름으로 나온 고신 교단 예전예식서이다. 이것은 이전 『표준예식서』에 나오지 않던 주일 낮 예배(3가지)를 싣고 있으며, 예배의 기본 구조와 구성 요소도 함께 언급한다. 예배 순서 중에 주기도문이 설교 전이나 후에 사용되고 있으며, 수찬순서에 있어서 이전 예식서와 달리, 세 가지 방법을 제시하고 있다. 특히 '참회기도와 사죄확신' 순서는 주일예배 세 양식 모두 처음으로 나타난다.

둘째, 기장 교단의 『헌법』"예배모범"과 『희년 예배서』를 살펴보았다.

『헌법』"예배모범"(2005)은 이전의 최초 수정판 예배모범(1980, 총 11장)을 전반적으로 새롭게 개정하여 나온 것으로, 총 7장(온 생명의 찬양, 교회의 예배, 예배의 원리, 예배의 순서, 성례전, 회중모임, 상황예식 등)으로 구성되어 있다. 또한 이전 예배모범에 있었던 시벌과 해벌, 헌금 등의 항목은 생략되었다. 이 예배모범에는 성령님의 역사와 말씀, 성찬을 균형 있게 강조하고 있다.

『희년 예배서』(2003)는 교단 설립 50주년 설립기념으로 출판되었으며, 주일예배는 성만찬을 포함한 주일예배, 성만찬을 간소화한 주일예배, 성만찬을 생략한 주일예배 등으로 구분 제시하였고, 예배순서 중 '묵도'를 우리의 예배순서에 정착시킬 수 있다는 지적을 하고 있으나, 이 '묵도'를 예배의 첫 순서로 받아들이기보다는 예배의 준비 순서로 정착되는 것이 더 나을 것이다.

셋째, 백석 교단(구 합동정통)의 『헌법』 "예배모범"과 『표준예식서』를 살펴보았다.

『헌법』 "예배모범"(2019)은 총19항목으로 구성되어 있으며, 이전의 예배모범에 '폐회' 조항을 추가하였고, 일부 항목의 내용 중에는 추가된 사항이 나타나기도 한다('헌금'조항의 십일조). 이 예배모범의 특징은, 대부분 다른 교단들이 예배모범 본문만 실어 놓은 것에 비하면, 본문과 증빙구절이 실려 있어 활용가치를 더하고 있다.

『표준예식서』(2013)에는 주일 낮 예배(1, 2), 주일 저녁예배(1, 2), 수요예배(1, 2), 절기 예배와 기념 예배, 성찬식(종합1, 2와 예배 중에 하는 성찬식) 등과 여러 예식들을 수록되어 있다. 이 예식서에는 주일 낮·저녁 예배는 '전주'와 '예배의 부름'으로, 수요 예배(1)는 '묵도'로 시작한다. 성찬예식에서는 이전 예배서와 달리, '묵도'로 시작하지 않고 '기원'과 '예배의 부름' 순서로 시작한다. '주기도문'은, 생략할 수 있다는 조건으로 주일 낮 예배(1, 2) 모두 성경봉독 전에 나오고 있으며, 수요예배(1)에는 '축도' 대신에, 수요예배(2)에는 '대표기도' 후에 나타나는 등 위치상 다양한 변동을 보여주고 있다.

넷째, 통합 교단의 『헌법』 "예배와 예식"과 『표준예식서』, 『예배·예식서』(표준 개정판)를 살펴보았다.

『헌법』 "예배와 예식"(개정판, 2002)은 1983년에 『헌법』 "예배와 예식"("예배모범"의 새 이름)을 낸 후 또 다시 개정하여 낸 것으로, 이전의 문서들과 비교하면 구조나 내용면에서 많은 차이를 보이고 있다. 이전에 나왔던 "예배모범"(총 18장)이나 "예배와 예식"(총 18장은 같으나 내용은 차이가 많음)과는 다르게, 이 문서는 총 6장(교회와 예배, 예배의 기본 요소, 예배의 배열, 예배의 분류,

교회 예식, 예배와 목회 등)으로 되어 있으며, 각각 장들을 세부항목으로 나누는 형식을 취하고 있다. 여기에는 이전의 예배모범들을 거의 수용하여 전통성을 이어 가고 있으며(1-4장까지), 이전에 없었던 내용들로 새롭게 규정되었으며(제 6장), 이전에 있던 것을 아주 삭제(1983년 "예배모범"에 있던 제 14장 '교육과 훈련', 제 18장 '교회의 기율') 한 것도 있다.

『표준예식서』(1997)는 이전의 "예식서"라는 이름을 바꾸어 나온 것으로 1977의 『예식서』 순서에 약간의 순서를 추가하였다. 주일 낮 예배는 모두 8개의 순서(1-5 순서는 성찬식 없이, 6-8 순서는 성찬식 포함)를, 그리고 주일 저녁예배(1, 2), 수요기도회(1, 2) 등을 제시하고 있다. 주일 낮 예배 중 축도는 이전에 사용하던 선포형에서 축원형로 바꾸어 사용하며, 성찬식에서는 성령임재기원을 넣었으며, 주일예배 순서들 중 대부분 주기도가 사용되고 있다.

『예배 · 예식서』(표준 개정판, 2008)는 장로교단에서 가장 내용이 풍부한 예식서로서(총 648면), 장로교 전통과 현대적 예배들을 반영하고 있다. 이전 예식서의 것을 약간 수정하여 제시한 순서들과 칼뱅, 낙스, 웨스트민스터, 그리고 마펫, 곽안련의 역사적인 예배순서들도 포함되어 있다. 주일예배는 성찬 없는 형태(1-5), 성찬과 함께 하는 형태(6-9), 성찬과 세례 예식을 포함한 주일예배, 주일찬양예배(1-4), 수요기도회(1-4), 기타 기도회들, 헌아식 등이 나타나며, 특징적으로, 해방 이후 장로교 주일예배에서 처음으로 니케아 신경(주일예배 8)과 십계명(주일예배 4, 주일예배 7)이 나타난다.

다섯째, 합동 교단의 『표준예식서』(개정판, 1993)를 살펴보았다.

『표준예식서』(개정판, 1993)는, 이전에 출판된 예식서(1978)가 주일예배나 수요예배를 다루지 않고 성찬식, 세례식 등을 위주로 다룬데 비해, 교단 예식서로는 처음으로 주일예배(낮, 저녁) 및 수요 저녁예배를 각 1개 순서씩 반영했으며, 여기에 주기도문, 십계명들은 사용되지 않았다.

여섯째, 합신 교단의 『헌법』 "예배모범"과 『예식서』(개혁 교단), 『표준예식서』를 살펴보았다.

『헌법』 "예배모범"(2015)은 이전의 예배모범(총 18장)에 비해 '성인세례', '축복기도', '병자심방'을 새로 추가하여 모두 21장으로 구성되어 있다. 여기에서 '병자심방'은 1922년 "예배모범"에 있던 것인데 1934년 "예배모범"에서 삭제된 것을 다시 회복한 것이며, 일부 항목은 순서가 바뀌어 나타난다.

『예식서』(개혁 교단, 1992)는, 정식으로 주일예배는 나오지 않고 여러 예식들이 나오는데, 그 중 성찬식에는 성찬식이 들어있는 주일예배 전체적인 순서가 나온다. 이 성찬식에서 성령님의 역사를 강조하고 있으며, 사도신경과 주기도문이 나오지 않는다.

『표준예식서』(개정초판, 개혁 교단, 1999; 초판2쇄, 합신 교단, 2005)는 1992년 판에 나타나지 않았던 예배의 의미/목적 및 이유/ 요소와 배열(순서) 등과 함께 주일예배(낮 예배 5가지, 오후 및 저녁예배(찬양예배와 헌신예배 포함), 수요예배, 수요기도회 순서를 넣었다. 여기서 '주기도문'(주일예배에서 노래로, 수요기도회 때 축도 대신에), '사도신경', '십계명', '12신조' 등을 예배에 활용하게 하였고, 예배의 시작을 '묵도'나 '예배에의 부름' 순서를 취사선택할 수 있도록 하고 있다. 또한 '참회기도'와 '사죄선포'는 주일 예배 순서들 중 일부에서 사용되고 있다.

감리교단의 예배 예식서를 다음과 같이 정리하였다.

『예배서』(1992.3)는 이전의 『교리와 장정』(1962)에 나오던 주일예배 순서를 기본으로 하고, 예배에 필요한 여러 가지 내용을 담아서 별도의 문서로 새롭게 출판한 것이다. 주일예배는 "요약된 형식"과 "완전한 형식" 이 두 가지로 제시되어 있다. "완전한 형식"에는 "요약된 형식"보다 한 가지 순서(용서의 말씀/확신의 말씀)가 추가되어 있으며, 신앙고백(사도신경이나 '교리적 선언')이 빠져 있으며, "요약된 형식"의 선택가능 순서들을 모두 필수적인 순서로 넣었다. 한편, "요약된 형식"에는 '주기도'가 선택가능 순서로 나오며, "완전한 형식"에는 주기도문의 순서가 이전 예식서에 비해 위치상 변동을 보여주고 있다.

『예문』(1992. 9)은 이전에 『교리와 장정』 속에 들어 있던 성찬식을 비롯한 "예문"들(주일 낮 예배는 포함되지 않았음)을 1977년에 처음 별도문서로 『예문』(총 36개 예문)으로 출판한 이후, 1992년 9월에 수정 발행된 것이다. 여기에는 이전 판의 항목 자체를 일부 빼거나, 또는 그대로 둔 항목은 내용을 약간 수정하여 주제별로 묶었다(총 33개 예문). 이 『예문』은 같은 해에 나온 『예배서』(1992. 3)에서 일부 영향을 받기도 하였다.

『교회력과 절기에 따른 성만찬 예문집』(2000년, 재판)은 한국 최초로 성만찬 예식만을 낸 것으로 1998년의 초판을 보완 수정하여 낸 예문집이다. 율석 감리교회에서 사용하는 예전을 기본으로 초대교회 예전, 가톨릭, 성공회, 루터교, 미국 연합감리교회, 『리마 예식서』(1982) 등을 참고하여 만든 것이다. 이 예문집에는 크게 5부(하나님 앞으로 나아옴, 말씀의 선포, 감사와 응답, 성만찬 예전, 세상으로 나아감)로 구성되어 있다. 여기서 성만찬 예문과 함께 세례예문도 포함하여 제시했다면 더욱 의미가 있었을 것이다.

『새예배서』(2002. 4)는 감리교에서 가장 최근에 출판한 예배서이며, 한국 개신교에서 가장 면수가 많은 예식서로서(총 688면) 기존에 나왔던 "예문"과 "예배서", 그리고 미국 감리교회 예배서와 리마 예식서, 국내외에 출판된 예배문헌 등을 참고하였다. 주일 낮 예배순서는 다양하게 제시되는데, 말씀중심의 주일 낮 예배, 말씀과 성찬이 함께 있는 주일 낮 예배, 성찬을 약식으로 행할 경우의 예배, 세례와 성찬이 함께 있을 경우의 예배, 자유형 주일 낮 예배(말씀중심의 예배순서/ 찬양팀과 함께 하는 예배 순서) 등이다. '주기도문'은 말씀중심의 예배 경우 '오늘의 기도' 앞이나 뒤에 위치하며, 성찬이 함께 있는 경우에는 성찬의 수찬 앞에 두고 있다. '기독교대한 감리교 신앙고백'은 일부 순서에서 설교 뒤에 나오며 사도신경 대신에 사용할 수도 있게 하였다. 또한 '조용한 기도'('묵도'의 새 이름으로 보임)를 제시하고 있는데 주일예배에는 나타나지 않고, 의식이나 가정의례 등 일부 순서에 사용되고 있다. '성령임재기도'는 모든 성찬식에 나오는데 칼빈의 성령임재설에 가까운 내용으로 되어 있다.

두 성결 교단의 『헌장』(예성), 그리고 예배 예식서를 다음과 같이 정리하였다.

첫째, 기성 교단의 예배 예식서를 정리하였다.

『예식서』(1991)는 교단에서 두 번째로 나온 예식서로서, 교단에서 주일예배 순서를 예식서에 제시한 최초의 것이다. 예배순서에서 이전 『헌법』의 주일예배 시작 순서인 '묵도' 대신에 '예배사-입례송-예배의 부름'을 사용하고 있는데 이 순서들은 성결교 주일예배 중에서 맨 처음 나오는 순서이다. 또한 특이하게 '성령임재의 기도'는 성만찬 의식뿐만 아니라, 말씀예전(개회 부분의 신앙고백 앞에)에도 나오고 있다. '주기도문'은 기도('참회의 기도와 자비의 기도')의 다음 순서로 나오고 있다. 기성 교단에서 '주기도문' 용례를 보면, 『헌법』(1955)부터 성찬식에 주기도문이 사라지고, 주일예배에서 대표기도 뒤에 나오는데, 이 예식서는 이 『헌법』을 이어받고 있는 것이다.

『새예식서』(1996)는 교단에서 세 번째 나온 예식서로서, 이전 예식서의 원형을 살리면서 초대교회의 성서적 예배 원형과 웨슬리적인 예배신학을 반영하고 있다. 주일예배는 이전 예배서(1가지 순서)와 다르게, 두 가지 형태를 제시했는데 먼저 A형태는 초기 한국 개신교회 전통적인 예배형태이다('묵도'로 시작하고 '주기도문'을 '사도신경' 뒤, 성경교독 앞에 두는 흐름). 다음으로 B형태는 최근 예배갱신에 따른 세계 교회들의 흐름으로 이 형태 안에 간략한 "진행모범"과 "실제 진행순서" 두 내용이 제시되어 있다. 그런데 이 둘 사이에 '주기도문' 위치가 상이하다. "진행모범"에는 '회개의 권면' 뒤, '사죄의 확인' 앞에 나타나나, "실제 진행순서"에는 '회개의 권면' 앞에 나타난다. 이와 같이 한 순서에 대해 두 개의 다른 설명이 나타나 있는 것은 편집상 오류로 보이므로 어느 한 쪽을 바로 수정해야 할 것이다.

『예배와 예식서』(2004)는 교단에서 가장 최근에 나온 예식서로서, 초대교회 사도전승의 예배와 웨슬리의 영성이 조화를 이루고자 하였다. 주일예배(6개)는 다양하게 나오는데, 주일예배 1(성만찬 없이)은 선교사들로부터 전수 받은 것이며, 주일예배 2(성만찬 없이)는 전통적인 한국교회의 예배형식에 초대교회의 말씀예배를 가미하였고, 주일예배 3(성만찬과 함께)은 성경적 예배의 틀에 2-3세기의 예배형식을 더한 것이다. 주일예배 4(성만찬과 함께)는 성경적 예배의 틀에 4-6세기의 예배형식을 더한 것으로, 현재 세계교회들이 가장 보편적으로 채택하고 있다. 여기서 신앙고백으로 사도신경을 사용하며, 니케아 신경도 사용할 수 있다. 주일예배 5(성만찬과 함께)는 주일예배 4에다 성만찬 기도 중 일부분 음악과 함께 나온다. 주일예배 6(성만찬과 함께)은 모든 예배에 찬송을 악보와 함께 제시하고 있다.

예배의 시작은 '묵도' 대신에 '예배인사'로 하며, '주기도문'은 매 순서에 나타나지 않고 성찬 없는 주일예배의 일부 순서에서 '교독문' 앞이나 뒤에 나타나는데 이는 이전까지 '주기도문'이 대표기도 뒤에 나왔던 것과 다른 것이다. 또한 성만찬과 함께 하는 주일예배에서는 '주기도문'이 수찬 앞에 나타난다. 이외에도 이 예식서에는 기도회(아침과 저녁 기도회), 집회(열린 집회, 애찬집회) 등, 이전 예식서에 없던 내용을 담고 있다.

둘째, 예성 교단의 『헌장』 "공예배"와 예배 예식서를 다음과 같이 정리하였다.

『헌장』(2002) "공예배"는 예배순서에 있어서 '기원'이 '묵도' 다음에 나온다. 이는 이전의 1962년과 1971년 판 『헌법』에서 '기원'이 '묵도' 앞에 나온 것과 다르게 나타나는 것이다. 이 바꾸어진 순서는 『목회예식서』 초판(1994)과 동일한 순서인데, 이 『헌장』의 '기원' 순서는 적어도 『목회예식서』

(1994년) 이전에 개정된 『헌장』에서부터 나온 것으로 볼 수 있다.

『목회예식서』(1994)는 성결교단 분립(1961년) 후, 예성 교단의 목회예식만을 담은 최초 예식서이다. 이전 『헌장』(1962)에는 하나의 주일예배 순서만 제시되어 있었으나, 이 예식서에는 주일 낮(Ⅰ, Ⅱ), 주일밤, 수요일밤의 순서, 헌아식 등 여러 순서들이 나타난다. 주일 낮순서(Ⅰ)는 '묵도－기원'로, 순서(Ⅱ)에는 '전주－예배의 부름－기원' 순서로 시작하며 예성교단 최초로 '참회의 찬송과 기도'와 '용서의 선언' 순서가 나타난다. 그리고 성찬예식(Ⅰ, Ⅱ)에 수찬 뒤에 '마라나타'를 반영하는데, 이는 『디다케』나 『사도헌장』과 동일한 위치이며, 초대교회 전통을 따랐다는 데에 의미가 있다.

『목회예식서』(개정판, 2012)는 이전에 나왔던 『목회예식서』(1994)를 개정한 것으로서, 초대교회와 종교개혁 정신을 따르되 성결교회의 특성을 살리고 또한 현대적 경향과 요구를 반영하면서 성령의 역사를 제한하지 않는 것에 중점을 두고 있다. 예배순서 중 주기도는 주일 밤예배, 수요예배, 헌신예배, 신유집회 등에서 축도 대신 사용할 수 있다고 하였으며, 또한 주기도문만 사용하는 경우는 새벽기도회, 금요기도회, 구역예배 등이다. 여기서 특이하게 주일 낮 예배에는 주기도를 사용하지 않는다는 점인데, 이는 예배사적으로 세계교회와 한국 교회의 여러 교단들이 주기도문을 사용하고 있는 것과 대조된다. 또한 이 예식서에는 이전 『목회예식서』에 나와 있던 '용서의 선언', '성령임재기원'과 '마라나타'라는 문구 등을 삭제했는데, 이 세 가지는 성결교 기성 교단과 장로교, 감리교단들에서 사용하고 있다는 것과도 다른 점이다.

침례교단의 예배 예식서를 다음과 같이 살펴보았다.

『기독교 예식 매뉴얼』(2000)는 이전에 나왔던 『목회 예식서』(1981)를 대폭 개정해 나온 예배서이다. 큰 흐름에서는 이전 예식서와 비교할 때, 제목들이 비슷하나, 세부 내용에 있어서는 개정된 부분들이 많이 나타난다. "회중예배 순서1"은 이전 예식서에서 '묵도'로 시작되었던 것이 '전주 -예배의 부름' 순서로 바뀌었는데, 이를 이어 이후에 나온 『목회예식서』 (2012)에서도 계속 '묵도'가 나타나지 않는다. 또한 "회중예배 순서 1"의 '목회기도' 순서 안에 이 교단에서 처음으로 '주기도문'을 조건적으로 반영하고 있다. 이에 비해 성찬식에는 주기도문이 반영되어 있지 않다. "회중 예배 순서 2"의 '목회기도' 앞에 '고백의 기도'와 '용서의 확신' 순서가 이 교단 예식서로는 처음 나온다.

『목회예식서』(2012)는 침례교 세 번째 예식서로 출판되었는데, 이전 예식서인 『기독교 예식 매뉴얼』에 일부 추가된 내용 외에는 거의 동일하다. 주기도문에 관해 이 예식서에서는 주일예배 뿐 아니라 만찬식(성찬식)에서도 조건적으로 반영하고 있다. 이것은 침례교의 이전 예배전통에서 볼 수 없었던 내용으로서 예배학적인 면에서 의의가 크다. 이에 비하여 신앙고백에 대해서는 주일예배 순서에 반영하지 않는 전통을 유지하고 있으나 신앙고백 자체로서 부정하지는 않는 것으로 보인다. 그것은 『목회예식서』(2012), 『기독교 예식 매뉴얼』(2000), 『목회예식서』(1981)의 추가자료〔부록에 해당〕에 신앙고백이 실려져 있음을 보아 알 수 있다.

하나님의 성회(기하성)의 예식서는 다음과 같이 살펴보았다.

『목회예식서』(증보 1판, 2002)는 기독교대한하나님의성회(통칭 순복음) 교단에서 나온 것이다. 여기에는 주일 예배순서로 예배 표준 A, B, 그리고 성찬예식 A(성찬식을 주일 낮 예배에 포함할 경우)와 성찬예식 B(성찬을 중심으로 한 예배일 경우)가 제시되어 있다. 예배의 시작을 표준 A에는 '개회선언'으로 하나, 표준 B는 '교회소식' 순서로 시작하는데, 이처럼 표준 B처럼 예배를 시작하는 경우는 드물다. 또한 '묵도' 순서는 표준 A, B 모두 두 번째 순서로 나타난다. 그리고 '주기도문'에 대해서는 그 순서가 다양한데, 표준 A에는 〈의전〉부분 의 끝부분에, 표준 B에는 (대표)기도 다음 순서로, 성찬예식 A에는 성찬식 끝 부분에, 성찬예식 B에는 분병 전에 나타난다.

또한 성찬예식 A, B 모두 성령에 관한 언급(분병과 분잔)에 나와 있어 이 교단의 강조점을 보여준다. 또 다른 특징으로, 성찬예식 B에는 세족식 및 애찬식과 병행할 경우도 제시하고 있으며, 예식 중 헌아식도 나타나있다.

『목회예식서』(증보 2판, 2005)는 증보 1판(2002)이 나온 이후 2005년도에 증보 2판이 발행되었는데, 증보 1판에 비해 전체적인 순서는 동일한 데, 달라진 점은 교단신조에서 달라진 부분이 나타난다. 증보 1판에 나타난 "교단신조"라는 제목이 증보 2판에서 "기독교대한하나님의성회 신조(2002. 5. 20.)"로 바뀌어 나오며, 총 18조로 되어있어 이전 신조(18조)와 동일한 내용으로 착각하기 쉬우나 그 내용을 주의 깊게 살펴보면 개정 1판에 비해 내용이 수정되거나, 삭제되거나 새로운 항목을 둔 것이 있음을 알 수 있다.

루터교 문서는 다음과 같이 살펴보았다.

『예배의식문』(개정 2판, 1993)이 최근에 나온 판으로 지금도 사용되고 있다. 이 『예배의식문』은 다양한 모습을 갖추고 있는데, 미국 루터교의 예배서인 Lutheran Book of Worship(Augsburg Publishing House, 1978)을 모체로 하였고, 음악은 서의선 선교사의 편작곡으로, 한국음악은 나인용 교수가 작곡한 순서들을 넣음으로써 이전 예식서에 일부 있었던 음악 부분을 새롭게 더 많이 도입했다. 이 의식문에는 주일 예배(성찬과 함께), 주일 예배(성찬 없이), 아침 기도회, 저녁 기도회, 저녁 마감 기도회, 세례 의식, 유아 세례 의식, 견신례 및 입교 의식 등이 나오며, 부록으로는 주일 예배(한국음악), 아다나시안 신조, "음부에 내리신지"에 대한 해설, 사도신조와 주기도문의 개정 등에 관한 내용들이 나온다. 이 개정판은 루터교 전통적인 예배의식문의 형식을 상당히 갖추고 있으나, 독일과 미국의 루터교 예배의식문에 음악 예배 형태와 비교해 볼 때 아직도 한국 루터교 예배의식문은 음악부분에서 다소 보완해야 할 부분이 있다.

『예배서』(2017)는 최근에 나온 루터교 예식서로서 종교개혁 500주년 기념판으로 나왔으며 목회자용 예배서(2016)가 간행된 뒤 이어 회중용 예배서로 나온 것이다. 이 예배서는 이전에 사용되었던 "예배의식문"이란 용어 대신에 "예배서"를 사용하고 있으며 세부 내용으로 주일공동예배 의식문, 기도회, 예식서 등의 용어를 구분하고 있다. 이 문서에는 주일 공동예배 의식문(주일 예배 1- 성찬과 함께/ 주일 예배 2- 성찬 없이/ 주일 예배 3- 한국 음악/ 주일 예배 4- 소공동체를 위한 예배), 기도회(아침기도회, 저녁기도회, 마감기도회), 예식서(세례식, 유아세례식, 견진예식과 입교예식과 기타 예식 등으로 되어 있다. 부록으로는 아다나시안 신조, "음부에 내리신지"에 대한 해설, 사도신조와 주기도의 개정에 대하여, 교회력, 성회 수요일 예식, 성 목요일 예식, 성금요일 어둠의 예식, 송구영신 예식, 용어 설명 등이 나타나있다. 이 예배서에는 주일 예배에서 음악을 많이 반영하고 있으며 각 절기마다 고유한 기도문을 싣고 있으며, 마지막 부분에서 용어 설명을 통해 이 예식서에 사용된 여러 용어들을 간략하게 잘 실어 놓아 그 실용성을 높이고 있다.

구세군에 대해서는 교단에 대한 간략한 안내와 『구세군 예식서』(2016)를 통해 교단 예배를 소개하였다. 구세군은 감리교 목사였던 영국인 윌리엄 부스가 창설하였으며, 처음에는 다른 이름으로 시작하였다가 1878년에 '구세군'으로 개칭하였고, 군대식 조직, 명칭을 갖고 있다. 『구세군 예식서』는 이전의 『구세군 예식문』을 개정하여 나온 것으로 예배순서 중에 사도신경, 주기도문이 없으며, 성찬식과 세례식도 행하지 않는다. 주일 예배인 주일 성결회에 "입대식"이라는 특유의 순서를 가지고 있으며, 또한 예식 가운데 헌아식이 있는데 이는 당시 영국 감리교에는 유아 세례식만 있었던 것과 대조된다.

기타 예식서에서는 『군종예식서』와 『군인교회 예식서』, 그리고 미국 장로교의 예배서의 『공동예배서』를 소개하였다.

한국군종목사단의 『군종예식서』(1994)와 『군인교회 예식서』(2010): 장병과 군인가족의 신앙을 위해 군종목사(군목)들이 처음에는 소속교단 예식서를 사용해 오던 중, 1994년부터 한국 군종 목사단과 군복음화후원회(후에 한국 기독교군선교연합회로 개칭)가 공동으로 최초 발행한 『군종예식서』(1994)를 사용했으며, 이후 『군인교회 예식서』(2010)를 사용하고 있다. 예배순서에 있어서 『군종예식서』는 모든 예배순서(주일오전과 저녁 예배, 수요기도회) 시작 순서에서 '묵도' 또는 '입장 찬송-묵도'로 진행되는데 비해, 『군인교회 예식서』는 주일 오전 예배에 '예배로의 부름'(1안)이나 '입례송-예배로의 부름'(2안)으로 시작하고, 주일 오후예배나 수요 기도회는 '조용한 기도'('묵도'에 해당)로 시작한다. 또한 주기도문 순서가 『군종예식서』에는 주일 오전 예배에 나타나지 않으나, 주일 저녁과 수요일 밤 기도회에는 '축도' 대신 '주기도문'이 사용가능하며, 성찬식에는 나오지 않는다. 이에 비해 주기도문이 『군인교회 예식서』에는 주일 오전 및 오후 예배에 모두 나타나지 않고, 수요기도회에서는 이전 예식서와 동일하며, 다만 성찬식(1, 2안) 모두 주기도문이 나온다. 여기서 주기도문이 이 『군인교회예식서』의 성찬식에 사용되고 있음을 볼 때 앞으로 주일 오전 및 오후 예배에도 반영될 가능성이 예측 가능하다.

　미국 장로교의 예배서의 『공동예배서』(2001): 통합 교단에서 번역한 것으로, 미국 장로교 대표적인 교단인 The Presbyterian Church(U.S.A)와 The Cumberland Presbyterian Church가 공동으로 출판한 예배서, BOOK OF COMMON WORSHIP을 편역하여 출판한 것이다. 원서를 번역하지 않은 부분이 적지 않은데, 이에 대해 한국인 역자의 머리말 또는 발간사에서 간략하게라도 밝혀주었더라면 예배서의 활용자들에게 좋은 자료가 되었을 것이다. 이 예배서는 초대교회 예전의 소중한 자료들을 차용하거나 기초하여 새롭게 작성하여 우리교회가 고대교회 예전을 현대교회 예배에 어떻게 적용할 수 있는가를 잘 보여주고 있다. 이 예배서에 나타난 예전의 기본구조 중 세례예전은 말씀 예전 안에 속해 있고, 성찬예전은 따로 구분되어 있다. 여기서 세례예전의 위치를 이 예배서대로 시행하던지, 아니면 성찬예전에 포함하여 "성례예전"이라 칭하여 시행할 수도 있을 것이다.

예배에 관한 개인 저서들, 즉 한국인의 저서들, 번역서들, 그리고 예배사의 저서들을 서지사항 위주로 고찰하였는데 이전 시대에 비해 현저히 많은 저서들이 다양한 주제로 출판되었음을 보여주고 있다.

첫째, 이 시기의 한국인의 저서는 총 131권으로, 이를 10년 단위로 종합해 보면, 1991년부터 2000년까지 배양서, 『예배학입문』을 비롯하여 36권이, 2001부터 2010년까지 정용섭, 『예배를 예배되게 하라』를 비롯하여 47권이, 2011년 이후로는 이명희, 『현대예배론』을 비롯하여 48권이 출판되었다.

둘째, 번역서들은 총 107권으로, 10년 단위로 종합해보면, 1991년부터 2000년까지 알브레드 깁스, 『그리스도인의 최상의 의무 예배』를 비롯하여 25권이, 2001년부터 2010년까지 앨리슨 시워트 외 3인, 『예배 핸드북』을 비롯하여 35권이, 2011년 이후로는 로버트 E. 웨버, 『예배학－하나님의 구원 네러티브의 구현』을 비롯하여 47권이 출판되었다.

셋째, 예배사 저자들을 개관하면, 이전 시기(1961-1990)에는 번역서 세 권이 출판되었던 것에 비해, 이 시기에는 예배사에 관한 책들이 총 8권이 출판되었다. 위에 제시된 번역서들 중에, 쇼퍼(1994); William D. Maxwell(1996), 화이트(1997), 나아겔(2006), 웨익필드(2007), 폴리(2017), 윌리몬(2020) 등이 있으며, 한국인으로서 처음 초대 교회사를 저술한 김정(2014)이 있다.

특별고찰로 대한 성공회, 한국 천주교, 그리고 한국 정교회의 역사와 예전에 관해 간략하게 살펴보았다. 성공회는 1890년에 선교가 시작되어 현재 약 130년 역사를 갖고 있으며, 천주교는 1784년에 시작되어 약 230년이 지나고 있다. 정교회는 러시아의 선교로 1897년 시작되었으며, 러

일전쟁(1904-1905) 후 중단되었다가 그 후 재개되어 현재 대교구로 성장하고 있다.

성공회 주일예배는 『기도서』(2005)에서, 주일예배를 "감사성찬례"(1, 2형식)라고 부르며, 크게 개회예식, 말씀의 전례, 성찬의 전례, 파송예식으로 구분하고 있으며 전반적으로 천주교 의식과 비슷한 면이 많이 나타난다. 특히 일부 순서에서 개신교의 순서도 활용하고 있는데, 그 한 예로 이 교단에서는 특정절기에 십계명을 사용하는 것을 들 수 있는데 이는 영국 국교회가 개혁교회의 칼빈의 영향을 받아 채용한 것이다. 또한 신조는 천주교와 동일하게 말씀의 전례에 속하며 니케아 신경이나 사도신경을 사용한다. 주기도문과 성령청원(성령임재기원)은 성찬의 전례에 들어 있으며, 축도를 '축복기도'로 부른다(그 내용은 "… 강복하소서"로 끝맺음).

천주교 주일예배(미사)는 『가톨릭 기도서』(1988) 안에 "미사통상문"에 미사를 시작예식, 말씀 전례, 성찬 전례, 마침예식으로 구분하고 있다. 신조는 성공회와 동일하게 말씀의 전례에 나오며 니케아 신경이나 사도신경을 사용한다. 주기도문과 성찬 성령청원(성령임재기원)은 성찬전례에 나오며, 축도는 '강복'으로 부른다.

정교회 주일예배는 『성찬예배서』(2003)에 나타나고 있는데, 주로 주일에는 크리소스톰 성찬예배서를 사용하며, 일부 특정한 날에 야고보 예전과 바실 예전을 사용한다. 크리소스톰 성찬예배서는 크게 대연도, 소입당(말씀 전례), 대입당(성찬 전례)으로 구성되어 있다. 신조는 성공회, 천주교와 달리, 성찬전례(대입당)에 속하는데 니케아 신경만을 사용한다. 또한 성령임재기원과 주기도문도 역시 성찬식에 나오며, 축도는 '사도의 축복'으로 부른다.

제7장

나가는 글

1. 전체 요약 및 평가

예배에 있어서 성령의 역사는 매우 중요한 요인으로서 이 논고에서는 이를 본격적으로 다루지는 않았으나, 그것을 전제로 하여 한국교회의 예배사를 예배문서들의 변천과정을 중심으로 살펴보았다. 현재 선교 140여년을 지내고 있는 우리교회는 서방교회인 로마 가톨릭, 루터교회, 개혁교회, 그리고 동방교회 등 오랜 기독교 역사를 가진 교회들에 비해서 비록 짧은 역사를 가지고 있기는 하지만, 크고 작은 시련 가운데 소중한 예배의 역사를 간직하고 있다. 그동안 한국교회 예배사(禮拜史)에 대한 저술이 뚜렷이 나타나지 않던 차에, 이 글에서 선교초기부터 오늘에 이르기까지 출판된 문서를 중심으로 시대별, 교단별 예배사를 다루었다는 면에서 의의를 찾아 볼 수 있을 것이다.

이 책에서 필자는 한국교회 예배사의 시대구분으로 선교 초기(1885-1900), 형성기(1901-1930), 침체기(1931-1960), 굴곡기(1961-1990), 재정립기(1991-) 등 크게 다섯 시기로 나누어 살펴보았다. 선교초기에는 예배에 관한 선교사 개인 출판서적이나 교단의 예배 개론서가 주종을 이루었고, 형성기에 이르러 이전의 선교사 중심에서 서서히 한국인에 의한 교단 설립으로 정착되면서 예배모범이나 예배서들이 출판되어 사용되는 방향으로 성장하게 된다. 이어 침체기에는 일제의 억압과 한국전쟁 등으로 인한 폐해가 예배의 발전에 장애요인으로 나타나게 되었으며, 이로 인해 이 시기에 출판된 문서들이 가장 적게 나타나기도 하였다. 이후 굴곡기에는 한국전쟁 이후 피폐된 교단의 정상화를 위한 노력과 아울러 예배의 원리나 순서의 여러 가지 변화 등에서 굴절된 모습들이 나타나게 되었다. 그리고 재정립기인 최근에 이르러 예전운동(禮典運動)이나 예배의식(禮拜意識)의 고양 등을 통해 예배학이 다시 정립되는 정황에 이른다. 이 시기에는 예배에 관해 각 교단들이 예배모범이나 예배서 작성을 새롭게 하고 있으며, 한국인 예배학자들이 개인 저술들을 통해 예배학 분야를 다양하게 발전시켜 나가고 있다.

이 책은 큰 흐름의 시대구분에 따라, 교단별 헌법(헌장) 내의 예배모범(장로교)과 예배원리들, 그리고 예배 예식서에 나타난 예배순서들(성찬식 포함)을 살펴보았다. 또한 일부 개인문서들을 고찰대상으로 선정하여 그 내용을 살펴보고 분석하거나 소개하였다.

교단별 전체적 흐름을 보면, 장로교는 『위원입교인규조』(1895)에서 선교초기인 1890년대에 장로교 최초의 약식 예배 형태를 제시하고 있으며, 이후 1910년대 말에 이르러서 실천신학 교수에 의해 예배순서가 소개되기 시작했다(『목사지법』, 1919). 1920년대에 이르러 교단 공식문서인 『헌법』 "예배모범"(1922)에 예배원리를 싣기 시작했으며, 동시에 최초로 한국인에 의한 교단 예식서, 『혼상예식서』(1924)에 혼례와 상례 뿐 아니라 성찬식, 세례식 등 예식순서들을 싣게 되었다. 이후 장로교가 분열하면서 1960년대부터 교단별로 주일예배가 예배서에 나오기 시작했으며(최초 기장 교단의 『예식서』, 1964), 1970년대 이후 각 장로교는 『헌법』 "예배모범"(또는 "예배지침," "예배와 예식")과 예배서를 통해 중요한 원리들과 다양한 순서들을 보여주고 있다.

감리교의 경우, 최초 문서로 북 감리교회의 『미이미교회강례』(1890)가 발간되었는데 여기에는 주일예배 순서는 나타나지 않고, 성찬식을 비롯하여 여러 예식들을 제시되었다. 이어『주일예배경』(1895)이 나왔는데 이는 당시의 감리교 주일예배 순서를 제시한 것은 아니었고 이전의 웨슬리의 예배와 영국 국교회 예전 등이 복합적으로 실려 있는 것이었다. 미국 감리교의 주일예배 순서가 최초로 소개된 것은 『대한크리스도인회보』(1898)이며, 『신학월보』(1903), 『찬미가』(1905) 등에 그대로 이어지고 있다. 이러한 감리교의 주일예배 및 성찬식은 장로교에 비해 예전적인 모습을 드러내고 있다. 이어 교단 공식 문서(교리와 장정)에 주일예배 순서가 처음 나타나기는 1910년대에 북 감리교회의 『대강령과 규측』(1910), 그리고 남감리교회의 『남감리교회 도리와 장정』(1919)에서이다. 이 두 장정의 예배 순서들은 이전 문서들의 순서와 동일하게 나타난다. 이후 1930년대에 조선 감리회로 발전하면서 약간의 변동이 있었지만 큰 틀에서 이전의 순서들을 대부분 유지하였으며 최근에 이르러서 다양한 예전의 모습을 보여주고 있다.

성결교는 초기 교단공식 문서에 성찬식을 비롯한 예식들만 나오다가(『교리급 조례』, 1925), 1930년대부터 주일예배를 제시하고 있다(『헌법』, 1936). 교단이 분리된 1960년대에 기성 교단은 예성 교단에 비해 예전적 경향을 나타내고 있으며, 이런 현상은 현대에 이르러서도 크게 달라지지 않고 있다.

기타 교단, 즉 루터교단, 순복음 교단, 침례교단, 구세군 등 교단들은 해방 이후부터 발간한 예배서들을 통해 각 교단 특유의 예배 원리와 순서들을 제시하고 있다. 특히 루터교는 개신교 중에서 가장 예전적인 교회로 알려져 있는데 그 증거로 교단발행 예전서를 통해 확인할 수 있을 것이다.

이어서, 예배 순서에 관한 몇 개의 소주제들을 중심으로 정리해보면 다음과 같다.

'묵도'는 1920년대부터 예배 시작 순서로 사용되기 시작했으며, 그 이전에는 정식 예배순서로 사용하지 않았다. '묵도'가 한국 고유의 순서라고 주장하는 견해도 있으나, 필자는 일본 종교(기독교나 신도)에서 연유한 것으로 보았다. 1960-70년대에는 '묵도'와 '예배에의 부름' 순서가 함께 사용되다가, 이후 초대교회 및 종교개혁기 예배에 대한 연구가 진행되면서 세계 기독교 예배 전통을 따라 점차 '묵도'가 사라져가고, 대신 '예배에의 부름' 순서가 예배의 첫 순서로 자리매김해가고 있는데 이는 바람직한 방향으로 판단된다.

'주기도문'에 대해서 감리교는 선교 초기부터 정식 주일예배에서 사용하였다. 이에 비해 장로교는 1965년에 이르러 기장 교단에서 처음 사용하였으며, 현재는 통합, 고신, 백석 교단 등에서 사용하고 있다. 성결교는 감리교회의 영향으로 1945년부터 주기도문을 주일예배 순서에 반영하기 시작하였고, 교단 분열 후에는 기성 교단에 그대로 유지되고 있다. 이외에 순복음, 침례교(조건적으로) 등에서도 현재 사용하고 있다. 한편, 구세군은 주기도문을 사용하지 않으며, 합동 교단도 예식서의 주일 낮 예배에 주기도문이 나타나지 않고 있다. 이 순서는 초대교회뿐 아니라, 종교개혁자들도 예배의 정식순서로 반영하였던 점을 고려하여 한국교회 주일예배 정규순서에 반영하는 것이 유익할 것이다.

'십계명' 순서의 예배 사용은 종교개혁 시기부터 시작되었는데 쯔빙글리, 부쩌, 칼빈 등 여러 개혁교회 개혁자들이 자신들의 예배서에 십계명 순서를 반영하기 시작하였다. 특히 칼빈의 영향으로 영국 국교, 화란과 미국 및 캐나다 개혁교회 등에서 현재도 사용하고 있다. 한국 장로교의 경우, 맨 처음 예배순서에 '십계명'을 반영한 것은 곽안련의 『목사지법』(1919)로서 이 목회학 도서는 교단의 공식적인 예배서는 아니었다. 최근 들어 장로교는 통합 교단의 예식서에서 이 순서를 소개하고 있다. 한국 교회에서 현재 감리교와 성결교는 교단 예배서에 '십계명'을 사용하지 않고 있으나, 이전의 웨슬리 예전(1784)에 나타나고 있으며 일부 미국 감리교회 예전에도 나타났던 용례들로 보아 사용 가능성이 있는 것으로 보인다. 또한 이 '십계명'이 찬송가의 안 표지에 수록되어있는 것을 보면 한국교회 여러 교단에서 이 순서를 예배에 반영할 수 있는 가능성을 보여준다고 할 것이다.

'신앙고백'에 대해서는 '사도신경' 위주로 사용하여 왔는데, 감리교회 경우 선교 초기부터 사용해왔으며, 장로교와 성결교는 나중에 사용하게 되었다. 이 신경은 1970년대 이전까지는 예배 초반부에 위치했으나, 1970년대부터는 이전 전통의 순서대로 실시하거나 세계 교회의 흐름에 따라 설교 후에 실시하는 등 유동적인 모습을 보이고 있다. 한편, 한국인에 의한 신조(신앙고백문)를 주일예배 순서에 처음 반영한 것은 감리교로서 1935년부터 현재까지 "감리교 교리적 선언"을 사용하고 있다. 또 다른 신조로서, 최근 개신교 여러 교단에서 니케아 신경(381) 사용에 대한 인식이 높아지고 있다. 니케아 신경은 초기 감리교의 『주일예배경』(1895)과 종고성교회(초기 성공회의 이름)의 『공도문』(1908) 등에 이미 나타났으며, 근래에 이르러 장로교 통합 교단과 루터교단 등의 주일예배에 반영되고 있다. 여기서 우리는 우선 가능한 대로, 성찬식이 있는 주일에 니케아 신경을 사용할 수 있는 방법을 고려할 수 있을 것이다. 이외에 아타나시우스 신조도 사용하는 교단이 있는데 성공회와 루터교이다. 이 신조는 너무 내용이 긴 측면이 있어 예배시간에 사용하기에는 어려운 면이 있으므로 예배서의 부록으로 실어 신앙교육에 참고하면 좋을 것이다.

'설교'에 대해서 성공회는 선교 초기부터 '설교'라는 용어를 사용하였으나, 일반 개신교에서 교단마다 다른 용어들을 사용하다가 1930년대부터 '설교'라는 용어로 거의 통일하여 사용하고 있다. 감리교는 초기에 '전도'라는 용어를 사용해오다가 '강도'를 사용하였고(1919년 『남감리교회 도리와 장정』부터), 장로교는 초기부터 '강론'(『부활주일예배』, 1905), 또는 '강도'(『목사지법』, 1919)를 사용하다가 두 교단 모두 1930년대에 이르러 '설교'를 사용하였다. 성결교는 1930년대부터 처음 '설교'라는 말을 예식서에 사용하였다. 이로 볼 때 개신교단들은 1930년대부터 모두 '설교'를 사용하게 되었으며, 현재 일부 장로교회에서 옛 용어인 '강도'나 '강론'을 사용하는 교회도 있는데, 용어의 어감으로 보아 '강도'보다는 '강론'이 더 좋은 용어로 보인다.

'헌금' 순서는 한국 교회 초기에는 '연보'(전)이라 칭했으며, 모두 '설교' 전에 들어 있었으나, 1960년대 이후에 이르러 설교 전이나 후에 다 가능하도록 바뀌고 있다. 여기에는 각기 장단점이 있는바, 개 교회에서 목회자나 당회에서 충분한 논의를 거쳐 실시하는 것이 바람직할 것이다.

'축도'는 시대별로 다양한 용어로 사용되었다. 1890년대에는 '사도축문', 1900년대에는 '사도축수', '축도', 1910년대에는 '안수 축복', '사도의 축사', '사도의 축복', 1920년대에는 '축복 감사기도', '사도의 축복', '축복기도', 1930년대에는 '축복', '축도', 1940년대에는 '축도', 1950년대에는 '축도', '축복', 1960년대와 1970년대에는 '축복기도', '축도' 등으로 쓰이다가 1980년대 이후에는 대체로 '축도'라는 용어로 통일되어 사용하는 추세에 있다. 여기서 축도에 대해, 관점에 따라 기도(기원)의 한 형태로 보는 경우, 아니면 말씀으로 선언(강복)하는 한 형태로 보는 경우 등으로 대별할 수 있으며, 이에 따라 그 문구도 달라질 수 있는바, 현재 각 교회들은 교단 규정에 따라 시행할 수 있을 것이다.

성례식 중에 성찬식은 감리교와 루터교를 제외하고, 다른 교단들에서는 약식 형태를 취하였으며, 현재는 예전적 형식을 갖추어 시행하는 교단들과 개 교회들이 늘어가는 추세이다. 수찬방법에 대해서 초기에는 앉은 자리에서 받거나, 나와서 받는 방법으로 시행했으나 점차 다양한 방법을 사용하고 있다. 여기서 성찬식 순서 중에 '성령임재기원'(에피클레시스)과 '마라나타'의 사용은 초대교회의 유산이므로 이에 대한 바른 이해와 적절한 사용이 필요한 것으로 보인다. 또한 감리교의 『예식규범』(1964)에 나오는 성찬식과 세례식에 사용되는 기구들과 그 제원(치수) 등을 소개하였으며, 필자는 세례대 신설 및 활용, 또는 세례식과 성찬식 공용의 성례대 신설 사용 등을 제안하기도 하였다.

한편, 감리교와 성결교 교단은 교단 장정 및 헌법(헌장) 등에 예배원리에 관한 내용들을 실었던 데에 비해, 장로교는 특징적으로 헌법 내에 "예배모범"을 따로 두어 예배의 원리를 설명하고 있다. 이 "예배모범"에는 시대의 흐름에 따라 명칭 자체와 내용상의 변화가 나타난다. 장로교는 분열이후 교단에 따라, 이 용어를 그대로 사용하면서 그 세부 내용에 있어서 약간의 변화를 시도하는 교단(합동, 합신, 백석 교단 등), 이 용어를 사용하면서도 내용을 획기적으로 구성한 교단(기장 교단), 명칭의 개정뿐 아니라 내용도 현대적인 감각에 맞추어 새롭게 제시하는 교단(고신, 통합 교단) 등 다양하게 나타난다.

마지막 부분에서 취급한 세 교파, 즉 성공회, 천주교, 정교회 등의 역사와 예전에 관해서도 간략히 다룸으로써 이 교단들의 예배 흐름을 개관하여 살펴보았다.

2. 한국교회 예배사 연구의 발전방향

이 책은 시대구분에 따라 한국교회 여러 교단 및 개인의 출판 문서를 위주로 예배사를 다루었다. 여기서 『헌법』 "예배모범"이나 장정이나 헌법(헌장), 그리고 예배 예식서들에 나타나는 예배원리 및 예배순서 등을 망라하여 한국교회 초기부터 현재에 이르기까지 다룸으로써 한국교회 예배사의 전반적 흐름을 파악하는데 중점을 두었다. 이 책에서 고찰했던 문서들의 내용 중에 일부 주제에 대해서는 비교적 상세하게 다루었으나,

어떤 경우에는 한정해서 기술하고 평가했다. 이런 제한점을 개선하기 위해서는 앞으로 연구자들이 해당 주제들에 대해 각 시대별 또는 교단별로 더 세밀히 연구하여 여러 권의 책으로 나누어 출판하는 것도 하나의 좋은 방법이 될 것이다.

이 책에서 미진하게 다루었거나 새롭게 다루어야 할 분야에 대해 다음과 같이 연구 발전 방향을 제시하고자 한다.

첫째, 예배문서들과 관련하여 개신교단 뿐 아니라 기타교단을(현대 천주교, 성공회, 정교회) 대상으로 보다 더 깊이 연구하는 일이 필요하다. 이 책에서 예배학 관련서적들에 대해 주로 개신교단 내의 문서들 간에 대조 비교하였으며, 기타교단들에 대해서는 극히 일부 내용만 다루었다. 차후에 개신교단과 기타교단들의 예전을 비교 분석하는 일을 통해 더 세부적인 연구가 필요할 것이다. 그리하여 세계 기독교 예배의 공통유산이 무엇인지를 살펴봄으로써 예배사에 매우 의미 있는 작업을 이룰 수 있을 것이다. 여기의 공통유산이라는 것은 모든 교단에 항상 나타나는 것은 아니나 대체로 시대흐름을 반영하는 관점을 의미하는 것이다.

둘째, 예배에 있어서 성례 중 세례에 관해 심도 있는 연구가 필요하다. 이 책에서는 예배문서들에서 말씀예배와 성찬예배를 중심으로 다루었으며 성례 중 세례와의 관계에 대해서 거의 다루지 못했다. 현재 한국교회는 세례에 대해서 이해부족과 아울러, 성찬에 비해 집례회수가 비교적 적게 시행하는 것으로 나타나고 있다. 이러한 요인들로 말미암아 "세례와 함께 하는 주일 예배"에 대해서는 관심이 비교적 적은 것으로 보인다. 이런 정황에서 세례는 신앙입문 의식으로 예배와 무관한 것이 아니며 기독교의 중요한 성례 예식이므로 앞으로 한국교회의 초기로부터 현대에 이르기까지 예배와 세례와의 관계에 대한 예배사적 연구가 이루어져야 할 것이다.

셋째, 예배와 성령님과의 관계에 대해서 예배사적인 고찰이 필요하다. 성령님의 역사는 예배의 원리에 있어서 중요한 요소이며, 예배 실천에도 그 역할이 지대하다. 만약, 어떤 예전이 성령님과 관계없이 교단의 어떤 전통에 매어 있다든지, 순전한 학문연구로 치우친다면 예배의 생명력은 사라지고 말 것이다. 이런 관점으로 볼 때 예전역사에서 신·구약 성경, 그리고 초대교회와 그 이후의 세계교회 예전에서 보여주는 것뿐만 아니라 한국 교회 예배에 있어서도 성령님의 역사에 관하여 살펴보는 것은 매우 필요하고도 유익한 주제가 될 것이다.

넷째, 한국 교회의 예배상황을 중심으로 한 예배운동에 대하여 예배사적 연구와 논의가 시도되어야 한다. 이 책에서는 문서를 중심으로 연구가 이루어졌지만, 예배상황에 대한 역사적 연구는 별도의 작업에 해당된다. 교계에서 시대마다 이미 이루어졌거나 현재 일어나고 있는 다양한 예배상황은 문서화된 예배서나 예배모범과 항상 일치하는 것이 아니며 또한 예배 문서로 다 담기 어려운 것도 있을 것이다. 이 새로운 연구를 위해서는 현재 이루어지고 있는 예배 문서연구보다 더 많은 노력과 다양한 접근 방법이 필요할 것이다. 이런 견지에서 필자는 개신교계가 연합하여 예배학자 및 목회자, 평신도 등으로 구성되는 범교단적 예배사 연구위원회의 구성 및 활동을 제안하는 바이다.

참고문헌

1. 1차 문헌(해방이전)

『감리교회 조례』. 경성: 발행처 불명, 1908.

곽안련. 『강도학』. 경성: 조선예수교서회, 1925.

_____. 『목사지법』. 경성: 조선야소교서회, 1919.

_____. 『목사필휴』. 경성: 조선야소교서회, 1938.

_____. 『목회학』. 경성: 조선야소교서회, 1934.

기독교조선감리회. 『교리와 장정』. 경성: 기독교조선감리회 총리원교육국, 1931.

_____. 『교리와 장정』. 경성: 기독교조선감리회 총리원, 1935.

_____. 『교리와 장정』. 경성: 기독교조선감리회총리원, 1939.

김응조. 『목회학』. 경성: 동양선교회 성결교회 출판부, 1937.

남감리교회. 『남감리교회 도리와 장전』. 양주삼 역. 경성: 조선야소교서회, 1919.

_____. 『남감리교회 도리와 장정』. 양주삼 역. 경성: 남감리교회선교백년기념회 사무소, 1923.

『대강령과 규측』. 경성: 야소교서회, 1910.

大美國聖公會. 『公禱文』. 上海: 聖約翰書院, 1899.

대한예수교장로회 노회 회록. 1908.

『대한크리스도인회보』. 경성: 발행처 불명, 1898.

동양선교회 성결교회. 『동양선교회 성결교회 교리급 조례』. 경성: 동양선교회 성결
　　　교회 출판부, 1925.

_____. 『임시약법』. 경성: 동양선교회 성결교회 출판부, 1933.

_____. 『헌법』. 경성: 동양선교회 성결교회 출판부, 1936.

마포삼열. 『위원입교인규됴』. 경성: 조선예수교서회, 1895.

미감리교회. 『미감리교회 교의와 도례』. W. C. Swearer, E. M. Cable 역. 경성: 조
　　　선야소교서회, 1921.

_____. 『미감리교회 법전』. E. M. Cable 외 3인. 경성: 기독교창문사, 1926.

『미이미교회강례』. H. G. 아펜젤러 역. 경성: 삼문출판사, 1890.

『美以美會綱例』. R. S. 맥클레이 역. 中國 福州: 美華書局, 1880.

『세례문답』. 스크랜톤 역. 서울: 조선예수교서회, 1895.

_____. 스크랜톤 역. 서울: 조선예수교서회, 1907.

_____. 스크랜톤 역. 경성: 조선예수교서회, 1929.

소열도. 『예배첩경』. 경성: 조선야소교서회, 1934.

_____. 『원입첩경』. 경성: 조선야소교서회, 1933.

『신학월보』. 3권1호. 1903.

언더우드. 『부활주일예배』(또는『부활주일경』). 서울: 발행처 불명, 1905.

『예수교미감리회 성례문』. 케이블 역. 경성: 발행처 불명, 1923.

『예수교감리회강례』. 서울: 삼문출판사, 1899.

조선성공회. 『공도문』. 경성, 발행처 불명, 1939.

조선예수교장로회총회. 『헌법』 "예배모범". 경성: 조선야소교서회, 1922.

조선예수교장로회총회. 『헌법(개정판)』 "예배모범". 경성: 조선야소교서회, 1934.

조선예수교장로회총회. 『혼상예식서』. 경성: 발행처 불명, 1924.

종고성교회. 『공도문』. 서울: 발행처 불명, 1908.

『주일예배경』. 시란돈(스크랜톤) 편역. 서울: 발행처 불명, 1895.

『찬미가』. 경성: Methodist Publishing House, 1905.

2. 1차 문헌(해방이후)

거포계 · 고영춘 공편.『예배수첩』. 서울: 星光文化社, 1954.
곽안련.『목회학』. 서울: 대한기독교서회, 1955.
_____.『목회학』개정1쇄. 서울: 대한기독교서회, 1991.
구세군대한본영.『구세군 예식서』. 서울: 구세군 출판부, 2016.
기독교대한감리회.『교리와 장정』. 서울: 기독교대한감리회 총리원, 1950.
_____.『교리와 장정』. 서울: 기독교대한감리회 총리원, 1959.
_____.『교리와 장정』. 서울: 기독교대한감리회총리원, 1962.
_____.『새예배서』. 서울: 기독교대한감리회 홍보출판국, 2002.
_____.『성만찬 예문집』. 서울: 기독교대한감리회 홍보출판국, 2000.
_____.『예문』. 서울: 기독교 대한 감리회 본부 선교국, 1977.
_____.『예문』. 서울: 기독교 대한감리회 홍보출판국, 1992.
_____.『예배서』. 서울: 기독교대한감리회 선교국, 1992.
_____.『예식규범』. 서울: 기독교대한감리회총리원 교육국, 1964.
기독교대한성결교회 총회본부.『헌법』. 서울: 기독교대한성결교회 총회 출판부, 1955.
_____.『헌법』. 서울: 기독교대한성결교회 출판부, 1974.
_____.『예식서』. 서울: 기독교대한성결교회 출판부, 1989.
_____.『예식서』. 서울: 기독교대한성결교회 출판부, 1991.
_____.『새예식서』. 서울: 기독교대한성결교회 출판부, 1996.
_____.『예배와 예식서』. 서울: 기독교대한성결교회 출판부, 2004.
기독교대한하나님의성회(기하성).『牧會禮式書』증보 1판 4쇄. 서울: 기독교대한하나님의성회 총회 교육국, 2002.
기독교대한하나님의성회(기하성).『牧會禮式書』(증보 2판). 서울:기독교대한하나님의성회 총회출판국, 2005.

기독교조선성결교회. 『헌법』. 경성: 동양선교회 성결교회 출판부, 1945.

기독교한국루터회. 『예배의식문』(개정2판). 서울: 컨콜디아사, 1993.

기독교한국루터회. 『예배서』. 서울: 컨콜디아사, 2017.

대한성공회. 『새편집 공도문』. 서울: 대한 성공회, 1994.

_____. 『기도서. 서울: 대한성공회 출판부, (2004)2005.

대한예수교장로회총회(개혁). 서울: 총회 개혁 교육부, 1992.

대한예수교 장로회총회(고신). 『표준예식서』. 부산: 羊門 出版社, 1983.

_____. 『헌법』 "예배지침". 서울: 대한예수교장로회총회 출판국, 1992.

_____. 『예전예식서』. 서울: 대한예수교장로회총회 출판국, 1999.

_____. 『헌법』 "예배지침"(개정판). 서울: 헌법개정위원회, 2011.

대한예수교장로회총회(백석). 『표준예식서』(개·수정판). 서울: 총회출판사, 2013.

_____. 『헌법』 "예배모범". 서울: 헌법 개·수정 위원회, 2019.

대한예수교장로회총회(통합). 『예식서』. 서울: 총회 종교교육부, 1961.

_____. 『예식서』. 서울: 기독교문사, 1970.

_____. 『예식서』. 서울: 총회교육부, 1978.

_____. 『헌법』 "예배와 예식". 서울: 총회출판국, 1983.

_____. 『예식서-가정의례지침』. 서울: 한국장로교출판사, 1987.

_____. 『표준 예식서』(개정초판). 서울: 한국장로교출판사, 1997.

_____. 『예배·예식서』(표준개정판). 서울: 한국장로교출판사, 2008.

대한예수교장로회총회(합동). 『표준예식서』. 서울: 총회출판부, 1978.

_____. 『헌법』. 서울: 총회출판국, 1990.

_____. 『표준예식서』(개정판). 총회출판부, 1993.

대한예수교장로회총회(합동정통). 『예식서』. 서울: 총회출판국, 1987.

대한예수교장로회총회(합신). 『표준예식서』(개정판). 서울: 합신총회출판부, 2005.

_____. 『헌법』 "예배모범". 서울: 총회교육부, 2015.

박성겸. 『새예식서』. 서울: 은성문화사, 초판 1969, 3쇄 1972.

세계교회협의회. 『BEM문서(세례·성찬·직제)』. 이형기역. 서울: 한국장로교출판사, 1993.

소열도. 『세례첩경』. 서울: 대한예수교서회, 1956.

예수교대한성결교회. 『목회예식서』. 서울: 총회교육국, 1994.

_____. 『헌장』. 서울: 성청사, 1962.

_____. 『헌장』. 서울: 성청사, 1971.

_____. 『헌장』. 서울: 총회교육국, 2002.

_____. 『목회예식서(개정판)』. 서울: 총회본부, 2012.

한국군종목사단·군복음화후원회 공저. 『군종예식서』. 서울: 편찬위원회, 1994.

한국군종목사단·한국기독교군선교연합회 공저. 『군인교회 예식서』. 서울: 편찬위원회, 2010.

한국기독교장로회 총회(기장). 『예식서』. 서울: 종로서적, 1964.

_____. 『예식서』. 서울: 한국신학대학 출판부, 1978.

_____. 『헌법』. "예배모범". 서울: 한신대학출판부, 1980.

_____. 『희년 예배서』. 서울: 한국기독교장로회출판사, 2003.

_____. 『헌법』. "예배모범". 서울: 한국기독교장로회출판사, 2005.

한국루터교. 『예배 의식문』. 지원용 옮김. 서울: 컨콜디아사, 1960.

_____. 『예배 의식문』. 지원용 역. 서울: 컨콜디아사, 1965.

_____. 『예배의식문 해설』. 지원용 편저. 컨콜디아사, 1965.

한국정교회. 『성 요한 크리소스톰의 리뚜르기아서』. 서울: 한국정교회 출판부, 1978.

_____. 『성찬예배서-성 요한 크리소스톰 및 대 바실리오스 리뚜르기아』. 서울: 한국정교회 출판부, 2003.

한국천주교중앙협의회. 『가톨릭 기도서』. 서울: 주교회의 전례위원회, 1997.

3. 국내서적

기독교한국침례회 총회역사편찬위원회 편저.『한국 침례교회사』. 서울: 침례회출판사, 1996

김경진. "한국장로교회 예배."『개혁교회의 예배.예전 및 직제 I』. 서울: 한국장로교출판사, 2015.

김동수.『예배학 개론』. 서울: 대한기독교교육협회, 1967.

김동수.『평신도와 예배-개혁교회의 예배』. 서울: 대한예수교장로회총회교육부, 1969.

김상구.『한국 교회와 예배서』. 서울: 기독교문서선교회, 2013.

_____.『개혁주의 예배론』(개정판). 서울: 도서출판 대서, 2017.

김영재.『기독교회사』(개정 3판). 수원: 합동신학대학원출판부, 2004.

_____.『한국교회사』(개정 3판). 수원: 합신대학원출판부, 2009.

김영태.『한국교회 주일예배 이렇게 드리라-존 웨슬리로 본』. 서울: 도서출판 대서, 2018.

김정.『초대교회 예배사』. 서울: 기독교문서선교회, 2014.

김태규.『한국교회 초기문헌에 나타난 성찬신학과 실제』. 서울: 예영커뮤니케이션, 2009.

노고수.『한국 기독교 서지 연구』. 부산: 예술문화사, 1981.

박근원 엮음.『교회예배서(제1권)』. 서울: 도서출판 진흥, 1994.

박근원 편저.『리마 예식서』. 서울: 한국기독교교회협의회, 1987.

박성완.『루터교 예배 이해』. 서울: 컨콜디아사, 2000.

박신오 · 최효섭 공저.『예배와 기독교 교육』. 서울: 총리원 교육국, 1961.

박은규.『예배의 재발견』개정판. 서울: 대한 기독교출판사, 1990.

배진원 편역.『개혁주의 신앙고백-예식문, 질서』. 서울: 생명나무, 2013.

이정희.『목회예식서』. 서울: 침례회출판사, 1981.

_____. 『목회예식서』. 서울: 요단출판사, 2012.

_____. 『기독교 예식 매뉴얼』. 서울: 침례회출판사, 2000.

정일웅. 『개혁교회 예배와 예전학』(개정판). 서울: 총신대학교출판부, 2010.

주학선. 『한국감리교회 예배(1885-1931)』. 서울: kmc, 2005.

최윤배. "네덜란드 개혁교회의 예배". 『개혁교회의 예배 · 예전 및 직제 Ⅰ』. 서울: 한국장로회출판사, 2015.

허도화. 『한국교회 예배사』. 서울: 한국강해설교학교출판부, 2003.

4. 국외서적 및 번역서

Bieritz, Karl-Heinrich. *Liturgik*. Berlin: Walter de Gruyter, 2004.

Kuyper, Abraham. *Our Worship*. Edited Harry Boonstra. Grand Rapids: William B. Eerdmans Publishing Company, 2009.

Cummings, Brian. edi., *The Book of Common Prayer, The Texts of 1549, 1559 and 1662*. Oxford University Press, 2011.

Clark, C. A. Allen. *Digest of the Presyterian Church of Chosen*, 1934. Seoul: Christian Literature Society, 1934.

BOOK OF COMMON WORSHIP, The Presbyterian Church(U.S.A) & The Cumberland Presbyterian Church. Louisville: Westminster Press, 1993.

Wesley, John. *The Sunday Service of the Methodists in North America. With other Occasional Services*. London: 발행처 불명, 1784.

Gibson, Jonathan. Earngey, Mark. ed., *Refomation Worship: Liturgies from the Past for the Present*. Greensboro: New Growth Press, 2018.

Davies, Horton. *The Worship of the English Puritan*. Morgan: Soli Deo Gloria, 1997.

Maxwell, William D. 『예배의 발전과 그 형태-기독교 예배의 역사 개관』. 정장복 옮김. 서울: 쿰란출판사, 1996.

『공동예배서』. 김소영 외 2인 편역. 서울: 한국장로교출판사, 2001.

그레고리오스, 히에로모낙소스. 『성 요한 크리소스토모스의 신성한 성찬예배 –
    교회 교부들의 가르침에 따른 해설』. 박노양 역. 서울: 정교회출판사,
    2015.

나아겔, 빌리암. 『그리스도교 예배의 역사』. 박근원 옮김. 서울: 대한기독교서회,
    2006.

바르트, 칼. 『교회와 예배』. 장하구 역. 서울: 사상계사, 1953.

칼빈, 존. 『기독교강요』 4 (하권). 고영민 옮김. 서울: 기독교문사, 2008.

5. 정기간행물, 사전 및 논문

교학사 출판부 편. 『새국어사전』. 서울: 교학사, 1989.

기독교대백과사전 편찬위원회. 『기독교대백과사전』 제9권. 서울: 기독교문사,
    1983.

기독교대백과사전 편찬위원회. 『기독교대백과사전』 제14권. 서울: 기독교문사,
    1984.

정장복 외. 『예배학사전』. 서울: 예배와 설교아카데미, 2000.

김양선. "한국 기독교 초기 간행물에 관하여"(1882–1900). 史叢(사총) 12 · 13집.
    1968.

김영태. "예배 예식서에 나타난 주일예배의 형성과정 연구". 박사학위논문, 백석대
    학교 기독교전문대학원, 2007.

이현웅. "장로교 예배모범의 역사와 전망에 관한 연구". 박사학위논문. 장로회신학
    대학교 대학원, 2004.

기독교대한감리회. 『한국 감리교 인물사전 DB』

생명의말씀사. 『교회용어사전』

『한국민족문화대백과』. http://encykorea.ac.kr

Kyeong Jin Kim. "The Formation of Presbyterian Worship in Korea, 1870-1934". Th. D. diss. Boston University, 1999.